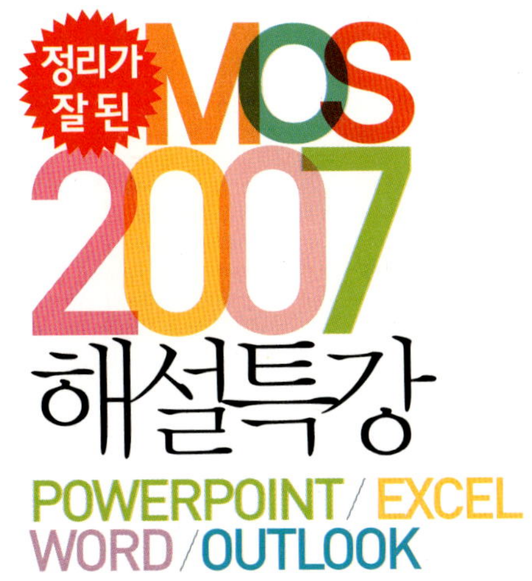

정리가 잘 된
MOS
2007
해설특강
POWERPOINT / EXCEL
WORD / OUTLOOK

정리가 잘된 MOS 2007 해설특강

1판 1쇄 발행 | 2010년 10월 1일

지은이 | 이해인
펴낸이 | 안동명
펴낸곳 | 에듀멘토르

기획 | 안동명 · 신꽃다미
감수 | 오해강 · 이재영
마케팅 | 김경용
경영지원 | 김덕수
본문디자인 | 김희정
표지디자인 | 김옥자

내용문의 | **mentorBook@yahoo.co.kr**

등록 | 2009년 10월 5일 제2009-16호
주소 | 서울시 용산구 청파동 3가 131 IT연구개발센터 1층
전화 | 02-711-0911
팩스 | 02-711-0920

ISBN | 978-89-94127-36-1 13000

가격 | 29,000원

© 2010 에듀멘토르

Contents

Part II – Excel 2007

Part III – Word 2007

PartIV – Outlook 2007

:: **MOS(Microsoft Office Specialist)란?**

Microsoft가 인증하는 국제인증 자격 시험입니다.

Microsoft가 직접 인증함으로써 그 공신력과 정확성을 인정받을 수 있으며, 현재 미국, 프랑스, 영국, 독일, 홍콩, 브라질, 멕시코 등 170여 개국 9,500여 개 시험센터에서 그 나라말로 시행되는 국제공인 자격증입니다(한국에서는 한국어로 시행되며, 기타 원하는 언어를 선택할 수 있습니다).

100% 컴퓨터로 시행됩니다.

시작부터 종료까지 100% 컴퓨터 상에서 진행되는 CBT(Computer Based Test)로 평가 방식이 정확함은 물론 시험 종료 즉시 결과를 알 수 있습니다.

100% 실기시험입니다.

Microsoft Office 2007의 실제 활용 능력을 측정하는 것이 그 목적입니다. 따라서 이론 문제나 객관식 유형이 없이 모든 문제는 실제 프로그램상에서 직접 조작하여 답을 얻는 100% 실기시험입니다.

Microsoft 사의 최신 운영체제인 Windows Vista의 활용 능력을 평가합니다.

현존 최고의 멀티미디어 기능과 안정성을 자랑하는 Microsoft 사의 최신 운영체제인 Windows Vista의 활용 능력을 Microsoft Business Certification에서 평가받을 수 있습니다.

모두 6개의 시험 과목이 있습니다.

MOS는 Microsoft Office 2007 각 과목 이외에 Windows Vista의 기능이나 지식을 묻는 과목이 새롭게 추가되었습니다. 자격은 1과목 별로 개별적으로 인정됩니다.

응시 과목/응시 시간/문항 수

합격 기준

MOS의 합격 점수는 1,000점 만점이며 시험 종료 후 합격 여부를 알 수 있습니다. 시험 종료 후 2~3주 후면 공식 인증서를 받을 수 있습니다.

성적표

성적표에는 취득 점수와 기능별로 성취도가 명시되므로 취약 부분을 분석할 수 있습니다.

시험 시간 및 문항 수

응시 과목	응시 시간	문항 수
Microsoft Office Word 2007	50분	20문항 ~ 30문항
Microsoft Office Excel 2007	50분	20문항 ~ 30문항
Microsoft Office Powerpoint 2007	50분	20문항 ~ 30문항
Microsoft Office Access 2007	50분	20문항 ~ 30문항
Microsoft Office Outlook 2007	50분	20문항 ~ 30문항
Windows Vista for the Business worker	50분	30문항 ~ 40문항

MOS Master

아래 4개 과목 취득 시 자동으로 Master 자격증이 발급됩니다.

Microsoft Office Word 2007

Microsoft Office Excel 2007

Microsoft Office Powerpoint 2007

Microsoft Office Outlook 2007

성적표 발급

시험 종료 후 인쇄물로 발급된 성적표나 시험 성적 확인 웹 사이트(http://www.certiport.com)에서 시험 응시 때 사용했던 ID와 비밀번호로 로그인하여 Skill Set(평가항목) 별로 성적을 확인할 수 있습니다. 성적표를 이용하여 영역별 성취도를 분석해 취약 부분을 심화 학습합니다.

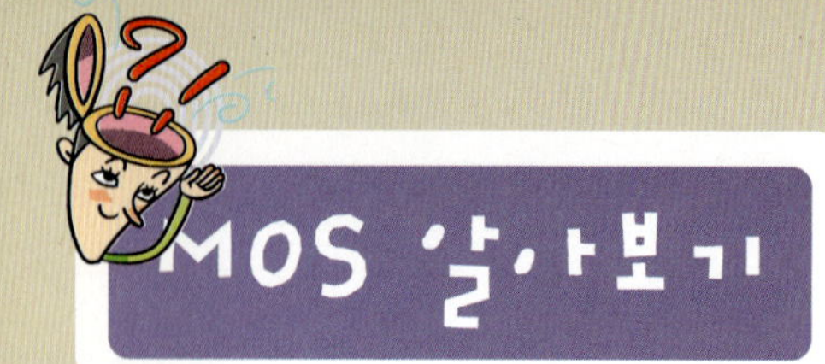

:: **Microsoft Powerpoint 2007 평가 항목**

- 문항 수 : 20~30문제
- 시간 : 50분
- 만점 : 1000점

Skill Set	시험 구성
홈	클립보드, 슬라이드, 글꼴, 단락, 그리기, 편집
삽입	표, 일러스트레이션, 링크, 텍스트, 미디어 클립
디자인	페이지 설정, 테마, 배경
애니메이션	미리 보기, 애니메이션, 슬라이드 화면 전환
슬라이드 쇼	슬라이드 쇼 시작, 설정, 모니터
검토	언어 교정, 메모, 보호
보기	프레젠테이션 보기, 표시/숨기기, 확대/축소, 컬러/회색조, 창, 매크로

:: **Microsoft Excel 2007 평가 항목**

- 문항 수 : 20~30문제
- 시간 : 50분
- 만점 : 1000점

Skill Set	시험 구성
홈	클립보드, 글꼴, 맞춤, 표시 형식, 스타일, 셀, 편집
삽입	표, 일러스트레이션, 차트, 링크, 텍스트
페이지 레이아웃	테마, 페이지 설정, 크기 조절, 시트 옵션, 정렬
수식	함수 라이브러리, 정의된 이름, 수식 분석, 계산
데이터	외부 데이터 가져오기, 연결, 정렬 및 필터, 데이터 도구, 윤곽선
검토	언어 교정, 메모, 변경 내용
보기	통합 문서 보기, 표시/숨기기, 확대/축소, 창, 매크로

Microsoft Word 2007 평가 항목

- 문항 수 : 20~30문제
- 시간 : 50분
- 만점 : 1000점

Skill Set	시험 구성
홈	클립보드, 글꼴, 단락, 스타일, 편집
삽입	페이지, 표, 일러스트레이션, 링크, 머리글/바닥글, 텍스트, 기호
페이지 레이아웃	테마, 페이지 설정, 원고지, 페이지 배경, 단락, 정렬
참조	목차, 각주, 인용 및 참고 문헌, 캡션, 색인, 관련 근거 목차
편지	만들기, 편지 병합 시작, 필드 쓰기 및 삽입, 결과 미리 보기, 마치
검토	언어 교정, 메모, 추적, 변경 내용, 비교, 보호
보기	문서 보기, 표시/숨기기, 확대/축소, 창, 매크로

Microsoft Outlook 2007 평가 항목

- 문항 수 : 20~30문제
- 시간 : 50분
- 만점 : 1000점

Skill Set	시험 구성
홈	새로 만들기, 열기, 폴더, 데이터 파일 관리, 가져오기/내보내기, 보관, 인쇄, 오프라인 작업
편집	실행 취소, 잘라내기, 복사, office 클립보드
보기	탐색 창, 할 일 모음, 읽기 창, 미리 알림 창, 도구 모음, 상태 표시
이동	메일, 일정, 연락처, 작업, 메모, 폴더 목록, 바로가기, 업무 일지
도구	보내기/받기, 빠른 검색, 주소록, 규칙 및 알림, 사서함 정리, 양식, 매크로, 계정 설정, 보안, 옵션
동작	새 메일 메시지, 다음으로 새 메일 메시지 작성, 정크 메일, 첨부 파일 전달, 전자 메일 웹 페이지 보내기

PART I

Powerpoint 2007

chapter 01

프레젠테이션 시작 / 홈 탭

프레젠테이션의 시작

워밍업

◎ **준비 파일 :** Chapter01/그린오피스.docx
◎ **완성 파일 :** Chapter01/완성파일/본문완성01-01
◎ **출제 포인트 :** 다양한 유형의 새 프레젠테이션을 시작 및 삽입하는 문제

파워포인트 2007 실행하기

작업 표시줄의 [시작] 단추를 클릭하고 [모든 프로그램] – [Microsoft Office] – [Microsoft Office PowerPoint 2007]을 클릭하여 실행한다.

파워포인트 2007의 화면 구성

파워포인트 2007을 처음 실행하면 새로운 빈 슬라이드가 기본 보기로 나타난다. 기본 보기는 프레젠테이션의 주된 편집 화면 보기이므로, 현재의 기본 보기 화면 구성에 대해 자세히 살펴보도록 한다.

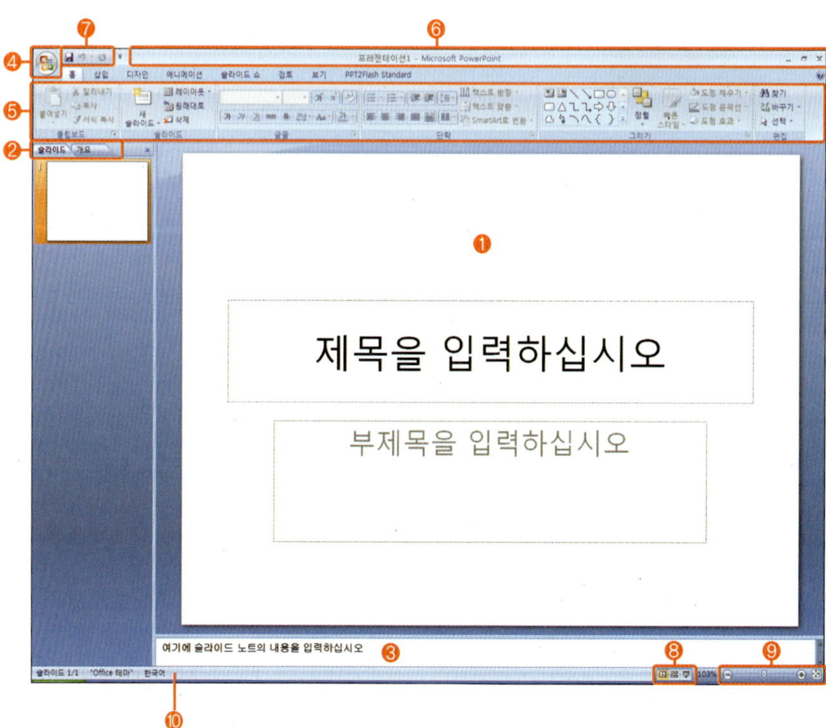

❶ 슬라이드 창

프레젠테이션을 제작하기 위해 필요한 모든 편집 작업을 수행하는 곳이다. 이곳에 텍스트를 입력하거나 도형과 표를 그리거나 그림 및 동영상 개체를 삽입해서 슬라이드를 작성한다.

❷ 슬라이드 및 개요 탭

프레젠테이션에 있는 슬라이드들을 순서대로 표시한다. 슬라이드 탭에서는 각 슬라이드가 축소판 그림으로 보이고 슬라이드에 입력된 텍스트만 개요 형식으로 보인다. 슬라이드 이동, 복사 및 삭제와 같은 편집 작업을 할 수 있다. 슬라이드 및 개요 창에서 원하는 슬라이드를 선택하면 슬라이드 창에 선택한 슬라이드가 나타난다.

❸ 슬라이드 노트 창

발표할 때 참고할 부연 설명을 입력하는 곳이다. 슬라이드와 함께 출력물로 인쇄하여 사용하거나 슬라이드 쇼에서 슬라이드 노트에 입력된 내용을 참고할 때 직접 내용을 추가해서 넣을 수도 있다.

❹ Office 단추

파워포인트 2003의 [파일] 메뉴와 비슷한 기능을 가진 단추로 프레젠테이션 문서 열기, 저장, 인쇄, CD용 패키지 제작 등 문서에서 할 수 있는 모든 작업을 선택할 수 있다. 또한 Office 단추를 클릭한 후 [파워포인트 옵션]을 클릭하여 [파워포인트 옵션] 대화상자가 나타나면 파워포인트 프로그램에 관한 옵션을 지정할 수 있다.

❺ 리본 메뉴

슬라이드를 작성할 때 필요한 각종 기능이 모여 있는 곳이다. 탭 표시 줄에서 각 탭을 클릭하면 관련 기능을 실행할 수 있는 명령 단추들이 각 그룹별로 묶인 상태에서 펼쳐진다. 또한 그룹 아래쪽 모서리에 나타나는 추가 옵션 표시 단추를 누르면 기능을 추가로 선택할 수 있는 대화상자가 나타난다.

❻ 제목 표시줄

현재 사용하는 프로그램 이름과 파일 이름이 나타난다.

❼ 빠른 실행 단추

자주 사용하는 명령들을 단추로 표시한다. 리본 메뉴의 위와 아래에 표시할 수 있으며 사용자가 원하는 기능으로 도구 모음을 구성할 수 있다.

❽ 화면 보기 단추

프레젠테이션 문서를 여러 가지 보기 화면으로 빠르게 전환하는 단추 모음이다. 화면의 보기 방식을 기본 보기, 여러 슬라이드 보기; 슬라이드 쇼 보기로 바꿔 볼 수 있다.

❾ 확대/축소 도구

슬라이드 창의 크기를 늘리거나 줄일 수 있는 확대/축소 단추가 함께 있다. 슬라이드 창 맞춤 도구를 사용하면 슬라이드를 현재 창의 크기에 맞출 수 있다.

❿ 상태 표시줄

편집 중인 현재 슬라이드의 번호와 총 슬라이드 수 등과 같은 정보와 적용된 서식 파일의 이름, 사용 언어 등 일반적인 정보가 표시된다.

▪▪ 새로워진 리본 인터페이스

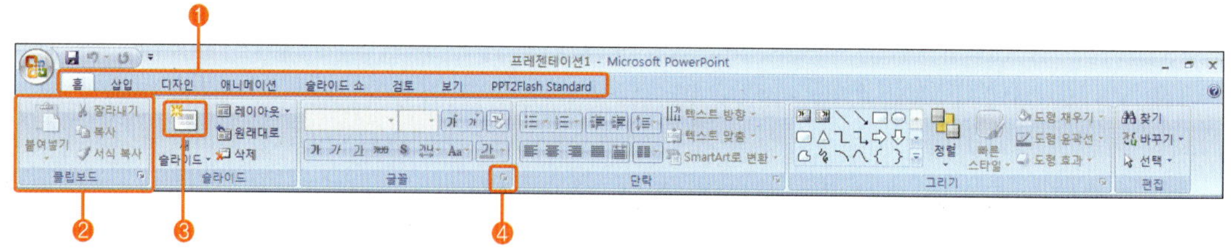

❶ 탭 표시줄

탭을 선택하면 해당하는 각종 아이콘이 그룹에 묶여 나타난다.

❷ 그룹

탭의 하위 개념으로, 기능 중심으로 아이콘을 묶는 기준이 된다.

❸ 아이콘

슬라이드에 각각의 기능을 삽입하고 선택한다.

❹ 추가 옵션 표시 단추

각 그룹에 해당되는 대화상자가 나타난다.

:: 상황별 탭

슬라이드에 개체를 삽입한 경우 삽입한 개체에 따라 각기 다른 서식을 적용할 수 있도록 제목 표시줄에 상황별 탭이 나타난다. 이 상황별 탭 아래에는 탭에 따라 다른 메뉴들이 나타나는데, 이를 선택하면 삽입한 개체의 서식을 다양하게 지정할 수 있는 리본 메뉴가 펼쳐진다. 예를 들어 텍스트 상자를 클릭하면 제목 표시줄에 [그리기 도구]-[서식] 탭이 나타난다. [서식] 탭을 클릭하면 도형 및 텍스트의 서식을 편집할 수 있는 아이콘들이 펼쳐진다. [그리기 도구] 상황별 탭은 상황에 따라 다르게 생겨났다가 사라지기 때문에 선택 개체가 없으면 사라진다. 상황별 탭은 텍스트, 그리기, 스마트 아트, 표, 차트, 그림, 동영상, 소리 등에서 나타난다.

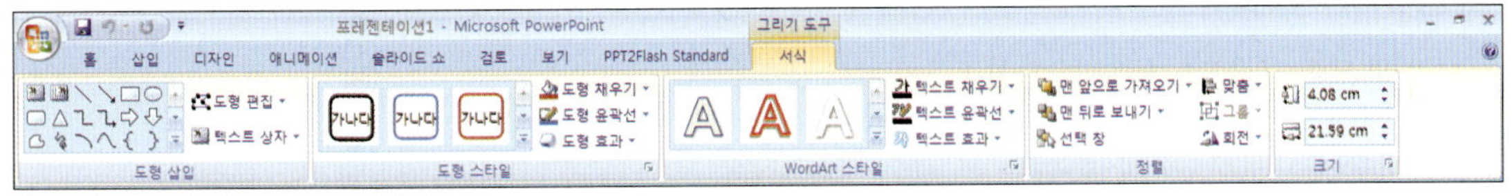

:: 다양한 슬라이드 화면 보기

파워포인트에서 작성한 프레젠테이션은 작업 상황에 맞는 다양한 보기 방법을 제공한다. 파워포인트를 실행했을 때 기본적으로 표시되는 화면 형태이다.

1) 여러 슬라이드 보기

① [보기] 탭의 [프레젠테이션 보기] 그룹에서 [여러 슬라이드]를 클릭한다.

② [여러 슬라이드] 보기 상태로 슬라이드 화면이 변경된다.

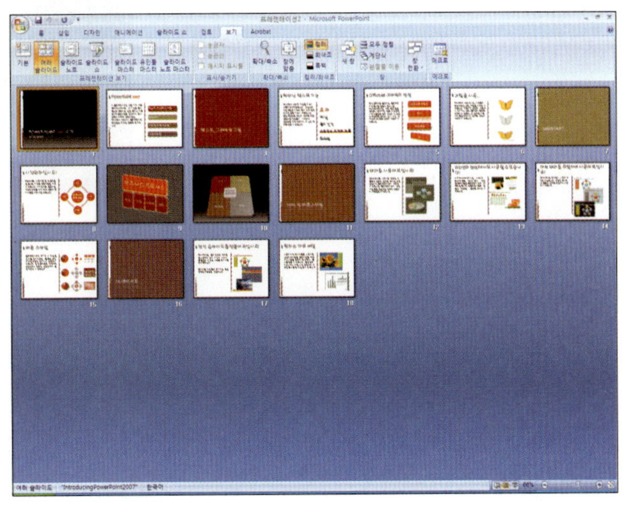

2) 슬라이드 노트 보기

① [프레젠테이션 보기] 그룹에서 [슬라이드 노트]를 클릭한다.

② 프레젠테이션 발표 시 참고 사항을
작성할 수 있는 슬라이드 노트 형
식의 화면으로 변경된다.

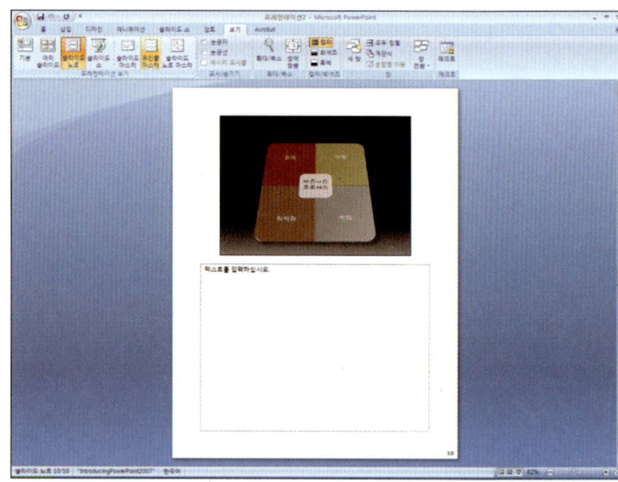

3) 슬라이드 쇼 보기

① [프레젠테이션 보기] 그룹에서 [슬라이드 쇼]를 클릭한다.

② 프레젠테이션이 전체 화면으로 보
인다.

:: 프레젠테이션 만들기

01 [Office] 단추를 클릭한 후 [새로 만들기]를 클릭한다.

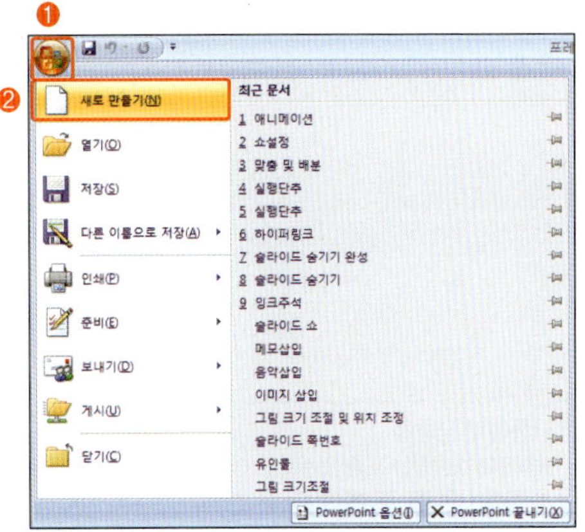

02 [새 문서 및 최근 문서]에서 [새 프레젠테이션]을 선택하고 [만들기]를 클릭한다.

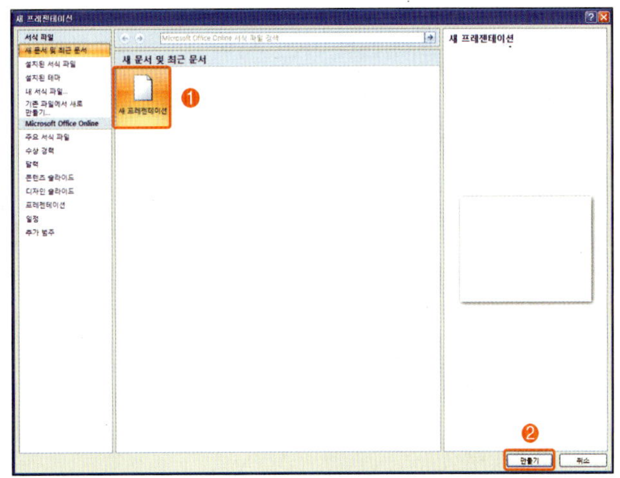

:: 서식 파일로 새 프레젠테이션 만들기

새 프레젠테이션을 시작하는 명령으로 새 프레젠테이션에 서식을 먼저 적용한 후 작성한다는 점이 다르다. Office 테마를 사용하면 다양한 색, 글꼴 및 그래픽 효과를 전체 프레젠테이션에 적용할 수 있다. 프레젠테이션에 삽입하는 모든 요소에는 일관된 스타일이 자동으로 지정된다.

01 [Office] 단추를 클릭한 후 [새로 만들기]를 클릭한다.

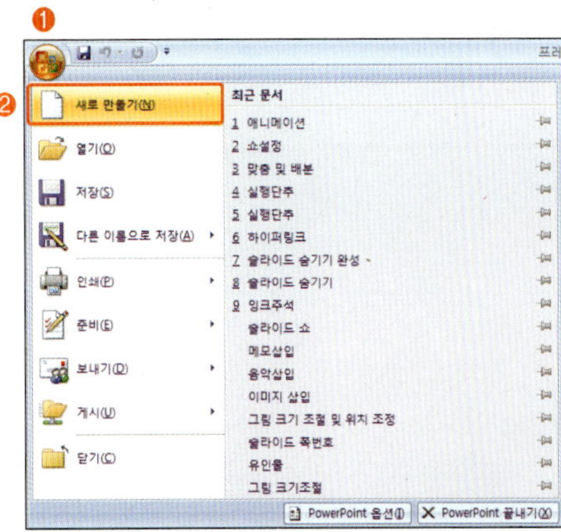

02 [설치된 테마] 목록에서 새 프레젠테이션에 적용할 '오렌지' 테마를 선택하고 [만들기]를 클릭한다.

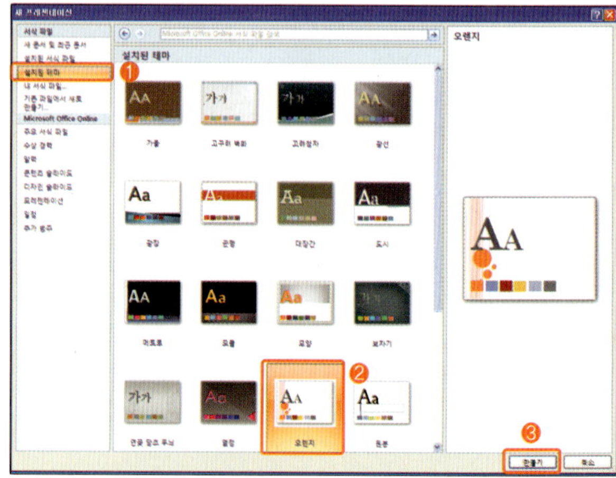

> **tip**
>
> **나중에 변경하기**
>
> 프레젠테이션 작성 도중 언제라도 디자인 탭의 테마 목록에서 원하는 테마를 클릭하여 서식을 변경할 수 있다.

개요로 새 프레젠테이션 시작

*.doc, *.rtf 또는 *.txt 파일의 개요 텍스트를 기반으로 새 프레젠테이션을 만들 수 있는 방법이다. 파워포인트에서 개요 문서를 열어 새 프레젠테이션을 시작한다.

01 [Office] 단추를 클릭한 후 [열기]를 클릭한다.

02 파일 형식을 '모든 파일'로 선택한 후 '그린오피스.docx' Word 문서를 선택하고 [열기] 단추를 클릭한다.

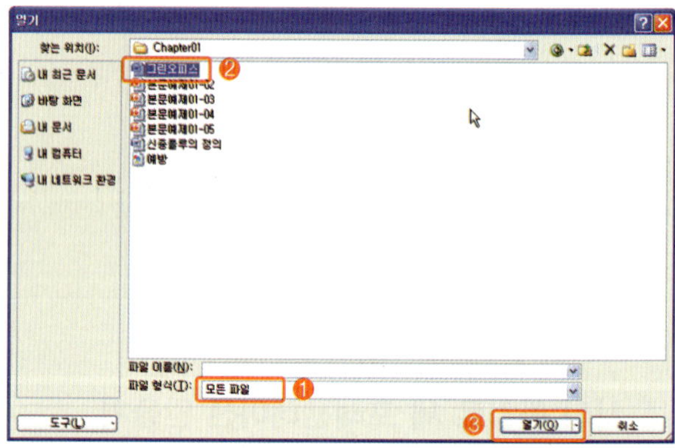

03 선택한 Word 문서가 새 프레젠테이션의 슬라이드로 변환되어 나타난다. 내용은 자동으로 수준별로 구분된다.

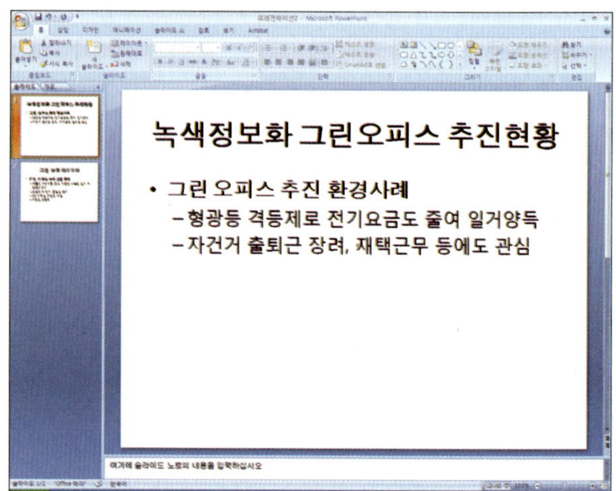

◎ 준비 파일 : Chapter01/신종플루의 정의.docx
◎ 완성 파일 : Chapter01/완성파일/학습완성01-01

❶ '태양' 테마를 이용하여 새 프레젠테이션을 시작
하시오.

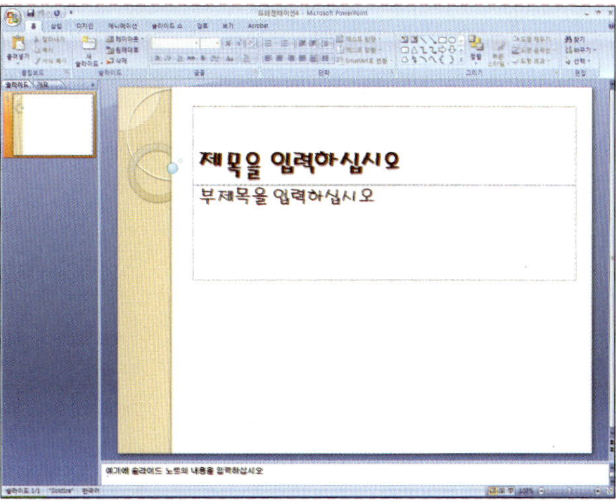

❷ '신종플루의 정의.docx' Word 문서를 이용하여
새로운 프레젠테이션을 작성하시오.

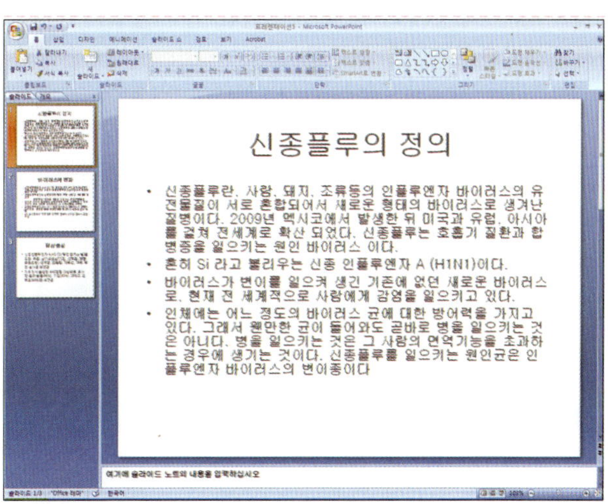

텍스트 작성 및 편집

파워포인트 2007에서는 텍스트를 입력하면 기본적으로 맑은 고딕 글꼴로 입력된다. 슬라이드 문서에 입력한 텍스트의 색상이나, 크기, 글꼴 등은 자유롭게 변경할 수 있으며, 굵게 또는 기울임꼴 등의 속성도 지정할 수 있다.

워밍업

◎ **준비 파일 :** Chapter01/본문예제01-02
◎ **완성 파일 :** Chapter01/완성파일/본문완성01-02
◎ **출제 포인트 :** 슬라이드에 텍스트를 삽입한 후 서식을 설정하고 복사하는 문제

레이아웃을 사용한 텍스트 작성

01 새 프레젠테이션의 제목 슬라이드에서 '제목을 입력하십시오'라고 표시되는 제목란에 커서를 두고 "신종플루예방법"을 입력한다. 부제목에는 작성자의 이름을 각자 입력한다.

02 입력한 슬라이드에서 제목 텍스트를 클릭한 후 [홈] 탭의 [글꼴] 그룹에서 [글꼴] 대화상자 단추를 선택한다.

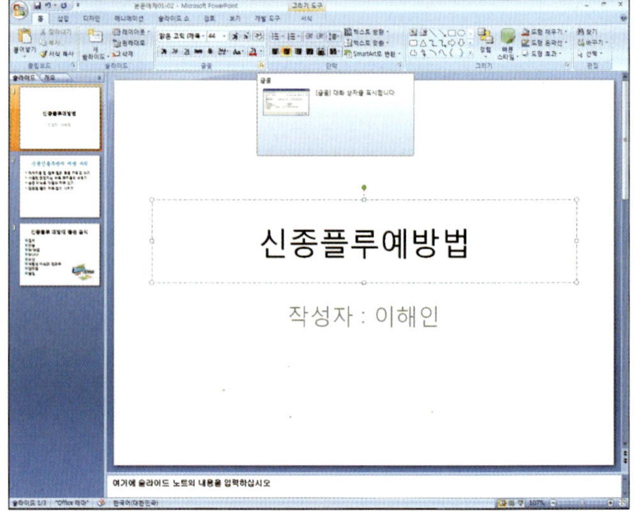

03 [글꼴] 대화상자가 나타나면 글꼴은 '궁서체', 글꼴 스타일은 '굵게', 크기는 '48', 글꼴 색은 '파랑색' 계열을 선택하고 [확인] 단추를 클릭한다.

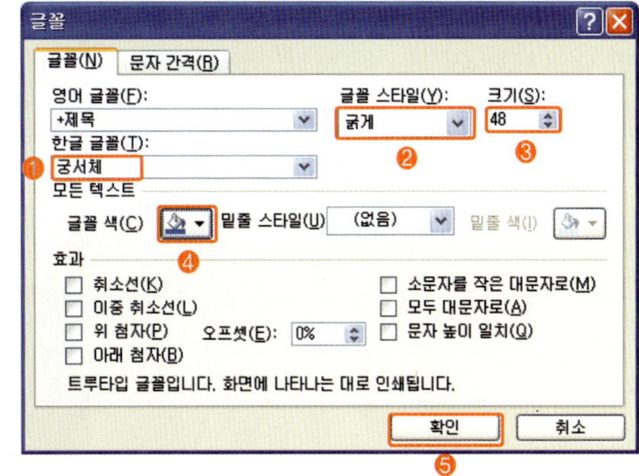

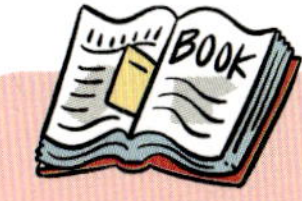

미니 도구 모음

슬라이드에 입력된 텍스트를 블록으로 지정하면 미니 도구 모음이 흐릿하게 표시된다. 미니 도구 모음에 마우스 오른쪽 포인터를 올려놓으면 미니 도구를 사용할 수 있다. 미니 도구 모음은 단락 지정 및 자주 사용하는 도구를 모아 놓은 것으로 텍스트의 속성을 빠르게 변경할 수 있도록 도와준다. 실시간 미리 보기는 적용되지 않는다.

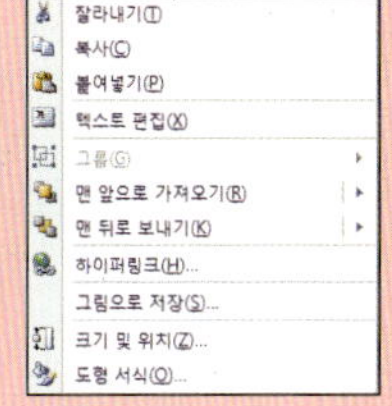

텍스트 상자

슬라이드 레이아웃을 통해 삽입한 새 슬라이드에는 텍스트를 입력할 수 있는 특수한 개체 틀이 포함되어 있다. 또한 이 외에 다른 텍스트 상자를 추가하여 내용을 입력할 수도 있다.
가로 방향의 텍스트 상자와 세로 방향의 텍스트 상자가 있으며, 세로 텍스트 상자는 강조하려는 텍스트가 있거나 그림, 차트 등에 레이블 또는 부가 설명을 추가하고자 할 때 주로 사용한다.

01 이미 빈 슬라이드가 삽입되어 있다면 슬라이드의 레이아웃을 '제목만' 형태로 변경하고, 빈 슬라이드가 없다면 새 슬라이드를 추가한다.

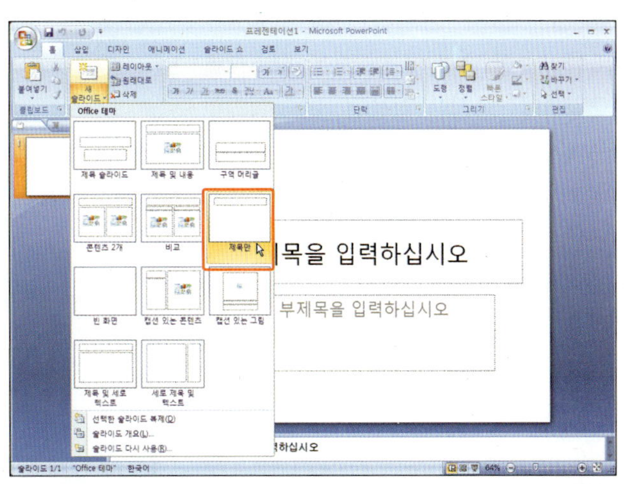

02 세로 방향으로 텍스트를 입력할 때는 [그리기 도구]–[서식] 탭의 [도형 삽입] 그룹에서 [텍스트 상자]–[세로 텍스트 상자(▥)]를 클릭한다.

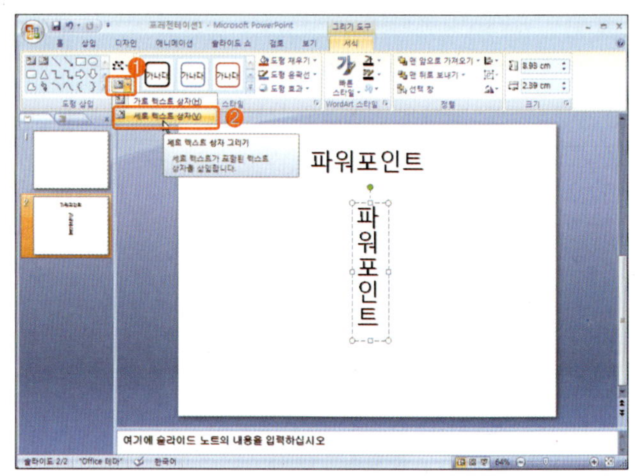

서식 복사

복사한 텍스트의 글꼴, 글꼴 크기, 맞춤, 테두리, 음영, 테두리, 글머리 기호 등을 복사하여 원하는 텍스트에 빠르게 적용할 수 있다. 특정한 모양을 반복적으로 자주 지정해야 하는 경우에 매우 편리하게 사용할 수 있다.

01 서식이 지정된 2번 슬라이드에서 제목 텍스트 상자를 선택한 뒤 [홈] 탭의 [클립보드] 그룹에서 [서식 복사(🖌)]를 클릭한다.

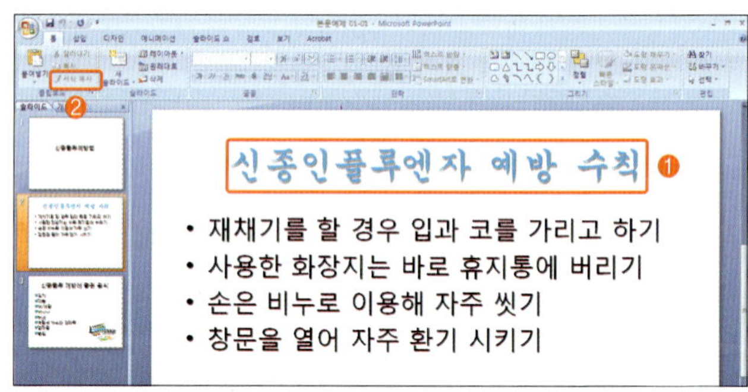

02 마우스 포인터가 🖌 모양으로 바뀌면 3번 슬라이드의 제목 텍스트를 클릭한다. 서식이 적용된 것을 확인할 수 있다.

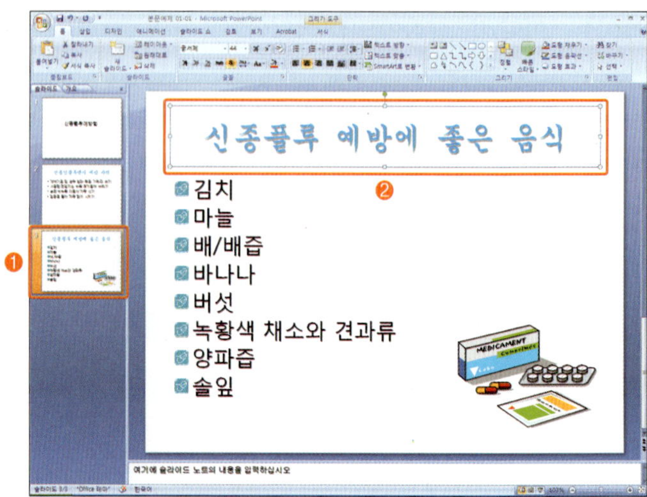

---

tip

서식을 여러 번 붙여넣기
[서식 복사]를 연속해서 적용하고 싶다면 [서식 복사] 도구를 더블 클릭하면 된다.

◎ 준비 파일 : Chapter01/확인학습01-02
◎ 완성 파일 : Chapter01/완성파일/학습완성01-02

❶ 제목 슬라이드의 제목 표시줄에 "신종인플루엔자 예방법"을 입력하고 '굴림체', '굵게', '50pt', '연한 파랑'으로 설정하시오.

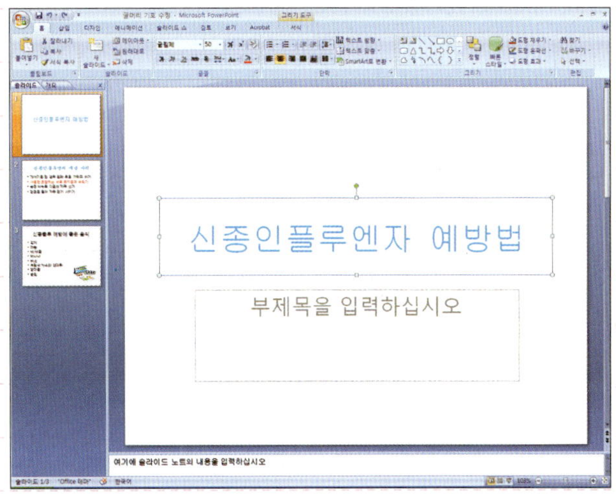

❷ '2번 슬라이드'의 '사용한 화장지는~'으로 시작하는 두 번째 글머리 기호 목록의 텍스트의 서식을 네 번째 목록 '창문을 열어~'로 시작하는 목록으로 서식 복사하시오.

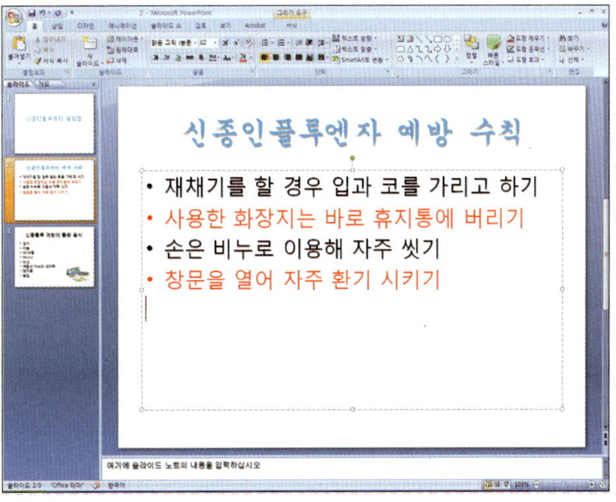

글머리 기호 및 번호 매기기

순서가 있는 내용이나 요약된 내용을 입력할 때 숫자나 기호를 붙여 다른 문장과 구분하고 싶다면 [글머리 기호 및 번호 매기기] 기능을 사용한다. 글머리 기호의 기본 모양은 사용자가 원하는 모양으로 변경할 수 있다.

워밍업

◎ **준비 파일** : Chapter01/본문예제01-03, 예방.wmf
◎ **완성 파일** : Chapter01/완성파일/본문완성01-03
◎ **출제 포인트** : 텍스트의 글머리 기호 및 번호 매기기를 적용하고 단 간격을 조절하는 문제

글머리 기호 지정

01 1번 슬라이드를 열고 글머리 기호 텍스트 상자를 클릭한 후 [홈] 탭의 [단락] 그룹에서 [글머리 기호]- '속이 찬 다이아몬드형 글머리 기호'를 클릭한다.

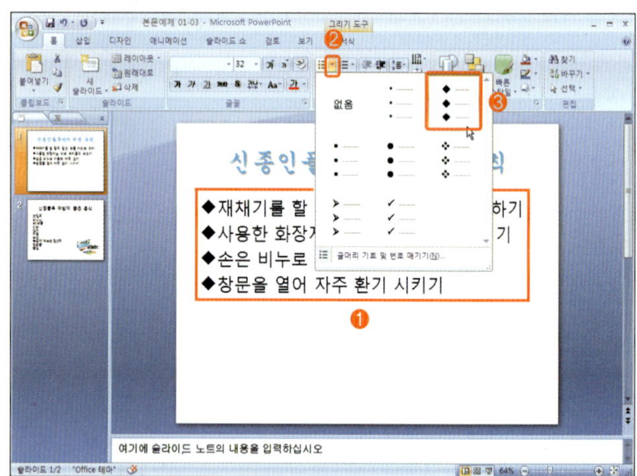

02 2번 슬라이드에서 글머리 기호 텍스트 상자를 선택한 후 [홈] 탭의 [단락] 그룹에서 [번호 매기기]를 클릭하고 '1. 2. 3.'을 선택한다.

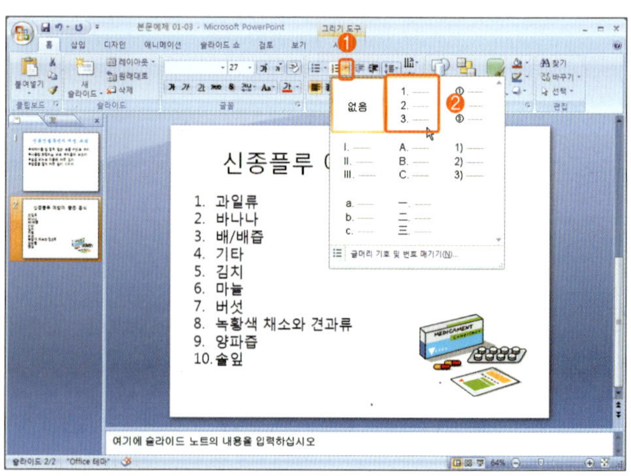

글머리 기호 변경

01 2번 슬라이드에서 글머리 기호 텍스트 상자를 선택한 후 [홈] 탭의 [단락] 그룹에서 [글머리 기호]-[글머리 기호 및 번호 매기기]를 클릭한다.

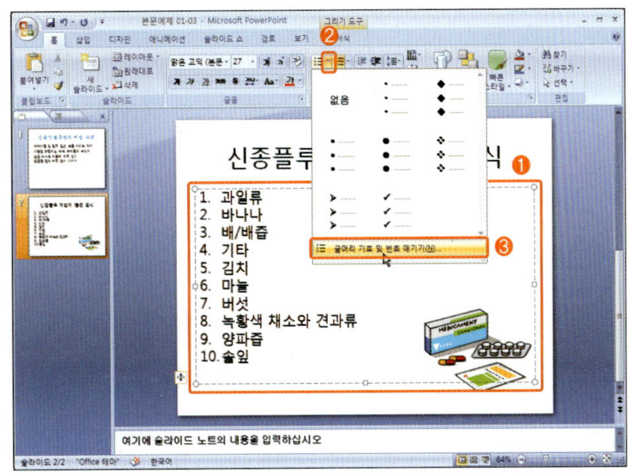

02 [글머리 기호 및 번호 매기기] 대화상자가 나타나면 [그림] 단추를 클릭한다.

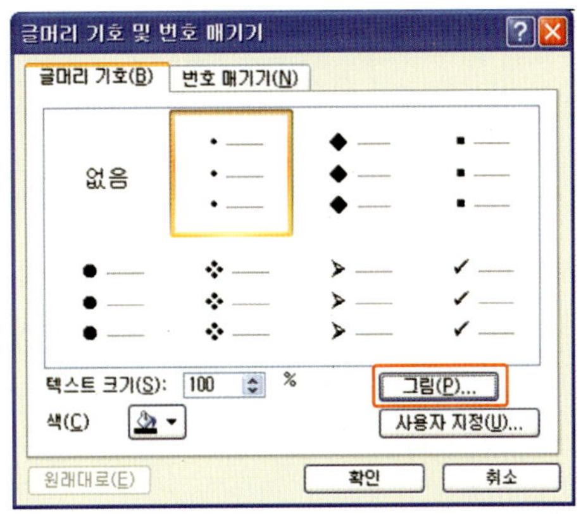

03 [그림 글머리 기호] 대화상자의 글머리 기호는 그래픽 이미지 형태의 기호로 Office가 설치될 때 같이 설치되는 이미지이다. [가져오기] 단추를 클릭한다.

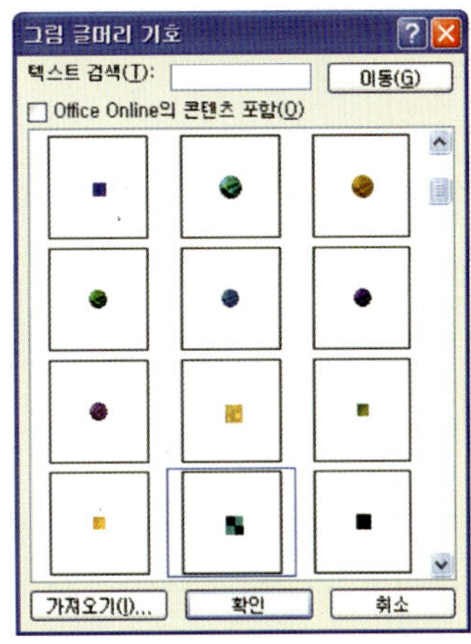

04 [chapter01] 폴더에 예제 파일로 제공되는 '예방.wmf'을 선택하고 [추가] 단추를 클릭한다.

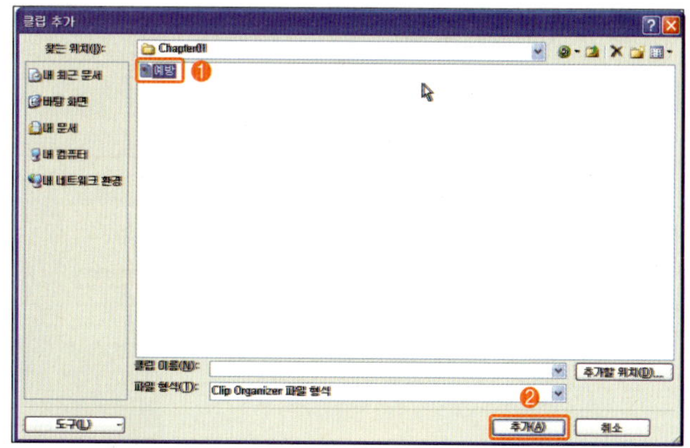

05 [그림 글머리 기호]에 추가된 이미지를 확인할 수 있다. 이미지를 선택하고 [확인] 단추를 클릭한다.

---

t i p

사용자 지정 글머리 기호

사용자 지정 글머리 기호를 사용하여 글꼴에 따른 다양한 기호들을 사용할 수도 있다.

∷ 수준 조정

글머리 기호의 항목 수준을 지정해 주면 프레젠테이션의 가독성을 높여 눈에 띄는 프레젠테이션을 만들 수 있다.

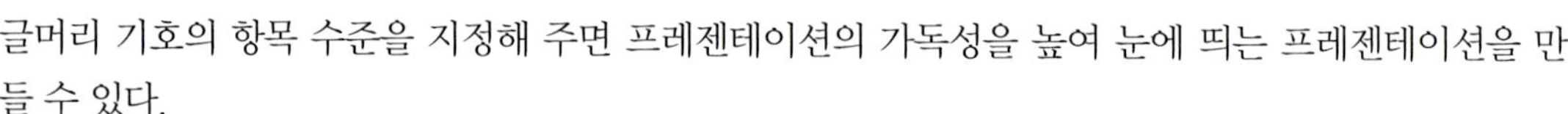

01 수준을 지정할 부분을 드래그하여 블록으로 지정한 후 [홈] 탭의 [단락] 그룹에서 [목록 수준 늘림]을 클릭한다.

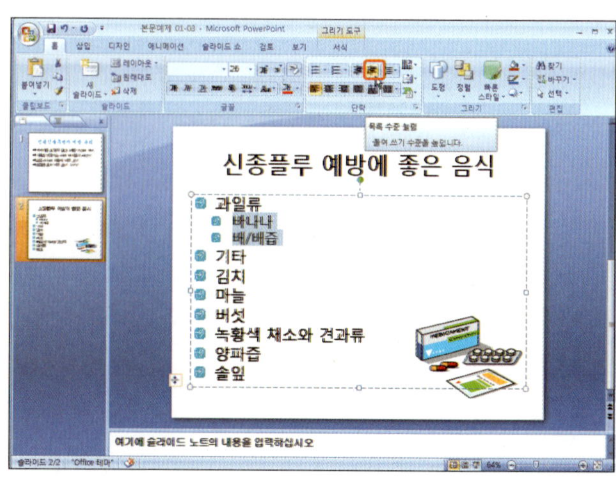

---

t i p

여러 단락 선택하기

떨어진 단락에 한꺼번에 수준을 지정할 경우에는 Ctrl 을 누르고 각 단락을 선택한다.

단 지정 및 단 간격 조절

정렬, 줄 간격, 단락 간격 등의 단락 서식을 통해 텍스트를 좀 더 보기 편하게 꾸며 볼 수 있다. 단락이란 Enter 를 눌러 구분되는 글의 단위를 말하는 것으로 한 줄로 구성될 수도 있고 여러 줄로 구성될 수도 있다.

01 2번 슬라이드에서 글머리 기호 텍스트 상자를 클릭한 후 [홈] 탭의 [단락] 그룹에서 [단]-[기타 열]을 클릭한다.

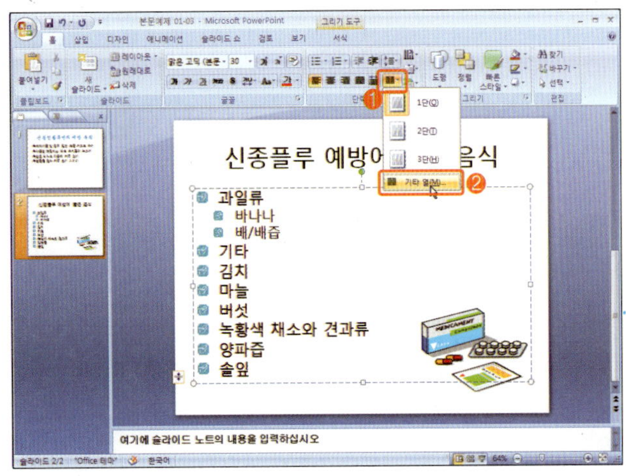

02 개수는 '2', 간격은 '2.5cm'로 설정한 후 [확인] 단추를 클릭한다.

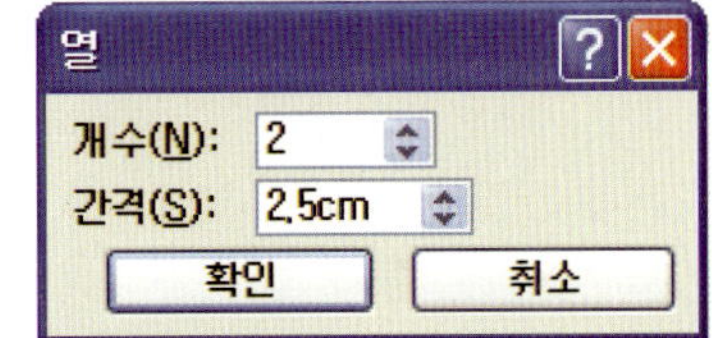

03 해당 슬라이드가 두 개의 열로 분리된 것을 볼 수 있다.

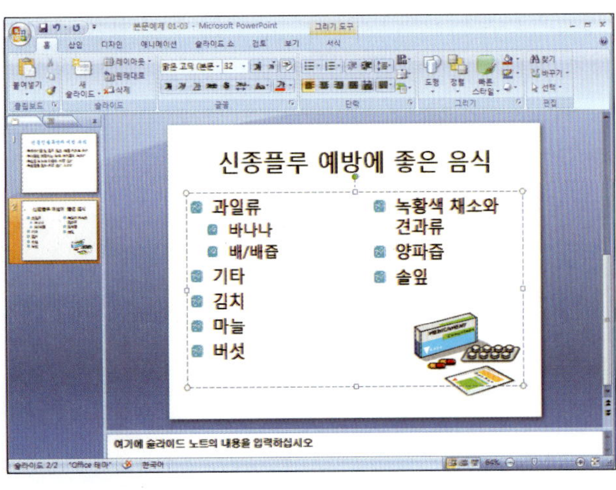

❶ 2번 슬라이드의 텍스트 목록 상자에 '◆' 모양의 글머리 기호를 삽입하시오.

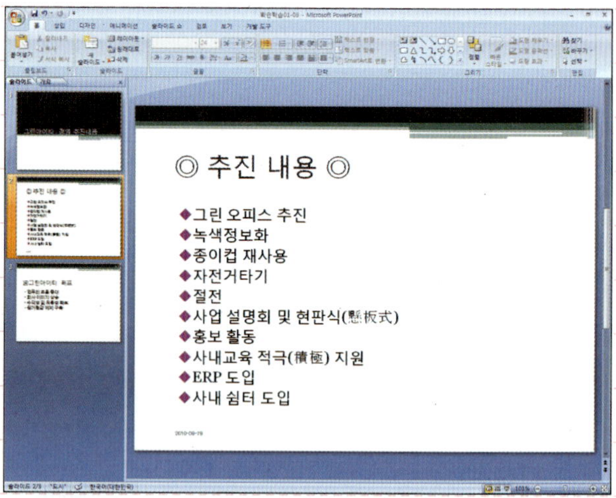

❷ 2번 슬라이드의 내용 텍스트 '녹색정보화, 종이컵 재사용, 자전거 타기, 절전' 단락의 글머리 기호 목록 수준을 '2수준' 으로 변경하시오.

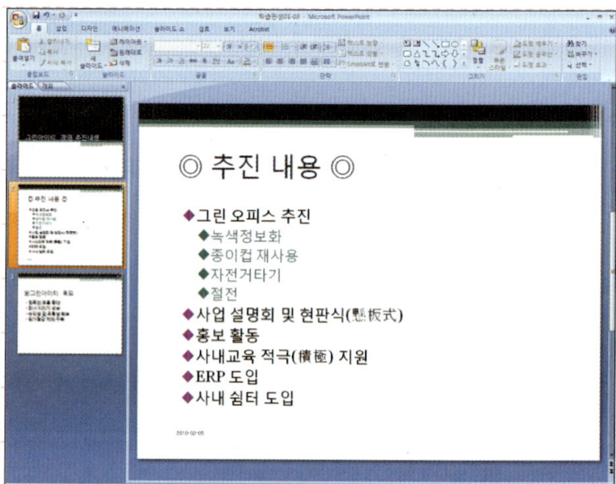

❸ '3번 슬라이드' 의 '그린아이티 목표' 라는 내용 텍스트 글머리 기호를 '달성.png' 로 변경하시오.

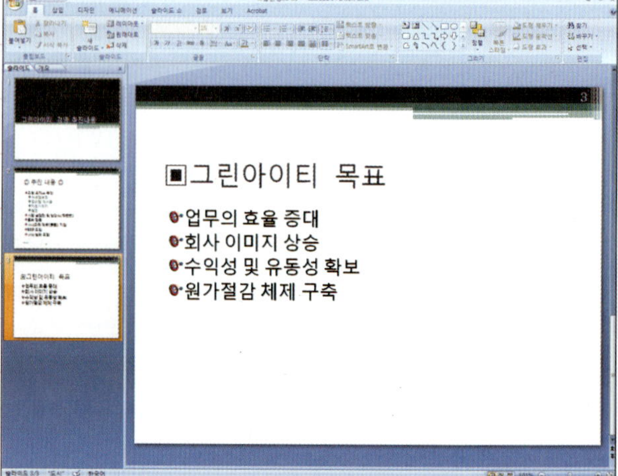

새 슬라이드 및 레이아웃

현재 프레젠테이션에서 새 슬라이드나 레이아웃 작업 창을 통해 슬라이드를 추가하고 삭제 및 변경을 할 수 있다. Office 테마에서는 11개의 레이아웃을 지원한다.

워밍업

◎ **준비 파일 :** Chapter01/본문예제01-04
◎ **완성 파일 :** Chapter01/완성파일/본문완성01-04
◎ **출제 포인트 :** 새 슬라이드 삽입, 삭제, 이동의 방법을 묻는 문제

새 슬라이드 삽입 및 슬라이드 변경

01 16번 슬라이드를 선택하고 [홈] 탭의 [슬라이드] 그룹에서 [새 슬라이드]-[제목 및 내용] 레이아웃을 클릭한다.

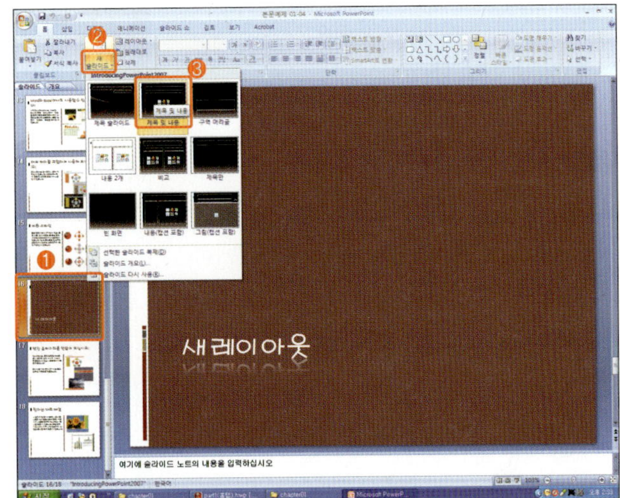

02 16번 슬라이드 다음에 새 슬라이드가 삽입된다.

03 1번 슬라이드를 선택하고 [홈] 탭의 [슬라이드] 그룹에서 [레이아웃]-[제목 슬라이드]를 클릭하여 레이아웃을 변경한다.

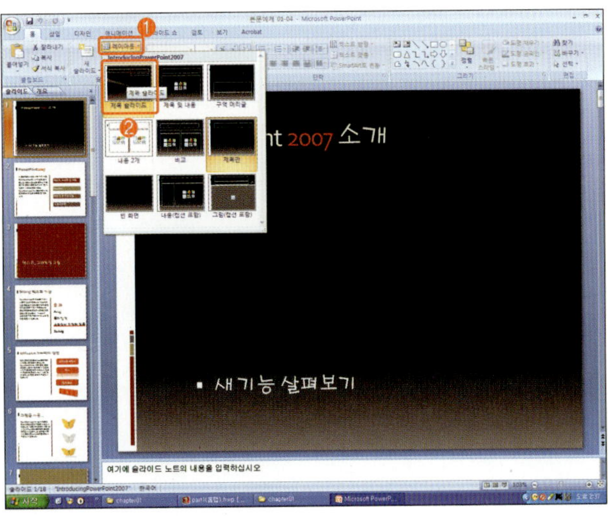

⠿ 슬라이드 이동 및 삭제

01 슬라이드 보기 창에서 2번 슬라이드를 선택한 후 5번 슬라이드 다음으로 드래그하여 이동한다.

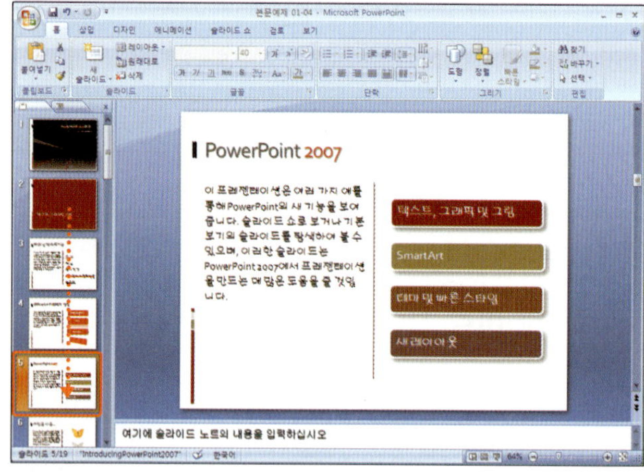

---

tip

메뉴로 이동하기

마우스 오른쪽 단추를 클릭하여 [잘라내기]와 [붙여넣기] 메뉴를 이용하여 이동할 수도 있다.

02 2번 슬라이드를 선택한 후 마우스 오른쪽 단추를 클릭하고 [슬라이드 삭제]를 클릭한다. 또는 슬라이드를 선택하고 Delete 를 눌러 삭제할 수도 있다.

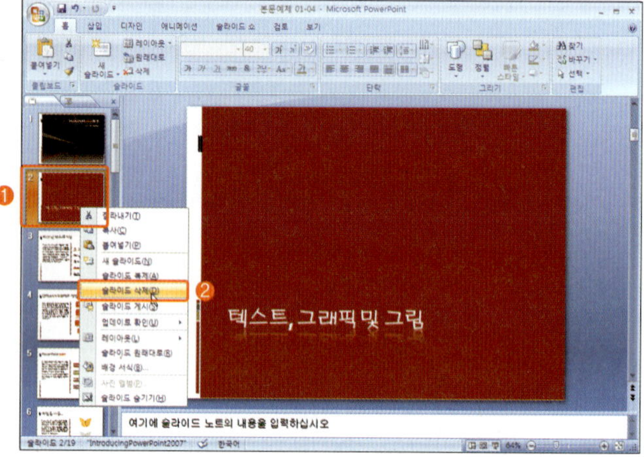

◎ 준비 파일 : Chapter01/확인학습01-04
◎ 완성 파일 : Chapter01/완성파일/학습완성01-04

❶ 1번 슬라이드의 레이아웃을 '제목 슬라이드'로 변경하시오.

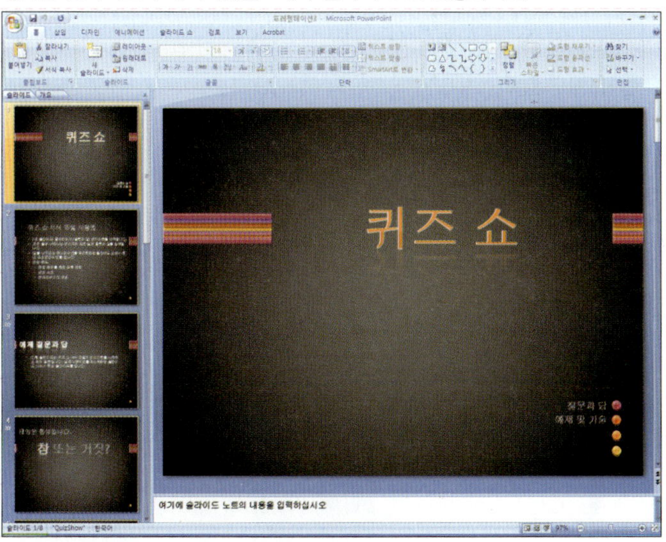

❷ 4번 슬라이드를 삭제하시오.

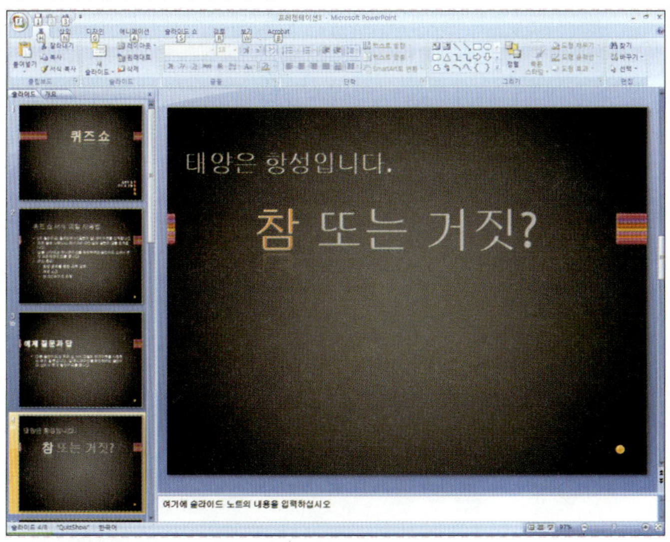

05

슬라이드 개요

*.docx, *.rtf, *.txt 등의 문서를 현재 프레젠테이션에 추가하여 개요 문서로 사용할 수 있다.

워밍업

◎ **준비 파일** : Chapter01/본문예제01-05, 신종플루의 정의.docx
◎ **완성 파일** : Chapter01/완성파일/본문완성01-05
◎ **출제 포인트** : 기존 슬라이드에 개요 문서를 삽입하는 문제

슬라이드 개요 삽입

01 제목 슬라이드를 선택하고 [홈]
탭의 [슬라이드] 그룹에서 [새 슬라이
드]-[슬라이드 개요]를 클릭한다. [개요
삽입] 대화상자가 열리면 [Chapter01]
폴더에서 '신종플루의 정의.docx' 파일
을 선택하고 [삽입] 단추를 클릭한다.

02 제목 슬라이드 다음에 3장의 슬
라이드가 삽입된다. 삽입된 슬라이드의
텍스트 서식을 작업한 프레젠테이션 서
식과 어울리게 적용하여 사용한다.

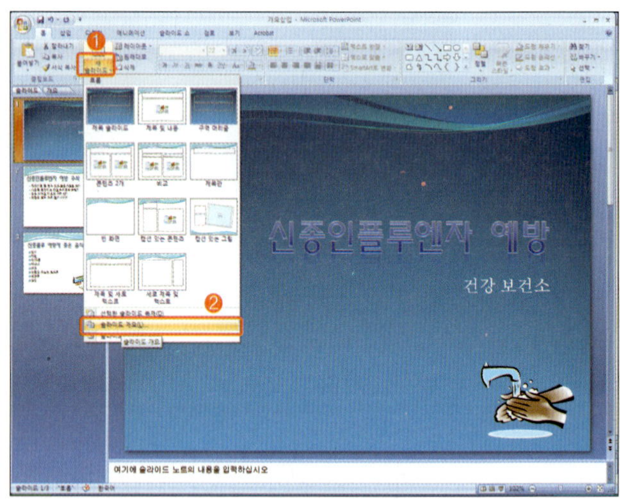

확인학습

◎ **준비 파일** : Chapter01/확인학습01-05, 퀴즈쇼.rtf
◎ **완성 파일** : Chapter01/완성파일/학습완성01-05

❶ '1번 슬라이드' 다음에 '퀴즈쇼.rtf' 개요를 삽

입하시오.

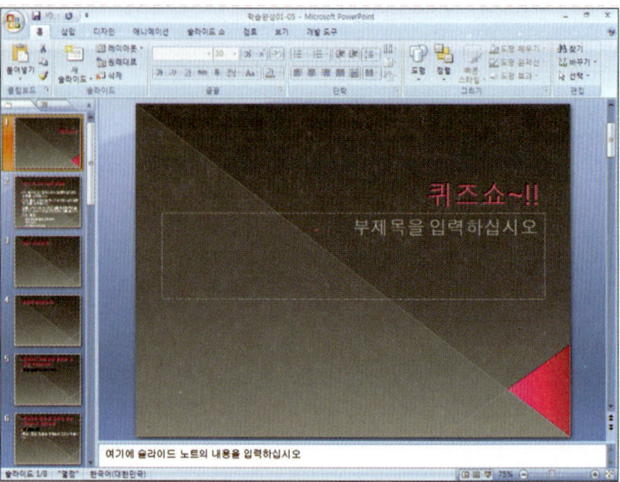

chapter 02

삽입 탭

그래픽 삽입 및 편집

워밍업

◎ **준비 파일 :** Chapter02/본문예제02-01, 컴퓨터.png
◎ **완성 파일 :** Chapter02/완성파일/본문완성02-01
◎ **출제 포인트 :** 슬라이드에 그래픽을 삽입하고 크기를 조절하는 문제

그림을 배경에 넣거나 프레젠테이션 내용과 관련된 시각적인 요소로 사용하면 색다른 분위기를 만들 수 있다. 특히 마스터 기능을 이용하여 그림을 삽입하면 모든 슬라이드에 표시되므로 회사 로고 등을 삽입하면 좋다. 그림 파일은 인터넷에서 검색하거나 디지털 카메라나 스캐너를 이용해서 준비할 수 있다. 또한 그래픽 전문 편집 도구를 이용하면 개성 있는 그림 파일도 직접 제작할 수 있다. 슬라이드에 삽입할 수 있는 그림 파일에는 jpg, png, gif, tif, emf, wmf, bmp, dib 등이 있다.

그림 삽입

01 2번 슬라이드를 선택하고 [삽입] 탭의 [일러스트레이션] 그룹에서 [그림]을 클릭한다.

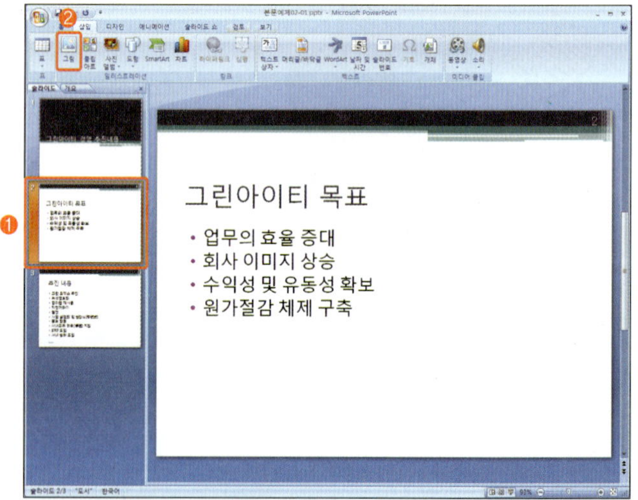

02 [그림 삽입] 대화상자가 열리면 [Chapter02] 폴더에 예제로 제공되는 '컴퓨터.png' 그림 파일을 선택하고 [삽입] 단추를 클릭한다.

[그림 도구]-[서식] 탭을 이용하여 그림에 스타일 적용하기

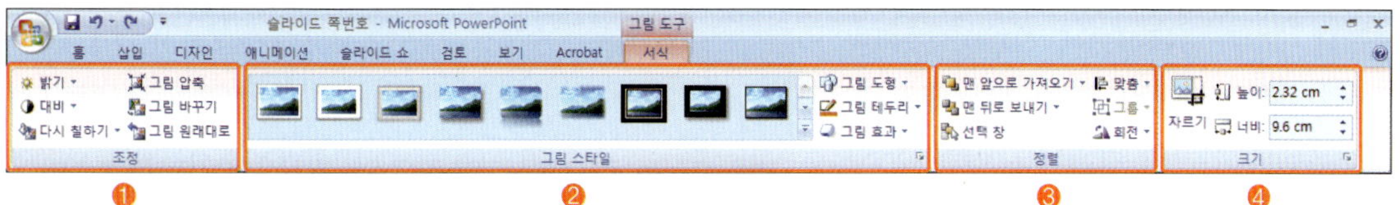

❶ [조정] 그룹

- 밝기 : 그림의 밝기를 조정한다.
- 대비 : 그림의 대비를 조정한다.
- 다시 칠하기 : 그림에 컬러 모드, 어두운 변형, 밝은 변형 등의 색상을 적용할 수 있으며 [투명한 색 설정]을 이용하여 그림 배경을 투명하게 지정할 수도 있다.
- 그림 압축 : 그림의 픽셀을 축소하고 잘려진 그림 영역을 삭제할 수 있다. 또 출력 형태에 따라 그림의 해상도를 정할 수 있다.
- 그림 바꾸기 : 새로운 그림으로 바꾼다.
- 그림 원래대로 : 변경한 서식을 모두 없애고 초기 값으로 되돌린다.

❷ [그림 스타일]

- 그림 스타일 : 그림에 가장자리 효과, 반사 효과 등의 고급스러운 스타일을 적용한다.
- 그림 도형 : 그림에 선택한 도형의 모양이 적용된다.
- 그림 테두리 : 그림 가장자리에 테두리 서식 스타일을 적용한다.
- 그림 효과 : 그림에 입체 효과, 3차원 효과 등을 적용할 수 있다.

❸ [정렬] 그룹

- 맨 앞으로 가져오기/맨 뒤로 보내기 : 선택한 그림의 순서를 변경한다.
- 선택 창 : 개체 목록을 선택할 수 있다.
- 맞춤 : 여러 개의 개체를 수직 또는 수평으로 정렬하고 간격을 동일하게 배분한다.
- 그룹 : 선택한 여러 개의 개체를 하나의 개체로 묶는다.
- 회전 : 선택한 개체를 90° 씩, 혹은 자유 각도로 회전시킨다.

❹ [크기] 그룹

- 자르기 : 삽입된 그림의 특정 부분만 자를 수 있다. [자르기] 도구를 클릭하면 8개의 자르기 조절점이 그림 테두리에 나타나는데, 이 자르기 조절점을 드래그하는 만큼의 그림 영역이 잘린다. 자르기가 완료되면 [자르기] 도구를 다시 한 번 클릭하거나 Esc 를 눌러 해제한다.
- 도형 높이/도형 너비 : 개체의 크기를 조절한다.

✥ 크기 및 위치 변경

01 2번 슬라이드에 삽입한 그래픽을 선택한 후 [그림 도구]–[서식] 탭의 [크기] 그룹에서 [크기 및 위치] 대화상자 단추를 클릭한다.

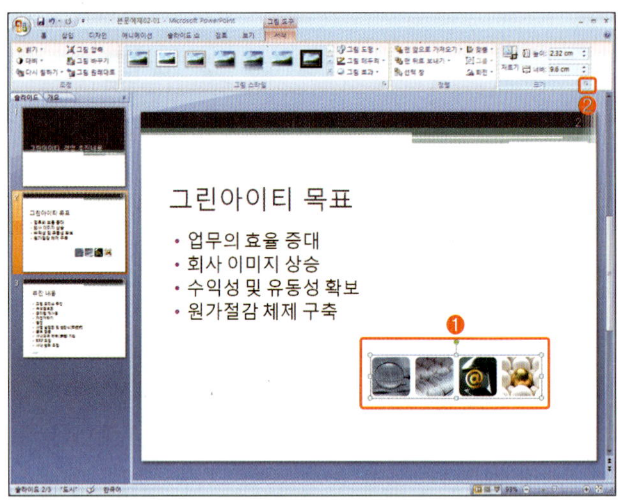

02 [크기 및 위치] 대화상자의 [크기] 탭에서 높이는 '3.5cm', 너비는 '13cm'로 설정한다.

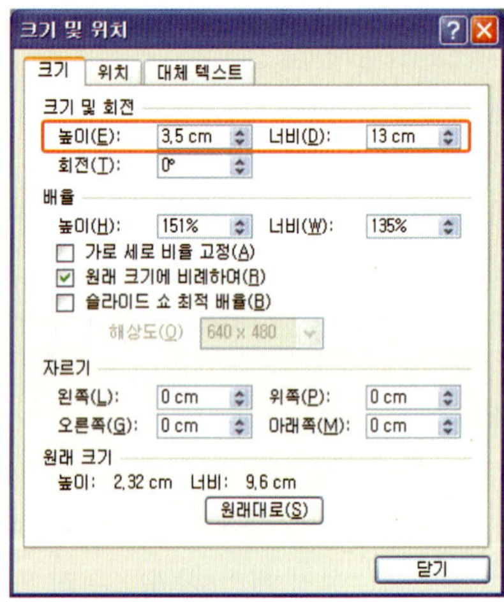

tip

가로 세로 비율 고정

그림의 크기의 높이와 너비를 변경할 때는 [가로 세로 비율 고정]을 체크 해제한 후 높이와 너비를 값으로 입력한다.

03 [위치] 탭을 클릭하고 가로는 '11cm' 세로는 '15cm'로 설정한 후 [닫기] 단추를 클릭한다.

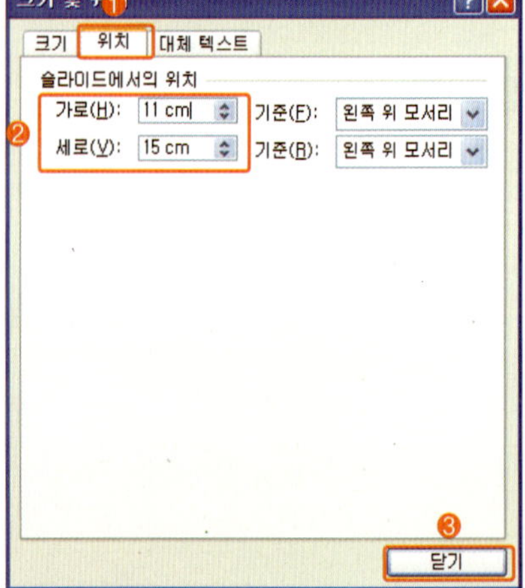

tip

이렇게 해도 됩니다.

[크기 및 위치] 대화상자는 이미지를 선택한 후 마우스 오른쪽 단추를 클릭하여 [크기 및 위치] 메뉴를 선택하여 열 수도 있다.

:: 클립 아트 삽입

01 3번 슬라이드를 선택하고 [삽입] 탭의 [일러스트레이션] 그룹에서 [클립 아트]를 클릭한다.

02 [클립 아트] 작업창에서 검색 대상에 "경영"을 입력하고 [이동] 단추를 클릭한다.

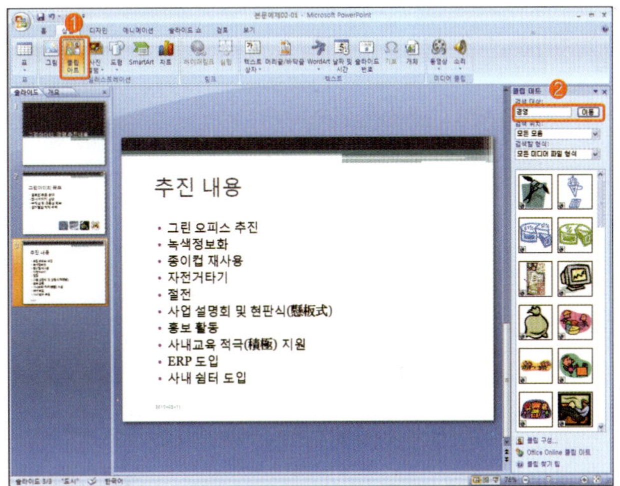

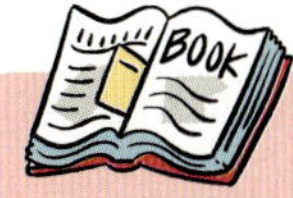 알아두기

클립 아트 검색하기

❶ 검색 대상 : 찾을 유형의 검색어를 입력한다.
❷ 검색 위치 : 내 모음, Office 모음, 웹 모음으로 제한하거나 모든 범위를 설정하여 검색한다.
❸ 검색할 형식 : 검색할 파일의 형식 등을 선택할 수 있다.

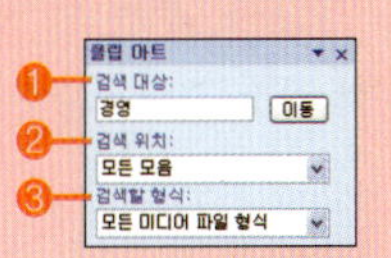

03 '경영' 관련 클립 아트가 오른쪽 작업창에 검색되면 임의의 클립 아트를 클릭하여 슬라이드의 오른쪽 하단으로 드래그한다.

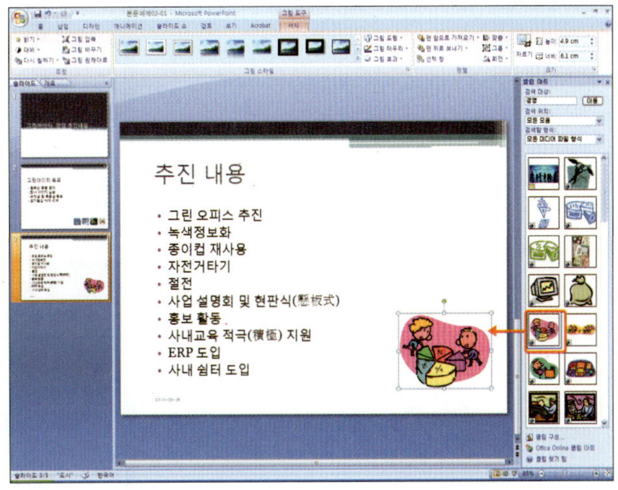

확인학습

◎ 준비 파일 : Chapter02/확인학습02-01, 예방.png
◎ 완성 파일 : Chapter02/완성파일/학습완성02-01

❶ 1번 슬라이드의 오른쪽 하단에 '예방.png' 그림을 삽입하고 그래픽의 높이를 '4cm'로 변경하시오.

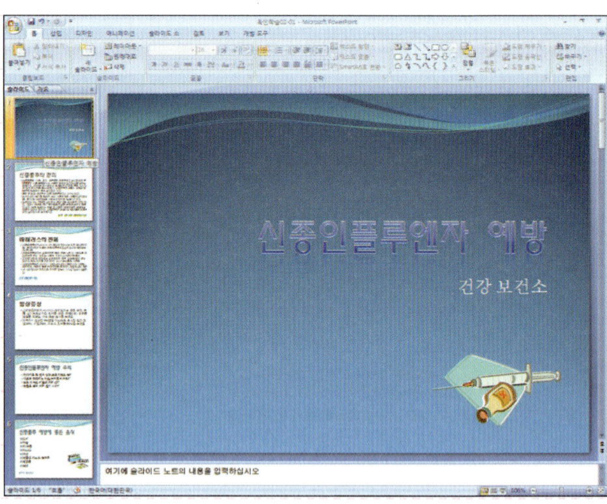

❷ 5번 슬라이드의 글머리 기호 목록 오른쪽 아래에 '손씻기' 관련 클립 아트를 검색하여 넣고, '강조색 6, 11pt 네온' 그림 효과를 적용하시오.

❸ 제목 슬라이드에 있는 그림만 '전자메일' 형식으로 압축하시오.

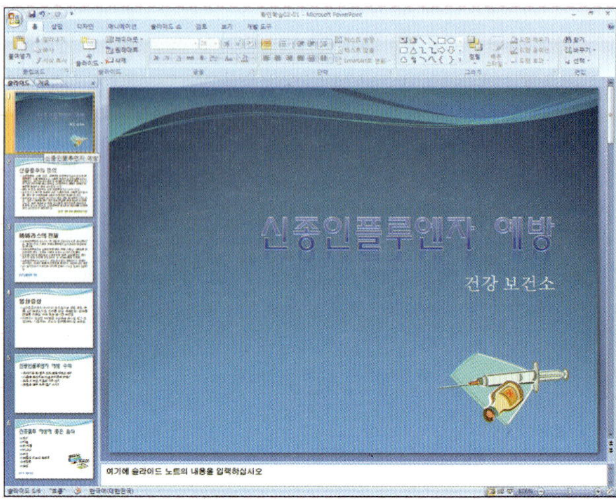

도형 삽입 및 편집

다양한 종류의 도형을 슬라이드에 삽입하여 좀더 비주얼하고 눈에 띄는 프레젠테이션을 할 수 있다. 특히 글로 표현하기 어려운 개념들을 도형으로 만들면 청중의 이해를 효율적으로 높일 수도 있다. 물론 도형 안에 텍스트를 입력할 수도 있다.

워밍업

◎ **준비 파일 :** Chapter02/본문예제02-02-1, 본문예제02-02-2
◎ **완성 파일 :** Chapter02/완성파일/본문완성02-02-1, 본문완성02-02-2
◎ **출제 포인트 :** 도형을 삽입하고 편집하는 문제

도형 삽입

01 [홈] 탭의 [그리기] 그룹에서 [도형]을 클릭하고 기본 도형에 있는 '하트' 도형을 클릭한다.

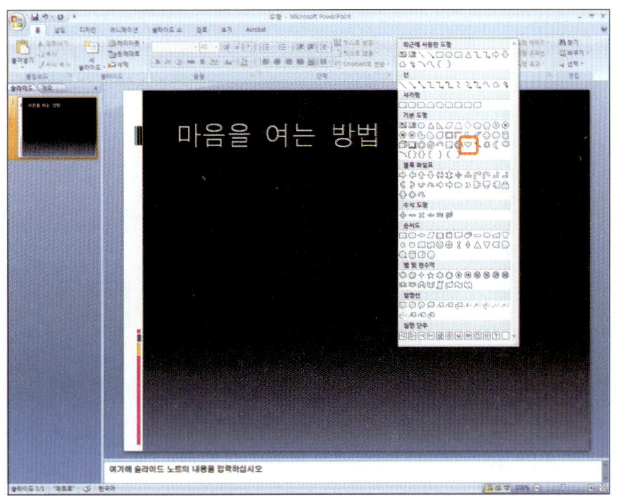

02 슬라이드의 왼쪽 위부터 드래그하여 도형을 그린다.

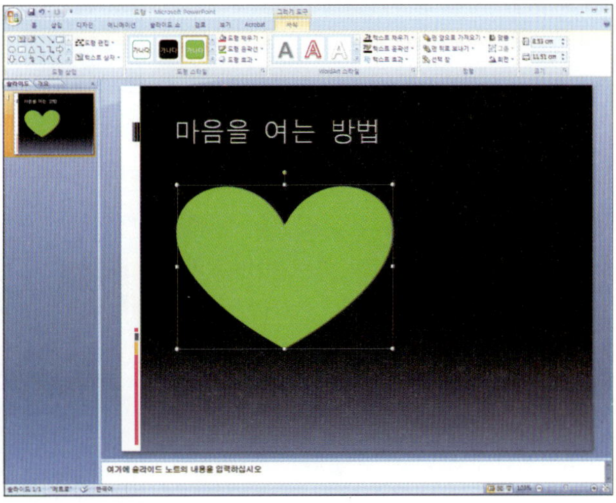

❖ 도형 편집

01 도형을 마우스 오른쪽 단추로 클릭하여 [크기 및 위치]를 선택한 후 [크기 및 위치] 대화상자에서 높이와 너비를 각각 '10cm'로 지정하고 [닫기]를 클릭한다.

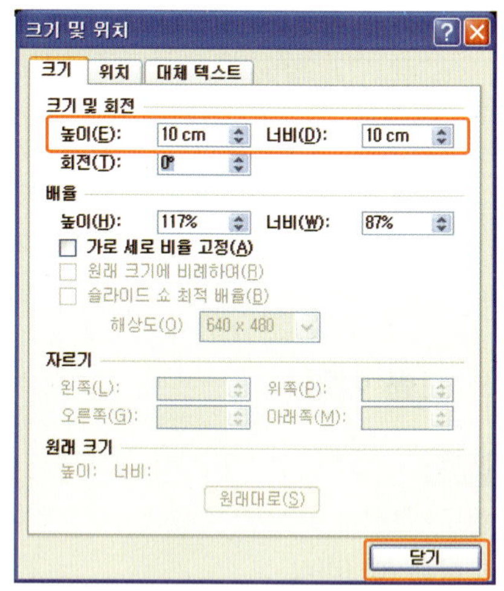

02 도형이 선택된 상태에서 [그리기 도구]-[서식] 탭의 [도형 스타일] 그룹에서 [자세히] 단추를 클릭하고 '강한 효과-강조3' 스타일을 선택한다.

03 [그리기 도구]-[서식] 탭의 [도형 스타일] 그룹에서 [도형 채우기]-[그라데이션]을 클릭하고 '가운데에서'를 선택한다.

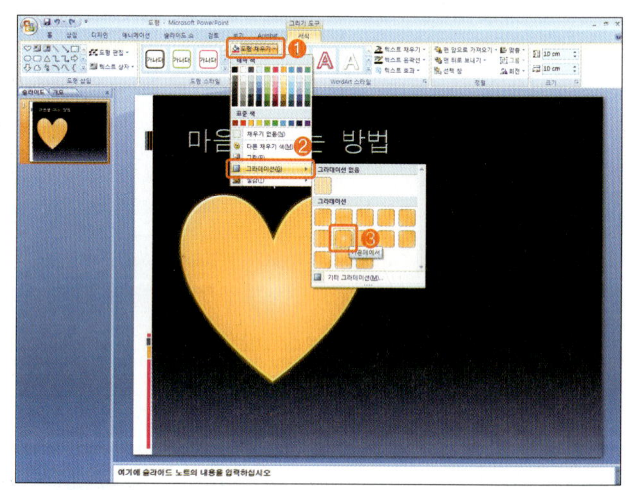

04 [홈] 탭의 [그리기] 그룹에서 [도형]을 클릭하고 '블록 화살표' 중 '왼쪽 화살표' 도형을 선택하여 하트 이미지의 오른쪽에 삽입한다.

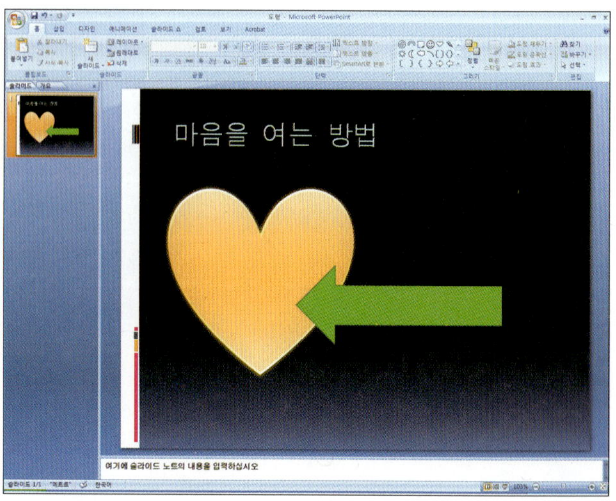

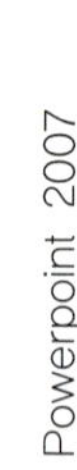

05 화살표 도형을 선택하고 [그리기 도구]−[서식] 탭의 [도형 스타일] 그룹에서 [도형 채우기]−[다른 채우기 색]을 클릭한다.

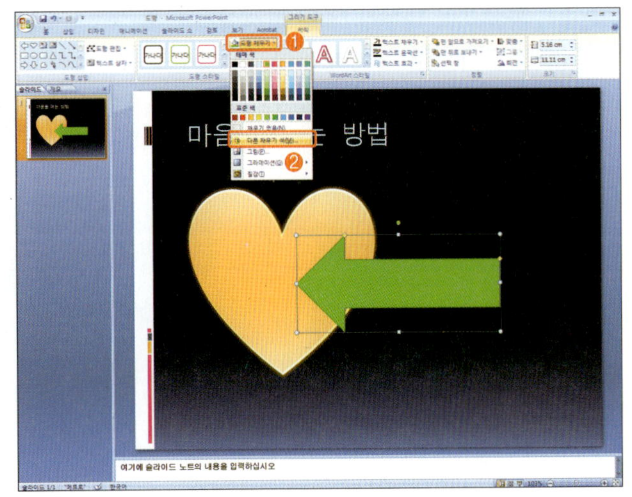

06 [색] 대화상자의 [표준] 탭에서 분홍색 계열을 선택한 후 투명도 '80%'로 설정하고 [확인] 단추를 클릭한다.

07 화살표 도형에 그라데이션 효과를 지정하기 위해 [그리기 도구]−[서식] 탭의 [도형 스타일] 그룹에서 [도형 채우기]−[그라데이션]−[어두운 그라데이션]의 '선형 오른쪽'을 선택한다.

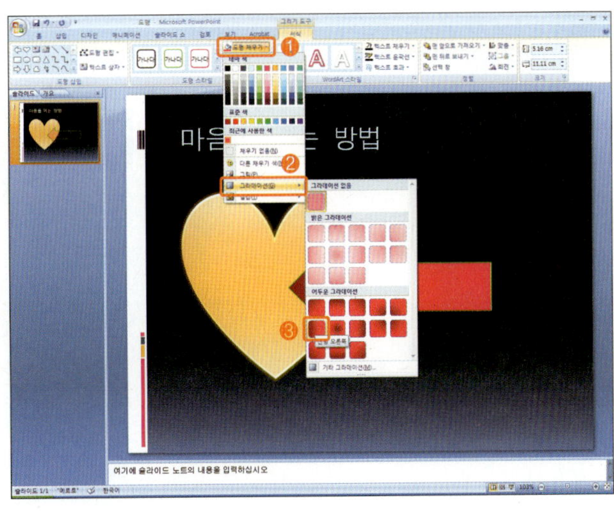

08 화살표의 테두리 색을 변경하기 위해 [도형 윤곽선]을 클릭하고 '분홍, 강조 2, 80% 더 밝게'를 선택한다.

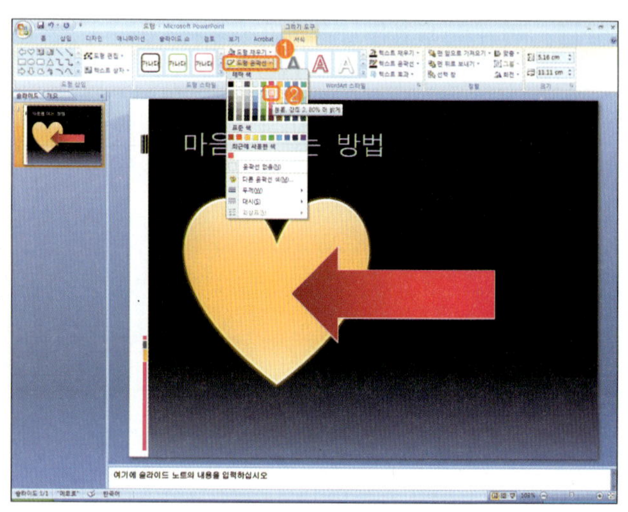

09 화살표 도형에 입체 효과를 주기 위해 [그리기 도구]-[서식] 탭의 [도형 스타일] 그룹에서 [도형 효과]-[반사]-'근접반사, 8pt 오프셋'을 선택한다.

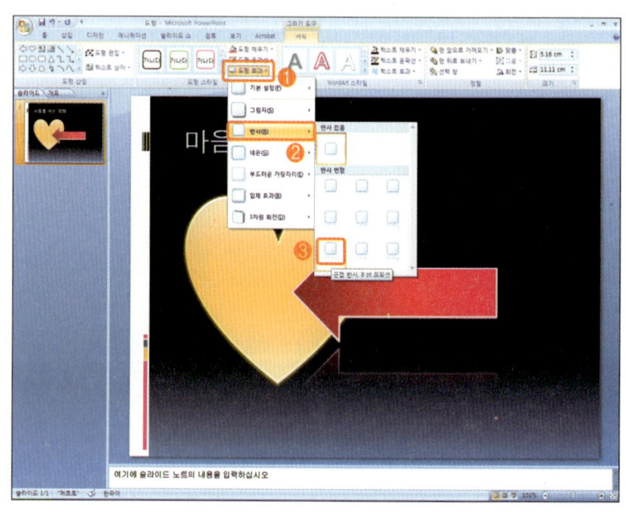

10 [도형 효과]-[입체 효과]-'각지게'를 선택한다.

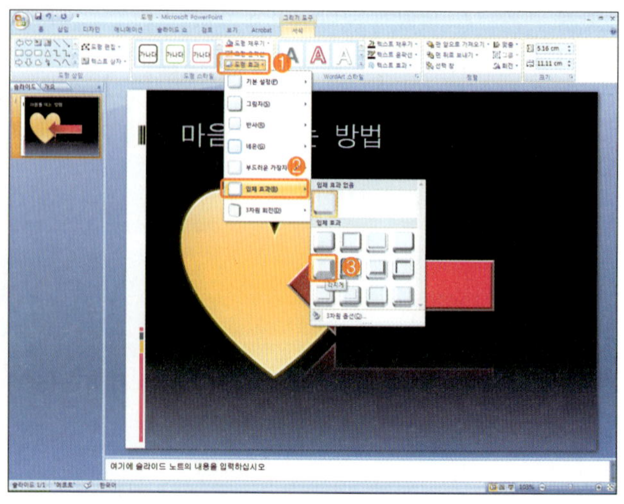

:: 도형에 텍스트 삽입 및 편집

01 화살표 도형을 클릭한 후 "Considerate" 텍스트를 입력한다. 미니 서식 메뉴를 사용하여 글꼴은 'HY헤드라인M', 글꼴 크기는 '36pt'로 설정한다.

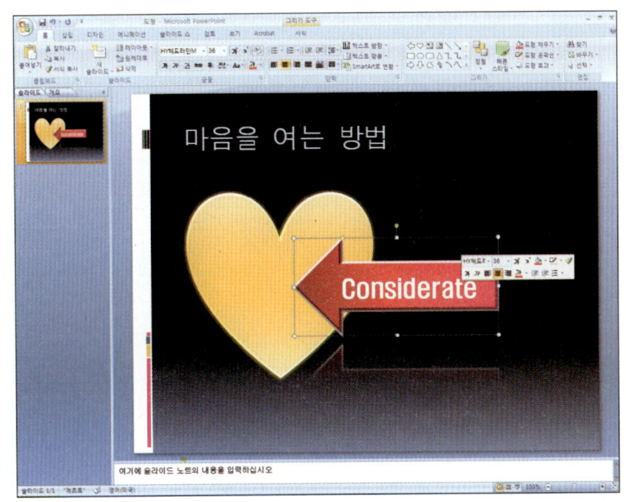

02 텍스트의 위치를 조절하기 위해 왼쪽 화살표 도형을 마우스 오른쪽 단추로 클릭하고 [도형 서식]을 선택한다.

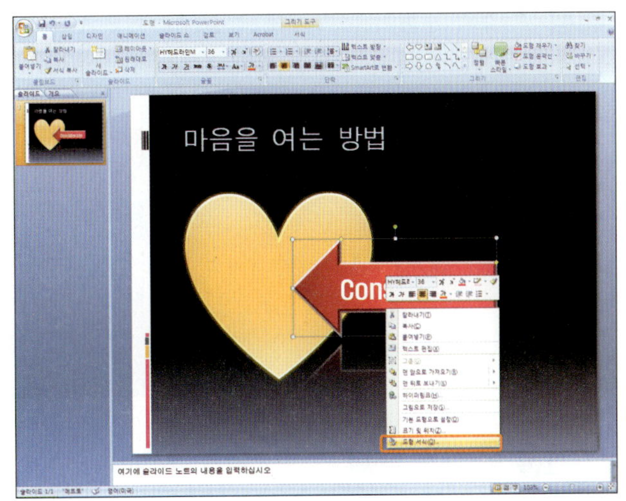

03 [도형 서식] 대화상자에서 [텍스트 상자] 탭에서 세로 맞춤을 '위쪽 가운데'로 선택하고 [닫기] 단추를 클릭한다.

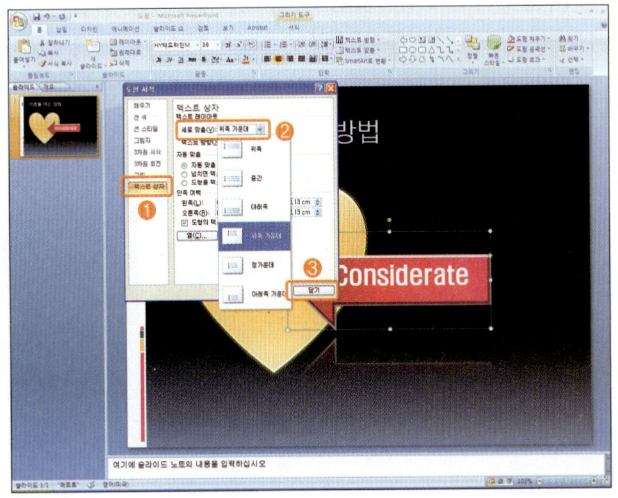

---

tip

여러 도형에 서식 지정

여러 개의 도형을 동시에 서식을 지정할 경우에는 Shift 를 누른채 나머지 도형을 차례로 클릭하여 선택하고 마우스 오른쪽 단추를 클릭하여 개체 서식을 지정한다.

:: 맞춤 및 배분

01 '본문예제02-02-2' 파일을 열고 3개의 직사각형 도형을 동시에 선택한 후 [그리기 도구]-[서식] 탭의 [정렬] 그룹에서 [맞춤]-[중간 맞춤]을 클릭한다.

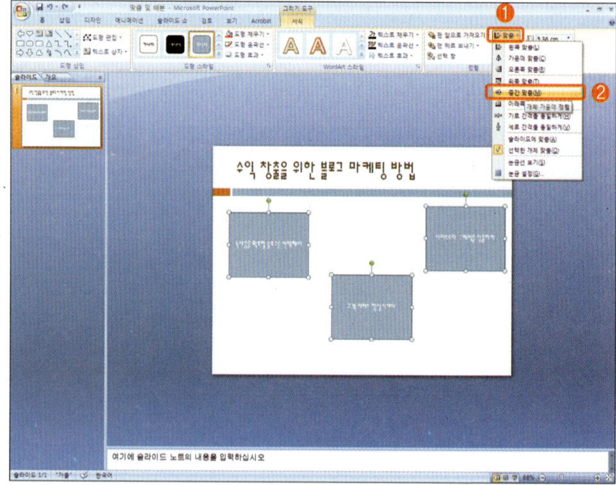

---
tip

여러 개의 도형 선택하기

여러 개의 도형을 동시에 선택할 때는 Shift 를 누른 채 클릭해도 되며, 개체 주위를 넓게 드래그하여 한꺼번에 선택할 수도 있다.

---

02 3개의 도형이 나란하게 맞추어졌다. 이번에는 도형이 선택된 상태에서 [그리기 도구]-[서식] 탭의 [정렬] 그룹에서 [맞춤]-[가로 간격을 동일하게]를 클릭한다.

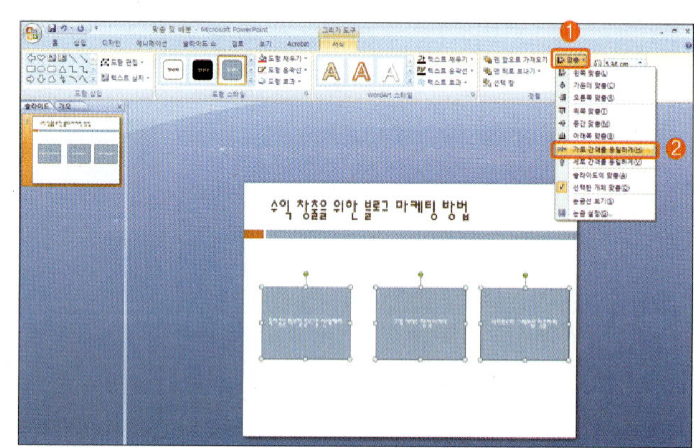

:: 그룹 및 그룹 해제

01 도형이 전부 선택된 상태에서 [그리기 도구]-[서식] 탭의 [정렬] 그룹에서 [그룹]-[그룹]을 클릭한다. 여러 도형을 그룹으로 묶어놓으면 하나의 도형처럼 움직이게 된다.

02 그룹을 해제하려면 [그리기 도구]-[서식] 탭의 [정렬] 그룹에서 [그룹]-[그룹 해제]를 클릭한다.

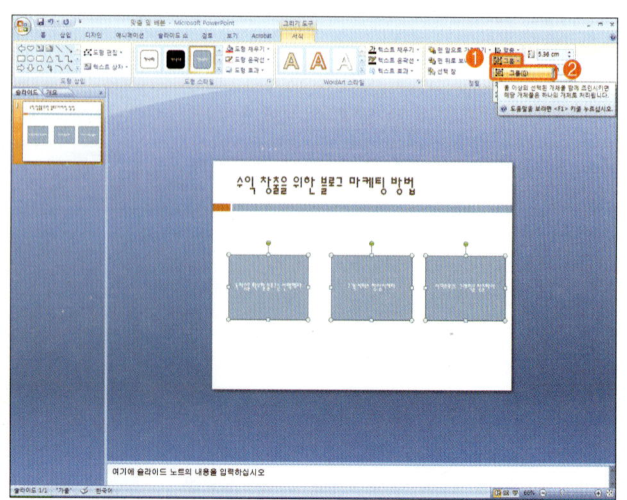

◎ 준비 파일 : Chapter02/확인학습02-02
◎ 완성 파일 : Chapter02/완성파일/학습완성02-02

❶ 2번 슬라이드의 도형 위에 '오른쪽 화살표' 도형을 삽입하고 '보통 효과 – 강조 1' 도형 스타일을 적용하시오.

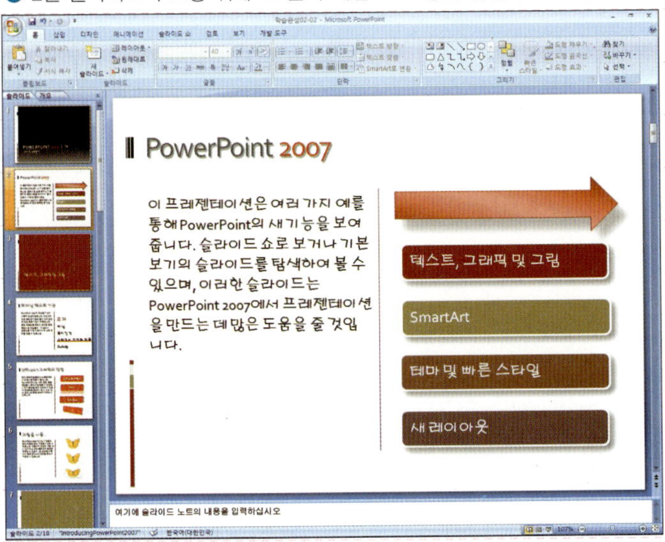

❷ 2번 슬라이드에 삽입한 오른쪽 화살표 도형에 "살펴보기"를 입력한 후 텍스트를 정가운데로 배치하고 글꼴을 '굴림체'로 변경하시오.

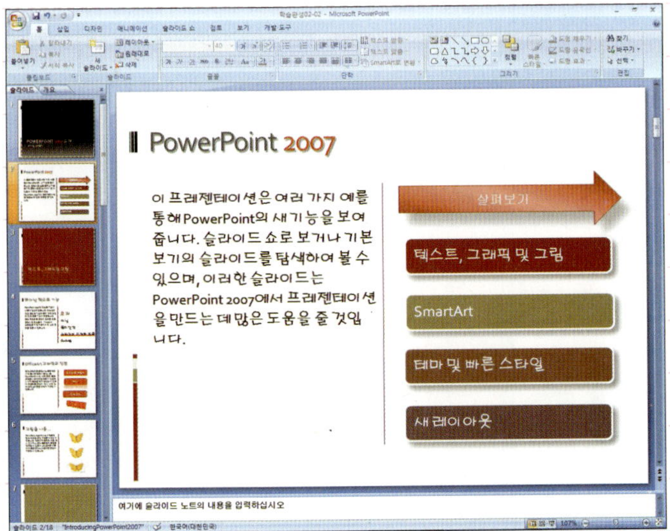

워드아트

워드아트는 글꼴만으로는 표현하기 힘든 디자인적인 느낌을 낼 수 있는 기능으로, 강조하고 싶은 문구에 사용된다. 워드아트의 스타일은 쉽게 적용할 수 있으며 이미 입력되어 있는 텍스트를 워드아트로 변환하거나 새 워드아트를 바로 삽입할 수 있다.

워밍업

◎ **준비 파일** : Chapter02/본문예제02-03
◎ **완성 파일** : Chapter02/완성파일/본문완성02-03
◎ **출제 포인트** : 워드아트를 삽입하고 스타일을 변경하는 방법을 묻는 문제

워드아트 작성 및 편집

01 1번 슬라이드에서 제목 개체 틀의 테두리를 클릭한 후 [그리기 도구]-[서식] 탭의 [WordArt 스타일] 그룹에서 [자세히] 단추를 클릭하고 '채우기 - 강조 2, 무광택 입체'를 선택한다.

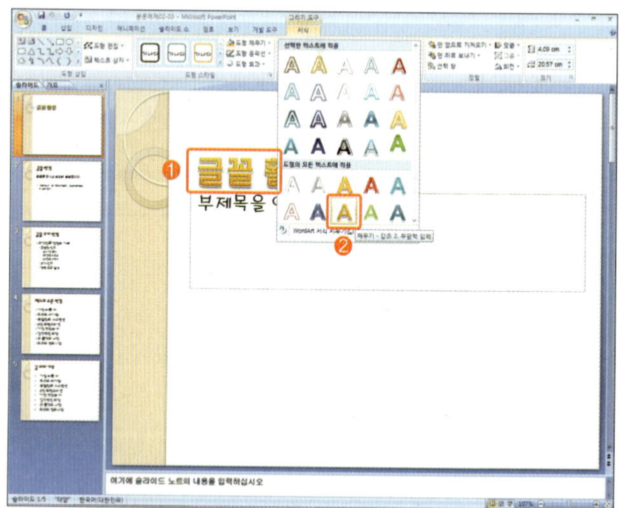

02 부제목 텍스트 상자를 선택한 후 [그리기 도구]-[서식] 탭의 [WordArt 스타일] 그룹에서 [자세히] 단추를 클릭하고 '채우기 - 텍스트 2, 윤곽선 - 배경 2'를 선택한다.

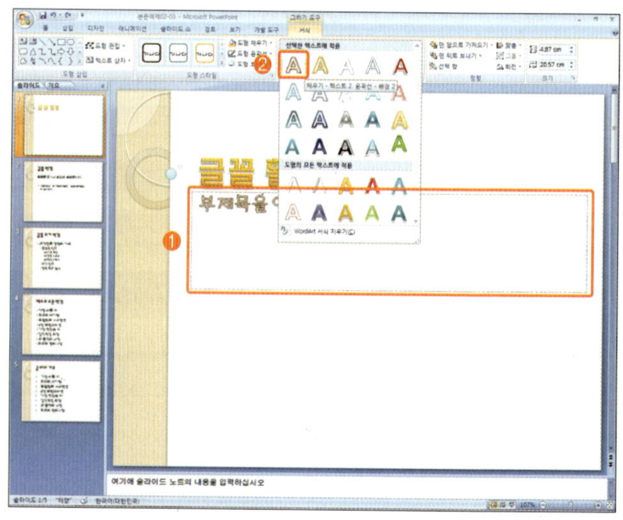

03 워드아트가 적용된 부제목 텍스트란에 "파워포인트 글꼴의 다양한 기법"을 입력한다.

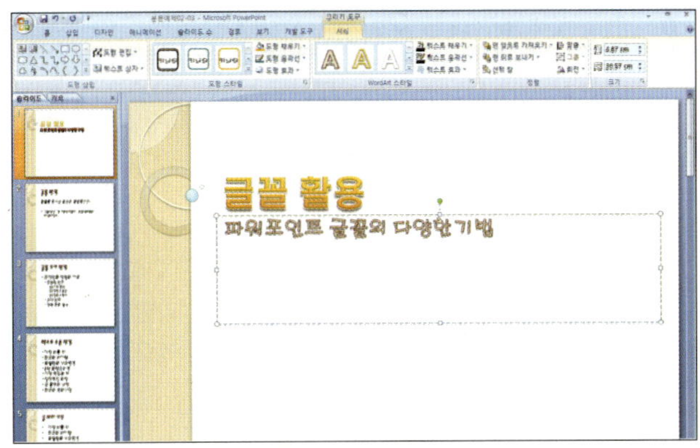

04 [그리기 도구]-[서식] 탭의 [WordArt 스타일] 그룹에서 [텍스트 효과]를 클릭하고 [변환]-'위쪽 수축'을 선택하여 워드아트의 형태를 변경한다.

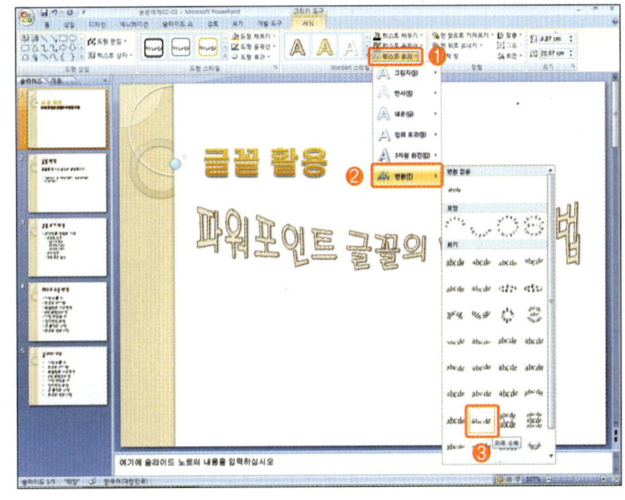

---

tip

WordArt 서식 삭제

WordArt 서식을 없애고자 할 경우에는 WordArt가 지정된 텍스트 상자를 더블클릭하고 [그리기 도구]-[서식] 탭의 [WordArt 스타일] 그룹에서 스타일을 선택한 후 하단의 [WordArt 서식 지우기]를 클릭하면 된다.

확인학습

◎ 준비 파일 : Chapter02/확인학습02-03
◎ 완성 파일 : Chapter02/완성파일/학습완성02-03

❶ '13번 슬라이드'의 왼쪽 하단에 "MS 호환성" 텍스트를 입력하고 글꼴 크기는 '54'pt로 설정한 후 '채우기 – 강조2, 부드러운 무광택 입체' WordArt 스타일을 적용하시오.

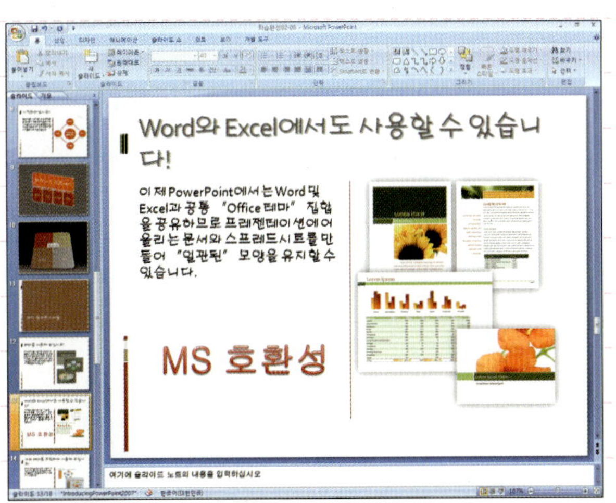

SmartArt 다이어그램 작성 및 편집

파워포인트 2007부터 업그레이드된 SmartArt 그래픽은 따로 디자인을 공부하지 않은 많은 이용자들의 고민인 고급스런 다이어그램을 해결해주는 기능으로, 누구나 빠르고 전문적으로 간단히 멋진 서식을 만들 수 있다. SmartArt에는 목록형, 주기형, 피라미드형 등의 다양한 종류로 구분되어 있다.

워밍업

◎ **준비 파일** : Chapter02/본문예제02-04
◎ **완성 파일** : Chapter02/완성파일/본문완성02-04
◎ **출제 포인트** : 워크시트를 관리하고 이동 복사하는 방법

:: SmartArt 작성

01 글머리 목록 텍스트 상자를 클릭하고 [홈] 탭의 [단락] 그룹에서 [SmartArt로 변환]-[기타 SmartArt 그래픽]을 클릭한다.

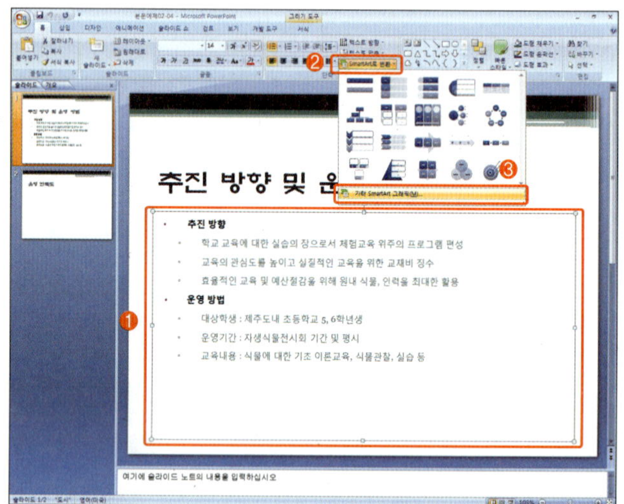

02 [SmartArt 그래픽 선택] 대화 상자의 [목록형]에서 '세그먼트 프로세스형'을 선택하고 [확인] 단추를 클릭한다.

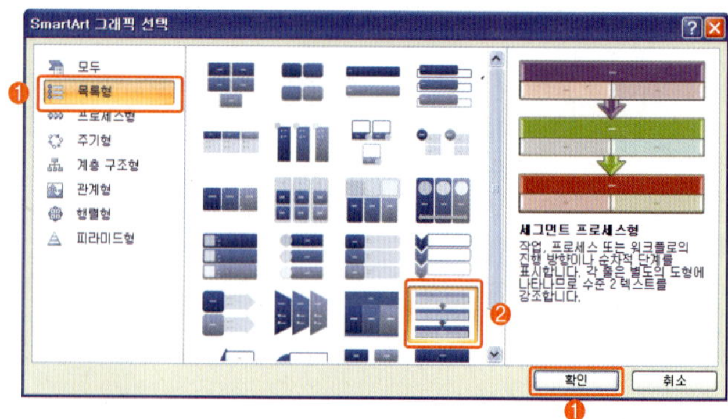

03 텍스트 목록이 SmartArt로 변환되면 텍스트 창에서 원하는 항목에 텍스트를 추가하거나 편집할 수 있다.

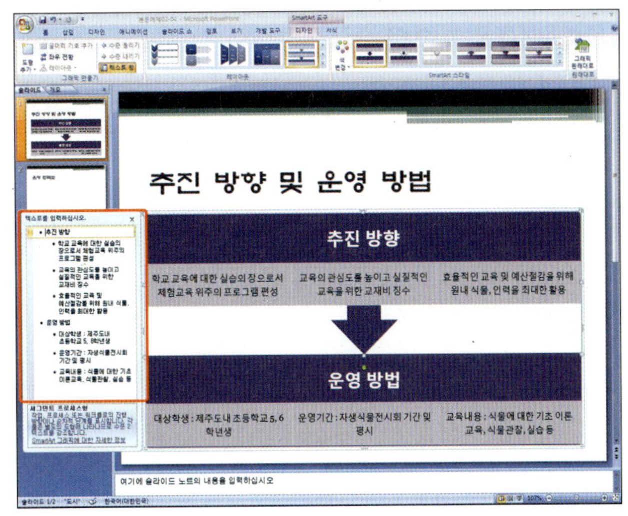

04 2번 슬라이드의 내용 개체에서 [Smart Art 그래픽 삽입]을 클릭하고 [SmartArt 그래픽 선택] 대화상자에서 [주기형]의 '기본 원형'을 선택하고 [확인] 단추를 클릭한다.

05 '기본 원형' 다이어그램이 삽입되면 텍스트 창에 "식물관찰 [40%], 식물에 대한 기초 이론교육 [30%], 실습 등 [30%]"를 입력한다.

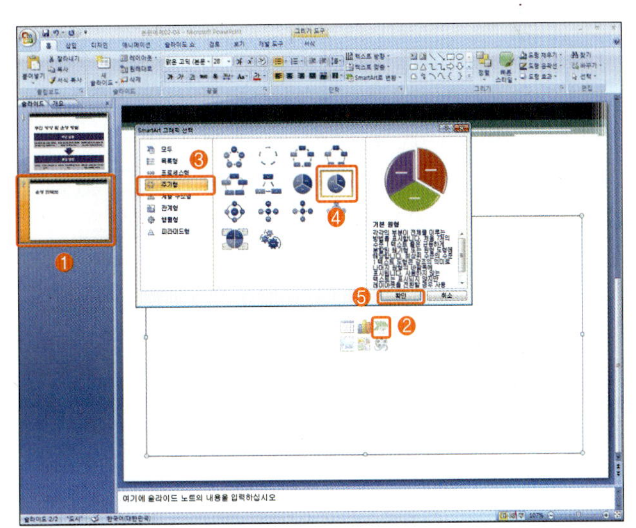

---

tip

텍스트 입력 방법

- 새 항목 추가 : Enter 를 누른 후 입력한다.
- 수준 내리기 : Tab 을 누른다.
- 수준 올리기 : Shift + Tab 을 누른다.
- 항목 제거 : Delete 를 누른다.

:: SmartArt 편집

01 변경할 SmartArt을 선택한 후 [SmartArt 도구]–[디자인] 탭의 [레이아웃] 그룹에서 [자세히] 단추를 클릭하고 '기타 레이아웃'을 선택한다.

02 [SmartArt 그래픽 선택] 대화 상자의 [관계형]에서 '누적 벤형'을 선택한 후 [확인] 단추를 클릭한다.

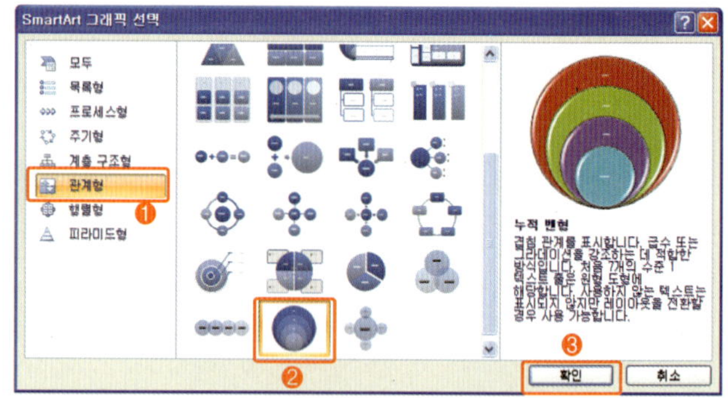

03 SmartArt 그래픽의 색을 변경하기 위해 [SmartArt 도구]–[디자인] 탭의 [SmartArt 스타일] 그룹에서 [색 변경]을 클릭하고 '색상형 범위 – 강조색 2 또는 3'을 선택한다.

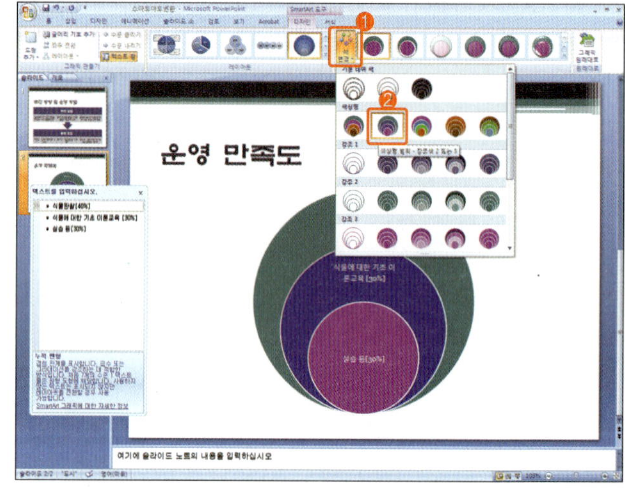

04 [SmartArt 도구]–[디자인] 탭의 [SmartArt 스타일] 그룹에서 [자세히] 단추를 클릭하고 '3차원' – '광택처리'를 선택한다.

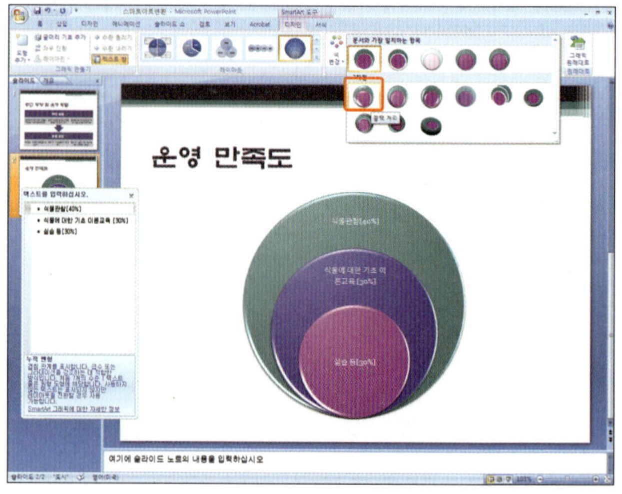

05 [SmartArt 도구]-[서식] 탭의 [도형 스타일] 그룹에서 [도형 채우기]를 클릭하고 '연한 녹색'을 선택하여 배경색을 채운다.

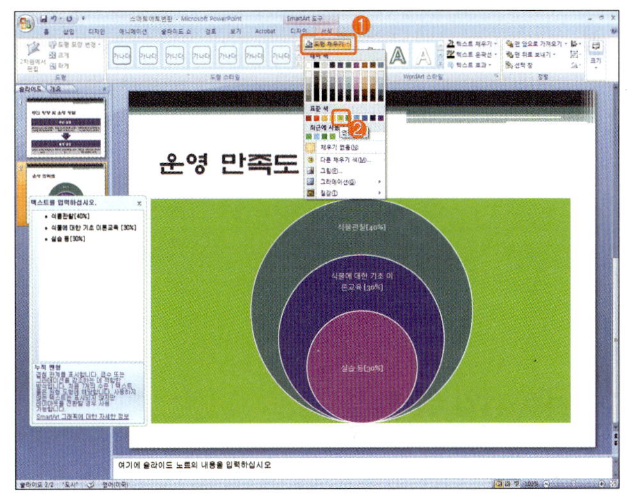

확인학습

◎ 준비 파일 : Chapter02/확인학습02-04
◎ 완성 파일 : Chapter02/완성파일/학습완성02-04

❶ 6번 슬라이드의 '비즈니스 프로세스 모델'의 글머리 기호 목록을 '기본 행렬형' SmartArt로 변환하시오.

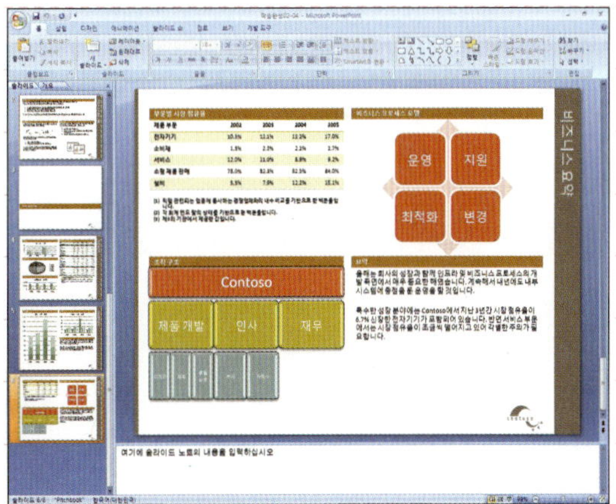

❷ 6번 슬라이드의 '조직 구조' SmartArt 스타일을 '만화'로 변경하시오.

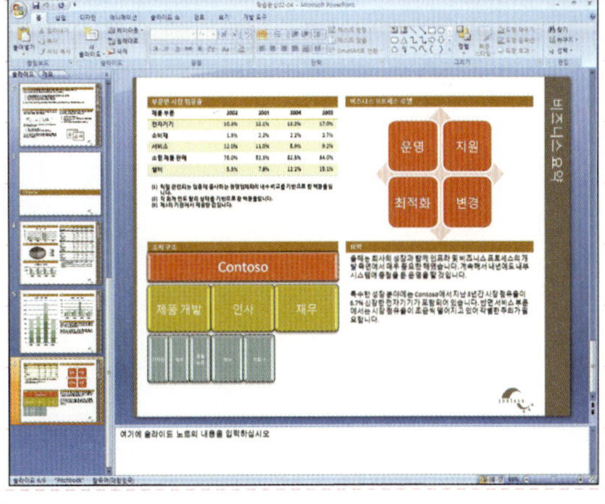

차트

차트는 숫자 데이터와 값들을 보다 쉽게 전달하는 데 사용되며, 수치 데이터의 시각적인 이미지로 표현된다.
Excel 프로그램에서 데이터를 집계하여 슬라이드에 활용할 수도 있다.

워밍업

◎ **준비 파일** : Chapter02/본문예제02-05
◎ **완성 파일** : Chapter02/완성파일/본문완성02-05
◎ **출제 포인트** : 기본 차트를 작성하고 차트 종류를 수정하는 문제

차트 삽입 및 편집

01　1번 슬라이드를 선택하고 [삽입] 탭의 [일러스트레이션] 그룹에서 [차트]를 클릭한다.

02　[차트 삽입] 대화상자에서 [세로 막대형]의 '묶은 세로 막대형'을 선택한 후 [확인] 단추를 클릭한다.

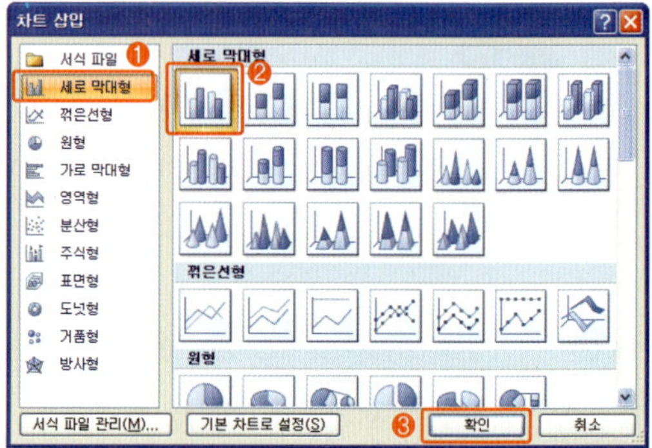

03　Excel 2007 프로그램이 오른쪽 창에 실행된다. 엑셀 창에서 차트 기본 데이터를 수정 및 편집할 수 있다. 차트 데이터의 범위는 파란 실선 영역이며, 데이터 범위의 오른쪽 하단 모서리에 마우스 포인터를 가져가 화살표 모양으로 변경되면 드래그하여 영역을 확장할 수 있다. 또는 해당 셀에 데이터를 입력하면 자동으로 범위 영역이 변경된다.

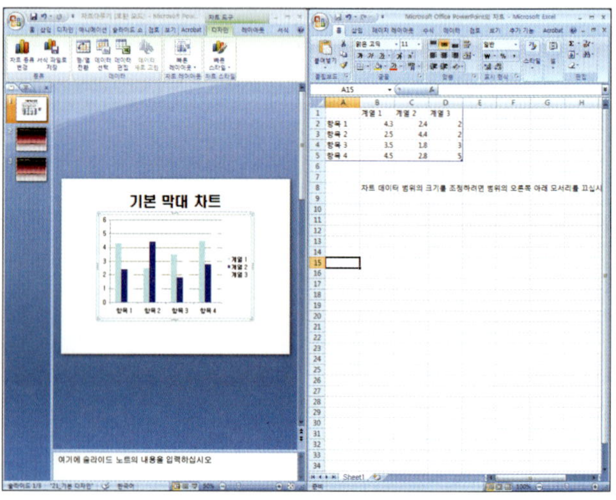

04   Excel 2007의 [닫기]를 클릭하여 엑셀을 종료한다.

05   차트 종류를 변경하려면 [차트 도구]-[디자인] 탭의 [종류] 그룹에서 [차트 종류 변경]을 클릭한다.

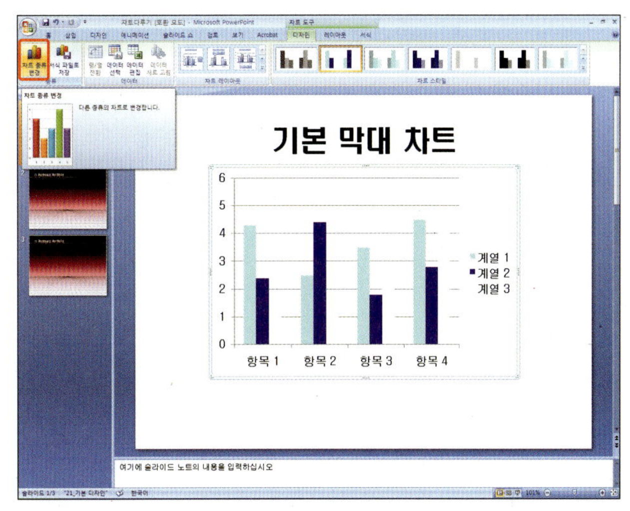

06   [차트 종류 변경] 대화상자에서 '가로 막대형'의 '누적 가로 막대형'을 선택하고 [확인] 단추를 클릭한다.

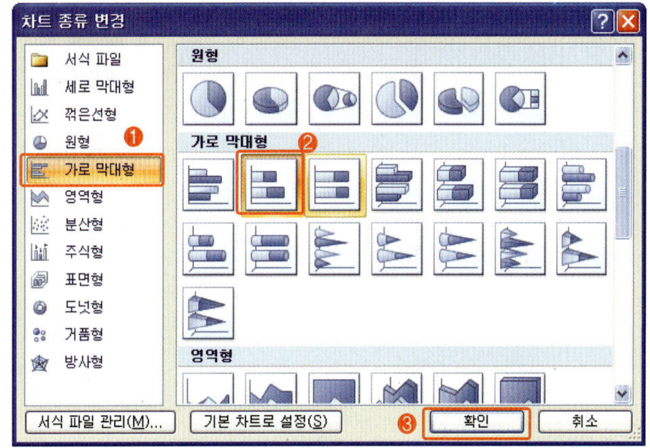

07   차트를 클릭하고 [차트 도구]-[디자인] 탭의 [차트 스타일] 그룹에서 [자세히] 단추를 클릭하고 '스타일44'를 선택한다.

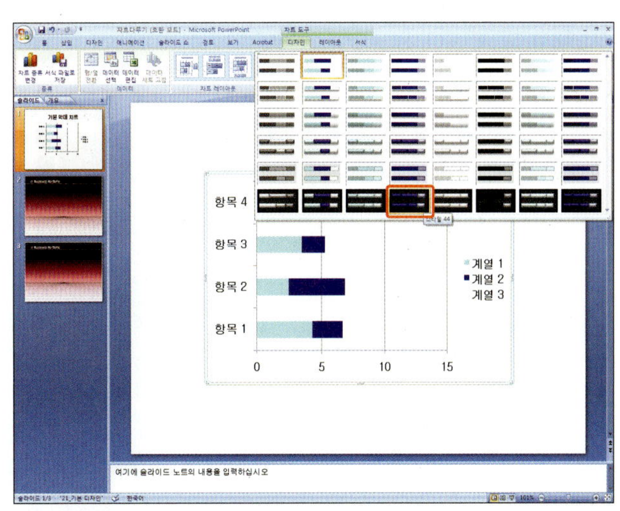

08 차트를 클릭하고 [차트 도구]–[디자인]탭의 [차트 레이아웃] 그룹에서 [자세히] 단추를 클릭하고 '레이아웃1'을 선택한다.

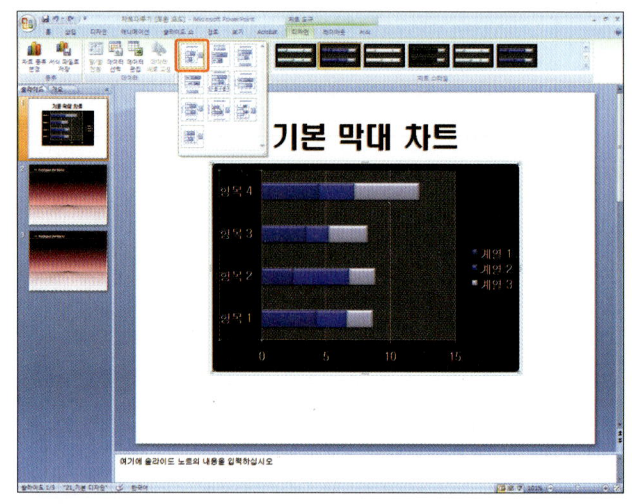

09 범례 위치를 변경하려면 차트를 클릭하고 [차트 도구]–[레이아웃] 탭의 [레이블] 그룹에서 [범례]–[아래쪽에 범례 표시]를 클릭한다.

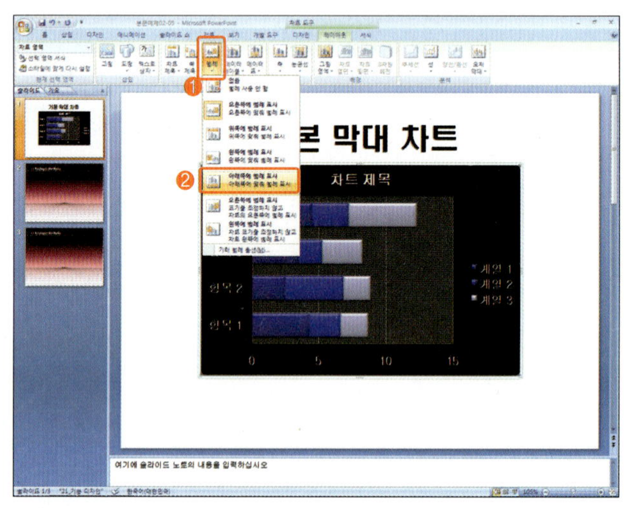

10 범례의 서식을 변경하려면 차트의 범례를 선택한 후 [차트 도구]–[서식] 탭의 [도형 스타일] 그룹에서 [자세히] 단추를 클릭하고 '강한 효과 – 강조 2'를 선택한다.

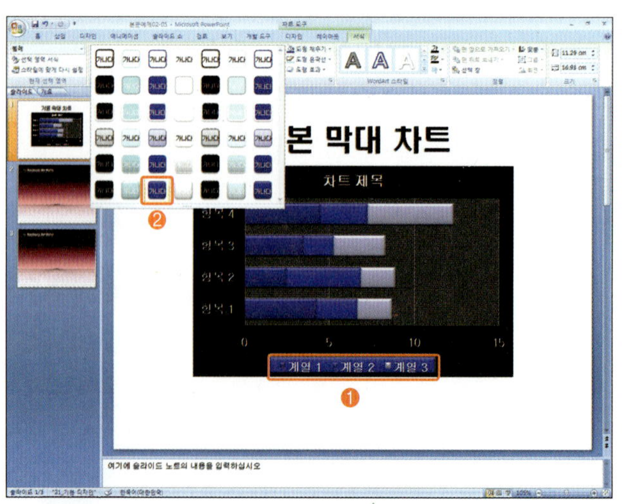

◎ 준비 파일 : Chapter02/확인학습02-05
◎ 완성 파일 : Chapter02/완성파일/학습완성02-05

❶ 5번 슬라이드에서 '시장분표'의 레이아웃에 '묶은 세로 막대형' 차트를 삽입하시오.

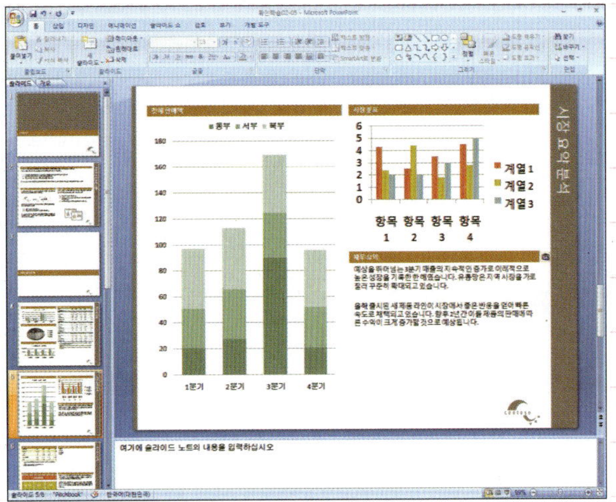

❷ 5번 슬라이드에서 '첫해 판매액' 차트에 '스타일 42' 차트 스타일을 적용하시오.

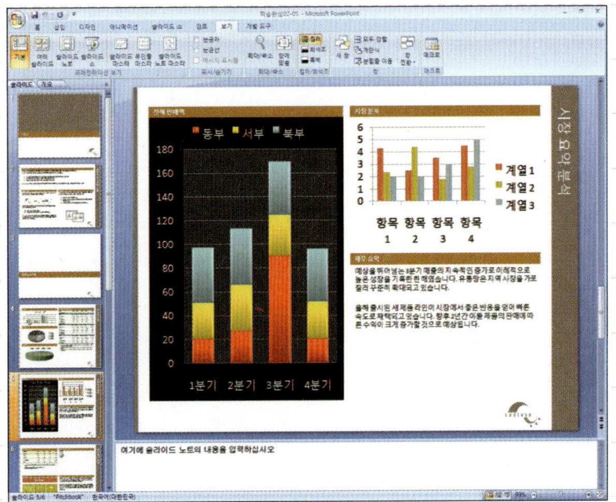

❸ '4번 슬라이드'에서 '매출 총이익'의 세로 막대형 그래프를 '3차원 원형'으로 변경하시오.

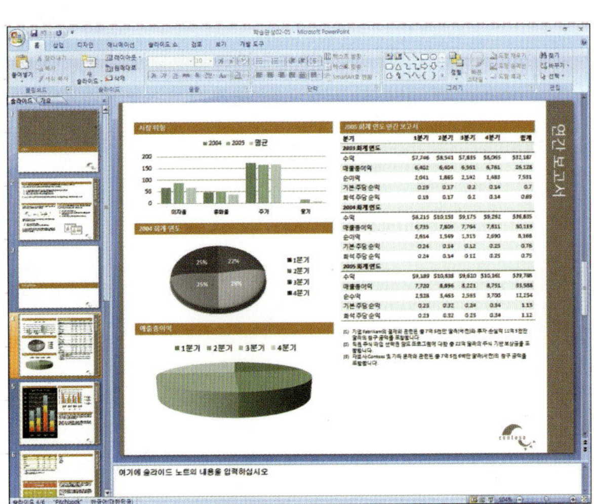

표

복잡한 데이터를 한눈에 알아볼 수 있도록 정리하는 표는 프리젠테이션 자료를 만들 때 자주 사용된다. 표 스타일을 활용하면 좀더 편하고 효율적으로 표를 작성할 수 있다.

워밍업

◎ **준비 파일 :** Chapter02/본문예제02–06
◎ **완성 파일 :** Chapter02/완성파일/본문완성02–06
◎ **출제 포인트 :** 슬라이드 레이아웃의 표를 삽입하고, 서식을 지정하는 문제

표 삽입 및 편집

01 [삽입] 탭의 [표] 그룹에서 [표]-[표 삽입]을 클릭한다.

02 [표 삽입] 대화상자에서 열 개수는 '3' 행 개수는 '5'로 설정하고 [확인] 단추를 클릭한다.

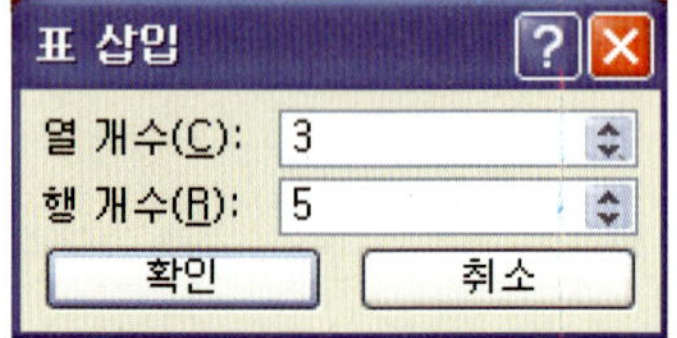

03 표를 선택한 후 [표 도구]-[디자인] 탭의 [표 스타일] 그룹에서 [자세히] 단추를 클릭하고 '보통 스타일 2 – 강조 6'을 선택한다.

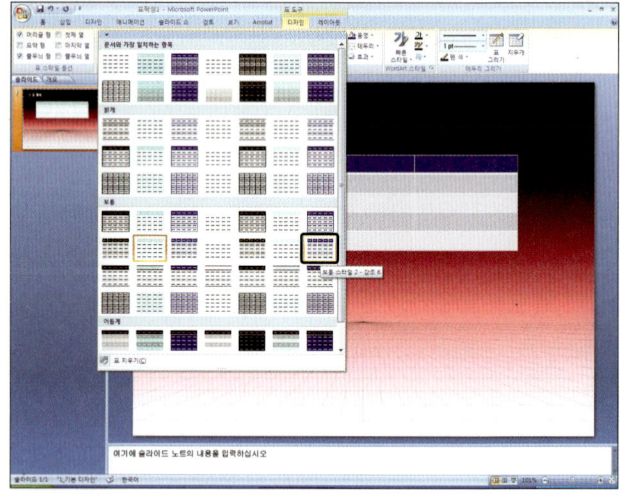

◎ 준비 파일 : Chapter02/확인학습02-06
◎ 완성 파일 : Chapter02/완성파일/학습완성02-06

❶ 6번 슬라이드의 '부분별 시장 점유율'에 '4행 5열'의 표를 삽입하시오.

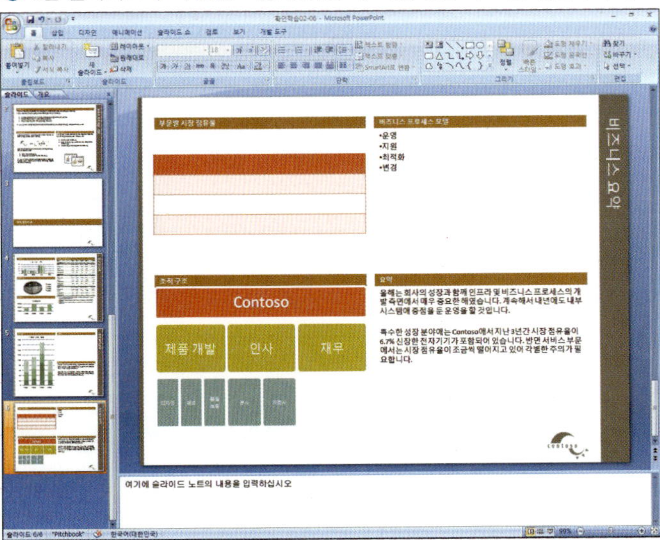

❷ '6번 슬라이드'에 삽입한 표에 '밝은 스타일 1 – 강조 2' 스타일을 적용하시오.

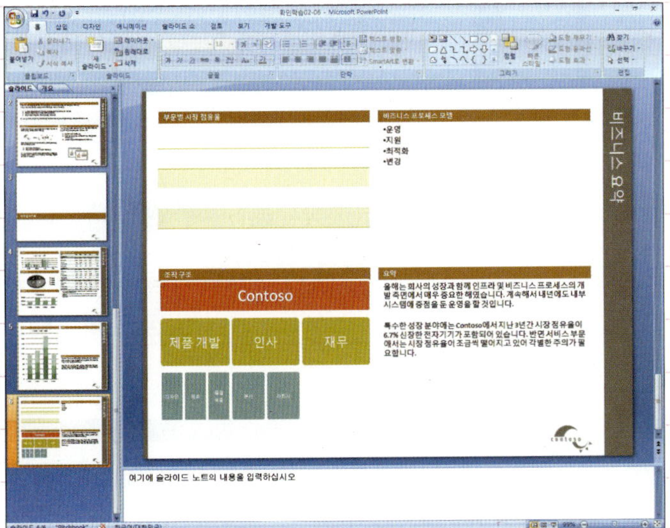

하이퍼링크

하이퍼링크는 한 프레젠테이션에서 다른 슬라이드 또는 다른 파일, 웹 사이트, 전자 메일 주소와 같은 다른 대상으로 이동하는 것을 말한다. 텍스트나 그래픽과 같은 개체에 하이퍼링크를 설정할 수 있으며, 슬라이드 쇼를 진행하는 동안에 클릭하여 연결 대상으로 바로 이동할 수 있다.

워밍업

◎ **준비 파일** : Chapter02/본문예제02–07
◎ **완성 파일** : Chapter02/완성파일/본문완성02–07
◎ **출제 포인트** : 텍스트 및 그래픽에 하이퍼링크를 삽입하고 수정하는 문제

∷ 웹페이지 하이퍼링크하기

01 2번 슬라이드 오른쪽 하단의 '질병 관리 본부 홈페이지로 이동' 텍스트 상자를 클릭하고 [삽입] 탭의 [링크] 그룹에서 [하이퍼링크]를 클릭한다.

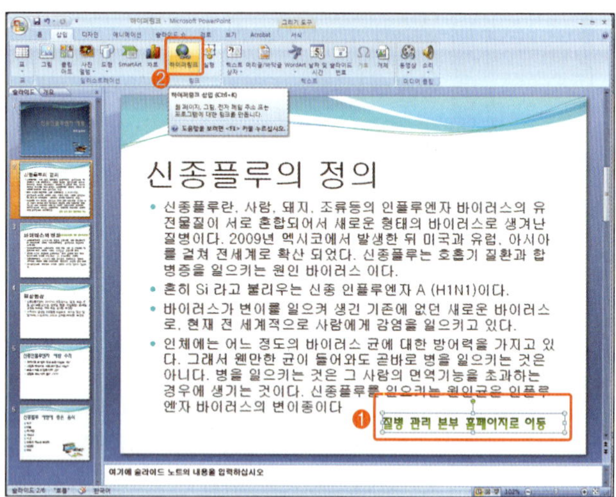

02 [하이퍼링크 삽입] 대화상자에서 [스크린 팁] 단추를 클릭하여 "신종플루에 대한 자세한 설명"을 입력하고 [확인] 단추를 클릭한다.

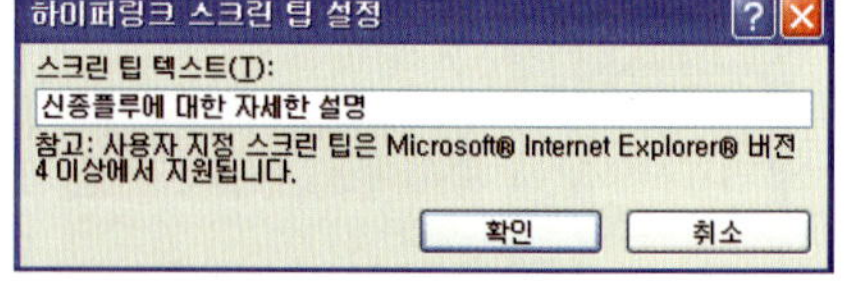

03 [연결 대상]은 [기존 파일/웹페이지]를 클릭하고 주소란에 "http://www.cdc.go.kr/"을 입력한 후 [확인] 단추를 클릭한다.

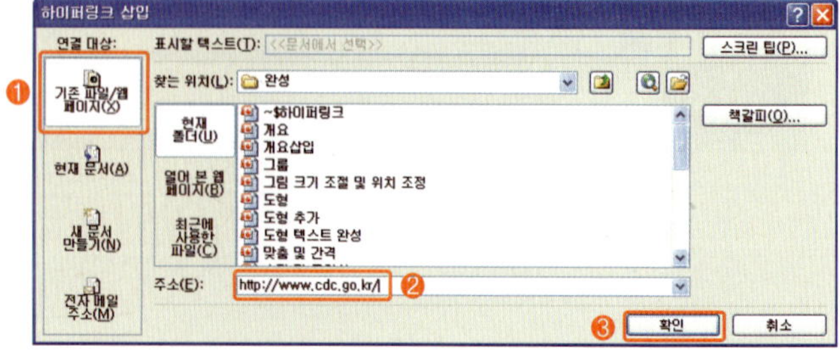

04 [슬라이드 쇼] 탭의 [슬라이드 쇼 시작] 그룹에서 [현재 슬라이드부터]를 클릭하고 마우스 포인트를 하이퍼링크를 적용한 텍스트에 놓으면 스크린 팁이 나타난다.

현재 문서 하이퍼링크하기

01 3번 슬라이드 왼쪽 하단의 '신종인플루엔자 예방' 텍스트 상자를 클릭한 후 [삽입] 탭의 [링크] 그룹에서 [하이퍼링크]를 클릭한다.

> **tip**
> **하이퍼링크 편집**
> 하이퍼링크를 편집하거나 삭제하려면 마우스 오른쪽 단추를 클릭한 후 [하이퍼링크 편집] 대화상자에서 설정을 변경한다.

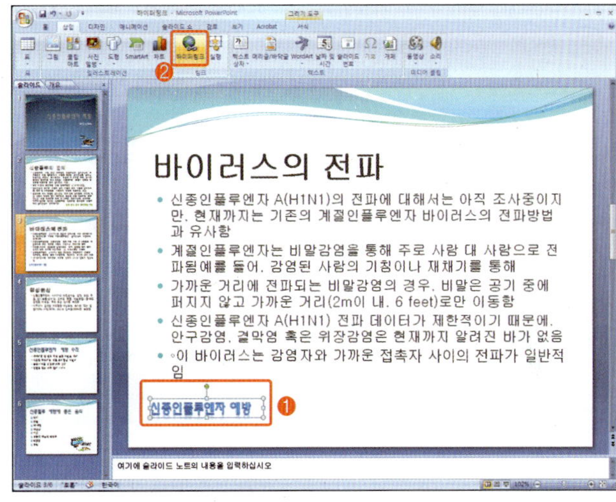

02 [하이퍼링크 삽입] 대화상자에서 [연결 대상]을 [현재 문서]로 설정하고 슬라이드 제목의 '5.신종인플루엔자 예방 수칙'을 선택한 후 [확인] 단추를 클릭한다.

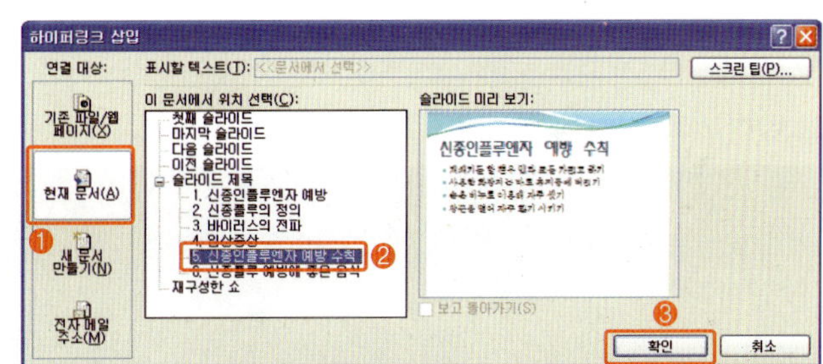

전자 메일 주소 하이퍼링크하기

01 6번 슬라이드의 '관리자 메일 전송' 텍스트 상자를 클릭하고 [삽입] 탭의 [링크] 그룹에서 [하이퍼링크]를 클릭한다.

02 [연결 대상]을 [전자 메일 주소]로 설정하고 [전자 메일 주소]에 "hi_love4361@ naver.com"를 입력한 후 [확인] 단추를 클릭한다.

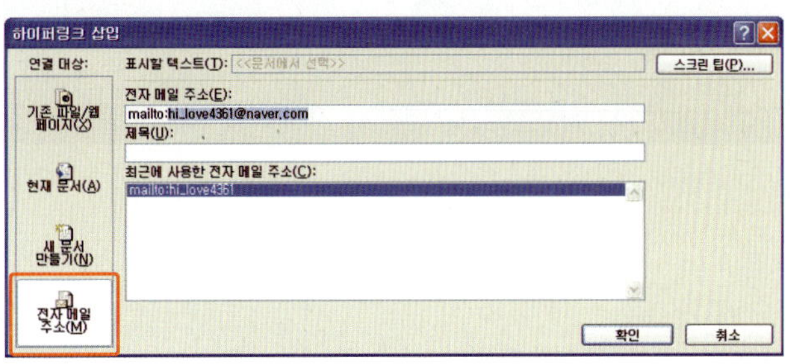

◎ 준비 파일 : Chapter02/확인학습02-07
◎ 완성 파일 : Chapter02/완성파일/학습완성02-07

❶ 2번 슬라이드의 '와이드스크린' 텍스트에 5번 슬라이드로 이동하는 하이퍼링크를 설정하시오.

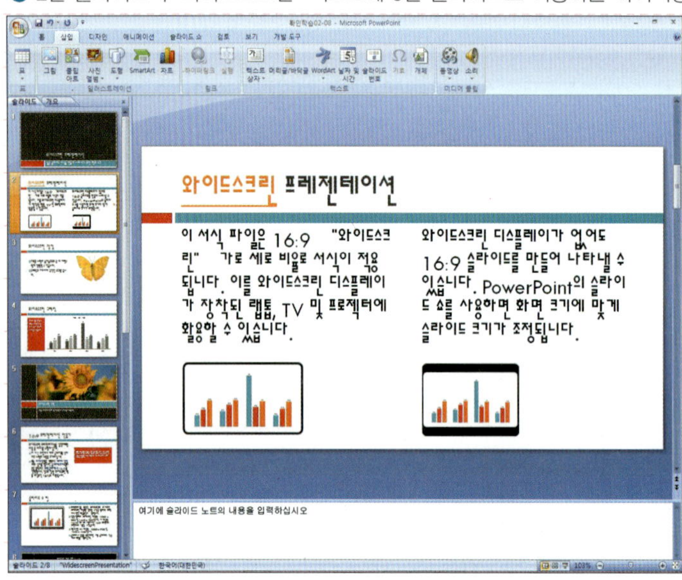

❷ 8번 슬라이드의 원형 도형에 'www.screen.com' 웹 사이트를 하이퍼링크로 설정하고 "사이트로 이동" 스크린 팁
을 입력하시오.

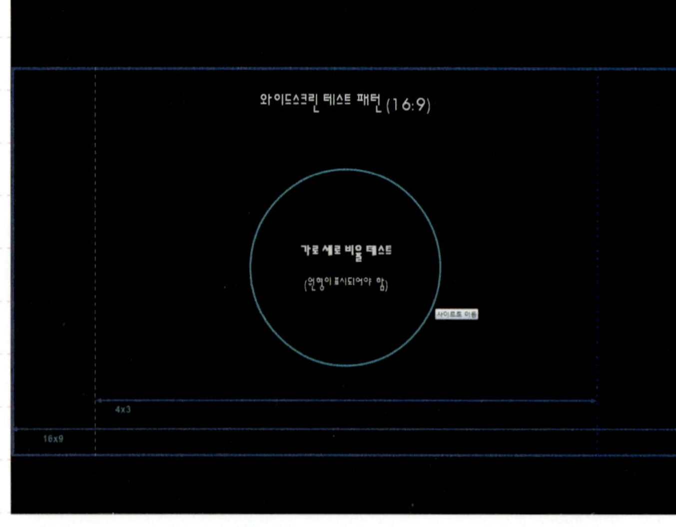

chapter 03

디자인 탭
애니메이션 탭
슬라이드 탭

페이지 설정

슬라이드, 슬라이드 노트, 유인물, 개요 등을 인쇄할 때 사용할 종이의 크기나 비율, 인쇄 방향 등을 설정할 수 있다. 기본적으로 슬라이드 크기는 화면 슬라이드로 설정되어 있으며, 그 밖에 35mm 슬라이드, 오버헤드, A4, A3 용지 등으로 설정할 수 있다. 또 슬라이드는 가로 방향으로 출력되고, 유인물과 슬라이드 노트 및 개요는 세로 방향으로 출력되도록 설정되어 있으며, 사용자의 편의에 따라 변경할 수 있다.

워밍업

◎ **준비 파일 :** Chapter03/본문예제03-01
◎ **완성 파일 :** Chapter03/완성파일/본문완성03-01
◎ **출제 포인트 :** 슬라이드의 페이지 및 방향을 수정하는 문제

01 [디자인] 탭의 [페이지 설정] 그룹에서 [페이지 설정]을 클릭하여 슬라이드 크기를 '화면 슬라이드 쇼(16:10)'으로 설정하고 [확인] 단추를 클릭한다.

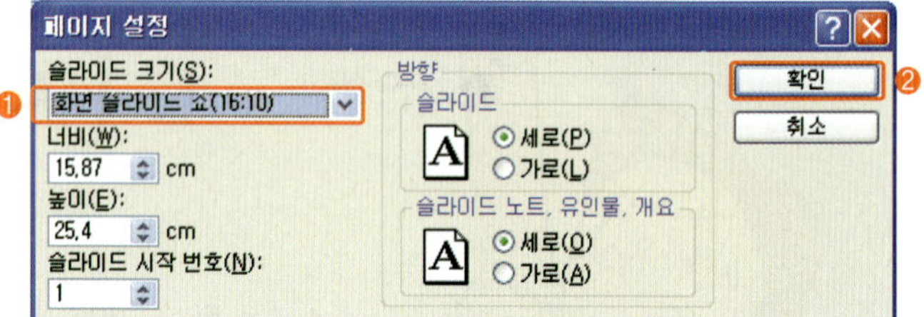

02 [디자인] 탭의 [페이지 설정] 그룹에서 [슬라이드 방향]-[세로]를 클릭한다.

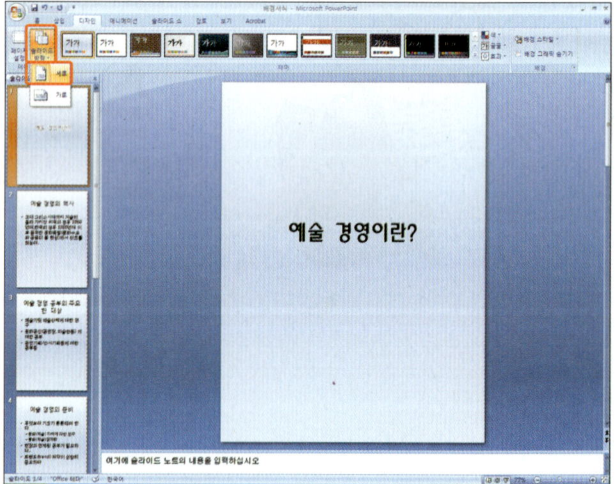

◎ 준비 파일 : chapter03/확인학습03-01
◎ 완성 파일 : chapter03/완성파일/학습완성03-01

❶ 슬라이드의 크기를 '화면 슬라이드 쇼(16:9)'로 변경하시오.

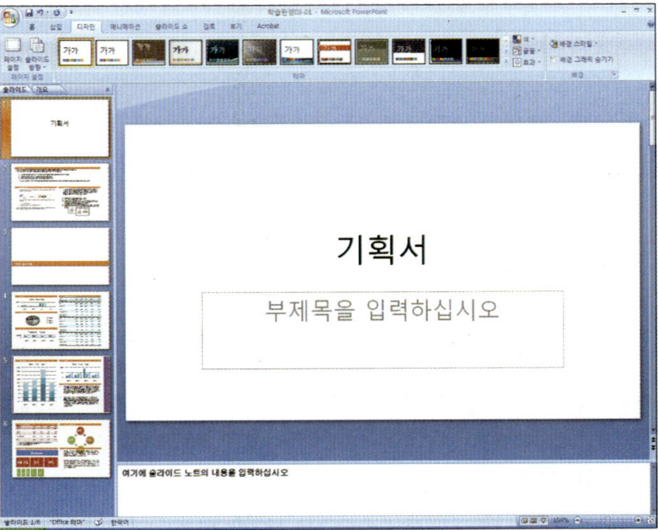

❷ 슬라이드 방향을 '세로'로 지정하시오.

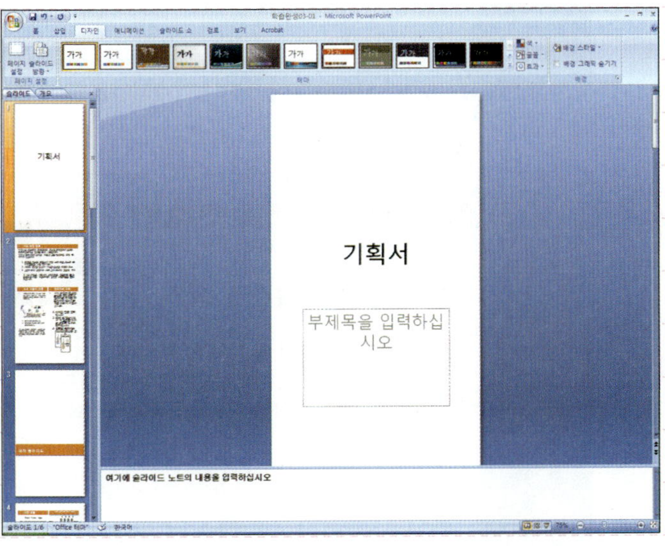

슬라이드 배경색

슬라이드 배경을 다른 색상, 그라데이션, 질감, 이미지 등으로 채울 수 있으며, 슬라이드마다 다른 배경색을 지정할 수 있다.

워밍업

◎ **준비 파일 :** Chapter03/본문예제03-02, 녹색.jpg
◎ **완성 파일 :** Chapter03/완성파일/본문완성03-02
◎ **출제 포인트 :** 슬라이드에 다양한 배경 스타일을 지정하는 문제

배경 스타일 지정하기

01 1번 슬라이드를 선택하고 [디자인] 탭의 [배경] 그룹에서 [배경 스타일]을 클릭한 뒤 '스타일 10'을 마우스 오른쪽 단추로 클릭하고 [선택한 슬라이드에 적용]을 선택한다.

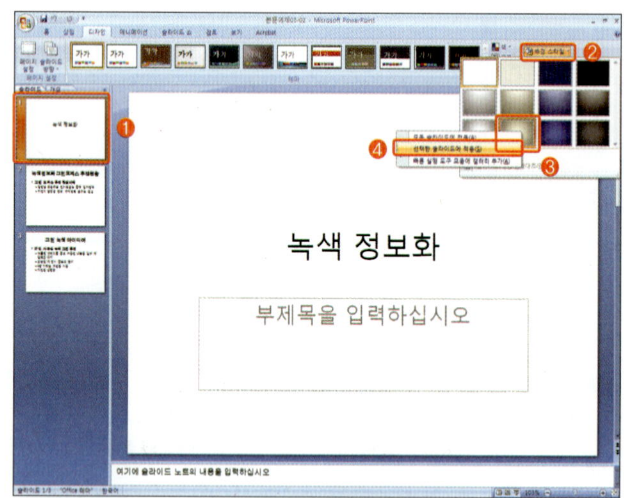

02 2번 슬라이드를 선택한 후 [디자인] 탭의 [배경] 그룹에서 [배경 스타일]-[배경 서식]을 클릭한다.

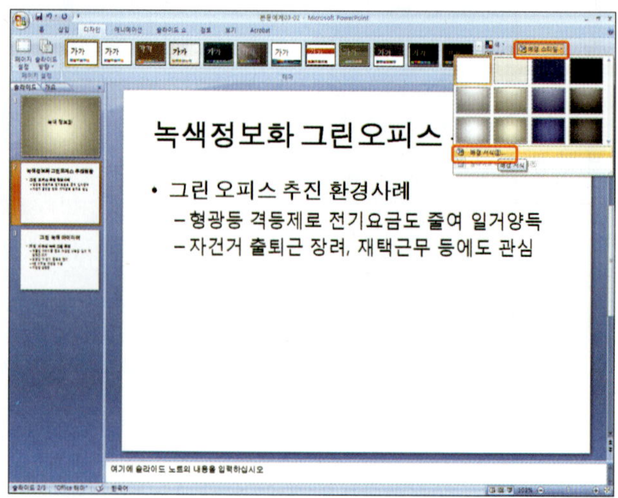

03 [배경 서식] 대화상자에서 '그림 또는 질감 채우기'를 선택하고 [파일] 단추를 클릭한다.

04 예제 파일로 제공되는 '녹색.jpg' 파일을 선택하고 [삽입] 단추를 클릭한다.

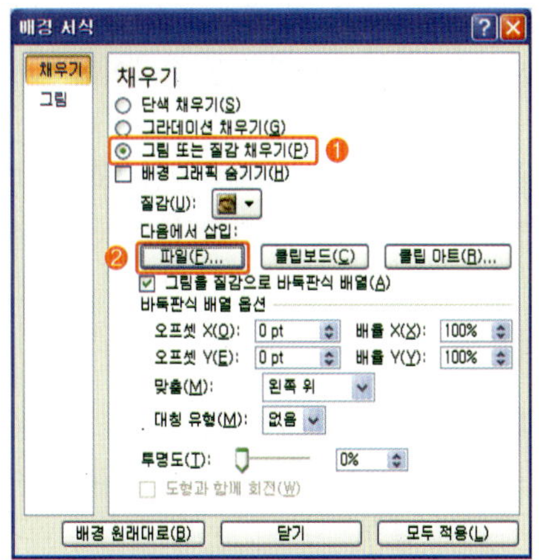

05 [배경 서식] 대화상자에서 투명도를 '50%'로 설정하고 [닫기] 단추를 클릭한다.

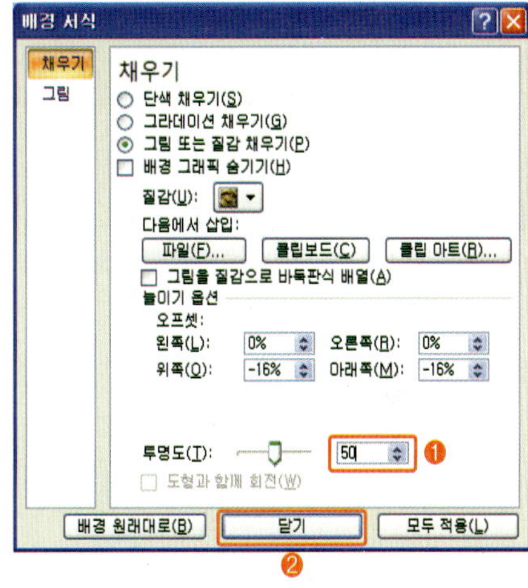

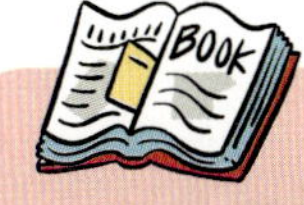

[배경 서식] 대화상자

[배경 서식] 대화상자에서는 원하는 색상을 선택하거나, 단색, 그라데이션, 그림, 질감 등의 다양한 형식으로 채우기를 할 수 있다. 또한 '배경 그래픽 숨기기' 항목을 체크하면 마스터를 편집하지 않고도 마스터에 적용된 배경 그림이 화면에 표시되지 않도록 설정할 수 있다.

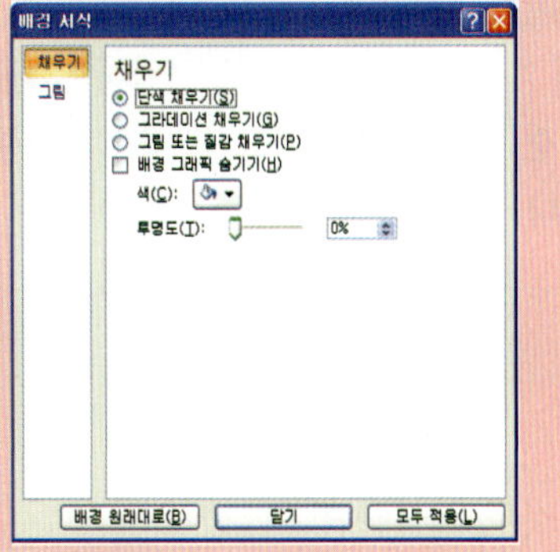

테마는 슬라이드의 배경과 슬라이드에 삽입될 도형과 텍스트 등 개체의 색상을 미리 지정해둔 목록이다. 테마를 사용하면 모든 슬라이드의 색 조합을 일관성 있게 구성할 수 있다.

01 Ctrl 을 사용하여 2번, 3번 슬라이드를 동시에 선택하고 [디자인] 탭의 [테마] 그룹에서 [자세히] 단추를 클릭한다.

02 '대장간' 테마를 마우스 오른쪽 단추로 클릭한 후 '선택한 슬라이드에 적용'을 클릭한다.

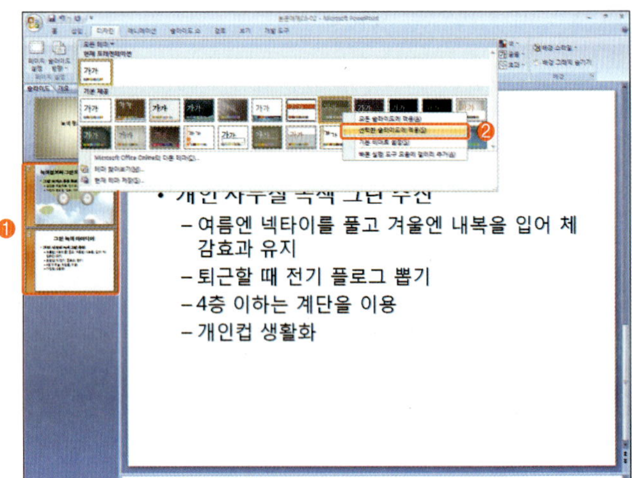

03 [디자인] 탭의 [테마] 그룹에서 [색]을 클릭하고 '보자기'를 선택한다.

---
tip

선택한 슬라이드에만 적용

선택한 슬라이드에만 색상을 적용하려면 마우스 오른쪽 단추를 눌러 [선택한 슬라이드에 적용]을 클릭한다.

---

04 [디자인] 탭의 [배경] 그룹에서 [배경 그래픽 숨기기]를 클릭하면 테마의 배경 이미지를 숨기고 색상만 사용할 수 있다.

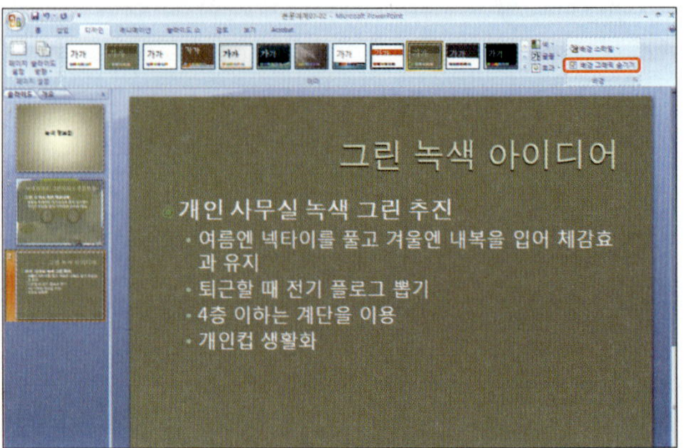

◎ 준비 파일 : Chapter03/확인학습03-02
◎ 완성 파일 : Chapter03/완성파일/학습완성03-02

❶ 1번 슬라이드에 '스타일 11' 배경 스타일을 지정하시오.

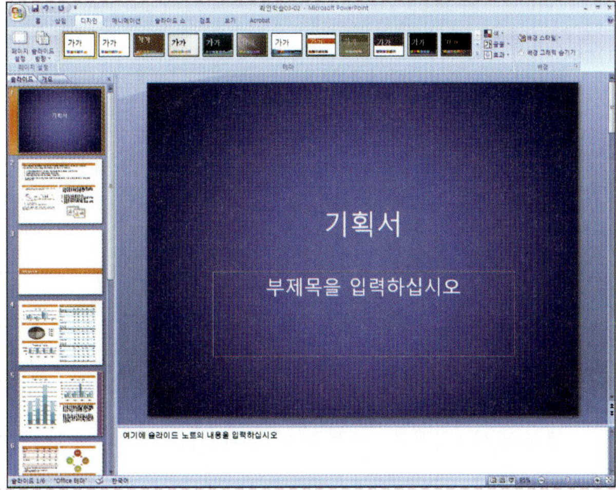

❷ 1번 슬라이드를 제외한 나머지 슬라이드에 '도시' 테마를 지정하시오.

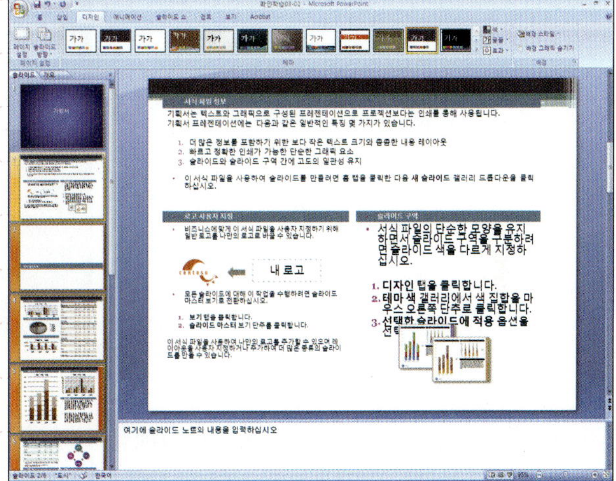

애니메이션

사용자 지정 애니메이션이란 슬라이드에 포함된 개체에 각각 다른 애니메이션 효과를 주는 방식이다. 사용자 지정 애니메이션을 적절히 이용하면 생동감 있는 프레젠테이션을 구성할 수 있다. 하지만 너무 과도하게 사용하면 자칫 산만해질 수 있으니 주의한다.

워밍업

◎ **준비 파일 :** Chapter03/본문예제03-03
◎ **완성 파일 :** Chapter03/완성파일/본문완성03-03
◎ **출제 포인트 :** 슬라이드의 애니메이션을 설정하는 문제

사용자 지정 애니메이션

01 [애니메이션] 탭의 [애니메이션] 그룹에서 [사용자 지정 애니메이션]을 클릭한다.

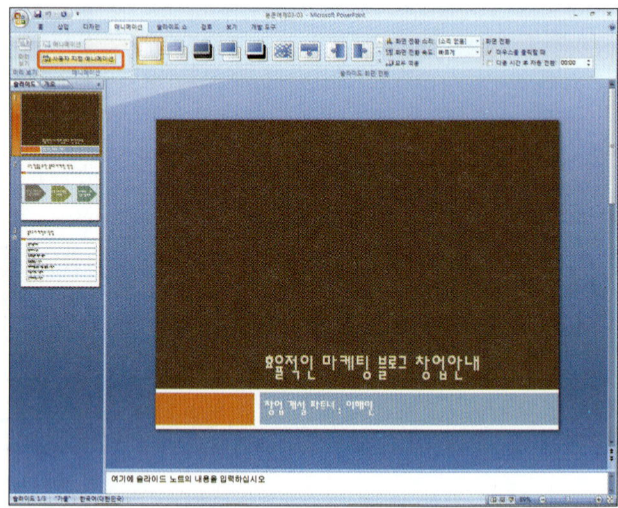

02 오른쪽에 [사용자 지정 애니메이션] 작업창이 열린다. 2번 슬라이드의 바닥에 깔려있는 사각형 도형을 선택하고 [사용자 지정 애니메이션] 작업창에서 [효과 적용]-[나타내기]-[기타 효과]를 클릭한다.

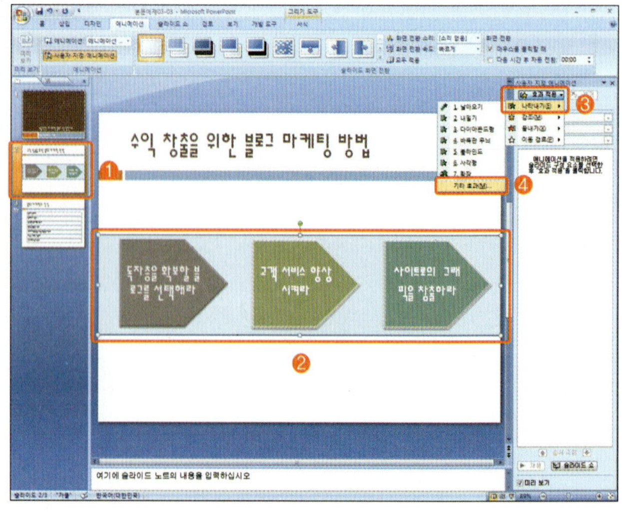

03 [나타내기 효과 추가] 대화상자에서 '내밀기' 효과를 선택하고 [확인] 단추를 클릭한다.

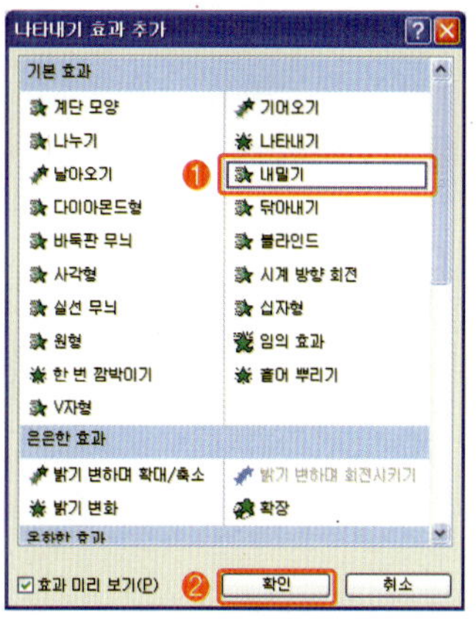

04 사각형 도형에 애니메이션이 적용되고 작업창에 효과가 추가되면 시작은 '클릭할 때', 방향은 '왼쪽에서', 속도는 '빠르게'로 설정한다.

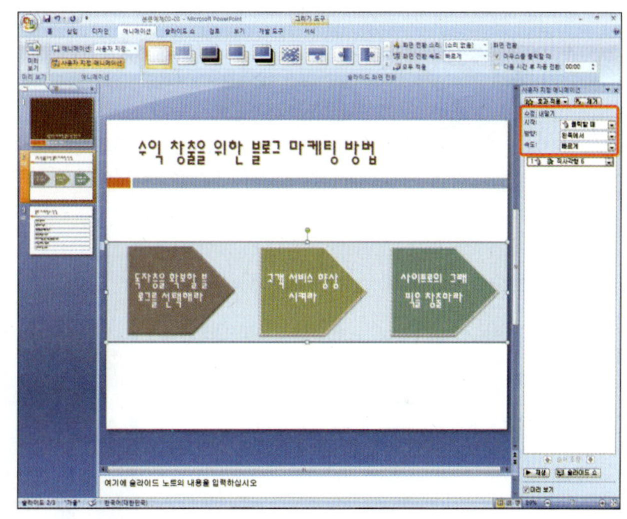

05 '3번 슬라이드'에 이미 지정된 애니메이션 목록의 순서를 변경해 보자. 작업창에서 '제목 1 : 블로그 마케팅의 장점'을 클릭하고 작업창 하단의 순서 조정 단추 중 위쪽 화살표를 클릭한다.

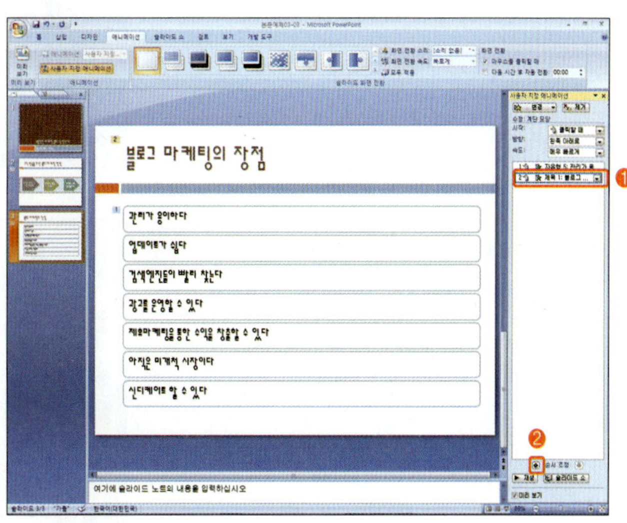

06 이번에는 작업창에서 '자유형 5 : 관리가~' 목록을 선택하고 [제거] 단추를 클릭하여 에니메이션을 삭제한다.

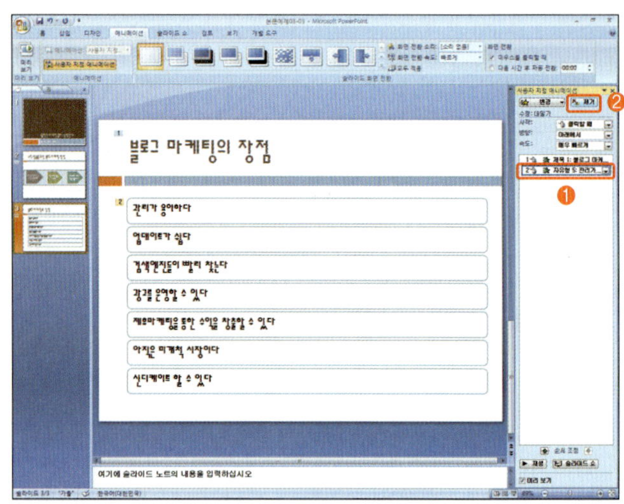

확 인 학 습

◎ 준비 파일 : Chapter03/확인학습03-03
◎ 완성 파일 : Chapter03/완성파일/학습완성03-03

❶ 3번 슬라이드의 가운데 이미지 3개에 동일하게 애니메이션을 지정하시오. 효과는 '나타내기'의 '흩어 뿌리기'로 설정하고 시작 옵션은 '이전 효과 다음에', 속도는 '빠르게'로 지정하시오.

❷ '5번 슬라이드'의 도형에 설정되어 있는 애니메이션을 제거하고, 텍스트 상자에 이동 경로가 '오른쪽으로'인 효과 애니메이션을 지정하시오.

화면 전환 효과

이전 슬라이드에서 다음 슬라이드로 넘어갈 때 특정한 시각적 효과를 표현할 수 있다. 이를 화면 전환 효과라 하며, 다양한 효과와 함께 전환 속도, 소리 등을 추가로 설정할 수 있다. 기본적으로는 사용자가 마우스를 클릭하면 슬라이드가 전환되지만, 지정한 시간이 되면 자동으로 슬라이드가 전환되도록 설정할 수 있는 옵션도 있다.

워밍업

◎ **준비 파일** : Chapter03/본문예제03-04
◎ **완성 파일** : Chapter03/완성파일/본문완성03-04
◎ **출제 포인트** : 슬라이드에 화면 전환 효과를 지정하고 자동 시간을 지정하는 문제

01 화면 전화 효과를 주기 위해 [애니메이션] 탭의 [슬라이드 화면 전환] 그룹에서 [화면 전환 구성표]의 [자세히] 단추를 클릭하고 '수직으로 나누어 나가기' 화면 전환 효과를 선택한다.

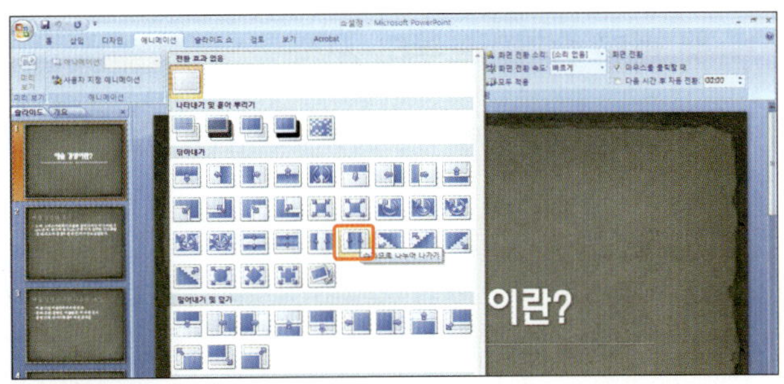

02 화면 전환 소리는 '바람' 으로, 화면 전환 속도는 '중간' 으로 지정한다.

03 화면이 자동으로 전환되도록 [다음 시간 후 자동 전환]에 체크하고 '00:10초' 로 설정한다.

확인학습

◎ **준비 파일** : Chapter03/확인학습03-04
◎ **완성 파일** : Chapter03/완성파일/학습완성03-04

❶ 모든 슬라이드에 '검정에서 나타내기' 화면 전환 효과를 지정하고, 화면 전환 소리는 '미풍' 으로, '5초' 마다 자동으로 전환되도록 설정하시오.

슬라이드 쇼

슬라이드 쇼 보기는 슬라이드를 전체 화면으로 채워 프레젠테이션을 진행하는 것을 의미한다. 실제 발표를 진행하기 전, 화면상에서 어떻게 보이는지 슬라이드 쇼 보기를 통해 반드시 살펴보도록 한다.

워밍업

◎ **준비 파일** : Chapter03/본문예제03-05
◎ **완성 파일** : Chapter03/완성파일/본문완성03-05
◎ **출제 포인트** : 특정 슬라이드부터 쇼를 시작하는 방법, 쇼 진행시 잉크 주석을 다는 방법

첫 번째 슬라이드부터 시작

현재 슬라이드의 위치에 상관없이 무조건 첫 번째 슬라이드부터 쇼를 시작하는 방법이다.

01 처음부터 슬라이드 쇼를 시작하기 위해 [슬라이드 쇼] 탭의 [슬라이드 쇼 시작] 그룹에서 [처음부터]를 클릭한다.

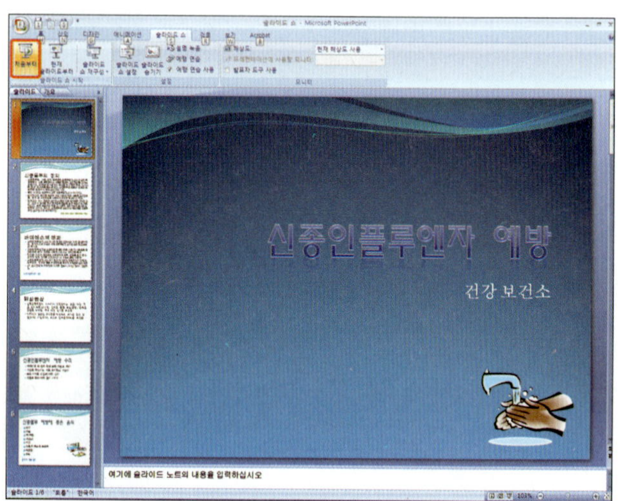

02 화면 왼쪽 하단의 이동 단추 중 [다음 슬라이드]를 클릭하거나, 마우스로 슬라이드를 클릭하여 다음 슬라이드로 이동한다.

03 중간에 쇼를 중단하려면 Esc 를 누르거나, 마우스 오른쪽 단추를 눌러 [쇼 마침]을 클릭한다.

:: 특정 슬라이드부터 시작

슬라이드 중간의 특정한 위치부터 슬라이드 쇼를 실행하는 방법이다. 프레젠테이션을 도중에 중단했다가 다시 시작하는 경우 등에 유용하다. 우선 슬라이드 쇼를 시작할 슬라이드로 이동한 후 명령을 실행한다.

01 [슬라이드 쇼] 탭의 [슬라이드 쇼 시작] 그룹에서 [현재 슬라이드부터]를 클릭한다.

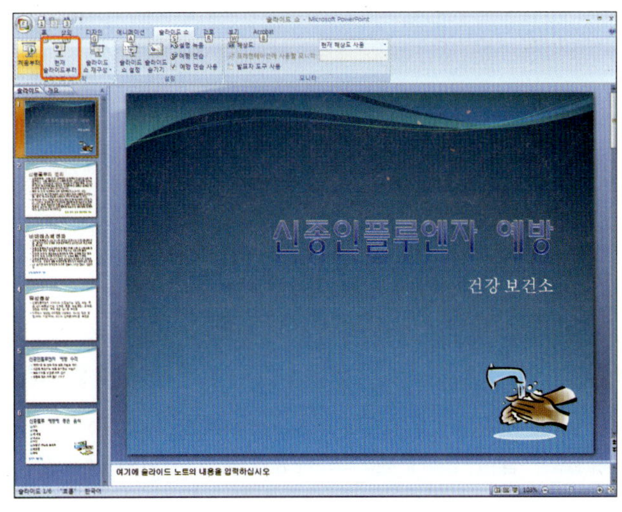

:: 잉크 주석

슬라이드 쇼를 하는 중간에 볼펜, 사인펜, 형광펜을 이용하여 중요한 항목에 표시하거나 판서를 덧붙일 수 있다. 이를 잉크 주석이라 하며, 슬라이드 쇼 중간에 기록하여 저장할 수 있다. 나중에 잉크 주석의 일부 또는 전체를 삭제할 수도 있다.

01 슬라이드 쇼를 처음부터 진행한 후 2번 슬라이드의 슬라이드 쇼가 진행될 때 마우스 오른쪽 단추를 눌러 [포인터 옵션]-[사인펜]을 클릭한다.

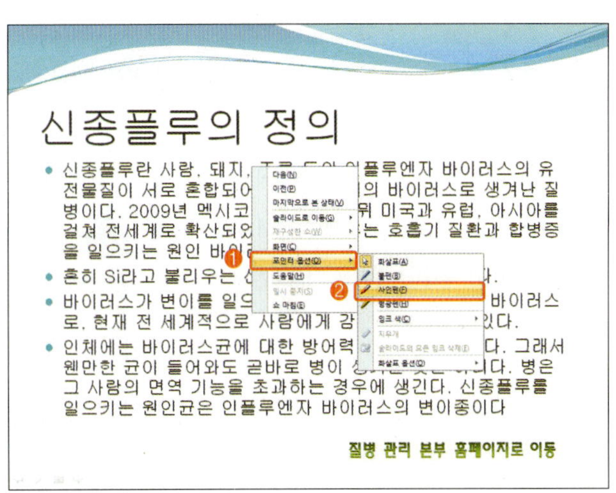

02 잉크색을 변경하기 위해 마우스 오른쪽 단추를 눌러 [포인터 옵션]-[잉크 색]에서 '자주'를 선택한다.

03 첫 번째 글머리 기호의 '신종플루란' 텍스트에 밑줄을 긋는다.

04 슬라이드 쇼를 끝까지 진행하면 잉크 주석이 기록된 상태에서 저장할 것인지를 묻는 창이 실행된다. 주석을 유지하기 위해 [예] 단추를 눌러 저장한다.

05 슬라이드에 펜으로 지정한 잉크 주석이 그래픽 개체로 슬라이드에 삽입된다.

확 인 학 습

◎ 준비 파일 : Chapter03/확인학습03-05
◎ 완성 파일 : Chapter03/완성파일/학습완성03-05

❶ 처음부터 슬라이드 쇼를 시작하고 2번 슬라이드의 '서식 파일 정보' 제목 텍스트에 파란색 사인펜으로 '밑줄'을 표시한 후 잉크 주석을 저장하시오.

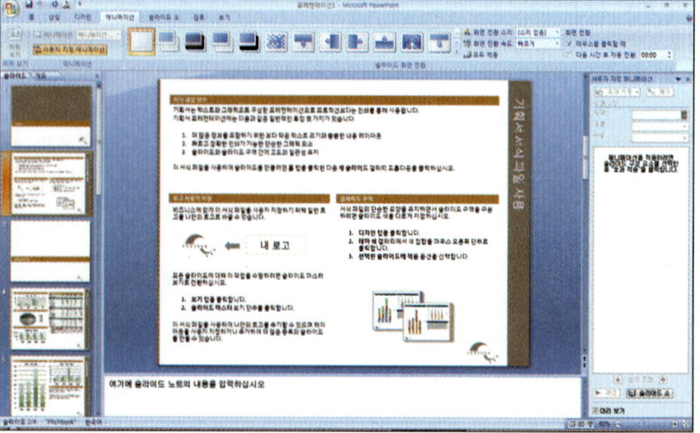

쇼 재구성

완성된 프레젠테이션 문서를 재구성하여 쇼를 만들면 하나의 프레젠테이션 문서를 여러 버전으로 활용할 수 있다.

워밍업

◎ **준비 파일** : Chapter03/본문예제03-06
◎ **완성 파일** : Chapter03/완성파일/본문완성03-06
◎ **출제 포인트** : 특정 슬라이드를 특정 이름으로 재구성하는 문제

01 [슬라이드 쇼] 탭의 [슬라이드 쇼 시작] 그룹에서 [슬라이드 쇼 재구성]-[쇼 재구성]을 클릭한다.

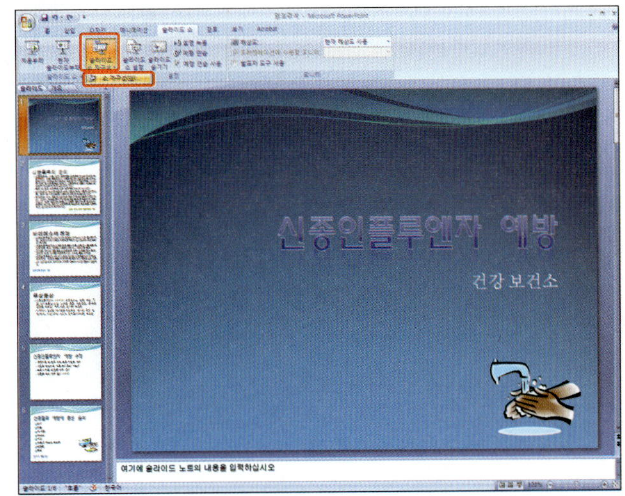

02 [쇼 재구성] 대화상자에서 [새로 만들기] 단추를 클릭한다.

03 [쇼 재구성하기] 대화상자의 '슬라이드 쇼 이름'에 "간단한 설명"이라고 입력한다. 3번 슬라이드인 '바이러스 전파'와 5번 슬라이드인 '신종인플루엔자 예방 수칙'을 차례로 선택하고 [추가] 단추를 클릭하여 '재구성한 쇼에 있는 슬라이드 목록'에 추가한 후 [확인] 단추를 클릭한다.

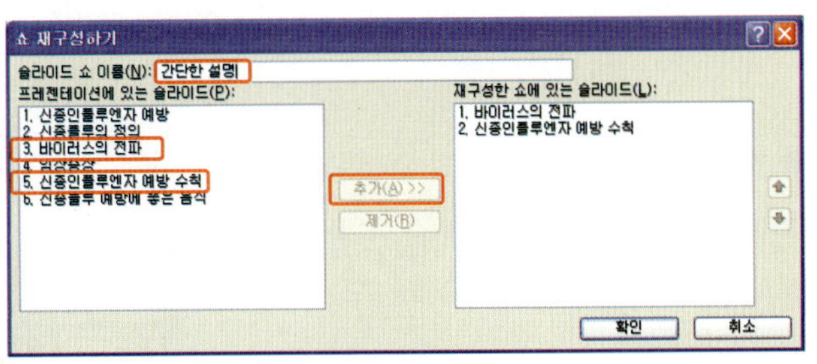

04 [쇼 재구성] 대화상자에서 '쇼 재구성' 목록에 '간단한 설명'이 추가된 것을 확인하고 [닫기] 단추를 클릭한다.

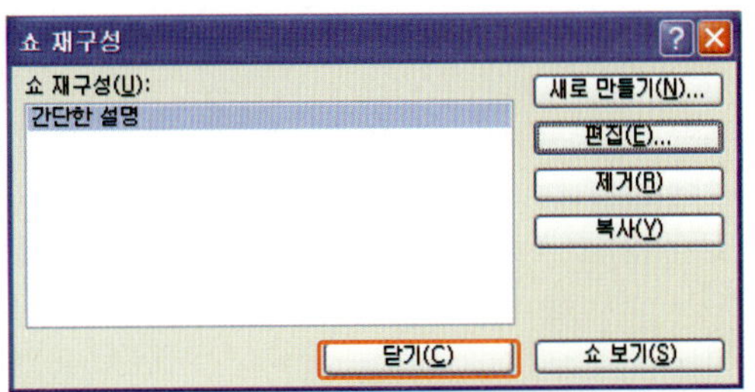

05 재구성한 슬라이드로 슬라이드 쇼를 진행하려면 [슬라이드 쇼] 탭의 [슬라이드 쇼 시작] 그룹에서 [슬라이드 쇼 재구성]-[간단한 설명]을 클릭한다.

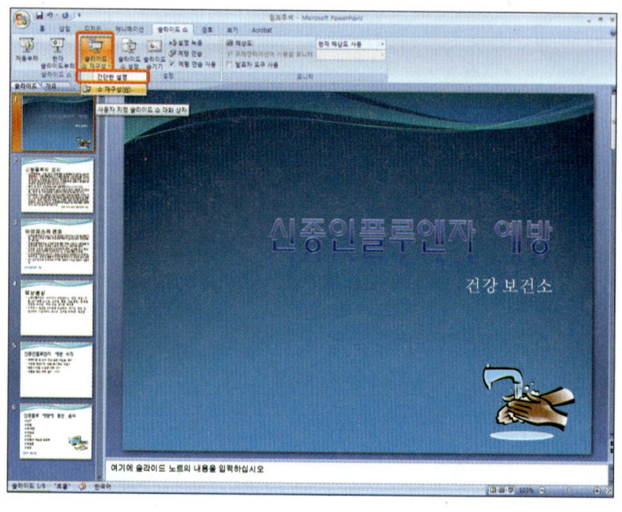

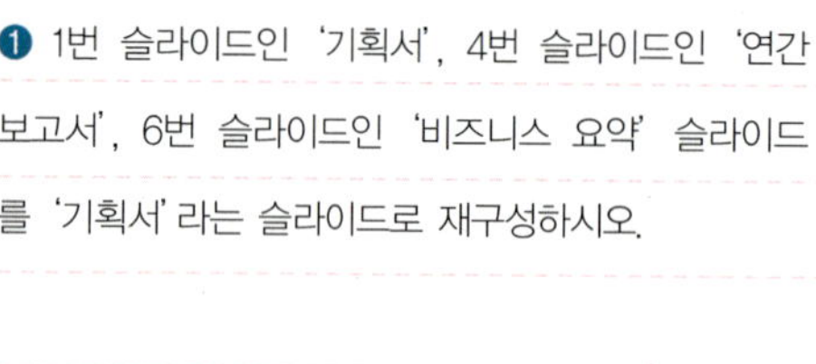

◎ 준비 파일 : Chapter03/확인학습03-06
◎ 완성 파일 : Chapter03/완성파일/학습완성03-06

❶ 1번 슬라이드인 '기획서', 4번 슬라이드인 '연간 보고서', 6번 슬라이드인 '비즈니스 요약' 슬라이드를 '기획서' 라는 슬라이드로 재구성하시오.

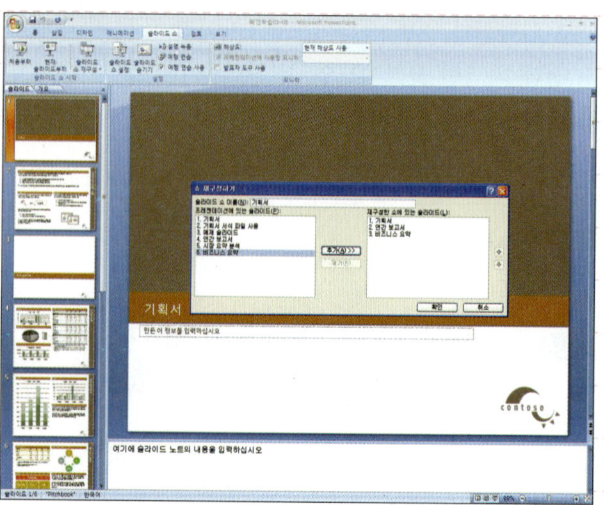

chapter 04

검토 탭
보기 탭
오피스 단추

메모

수정된 사항이나 특이사항 등을 나중에 참고할 수 있도록 슬라이드의 특정 위치에 메모를 삽입해 둘 수 있다. 삽입된 메모의 내용을 수정 및 변경, 또는 삭제할 수 있으며 인쇄시 포함시켜 인쇄 설정을 할 수 있다.

워밍업

◎ **준비 파일** : Chapter04/본문예제04-01
◎ **완성 파일** : Chapter04/완성파일/본문완성04-01
◎ **출제 포인트** : 슬라이드에 메모를 삽입하는 방법과 삭제, 수정, 검토 방법 등을 묻는 문제

01 2번 슬라이드를 선택하고 [검토] 탭의 [메모] 그룹에서 [새 메모]를 클릭한다.

02 슬라이드에 메모 표식과 메모 상자에 사용자 이름과 날짜가 표시된다. 메모 상자 안에 커서를 두고 "개요삽입 1" 텍스트를 입력한다.

03 4번 슬라이드에도 [검토] 탭의 [메모] 그룹에서 [새 메모]를 클릭하여 메모 상자 안에 "개요삽입 2" 텍스트를 입력한다.

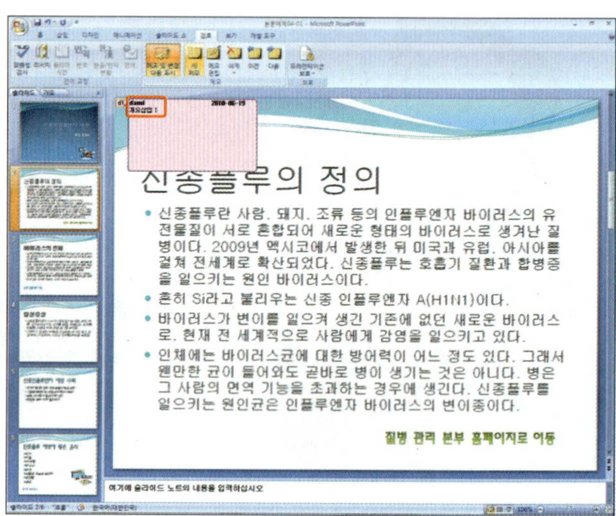

메모 편집

01 2번 슬라이드에 삽입한 메모의 내용을 편집하기 위해 메모 아이콘을 클릭하고 [검토] 탭의 [메모] 그룹에서 [메모 편집]을 클릭한다.

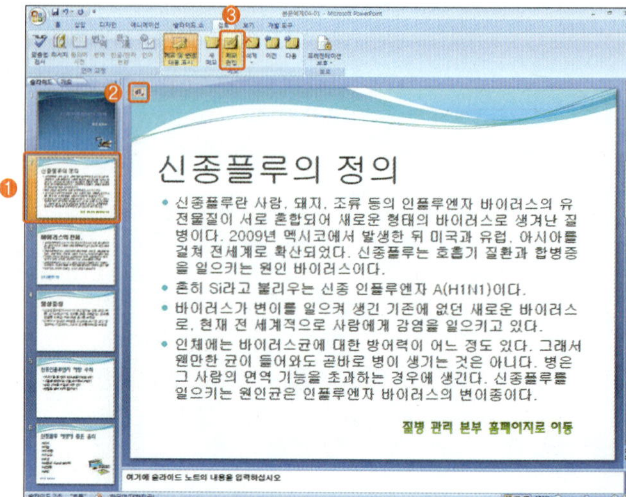

<hr>

tip

이렇게 해도 됩니다.

메모 아이콘을 마우스 오른쪽 단추로 눌러 [메모 편집]을 클릭해도 된다.

02   메모 상자에 커서가 나타나면 "내용정리" 텍스트를 추가한다.

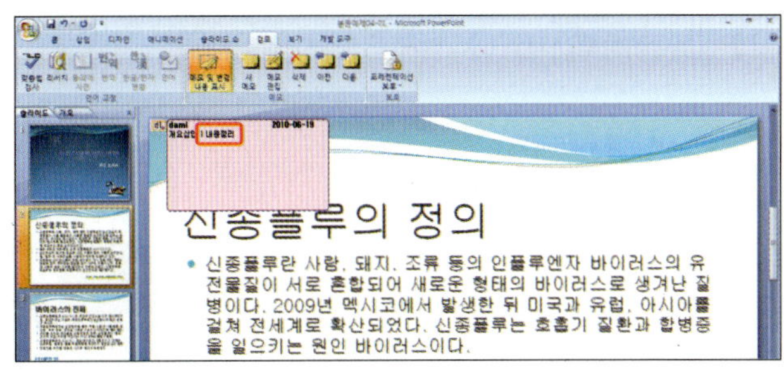

03   슬라이드에 삽입된 메모들을 확인하려면 [검토] 탭의 [메모] 그룹에서 [이전] / [다음]을 클릭하면 메모를 하나씩 찾을 수 있다.

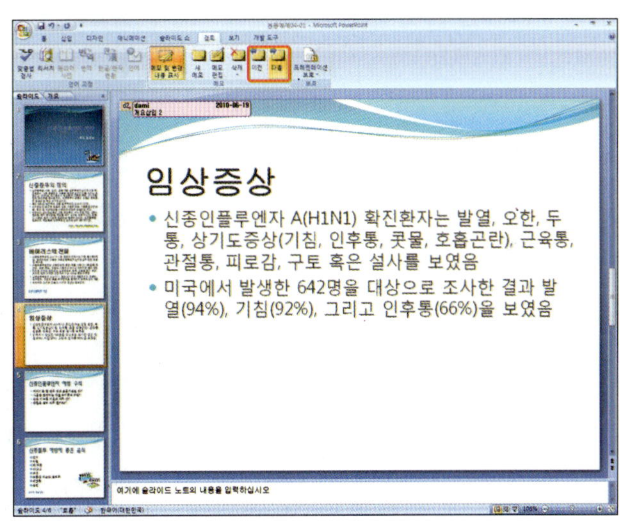

04   메모를 화면에 숨기려면 [검토] 탭의 [메모] 그룹에서 [메모 및 변경 내용 표시]를 클릭한다. 다시 클릭하면 메모가 화면에 표시된다.

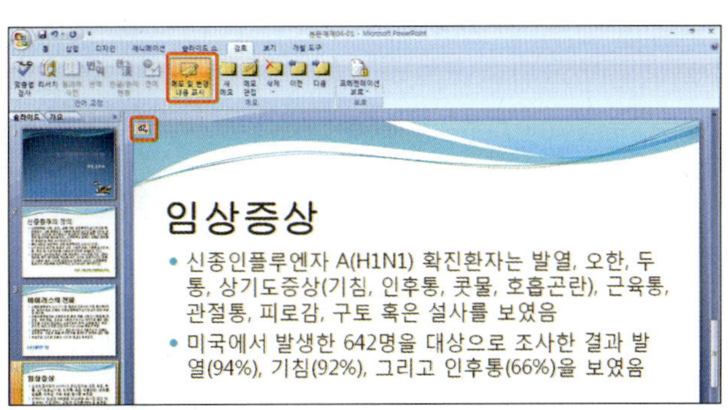

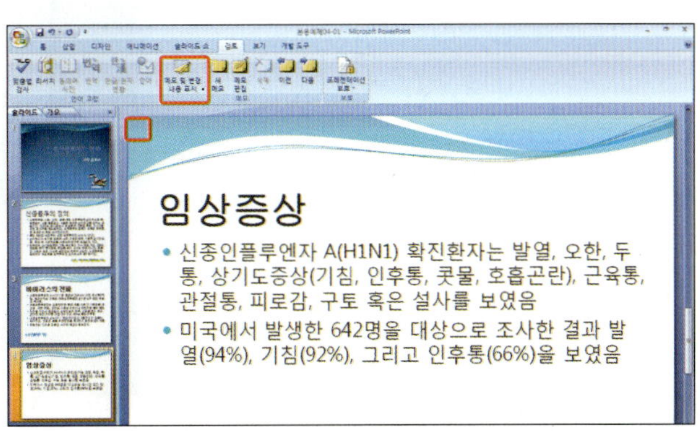

❶ 5번 슬라이드에 "애니메이션 삽입"이라는 메모를 워드아트 아래로 삽입하시오.

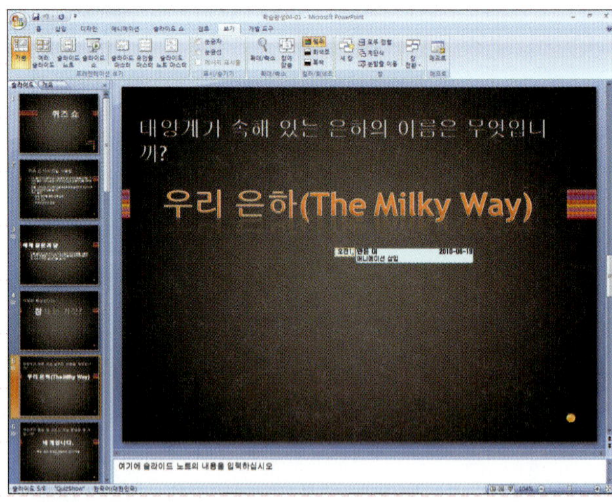

❷ 2번 슬라이드에 삽입된 메모의 앞에 "검토 : "라는 텍스트를 추가하시오.

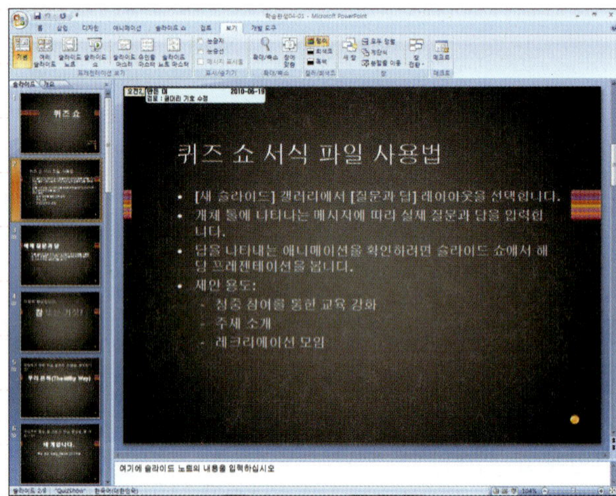

❸ 메모를 검토하고 7번 슬라이드의 메모를 삭제하시오.

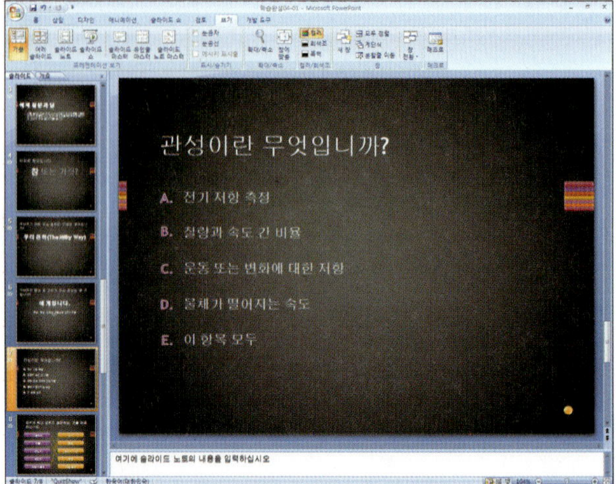

마스터

테마가 전체 프레젠테이션의 색을 관리한다면, 마스터는 전체 프레젠테이션의 모든 서식 속성을 제어하는 기능이라 할 수 있다.
마스터로 전체 프레젠테이션의 각종 서식을 일관성 있게 관리하는 방법에 대해 알아보도록 한다.

워밍업

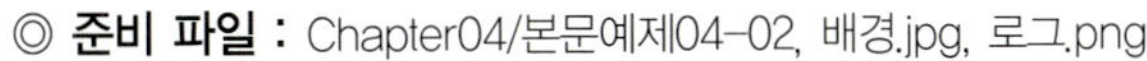

◎ **준비 파일 :** Chapter04/본문예제04-02, 배경.jpg, 로그.png
◎ **완성 파일 :** Chapter04/완성파일/본문완성04-02
◎ **출제 포인트 :** 슬라이드 마스터에서 배경 서식 및 테마를 지정하는 문제

⠿ 마스터의 개념

프레젠테이션에 디자인 서식을 적용하면 모든 슬라이드의 디자인이 순식간에 변경되는 것을 확인할 수 있다. 이와 같은 디자인 서식은 '마스터' 라는 기능과 관련이 있다. 마스터는 모든 슬라이드의 서식 속성을 제어하는 기능으로 글꼴, 글꼴 크기, 글머리 기호의 유형, 머리글/바닥글의 글꼴 속성과 위치 등을 전체 슬라이드에 일괄적으로 적용하고 편집할 수 있는 아주 편리한 기능이다.
마스터에서 슬라이드 전체에 공통적으로 삽입해야 할 텍스트, 서식, 회사 로고나 기타 그림, 날짜와 시간 슬라이드 번호 등을 설정하거나 수정하면 모든 슬라이드에 동일하게 적용된다.

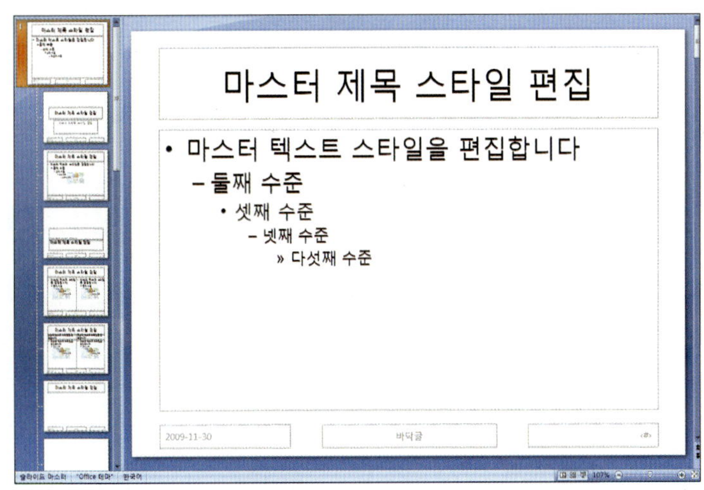

❖ 테마 지정

테마는 슬라이드의 배경과 슬라이드에 삽입될 도형, 텍스트 등 개체의 색상을 미리 지정해둔 목록이다.
테마를 사용하면 모든 슬라이드의 색 조합을 일관성 있게 구성할 수 있다.

01　[보기] 탭의 [프리젠테이션 보기] 그룹에서 [슬라이드 마스터]를 클릭한다.

02　[슬라이드 마스터] 탭의 [테마 편집] 그룹에서 [테마]를 클릭하고 '광장'을 선택한다.

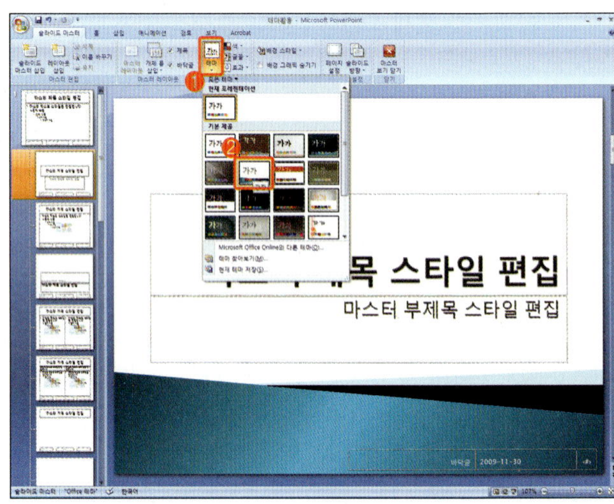

03　[슬라이드 마스터] 탭의 [테마 편집] 그룹을 보면 색, 글꼴, 효과에도 '광장' 효과가 적용되어 있다. 색, 글꼴, 효과에 다른 테마를 적용하고 싶다면 이곳에서 선택한다.

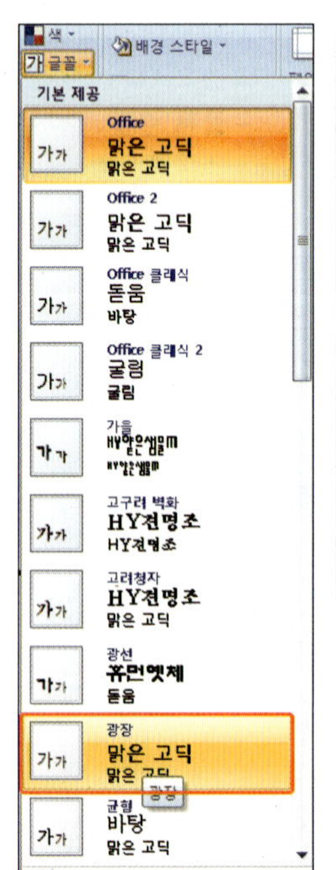

04　[슬라이드 마스터] 탭의 [닫기] 그룹에서 [마스터 보기 닫기]를 클릭한다.

배경 지정

슬라이드 배경을 다른 색상, 그라데이션, 질감, 이미지 등으로 채울 수 있으며, 슬라이드마다 다른 배경색을 지정할 수도 있다.

01 [보기] 탭의 [프리젠테이션 보기] 그룹에서 [슬라이드 마스터]를 클릭한 후, [슬라이드 마스터] 탭의 [배경] 그룹에서 [배경 스타일]–[배경 서식]을 클릭한다.

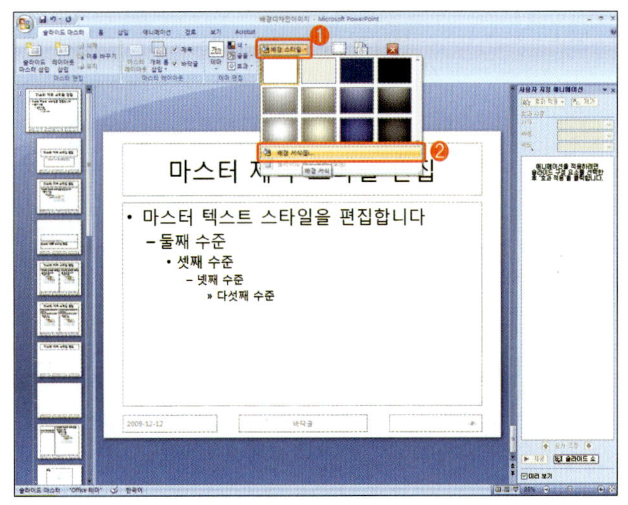

02 [배경 서식] 대화상자에서 '그라데이션 채우기'를 선택한 후 투명도를 '88%'로 설정하고, [모두 적용] 단추를 누르면 모든 슬라이드의 배경색이 바뀐다. [닫기] 단추를 클릭한다.

03 [슬라이드 마스터] 탭에서 [마스터 보기 닫기]를 클릭하여 슬라이드로 돌아간다.

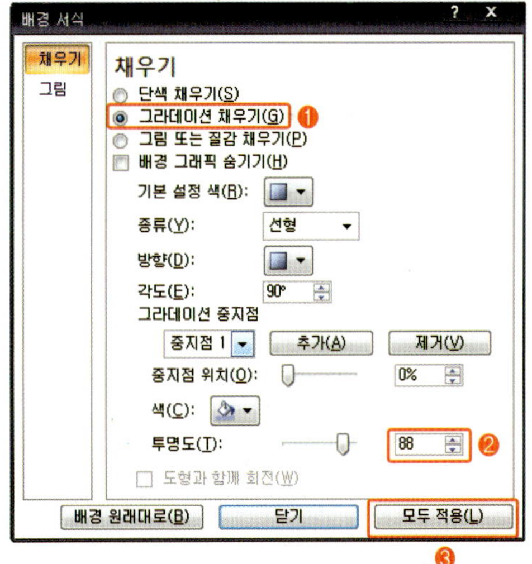

배경 그래픽 지정

슬라이드 배경을 다른 색상, 그라데이션, 질감, 이미지 등으로 채울 수 있으며, 슬라이드마다 다른 배경색을 지정할 수도 있다.

01 [보기] 탭의 [프레젠테이션 보기] 그룹에서 [슬라이드 마스터]를 클릭한 후, 맨 위에 있는 'Office 테마 슬라이드 마스터' 슬라이드를 선택하고 [슬라이드 마스터] 탭의 [배경] 그룹에서 [배경 스타일]–[배경 서식]을 클릭한다.

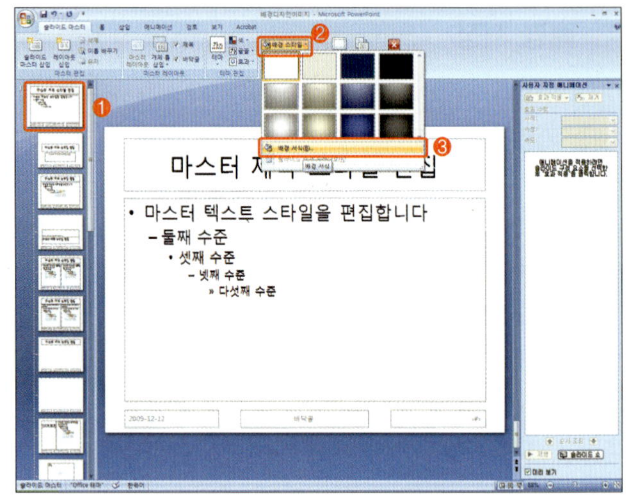

tip

'Office 테마 슬라이드 마스터' 슬라이드를 선택하고 서식을 설정하면 모든 슬라이드에 적용된다.

02 [배경 서식] 대화상자에서 '그림 또는 질감 채우기'를 선택한 후 [파일] 단추를 클릭하여 '배경.jpg' 파일을 선택하고 [삽입] 단추를 클릭한다.

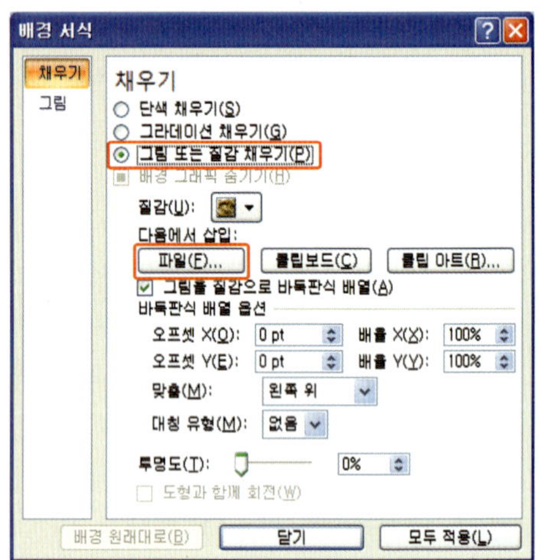

03 모든 슬라이드에 배경 서식이 적용된 것을 왼쪽 슬라이드 목록에서 확인할 수 있다. [닫기] 단추를 클릭한다.

04 [슬라이드 마스터] 탭의 [마스터 보기 닫기]를 클릭한다.

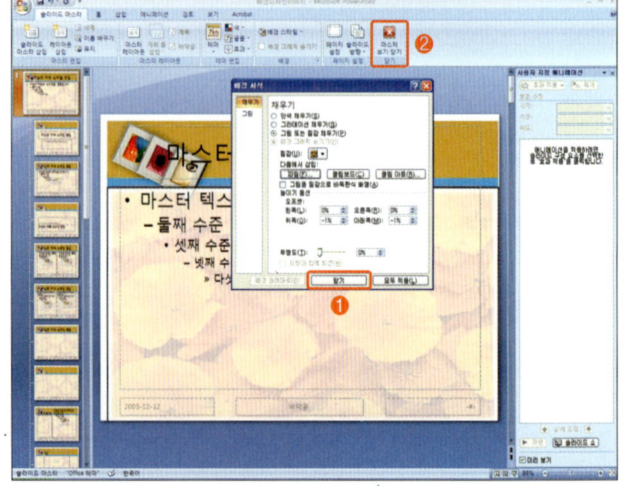

∷ 슬라이드 번호 삽입

슬라이드 마스터에서 슬라이드 번호의 위치와 서식을 변경할 수 있다.

01 [보기] 탭의 [프리젠테이션 보기] 그룹에서 [슬라이드 마스터]를 클릭한다.

02 오른쪽 아래에 있는 바닥글 기호 〈#〉를 선택하여 오른쪽 위로 드래그한다.

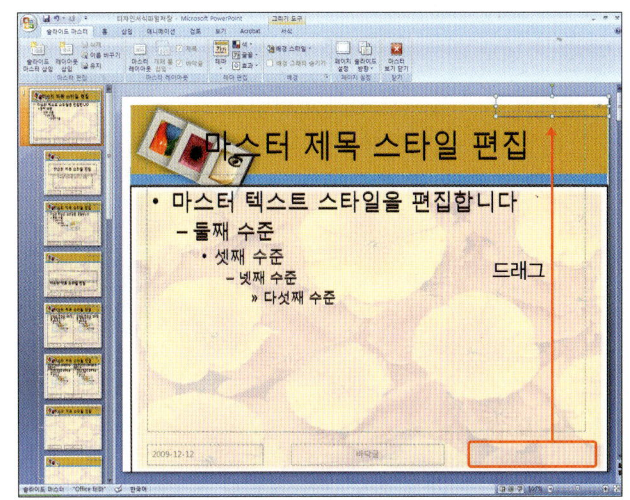

03 [삽입] 탭의 [텍스트] 그룹에서 [머리글/바닥글]을 클릭한다.

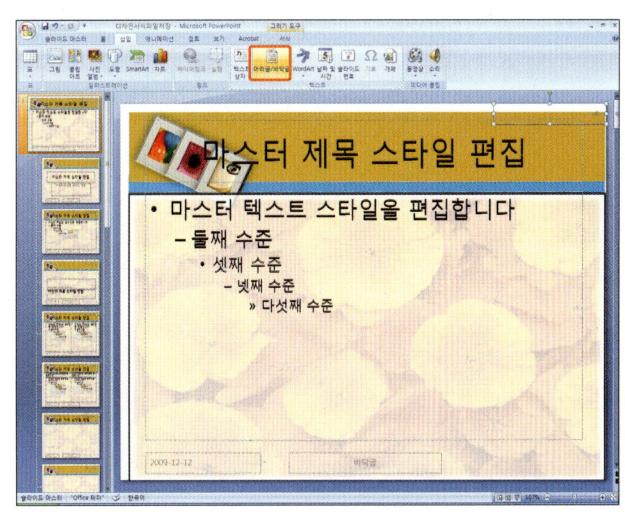

04 [머리글/바닥글] 대화상자에서 '슬라이드 번호'를 선택하고, '제목 슬라이드에는 표시 안 함(S)' 에 체크한 후 [모두 적용] 단추를 클릭한다.

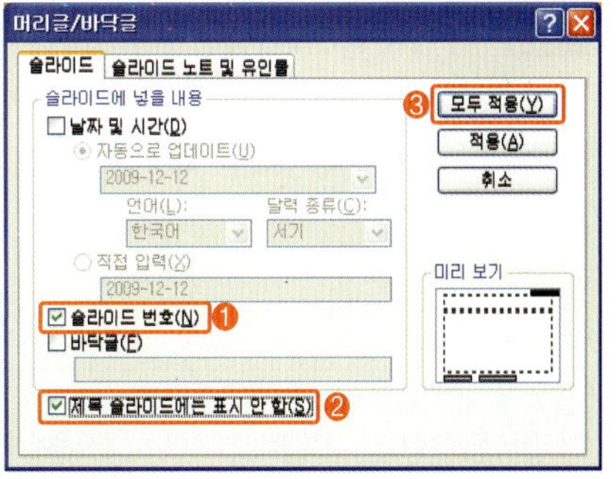

05 [슬라이드 마스터] 탭의 [마스터 보기 닫기] 단추를 클릭하여 슬라이드로 돌아간다.

06 제목 슬라이드 이외의 슬라이드를 선택해 보면 오른쪽 위에 슬라이드 번호가 삽입된 것을 확인할 수 있다.

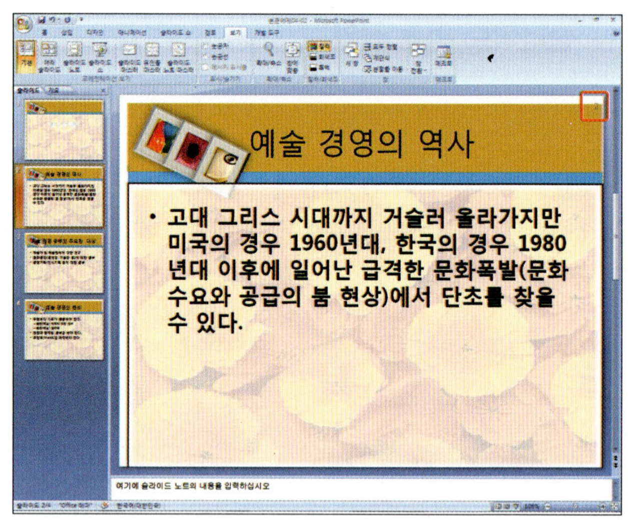

∷ 슬라이드 날짜 삽입

슬라이드 마스터에서 슬라이드 번호의 위치와 서식을 변경할 수 있다.

01 [보기] 탭의 [프리젠테이션 보기] 그룹에서 [슬라이드 마스터]를 클릭한다.

02 [삽입] 탭의 [텍스트] 그룹에서 [머리글/바닥글]을 클릭한다.

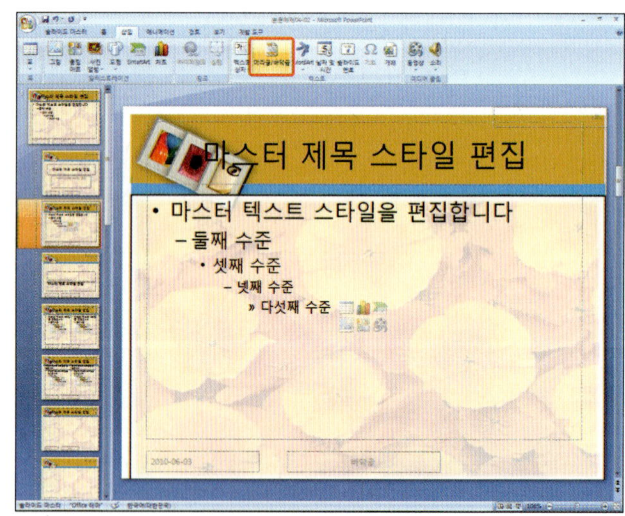

03 [머리글/바닥글] 대화상자에서 '날짜 및 시간', '자동으로 업데이트', '제목 슬라이드에는 표시 안 함(S)'을 선택한 후 [모두 적용] 단추를 클릭한다.

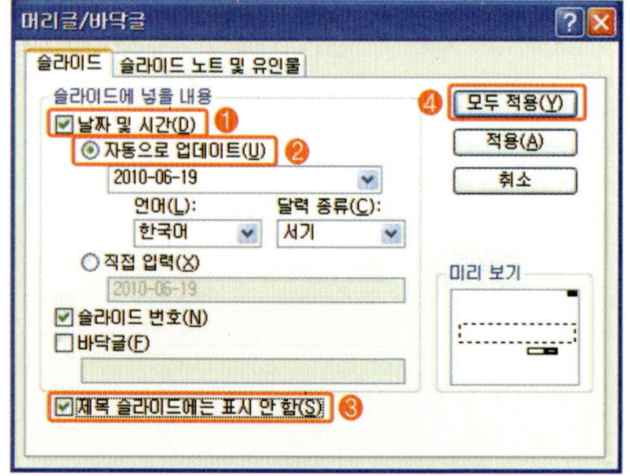

---

tip

날짜 및 시간 표시 방법
• 자동으로 업데이트 : 프레젠테이션 진행 시 윈도우에 설정된 날짜로 자동 변경된다.
• 직접 입력 : 날짜가 고정되어 표기된다.

04 [슬라이드 마스터] 탭의 [마스터 보기 닫기] 단추를 클릭하여 슬라이드로 돌아가 날짜 표기를 확인한다.

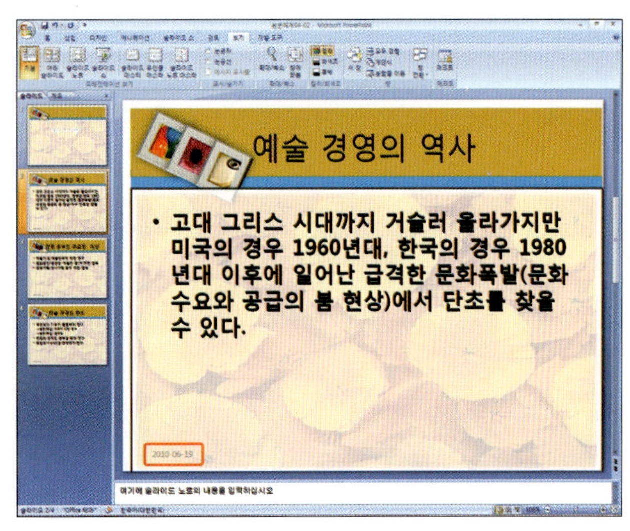

슬라이드 마스터에 개체 및 텍스트 삽입

슬라이드 마스터에서 그래픽을 삽입하거나 텍스트를 입력하면 모든 슬라이드에 적용된다.

01 [보기] 탭의 [프레젠테이션 보기] 그룹에서 [슬라이드 마스터]를 클릭한다.

02 'Office 테마 슬라이드 마스터' 슬라이드를 선택하고 [삽입] 탭의 [텍스트] 그룹에서 [텍스트 상자]-[가로 텍스트 상자]를 클릭한다.

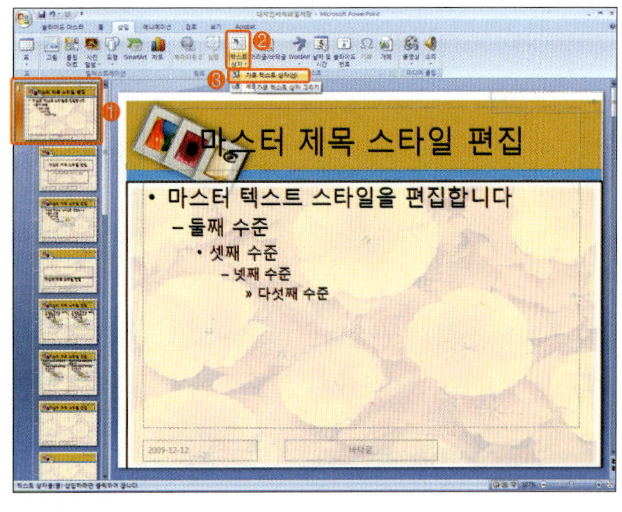

03 슬라이드 아래의 오른쪽 빈 영역을 클릭한 후 "예술경영" 텍스트를 입력한다.

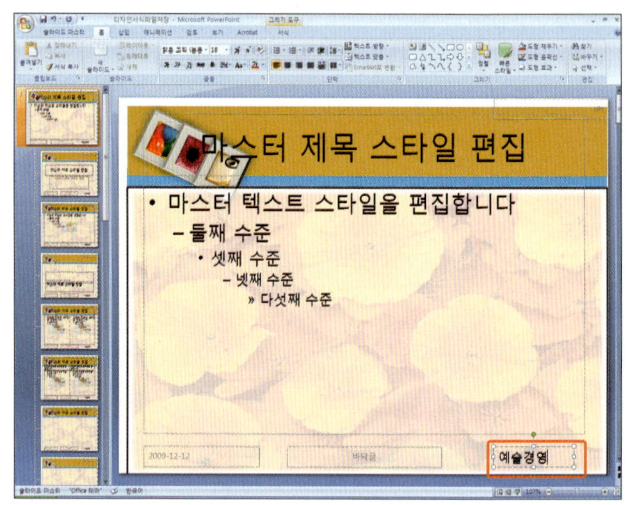

04 이미지 삽입을 위해 [삽입] 탭의 [일러스트레이션] 그룹에서 [그림]을 클릭한다. [Chapter04] 폴더에 제공된 '로그.png' 파일을 선택하고 [삽입] 단추를 클릭한다.

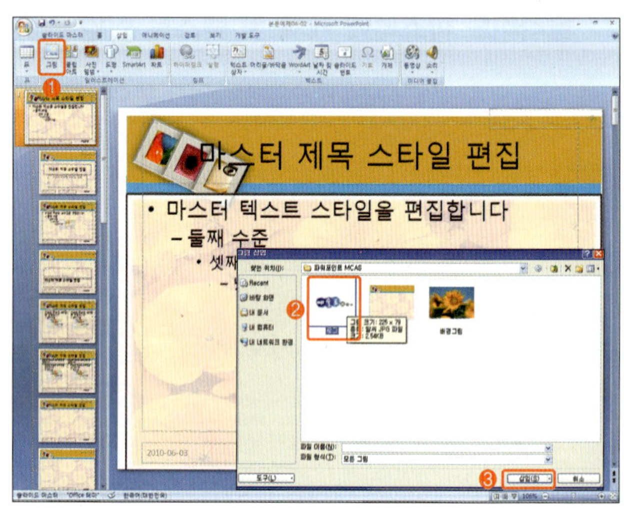

05 삽입된 로그 그래픽을 오른쪽 위로 드래그하여 위치시킨다.

06 [슬라이드 마스터] 탭의 [마스터 보기 닫기] 단추를 클릭한다.

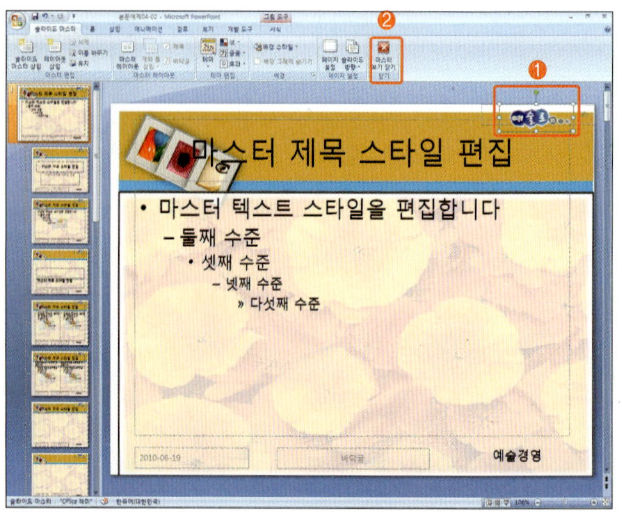

◎ 준비 파일 : chapter04/확인학습04-02, 길.jpg
◎ 완성 파일 : chapter04/완성파일/학습완성04-02

❶ 슬라이드 마스터를 이용하여 모든 슬라이드에 '길.jpg'를 배경 그림으로 설정하시오.

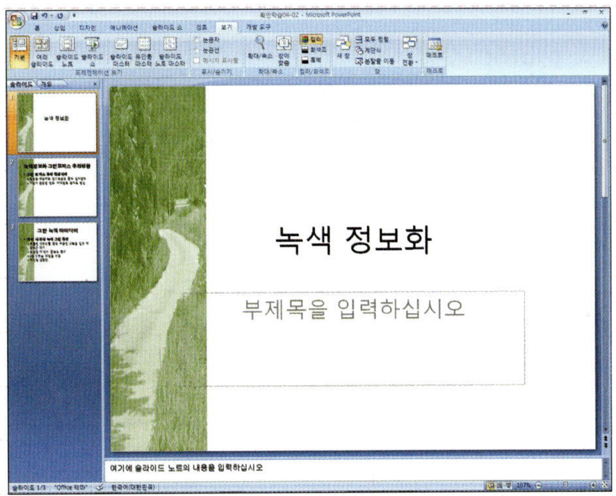

❷ 슬라이드 마스터를 이용하여 제목 글꼴은 'HY헤드라인M', 글꼴 크기는 '36pt', '왼쪽 맞춤'으로 설정하시오.

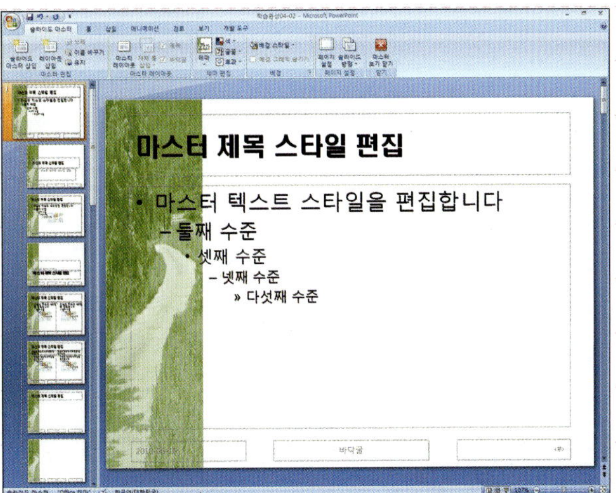

❸ 항상 오늘 날짜가 오른쪽 상단에 표기되도록 슬라이드 마스터를 이용하여 날짜를 삽입하시오.

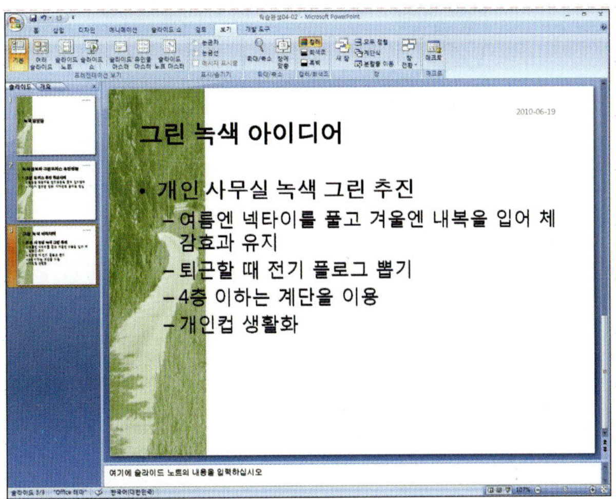

디자인 서식 파일로 저장

사용한 프레젠테이션의 디자인을 다시 사용하고자 한다면 디자인 서식 파일 *.potx 형식으로 저장해 두면 된다.

워밍업

◎ **준비 파일** : Chapter04/본문예제04-03
◎ **완성 파일** : Chapter04/완성파일/디자인서식파일저장
◎ **출제 포인트** : 작성한 슬라이드를 디자인 서식 파일로 저장하는 문제

01 예제 파일을 열고 [Office] 단추를 클릭하여 [다른 이름으로 저장]을 클릭한다.

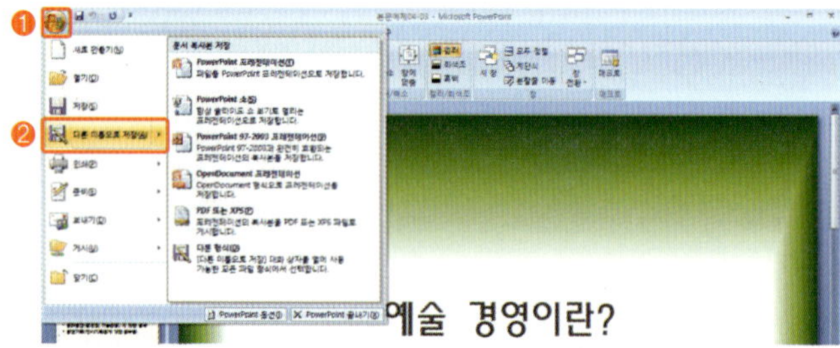

02 [다른 이름으로 저장] 대화상자에서 파일 형식을 'PowerPoint 서식 파일'로 선택한다. 서식 파일은 기본 폴더인 [Templates] 폴더에 저장된다.

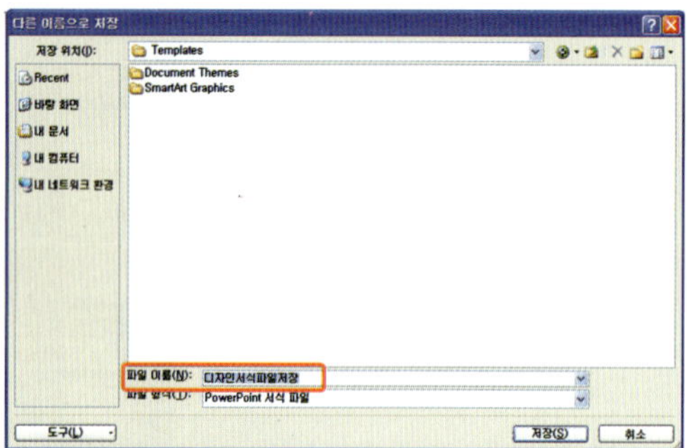

확인학습

◎ **준비 파일** : Chapter04/확인학습04-03
◎ **완성 파일** : Chapter04/완성파일/학습완성04-03

❶ 모든 슬라이드에 배경 '스타일 11'을 지정하고 디자인 서식 파일로 저장하시오.

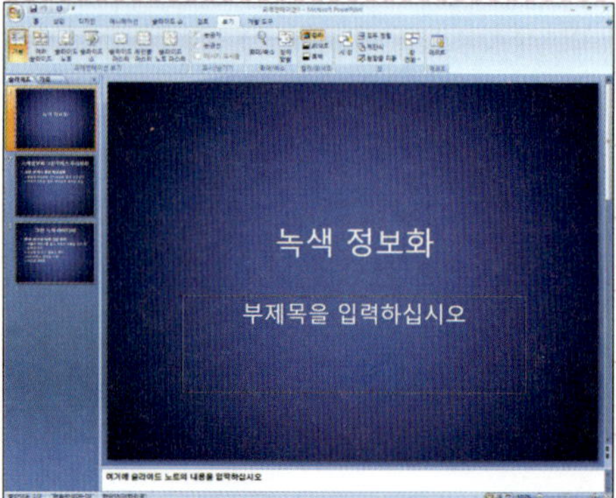

프레젠테이션 보호

작성한 프레젠테이션이 매우 중요하다면 암호를 걸어 다른 사람들이 쉽게 확인하지 못하도록 설정할 수 있다.

워밍업

◎ 준비 파일 : Chapter04/본문예제04-04
◎ 완성 파일 : Chapter04/완성파일/본문완성04-04
◎ 출제 포인트 : 프레젠테이션을 보호하는 문제

통합 문서 보호

01 [Office] 단추를 클릭한 후 [다른 이름으로 저장]을 클릭한다.

02 [다른 이름으로 저장] 대화상자에서 [도구]-[일반 옵션]을 클릭한다.

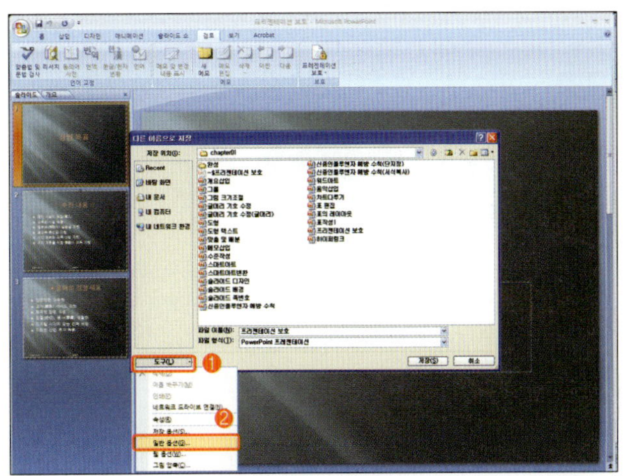

03 [일반 옵션] 대화상자에서 열기 암호와 쓰기 암호를 입력하고 [확인] 단추를 클릭한다. 입력한 암호를 잊어버리지 않도록 한다.

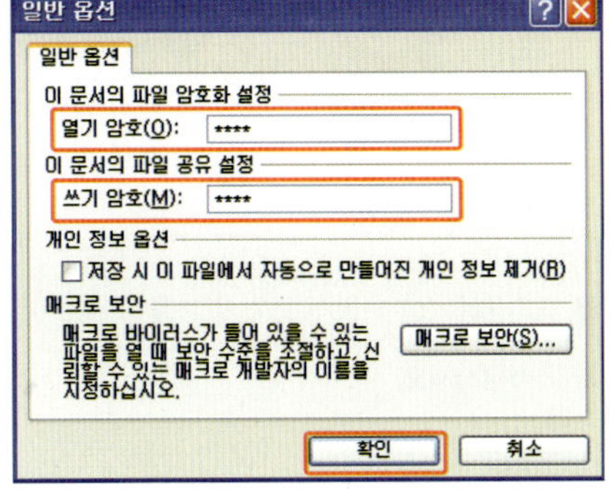

tip

제공된 예제에서는 암호를 "mentor"로 설정하였다.

04 [암호 확인] 대화상자가 나타나면 열기 암호와 쓰기 암호를 각각 한 번씩 더 입력한다.

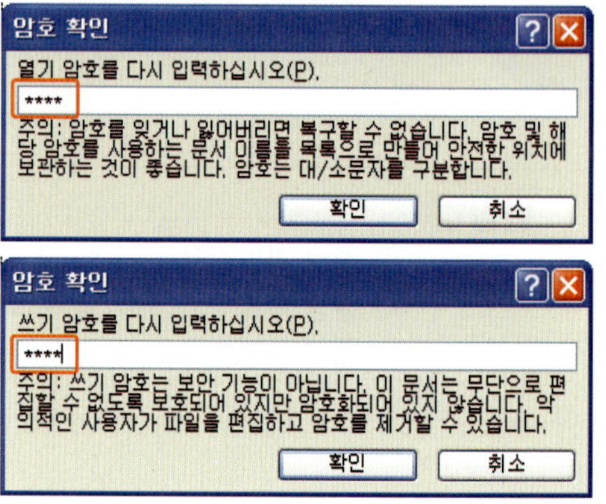

05 [저장] 단추를 클릭하면 기존 파일에 덮어쓸 것을 묻는 메시지가 나타난다. [예] 단추를 눌러 저장한다.

06 이제 열기 암호와 쓰기 암호를 입력한 후 [확인] 단추를 클릭해야 이 문서를 열 수 있다.

알아두기

암호 해제

암호를 해제하려면 [Office] 단추-[다른 이름으로 저장]-[도구]-[일반 옵션]을 선택한 후 미리 설정된 암호 '*****' 표기를 삭제한 후 [확인] 단추를 클릭하고 덮어 쓰기 저장을 한다.

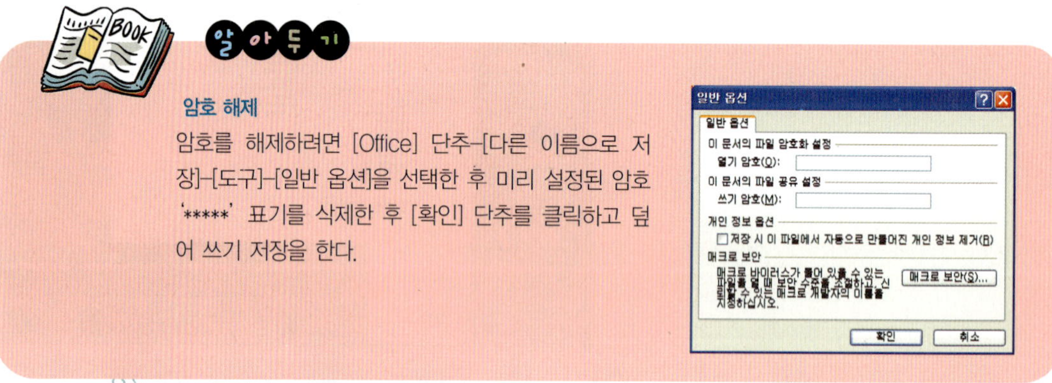

확인학습

◎ 준비 파일 : Chapter04/확인학습04-04
◎ 완성 파일 : Chapter04/완성파일/학습완성04-04

❶ 프리젠테이션의 읽기 쓰기 암호를 "pass01"로 입력하고 저장하시오.

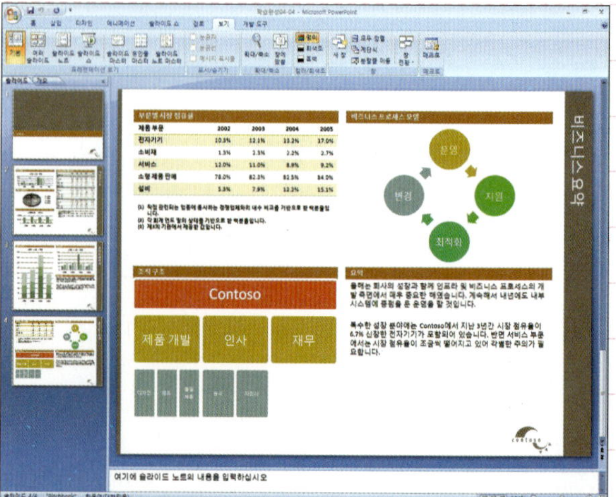

프레젠테이션 배포 준비

PowerPoint 2007 버전의 새 기능과 이전 버전과의 호환성을 검사하고 문서에서 숨겨진 메타 데이터와 개인 정보를 검색하여 제거할 수 있다.

워밍업

◎ **준비 파일** : Chapter04/본문예제04-05

◎ **완성 파일** : Chapter04/완성파일/본문완성04-05

◎ **출제 포인트** : 프레젠테이션의 호환성 검사 및 최종본으로 표시하는 문제

❖ 호환성 검사

01 [Office] 단추를 클릭한 후 [준비]-[호환성 검사 실행]을 클릭한다.

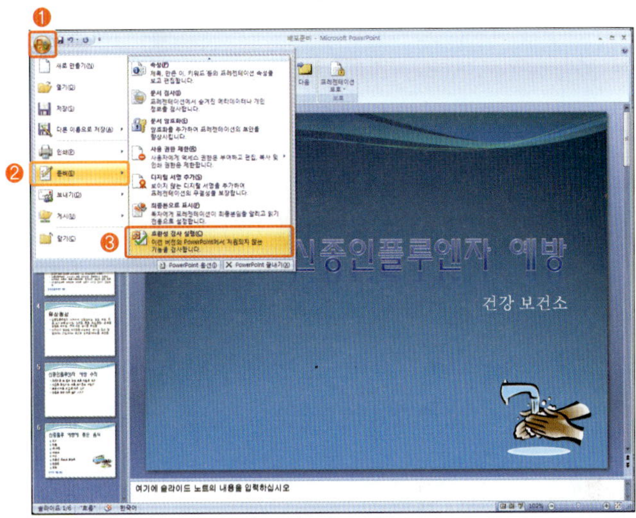

02 이전 버전의 PowerPoint에서 열면 손실될 수 있는 요소를 알려주는 대화상자가 나타난다. 슬라이드 1, 2, 3, 6에 삽입된 그래픽을 사용할 수 없음을 알 수 있다. [확인] 단추를 클릭한다.

◾◾ 문서 검사

01 [Office] 단추를 클릭한 후 [준비]-[문서 검사]를 클릭한다.

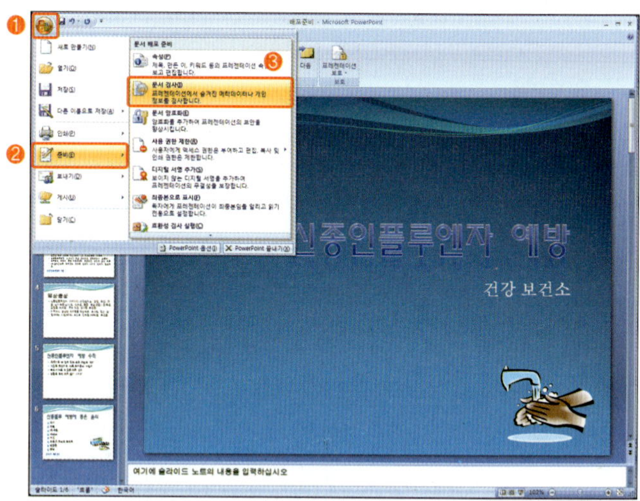

02 [문서 검사] 대화상자에서 검사할 항목을 모두 체크하고 [검사] 단추를 클릭한다.

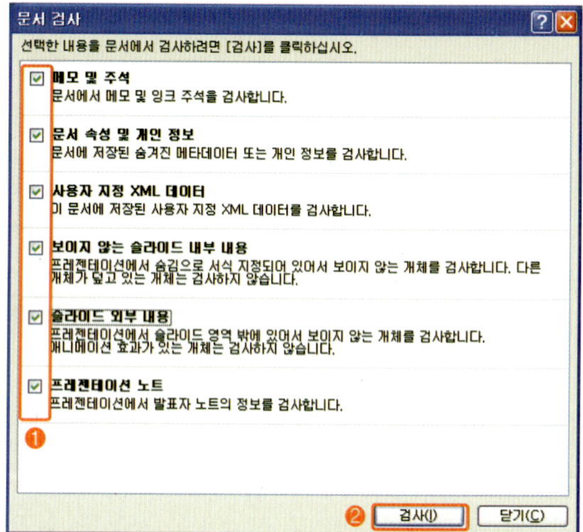

03 검사가 완료되고 검사 결과가 나타나면 숨겨진 메타 데이터 및 개인 정보가 있는 항목에 빨강색 느낌표가 표시된다. 이러한 정보를 제거하려면 [모두 제거] 단추를 클릭한다.

04 숨겨진 메타 데이터와 개인 정보가 삭제되고 느낌표가 사라지면 [닫기] 단추를 클릭한다.

최종본으로 표시

01 [Office] 단추를 클릭한 후 [준비]-[최종본으로 표시]를 클릭한다.

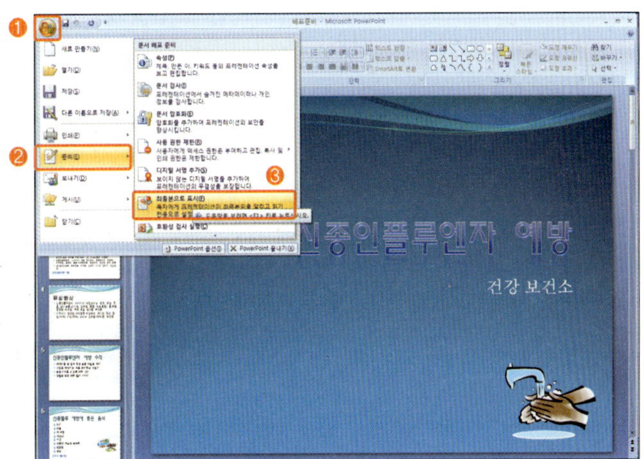

02 이 프레젠테이션이 최종본임을 확인하는 대화상자에서 [확인] 단추를 클릭한다.

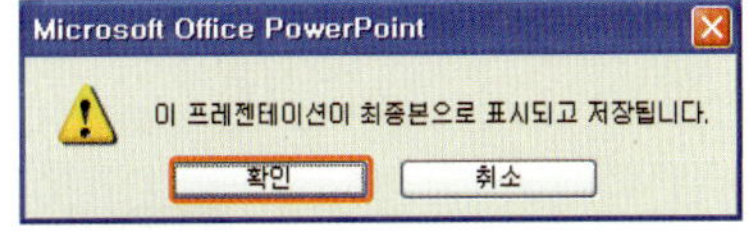

03 편집 완료를 알리는 대화상자가 나타나면 [확인] 단추를 클릭한다.

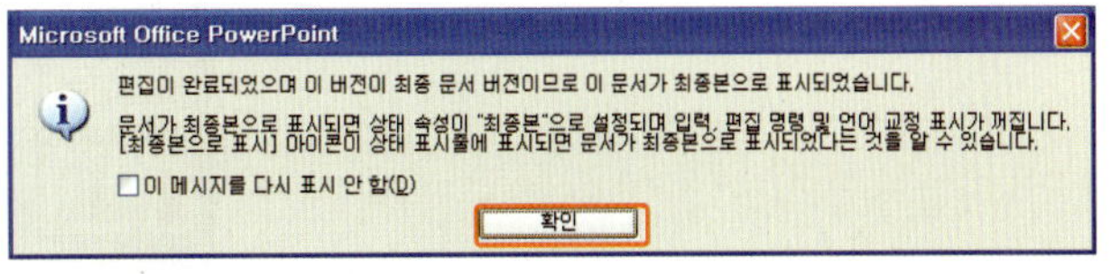

tip

최종본 해제

최종본으로 문서가 표시되면 다른 사람에게 읽기 전용 상태로 문서를 제공할 수 있으며 편집 명령 및 언어 교정 표시가 꺼진다. 최종본을 해제하려면 [Office] 단추-[준비]-[최종본으로 표시]를 다시 클릭한다.

◎ 준비 파일 : Chapter04/확인학습04-05
◎ 완성 파일 : Chapter04/완성파일/학습완성04-05

❶ 프레젠테이션 문서의 호환성을 검사하시오.

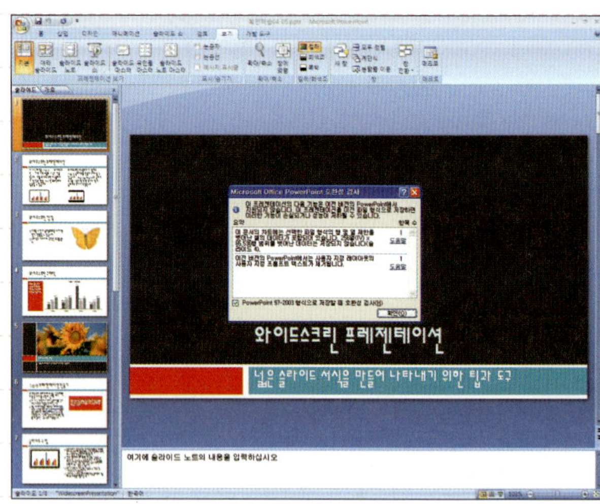

❷ 프레젠테이션의 숨겨진 메타 데이터 및 개인 정보를 모두 찾아 제거하시오(단, 기본 설정은 모두 유지하시오).

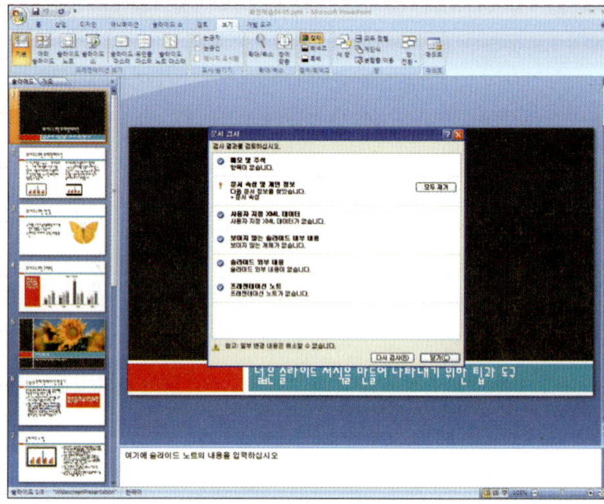

❸ 문서를 최종본으로 표시하시오.

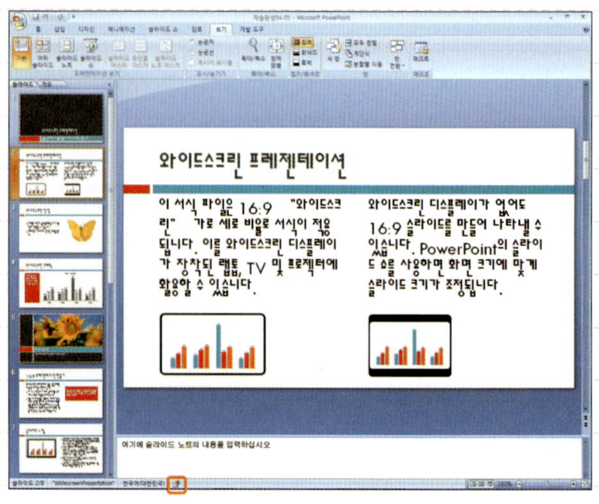

인쇄 준비

다양한 인쇄 유형으로 출력할 수 있으며 인쇄될 모양을 화면상에서 확인하고 인쇄에 있어 오류를 줄일 수 있다.

워밍업

◎ **준비 파일** : Chapter04/본문예제04-06
◎ **완성 파일** : Chapter04/완성파일/본문완성04-06
◎ **출제 포인트** : 슬라이드의 인쇄 미리 보기 및 인쇄의 방법을 묻는 문제

인쇄 미리 보기

01 [Office] 단추를 클릭한 후 [인쇄]-[인쇄 미리 보기]를 클릭한다.

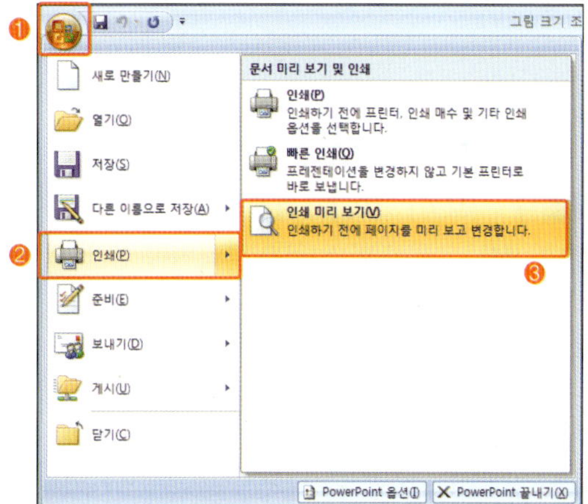

02 [인쇄 미리 보기] 화면에서 [인쇄 미리 보기] 탭을 이용하여 옵션 설정과 인쇄 대상 변경, 창에 맞춤 등의 설정을 할 수 있으며, [미리 보기] 그룹에서 [이전 페이지]와 [다음 페이지]를 클릭하여 각 슬라이드의 창을 미리 볼 수 있다.

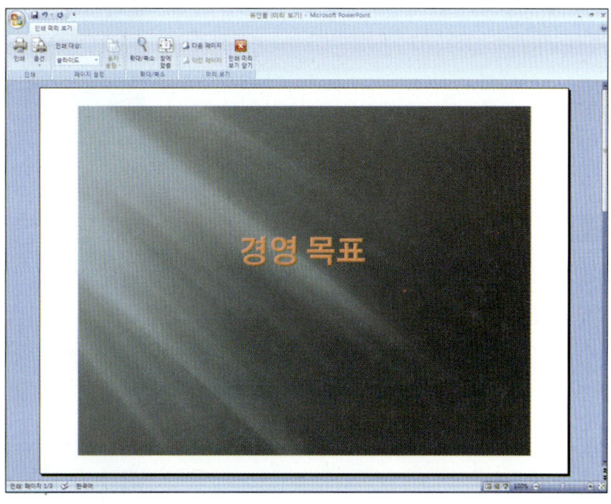

 인쇄 미리 보기를 닫으려면 [인쇄 미리 보기] 탭의 [화면 보기] 그룹에서 [인쇄 미리보기 닫기]를 클릭한다.

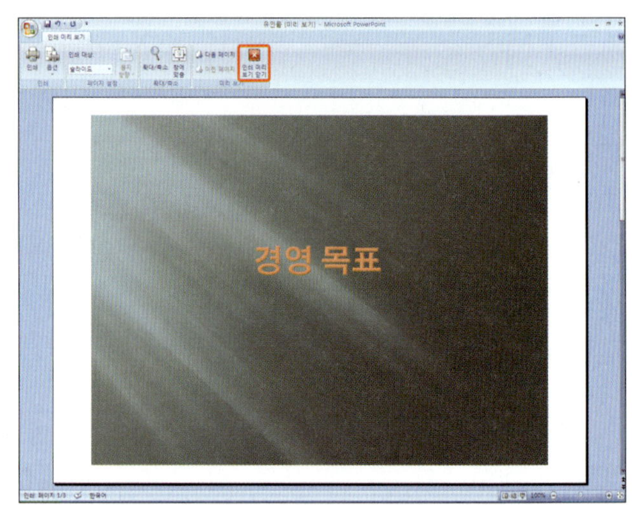

유인물 인쇄 설정

01 [보기] 탭의 [프리젠테이션 보기] 그룹에서 [유인물 마스터]를 클릭한다.

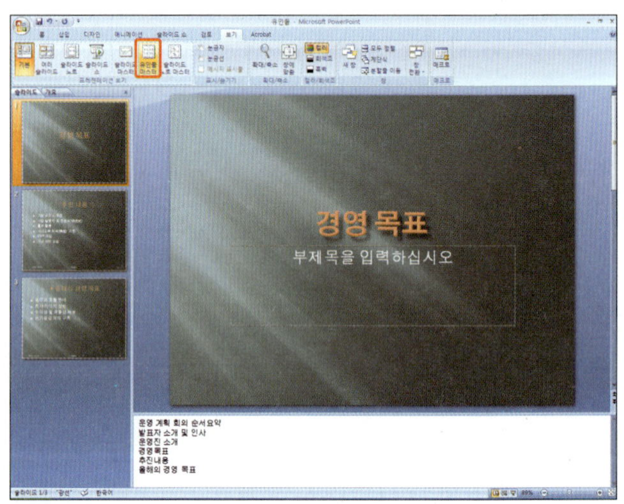

02 유인물 제목을 삽입하기 위해 [삽입] 탭의 [텍스트] 그룹에서 [텍스트 상자]-[가로 텍스트 상자]를 클릭한다.

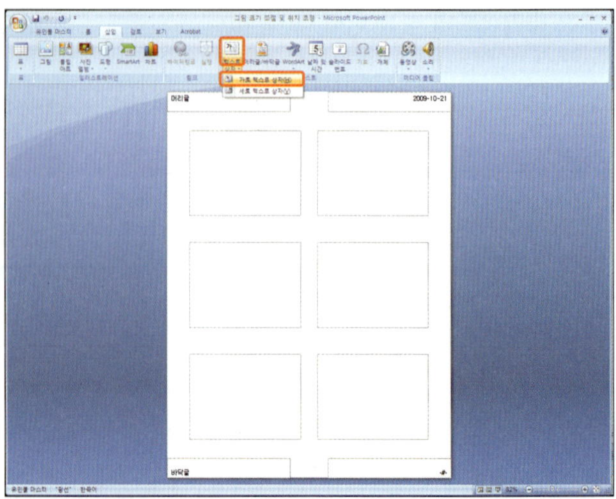

03 위쪽 가운데 영역에 임의로 드래그하여 넣고 "경영목표" 텍스트를 삽입한다. 텍스트 상자를 선택하고 텍스트를 가운데 정렬한다. [서식] 탭의 [도형 스타일] 그룹에서 [자세히]를 클릭하고 '강한 효과–강조 1'을 선택하여 해당 제목 텍스트 상자의 서식을 설정한다.

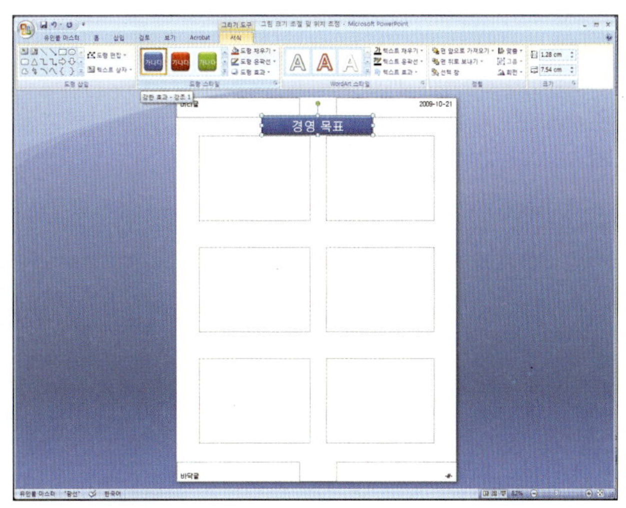

04 유인물에 바닥글을 넣기 위해 [삽입] 탭의 [텍스트] 그룹에서 [머리글/바닥글]을 클릭한다.

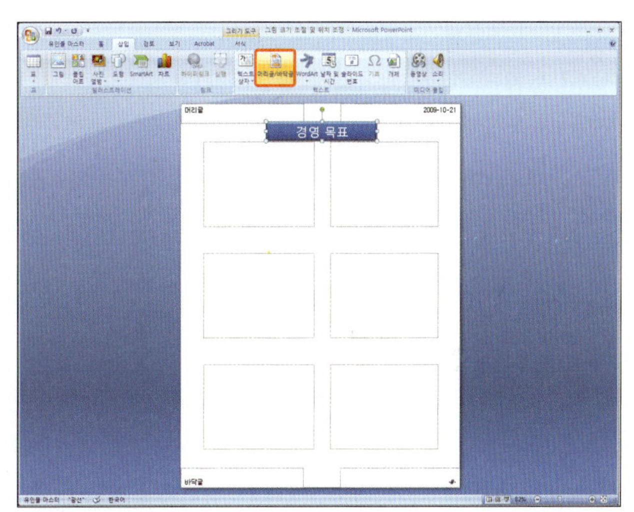

05 [머리글/바닥글] 대화상자의 [슬라이드 노트 및 유인물] 탭에서 '바닥글'에 체크하고 "운영 계획회의"라고 입력한 후 [모두 적용] 단추를 클릭한다.

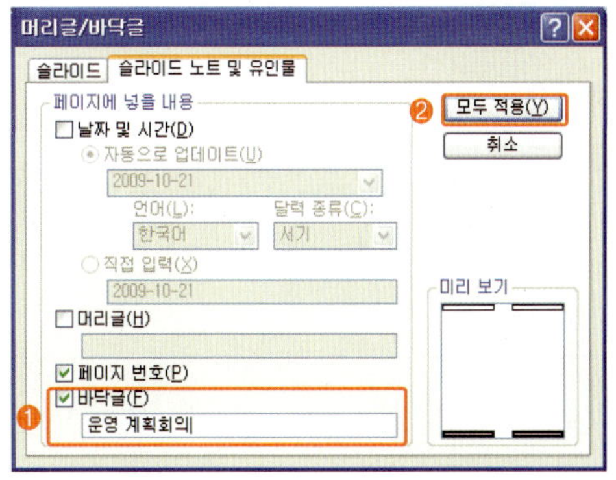

06 Shift 를 누른 채 바닥글과 페이지 번호 개체를 동시에 선택하고 [홈] 탭의 [글꼴] 그룹에서 글꼴은 '굴림', '굵게', 글꼴 크기는 '14pt'로 설정한다.

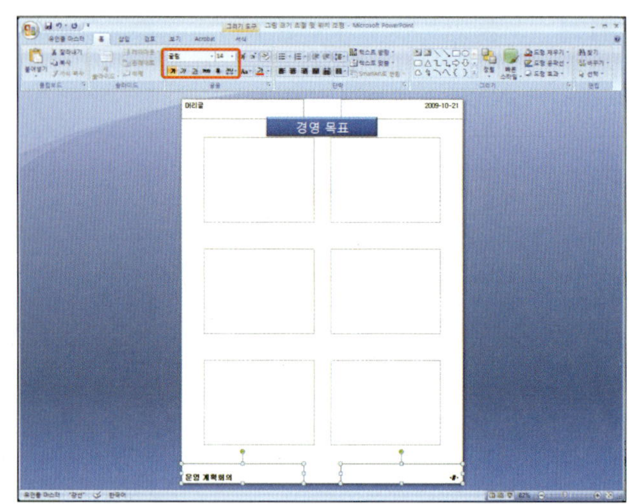

07 [유인물 마스터] 탭의 [페이지 설정] 그룹에서 [한 페이지에 넣을 슬라이드 수]를 '2슬라이드(2)'로 설정한다.

08 유인물 마스터 보기를 닫기 위해 [유인물 마스터] 탭의 [닫기] 그룹에서 [마스터 보기 닫기]를 클릭한다.

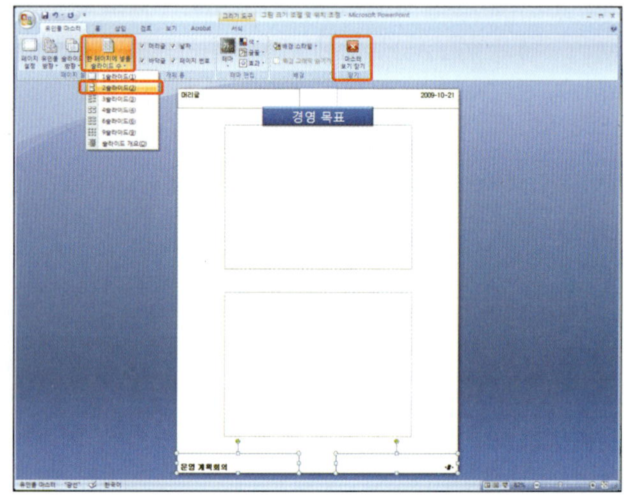

인쇄

01 프레젠테이션을 인쇄하기 위해 [Office] 단추– [인쇄]를 클릭한다.

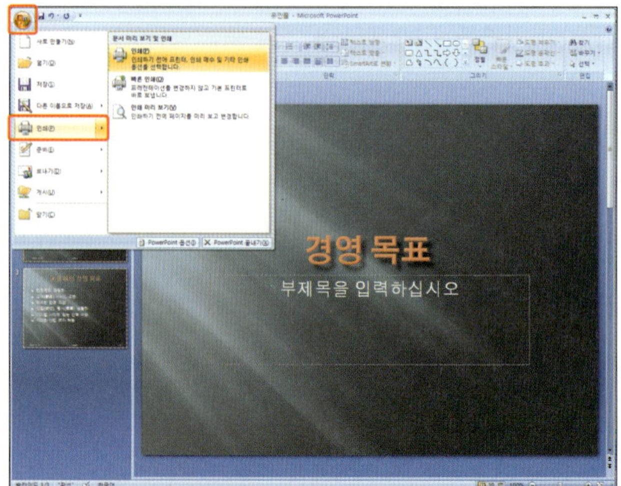

`02` [인쇄] 대화상자에서 '인쇄 범위', '인쇄 매수', '인쇄 대상' 등을 설정하고 [확인] 단추를 클릭한다.

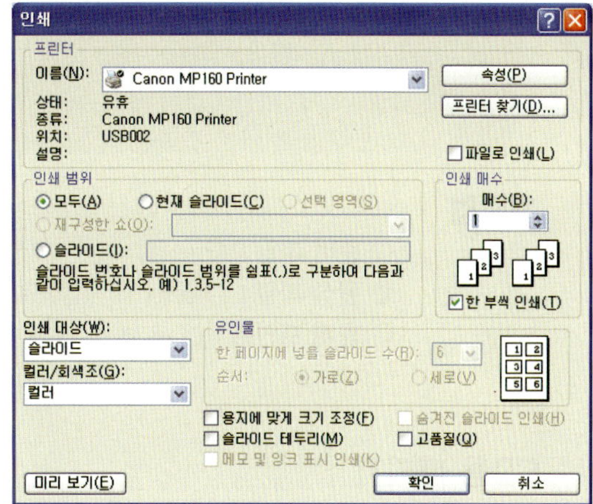

---

tip

인쇄 대상
- 슬라이드 : 지정된 방향으로 슬라이드가 한 페이지 단위로 인쇄된다.
- 유인물 : 한 장에 여러 슬라이드를 출력한다.
- 슬라이드 노트 : 슬라이드와 발표자 노트를 한 화면에 출력한다.
- 개요 보기 : 슬라이드의 개요 보기 형태로 텍스트 위주의 출력이다.

확 인 학 습

◎ 준비 파일 : Chapter04/확인학습04-06
◎ 완성 파일 : 없음

---

❶ '개요 보기'로 3부 인쇄하시오.

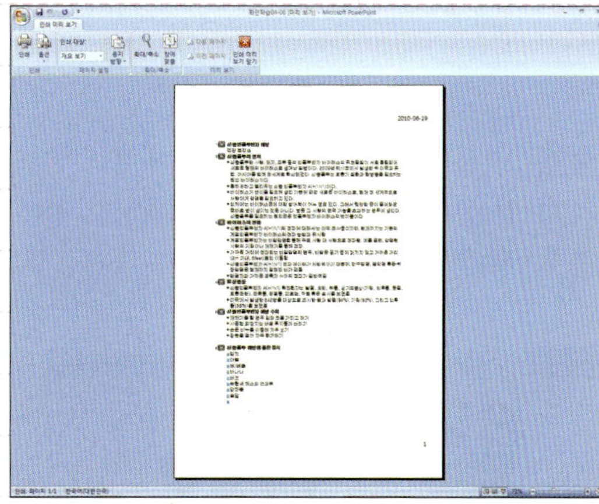

❷ 인쇄 미리 보기에서 '유인물(2슬라이드/페이지)'로 설정하시오.

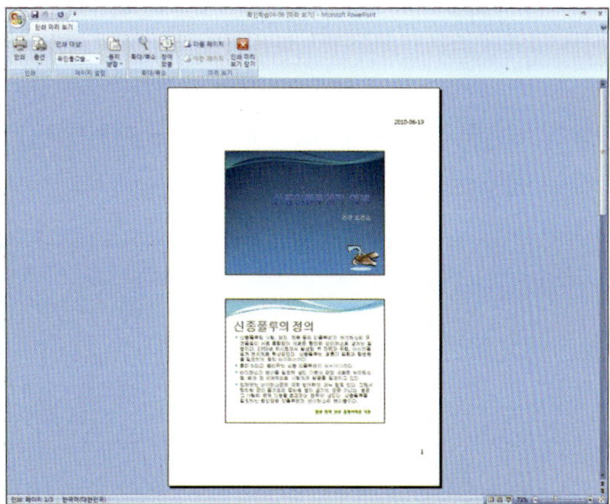

CD용 패키지

프레젠테이션의 내용을 CD에 저장하는 기능이다. 종이 인쇄물이 아닌 CD로 프레젠테이션 자료를 옮기거나 완성된 프레젠테이션을 백업하기 위해 자주 사용하는 기능이기도 한다. CD용 패키지 기능을 사용하려면 CD 라이터는 필수이다.

워밍업

◎ **준비 파일** : Chapter04/본문예제04-07
◎ **완성 파일** : Chapter04/완성파일/신종인플루엔자 예방법
◎ **출제 포인트** : CD용 패키지를 폴더에 복사하는 문제

CD용 패키지

01 [Office] 단추–[게시]–[CD용 패키지]를 클릭한다.

02 알림 메시지 창에서 [확인] 단추를 클릭한다.

03 [CD용 패키지] 대화상자의 'CD 이름'에 "신종인플루엔자 예방법"이라고 입력한 뒤 [폴더로 복사]를 클릭한다.

04 [폴더로 복사] 대화상자에서 폴더 이름을 확인하고 [찾아보기] 단추를 클릭하여 저장할 폴더를 선택한다. [확인] 단추를 클릭한다.

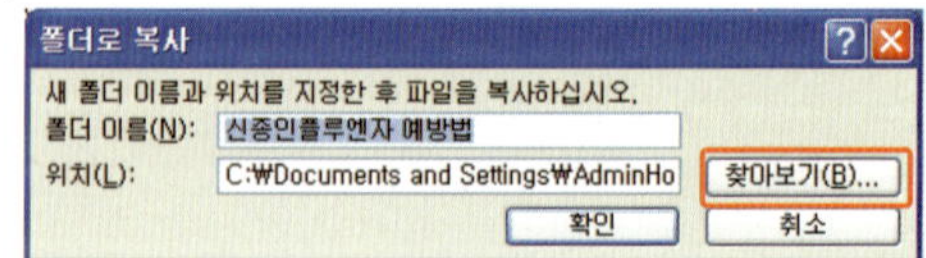

05 작성 과정이 표시되면 작업이 완료될 때까지 기다린 후 [닫기] 단추를 클릭한다.

확인학습

◎ **준비 파일** : Chapter04/확인학습04-07
◎ **완성 파일** : Chapter04/완성파일/추억

❶ 프레젠테이션을 '추억'이란 이름의 CD용 패키지로 만들고 파일을 [내 문서] 폴더에 저장하시오.

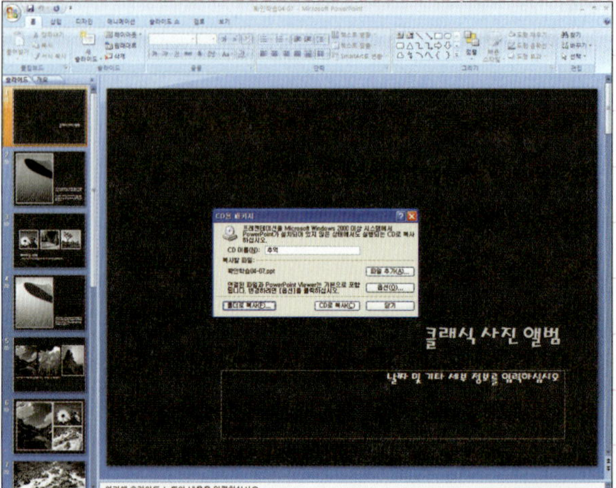

MOS Powerpoint 2007 모의고사

MOS Powerpoint 모의고사 **1**

모의 1-01 다음 작업을 완료하시오.

- **준비 파일** : 모의고사01/모의고사01-01
- **완성 파일** : 모의고사01/완성파일/모의고사완성01-01

❶ 슬라이드 2 '녹색정보화 그린오피스 추진현황'에서 첫 번째 목록 '그린 오피스 추진 환경 사례'에 있는 모든 글머리 기호 항목을 한 수준 내리시오.

❷ 슬라이드 3 '그린 녹색 아이디어'의 도형에 속도가 '빠르게'인 '확장' 애니메이션을 추가하시오.

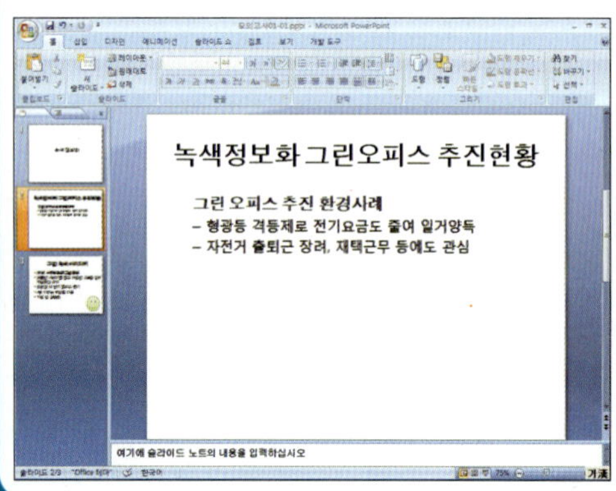

모의 1-01 다음 작업을 완료하시오.

- **준비 파일** : 모의고사01/모의고사01-02
- **완성 파일** : 모의고사01/완성파일/모의고사완성01-02

❶ 슬라이드 마스터에 슬라이드 번호를 삽입하고 제목 슬라이드를 제외한 모든 슬라이드의 왼쪽 위에 표시되도록 하시오.

❷ 슬라이드 3 '그린 녹색 아이디어'의 글머리 기호 항목을 '세로 글머리 기호 목록형' SmartArt 다이어그램으로 변경하시오.

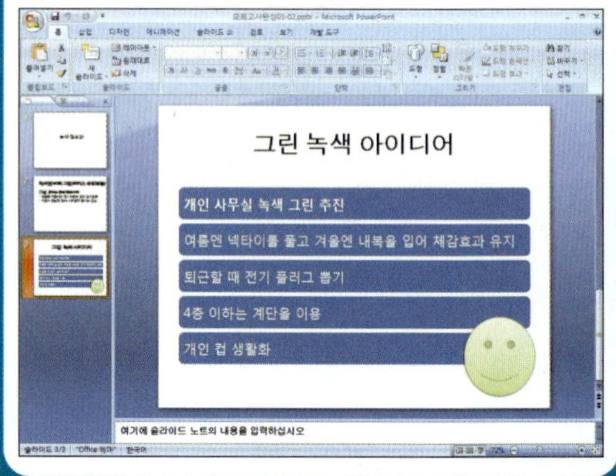

모의 1-03 다음 작업을 완료하시오.

- **준비 파일** : 모의고사01/모의고사01-03
- **완성 파일** : 모의고사01/완성파일/모의고사완성01-03

❶ 슬라이드 4 '실천 부서' 조직도에서 조직도를 '3차원 경사' 스타일로 수정하시오.

❷ 슬라이드 쇼를 재생하고 슬라이드 4의 조직도에서 '인사관리팀' 텍스트에 형광펜으로 강조 표시하시오. 슬라이드 쇼를 종료하고 주석을 유지하시오(모두 기본 설정을 적용할 것).

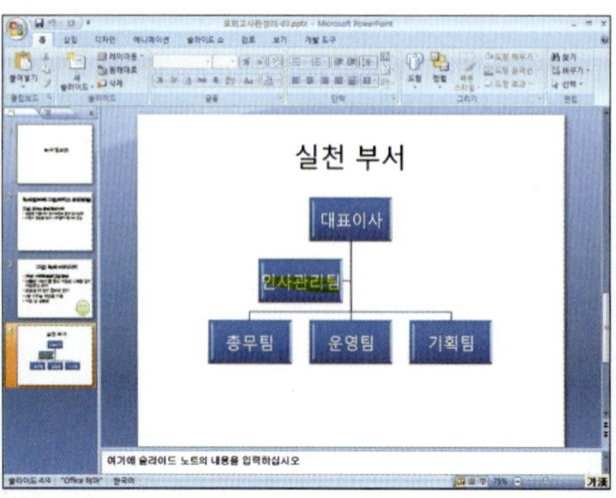

모의 1-04 다음 작업을 완료하시오.

- **준비 파일** : 모의고사01/모의고사01-04
- **완성 파일** : 모의고사01/완성파일/모의고사완성01-04

❶ 슬라이드 3 '그린 녹색 아이디어'에서 SmartArt 그래픽의 크기를 높이 '12cm', 너비 '18cm'로 조정하시오.

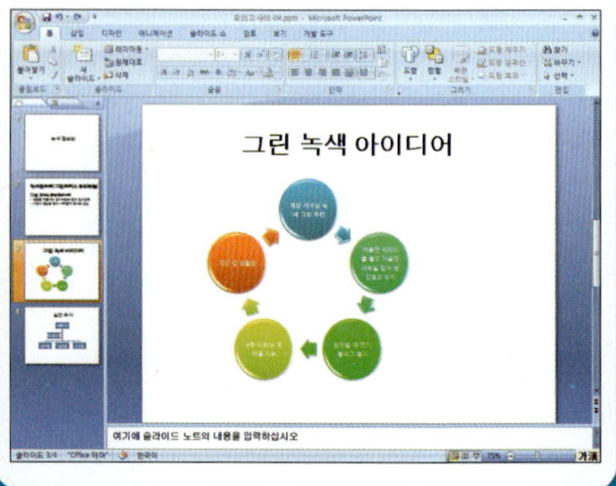

모의 1-05 다음 작업을 완료하시오.

- **준비 파일** : 모의고사01/모의고사01-05
- **완성 파일** : 모의고사01/완성파일/모의고사완성01-05

❶ 슬라이드 2 '실천 부서'를 슬라이드 4 '그린 녹색 아이디어' 다음으로 이동하시오.

❷ 슬라이드 3 '그린 녹색 아이디어' 글머리기호 목록의 '개인 사무실 녹색 그린 추진' 텍스트가 첫 번째 글머리기호 항목으로 표시되도록 이동하시오.

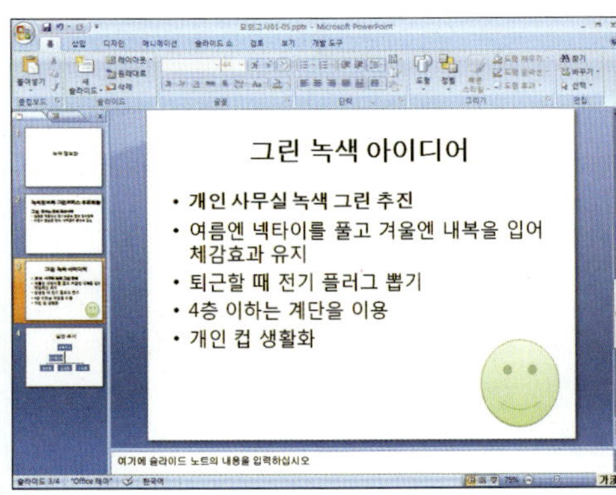

모의 1-06 다음 작업을 완료하시오.

- **준비 파일** : 모의고사01/모의고사01-06
- **완성 파일** : 모의고사01/완성파일/모의고사완성01-06

❶ 슬라이드 1 '녹색 정보화'의 제목 '녹색 정보화' 서식을 복사하여 슬라이드 4 '실천 부서' 제목 개체 틀의 텍스트에 붙여 넣으시오.

❷ 슬라이드 4 '실천 부서'에 있는 직사각형 도형의 테두리를 제거하시오.

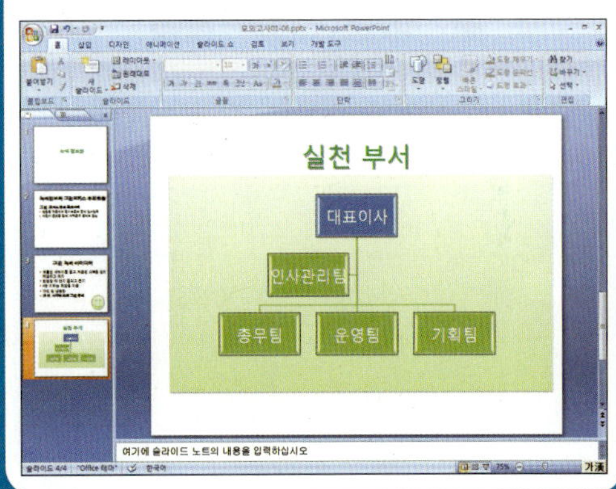

모의 1-07 다음 작업을 완료하시오.

- **준비 파일** : 모의고사01/모의고사01-07
- **완성 파일** : 모의고사01/완성파일/모의고사완성01-07

❶ 슬라이드 2 '녹색정보화 그린오피스 추진현황'의 그림만 인쇄 설정에 맞게 압축하시오(나머지는 기본 설정을 적용할 것).

❷ 슬라이드 3 '그린 녹색 아이디어'에 삽입된 도형을 일괄적으로 중간으로 정렬하시오.

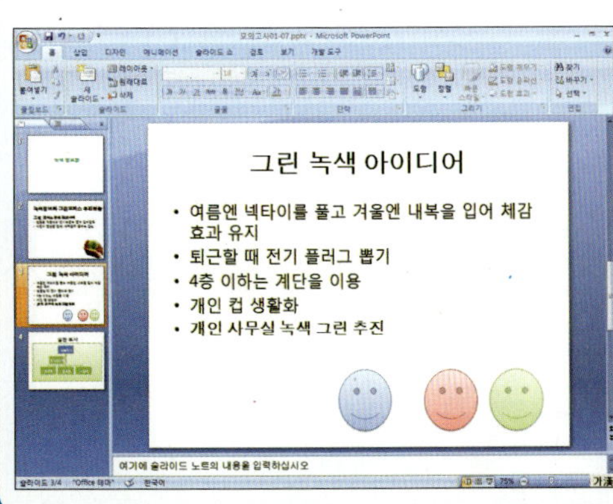

모의 1-08 다음 작업을 완료하시오.

- **준비 파일** : 모의고사01/모의고사01-08, 녹색정보화.png
- **완성 파일** : 모의고사01/완성파일/모의고사완성01-08

❶ 슬라이드 마스터를 사용하여 모든 슬라이드의 배경에 [모의고사01] 폴더에 있는 '녹색정보화.png'를 추가하시오.

❷ 제목 슬라이드를 제외한 모든 슬라이드에 슬라이드 번호를 추가하시오.

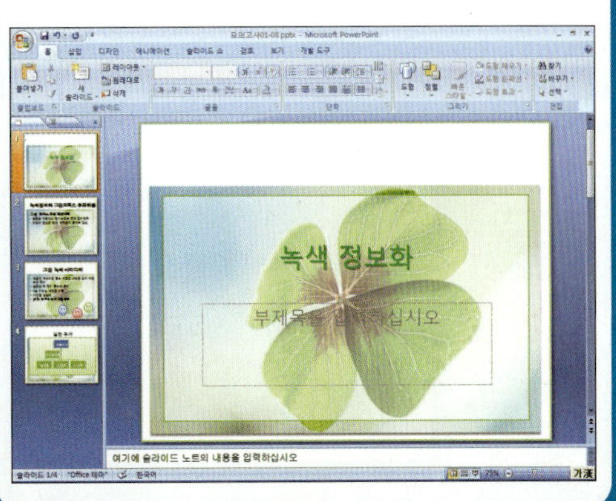

모의 1-09 다음 작업을 완료하시오.

- **준비 파일** : 모의고사01/모의고사01-09,
  녹색정부 구현.docx
- **완성 파일** : 모의고사01/완성파일/모의고사완성01-09

❶ [모의고사01] 폴더에 있는 '녹색정부 구현' Word 파일을 개요로 마지막 슬라이드 다음으로 가져오시오.
❷ 슬라이드 마스터를 사용하여 모든 슬라이드에 '광선' 테마를 적용하시오.

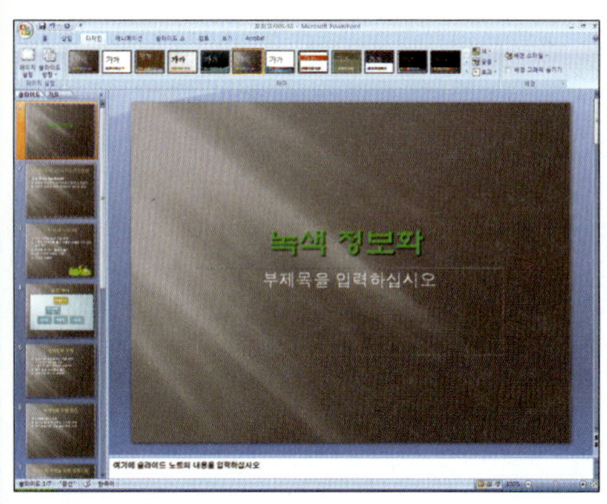

모의 1-10 다음 작업을 완료하시오.

- **준비 파일** : 모의고사01/모의고사01-10, 녹색.png
- **완성 파일** : 모의고사01/완성파일/모의고사완성01-10

❶ 슬라이드 3 '그린 녹색 아이디어'에서 글머리 기호 텍스트를 열 간격이 '0.5cm'인 두 개의 열로 변경하시오.
❷ 슬라이드 2의 글머리 기호 목록 오른쪽에 [모의고사01] 폴더 안의 '녹색.png' 그래픽을 추가하시오.

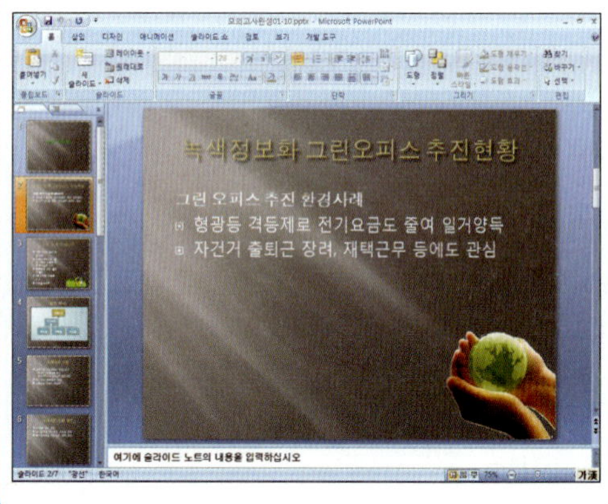

모의 1-11 다음 작업을 완료하시오.

- **준비 파일** : 모의고사01/모의고사01-11
- **완성 파일** : 모의고사01/완성파일/모의고사완성01-11

❶ 청중 유인물의 바닥글에만 "녹색정보화"라는 텍스트를 삽입하시오.
❷ 슬라이드를 개요 보기로 보시오.

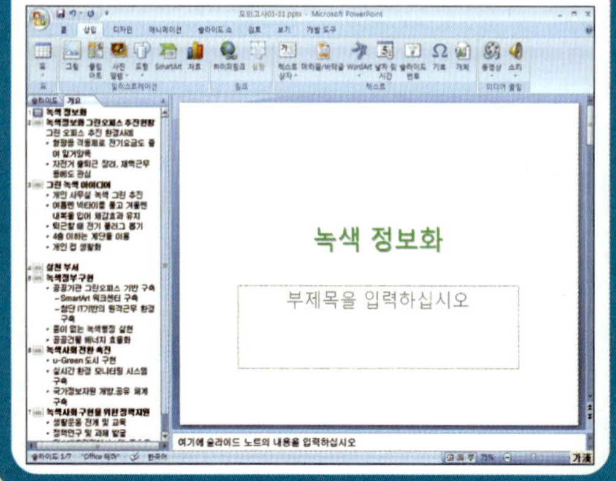

모의 1-12 다음 작업을 완료하시오.

- **준비 파일** : 모의고사01/모의고사01-12
- **완성 파일** : 모의고사01/완성파일/모의고사완성01-12

❶ 슬라이드 1의 제목 텍스트 상자에 '미세 효과 – 강조 3' 스타일을 적용하시오.
❷ 슬라이드 1, 2, 5만 표시되도록 '재검토'라는 이름의 사용자 지정 슬라이드 쇼를 작성하시오.

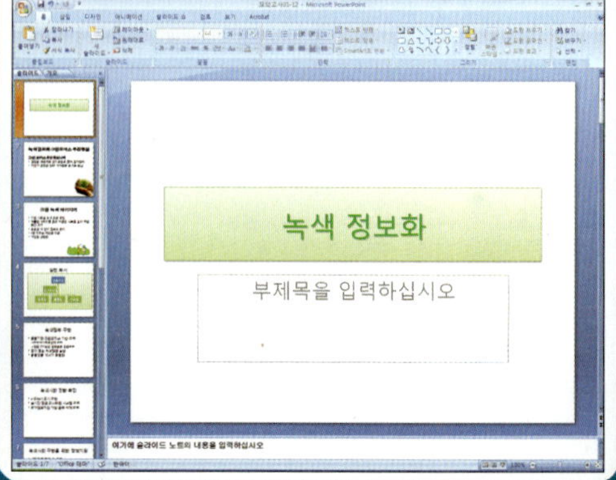

모의 1-13 다음 작업을 완료하시오.

- **준비 파일** : 모의고사01/모의고사01-13
- **완성 파일** : 모의고사01/완성파일/모의고사완성01-13

❶ 슬라이드 5 '녹색정부 구현'에 있는 메모를 숨기시오.
❷ 숨겨진 메타 데이터 및 개인 정보를 검사하고 모든 문서 속성 결과를 제거하시오(모두 기본 설정을 적용할 것).

모의 1-06 다음 작업을 완료하시오.

- **준비 파일** : 모의고사01/모의고사01-14
- **완성 파일** : 모의고사01/완성파일/모의고사완성01-14

❶ 슬라이드 4 '실천 부서'에서 조직도의 색을 '그라데이션 반복 – 강조 3'으로 변경하시오.
❷ 슬라이드 4 '실천 부서'에서 '인사관리팀' 텍스트를 빈 도형으로 이동하시오.

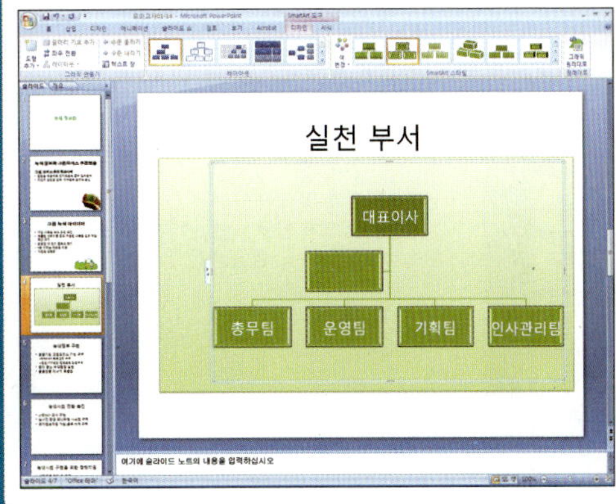

모의 1-15 다음 작업을 완료하시오.

- **준비 파일** : 모의고사01/모의고사01-15
- **완성 파일** : 모의고사01/완성파일/모의고사완성01-15

❶ 슬라이드 4 '실천 부서'에서 사각형 도형의 채우기에 투명도 '75%'를 적용하시오.
❷ 프레젠테이션을 '녹색정보'라는 이름의 CD용 패키지로 만들고 저장한 후 모든 대화상자를 닫으시오(나머지는 기본 설정을 적용할 것).

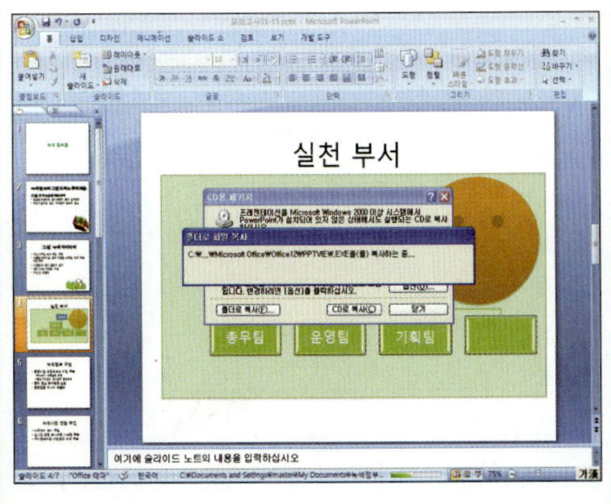

모의 1-16 다음 작업을 완료하시오.

- **준비 파일** : 모의고사01/모의고사01-16
- **완성 파일** : 모의고사01/완성파일/모의고사완성01-16

❶ 슬라이드 4에 '방사형 벤형' SmartArt 그래픽을 추가하시오.
❷ 프레젠테이션의 모든 슬라이드 방향을 세로로 변경하시오.

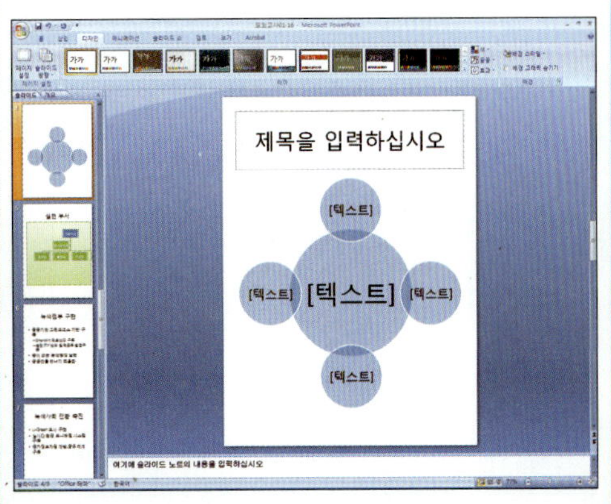

모의 1-17 다음 작업을 완료하시오.

- **준비 파일** : 모의고사01/모의고사01-17, 전구.png
- **완성 파일** : 모의고사01/완성파일/모의고사완성01-17

❶ 슬라이드 6 '녹색사회 전환 촉진'의 글머리 기호를 [모의고사01] 폴더의 '전구' 그림으로 변경하시오.

❷ 슬라이드 7 글머리 기호 목록의 '정책 연구 및 과제 발굴' 오른쪽에 "사이트 표기"를 메모로 추가하시오.

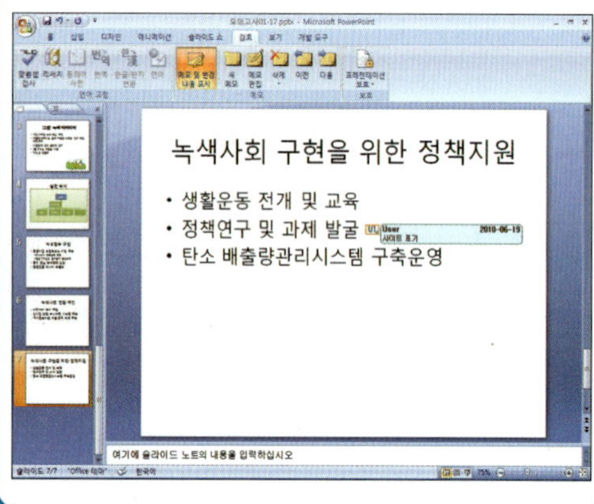

모의 1-18 다음 작업을 완료하시오.

- **준비 파일** : 모의고사01/모의고사01-18
- **완성 파일** : 모의고사01/완성파일/모의고사완성01-18

❶ 슬라이드 5 '녹색정부 구현'에서 직사각형 도형 안의 텍스트를 90도 회전시키시오.

❷ 슬라이드 3 '그린 녹색 아이디어'에서 사용자 지정 애니메이션인 '제목 1: 그린 녹색 아이디어'를 첫 번째로 표시하고 속도를 '느리게' 설정하시오.

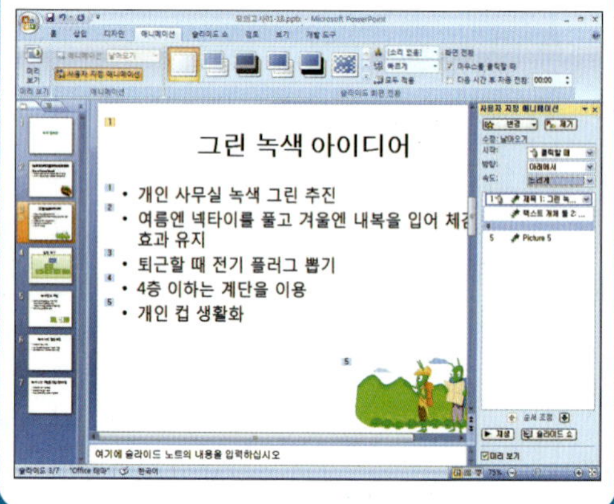

모의 1-19 다음 작업을 완료하시오.

- **준비 파일** : 모의고사01/모의고사01-19
- **완성 파일** : 모의고사01/완성파일/모의고사완성01-19

❶ 슬라이드 5 '녹색정부 구현'의 직사각형 도형에 '녹색 대리석' 질감 형식을 적용하시오.

❷ 슬라이드 6의 제목 '녹색사회 전환 촉진'을 '채우기 – 강조 3, 윤곽선 – 텍스트 2' 스타일의 WordArt로 변환하시오.

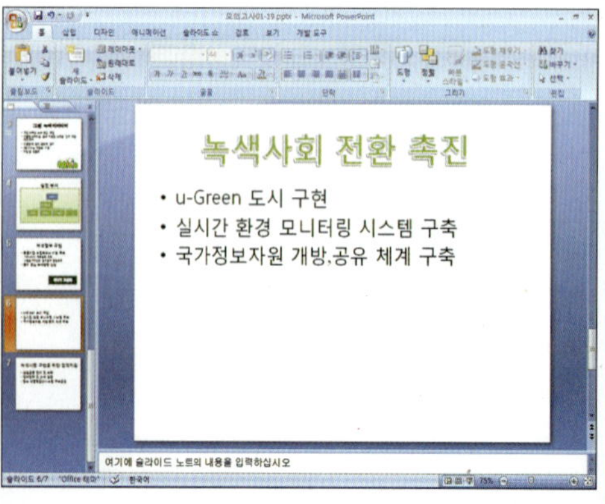

모의 1-20 다음 작업을 완료하시오.

- **준비 파일** : 모의고사01/모의고사01-20
- **완성 파일** : 모의고사01/완성파일/모의고사완성01-20

❶ 슬라이드 5 '녹색정부 구현'의 직사각형에 있는 '흩어뿌리기' 애니메이션을 제거하시오.

❷ 메모를 포함하여 2매 인쇄하시오.

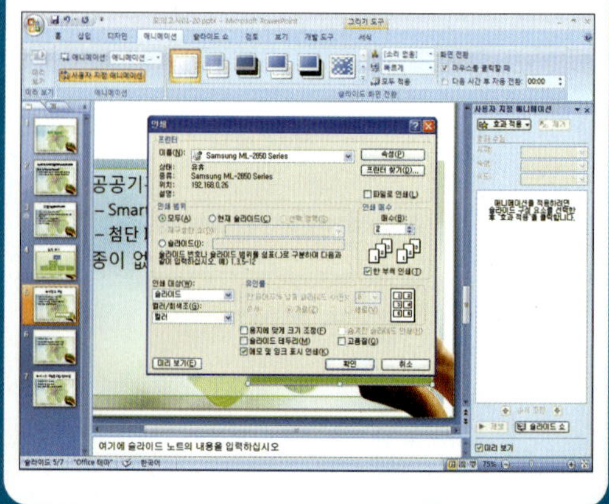

MOS Powerpoint 모의고사 ❷

모의 2-01 다음 작업을 완료하시오.

- **준비 파일** : 모의고사02/모의고사02-01
- **완성 파일** : 모의고사02/완성파일/모의고사완성02-01

❶ 슬라이드 5에 '기본 방사형' SmartArt 다이어그램을 삽입하시오.

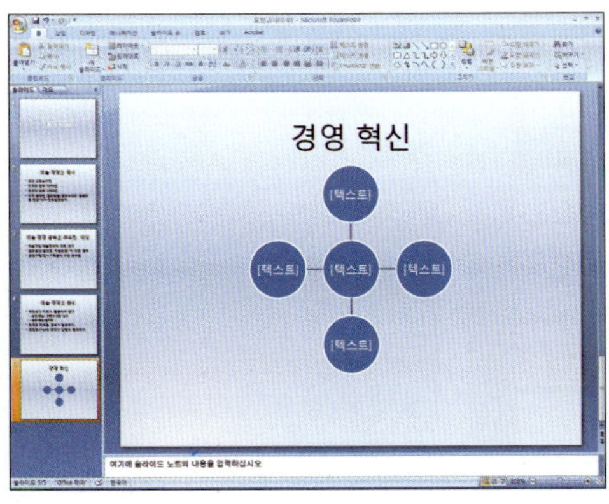

모의 2-02 다음 작업을 완료하시오.

- **준비 파일** : 모의고사02/모의고사02-02
- **완성 파일** : 모의고사02/완성파일/모의고사완성02-02

❶ 슬라이드 1 제목 슬라이드에 '선형 위쪽' 방향으로 '이끼 그라데이션' 채우기가 적용된 텍스트 상자를 추가하시오(나머지는 기본 설정을 적용할 것).

❷ 슬라이드 2 '예술 경영의 역사'의 글머리 기호 목록을 'a, b, c' 형식의 번호 목록으로 수정하시오.

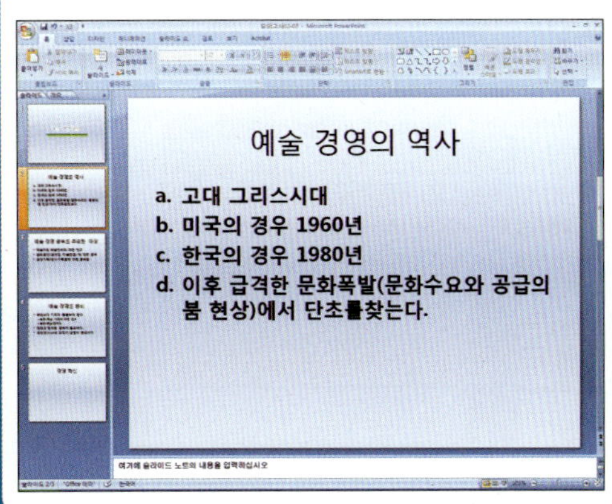

모의 2-03 다음 작업을 완료하시오.

- **준비 파일** : 모의고사02/모의고사02-03
- **완성 파일** : 모의고사02/완성파일/모의고사완성02-03

❶ 슬라이드 3의 글머리 기호 텍스트 목록 중 '문화공간'에 'http://www.gokams.or.kr'으로 연결되는 하이퍼링크를 삽입하시오.

❷ 슬라이드 4의 SmartArt를 '세그먼트 프로세스형' 레이아웃으로 수정하시오.

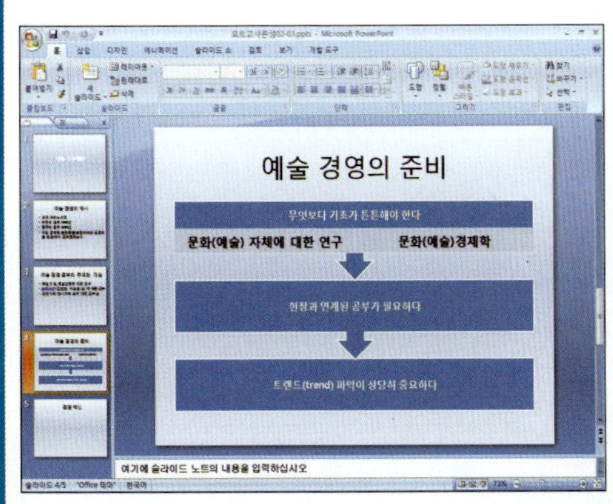

모의 2-04 다음 작업을 완료하시오.

- **준비 파일** : 모의고사02/모의고사02-04
- **완성 파일** : 모의고사02/완성파일/모의고사완성02-04

❶ 슬라이드 5 '경영혁신' 다음에 '비교' 레이아웃 슬라이드를 삽입하시오.

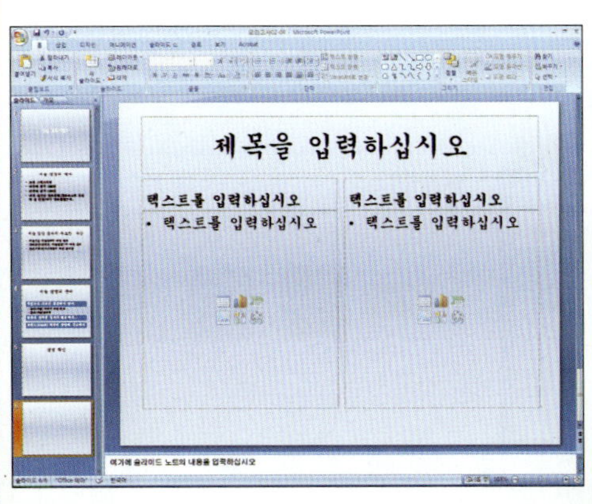

 다음 작업을 완료하시오.

- **준비 파일** : 모의고사02/모의고사02-05
- **완성 파일** : 없음

❶ 프레젠테이션을 '개요 보기'로 출력하시오(나머지는 기본 설정을 적용할 것).

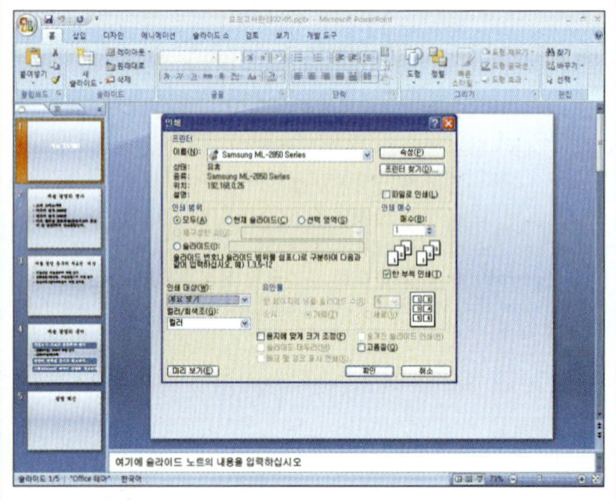

 다음 작업을 완료하시오.

- **준비 파일** : 모의고사02/모의고사02-06
- **완성 파일** : 모의고사02/완성파일/모의고사완성02-06

❶ 슬라이드 4에 있는 SmartArt의 모든 텍스트가 굵게 표시되도록 하시오.
❷ 슬라이드 4에 있는 SmartArt의 배경에 '이끼 방사형 그라데이션' 채우기를 적용하시오.

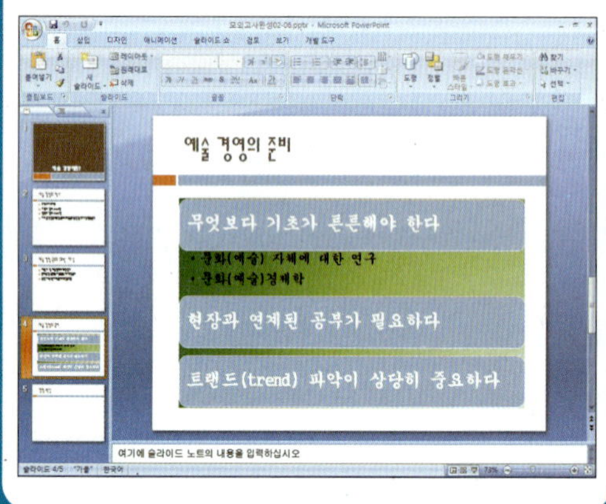

 다음 작업을 완료하시오.

- **준비 파일** : 모의고사02/모의고사02-07
- **완성 파일** : 모의고사02/완성파일/모의고사완성02-07

❶ 슬라이드 5 '예술 경영의 준비' 제목 개체 틀의 애니메이션만 제거하시오.
❷ 슬라이드 6 '진로 및 방향'의 '이벤트 기획자' 도형만 삭제하시오.

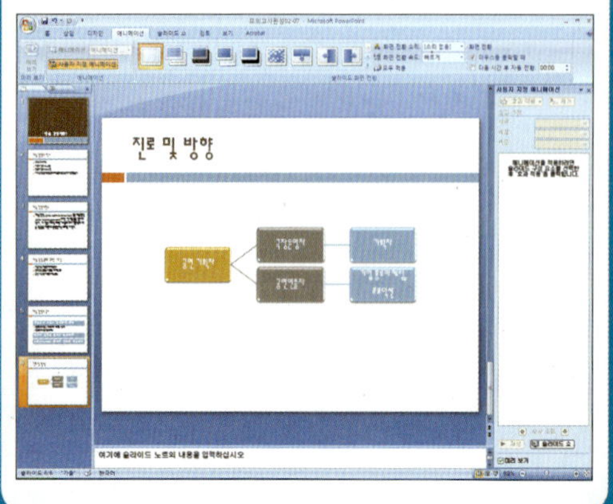

 다음 작업을 완료하시오.

- **준비 파일** : 모의고사02/모의고사02-08
- **완성 파일** : 모의고사02/완성파일/모의고사완성02-08

❶ 현재 날짜를 고정된 텍스트로 표시하는 바닥글을 슬라이드 마스터에 추가하시오(나머지는 기본 설정으로 적용할 것).
❷ 프레젠테이션 슬라이드 크기를 '화면 슬라이드 쇼 (16:9)'로 설정하시오.

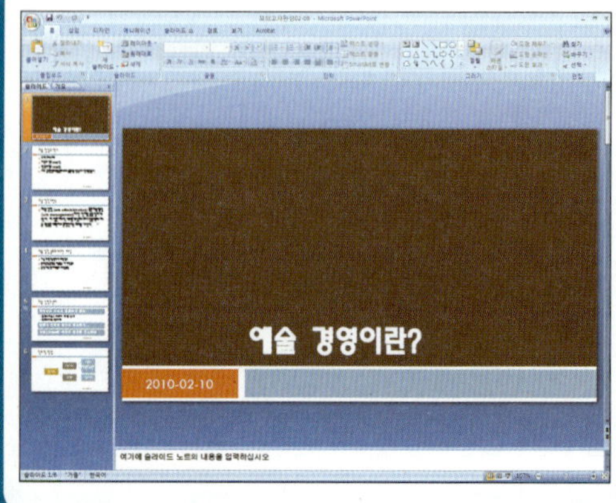

- **준비 파일 :** 모의고사02/모의고사02-09
- **완성 파일 :** 모의고사02/완성파일/모의고사완성02-09

❶ 슬라이드 6의 조직도 도형에서 '프로덕션' 텍스트만 빈 도형으로 이동하시오.
❷ 슬라이드 6의 조직도에 '한 번 깜빡이기', '중간' 속도의 애니메이션을 삽입하시오.

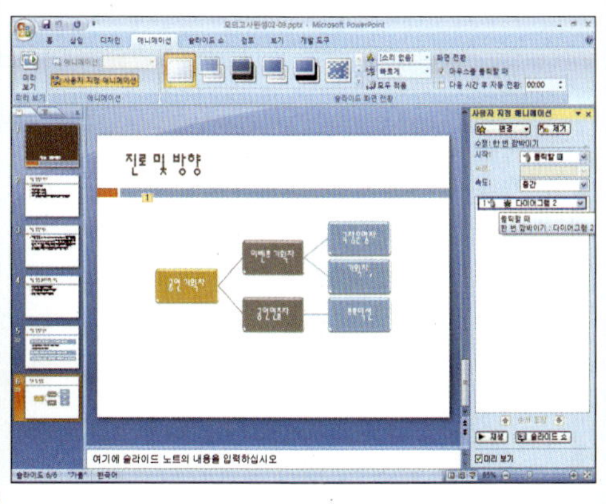

- **준비 파일 :** 모의고사02/모의고사02-10
- **완성 파일 :** 모의고사02/완성파일/모의고사완성02-10

❶ 슬라이드 6의 제목 애니메이션의 순서를 맨 앞으로 이동하고 속도를 '빠르게'로 수정하시오.
❷ 모든 슬라이드에 '흩어뿌리기', '빠르게' 화면 전환 효과를 지정하시오.

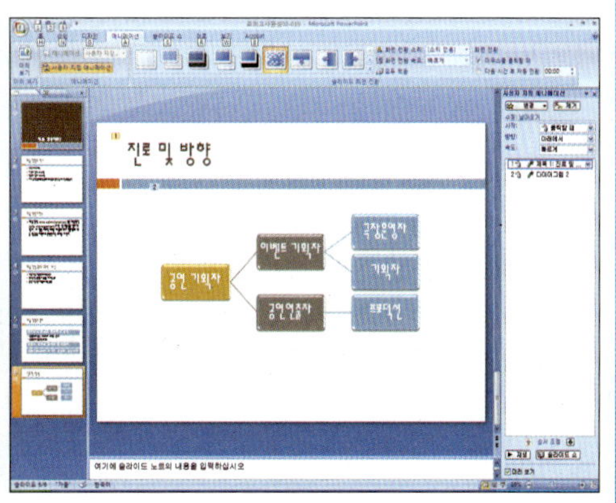

- **준비 파일 :** 모의고사02/모의고사02-11
- **완성 파일 :** 모의고사02/완성파일/모의고사완성02-11

❶ 슬라이드 3을 두 번째 슬라이드로 이동하시오.
❷ 슬라이드 3의 글머리 기호 텍스트를 '연속 블록 프로세스형' SmartArt로 변환하시오.

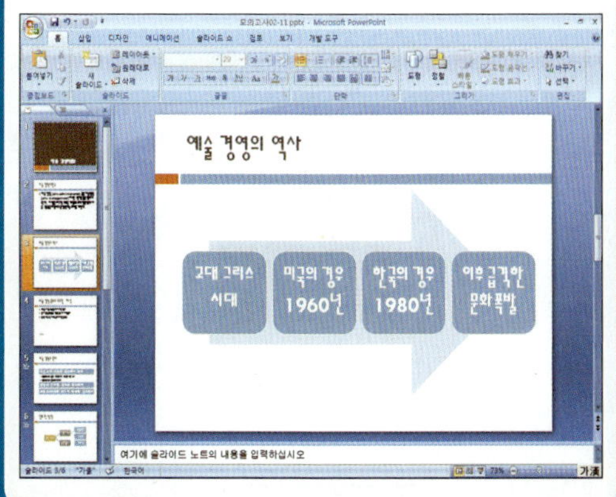

- **준비 파일 :** 모의고사02/모의고사02-12
- **완성 파일 :** 모의고사02/완성파일/모의고사완성02-12

❶ 슬라이드 3에 있는 SmartArt의 색을 '색상형 범위 – 강조색 2 또는 3'으로 변경하시오.
❷ 슬라이드 3의 SmartArt를 '광택 처리' 스타일로 변경하시오.

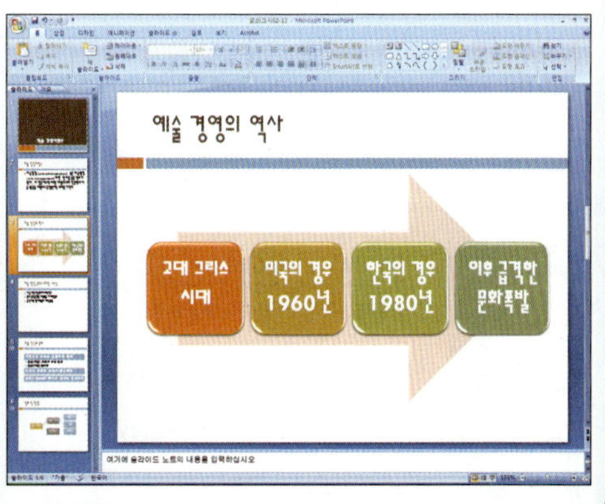

모의 2-13 다음 작업을 완료하시오.

- **준비 파일** : 모의고사02/모의고사02-13
- **완성 파일** : 모의고사02/완성파일/모의고사완성02-13

❶ 슬라이드 마스터를 이용하여 제목 슬라이드를 제외한 모든 슬라이드의 오른쪽 상단에 번호가 삽입되도록 지정하시오.

❷ 슬라이드 마스터를 이용하여 모든 슬라이드에 '도시' 테마를 적용하시오.

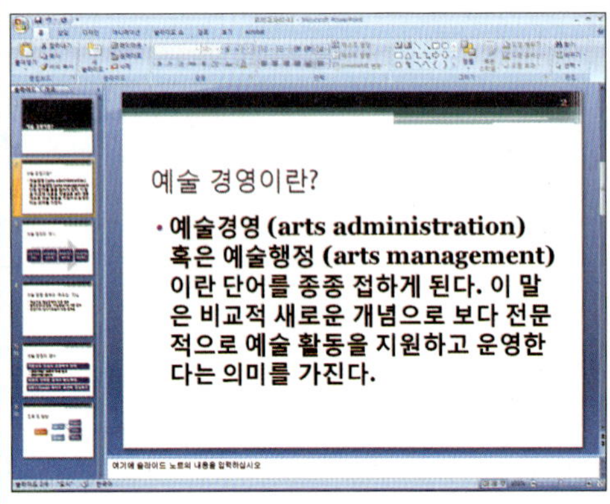

모의 2-14 다음 작업을 완료하시오.

- **준비 파일** : 모의고사02/모의고사02-14
- **완성 파일** : 모의고사02/완성파일/모의고사완성02-14

❶ 슬라이드 4의 '예술가 및 예술 단체에 대한 연구' 텍스트 오른쪽 옆에 "발전단계"라는 메모를 추가하시오.

❷ 슬라이드 2 '예술 경영이란?' 슬라이드에 있는 메모를 삭제하시오.

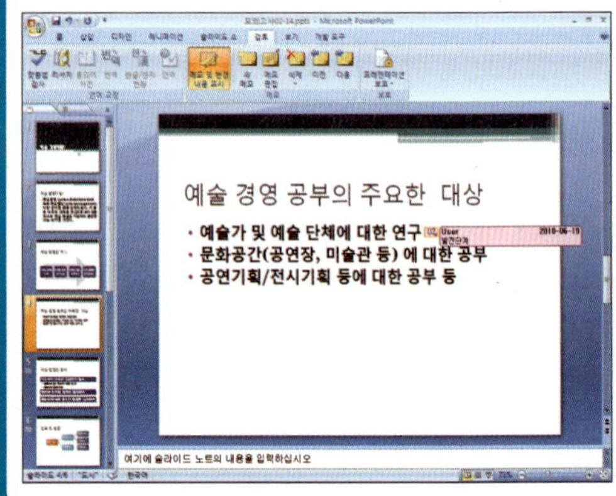

모의 2-15 다음 작업을 완료하시오.

- **준비 파일** : 모의고사02/모의고사02-15, 예술.png
- **완성 파일** : 모의고사02/완성파일/모의고사완성02-15

❶ 슬라이드 4의 글머리 기호 목록 오른쪽 하단에 '예술.png' 그래픽을 삽입하시오.

❷ 슬라이드 4에 삽입한 그래픽에 '입체원근감(왼쪽), 흰색' 그림 스타일을 지정하시오.

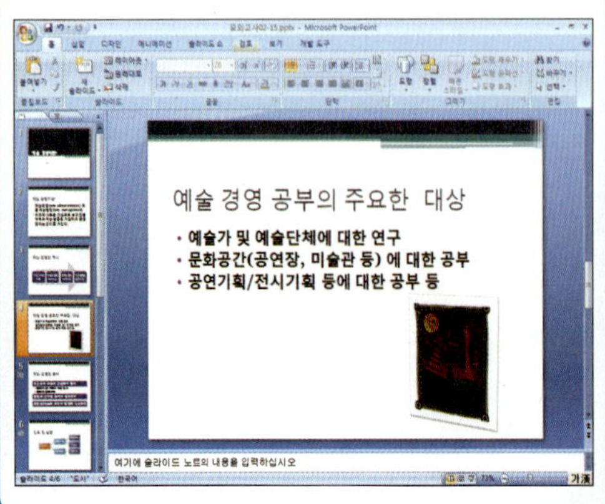

모의 2-16 다음 작업을 완료하시오.

- **준비 파일** : 모의고사02/모의고사02-16
- **완성 파일** : 모의고사02/완성파일/모의고사완성02-16

❶ 슬라이드 4의 그래픽을 인쇄 설정에 맞게 압축하시오.

❷ 청중 유인물의 바닥글에만 "예술경영"이라는 텍스트를 삽입하시오.

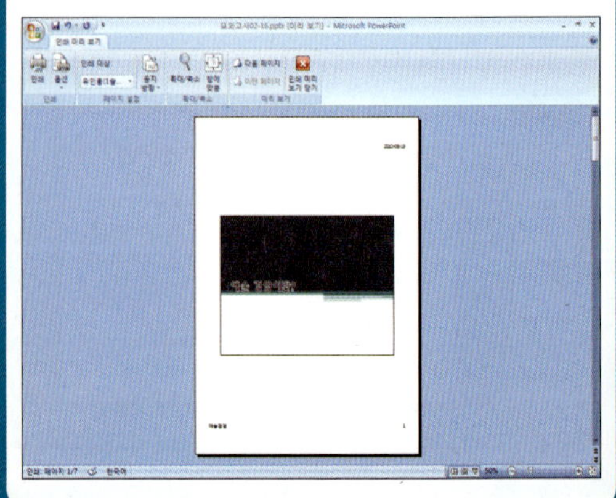

모의 2-17 다음 작업을 완료하시오.

- **준비 파일** : 모의고사02/모의고사02-17
- **완성 파일** : 모의고사02/완성파일/모의고사완성02-17

❶ 슬라이드 4의 글머리 기호 목록을 한 수준 아래로 내리시오.

❷ 슬라이드 2 '예술경영이란?' 슬라이드의 메모를 숨기시오.

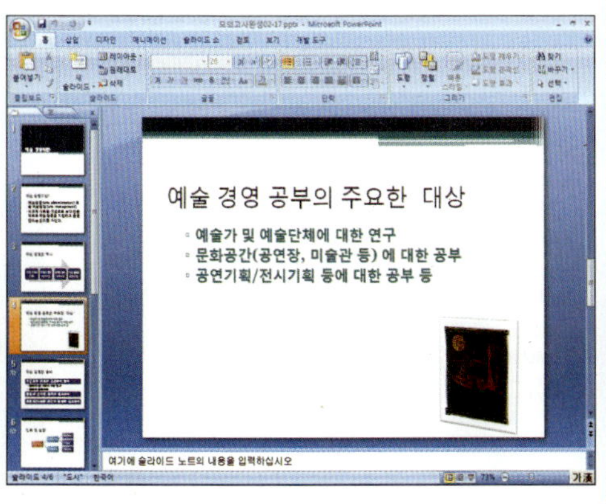

모의 2-18 다음 작업을 완료하시오.

- **준비 파일** : 모의고사02/모의고사02-18
- **완성 파일** : 모의고사02/완성파일/모의고사완성02-18

❶ 슬라이드 2 '예술 경영이란?' 글머리 기호 텍스트를 열 간격이 '0.6cm'인 두 개의 열로 변경하시오.

❷ 슬라이드 7 '경영 사례 분석'에 있는 도형의 투명도를 '75%'로 설정하시오.

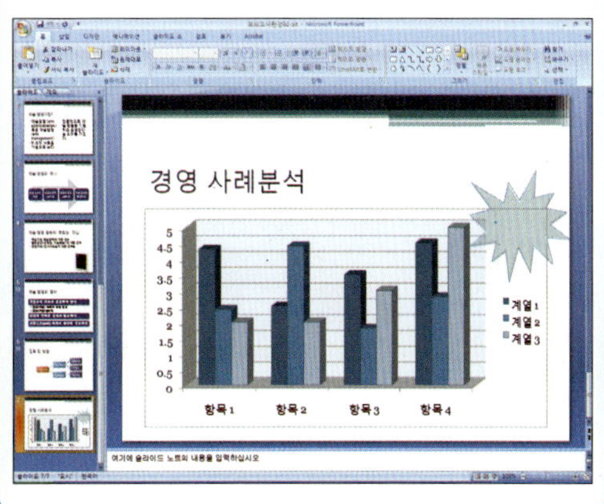

모의 2-19 다음 작업을 완료하시오.

- **준비 파일** : 모의고사02/모의고사02-19, 기호.gif
- **완성 파일** : 모의고사02/완성파일/모의고사완성02-19

❶ 슬라이드 4의 글머리 기호 목록의 기호를 '기호.gif' 그래픽으로 변경하시오.

❷ 슬라이드 4의 글머리 기호 목록 하단에 '오른쪽 화살표' 도형을 삽입하시오.

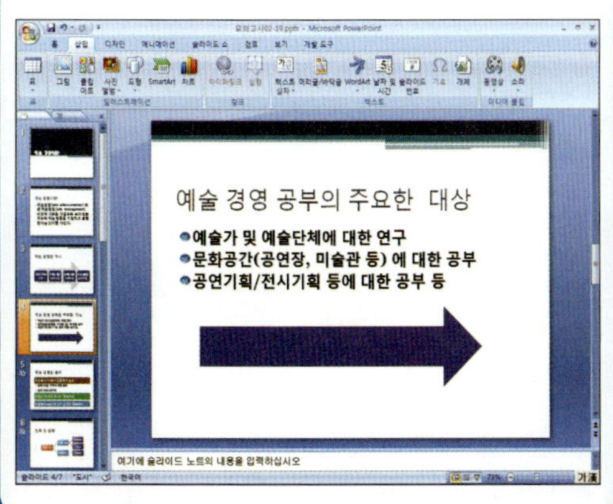

모의 2-20 다음 작업을 완료하시오.

- **준비 파일** : 모의고사02/모의고사02-20
- **완성 파일** : 모의고사02/완성파일/모의고사완성02-20

❶ 슬라이드 4의 오른쪽 화살표에 '어두운 그라데이션 선형 위쪽' 효과를 지정하시오.

❷ 슬라이드의 방향을 '세로'로 변경하시오.

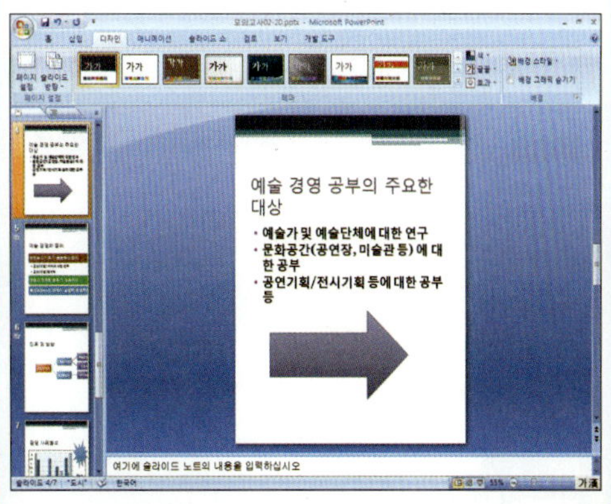

MOS Powerpoint 모의고사 ❸

 다음 작업을 완료하시오.

- **준비 파일** : 모의고사03/모의고사03-01
- **완성 파일** : 모의고사03/완성파일/모의고사완성03-01

❶ 슬라이드 6 '진로 및 방향'의 조직도를 '경사' 스타일로 수정하시오.

❷ 전체 슬라이드 쇼를 재생하고 슬라이드 6에서 '공연 기획자' 텍스트를 강조 표시하시오. 슬라이드 쇼를 종료하고 주석을 유지하시오.

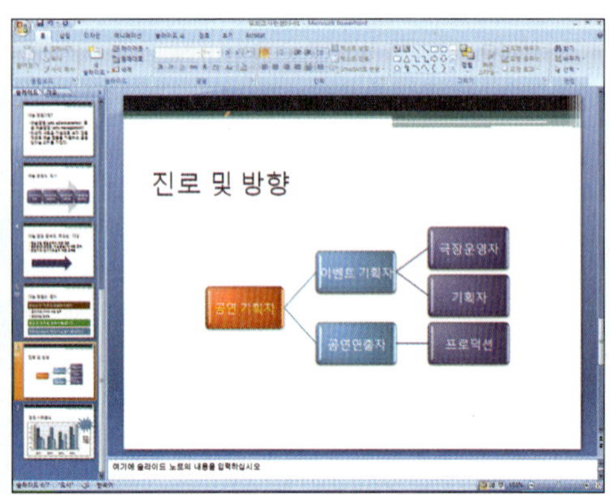

 다음 작업을 완료하시오.

- **준비 파일** : 모의고사03/모의고사03-02
- **완성 파일** : 모의고사03/완성파일/모의고사완성03-02

❶ 슬라이드 3 '예술 경영의 역사'에서 SmartArt의 크기를 높이 '12cm', 너비 '21cm'로 조정하시오.

❷ 슬라이드 4 제목 하단의 사각형 3개를 일괄적으로 중간으로 정렬하시오.

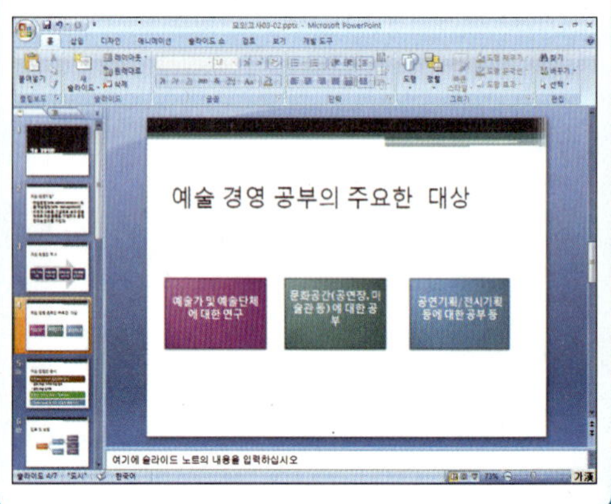

 다음 작업을 완료하시오.

- **준비파일** : 모의고사03/모의고사03-03
- **완성파일** : 모의고사03/완성파일/모의고사완성03-03

❶ 슬라이드 6의 한쪽 모서리가 잘린 도형의 테두리를 '6pt'로 변경하시오.

❷ 슬라이드 6의 왼쪽 상단에 '채우기 – 강조 6, 부드러운 무광택 입체'의 WordArt를 삽입하고 "진로 및 방향" 텍스트를 입력하시오.

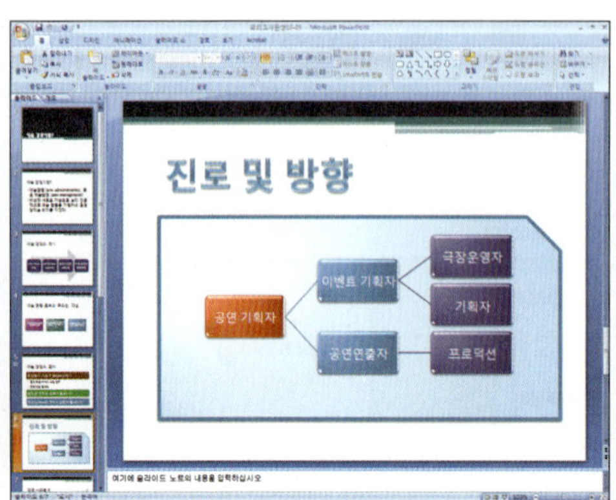

 다음 작업을 완료하시오.

- **준비파일** : 모의고사03/모의고사03-04
- **완성파일** : 모의고사03/완성파일/모의고사완성03-04

❶ 슬라이드 2 '예술 경영이란?' 제목 텍스트의 서식을 슬라이드 3의 '예술 경영의 역사' 제목 텍스트에 붙여 넣으시오.

❷ 슬라이드 6 '진로 및 방향'에서 직사각형 도형의 테두리를 제거하시오.

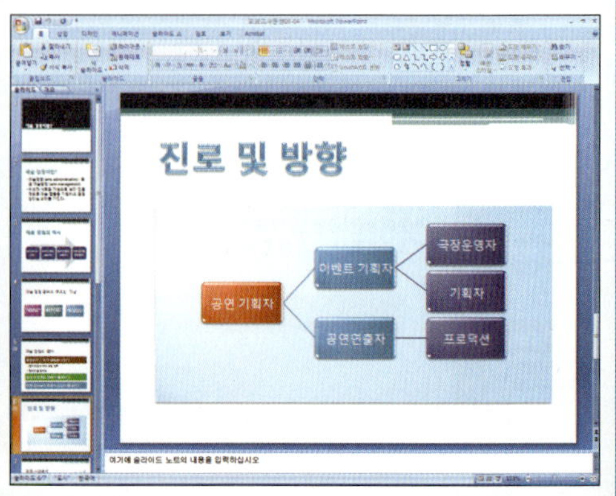

모의 3-05 다음 작업을 완료하시오.

- **준비 파일** : 모의고사03/모의고사03-05, 배경.png
- **완성 파일** : 모의고사03/완성파일/모의고사완성03-05

❶ 슬라이드 마스터를 사용하여 모든 슬라이드의 배경에 [모의고사03] 폴더의 '배경.png'를 추가하시오.

❷ 제목 슬라이드를 제외한 모든 슬라이드에 슬라이드 번호를 추가하시오.

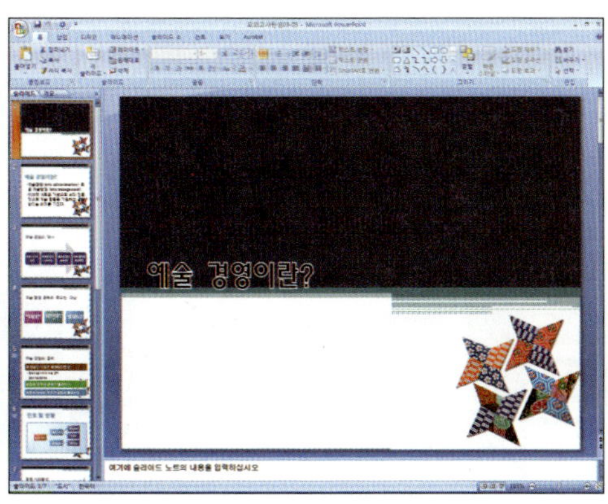

모의 3-06 다음 작업을 완료하시오.

- **준비 파일** : 모의고사03/모의고사03-06, 예술경영.docx
- **완성 파일** : 모의고사03/완성파일/모의고사완성03-06

❶ [모의고사03] 폴더에 있는 '예술 경영' Word 파일의 개요를 열려있는 프레젠테이션의 첫 번째 슬라이드 바로 다음으로 가져오시오.

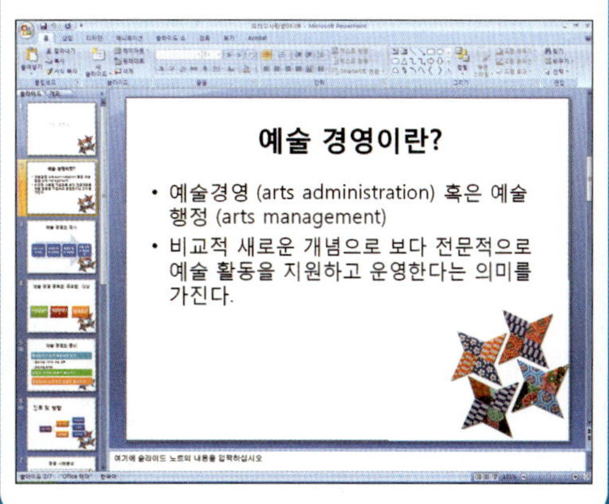

모의 3-07 다음 작업을 완료하시오.

- **준비 파일** : 모의고사03/모의고사03-07
- **완성 파일** : 모의고사03/완성파일/모의고사완성03-07

❶ 슬라이드 7 '경영 사례 분석'에 '4행 5열'의 표를 삽입하시오.

❷ 슬라이드 7에 삽입한 표에 '보통 스타일 1 - 강조 5' 형식을 적용하시오.

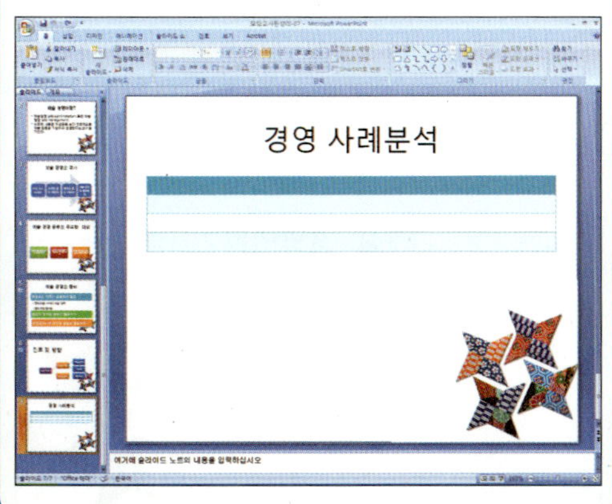

모의 3-08 다음 작업을 완료하시오.

- **준비 파일** : 모의고사03/모의고사03-08
- **완성 파일** : 모의고사03/완성파일/모의고사완성03-08

❶ 슬라이드 4의 도형 3개를 그룹화하시오.

❷ 슬라이드 1, 2, 4, 6만 표시되도록 '예술경영'이라는 이름의 사용자 지정 슬라이드 쇼를 작성하시오.

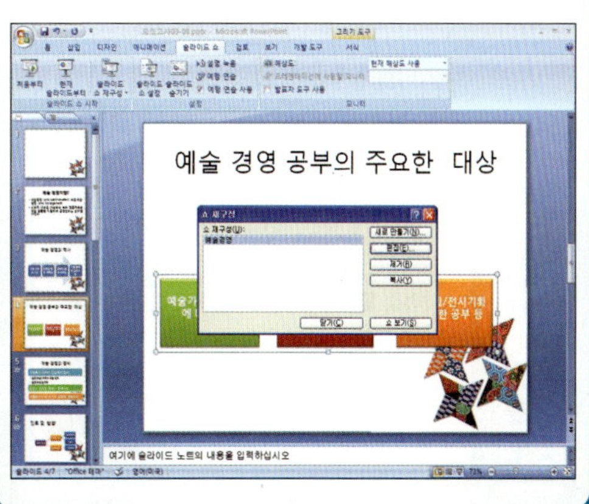

모의 3-09 다음 작업을 완료하시오.

- **준비 파일 :** 모의고사03/모의고사03-09
- **완성 파일 :** 모의고사03/완성파일/모의고사완성03-09

❶ 프레젠테이션에서 숨겨진 메타 데이터 및 개인 정보를 검사하고 모든 검사 결과를 제거하시오(모두 기본 설정을 적용할 것).

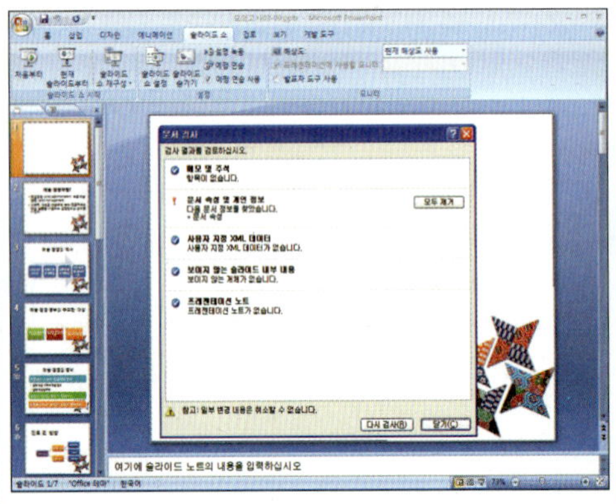

모의 3-10 다음 작업을 완료하시오.

- **준비 파일 :** 모의고사03/모의고사03-10
- **완성 파일 :** 모의고사03/완성파일/경영정보

❶ 프레젠테이션을 '경영정보'라는 이름의 CD용 패키지로 만들고 파일을 폴더에 저장하시오. 모든 대화상자를 닫으시오(나머지는 기본 설정을 적용할 것).

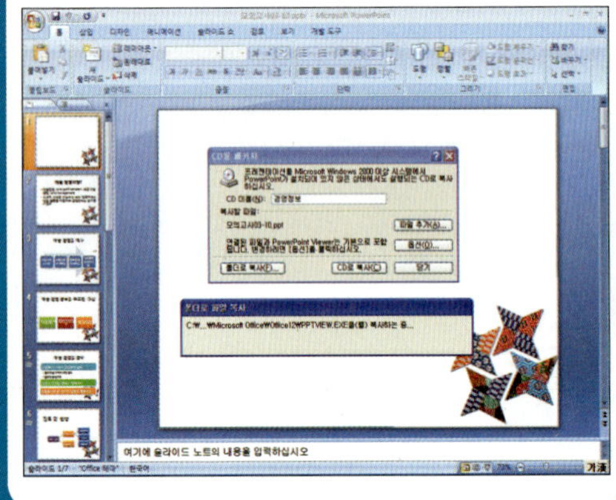

모의 3-11 다음 작업을 완료하시오.

- **준비 파일 :** 모의고사03/모의고사03-11
- **완성 파일 :** 모의고사03/완성파일/모의고사완성03-11

❶ 슬라이드 4에서 첫 번째 직사각형 도형 안의 텍스트를 90도 회전시키시오.

❷ 슬라이드 2 '예술 경영이란?' 글머리 기호 목록을 '1) 2) 3)' 번호 매기기 목록으로 수정하시오.

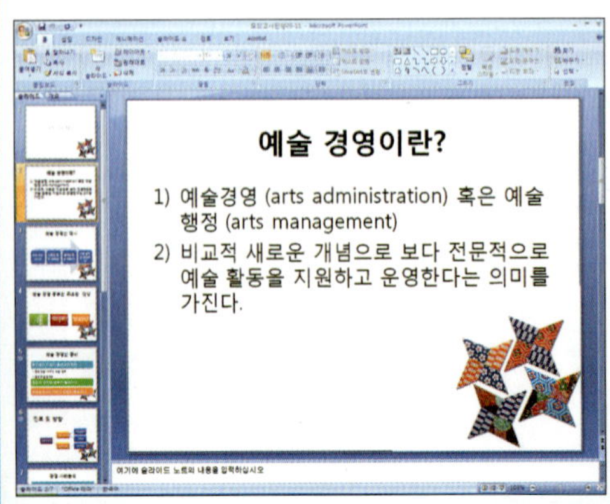

모의 3-12 다음 작업을 완료하시오.

- **준비 파일 :** 모의고사03/모의고사03-12
- **완성 파일 :** 모의고사03/완성파일/모의고사완성03-12

❶ 슬라이드 4의 그룹 개체 틀에서 애니메이션을 제거하시오.

❷ 2초 간격을 유지하도록 예행 연습을 진행하고 시간을 적용하시오.

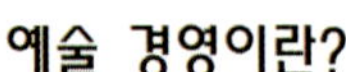

모의 3-13 다음 작업을 완료하시오.

- **준비 파일** : 모의고사03/모의고사03-13
- **완성 파일** : 모의고사03/완성파일/모의고사완성03-13

❶ 슬라이드 2, 3, 4만 쇼를 진행하도록 슬라이드 쇼를 설정하시오.

❷ 프레젠테이션을 PowerPoint 97-2003 문서 형식으로 [내 문서] 폴더에 저장하시오.

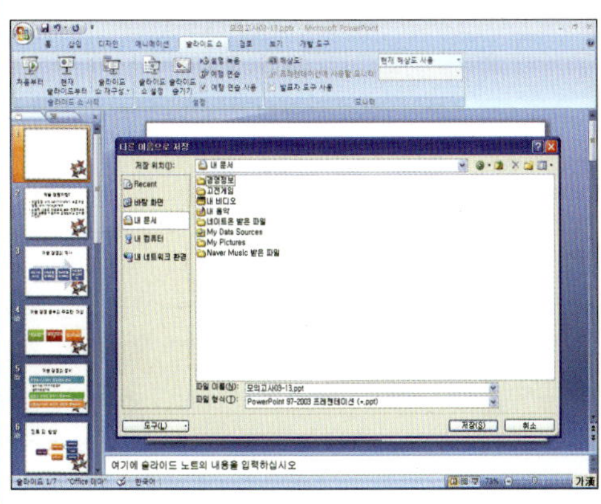

모의 3-14 다음 작업을 완료하시오.

- **준비 파일** : 모의고사03/모의고사03-14
- **완성 파일** : 모의고사03/완성파일/모의고사완성03-14

❶ 슬라이드 크기를 '화면 슬라이드 쇼(16:9)'로 변경하시오.

❷ 슬라이드 8의 레이아웃을 '제목만' 슬라이드로 변경하시오.

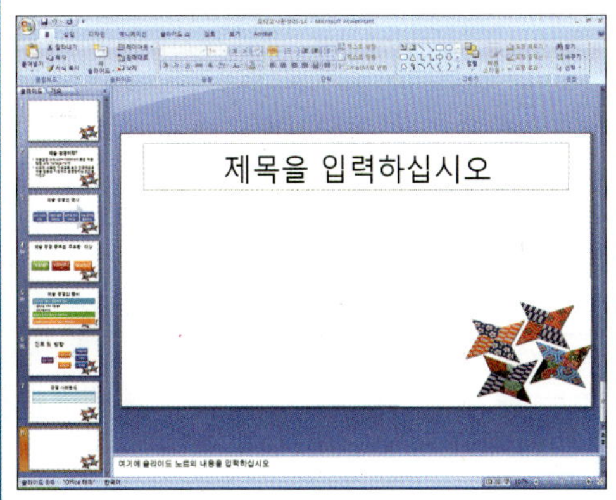

모의 3-15 다음 작업을 완료하시오.

- **준비 파일** : 모의고사03/모의고사03-15
- **완성 파일** : 모의고사03/완성파일/모의고사완성03-15

❶ 현재 날짜를 업데이트된 날짜로 표시하는 바닥글을 슬라이드 마스터에 추가하시오.

❷ 3번 슬라이드부터 슬라이드 쇼를 보시오.

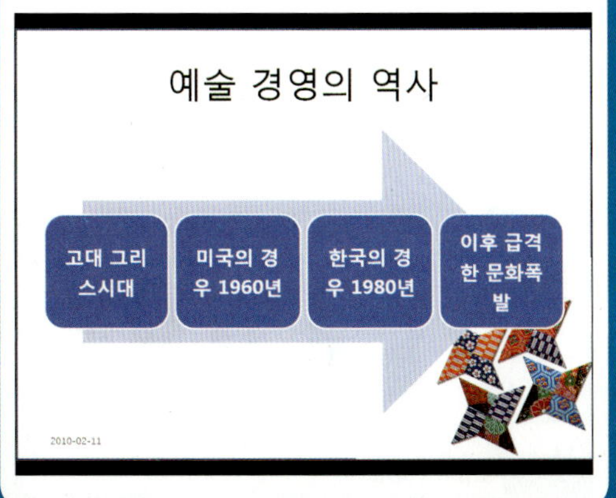

모의 3-16 다음 작업을 완료하시오.

- **준비 파일** : 모의고사03/모의고사03-16
- **완성 파일** : 모의고사03/완성파일/모의고사완성03-16

❶ 슬라이드 1 '예술 경영' 슬라이드에 '새벽 선형 아래쪽' 그라데이션의 텍스트 상자를 추가하시오.

❷ 슬라이드 2 '예술 경영이란?' 슬라이드의 메모에 "또는" 텍스트를 추가하시오.

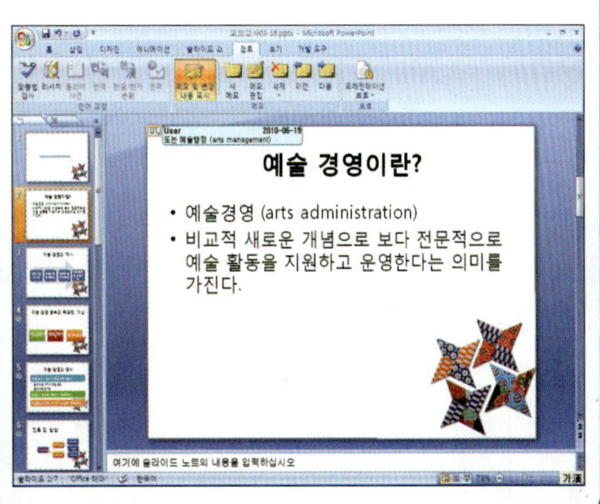

 다음 작업을 완료하시오.

- **준비 파일** : 모의고사03/모의고사03-17
- **완성 파일** : 모의고사03/완성파일/모의고사완성03-17

❶ 슬라이드 방향을 가로로 변경하시오.
❷ 슬라이드 마스터를 이용하여 제목 슬라이드를 제외한 모든 슬라이드에 '예술경영혁신' 이라는 바닥글을 삽입하시오.

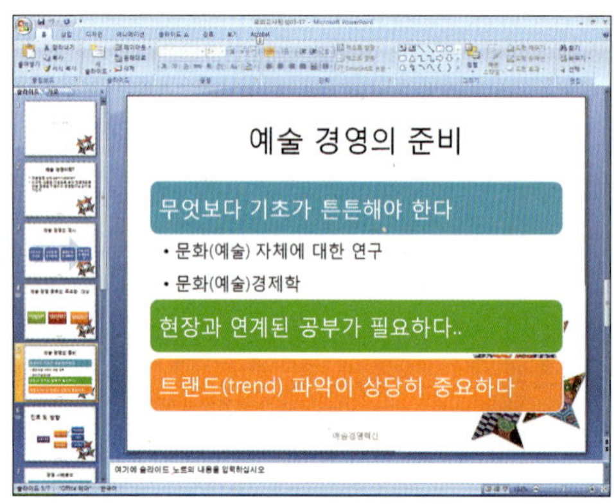

 다음 작업을 완료하시오.

- **준비 파일** : 모의고사03/모의고사03-18
- **완성 파일** : 모의고사03/완성파일/모의고사완성03-18

❶ 슬라이드 6의 조직도 크기를 높이 '12cm', 너비 '14cm' 로 수정하시오.
❷ 슬라이드 6의 조직도를 '계층 구조형' 레이아웃으로 변경하시오.

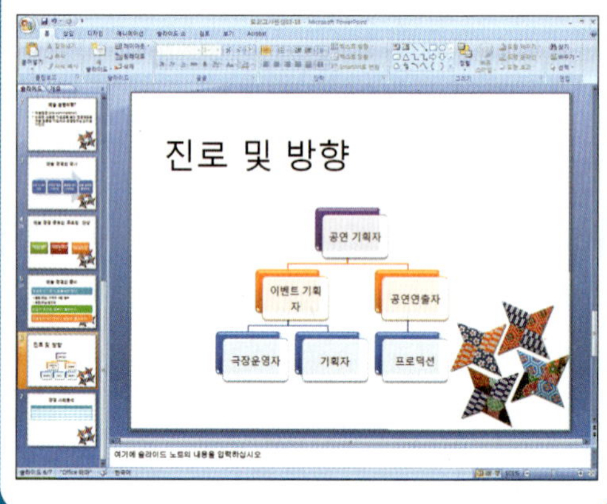

 다음 작업을 완료하시오.

- **준비 파일** : 모의고사03/모의고사03-19
- **완성 파일** : 모의고사03/완성파일/모의고사완성03-19

❶ 슬라이드 2 '예술 경영이란?' 에 삽입되어 있는 메모를 숨기시오.
❷ 슬라이드 4의 가운데 도형을 '자주 편물' 질감으로 채우기하시오.

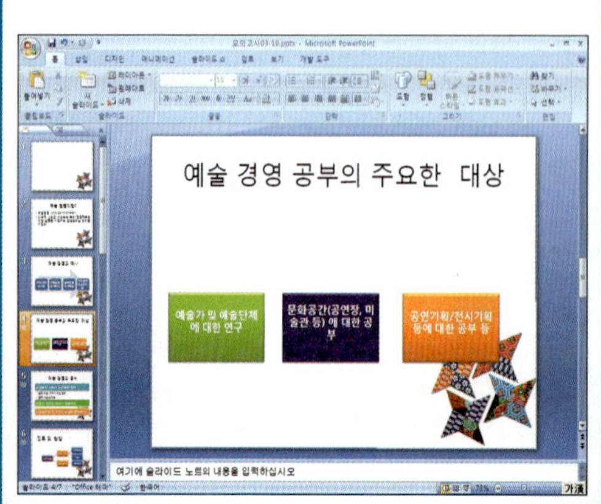

 다음 작업을 완료하시오.

- **준비 파일** : 모의고사03/모의고사03-20
- **완성 파일** : 모의고사03/완성파일/모의고사완성03-20

❶ 슬라이드 7 '경영 사례분석' 바로 다음에 '제목 및 내용' 레이아웃 슬라이드를 새로 삽입하시오.
❷ 슬라이드 8에 묶은 세로 막대형 그래프를 삽입하시오 (데이터 편집 창은 닫으시오).

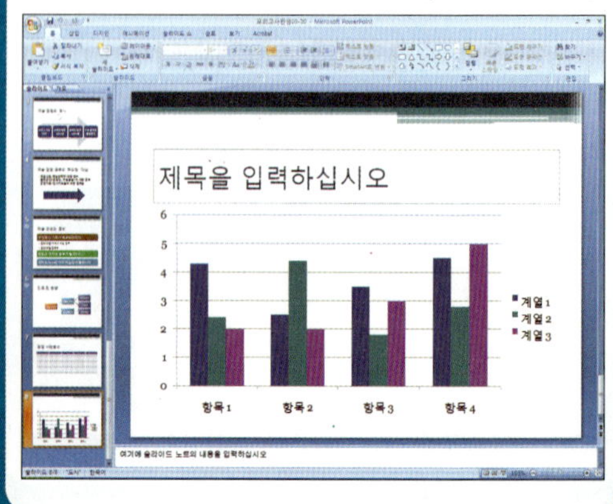

MOS
Powerpoint
2007
모의고사 풀이

MOS Powerpoint 모의고사 **1** 풀이

모의고사 1-01

1 글머리 기호 수준 내리는 방법
① 슬라이드 2를 클릭한다.
② '형광등~, 자전거~'의 두 문장을 블록으로 지정한다.
③ [홈] 탭의 [단락] 그룹에서 [목록 수준 늘림]을 클릭한다.

2 도형에 애니메이션을 추가하는 방법
① 슬라이드 3을 클릭한다.
② 도형을 클릭하고 [애니메이션] 탭의 [애니메이션] 그룹에서 [사용자 지정 애니메이션]을 클릭한다.
③ 오른쪽 [사용자 지정 애니메이션] 작업창에서 [효과 적용] 단추를 클릭한다.
④ [나타내기]–[기타 효과]–은은한 효과–[확장]을 클릭한 후 [확인] 단추를 클릭한다.
⑤ [속도] 항목에서 '빠르게'를 선택한다.

모의고사 1-02

1 슬라이드 마스터에 슬라이드 번호를 삽입하는 방법
① [보기] 탭의 [프레젠테이션 보기] 그룹에서 [슬라이드 마스터]를 클릭한다.
② Office 슬라이드 마스터인 첫 번째 슬라이드를 클릭한 후, 우측 하단의 번호 텍스트 상자를 클릭하여 슬라이드 화면의 왼쪽 맨 위로 이동시키고, 번호 상자의 크기를 줄인다.
③ [삽입] 탭의 [텍스트] 그룹에서 [슬라이드 번호]를 클릭한다.
④ [머리글/바닥글] 대화상자에서 '슬라이드 번호', '제목 슬라이드에는 표시 안 함'에 체크하고 [모두 적용] 단추를 클릭한다.
⑤ [슬라이드 마스터] 탭의 [마스터 보기/닫기] 단추를 클릭한다.

2 글머리 기호 목록을 SmartArt로 변경하는 방법
① 슬라이드 3을 클릭한다.
② 글머리 기호 목록을 클릭한다.
③ [홈] 탭의 [단락] 그룹에서 [SmartArt 그래픽으로 변환] 단추를 클릭한다.
④ [기타 SmartArt 그래픽]을 선택한다.

⑥ [SmartArt 그래픽 선택] 대화상자에서 [목록형]을 클릭하고 '세로 글머리 기호 목록형' SmartArt를 선택한다.
⑦ [확인] 단추를 클릭한다.

모의고사 1-03

1 조직도 스타일을 수정하는 방법
① 슬라이드 4를 클릭한다.
② 조직도를 클릭하고 [SmartArt 도구]–[디자인]탭의 [SmartArt 스타일] 그룹에서 [자세히] 단추를 클릭하고 '3차원'의 '경사'를 선택한다.

2 슬라이드 쇼를 진행하고 주석 유지하는 방법
① [슬라이드 쇼] 탭의 [슬라이드 쇼 시작] 그룹에서 [처음부터]를 클릭한다.
② 마우스를 클릭하여 4번 슬라이드로 이동한다.
③ 마우스 오른쪽 단추를 클릭하여 [포인터 옵션]–[형광펜]을 클릭한다.
④ '인사관리팀' 텍스트를 드래그한다.
⑤ 마우스 오른쪽 단추를 클릭하고 [다음]을 선택하거나, 슬라이드 왼쪽 하단의 '화살표 모양'의 [다음] 단추를 클릭하여 슬라이드 마지막까지 슬라이드 쇼를 진행한다.
⑥ '잉크 주석을 유지하시겠습니까?' 라는 메시지가 나오면 [예] 단추를 클릭한다.

모의고사 1-04

1 SmartArt 그래픽의 크기 조절 방법
① 슬라이드 3을 클릭한다.
② SmartArt를 클릭하고 [SmartArt 도구]–[서식] 탭에서 [크기]를 선택한다.
③ 높이 '12cm', 너비 '18cm'로 설정한다.

모의고사 1-05

1 슬라이드 이동 방법
① 슬라이드 2를 클릭하여 슬라이드 4 다음으로 드래그한다.

2 글머리 기호 목록 텍스트 이동 방법

① 슬라이드 3을 클릭한다.

② 텍스트 목록의 '개인 사무실 녹색 그린 추진' 텍스트
를 블록으로 지정한다.

③ 첫 번째 텍스트 목록인 '여름엔 넥타이를 풀고 겨울엔
내복을 입어 체감효과 유지' 텍스트의 왼쪽으로 드래
그한다.

모의고사 1-06

1 서식 복사 방법

① 슬라이드 1의 '녹색 정보화' 제목 텍스트 상자를 클릭
한다.

② [홈] 탭의 [클립보드] 그룹에서 [서식 복사] 단추를 클
릭한다.

③ 마우스 포인터가 붓 모양으로 바뀌면 슬라이드 4의
제목을 클릭한다.

2 도형의 테두리를 제거하는 방법

① 슬라이드 4의 직사각형 도형을 선택한다.

② [그리기 도구]–[서식] 탭의 [도형 스타일] 그룹에서 [도
형 윤곽선]을 클릭한다.

③ [윤곽선 없음]을 클릭한다.

모의고사 1-07

1 그림 압축 방법

① 슬라이드 2의 그림을 클릭한다.

② [그림 도구]–[서식] 탭의 [조정] 그룹에서 [그림 압축]
을 클릭한다.

③ [그림 압축] 대화상자에서 '선택한 그림에만 적용'에
체크한 후 [옵션] 단추를 클릭한다.

④ [압축 설정] 대화상자의 [대상 출력] 항목에서 '인쇄
200ppi'를 체크한다.

⑤ [압축 설정]과 [그림 압축] 대화상자의 [확인] 단추를
각각 누른다.

2 도형 정렬 방법

① 슬라이드 3의 도형 하나를 클릭하고 Shift 를 누른 채
도형을 모두 선택한다. 또는 도형을 포함하여 드래그
한다.

② [그리기 도구]–[서식] 탭의 [정렬] 그룹에서 [맞춤]을
클릭한다.

③ [중간 맞춤]을 클릭한다.

모의고사 1-08

1 슬라이드 마스터에서 배경 그래픽을 삽입하는 방법

① [보기] 탭의 [프레젠테이션 보기] 그룹에서 [슬라이드
마스터]를 클릭한다.

② [슬라이드 마스터] 탭의 [배경] 그룹에서 [배경 서식]
단추를 클릭한다.

③ [배경 서식] 대화상자의 [채우기] 항목에서 '그림 또는
질감 채우기'를 선택한다.

④ [다음에서 삽입] 항목에서 [파일] 단추를 클릭한다.

⑤ [모의고사01] 폴더의 '녹색정보화.png'를 선택하고 [삽
입] 단추를 클릭한다.

⑥ [배경 서식] 대화상자에서 [모두 적용] 단추를 클릭하
고 [닫기] 단추를 클릭한다.

⑦ [슬라이드 마스터] 탭의 [마스터 보기 닫기]를 클릭한다.

2 슬라이드에 번호를 삽입하는 방법

① [삽입] 탭의 [텍스트] 그룹에서 [슬라이드 번호]를 클릭
한다.

② [머리글/바닥글] 대화상자의 [슬라이드] 탭을 클릭한
후, '슬라이드 번호'와 '제목 슬라이드에는 표시 안
함'에 체크한다.

③ [모두 적용] 단추를 클릭한다.

모의고사 1-09

1 Word 파일을 개요로 슬라이드에 삽입하는 방법

① 슬라이드 4를 클릭한다.

② [홈] 탭의 [슬라이드] 그룹에서 [새 슬라이드]를 클릭한다.

③ [Office 테마] 창에서 [슬라이드 개요]를 클릭한다.

④ [모의고사01] 폴더에서 '녹색정부 구현' Word 파일을
선택하고 [삽입] 단추를 클릭한다.

2 슬라이드 마스터에서 테마를 적용하는 방법

① [보기] 탭의 [프레젠테이션 보기] 그룹에서 [슬라이드
마스터]를 클릭한다.

② [테마 편집] 그룹에서 [테마]를 클릭한다.

③ [모든 테마] 창에서 [광선] 테마를 선택한다.

④ [슬라이드 마스터] 탭의 [마스터 보기 닫기]를 클릭한다.

모의고사 1-10

1 글머리 기호 목록의 열을 지정하는 방법

① 슬라이드 3의 글머리 기호 목록 텍스트 상자를 클릭한다.

② [홈] 탭의 [단락] 그룹에서 [단]을 클릭한다.

③ [기타 열]을 클릭한다.

④ [열] 대화상자에서 개수 '2', 간격 '0.5cm'로 설정하고 [확인] 단추를 클릭한다.

② 슬라이드에 그래픽을 삽입하는 방법

① 슬라이드 2를 클릭한다.

② [삽입] 탭의 [일러스트레이션] 그룹에서 [그림]을 클릭한다.

③ [모의고사01] 폴더에서 '녹색.png'를 선택하고 [삽입] 단추를 클릭한다.

④ 삽입된 그림을 클릭하여 글머리 기호 목록 오른쪽 아래로 드래그한다.

모의고사 1-11

① 유인물 바닥글 삽입 방법

① [삽입] 탭의 [텍스트] 그룹에서 [머리글/바닥글]을 클릭한다.

② [슬라이드 노트 및 유인물] 탭을 클릭한다.

③ 하단의 '바닥글'에 체크한 뒤 "녹색정보화" 텍스트를 입력한다.

④ [모두 적용] 단추를 클릭한다.

② 슬라이드를 개요 보기로 변경하는 방법

① [슬라이드] 탭 옆의 [개요] 탭을 클릭한다.

모의고사 1-12

① 제목 텍스트 상자에 스타일을 적용하는 방법

① 슬라이드 1의 제목 텍스트 상자를 클릭한다.

② [그리기 도구]–[서식] 탭의 [도형 스타일] 그룹에서 [자세히] 단추를 클릭한다.

③ 편집 그룹 창에서 '미세 효과–강조 3'을 선택한다.

② 슬라이드 쇼 재구성 설정 방법

① [슬라이드 쇼] 탭의 [슬라이드 쇼 시작] 그룹에서 [슬라이드 재구성]–[쇼 재구성]을 클릭한다.

② [쇼 재구성] 대화상자에서 [새로 만들기] 단추를 클릭한다.

③ '슬라이드 쇼 이름'에 "재검토"를 입력한다.

④ 슬라이드 1, 2, 5를 각각 선택하고 [추가] 단추를 클릭하여 오른쪽 목록에 추가한다.

⑤ [확인] 단추를 클릭한다.

⑥ [쇼 재구성] 대화상자에서 [닫기] 단추를 클릭한다.

모의고사 1-13

① 슬라이드의 메모를 숨기는 방법

① 슬라이드 5를 클릭한다.

② [검토] 탭의 [메모] 그룹에서 [메모 및 변경 내용 표시]의 선택을 해제한다.

② 문서 속성 검사 방법

① [Office] 단추–[준비]–[문서 검사]를 클릭한다.

② 저장 여부를 묻는 대화상자가 나오면 [예] 단추를 클릭한다.

③ 문서 검사의 선택 내용에서 '문서 속성 및 개인 정보'에 체크한 뒤 [검사] 단추를 클릭한다.

④ 검사 결과에서 '문서 속성 및 개인 정보'의 [모두 제거] 단추를 클릭한다.

⑤ [닫기] 단추를 클릭한다.

모의고사 1-14

① 조직도의 색을 변경하는 방법

① 슬라이드 4의 조직도를 클릭한다.

② [smartArt 도구]–[디자인] 탭의 [색 변경]을 클릭한다.

③ '강조 3'의 '그라데이션 반복 – 강조 3'을 선택한다.

② 도형 안의 텍스트를 이동하는 방법

① 슬라이드 4의 조직도에서 '인사관리팀'을 드래그하여 블록으로 지정한다.

② 빈 도형으로 드래그하여 이동한다.

③ 이동된 텍스트의 맨 뒤에 커서를 두고 Delete 를 누른다.

모의고사 1-15

① 도형의 투명도 지정 방법

① 슬라이드 4의 사각형 도형을 클릭한다.

② [그리기 도구]–[서식] 탭의 [도형 스타일] 그룹에서 [도형 서식] 단추를 클릭하거나, 마우스 오른쪽 단추로 클릭하여 [도형 서식]을 선택한다.

③ [도형 서식] 대화상자에서 투명도를 '75%'로 설정한다.

④ [닫기] 단추를 클릭한다.

② CD용 패키지에 대한 방법

① [Office] 단추–[게시]–[CD용 패키지]를 클릭한다.

② 업데이트를 안내하는 대화상자가 나올 경우에는 [확인]을 클릭한다.
③ [CD용 패키지] 대화상자의 'CD 이름'에 "녹색정보"를 입력한 후 [폴더로 복사] 단추를 클릭한다.
④ [위치 선택] 대화상자에서 저장할 폴더를 지정하고 [선택] 단추를 클릭한다.
⑤ [폴더로 복사] 대화상자에서 [확인] 단추를 클릭한다.
⑥ 패키지 포함 여부를 묻는 대화상자가 나오면 [예]를 클릭한다.
⑦ 잉크 주석이 있음을 알리는 메시지가 나오면 [계속]을 클릭한다.
⑧ [닫기] 단추를 클릭한다.
* 해당 예제나 시험 환경에 따라 6, 7번 과정은 생략될 수 있다.

모의고사 1-16

1 SmartArt 삽입 방법
① 슬라이드 4를 클릭하고 레이아웃 단추 중 [SmartArt 그래픽 삽입]을 클릭한다.
② [SmartArt 그래픽 선택] 대화상자의 [주기형] 항목에서 '방사형 벤형'을 선택하고 [확인] 단추를 클릭한다.

2 슬라이드를 방향 변경 문제
① [디자인] 탭의 [페이지 설정] 그룹에서 [슬라이드 방향]-[세로]를 클릭한다.

모의고사 1-17

1 글머리 목록 기호를 그래픽으로 변경하는 방법
① 슬라이드 6의 글머리 기호 텍스트 상자를 클릭한다.
② [홈] 탭의 [단락] 그룹에서 [글머리 기호]-[글머리 기호 및 번호 매기기]를 클릭한다.
③ [글머리 기호 및 번호 매기기] 대화상자의 [글머리 기호] 탭에서 [그림] 단추를 클릭한다.
④ [그림 글머리 기호] 대화상자에서 [가져오기] 단추를 클릭하고 [모의고사01] 폴더의 '전구'를 선택한 후 [추가] 단추를 클릭한다.
⑤ 전구 그래픽을 선택하고 [확인] 단추를 클릭한다.

2 메모 삽입 방법
① 슬라이드 7을 클릭한다.
② [검토] 탭의 [메모] 그룹에서 [새 메모]를 클릭한다.
③ 메모 상자에 "사이트 표기"라고 입력한다.

④ 메모 아이콘을 클릭하여 '정책 연구 및 과제 발굴' 텍스트의 오른쪽으로 드래그하여 이동시킨다.

모의고사 1-18

1 도형 안의 텍스트를 회전하는 방법
① 슬라이드 5의 직사각형 도형을 클릭한다.
② 마우스 오른쪽 단추로 클릭하여 [도형 서식]을 선택하거나, [그리기 도구]-[서식] 탭의 [도형 스타일] 그룹에서 [도형 서식] 단추를 클릭한다.
③ [도형 서식] 대화상자에서 [텍스트 상자] 항목을 선택한다.
④ '텍스트 방향'에서 '모든 텍스트 90도 회전'을 선택한다.
⑤ [닫기] 단추를 클릭한다.

2 애니메이션 순서 변경 및 속도 수정 방법
① 슬라이드 3을 클릭한다.
② [애니메이션] 탭의 [애니메이션] 그룹에서 [사용자 지정 애니메이션]을 클릭한다.
③ 오른쪽 작업창의 애니메이션 목록 중 '제목 1 : 그린 녹색 아이디어'를 선택한다.
④ 하단의 순서 조정 '위쪽 화살표'를 클릭하거나, 드래그하여 맨 위로 이동한다.
⑤ '속도'는 '느리게'로 선택한다.

모의고사 1-19

1 도형 질감 채우기 방법
① 슬라이드 5의 직사각형 도형을 클릭한다.
② 도형을 더블클릭하거나 [그리기 도구]-[서식] 탭을 클릭한다.
③ [도형 스타일] 그룹에서 [도형 채우기]-[질감]-'녹색 대리석'을 선택한다.

2 텍스트를 WordArt로 변환하는 방법
① 슬라이드 6의 제목 텍스트 상자를 선택한다.
② [그리기 도구]-[서식] 탭의 [WordArt 스타일] 그룹에서 [자세히] 단추를 클릭하고 '선택한 텍스트에 적용'의 '채우기-강조 3, 윤곽선-텍스트 2'를 선택한다.

모의고사 1-20

1 애니메이션 제거 방법

① 슬라이드 5의 직사각형 도형을 클릭한다.
② [애니메이션] 탭의 [애니메이션] 그룹에서 [사용자 지정 애니메이션]을 클릭한다.
③ 오른쪽의 애니메이션 작업창에서 [제거] 단추를 클릭한다.

2 메모를 포함해 인쇄하는 방법

① [Office] 단추–[인쇄]를 클릭한다.
② '인쇄 매수'를 '2'로 설정한다.
③ '메모 및 잉크 표시 인쇄'를 체크한다.
④ [확인] 단추를 클릭한다.

MOS Powerpoint 모의고사 **2** 풀이

모의고사 2-01

1 SmartArt를 삽입하는 방법

① 슬라이드 5를 선택하고 레이아웃 단추 중 [SmartArt 그래픽 삽입]을 클릭한다.
② '주기형'의 '기본 방사형'을 선택하고 [확인] 단추를 클릭한다.

모의고사 2-02

1 텍스트 상자에 서식을 추가하여 삽입하는 방법

① 슬라이드 1을 클릭한다.
② [삽입] 탭의 [텍스트] 그룹에서 [텍스트 상자]–[가로 텍스트 상자]를 클릭한다.
③ 적당한 위치에 드래그한다.
④ 텍스트 상자를 마우스 오른쪽 단추로 클릭하여 [도형 서식]을 선택하거나, [그리기 도구]–[서식] 탭의 [도형 스타일] 그룹에서 [도형 서식] 단추를 클릭한다.
⑤ '채우기'의 '그라데이션 채우기'를 클릭한다.
⑥ '기본 설정 색'은 '이끼'를 선택한다.
⑦ '방향'은 '선형 위쪽'을 선택한다.
⑧ [닫기] 단추를 클릭한다.

2 글머리 기호 목록을 번호로 수정하는 방법

① 슬라이드 2의 글머리 기호 목록을 클릭한다.
② [홈] 탭의 [단락] 그룹에서 [번호 매기기]를 클릭하고 'a,b,c' 형식의 번호 목록을 선택한다.

모의고사 2-03

1 하이퍼링크 삽입 방법

① 슬라이드 3의 글머리 기호 텍스트 중 '문화 공간' 텍스트를 블록으로 지정한다.
② [삽입] 탭의 [링크] 그룹에서 [하이퍼링크]를 클릭한다.
③ [기존 파일/웹 페이지] 탭의 주소 입력줄에 "http://www.gokams.or.kr"를 입력하고 [확인] 단추를 클릭한다.

2 SmartArt 레이아웃 변경 방법

① 슬라이드 3의 SmartArt를 선택한다.
② SmartArt를 더블클릭하거나 [SmartArt 도구]–[디자인] 탭의 [레이아웃]을 클릭한다.
③ [자세히] 단추를 클릭하고 [기타 레이아웃]을 클릭한다.
④ '프로세스형'의 '세그먼트 프로세스형'을 선택한다.
⑤ [확인] 단추를 클릭한다.

모의고사 2-04

1 새 슬라이드 삽입 방법

① 슬라이드 5를 클릭한다.
② [홈] 탭의 [슬라이드] 그룹에서 [새 슬라이드]를 클릭한다.
③ [비교] 레이아웃 슬라이드를 클릭한다.

모의고사 2-05

1 개요 보기로 출력하는 방법

① [Office] 단추–[인쇄]를 클릭한다.
② [인쇄 대상]을 '개요 보기'로 설정하고 [확인] 단추를
클릭한다.

모의고사 2-06

1 SmartArt의 서식 지정 방법

① 슬라이드 4에 있는 SmartArt를 클릭한다.
② [홈] 탭의 [글꼴] 그룹에서 [굵게]를 클릭한다.

2 SmartArt의 배경 서식 지정 방법

① 슬라이드 4에 삽입된 SmartArt의 배경을 클릭한다
(SmartArt가 선택되거나 도형에 커서가 있지 않아야 함).
② [SmartArt 도구]–[서식] 탭의 [도형 스타일] 그룹에서
[도형 서식] 단추를 클릭한다.
③ '채우기'의 '그라데이션 채우기'를 선택한다.
④ '기본 설정 색'은 '이끼'로 선택하고, '종류'는 '방사
형'으로 선택한다.
⑤ [닫기] 단추를 클릭한다.

모의고사 2-07

1 애니메이션 제거 방법

① 슬라이드 5를 클릭한다.
② [애니메이션] 탭의 [애니메이션] 그룹에서 [사용자 지
정 애니메이션]을 클릭한다.
③ 작업창의 '제목 2 : 예술 경영의 준비' 개체 틀을 선
택하고 [제거] 단추를 클릭한다.

2 도형 삭제 방법

① 슬라이드 6 '진로 및 방향'의 '이벤트 기획자' 도형을
선택한다.
② Delete 를 누른다.

모의고사 2-08

1 슬라이드 마스터에서 고정된 날짜를 삽입하는 방법

① [보기] 탭의 [프레젠테이션 보기] 그룹에서 [슬라이드
마스터]를 클릭한다.
② [삽입] 탭의 [텍스트] 그룹에서 [날짜 및 시간]을 클릭
한다.
④ [머리글/바닥글] 대화상자의 [슬라이드] 탭에서 '날짜

및 시간'에 체크한다.
⑤ '직접 입력'을 체크한다.
⑥ [모두 적용] 단추를 클릭한다.
⑦ [슬라이드 마스터] 탭의 [마스터 보기/닫기] 단추를 클
릭한다.

2 슬라이드 크기 변경 방법

① [디자인] 탭의 [페이지 설정] 그룹에서 [페이지 설정]을
클릭한다.
② '슬라이드 크기'를 '화면 슬라이드 쇼 (16:9)'로 선택
한다.
③ [확인] 단추를 클릭한다.

모의고사 2-09

1 도형에 텍스트 이동하는 방법

① 슬라이드 6에 있는 조직도의 텍스트 중 '프로덕션' 텍
스트를 드래그하여 블록으로 지정한다.
② 빈 도형으로 드래그하여 이동한다.
③ 이동된 텍스트의 맨 뒤에 커서를 두고 Delete 를 누른다.

2 조직도에 애니메이션을 삽입하는 문제

① 슬라이드 6을 클릭한다.
② 조직도를 선택하고 [애니메이션] 탭의 [애니메이션] 그
룹에서 [사용자 지정 애니메이션]을 클릭한다.
③ 오른쪽 애니메이션 작업창에서 [효과 적용] 단추를 클
릭한다.
④ [나타내기]–[기타 효과]에서 '기본 효과'의 '한 번 깜
빡이기'를 선택한다.
⑤ 작업창에서 '속도'를 '중간'으로 선택한다.

모의고사 2-10

1 애니메이션 순서 변경 및 속도 수정 방법

① 슬라이드 6을 클릭한다.
② [애니메이션] 탭의 [애니메이션] 그룹에서 [사용자 지
정 애니메이션]을 클릭한다.
③ 오른쪽 작업창의 애니메이션 목록 중 '제목 1 : 진로 및
방향'를 선택한다.
④ 하단의 순서 조정 화살표를 클릭하거나, 목록을 드래
그하여 맨 위로 이동한다.
⑤ '속도'를 '빠르게'로 선택한다.

② 화면 전환 효과 적용 방법

① [애니메이션] 탭의 [슬라이드 화면 전환] 그룹에서 [자세히] 단추를 클릭하여 '흩어뿌리기'를 선택한다.
② '화면 전환 속도'를 '빠르게'로 선택한다.
③ [모두 적용] 단추를 클릭한다.

모의고사 2-11

① 슬라이드 이동 방법

① 슬라이드 3을 클릭하여 슬라이드 2 위로 드래그한다.

② 글머리 기호 목록을 SmartArt로 변경하는 방법

① 슬라이드 3의 글머리 기호 목록을 클릭한다.
② [홈] 탭의 [단락] 그룹에서 [SmartArt 그래픽으로 변환]을 클릭한다.
③ [기타 SmartArt 그래픽]을 선택한다.
④ [SmartArt 그래픽 선택] 대화상자에서 '프로세스형'– '연속 블록 프로세스형'을 클릭한다.
⑤ [확인] 단추를 클릭한다.

모의고사 2-12

① SmartArt 색 변경 방법

① 슬라이드 3의 SmartArt를 클릭한다.
② SmartArt를 더블클릭하거나 [SmartArt 도구]–[디자인] 탭을 클릭한다.
③ [SmartArt 스타일] 그룹에서 [색 변경]을 클릭하고 '색상형'–'색상형 범위–강조색 2 또는 3'을 선택한다.

② SmartArt 스타일 수정 방법

① 슬라이드 3을 클릭한다.
② [SmartArt 도구]–[디자인] 탭의 [SmartArt 스타일] 그룹에서 [자세히] 단추를 클릭하고 '3차원'의 '광택 처리'를 선택한다.

모의고사 2-13

① 슬라이드 마스터에 슬라이드 번호를 삽입하는 방법

① [보기] 탭의 [프레젠테이션 보기] 그룹에서 [슬라이드 마스터]를 클릭한다.
② Office 테마 슬라이드 마스터인 첫 번째 슬라이드를 선택하고 왼쪽 아래 번호 텍스트 상자를 클릭하여 오른쪽 상단으로 드래그한다.

③ [삽입] 탭의 [텍스트] 그룹에서 [슬라이드 번호]를 클릭한다.
④ [머리글/바닥글] 대화상자에서 '슬라이드 번호'와 '제목 슬라이드에는 표시 안 함'에 체크하고 [모두 적용] 단추를 클릭한다.
⑤ [슬라이드 마스터] 탭의 [마스터 보기/닫기] 단추를 클릭한다.

② 슬라이드 마스터에서 테마를 적용하는 방법

① [보기] 탭의 [프레젠테이션 보기] 그룹에서 [슬라이드 마스터]를 클릭한다.
② [슬라이드 마스터] 탭의 [테마 편집] 그룹에서 [테마]를 클릭한다.
③ '도시' 테마를 선택한다.
④ [슬라이드 마스터] 탭의 [마스터 보기 닫기]를 클릭한다.

모의고사 2-14

① 메모 삽입 방법

① 슬라이드 4를 클릭한다.
② [검토] 탭의 [메모] 그룹에서 [새 메모]를 클릭한다.
③ 메모 상자에 '발전단계'라고 입력한다.
④ 메모 아이콘을 클릭하여 '예술가 및 예술 단체' 텍스트 오른쪽으로 드래그하여 이동시킨다.

② 메모 삭제 방법

① 슬라이드 2를 클릭한다.
② 메모를 클릭하고 [삭제] 단추를 클릭하거나, 마우스 오른쪽 단추로 클릭하고 [메모 삭제]를 선택한다.

모의고사 2-15

① 그림 삽입 방법

① 슬라이드 4를 클릭한다.
② [삽입] 탭의 [일러스트레이션] 그룹에서 [그림]을 클릭한다.
③ [모의고사02] 폴더의 '예술.png'를 선택하고 [삽입] 단추를 클릭한다.
④ 삽입된 그림을 선택하여 글머리 기호 목록 오른쪽 하단으로 드래그한다.

② 그림 스타일 지정 방법

① 슬라이드 4의 그림을 선택한다.

② [그리기 도구]–[서식] 탭의 [그림 스타일] 그룹에서 [자세히] 단추를 클릭한다.
③ '입체 원근감(왼쪽), 흰색'을 선택한다.

1 그림 압축 방법
① 슬라이드 4의 그림을 클릭한다.
② [그림 도구]–[서식] 탭의 [조정] 그룹에서 [그림 압축]을 클릭한다.
③ '선택한 그림에만 적용'에 체크한다.
④ [옵션] 단추를 클릭한다.
⑤ '인쇄 200ppi'를 선택한다.
⑥ [확인]–[확인] 단추를 클릭한다.

2 유인물 바닥글 삽입 방법
① [삽입] 탭의 [텍스트] 그룹에서 [머리글/바닥글]을 클릭한다.
② [슬라이드 노트 및 유인물] 탭을 클릭한다.
③ '바닥글'에 체크한 뒤 '예술경영' 텍스트를 입력한다.
④ [모두 적용] 단추를 클릭한다.

1 글머리 기호 수준을 내리는 방법
① 슬라이드 4를 클릭한다.
② 글머리 기호 목록을 블록으로 지정한다.
③ [홈] 탭의 [단락] 그룹에서 [목록 수준 늘림]을 클릭한다.

2 슬라이드의 메모 숨기기에 대한 방법
① 슬라이드 2를 클릭한다.
② [검토] 탭의 [메모] 그룹에서 [메모 및 변경 내용 표시]를 클릭하여 선택 해제한다.

1 글머리 기호 목록의 열을 지정하는 방법
① 슬라이드 2의 글머리 기호 목록 텍스트 상자를 클릭한다.
② [홈] 탭의 [단락] 그룹에서 [단]을 클릭한다.
③ [기타 열]을 클릭한다.
④ 개수는 '2', 간격은 '0.6cm'로 설정하고 [확인] 단추를 클릭한다.

2 도형의 투명도를 지정하는 방법
① 슬라이드 7의 도형을 클릭한다.
② 도형을 더블클릭하거나 [그리기 도구]–[서식] 탭을 클릭한다.
③ [도형 스타일] 그룹에서 [도형 서식] 단추를 클릭하거나, 도형을 마우스 오른쪽 단추로 클릭하고 [도형 서식]을 선택한다.
④ 투명도를 '75%'로 설정한다.
④ [닫기] 단추를 클릭한다.

1 글머리 기호 목록 기호를 그래픽으로 변경하는 방법
① 슬라이드 4의 글머리 기호 텍스트 상자를 클릭한다.
② [홈] 탭의 [단락] 그룹에서 [글머리 기호]–[글머리 기호 및 번호 매기기]를 클릭한다.
③ [그림] 단추를 클릭한다.
④ [가져오기] 단추를 클릭하고 [모의고사02] 폴더의 '기호.gif'를 선택하고 [추가] 단추를 클릭한다.
⑤ 추가된 그래픽을 선택하고 [확인] 단추를 클릭한다.

2 도형 삽입 방법
① 슬라이드 4를 클릭한다.
② [삽입] 탭의 [일러스트레이션] 그룹에서 [도형]을 클릭한다.
③ '블록 화살표'의 '오른쪽 화살표'를 선택한다.
④ 글머리 기호 목록 하단에 드래그한다.

1 도형 서식 지정 방법
① 슬라이드 4의 도형을 선택한다.
② 도형을 더블클릭하거나 [그리기 도구]–[서식] 탭을 클릭한다.
③ [도형 스타일] 그룹에서 [도형 채우기]–[그라데이션]을 클릭하고 '어두운 그라데이션' – '선형 위쪽'을 선택한다.

2 슬라이드 방향 변경 방법
① [디자인] 탭의 [페이지 설정] 그룹에서 [슬라이드 방향]–[세로]를 클릭한다.

MOS Powerpoint 모의고사 ❸ 풀이

1 조직도 스타일을 수정하는 방법

① 슬라이드 6을 클릭한다.

② 조직도를 클릭하고 [SmartArt 도구]-[디자인] 탭의 [SmartArt 스타일] 그룹에서 [자세히] 단추를 클릭한다.

③ 편집 그룹 창에서 '3차원' 의 '경사' 를 클릭한다.

2 슬라이드 쇼를 진행하고 주석을 유지하는 방법

① [슬라이드 쇼] 탭의 [슬라이드 쇼 시작] 그룹에서 [처음부터]를 클릭한다.

② 마우스로 클릭하여 6번 슬라이드로 이동한다.

③ 마우스 오른쪽 단추를 클릭하여 [포인터 옵션]-[형광펜]을 클릭한다.

④ '공연 기획자' 텍스트를 드래그한다.

⑤ 마우스 오른쪽 단추를 클릭하여 [다음]을 선택하거나 슬라이드 하단의 화살표 모양의 [다음] 단추를 클릭하여 마지막까지 슬라이드 쇼를 진행한다.

⑥ '잉크 주석을 유지하시겠습니까?' 라는 메시지가 나오면 [예] 단추를 클릭한다.

모의고사 3-02

1 SmartArt 그래픽 크기 조절 방법

① 슬라이드 3을 클릭한다.

② SmartArt를 클릭하고 [SmartArt 도구]-[서식] 탭에서 [크기]를 선택한다.

③ 높이 '12cm', 너비 '21cm' 로 설정한다.

2 도형 정렬 방법

① 슬라이드 4의 도형 하나를 클릭하고 Shift 를 누른 채 도형을 모두 선택한다. 또는 도형을 포함하여 드래그한다.

② [그리기 도구] 탭의 [정렬] 그룹에서 [맞춤]을 클릭한다.

③ [중간 맞춤]을 클릭한다.

모의고사 3-03

1 도형의 테두리 변경 방법

① 슬라이드 6의 한쪽 모서리가 잘린 도형을 클릭한다.

② [그리기 도구]-[서식] 탭의 [도형 스타일] 그룹에서 [도형 윤곽선]을 클릭한다.

③ [두께]- '6pt' 를 선택한다.

2 WordArt 삽입 방법

① 슬라이드 6을 클릭한다.

② [삽입] 탭의 [텍스트] 그룹에서 [WordArt]를 클릭하고 '채우기 – 강조 6, 부드러운 무광택 입체' 를 선택한다.

③ 텍스트 상자에 "진로 및 방향"을 입력한다.

④ 왼쪽 상단으로 드래그한다.

모의고사 3-04

1 서식 복사 방법

① 슬라이드 2의 '예술 경영이란?' 제목 텍스트 상자를 클릭한다.

② [홈] 탭의 [클립보드] 그룹에서 [서식 복사] 단추를 클릭한다.

③ 마우스 포인터가 붓 모양으로 바뀌면 슬라이드 3의 제목을 클릭한다.

2 도형의 테두리 제거의 방법

① 슬라이드 6의 도형을 클릭한다.

② 도형을 더블클릭하거나 [그리기 도구]-[서식] 탭을 클릭한다.

③ [도형 스타일] 그룹에서 [도형 윤곽선]-[윤곽선 없음]을 클릭한다.

모의고사 3-05

1 슬라이드 마스터에서 배경 그래픽을 삽입하는 방법

① [보기] 탭의 [프레젠테이션 보기] 그룹에서 [슬라이드 마스터]를 클릭한다.

② [슬라이드 마스터] 탭의 [배경] 그룹에서 [배경 서식] 단추를 클릭한다.

③ [배경 서식] 대화상자에서 '채우기'-'그림 또는 질감 채우기'를 선택한다.

④ [다음에서 삽입] 항목에서 [파일] 단추를 클릭한다.

⑤ [모의고사03] 폴더의 '배경.png'를 선택하고 [삽입] 단추를 클릭한다.

⑥ [배경 서식] 대화상자의 [모두 적용] 단추를 클릭한 후
[닫기] 단추를 클릭한다.
⑦ [슬라이드 마스터] 탭의 [마스터 보기 닫기]를 클릭한다.

2 슬라이드 번호 삽입 방법

① [삽입] 탭의 [텍스트] 그룹에서 [슬라이드 번호]를 클릭
한다.
② [슬라이드] 탭에서 '슬라이드 번호'를 체크한다.
③ '제목 슬라이드에는 표시 안 함'에 체크한다.
④ [모두 적용] 단추를 클릭한다.

모의고사 3-06

1 Word 개요로 슬라이드를 삽입하는 방법

① 슬라이드 1을 클릭한다.
② [홈] 탭의 [슬라이드] 그룹에서 [새 슬라이드]를 클릭한다.
③ [슬라이드 개요]를 클릭한다.
④ [모의고사03] 폴더의 '예술 경영' Word 파일을 선택
하고 [삽입] 단추를 클릭한다.

모의고사 3-07

1 표 삽입 방법

① 슬라이드 7을 선택한다.
② 슬라이드 레이아웃에서 [표 삽입] 아이콘을 클릭하거나,
[삽입] 탭의 [표] 그룹에서 [표]–[표 삽입]을 클릭한다.
③ [표 삽입] 대화상자에서 열 개수는 '5', 행 개수는 '4'
로 지정한 후 [확인] 단추를 클릭한다.

2 표 스타일 지정 방법

① 슬라이드 7의 표를 클릭한다.
② [표 도구]–[디자인] 탭의 [표 스타일] 그룹에서 [자세
히] 단추를 클릭한다.
③ '보통'의 '보통 스타일 1 – 강조 5'를 선택한다.

모의고사 3-08

1 도형의 그룹 지정 방법

① 슬라이드 4의 도형을 하나 클릭하고 Shift 를 누른 채
나머지 도형도 각각 클릭하여 선택한다.
② [그리기 도구]–[서식] 탭의 [정렬] 그룹에서 [그룹]–[그
룹]을 클릭하거나, 도형을 마우스 오른쪽 단추로 클릭
하고 [그룹]–[그룹]을 클릭한다.

2 슬라이드 쇼 재구성 설정 방법

① [슬라이드 쇼] 탭의 [슬라이드 쇼 시작] 그룹에서 [슬라
이드 쇼 재구성]–[쇼 재구성]을 클릭한다.
② [쇼 재구성] 대화상자에서 [새로 만들기] 단추를 클릭
한다.
③ [쇼 재구성하기] 대화상자에서 '슬라이드 쇼 이름'에
"예술경영"을 입력한다.
④ 슬라이드 '1, 2, 4, 6'를 각각 선택하고 [추가] 단추를
클릭한다.
⑤ [확인] 단추를 클릭한다.
⑥ [쇼 재구성] 대화상자에서 [닫기] 단추를 클릭한다.

모의고사 3-09

1 문서 속성 검사 방법

① [Office] 단추–[준비]–[문서 검사]를 클릭한다.
② 문서 검사의 선택 내용에서 '문서 속성 및 개인 정보'
를 체크한 뒤 [검사] 단추를 클릭한다.
③ 검사 결과에서 모든 항목의 [모두 제거] 단추를 클릭
한다.
④ [닫기] 단추를 클릭한다.

모의고사 3-10

1 CD용 패키지를 만드는 방법

① [Office] 단추–[게시]–[CD용 패키지]를 클릭한다.
② [업데이트]를 안내하는 대화상자가 나오면 [확인]을 클
릭한다.
③ 'CD 이름'에 "경영정보" 텍스트를 입력한다.
④ [폴더로 복사] 단추를 클릭한다.
⑤ [확인] 단추를 클릭한다.
⑥ 패키지 포함을 안내하는 대화상자에서 [예]를 클릭
한다.
⑦ 잉크 주석 메시지가 나오면 [예]를 클릭한다.
⑧ [닫기] 단추를 클릭한다.
* 해당 예제나 시험환경에 따라 6, 7번의 과정은 생략할
수도 있다.

모의고사 3-11

1 도형의 텍스트 회전 방법

① 슬라이드 4의 첫 번째 직사각형 도형을 클릭한다.
② 도형을 마우스 오른쪽 단추로 클릭하여 [도형 서식]을
선택하거나, [그리기 도구]–[서식] 탭의 [도형 스타일]

그룹에서 [도형 서식] 단추를 클릭한다.
③ [도형 서식] 대화상자에서 [텍스트 상자] 탭을 선택한다.
④ '텍스트 방향'을 '모든 텍스트 90도 회전'으로 선택한다.
⑤ [닫기] 단추를 클릭한다.

2 글머리 기호 목록을 번호로 수정하는 방법
① 슬라이드 2의 글머리 기호 목록 상자를 클릭한다.
② [홈] 탭의 [단락] 그룹에서 [번호 매기기] – '1) 2) 3)'을 선택한다.

모의고사 3-12

1 애니메이션 제거 방법
① 슬라이드 4의 직사각형 도형을 클릭한다.
② [애니메이션] 탭의 [애니메이션] 그룹에서 [사용자 지정 애니메이션]을 클릭한다.
③ 작업창에서 '그룹' 개체를 선택하고 [제거] 단추를 클릭한다.

2 프레젠테이션의 예행 연습 방법
① [슬라이드 쇼] 탭의 [설정] 그룹에서 [예행 연습]을 클릭한다.
② [예행 연습] 대화상자에 시간 표시가 되면 2초마다 [다음] 단추를 클릭한다.
③ 슬라이드 시간 사용 여부를 묻는 대화상자가 나오면 [예] 단추를 클릭한다.

모의고사 3-13

1 쇼 설정 방법
① [슬라이드 쇼] 탭의 [설정] 그룹에서 [슬라이드 쇼 설정]을 클릭한다.
② '슬라이드 표시'의 '시작'을 클릭하고 "2", '끝'에 "4"를 입력한다.
③ [확인] 단추를 클릭한다.

2 PowerPoint 97-2003 문서 형식 저장 방법
① [Office] 단추를 클릭하고 [다른 이름으로 저장]– [PowerPonit 97-2003 프레젠테이션]을 클릭한다.
② 저장 위치를 [내 문서]로 지정하고 [저장] 단추를 클릭한다.

모의고사 3-14

1 슬라이드 크기 변경 방법
① [디자인] 탭의 [페이지 설정] 그룹에서 [페이지 설정]을 클릭한다.
② '슬라이드 크기'를 '화면 슬라이드 쇼(16:9)'로 선택한다.
③ [확인] 단추를 클릭한다.

2 슬라이드 레이아웃 변경 방법
① 슬라이드 8을 클릭한다.
② [홈] 탭의 [슬라이드] 그룹에서 [레이아웃]을 클릭한다.
③ '제목만' 슬라이드를 선택한다.

모의고사 3-15

1 슬라이드 마스터에서 업데이트 날짜를 삽입하는 방법
① [보기] 탭의 [프레젠테이션 보기] 그룹에서 [슬라이드 마스터]를 클릭한다.
② [삽입] 탭의 [텍스트] 그룹에서 [날짜 및 시간]을 클릭한다.
④ [머리글/바닥글] 대화상자에서 '날짜 및 시간'에 체크한다.
⑤ '자동으로 업데이트'를 체크한다.
⑥ [모두 적용] 단추를 클릭한다.
⑦ [슬라이드 마스터] 탭의 [마스터 보기 닫기] 단추를 클릭한다.

2 3번 슬라이드부터 슬라이드 쇼 진행 방법
① 슬라이드 3을 클릭한다.
② [슬라이드 쇼] 탭의 [슬라이드 쇼 시작] 그룹에서 [현재 슬라이드부터]를 클릭한다.
③ 마우스를 클릭하여 끝까지 쇼를 진행하고 기본 보기 상태로 돌아온다.

모의고사 3-16

1 텍스트 상자에 서식을 추가하여 삽입하는 방법
① 슬라이드 1을 클릭한다.
② [삽입] 탭의 [텍스트] 그룹에서 [텍스트 상자]–[가로 텍스트 상자]를 클릭한다.
③ 적당한 위치에 드래그한다.
④ 텍스트 상자를 마우스 오른쪽 단추로 클릭하여 [도형 서식]을 선택하거나, [그리기 도구]–[서식] 탭의 [도형 스타일] 그룹에서 [도형 서식] 단추를 클릭한다.
⑤ [채우기]의 '그라데이션 채우기'를 클릭한다.

⑥ '기본 설정 색'을 '새벽'으로 선택한다.
⑦ '방향'은 '선형 아래쪽'을 선택한다.
⑧ [닫기] 단추를 클릭한다.

2 슬라이드에 메모를 삽입하는 방법

① 슬라이드 2를 클릭한다.
② 메모 표시 아이콘을 더블클릭하거나, 아이콘을 선택하고 [검토] 탭의 [메모] 그룹에서 [메모 편집]을 클릭한다.
③ 메모 텍스트의 맨 앞에 "또는"을 입력한다.

모의고사 3-17

1 슬라이드 방향 변경 문제

① [디자인] 탭의 [페이지 설정] 그룹에서 [슬라이드 방향]-[세로]를 클릭한다.

2 슬라이드 마스터를 이용하여 바닥글을 삽입하는 방법

① [보기] 탭의 [프레젠테이션 보기] 그룹에서 [슬라이드 마스터]를 클릭한다.
② [삽입] 탭의 [텍스트] 그룹에서 [머리글/바닥글]을 클릭한다.
③ '바닥글'을 체크하고 "예술경영혁신" 텍스트를 입력한다.
④ '제목 슬라이드에는 표시 안 함'에 체크한 뒤 [모두 적용] 단추를 클릭한다.
⑤ [슬라이드 마스터] 탭의 [마스터보기/닫기]를 클릭한다.

모의고사 3-18

1 조직도 크기 조절 방법

① 슬라이드 6의 조직도를 클릭한다.
② [SmartArt 도구]-[서식] 탭에서 [크기]를 선택한다.
③ 높이는 '13cm', 너비는 '19cm'로 설정한다.

2 조직도 레이아웃 변경 방법

① 슬라이드 6의 조직도을 선택한다.
② 조직도를 더블클릭하거나 [SmartArt 도구]-[디자인] 탭을 클릭한다.
③ [레이아웃] 그룹의 [자세히] 단추를 클릭하여 [기타 레이아웃]을 클릭한다.
④ [계층 구조형] 탭의 '계층 구조형'을 선택한다.
⑤ [확인] 단추를 클릭한다.

모의고사 3-19

1 메모를 숨기는 방법

① 슬라이드 2를 클릭한다.
② [검토] 탭의 [메모] 그룹에서 [메모 및 변경 내용 표시]를 클릭하여 선택을 해제하거나, 메모를 선택한 후 Delete 를 누른다.

2 도형 서식에 대한 방법

① 슬라이드 4의 가운데 도형을 선택한다.
② 도형을 더블클릭하거나 [그리기 도구]-[서식]탭을 클릭한다.
③ [도형 스타일] 그룹에서 [도형 채우기]-[질감]을 클릭하고 '자주 편물'을 선택한다.

모의고사 3-20

1 새 슬라이드 삽입 방법

① 슬라이드 7을 클릭한다.
② [홈] 탭의 [슬라이드] 그룹에서 [새 슬라이드]를 클릭한다.
③ '제목 및 내용' 레이아웃을 선택한다.

2 차트 삽입 방법

① 슬라이드 8에서 레이아웃의 [차트 삽입] 아이콘을 클릭한다.
② [세로 막대형]-[묶은 세로 막대형]을 클릭한다.
③ [확인] 단추를 클릭한 후 데이터 편집 창을 닫는다.

PART II

Excel 2007

chapter 01

데이터 입력 및 편집

엑셀 화면 다루기

워밍업

◎ **출제 포인트 :** 엑셀 화면의 확대/축소 배율을 변경하거나 화면 구성 요소를 보이거나 보이지 않게 설정하는 방법

화면 확대/축소

01 엑셀을 실행하면 [기본 보기] 상태의 워크시트가 열린다. 화면을 가장 쉽게 확대/축소하는 방법은 오른쪽 하단에 있는 [확대/축소] 도구를 사용하는 것이다. [확대/축소] 도구의 줌 슬라이더가 있는 원래 위치를 기준으로 오른쪽은 확대, 왼쪽은 축소이다.

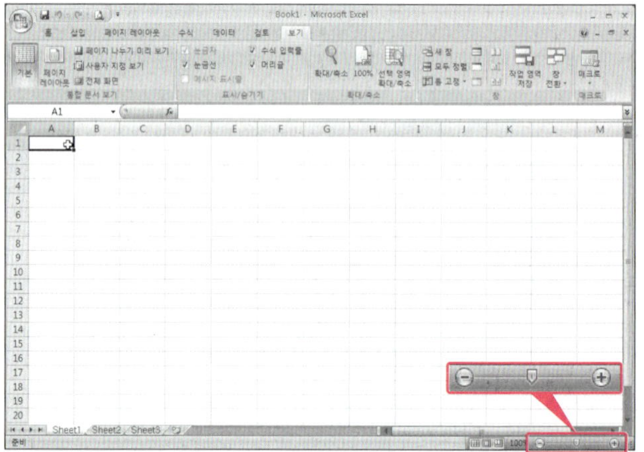

02 확대/축소 배율을 직접 지정하려면 [보기] 탭의 [확대/축소] 그룹에서 [확대/축소]를 선택한다. 대화상자가 열리면 원하는 배율을 선택하거나 '사용자 지정' 오른쪽 빈칸에 입력한 후 [확인] 단추를 클릭한다.

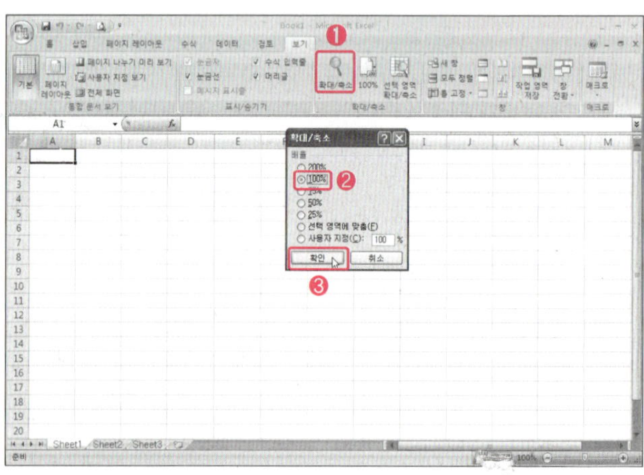

:: 표시/숨기기

01 화면 구성 요소들을 표시하거나 표시하지 않도록 설정하려면 [보기] 탭의 [표시/숨기기] 그룹에서 '수식 입력줄', '눈금선', '머리글' 등의 항목을 체크하거나 체크 해제하면 된다. 다음은 각 항목의 체크를 해제한 화면이다.

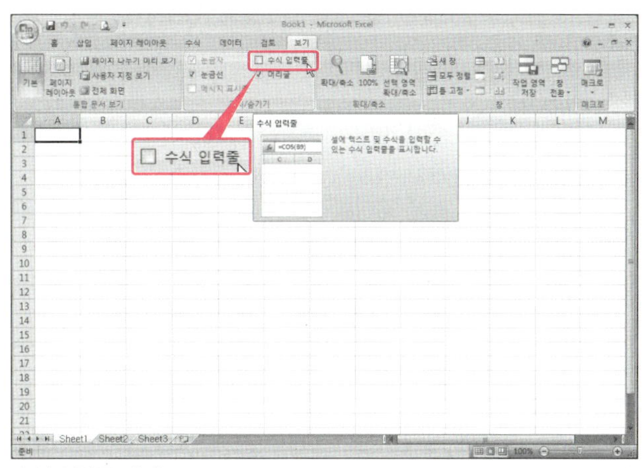

수식 입력줄 해제

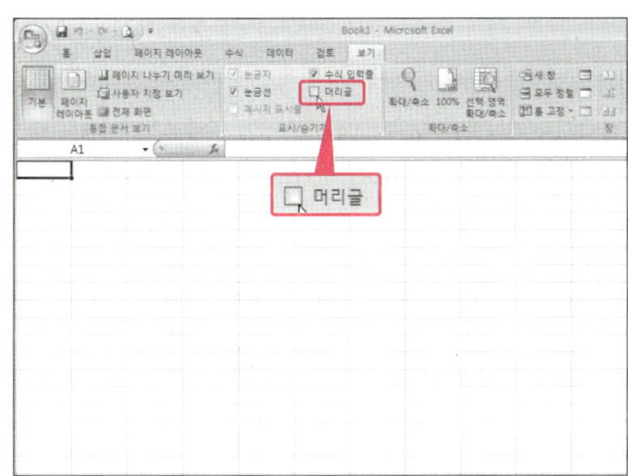

머리글 해제

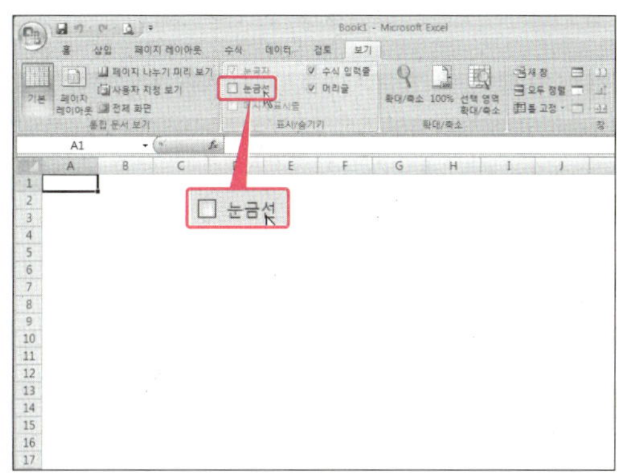

눈금선 해제

확인학습

◎ 준비 파일 : Chapter01/확인학습01-1
◎ 완성 파일 : Chapter01/완성 파일/확인학습완성01-1

❶ 워크시트의 보기 배율을 '120%'로 변경하시오.

❷ 워크시트의 눈금선이 보이지 않도록 설정하시오.

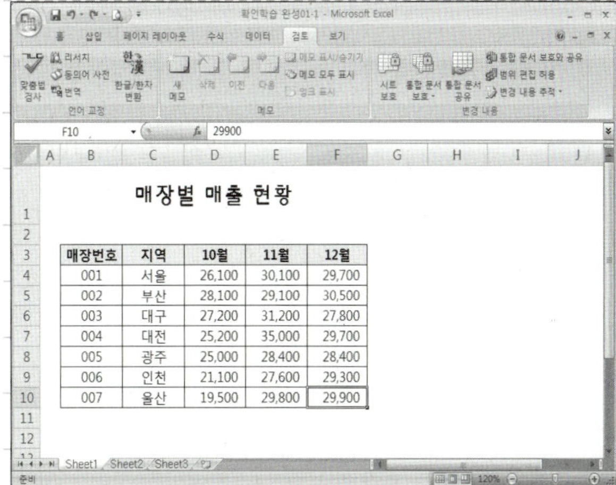

매장별 매출 현황

매장번호	지역	10월	11월	12월
001	서울	26,100	30,100	29,700
002	부산	28,100	29,100	30,500
003	대구	27,200	31,200	27,800
004	대전	25,200	35,000	29,700
005	광주	25,000	28,400	28,400
006	인천	21,100	27,600	29,300
007	울산	19,500	29,800	29,900

데이터 입력 및 자동 채우기

워밍업

◎ **준비 파일 :** Chapter01/본문예제01-2
◎ **완성 파일 :** Chapter01/완성파일/본문완성01-2
◎ **출제 포인트 :** 자동 채우기 기능으로 데이터를 입력하는 방법

다양한 형태의 데이터 입력하기

엑셀의 데이터는 문자 데이터와 숫자 데이터로 나누어진다. 문자 데이터는 셀에 왼쪽 정렬되고, 숫자 데이터는 오른쪽 정렬된다. 숫자와 문자가 조합된 데이터를 입력하면 문자로 취급하여 왼쪽 정렬된다.

01 엑셀 시트에 숫자 데이터, 문자 데이터, 숫자와 문자가 조합된 데이터를 입력해 본다.

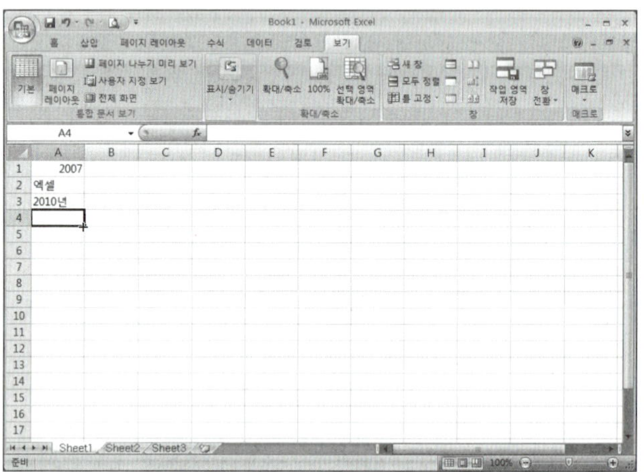

02 기호는 [삽입] 탭의 [텍스트] 그룹에서 [기호]를 클릭하여 입력한다.

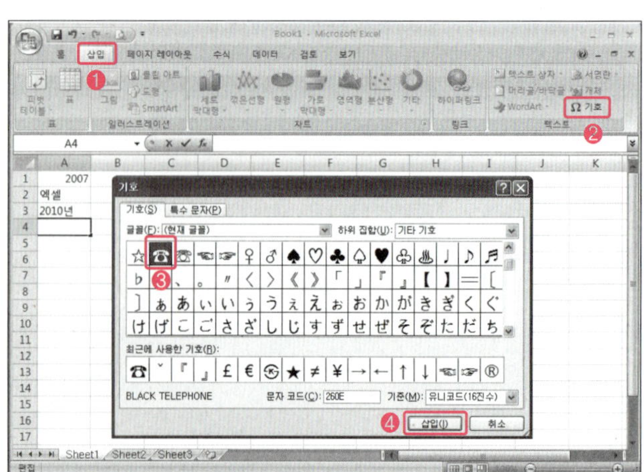

---

t i p

☎ 기호를 입력하는 다른 방법

한글 자음 "ㅁ"과 키보드의 [한자] 를 이용해 입력할 수도 있다.

03 입력된 텍스트를 한자로 변환할 때는 [검토] 탭의 [언어 교정] 그룹에서 [한글/한자 변환]을 클릭한다.

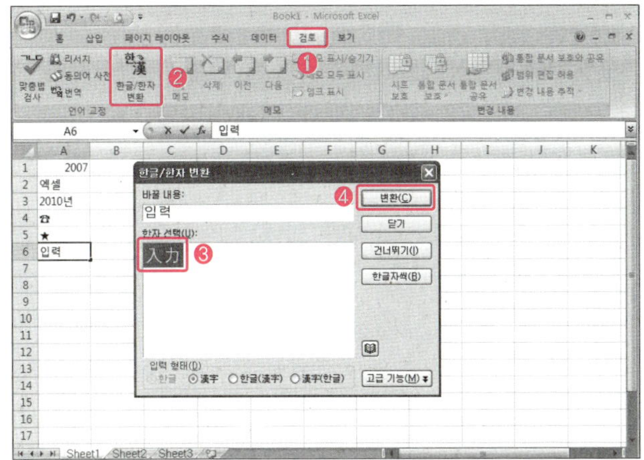

---

tip

한자를 입력하는 다른 방법
입력된 텍스트를 한자로 변환할 때는 키보드의 [한자]를 눌러도 된다.

∷ 데이터 수정과 삭제하기

데이터가 입력된 셀에 다시 데이터를 입력하면 이전 데이터는 지워지고 새로 입력한 데이터만 남는다. 엑셀 데이터의 수정은 다른 프로그램과는 방법이 조금 상이하므로 잘 익혀두도록 한다.

01 수정하고자 하는 셀을 선택하고 더블클릭하면 해당 셀이 텍스트 편집 상태가 된다.

---

tip

이렇게 해도 됩니다.
셀 선택 후 수식 입력 줄을 클릭하거나 [F2]를 눌러도 된다.

02 삭제하고자 하는 셀을 선택한 후 마우스 오른쪽 단추를 눌러 [내용 지우기]를 클릭하거나 키보드의 를 눌러 삭제한다.

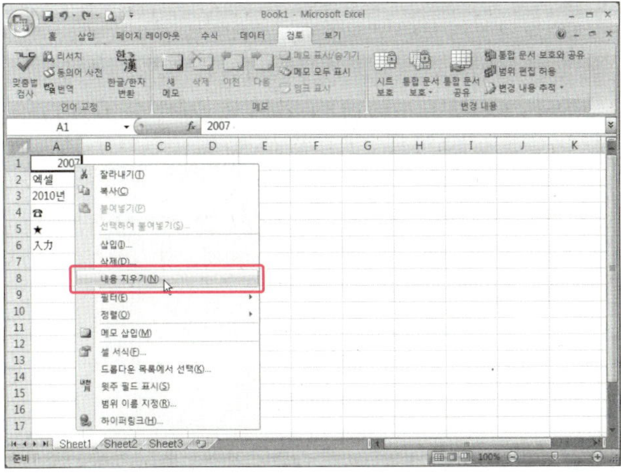

:: 자동 채우기로 데이터 입력하기

채우기 핸들에 마우스 포인터를 가져가면 십자 모양으로 변경되는데 이 때 드래그하여 데이터를 입력하는 방법을 자동 채우기라고 한다.

01 셀에 숫자나 문자를 입력한 후 자동 채우기를 실행하면 데이터가 복사된다.

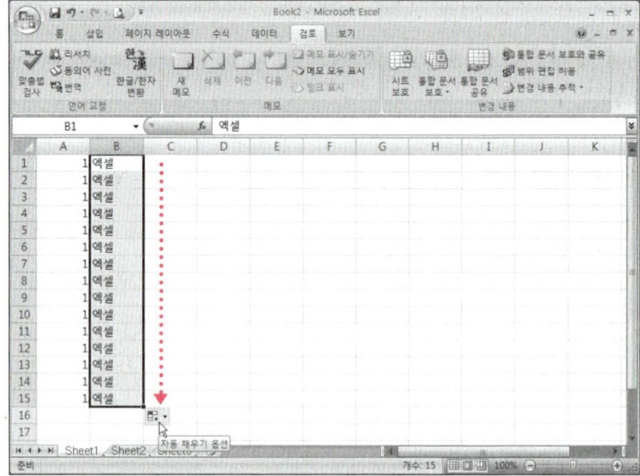

tip
채우기 핸들
셀을 선택하면 셀의 가장자리가 진하게 표시된다. 이때 셀의 오른쪽 아래 모서리에 표시되는 작은 사각점을 채우기 핸들이라고 한다.

02 숫자를 입력한 후 채우기 핸들을 마우스 오른쪽 단추로 드래그하면 단축 메뉴가 표시되는데 [연속 데이터 채우기]를 선택하면 연속 데이터를 입력할 수 있다.

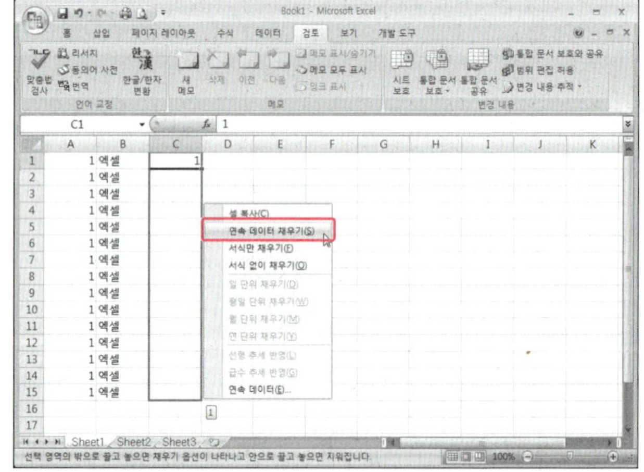

tip
이렇게 해도 됩니다.
Ctrl 을 누른 상태로 자동 채우기를 하거나, 자동 채우기했을 때 표시되는 [자동 채우기 옵션] 단추를 클릭하여 [연속 데이터 채우기]를 선택해도 연속 데이터가 채워진다.

03 일반적으로 쓰이는 문자 데이터나, 숫자와 문자가 조합된 데이터의 경우에는 Ctrl 을 사용하지 않고 자동 채우기만으로도 연속 데이터 입력이 가능하다.

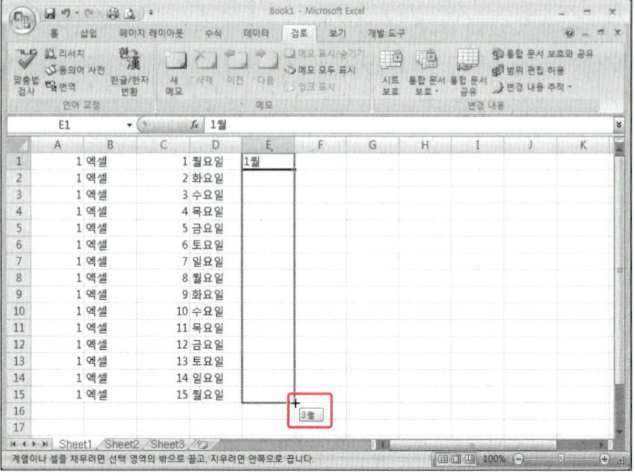

tip
채우기 핸들 더블클릭
많은 행의 데이터를 자동 채우기할 때에는 채우기 핸들을 더블클릭하면 왼쪽이나 오른쪽의 데이터가 채워진 행까지 자동으로 채우기가 실행된다.

∷ 수식 복사하기

엑셀에서의 수식은 "="를 입력한 후 직접 입력하거나 자동 합계(∑)나 함수 마법사(f_x) 단추를 이용하여 입력 가능하다. 이렇게 입력한 셀을 드래그하여 자동 채우기하면 셀 값이 아닌 수식이 기본적으로 복사된다.

01 'Chapter01/본문예제01-2' 파일을 열고 수식이 입력된 [G3] 셀을 클릭한다.

02 채우기 핸들로 수식을 입력하고자 하는 셀 방향으로 드래그하면 수식이 복사되어 결과값이 표시된다.

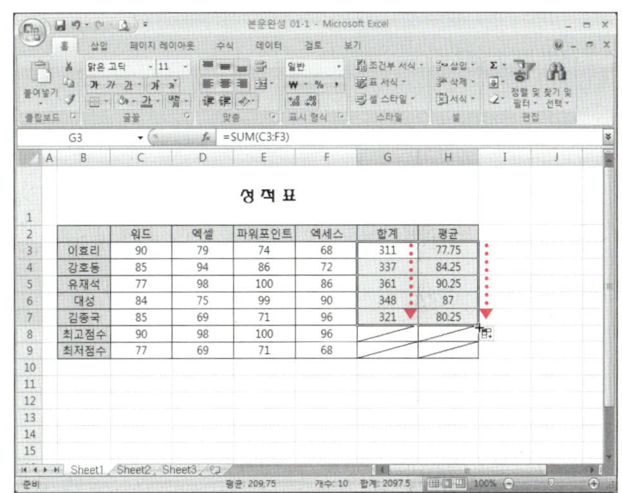

◎ 준비 파일 : Chapter01/확인학습01-2
◎ 완성 파일 : Chapter01/완성 파일/확인학습완성01-2

❶ [D3]의 값을 이용하여 [E3:F3] 셀에 연속 데이터 채우기하시오.

❷ [B4]의 값을 이용하여 [B5:B10] 셀에 1씩 증가되도록 데이터를 채우시오.

❸ [G5:H10], [E11:F12] 영역에 수식을 복사하여 표를 완성하시오.

셀 복사/서식 복사

데이터가 입력된 셀을 다른 위치로 복사하거나 내용은 유지한 채 서식만 다른 셀로 복사하면 작업 속도를 높일 수 있다.

워밍업

◎ **준비 파일** : Chapter01/본문예제01-3
◎ **완성 파일** : Chapter01/완성파일/본문완성01-3
◎ **출제 포인트** : 상황에 맞게 데이터를 이동/복사하는 방법

셀 복사하기

복사하고자 하는 셀을 선택한 후 원하는 위치로 붙여넣기하여 내용을 복사한다.

01 [1사분기] 시트의 [B2] 셀을 선택한 상태로 [홈] 탭의 [클립보드] 그룹에서 [복사]를 클릭한다.

tip

이렇게 해도 됩니다.
마우스 오른쪽 단추를 누르면 나오는 바로가기 메뉴에서 [복사]를 클릭하거나 단축키 Ctrl + C 를 사용할 수도 있다.

02 [2사분기] 시트의 [B2] 셀을 선택하고 [홈] 탭의 [클립보드] 그룹에서 [붙여넣기]를 클릭한다.

tip

이렇게 해도 됩니다.
복사하고자 하는 데이터가 있는 셀 또는 셀 범위를 선택한 상태로 테두리에 마우스 포인터를 가져가면 마우스 커서 모양이 이동(↔‡)으로 변경되는데 이 때 Ctrl 을 누른 상태로 옮기고자 하는 위치로 드래그하면 데이터가 복사된다.

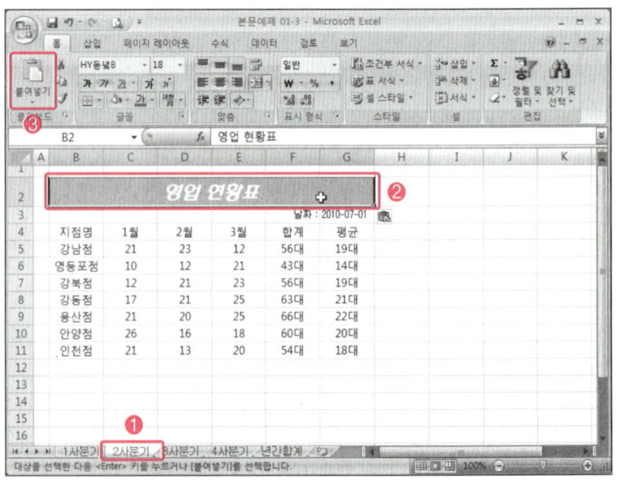

서식 복사하기

셀의 내용은 그대로 유지한 채 서식만 복사하고자 할 때 서식 복사를 사용한다.

01 [1사분기] 시트의 [B4:G11] 영역을 선택한 상태로 [홈] 탭의 [클립보드] 그룹에서 [서식 복사]를 클릭하면 마우스 커서의 모양이 변경된다.

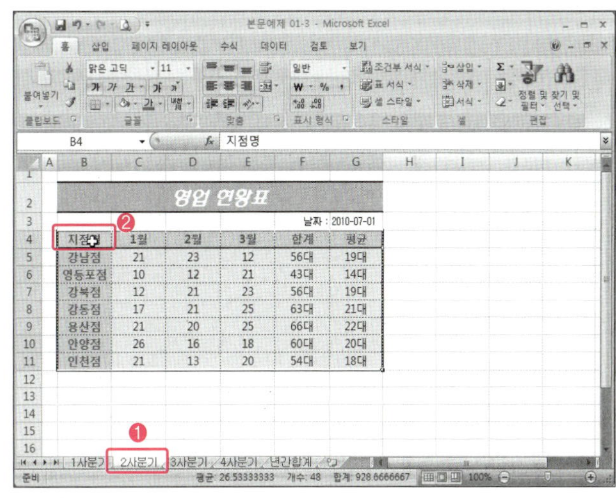

tip

서식 복사 여러 번 하기

서식 복사를 연속해서 여러 번 하는 경우엔 [서식 복사] 단추를 더블클릭하면 Esc 를 누르기 전까지 서식 복사 기능이 활성화된다.

02 [2사분기] 시트의 [B4] 셀을 클릭하여 서식을 붙여넣기한다.

tip

이렇게 해도 됩니다.

복사하기를 한 후 붙여넣기 옵션에서 [서식만]을 선택해도 값은 그대로 두고 서식만 복사할 수 있다.

알아두기 | **붙여넣기 옵션 메뉴**

- **원본 서식 유지** : 원본의 서식을 그대로 유지한 채 데이터가 복사된다.
- **대상 테마 사용** : 현재 붙여넣기 위치에 설정된 테마로 변경된다.
- **주변 서식에 맞추기** : 원본 서식은 없어지고 내용만 그대로 유지되어 붙여넣기한 대상 셀의 서식이 적용된다.
- **값만** : 수식 셀을 복사한 경우 수식이 값으로 대체되고 대상 셀의 서식이 적용된다.
- **값 및 숫자 서식** : 수식과 숫자 서식이 포함된 데이터를 복사한 경우 수식이 값으로 대체되고 원본 셀의 서식도 적용된다.
- **원본 열 너비 유지** : 셀을 복사하면 열 너비는 복사 대상에서 제외되며, 이 옵션을 선택하면 대상 셀의 열 너비로 맞춰진다.
- **서식만** : 원본 셀의 서식만 적용된다.
- **셀 연결** : 원본 셀이 변경되면 붙여넣기한 셀의 내용도 자동으로 변경된다.

∴ 선택하여 붙여넣기

붙여넣기 옵션을 이용하여 다양한 옵션을 설정할 수 있으나, 선택하여 붙여넣기를 이용하면 더 많은 옵션을 선택하여 복사할 수 있다.

01 [1사분기] 시트의 [F5:F11] 영역을 선택한 상태로 [홈] 탭의 [클립보드] 그룹에서 [복사]를 클릭한다.

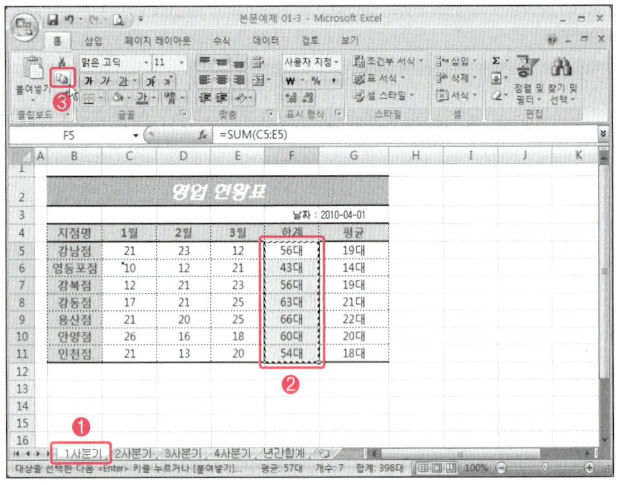

02 [연간합계] 시트의 [C5:C11] 셀을 선택한 상태로 [붙여넣기]–[선택하여 붙여넣기]를 클릭한다.

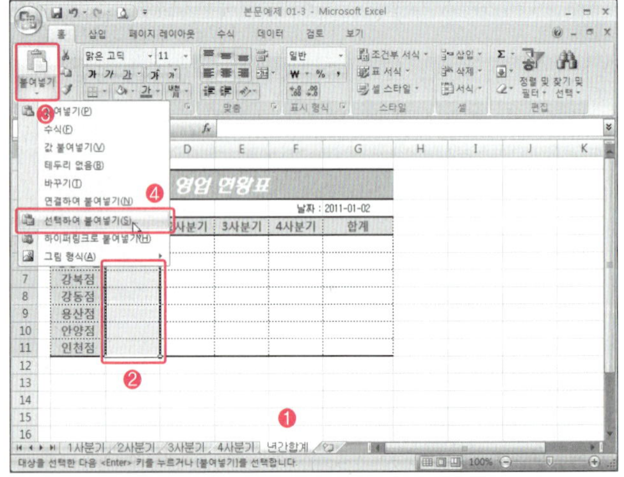

03 [선택하여 붙여넣기] 대화상자에서 '값'을 선택한 후 [확인]을 클릭하면 수식을 제외한 값만 붙여넣기된다.

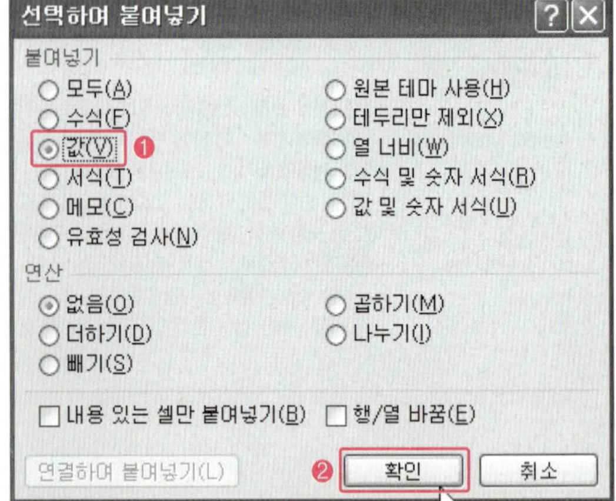

144

04 다른 시트의 합계값도 복사하여 [연간합계] 시트의 빈 셀에 붙여넣어 완성한다.

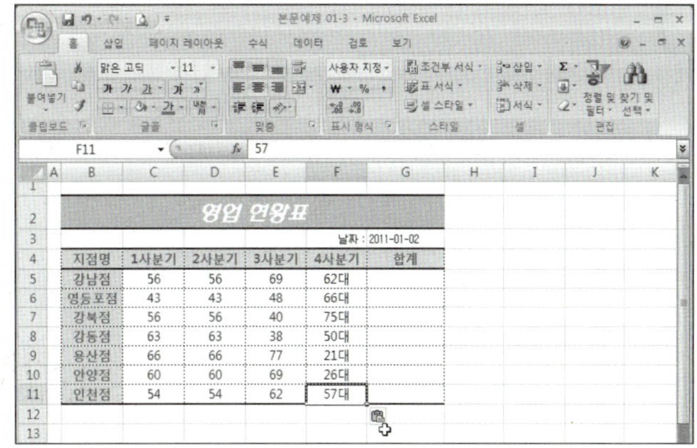

tip

주의하세요.

[선택하여 붙여넣기] 옵션은 복사 명령 후에 사용 가능하다.

[선택하여 붙여넣기] 대화상자

- **모두** : 내용과 서식이 모두 복사된다.
- **수식** : 셀 내용만 복사되고 서식은 복사되지 않으며 수식이 적용된 경우에는 수식이 복사된다.
- **값** : 복사된 내용에서 수식은 제거되고 값만 복사된다.
- **서식** : 서식만 복사된다.
- **메모** : 셀에 삽입되어 있는 메모만 복사된다.
- **유효성 검사** : 셀에 설정되어 있는 유효성 검사 규칙이 복사된다.
- **원본 테마 사용** : 원본 테마가 유지되어 복사된다.
- **테두리만 제외** : 셀 테두리를 제외한 내용과 나머지 서식이 모두 복사된다.
- **열 너비** : 열 너비가 복사된다.

- **수식 및 숫자 서식** : 복사 내용이 수식이면 수식과 함께 숫자 서식까지 복사된다.
- **값 및 숫자 서식** : 값과 함께 숫자 서식만 복사된다.
- **연산** : 복사한 데이터와 붙여 넣을 셀의 데이터의 값이 연산되어 값이 복사된다.
- **내용이 있는 셀만 붙여넣기** : 복사한 데이터 범위의 내용이 있는 셀만 내용과 서식이 복사되고 빈 셀은 그대로 유지된다.
- **행/열 바꿈** : 행과 열을 바꿔서 복사한다.
- **연결하여 붙여넣기** : 원본 셀이 변경되면 붙여넣기한 셀의 내용도 자동으로 변경된다.

확인학습

◎ 준비 파일 : Chapter01/확인학습01-3
◎ 완성 파일 : Chapter01/완성파일/확인학습완성01-3

❶ [B2] 셀의 데이터를 [B1:H1] 셀로 이동하시오.

❷ [B4:B13] 영역에 [B3] 셀의 서식을 복사하여 적용하시오.

유효성 검사

데이터를 입력하다 보면 적합하지 않은 데이터를 입력하는 경우가 종종 있다. 이럴 때 유효성 검사 기능을 이용하면 셀에 입력 가능한 데이터의 종류와 값의 범위를 지정하여 데이터가 잘못 입력되는 경우 입력을 제한하거나 경고 창을 띄워 데이터 입력 오류를 미리 방지할 수 있다.

워밍업

◎ **준비 파일** : Chapter01/본문예제01-4
◎ **완성 파일** : Chapter01/완성파일/본문완성01-4
◎ **출제 포인트** : 데이터의 입력 조건을 제한하는 방법을 묻는 문제

데이터 입력 규칙 설정하기

01 [B5:B24] 영역을 선택한 후 [데이터] 탭의 [데이터 도구] 그룹에서 [데이터 유효성 검사]를 선택한다.

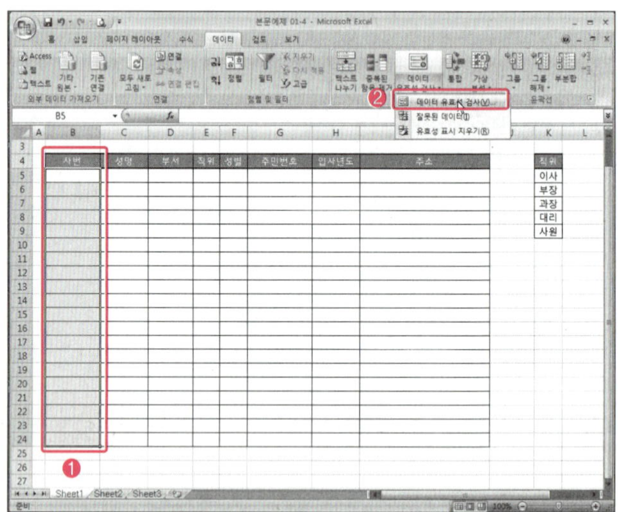

02 [데이터 유효성] 대화상자의 [설정] 탭에서 제한 대상을 '텍스트 길이'로 선택하고 제한 방법을 '='로, 길이는 '5'로 설정한 후 [확인] 단추를 클릭한다.

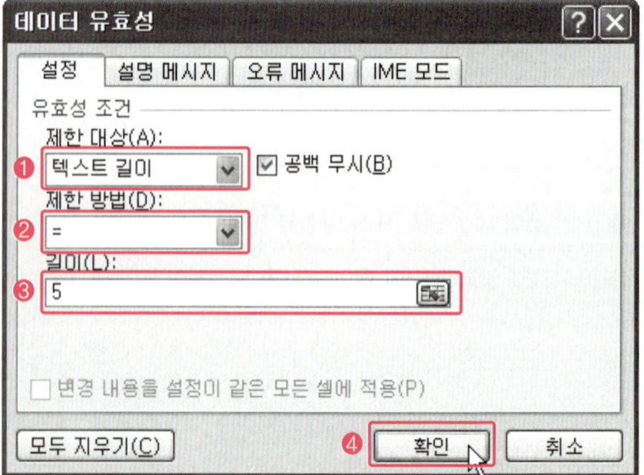

tip

텍스트 길이로 제한

텍스트 길이로 제한하면 제한된 글자 수만큼만 입력이 가능해진다.

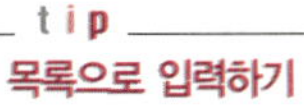 **03**　[E5:E24] 영역을 선택한 후 [데이터 유효성 검사]를 선택하여 [데이터 유효성] 대화상자가 나타나면 [설정] 탭에서 제한 대상을 '목록'으로 설정하고, 원본은 [K5:K9] 영역을 드래그하여 설정한다.

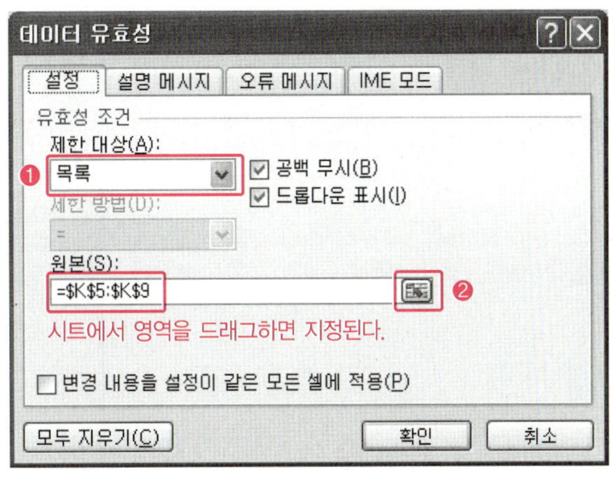

목록으로 입력 데이터를 제한하면 해당 셀을 선택했을 때 목록 단추가 생성되어 선택할 수 있게 된다.

04　[설명 메시지] 탭을 선택하고 제목에 "직위를 선택", 설명 메시지에는 "목록에서 직위를 선택하세요."를 입력한다.

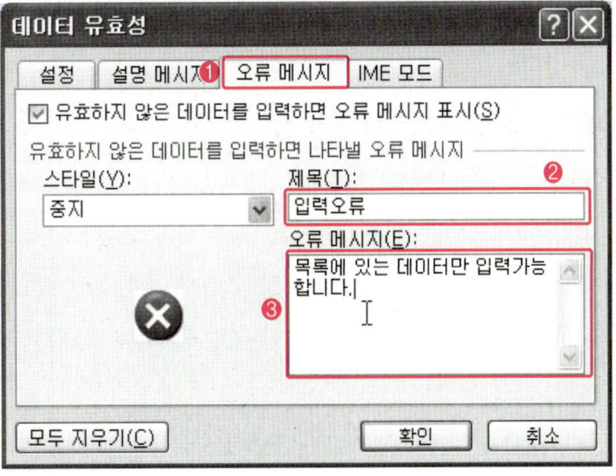

05　[오류 메시지] 탭을 선택하고 제목에 '입력 오류', 오류 메시지에는 "목록에 있는 데이터만 입력가능합니다."를 입력한 후 [확인] 단추를 클릭한다.

 이제 [E5:E24] 영역 중 한 셀을 선택하면 설명 메시지와 목록 단추가 표시된다.

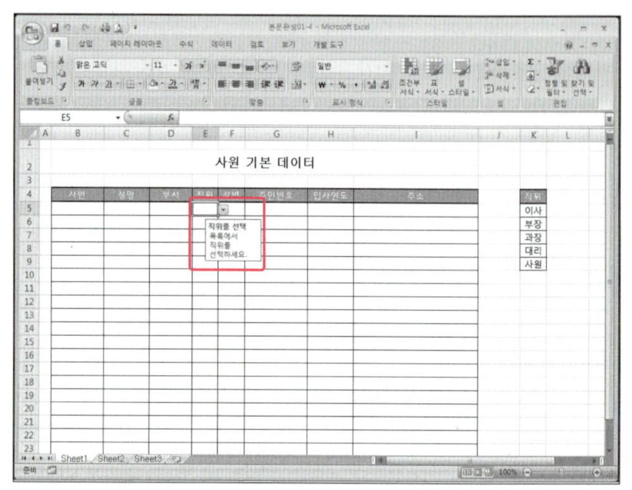

 해당 셀에 잘못된 데이터를 입력하면 오류 메시지가 표시된다. 다시 입력하거나 입력을 취소할 수 있다.

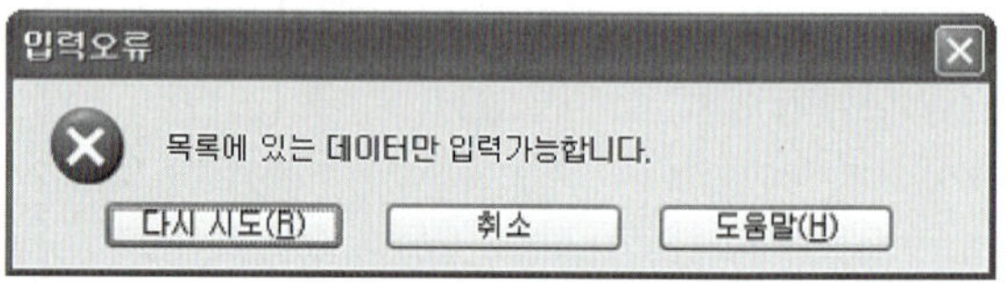

확인학습

◎ 준비 파일 : Chapter01/확인학습01-4
◎ 완성 파일 : Chapter01/완성파일/확인학습완성01-4

❶ 셀에 3글자 길이의 텍스트만 입력이 허용되도록 제한하고 잘못된 데이터를 입력하면 '입력오류입니다. 다시 입력하세요.' 라는 오류 메시지가 나타나도록 설정하시오.

❷ [E3] 셀을 '남', '여'만 입력 가능하도록 목록으로 제한하시오.

중복 데이터 제거

Word 프로그램을 실행하면 빈 새 문서가 열리지만 작업 중에 빈 새 문서를 준비하여 새로운 문서를 열고 새 작업을 할 수 있다.

워밍업

◎ **준비 파일** : Chapter01/본문예제01-5
◎ **완성 파일** : Chapter01/완성파일/본문완성01-5
◎ **출제 포인트** : 중복된 행을 쉽게 찾아 삭제하는 방법

⠿ 중복 데이터 제거

01 데이터가 입력된 임의의 셀을 클릭하고 [데이터] 탭의 [데이터 도구] 그룹에서 [중복된 항목 제거]를 클릭한다.

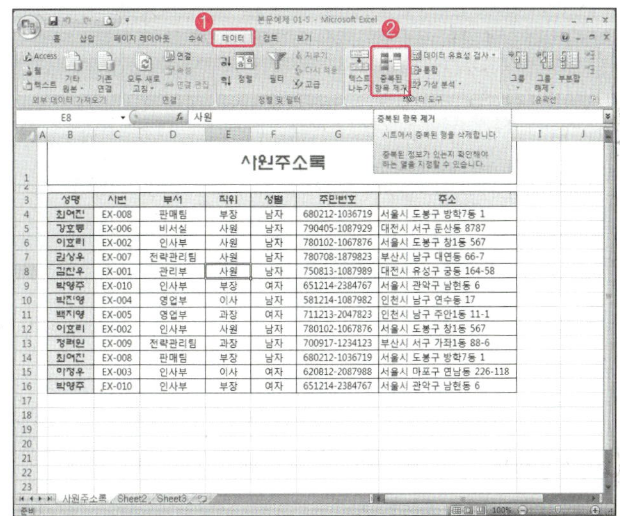

02 [중복된 항목 제거] 대화상자에서 [모두 선택 취소] 단추를 클릭한다.

03 모든 열 선택이 해제되면 '성명' 과 '사번'만 체크한 후 [확인] 단추를 클릭한다.

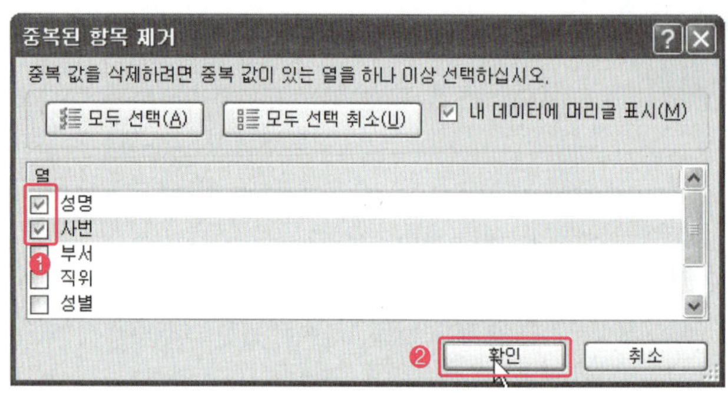

---

tip

중복 데이터 삭제

중복된 데이터가 포함된 행을 찾아 두 번째 이후의 행을 삭제하는 기능이다.

04 성명과 사번이 모두 중복된 값의 개수를 확인한 후 [확인] 단추를 클릭하면 중복된 항목이 제거된 결과값만 표시된다.

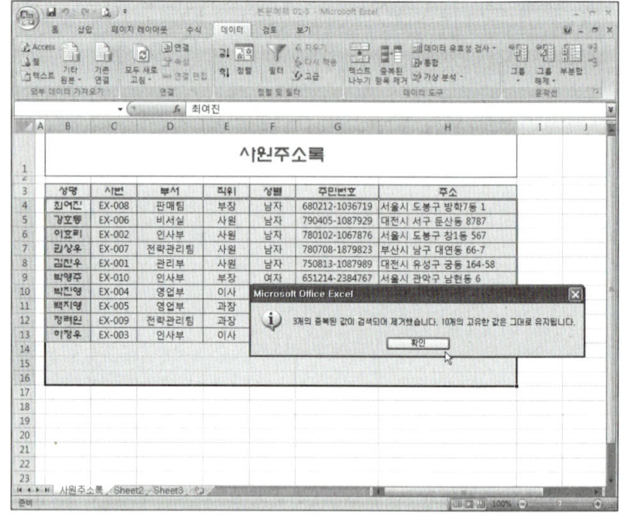

확인학습

◎ 준비 파일 : Chapter01/확인학습01-5
◎ 완성 파일 : Chapter01/완성파일/확인학습완성01-5

❶ 데이터 범위 [B2:F13]에서 영화명을 기준으로 중복된 데이터를 모두 제거하시오.

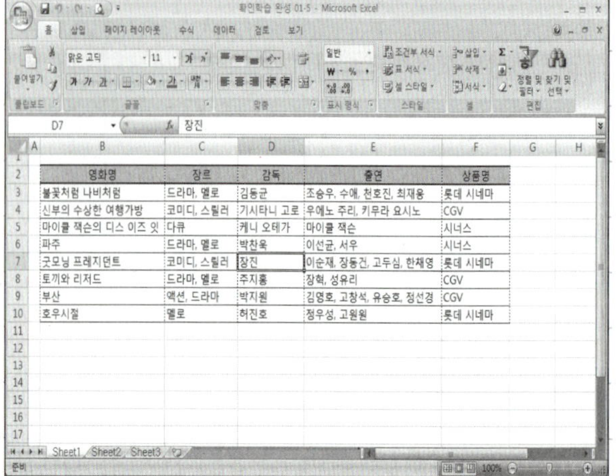

워크시트 관리

워밍업

◎ **준비 파일** : Chapter01/본문예제01-06
◎ **완성 파일** : Chapter01/완성파일/본문완성01-06-01, 본문완성01-06-02
◎ **출제 포인트** : 워크시트를 관리하고 이동 복사하는 방법

▓ 시트 삽입/삭제

워크시트에 삽입된 일부 데이터가 아닌 시트 전체를 삽입하거나 삭제할 수 있다.

01 시트 탭 오른쪽에 있는 [워크시트 삽입] 단추를 클릭하면 [Sheet1] 워크시트가 삽입된다.

> **t i p**
> **2003 vs 2007**
> 2003 버전에서는 마우스 오른쪽 단추를 눌러 바로가기 메뉴로 사용했지만, 2007 버전에는 [워크시트 삽입] 단추가 추가되어 시트 삽입이 간편해졌다.

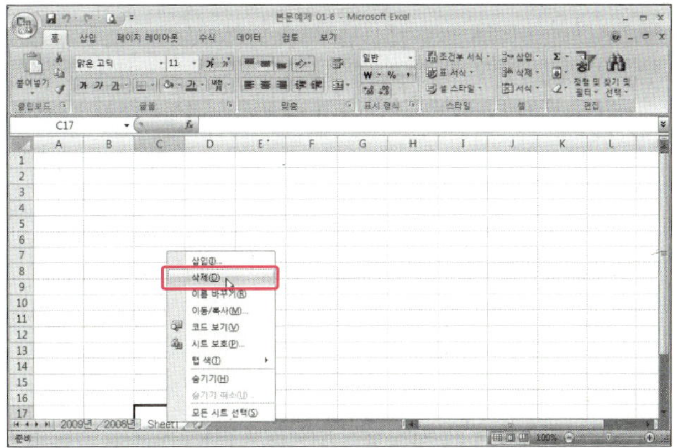

02 삽입된 [Sheet1] 워크시트를 마우스 오른쪽 단추로 눌러 [삭제]를 클릭하면 해당 시트가 삭제된다.

워크시트 이동/복사/이름 바꾸기

01 [2008년] 시트를 드래그하여 [2009년] 시트 왼쪽으로 옮기면 시트가 이동된다.

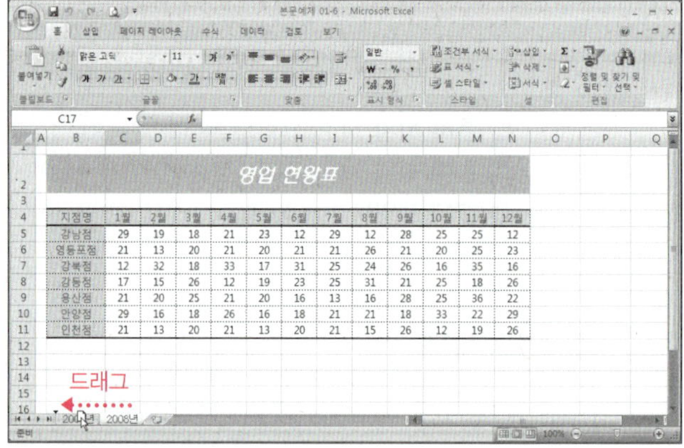

tip

이렇게 해도 됩니다.
시트명을 마우스 오른쪽 단추로 눌렀을 때 나오는 [이동/복사]를 눌러 원하는 위치를 설정해서 이동해도 된다.

02 [2009년] 시트를 선택하고 `Ctrl` 을 누른 채로 오른쪽으로 드래그하면 [2009년] 시트 오른쪽에 사본이 복제된다.

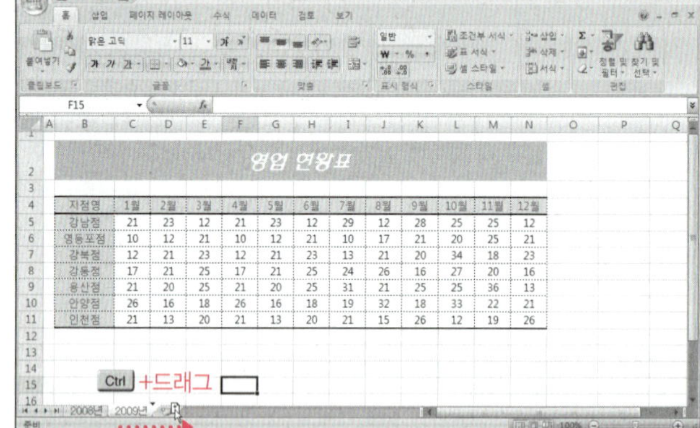

tip

이렇게 해도 됩니다.
시트명을 마우스 오른쪽 단추로 눌렀을 때 나오는 [이동/복사]를 눌러 '복사본 만들기'를 체크한 후 원하는 위치를 설정해서 복사해도 된다.

03 [2009년 (2)] 시트 탭을 더블 클릭하고 "2010년"을 입력하면 시트명이 변경된다.

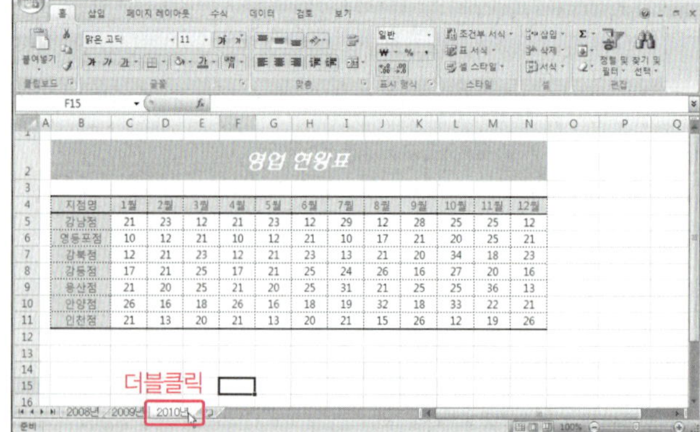

tip

이렇게 해도 됩니다.
더블클릭하는 대신 바로가기 메뉴의 [이름 바꾸기]를 사용해도 된다.

06

:: 워크시트를 다른 파일로 이동/복사

01 [2010년] 시트 탭을 마우스 오른쪽 단추로 눌러 [이동/복사]를 선택한 후 대상 통합 문서를 '새 통합 문서'로 하여 [확인] 단추를 클릭한다.

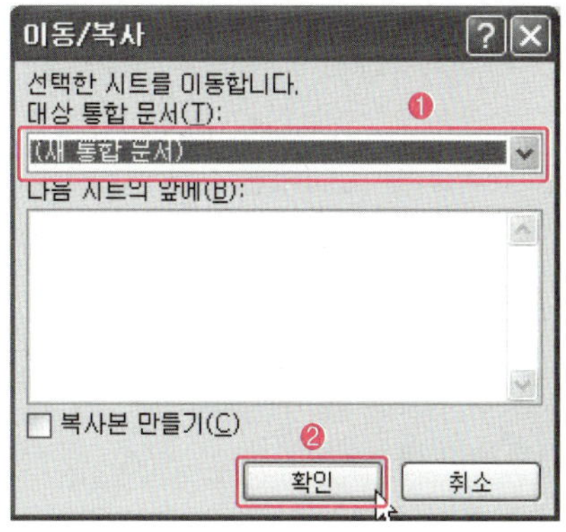

tip

[이동/복사] 대화상자

- 대상 통합 문서 : 현재 열려있는 문서 목록이 표시된다. 이미 작성되어 있는 다른 파일로 워크시트를 이동 및 복사하려면 해당 통합 문서를 열어 놓고 이동/복사 기능을 사용한다.
- 다음 시트의 앞에 : 문서의 워크시트 목록이 나타나 이동 및 복사할 위치를 선택할 수 있다. '끝으로 이동'을 선택하면 마지막 위치로 이동 및 복사할 수 있다.
- 복사본 만들기 : 체크하면 시트가 복사되고 체크하지 않으면 이동된다.

02 [2010년] 시트가 원본 문서에서 제거되고 새로운 통합 문서로 이동되어 열린다.

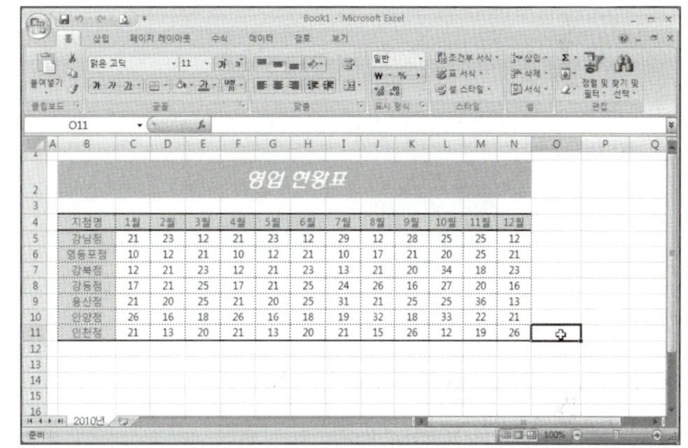

· 탭 색

시트의 탭 색을 다양하게 지정할 수 있다. 탭 색을 지정해 두면 워크시트를 열지 않아도 색상별로 구별되어 편리하다.

01 [2009년] 시트 탭을 마우스 오른쪽 단추로 클릭하여 [탭 색]을 클릭하고 '바다색, 강조 5, 25% 더 어둡게'를 선택한다.

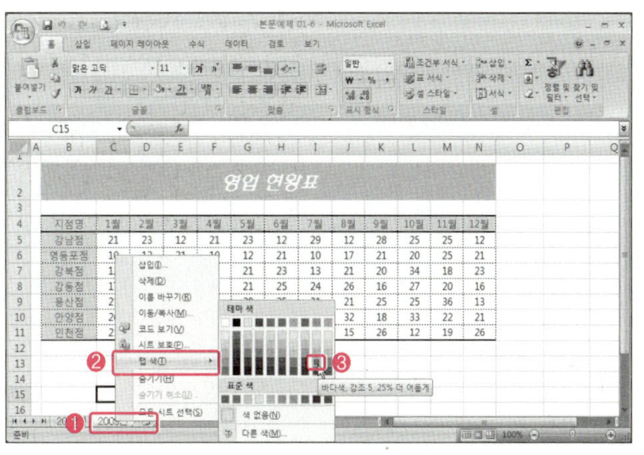

tip

주의합시다.

색상을 지정하는 문제에서는 색상 명을 정확하게 설정해야 한다. 반드시 마우스 포인터를 대고 있을 때 나타나는 스크린 팁으로 확인한 후 지정하도록 한다.

02 탭 색은 다른 탭을 선택했을 때 더 뚜렷하게 표시된다.

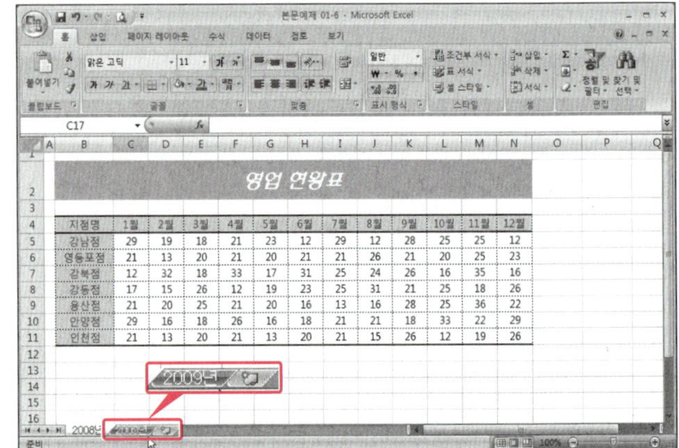

t i p

이렇게 해도 됩니다.

[홈] 탭의 [셀] 그룹에서 [서식]-[탭 색]을 클릭하여 색상을 선택할 수도 있다. 시트의 탭 색을 제거할 때는 [색 없음]을 선택하고, 다양한 탭 색을 선택하려면 [다른 색]을 선택하여 [색] 대화상자를 실행한다.

확인학습

◎ 준비 파일 : Chapter01/확인학습01-6
◎ 완성 파일 : Chapter01/완성파일/확인학습완성01-6

❶ [결산] 워크시트를 [대리점 목록]이라는 열려 있는 통합 문서의 맨 마지막으로 이동하시오.

❷ '대리점 목록' 통합 문서의 [Sheet2], [Sheet3]을 삭제하고 [결산] 워크시트를 맨 앞으로 이동시키시오.

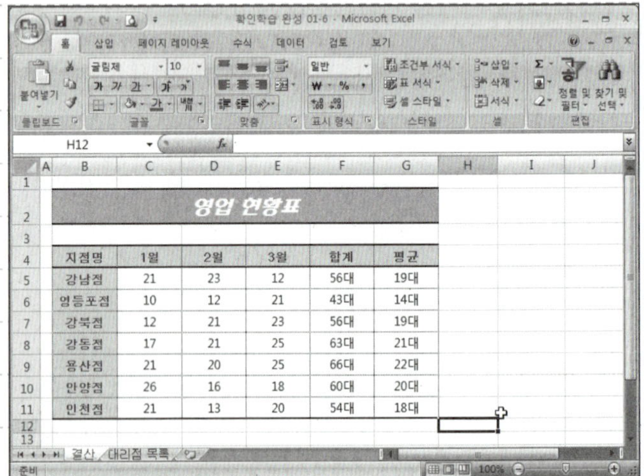

chapter 02

서식 및 스타일 지정

테마

워밍업

◎ **준비 파일 :** Chapter02/본문예제02-1
◎ **완성 파일 :** Chapter02/완성파일/본문완성02-1
◎ **출제 포인트 :** 테마를 적용하는 방법

⁘ 테마 지정하기

테마란 색, 글꼴, 그래픽을 사용하여 문서 모양을 통합적으로 설정할 수 있게끔 마이크로 오피스에서 제공하는 디자인 요소이다. 테마를 적용하면 문서 전체의 서식을 빠르고 일관성있게 적용할 수 있다.

01 임의의 셀을 선택하고 [페이지 레이아웃] 탭의 [테마] 그룹에서 [테마]를 클릭하고 '모듈' 테마를 선택하면 색상과 글꼴 등의 서식이 한꺼번에 적용된다.

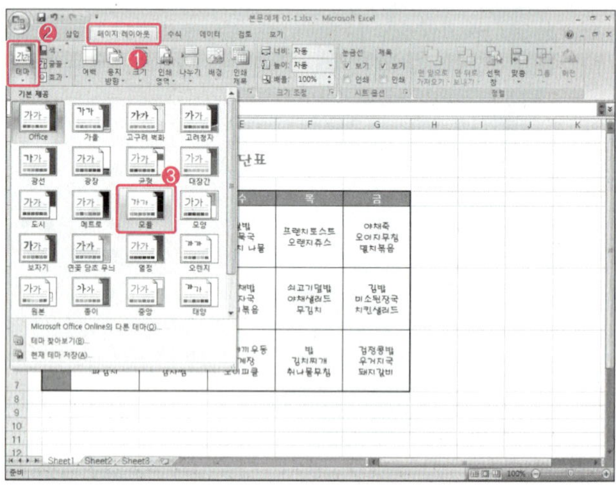

tip

기본 테마
워크시트의 기본 테마로 돌아가려면 테마 목록의 'Office' 테마를 선택한다.

테마 적용 미리보기

테마를 선택하여 클릭하기 전에 마우스 포인터를 특정 테마로 가져가면 적용 결과가 워크시트에 나타나므로 적용된 결과를 미리 확인한 후 마음에 드는 테마를 선택할 수 있어 좋다.

02 [색]에서 '고려청자'를 선택하면 식단표의 색상 서식만 변경된다.

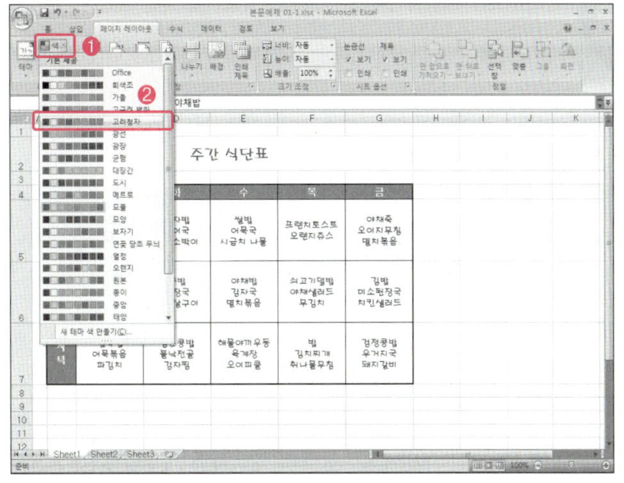

03 [글꼴]에서 '가을'을 선택하면 식단표의 글꼴 서식만 변경된다.

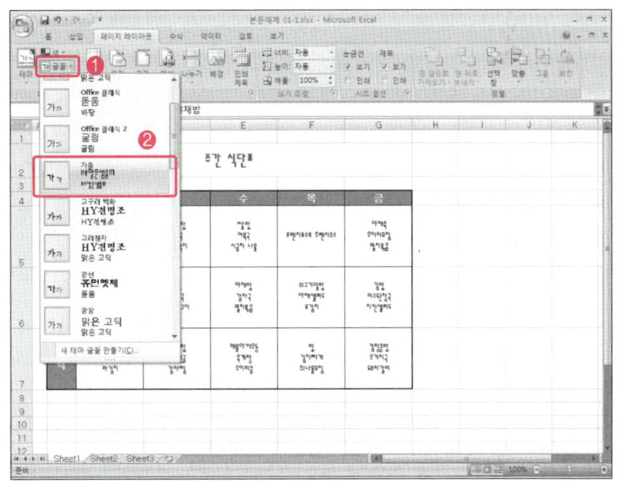

확인학습

◎ 준비 파일 : Chapter02/확인학습02-1
◎ 완성 파일 : Chapter02/완성파일/확인학습완성02-1

❶ [차트] 시트에 '풍요' 테마를 적용하고 '모양' 효과를 적용하시오.

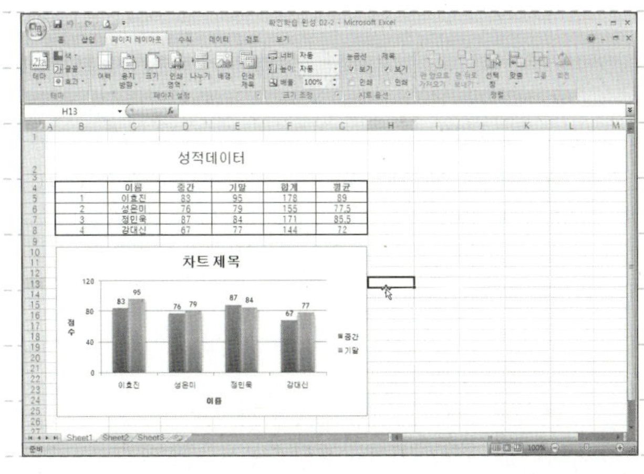

글꼴/맞춤 서식

워밍업

◎ **준비 파일 :** Chapter02/본문예제02-2
◎ **완성 파일 :** Chapter02/완성파일/본문완성02-2
◎ **출제 포인트 :** 선택한 영역에 서식을 지정하는 방법

메뉴 이용한 서식 적용

01 [B1:H1] 영역을 선택한 후 [홈] 탭의 [맞춤] 그룹에서 [병합하고 가운데 맞춤]을 선택한다.

02 [홈] 탭의 [글꼴] 그룹에서 'HY 견고딕', '기울임꼴', '22pt', '글꼴색 : 황록색 강조 3'을 설정한다.

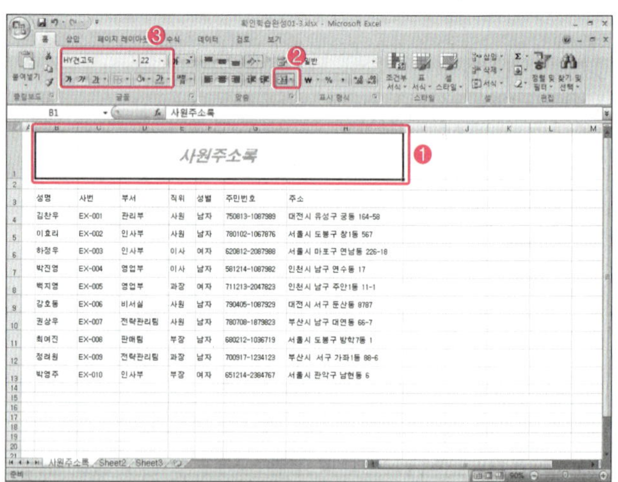

03 [B3:H13] 영역을 선택한 후 [홈] 탭의 [정렬] 그룹에서 '가운데 정렬'을 선택하고, [글꼴] 그룹에서 '모든 테두리'를 선택한다.

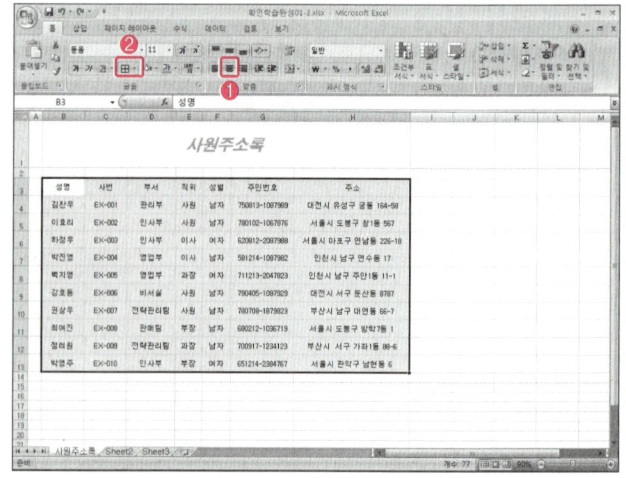

04 [B3:H3], [B4:B13] 영역을 선택한 후 '글꼴 크기 크게', '굵게', 채우기 색은 '황록색 강조 3', 글꼴 색은 '흰색'으로 설정한다.

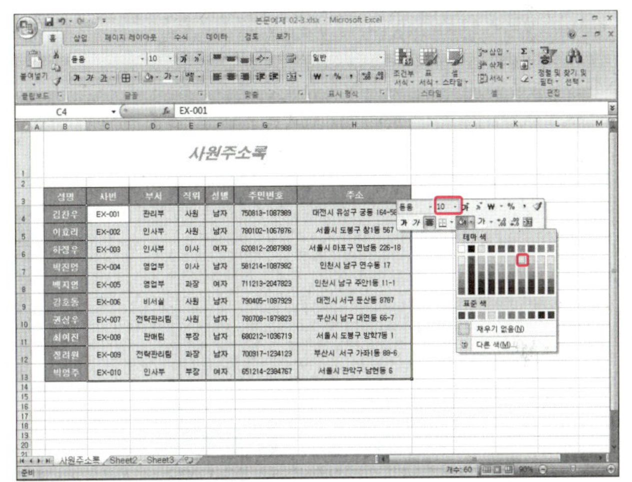

미니 도구 모음을 이용한 서식 적용

01 [C4:H13] 셀을 선택한 후 마우스 오른쪽 단추를 눌러 미니 도구 모음이 나타나면 글꼴 크기는 '10pt', 채우기 색은 '황록색, 강조 3, 80% 더 밝게'를 선택한다.

[셀 서식] 대화상자를 이용한 서식 적용

01 [H4:H13] 셀까지 영역을 선택한 후 마우스 오른쪽 단추를 눌러 [셀 서식]을 선택하고, [맞춤] 탭에서 가로 텍스트 맞춤을 '왼쪽(들여쓰기)'로, 들여쓰기를 '1'로 선택한 후 [확인] 단추를 클릭한다.

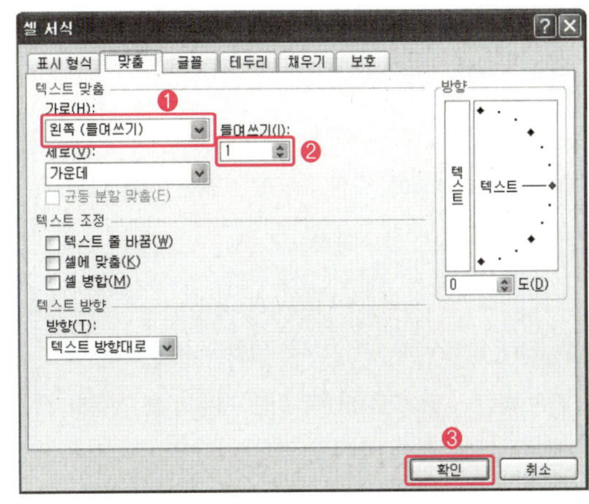

tip

이렇게 해도 됩니다.

[홈] 탭의 [맞춤] 그룹에서 [셀 서식: 맞춤] 대화상자 단추를 눌러도 [셀 서식] 대화상자의 [맞춤] 탭이 열린다.

02 주소 열의 텍스트가 왼쪽으로 정렬된다.

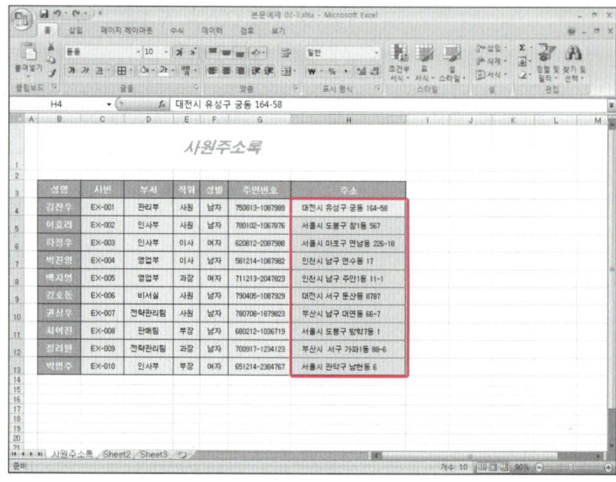

---

t i p

[셀 서식] 대화상자의 텍스트 조정 항목

- 텍스트 줄 바꿈 : 셀 너비에 맞춰 나머지 부분은 다음 줄로 넘긴다.
- 셀에 맞춤 : 텍스트의 너비에 맞춰 텍스트 크기를 조정한다.
- 셀 병합 : 선택한 셀을 하나의 셀로 병합한다.

확 인 학 습

◎ 준비 파일 : Chapter02/확인학습02-2
◎ 완성 파일 : Chapter02/완성파일/확인학습완성02-2

❶ [B2:F2] 영역에 '병합하고 가운데 맞춤', '16pt', '굵게' 서식을 적용하시오.

❷ [B4:F18] 영역에 '모든 테두리', '굵은 상자 테두리', '아래쪽 맞춤'을 적용하시오.

❸ [B4:F4] 영역에 채우기 색 '연한 녹색', 글꼴 색 '진한 파랑', '굵게', '아래쪽 이중 테두리'를 적용하시오.

표시 형식

워밍업

◎ **준비 파일** : Chapter02/본문예제02-3
◎ **완성 파일** : Chapter02/완성파일/본문완성02-3
◎ **출제 포인트** : 선택한 영역에 표시 형식을 지정하는 방법

메뉴 이용한 표시 형식 적용

표시 형식을 지정하여 입력하기 쉽고 알아보기 쉽게 데이터 입력을 할 수 있다.

01 [표시 형식] 시트의 [D2] 셀을 선택한 후 [홈] 탭의 [표시 형식] 그룹에서 '표시 형식' 목록의 '간단한 날짜'를 선택한다.

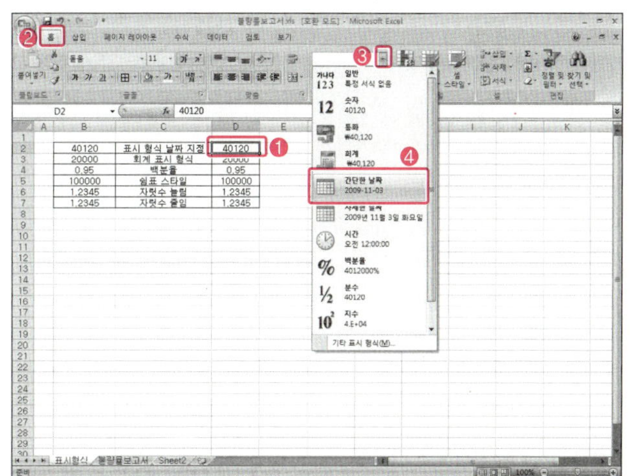

02 [D3] 셀을 선택한 후 [홈] 탭의 [표시 형식] 그룹에서 '회계 표시 형식' 목록을 클릭하고 '$영국(미국)'을 선택한다.

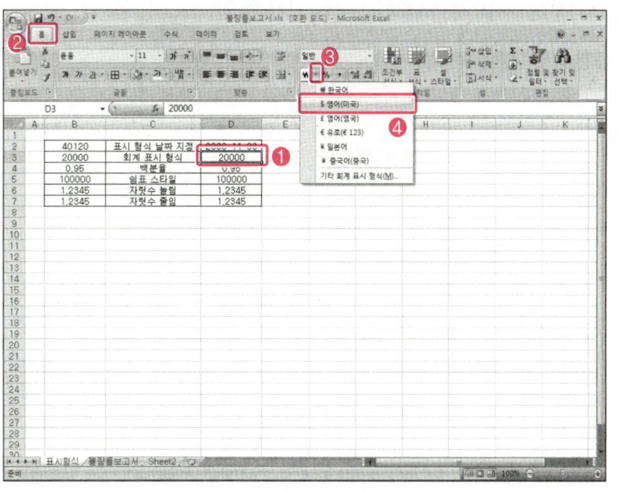

03 [D4] 셀을 선택한 후 [홈] 탭의 [표시 형식] 그룹에서 '백분율 스타일 (%)'을 클릭하고, [D5] 셀을 선택한 후 '쉼표 스타일(,)'을 지정한다.

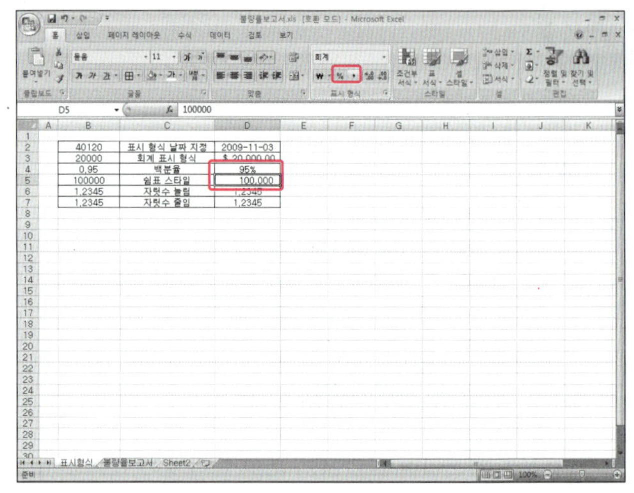

04 [D6], [D7] 셀을 선택한 후 각각 [홈] 탭의 [표시 형식] 그룹에서 '자릿수 늘림'과 '자릿수 줄임'을 두 번씩 클릭한다.

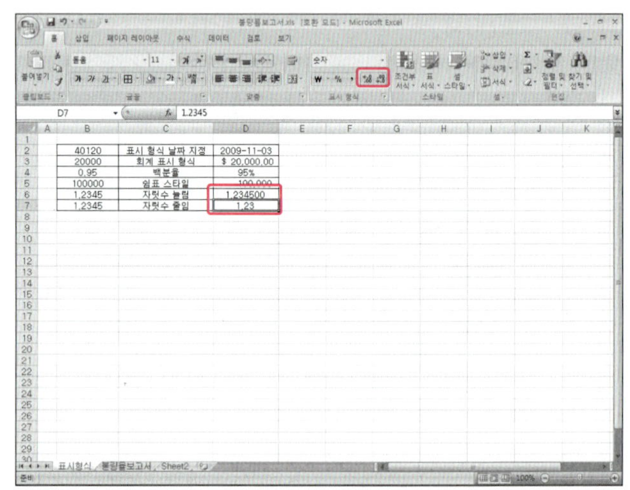

[셀 서식] 대화상자를 이용한 표시 형식 적용

[셀 서식] 대화상자를 이용해 좀 더 다양한 표시 형식을 지정한다.

01 [불량율 보고서] 시트의 [D4] 셀을 선택한 후 마우스 오른쪽 단추를 눌러 [셀 서식]을 클릭한다.

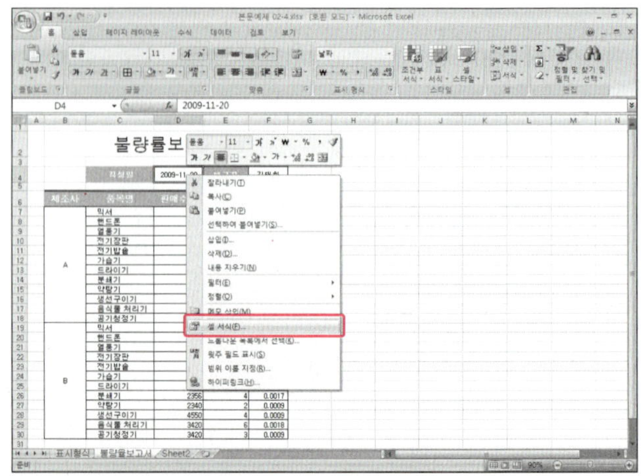

tip

[셀 서식: 표시 형식] 열기

[홈] 탭의 [표시 형식] 그룹에서 [셀 서식: 표시 형식] 대화상자 단추를 눌러도 [셀 서식] 대화상자의 [표시 형식] 탭이 열린다.

02 [표시 형식] 탭에서 범주를 '사용자 지정'으로 선택하고 형식란에 'yy-mm-dd(aaa)'를 입력하여 표시 형식을 지정한다.

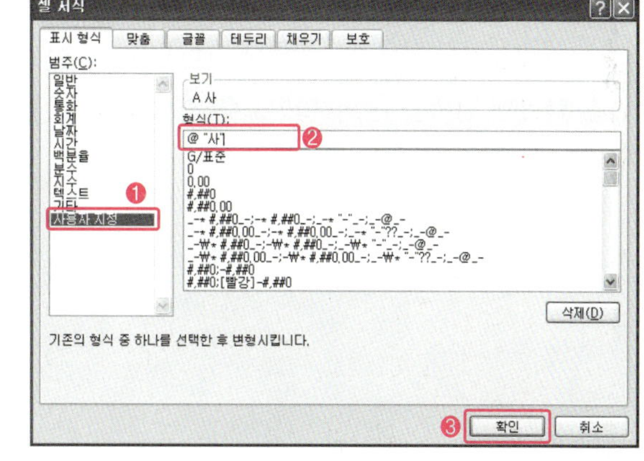

tip

사용자 지정 서식을 이용한 날짜 형식

2010년 1월 5일의 경우

내용	형식	1개	2개	3개	4개
연	y	10	10	2010	2010
월	m	1	01	jan	January
일	d	5	05	Tue	Tuesday
요일	a	a	aa	화	화요일

03 [B7:B30] 영역을 선택하고 마우스 오른쪽 단추를 눌러 [셀 서식]을 클릭하여 대화상자가 열리면 '사용자 지정' 범주를 선택하고 형식란에 "@ "사""를 입력한 후 [확인] 단추를 클릭한다.

tip

@
'@'는 문자열의 앞이나 뒤에 특정한 문자열을 추가할 때 사용하는 서식 코드이다.

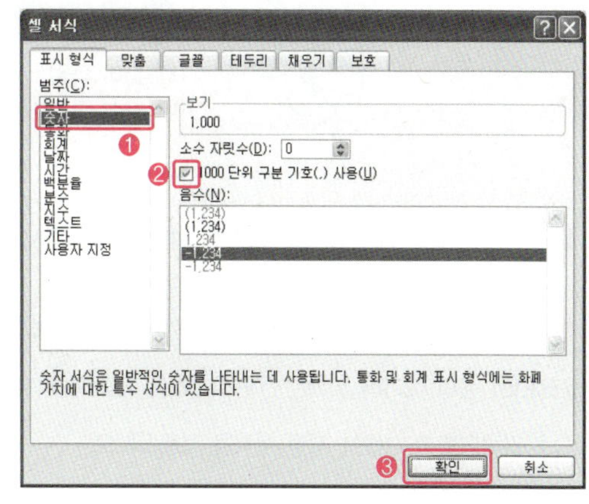

04 [D7:D30] 영역을 선택하고 마우스 오른쪽 단추를 눌러 [셀 서식]을 클릭하여 대화상자가 열리면 '숫자' 범주를 선택하고 '1000 단위 구분 기호 사용' 항목에 체크한 후 [확인] 단추를 클릭한다.

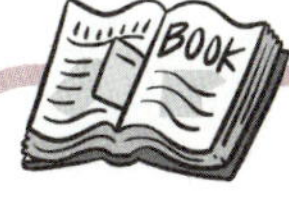

알아두기 | **숫자 서식 코드**

- **#** : 하나의 숫자 자릿수를 표시하는 코드로 해당 자리에 숫자 값이 없을 경우에는 표시하지 않는다.
- **0** : 하나의 숫자 자릿수를 표시하는 코드로 해당 자리에 숫자 값이 없을 경우에는 '0'을 표시한다.
- **?** : 소수나 분수의 자리를 맞추기 위해 사용되는 코드로 불필요한 자리에 공백을 추가한다.

05 [E7:E30] 영역을 선택하고 마우스 오른쪽 단추를 눌러 [셀 서식]을 클릭하여 대화상자가 열리면 '사용자 지정' 범주를 선택하고 형식란에 "0 "개""를 입력한 후 [확인] 단추를 클릭한다.

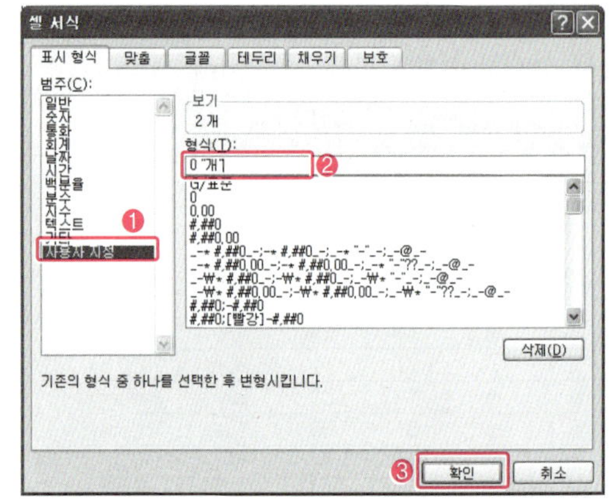

tip

이 예제에서는 서식 코드 '0' 대신 '#'을 사용해도 된다.

06 [F7:F30] 영역을 선택하고 마우스 오른쪽 단추를 눌러 [셀 서식]을 클릭하여 대화상자가 열리면 '백분율' 범주를 선택하고 소수 자릿수에 "2"를 입력한 후 [확인] 단추를 클릭한다.

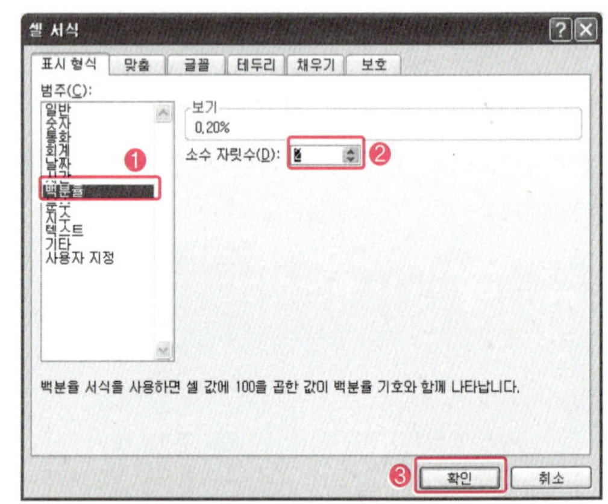

◎ 준비 파일 : Chapter02/확인학습02-3
◎ 완성 파일 : Chapter02/완성파일/확인학습완성02-3

❶ [C5:C15] 셀의 날짜 서식을 '자세한 날짜'로 변경하시오.

❷ [D5:D15] 셀의 데이터 뒤에 '교육'이라는 데이터가, [E5:E15] 셀의 데이터 뒤에는 '대학교'라는 데이터가 자동으로 입력되도록 사용자 지정 서식을 적용하시오.

❸ [F5:G15] 셀의 숫자 데이터에서 천 단위 이하는 생략하고 세 자리 구분 기호가 적용되도록 사용자 지정 서식을 적용하시오.

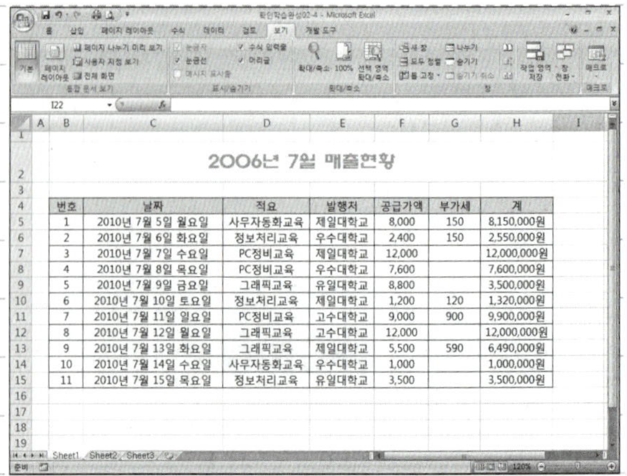

❹ [H5:H15] 셀의 숫자 데이터 뒤에 '원'이라는 데이터가 자동으로 입력되고 천 단위 구분 기호가 표시되도록 사용자 지정 서식을 적용하시오.

스타일

워밍업

◎ **준비 파일 :** Chapter02/본문예제02-04
◎ **완성 파일 :** Chapter02/완성파일/본문완성02-04
◎ **출제 포인트 :** 셀 스타일을 이용해 여러 가지 서식을 일괄 적용하는 방법

셀 스타일

셀 스타일은 표시 형식, 글꼴, 맞춤, 테두리, 채우기 색의 셀 서식을 한꺼번에 빠르게 적용할 수 있는 기능이다. 셀 스타일 기능을 사용하면 일관성 있는 문서 작성을 할 수 있어 좋다.

01 [B2] 셀을 선택하고 [홈] 탭의 [스타일] 그룹에서 [셀 스타일]을 클릭한 후 '제목' 스타일을 선택한다.

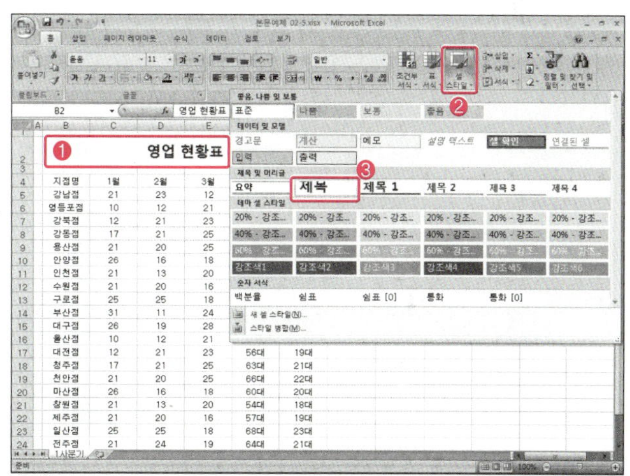

02 [B4:G24] 영역을 선택하고 [셀 스타일]을 클릭한 후 '20% – 강조색 5' 스타일을 선택한다.

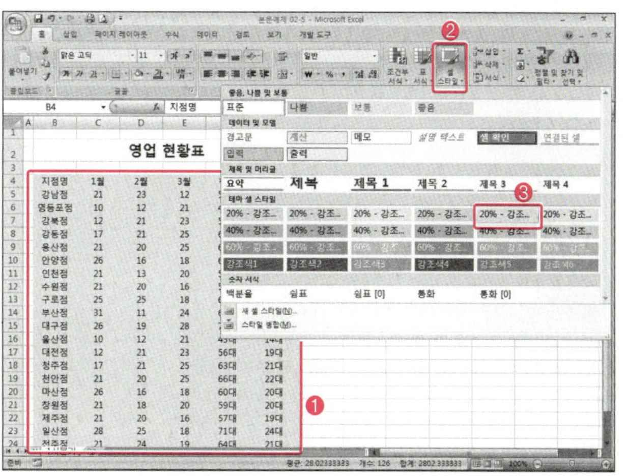

　[B4:B24], [C4:G4] 영역을 선택하고 [셀 스타일]을 클릭한 후 '강조색 5' 스타일을 선택한다.

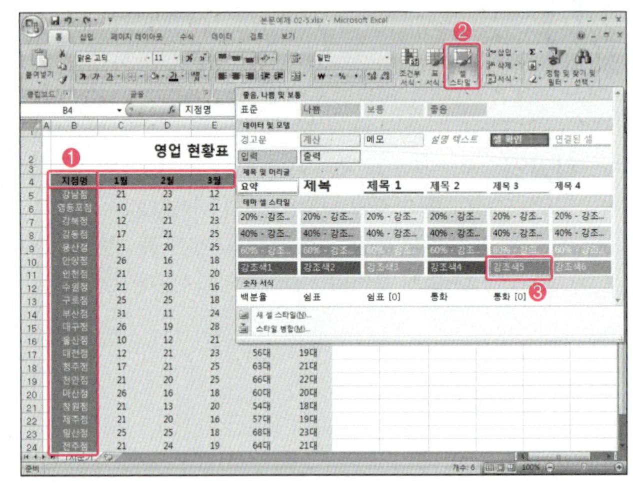

04　[B4:G4] 영역을 선택하고 [셀 스타일]을 클릭한 후 '제목3' 스타일을 선택한다.

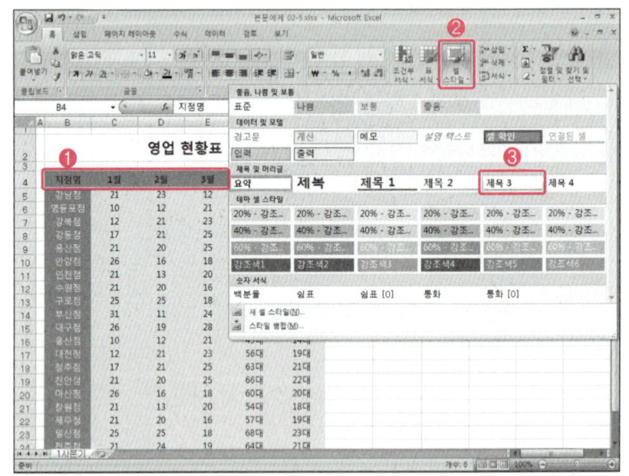

05　[B4:G24]까지의 영역을 선택하고 [셀 스타일]을 클릭한 후 '표준' 스타일을 선택하면 셀에 적용되어 있던 스타일이 지워진다.

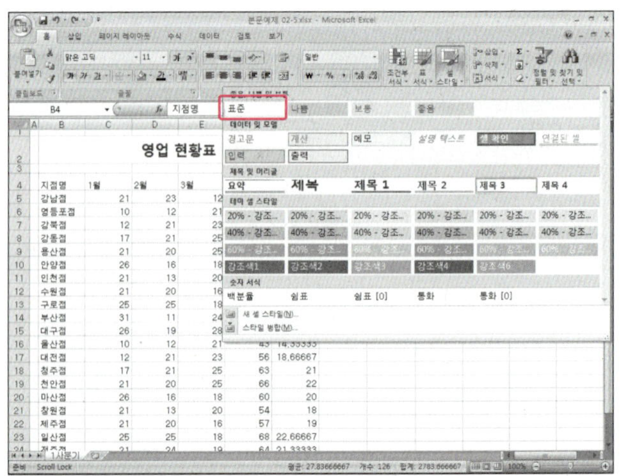

---

t i p

셀 스타일 수정

[셀 스타일]을 눌렀을 때 열리는 테마 및 스타일의 특정 서식을 마우스 오른쪽 단추로 눌러 [수정]을 클릭하면 선택한 스타일을 수정할 수 있다. 또한 [새 셀 스타일]을 이용하여 사용자의 취향에 맞는 새 셀 스타일을 만들어 사용할 수도 있다.

:: 표 스타일

이전 버전의 '목록' 기능이 2007 버전에서는 표 기능으로 변경되었다. 데이터 영역을 표로 만들면 데이터 관리와 분석을 쉽고 편하게 할 수 있게 된다.

01 [B4:G24] 영역을 선택하고 [홈] 탭의 [스타일] 그룹에서 [표 서식]을 클릭하고 '표 스타일 밝게 7'을 선택한다.

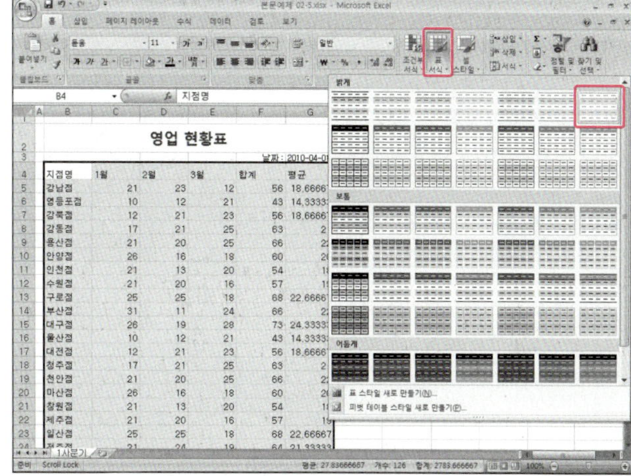

- tip -

전체 데이터 영역에 적용하려면
표 스타일을 적용할 영역이 데이터가 입력된 셀 전체인 경우 데이터가 입력된 임의의 셀을 클릭하여 선택한 후 메뉴를 적용하면 된다.

02 선택 영역이 표시되면 [확인] 단추를 클릭한다.

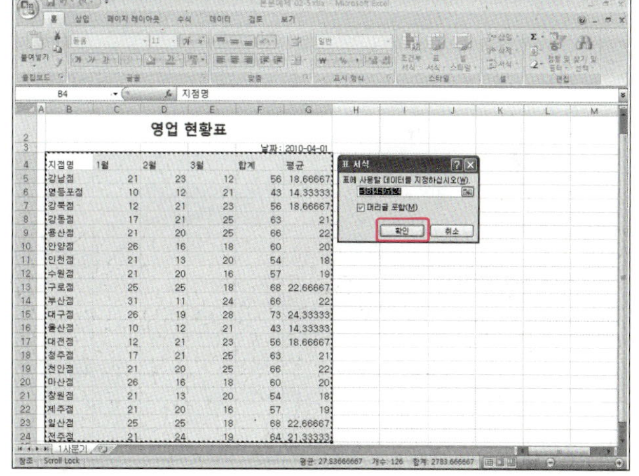

- tip -

영역 선택
선택 영역이 맞지 않는 경우 다시 드래그하여 영역을 변경한다.

03 [표 도구]–[디자인] 탭의 [표 스타일 옵션] 그룹에서 '줄무늬 행'을 체크 해제하고 '줄무늬 열'을 체크한다.

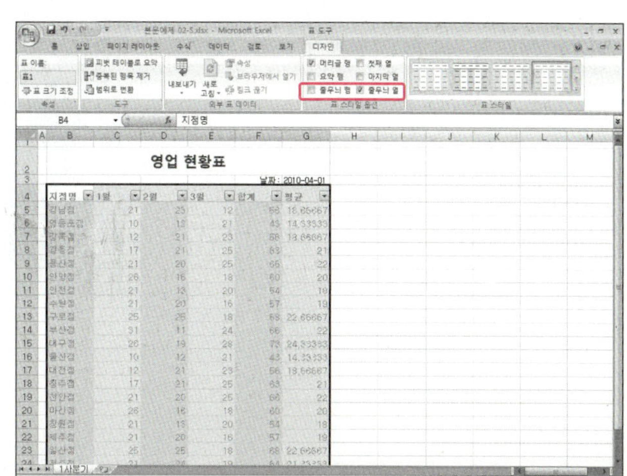

- tip -

필터 단추
표의 머리글 행에는 따로 설정하지 않아도 필터 단추가 추가된다. 이 단추를 이용하여 정렬이나 필터 기능을 활용할 수 있다.

04 표를 다시 정상 범위로 변환하여 사용하고자 할 때는 표 안의 임의의 셀에서 마우스 오른쪽 단추를 클릭한 후 [표]-[범위로 변환]을 선택하고 확인 메시지가 뜨면 [확인] 단추를 클릭한다.

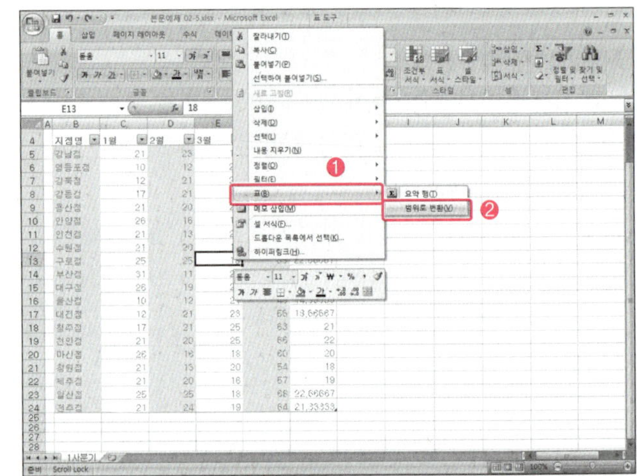

tip

이렇게 해도 됩니다.

표로 변환하고자 하는 영역을 선택한 후 [삽입] 탭의 [표] 그룹에서 [표]를 클릭하면 선택 영역이 표로 만들어지는데 여기에 [표 스타일]을 지정해도 된다.

◎ 준비 파일 : Chapter02/확인학습02-4
◎ 완성 파일 : Chapter02/완성파일/확인학습완성02-4

❶ [B4:I33] 영역에 설정된 셀 스타일을 해제하시오.

❷ [B4:I33] 영역에 표 스타일 '보통 10'을 설정하고 '머리글 행', '줄무늬 행', '첫째 열'에만 적용되도록 하시오.

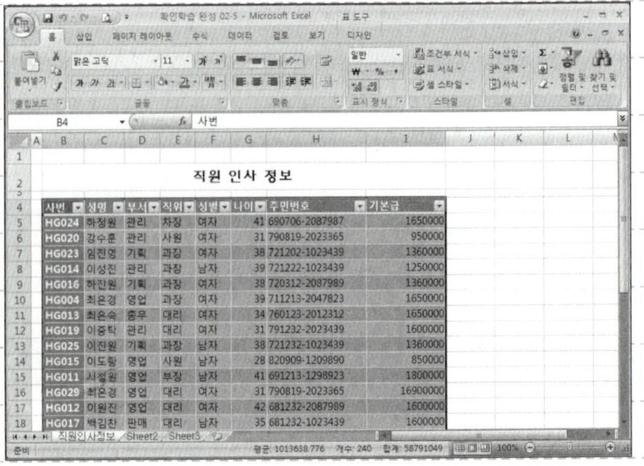

하이퍼링크와 텍스트 나누기

워밍업

- ◎ **준비 파일** : Chapter02/본문예제02-5
- ◎ **완성 파일** : Chapter02/완성파일/본문완성02-5
- ◎ **출제 포인트** : 하이퍼링크를 설정하여 다른 워크시트나 파일, 사이트 등으로 이동이 편하도록 하고, 텍스트를 여러 셀로 한 번에 나누는 방법

∷ 하이퍼링크

하이퍼링크를 설정해두면 클릭만으로 원하는 위치로 이동할 수 있어 편리하다.

01 [C4] 셀을 선택한 후 [삽입] 탭의 [링크] 그룹에서 [하이퍼링크]를 클릭한다.

02 [하이퍼링크 삽입] 대화상자가 열리면 [현재 문서]를 선택하고 '이 문서에서 위치 선택'란에서 '상반기'를 선택한 후 [확인] 단추를 클릭한다.

> **tip**
>
> **현재 문서의 선택 항목**
> - 참조할 셀 선택 : 이동할 셀 주소를 입력한다.
> - 이 문서에서 위치 선택 : 이동할 워크시트 이름이나 정의되어 있는 이름을 선택한다.

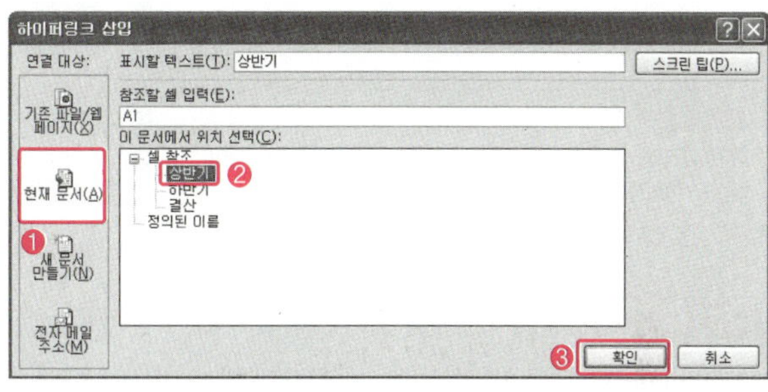

03 [D4] 셀을 선택한 후 [하이퍼링크]를 클릭하고 [하이퍼링크 삽입] 대화상자에서 [현재 문서]를 선택하고 '이 문서에서 위치 선택'란에서 '하반기'를 선택한 후 [확인] 단추를 클릭한다.

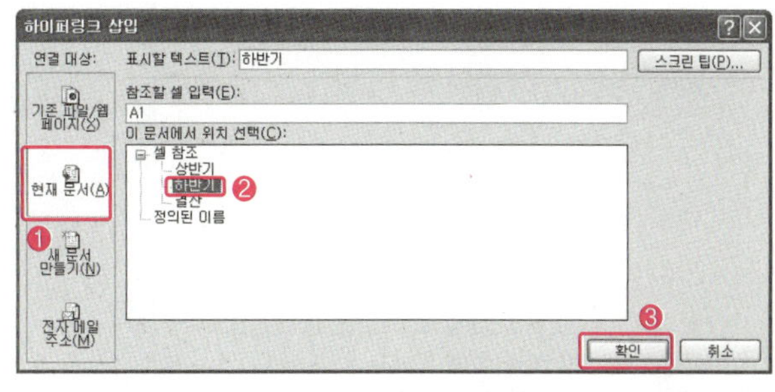

04 [G19] 셀을 선택한 후 [하이퍼링크]를 클릭하고 [하이퍼링크 삽입] 대화상자에서 [기존 파일/웹 페이지]를 선택하고 주소란에 "http://www.at.or.kr"을 입력한 후 [스크린 팁] 단추를 클릭한다.

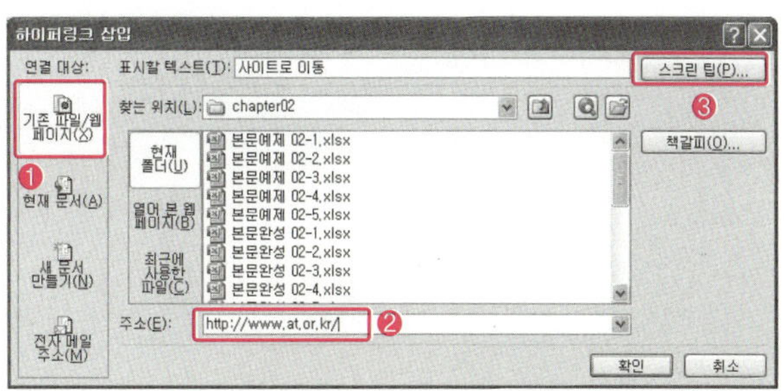

05 [하이퍼링크 스크린 팁 설정] 대화상자가 나타나면 "농수산물 유통공사"라고 입력한 후 [확인] 단추를 클릭하고 하이퍼링크 삽입 대화상자에서도 [확인] 단추를 클릭한다.

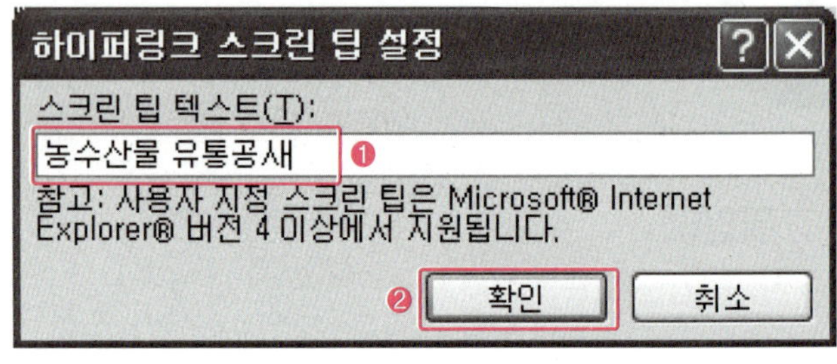

06 하이퍼링크를 설정한 텍스트는 서식이 변경되고, 해당 셀을 클릭하면 하이퍼링크 위치로 이동된다.

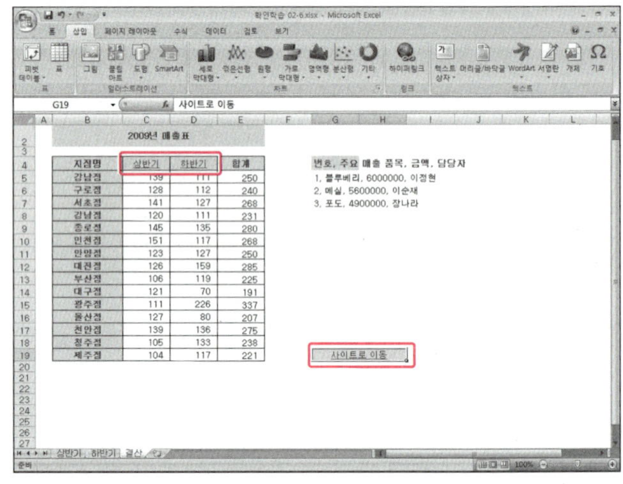

tip
하이퍼링크 수정
하이퍼링크를 수정하려면 마우스 오른쪽 단추를 눌러 [하이퍼링크 편집]을 클릭한다.

07 [C4] 셀을 선택한 후 마우스 오른쪽 단추를 눌러 바로가기 메뉴가 열리면 [하이퍼링크 제거]를 선택한다.

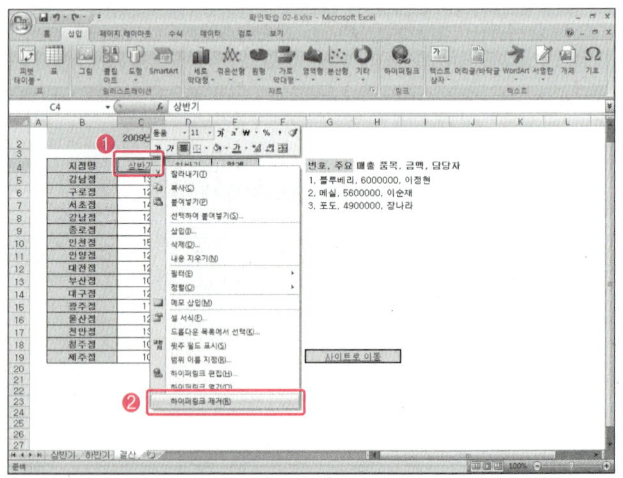

tip
하이퍼링크 제거 후 서식 설정
하이퍼링크를 제거하면 셀에 설정되었던 다른 서식들도 제거될 수 있으므로 [서식 복사] 등의 기능으로 다시 적용해준다.

:: 텍스트 나누기

하나의 셀에 입력되어 있는 데이터를 구분 기호로 구분하여 여러 개의 셀로 나누는 기능이다.

01 [G4:G7] 영역을 선택한 후 [데이터] 탭의 [데이터 도구] 그룹에서 [텍스트 나누기]를 선택한다.

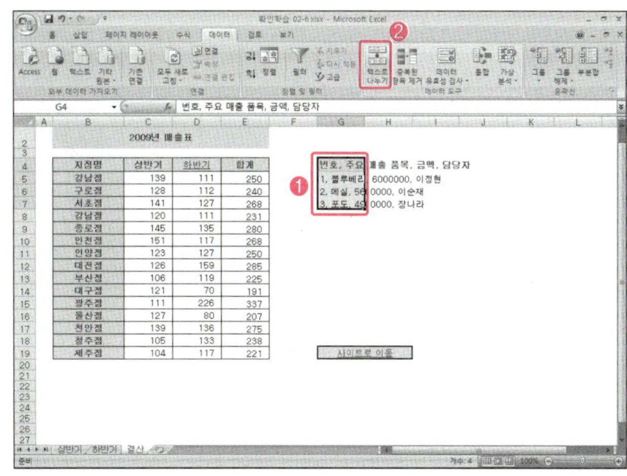

---
t i p

주의하세요.

텍스트 나누기를 할 때 필요한 열 개수만큼 비워져 있지 않은 경우 나누기하는 열 오른쪽의 데이터를 덮어쓰게 된다.

02 [텍스트 마법사] 대화상자가 나타나면 '구분 기호로 분리됨'이 선택되어 있는 상태로 [다음] 단추를 클릭한다.

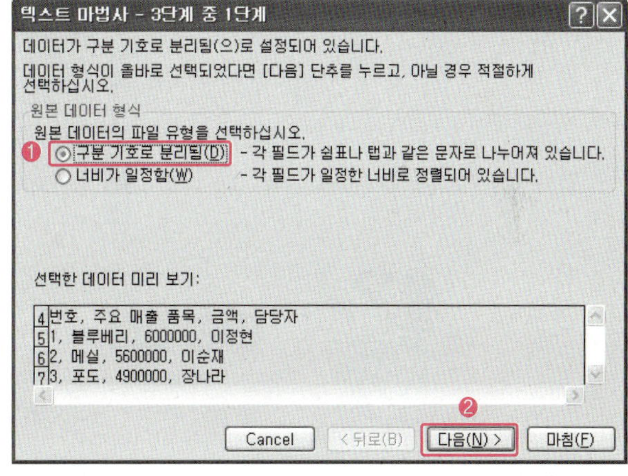

---
t i p

원본 데이터의 형식

• 구분 기호로 분리됨 : 탭, 세미콜론, 쉼표, 공백 및 기타 문자를 기준으로 데이터를 분리한다.
• 너비가 일정함 : 일정한 너비의 데이터를 분리한다.

03 2단계 대화상자에서 구분 기호 중 '쉼표'에 체크하고 [다음] 단추를 클릭한다.

---
t i p

열 구분선 조정

1단계에서 '너비가 일정함'을 선택한 경우 열 구분선을 추가하거나 이동하여 직접 조정할 수 있다.

04 3단계에서 [마침] 단추를 클릭한다.

05 셀 내용을 바꿀지 묻는 대화상자가 나타나면 [확인] 단추를 클릭한다.

---

t i p

텍스트 마법사 – 3단계 중 3단계
• 열 데이터 서식 : 선택된 셀에 적용할 서식을 선택한다.
• 대상 : 셀을 분리할 대상 셀을 설정한다. 이미 선택한 대상 이 맞으면 그대로 둔다.

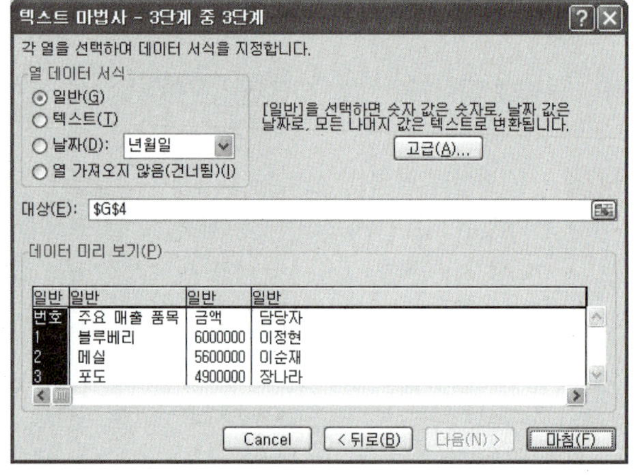

06 [G4:G7] 영역을 선택한 후 [홈] 탭의 [클립 보드] 그룹에서 [서식 복사]를 클릭하고 [H4:J7] 영역을 드래그하여 서식을 적용한다.

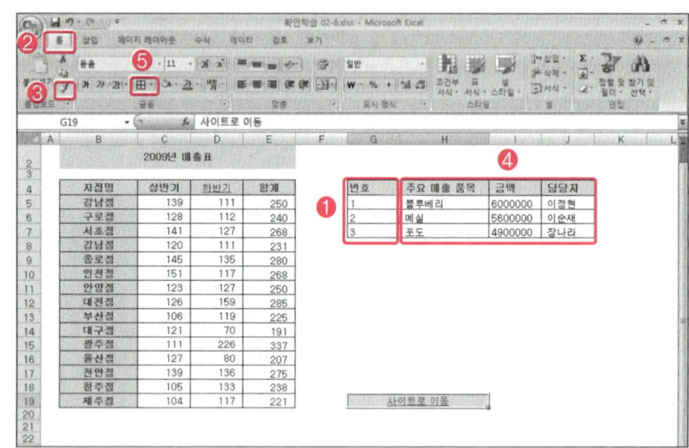

◎ 준비 파일 : Chapter02/확인학습02-5
◎ 완성 파일 : Chapter02/완성파일/확인학습완성02-5

❶ [B3:B17] 영역의 세미콜론(;)으로 분리된 내용을 열로 변환하시오(나머지는 기본 설정을 적용하시오).

❷ [B19] 셀을 하이퍼링크를 이용하여 http://www. ybmit.com으로 연결하고 'MOS 정보' 라는 스크린 팁이 표시되도록 하시오.

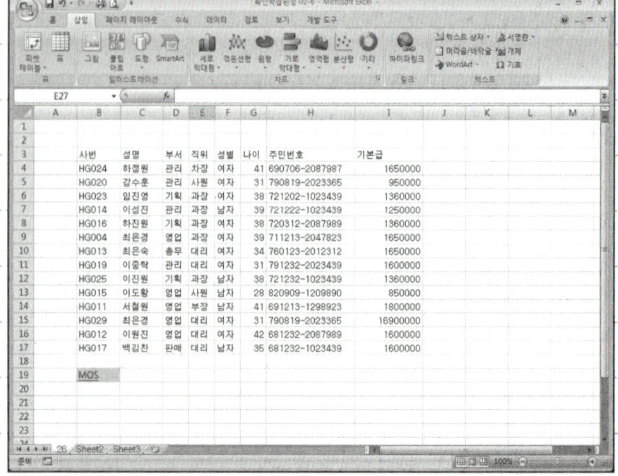

chapter 03

수식 작성

수식 작성

워밍업

◎ **준비 파일** : Chapter03/본문예제03-1
◎ **완성 파일** : Chapter03/완성파일/본문완성03-1
◎ **출제 포인트** : 제시된 문제에 적합한 함수를 선택하여 수식을 작성

기본 함수 익히기

함수란 엑셀에서 자주 사용되거나 복잡한 계산식들을 미리 정의해 놓은 수식을 말한다. 엑셀은 다양한 종류의 연산을 위해 수백 개의 함수를 제공하며, 그 중 가장 널리 사용되는 함수들은 자동 합계 단추(Σ 자동 합계 ▾)를 사용하여 쉽게 계산할 수 있다.

01 [F5] 셀을 선택한 후 [홈] 탭의 [편집] 그룹에서 [자동 합계]를 선택하고 Enter 를 누른 후 [F12] 셀까지 수식 복사한다.

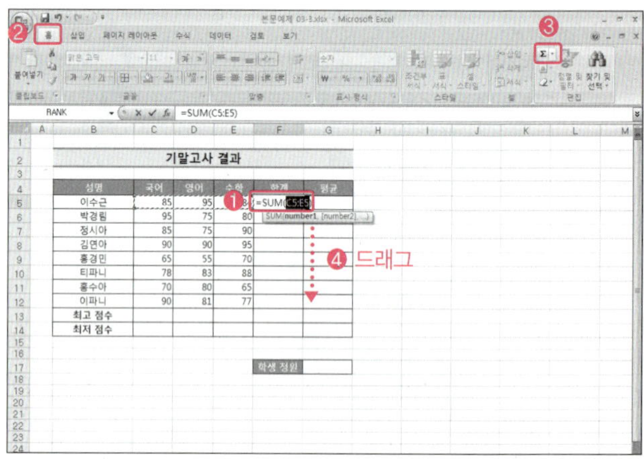

---

tip

이렇게 해도 됩니다.

[수식] 탭의 [함수 라이브러리] 그룹에서 [자동 합계]를 선택하거나 [함수 삽입] 단추를 이용해도 된다.

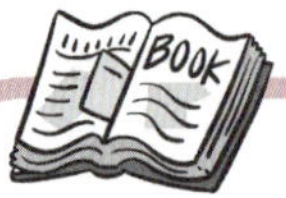

알아두기 | 기본 함수식의 구성

= 함수명(인수1, 인수2, …)

- **=(등호)** : 엑셀에서 계산식을 입력할 때에는 반드시 등호를 먼저 입력해야 한다. 그러나 [자동 합계]나 [함수 입력] 단추를 이용해 수식 작성시에는 자동으로 입력되므로 생략한다.
- **함수명** : 작성하려는 수식에 맞는 함수 이름을 사용하며 대소문자는 구분하지 않는다.
- **괄호** : 함수 계산에 사용할 인수들은 함수 이름 다음에 괄호()로 묶는다.
- **인수** : 함수의 계산 대상이 되는 값들로 함수마다 입력해야 하는 인수의 종류와 수가 정해져 있다. 기본 함수의 경우에는 범위를 나타내는 인수만 입력하면 된다.
- **;(콜론)** : 연결된 셀 주소의 범위를 의미한다.
- **,(콤마)** : 인수와 인수를 구분하는 기호이다.

02 [G5] 셀을 선택한 후 [자동 합계] 목록 단추를 클릭하고 [평균]을 선택한다.

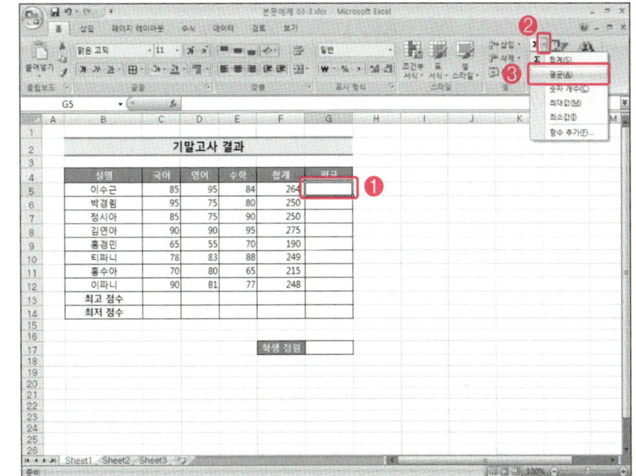

----

t i p

[자동 합계] 목록 단추

합계 목록 단추를 누르면 합계, 평균, 숫자 개수, 최대값, 최소값을 선택하여 사용할 수 있다. 해당 항목을 선택하면 sum, average, count, max, min 함수식이 작성된다.

03 함수식의 범위를 수정하기 위해 [C5:E5] 영역을 드래그하여 선택하고 Enter 를 누른다. [G5] 셀의 값을 [G12] 셀까지 수식 복사한다.

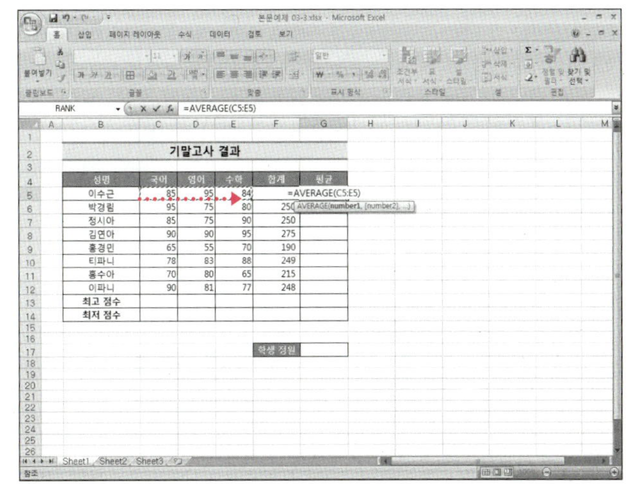

04 [C13] 셀을 선택한 후 [자동 합계] 목록 단추에서 [최대값]을 선택하고 Enter 를 누른다.

05 [C14] 셀을 선택하고 [자동 합계] 목록 단추에서 [최소값]을 선택한 후 Enter 를 누른다.

06 [C13:C14] 영역의 수식을 [F] 열까지 복사한다.

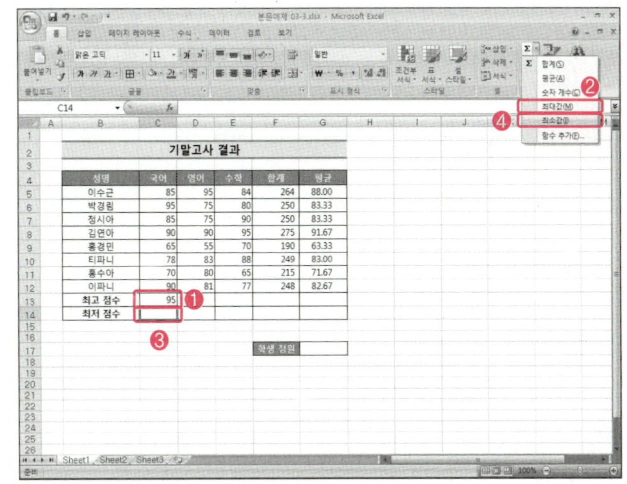

:: 직접 수식 작성하기

엑셀 수식을 익숙하게 다루는 사용자라면 직접 입력하여 사용하는 쪽이 편리할 수도 있다. 등호를 입력한 후 함수 이름의 일부를 입력하면 입력한 글자로 시작하는 함수 목록이 나타나 쉽게 함수를 고를 수 있다.

01 [G17] 셀을 선택하고 "=COU"를 입력하고 함수 목록이 나타나면 'COUNT' 함수를 선택한 후 합산할 영역(G5:G12)을 드래그하여 선택하고 Enter 를 누른다.

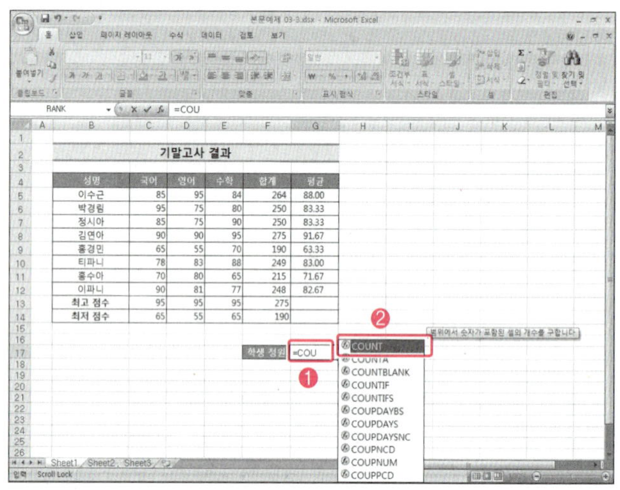

❶ [F5:F11] 셀에 1월부터 3월까지의 합계값을 구하시오.

❷ [G5:G11] 셀에 1월부터 3월까지의 평균값을 구하시오.

❸ [H5:H11] 셀에 1월부터 3월까지의 최대값을 구하시오.

❹ [I5:I11] 셀에 1월부터 3월까지의 최소값을 구하시오.

논리 함수

워밍업

◎ **준비 파일 :** Chapter03/본문예제03-2
◎ **완성 파일 :** Chapter03/완성파일/본문완성03-2
◎ **출제 포인트 :** 조건을 만족하는 값을 구한다.

⠿ IF

IF 함수는 조건을 제시하여 검사하고 참일 때와 거짓일 때에 해당하는 값을 돌려주는 함수이다.

01 [H5] 셀을 선택하고 [수식] 탭의 [함수 라이브러리] 그룹에서 [함수 삽입]을 클릭한다.

02 범주는 '논리', 함수는 'IF'를 선택한다.

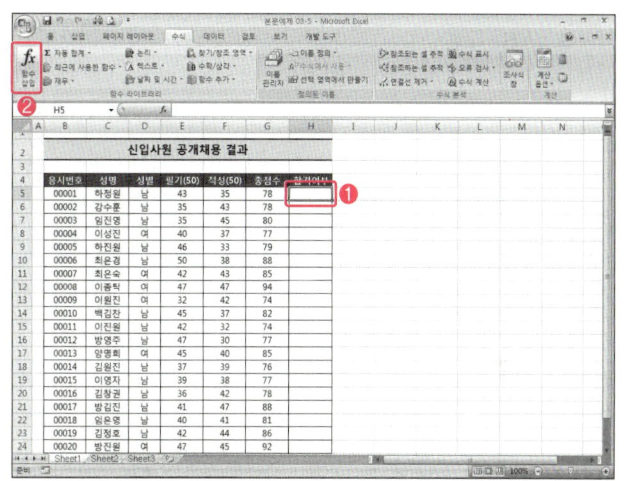

03 [함수 인수] 대화상자가 열리면 Logical_test에 "G5>=75", Value_if_true에 "합격", Value_if_false에 "불합격"을 입력하고 [확인] 단추를 클릭한다.

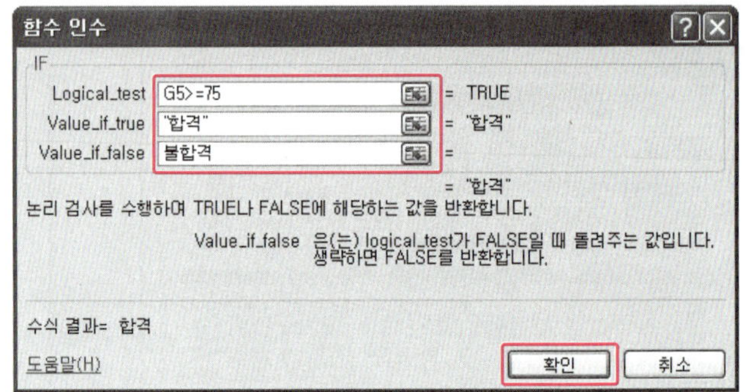

04 [H5] 셀의 값을 [H24] 셀까지 드래그하여 수식 복사한다.

알아두기 | IF 함수

=IF(Logical_test, Value_if_true, Value_if_false…)

- 조건 검사를 하여 조건이 참일 때와 거짓일 때에 해당하는 값을 돌려준다.
- Logical_test : 참인지 거짓인지 판별할 수 있는 조건문
- Value_if_true : 조건이 참일 경우 표시할 값
- Value_if_false : 조건이 거짓일 경우 표시할 값

확인학습

◎ 준비 파일 : Chapter03/확인학습03-2
◎ 완성 파일 : Chapter03/완성파일/확인학습완성03-2

❶ [G] 열에 일일근무가 5시간 이상인 경우만 '제공'이라고 표시하고 나머지는 빈칸으로 두시오.

❷ 시트의 수식이 화면에 모두 표시되도록 설정하시오.

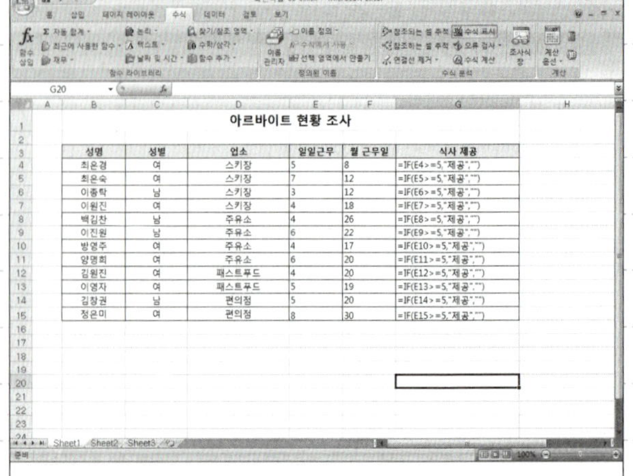

성명	성별	업소	일일근무	월 근무일	식사 제공
최은경	여	스키장	5	8	=IF(E4>=5,"제공","")
최은숙	여	스키장	7	12	=IF(E5>=5,"제공","")
이종탁	남	스키장	3	12	=IF(E6>=5,"제공","")
이원진	여	스키장	4	18	=IF(E7>=5,"제공","")
백김찬	남	주유소	4	26	=IF(E8>=5,"제공","")
이진원	남	주유소	6	22	=IF(E9>=5,"제공","")
방영주	여	주유소	4	17	=IF(E10>=5,"제공","")
양명희	여	주유소	6	20	=IF(E11>=5,"제공","")
김원진	여	패스트푸드	4	20	=IF(E12>=5,"제공","")
이영자	여	패스트푸드	5	19	=IF(E13>=5,"제공","")
김창권	남	편의점	5	20	=IF(E14>=5,"제공","")
정은미	여	편의점	8	30	=IF(E15>=5,"제공","")

chapter 04

데이터

시각화 작업

차트 작성 및 편집

워밍업

◎ **준비 파일 :** Chapter04/본문예제04-01
◎ **완성 파일 :** Chapter04/완성파일/본문완성04-01
◎ **출제 포인트 :** 차트를 삽입하고 편집하는 방법

차트 삽입

차트는 수치를 시각적으로 잘 보이도록 하므로 수치 데이터의 추세나 유형을 살펴보는 데 효과적이다.

01 [B4:D9] 영역을 선택한 후 [삽입] 탭의 [차트] 그룹에서 [세로 막대형]-[2차원 세로 막대형]-[묶은 세로 막대형]을 클릭한다.

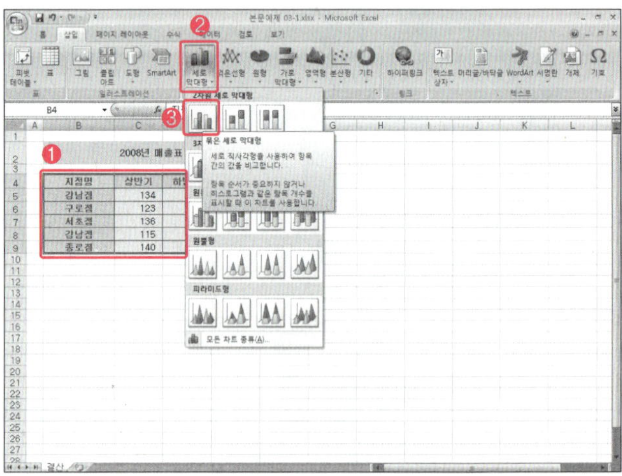

tip

차트 이름 확인 방법
차트의 이름은 차트 종류에 마우스 포인터를 댈 때 표시되는 스크린 팁으로 정확히 확인할 수 있다.

02 선택한 범위의 데이터를 기초로 묶은 세로 막대형 차트가 삽입된다.

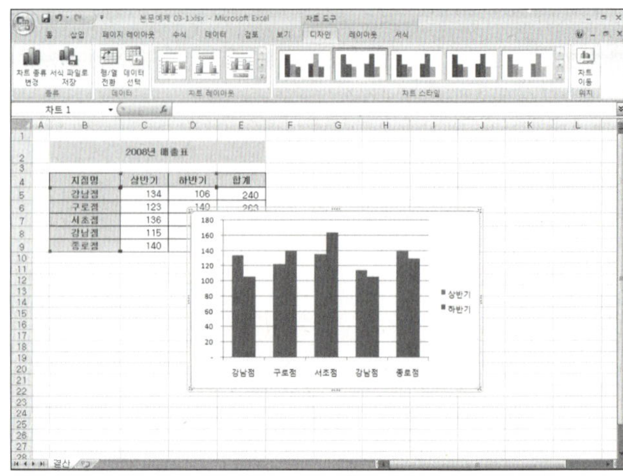

tip

[차트 도구] 탭
워크시트에 차트를 삽입하고 선택하면 [디자인], [레이아웃], [서식] 리본 메뉴로 구성된 [차트 도구] 탭이 나타난다. [차트 도구] 탭은 차트 선택을 해제하면 리본 메뉴에서 사라진다.

03 삽입된 차트에 마우스 포인터를 대고 드래그하면 이동이 되고, 테두리 부분에 마우스 포인터를 대고 화살표 모양으로 변경되었을 때 드래그하면 크기를 조정할 수 있다.

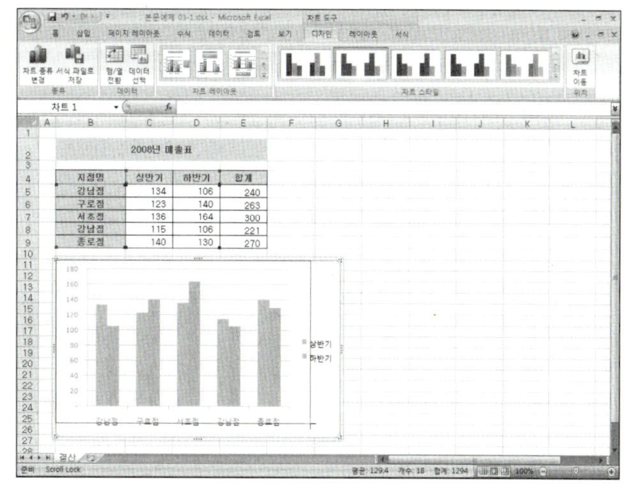

04 차트가 선택되었을 때 표시되는 [차트 도구]-[서식] 탭의 [크기] 그룹에서 높이와 너비란에 "6"과 "13"을 입력한 후 Enter 를 누른다.

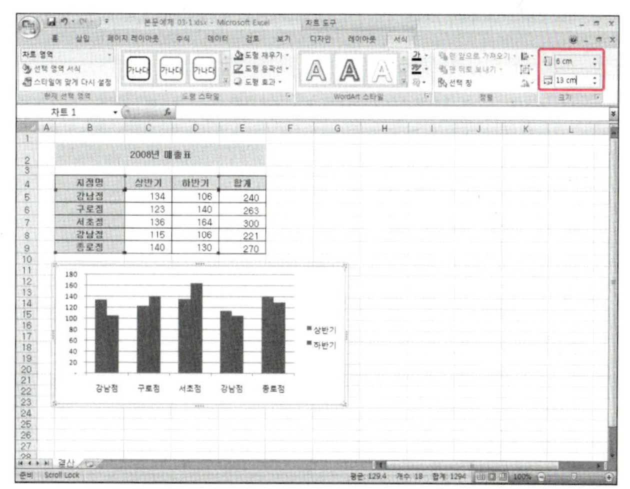

05 [B4:B9] 영역을 선택한 후 Ctrl 를 누른 상태로 [D4:D9] 영역을 선택하고 [삽입] 탭의 [차트] 그룹에서 [원형]-[3차원 원형]을 클릭하여 삽입한다.

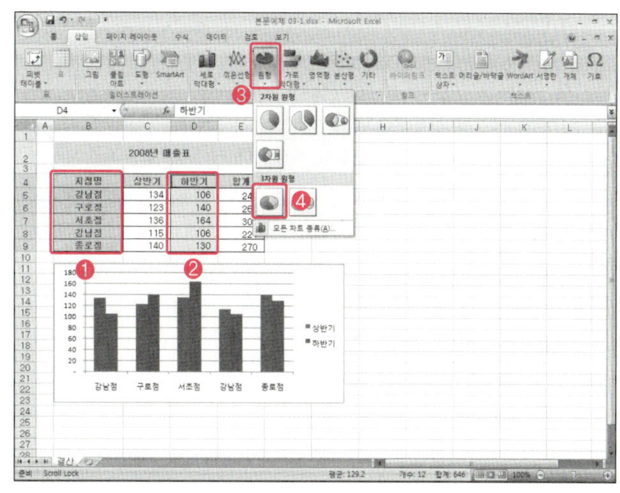

---

t i p

정확한 수치로 차트 크기 조정

차트의 크기를 정확한 수치에 맞춰 변경하고자 할 때 리본 메뉴의 [크기] 그룹 메뉴를 사용한다.

　3차원 원형 차트가 나타나면 드
래그하여 이동한다.

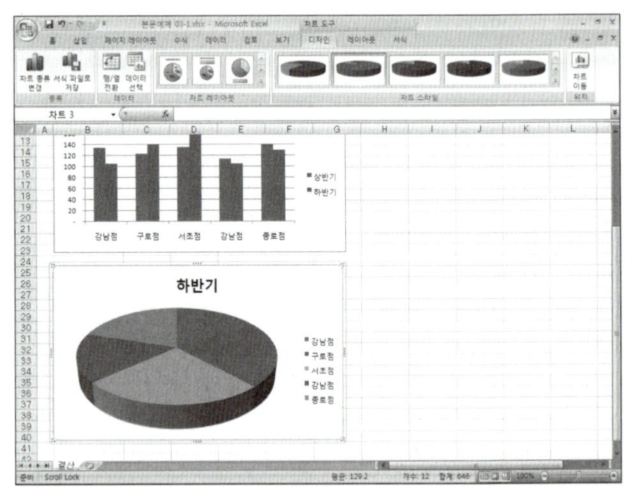

행/열 전환 및 데이터 범위 수정

01　막대 차트를 선택한 후 [차트 도
구]-[디자인] 탭의 [데이터] 그룹에서 [행
/열 전환]을 클릭한다. 차트의 범례와 항
목 축에 해당하는 데이터가 뒤바뀌어 차
트에 적용된다.

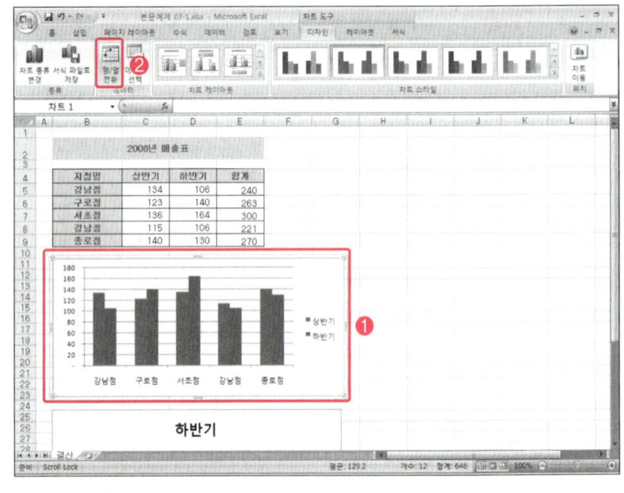

02　원형 차트를 선택하고 [차트 도
구]-[디자인] 탭의 [데이터] 그룹에서 [데
이터 선택]을 클릭한다.

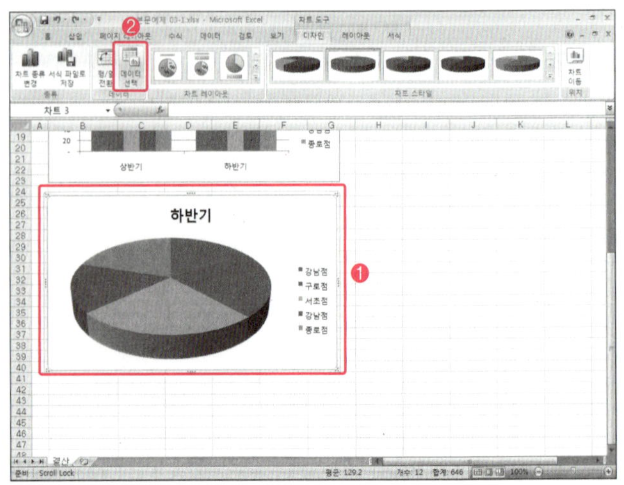

03 [데이터 원본 선택] 대화상자가 열리면 [B4:C9] 영역을 드래그하여 선택한 후 [확인] 단추를 클릭한다.

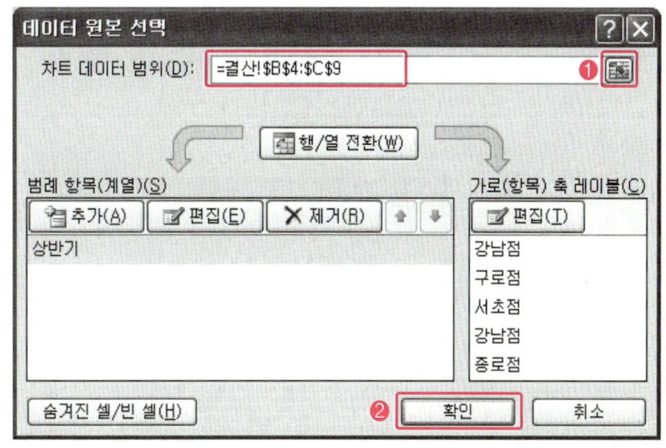

04 원형 차트의 데이터가 상반기 매출로 바뀐다.

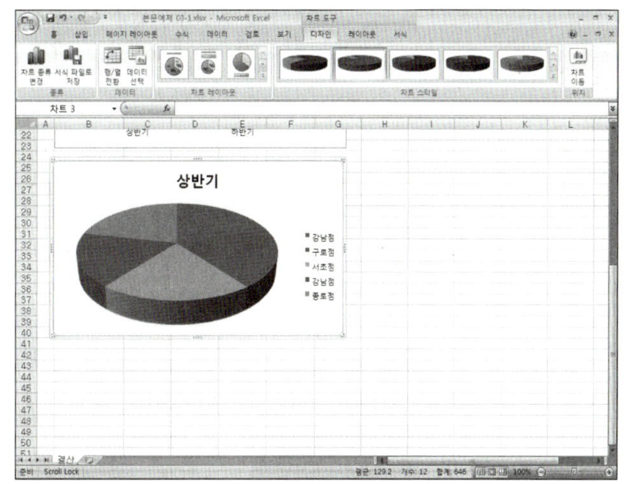

∷ [디자인] 탭의 스타일 변경 및 레이아웃 변경

차트에 적용하거나 변경할 수 있는 다양한 서식과 세부 항목들이 있지만 [디자인] 탭의 [차트 스타일]이나 [차트 레이아웃] 메뉴를 사용하면 훨씬 편하고 빠르면서도 비주얼면에서도 손색없는 차트를 작성할 수 있다.

01 막대 차트를 선택한 후 [차트 도구]-[디자인] 탭의 [차트 스타일] 그룹에서 [자세히] 단추를 클릭한다.

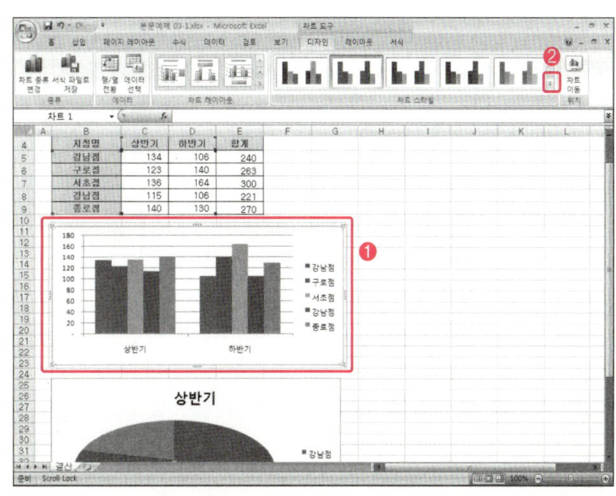

02 여러 가지 디자인이 표시되면 그 중 '스타일 15' 디자인을 클릭한다.

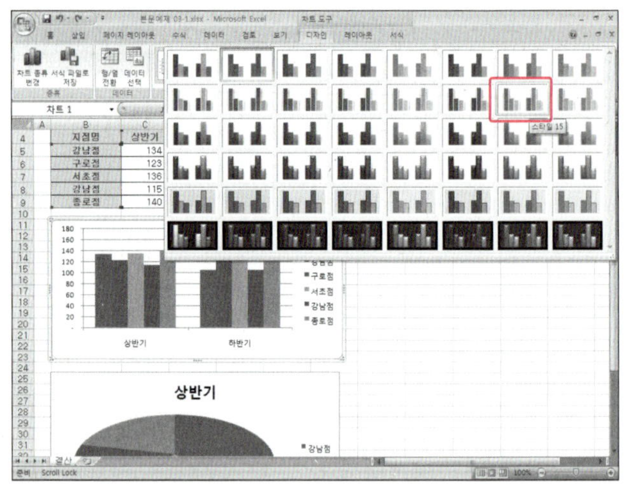

03 이번에는 [차트 도구]-[디자인] 탭의 [차트 레이아웃] 그룹에서 [자세히] 단추를 클릭한 후 [레이아웃 4]를 클릭하여 적용한다. 범례의 위치가 변경되고 데이터 막대 위쪽에 레이블 값이 표시되는 등 차트 레이아웃이 변경된다.

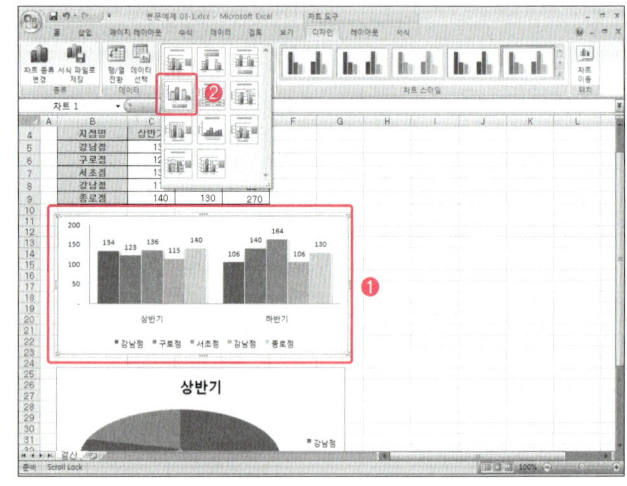

04 막대 차트가 선택되어 있는 상태로 [차트 도구]-[디자인] 탭의 [종류] 그룹에서 [차트 종류 변경]을 선택한 후 [차트 종류 변경] 대화상자가 열리면 [3차원 묶은 세로막대형] 차트를 선택하고 [확인]을 클릭한다.

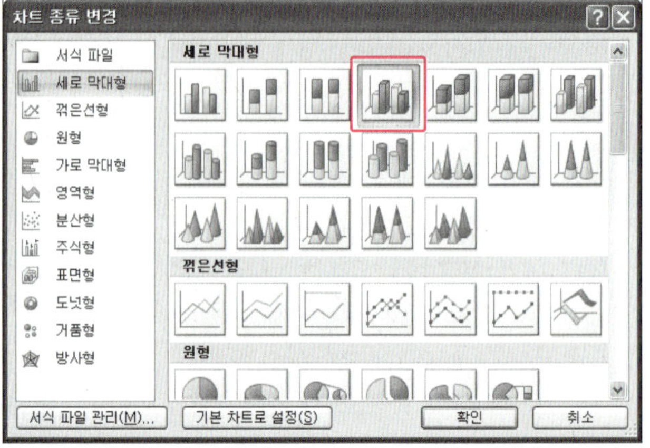

184

05 막대 차트의 레이아웃과 스타일
이 변경된다.

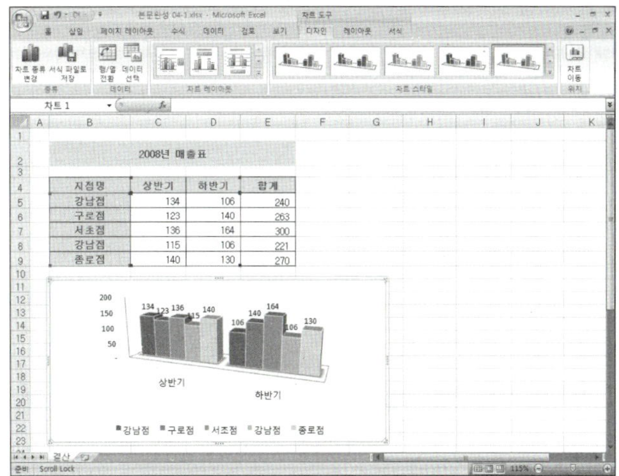

tip
차트 일부 수정
차트의 일부 데이터 계열만 변경을 할 때에는 변경하고자 하
는 계열만 따로 선택한 후 차트의 종류를 변경하면 된다.

06 원형 차트도 레이아웃과 스타일
을 선택하여 적용해 본다.

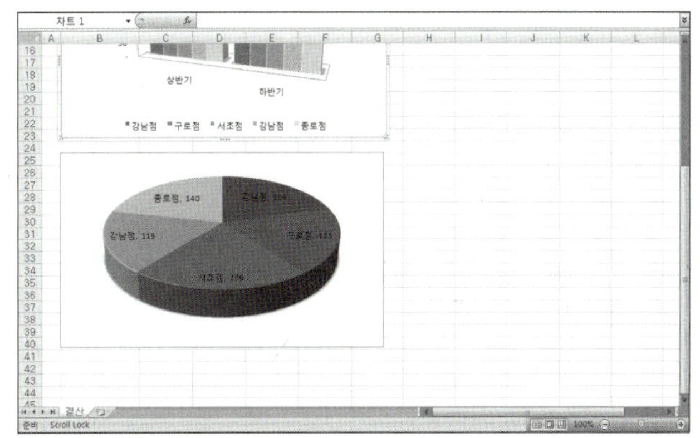

확인학습

◎ 준비 파일 : Chapter04/확인학습04-1
◎ 완성 파일 : Chapter04/완성파일/확인학습완성04-1

❶ [일기예보] 시트의 최고기온과 최저기온 데이터
를 이용해 '표식이 있는 꺾은선형' 차트를 작성하
시오.

❷ 차트의 레이아웃을 '레이아웃12'로 설정하고 스
타일은 '스타일 26'으로 설정하시오.

❸ [경진대회] 시트의 소속을 제외한 나머지 데이터
를 이용하여 '묶은 원통형 가로 차트'를 작성하고
행과 열을 바꾸시오.

❹ '묶은 원통형(가로)' 차트의 레이아웃을 '레이아
웃3'으로 변경하시오.

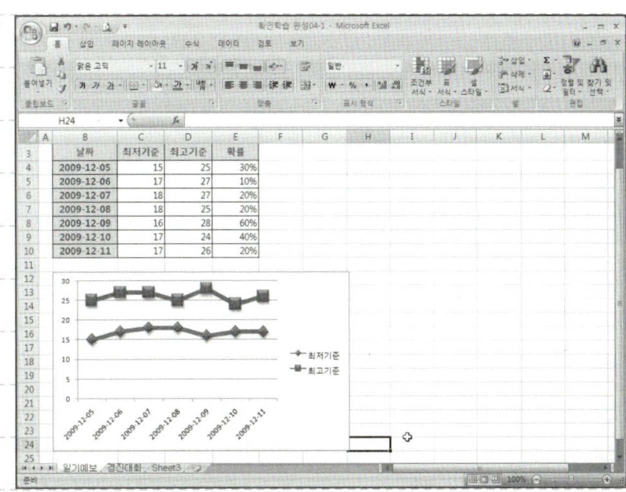

차트 레이아웃 편집

워밍업

◎ **준비 파일 :** Chapter04/본문예제04-2
◎ **완성 파일 :** Chapter04/완성파일/본문완성04-2
◎ **출제 포인트 :** 차트의 각 구성요소의 설정을 변경하는 방법

차트의 구성 요소

차트의 여러 구성 요소에 마우스 포인터를 가져가 잠시 기다리면 스크린 팁이 표시되어 마우스 포인터가 위치한 차트의 구성 요소의 명칭을 확인할 수 있다. 각 구성 요소를 편집하려면 정확한 위치 및 명칭을 파악해 두면 편리하다.

01 차트의 여러 구성 요소에 마우스 포인터를 가져가 스크린 팁을 확인하며 각 구성 요소의 위치와 명칭을 살펴보도록 한다.

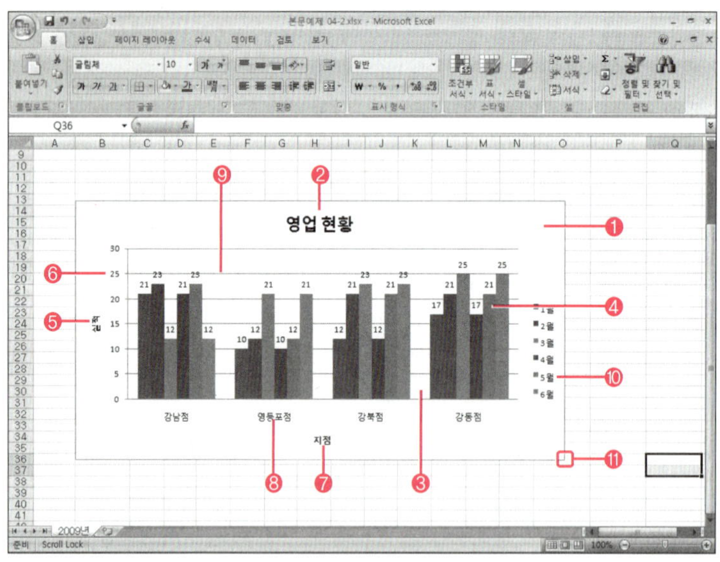

❶ 차트 영역 : 차트 전체를 나타낸다.

❷ 차트 제목 : 차트 제목을 표시한다.

❸ 그림 영역 : 선이나 막대가 있는 축으로 표시된 부분이다.

❹ 데이터 계열 : 데이터의 크기를 선이나 막대, 원 등 시각적으로 표시한 부분이다.

❺ 세로 (값) 축 제목 : 세로로 표시된 값의 제목을 나타낸다.

❻ 세로 (값) 축 : 세로로 표시된 데이터의 값을 나타낸다.

❼ 가로 (항목) 축 제목 : 가로로 데이터의 항목을 나타낸 축의 제목을 나타낸다.

❽ 가로(항목) 축 : 가로로 데이터의 항목을 나타낸다.

❾ 눈금선 : 축의 값을 표시한다.

❿ 범례 : 데이터 계열의 이름을 표시한다.

⓫ 크기 조절점 : 엑셀 2007에서는 차트 크기 조절점 모양이 이전 버전의 검정색 사각형 모양과는 달리 차트 영역 테두리에 점으로 표시된다. 이전 버전과 마찬가지로 차트를 클릭하면 총 8개의 테두리가 표시되며, 마우스로 드래그하여 차트의 크기를 줄이거나 늘릴 수 있다.

∷ 차트의 구성 요소 편집하기

빠른 레이아웃 메뉴를 사용하는 대신 [레이아웃] 탭의 메뉴를 사용하여 직접 설정하면 원하는 구성 요소만 설정하거나 편집이 가능하다.

01 차트가 선택된 상태로 [차트 도구]-[레이아웃] 탭의 [레이블] 그룹에서 [차트 제목]을 클릭하고 [차트 위]를 선택한다.

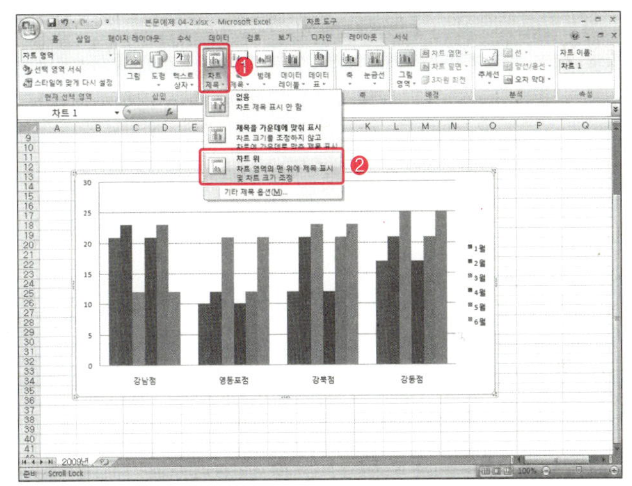

02 '차트 제목' 요소에 "영업 현황"이라는 제목을 입력한다.

03 차트 제목이 선택된 상태로 [차트 도구]-[서식] 탭의 [WordArt 스타일] 그룹에서 [자세히] 단추를 눌러 '그라데이션 채우기 – 강조4, 반사'를 선택한다.

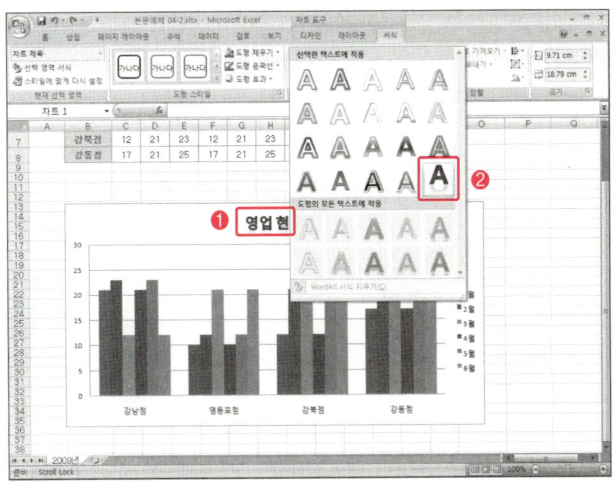

04 차트가 선택된 상태로 [차트 도구]-[레이아웃] 탭의 [레이블] 그룹에서 [축 제목]-[기본 가로 축 제목]-[축 아래 제목]을 선택한다.

05 차트 아래쪽에 '축 제목'이 생기면 "지점명"을 입력한다.

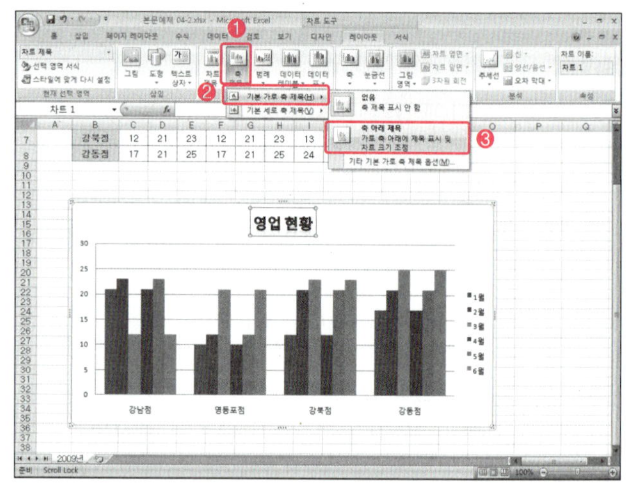

06 차트가 선택된 상태로 [차트 도구]-[레이아웃] 탭의 [레이블] 그룹에서 [축 제목]-[기본 세로 축 제목]-[세로 제목]을 선택하여 세로 축 제목을 삽입하고 "실적"을 입력한다.

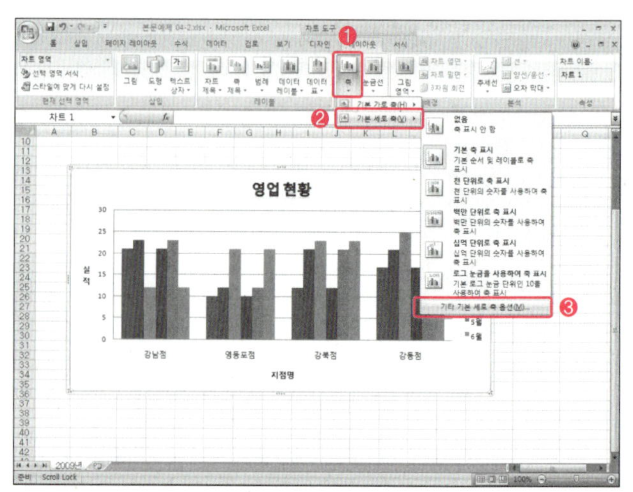

---

t i p

축 제목 선택 목록

• 없음 : 축 제목을 표시하지 않는다.
• 제목 회전 : 축 제목이 90도 회전된 상태로 나타난다.
• 세로 제목 : 축 제목이 세로 방향의 텍스트로 나타난다.
• 가로 제목 : 축 제목이 가로 방향의 텍스트로 나타난다.

07 차트가 선택된 상태로 [차트 도구]-[레이아웃] 탭의 [축] 그룹에서 [축]-[기본 세로 축]-[기타 기본 세로 축 옵션]을 선택한다.

08 [축 서식] 대화상자가 나타나면 [축 옵션]의 최대값을 '고정'으로 설정한 후 "32"라고 입력하고, 주 단위를 '고정'으로 설정한 후 "8"이라고 입력한다. [닫기]를 누르면 축의 눈금 단위가 변경된다.

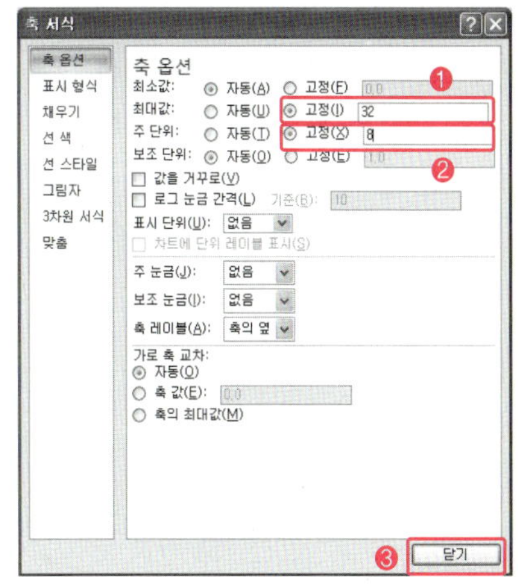

원형 차트의 구성 요소 편집하기

원형 차트는 일반 차트와는 구성 방법이 약간 다르다.

01 [데이터 레이블 서식] 대화상자의 [레이블 옵션] 탭에서 레이블 내용으로 '항목 이름'과 '백분율'을 선택하고 레이블 위치는 '안쪽 끝에'로 설정한 후 [닫기]를 클릭한다.

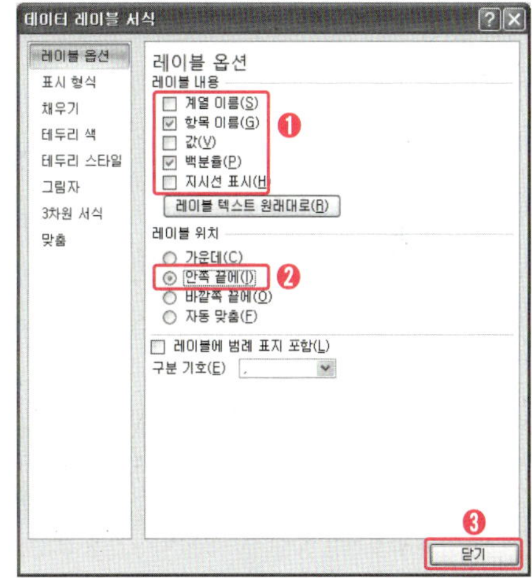

03 원형 차트가 선택된 상태로 [차트 도구]-[레이아웃] 탭의 [레이블] 그룹에서 [범례]-[없음]을 선택하여 범례를 삭제한다.

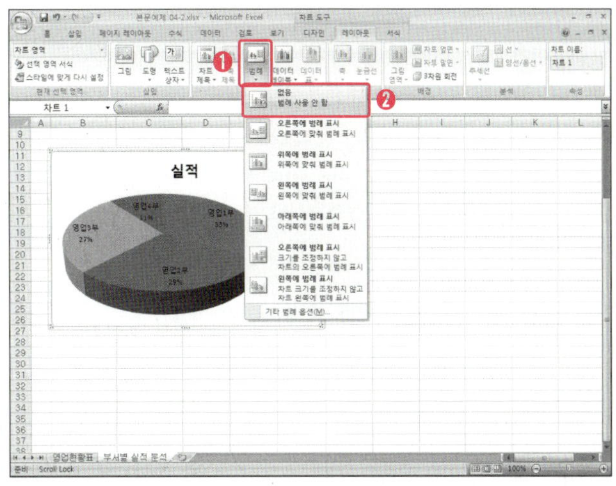

03 원형 차트가 선택된 상태로 [차트 도구]-[레이아웃] 탭의 [배경] 그룹에서 [3차원 회전]을 클릭하고 [차트 영역 서식] 대화상자가 나타나면 Y축을 '50', 원근감은 '30'으로 설정한다.

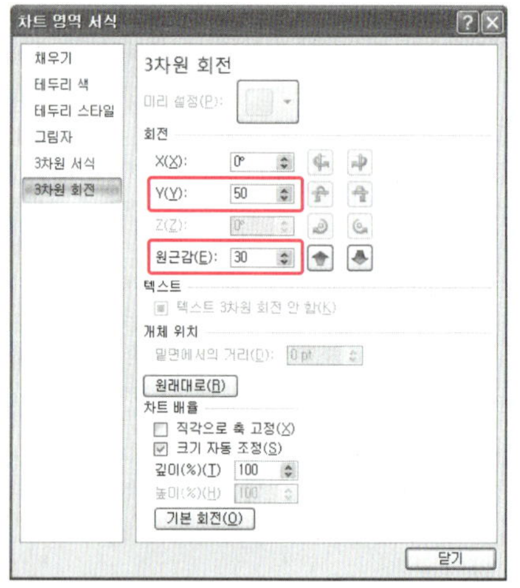

04 원형 차트의 데이터 계열을 클릭한 후 '영업2부' 계열을 한 번 더 클릭하여 한 조각이 선택되면 아래쪽으로 드래그하여 분리한다.

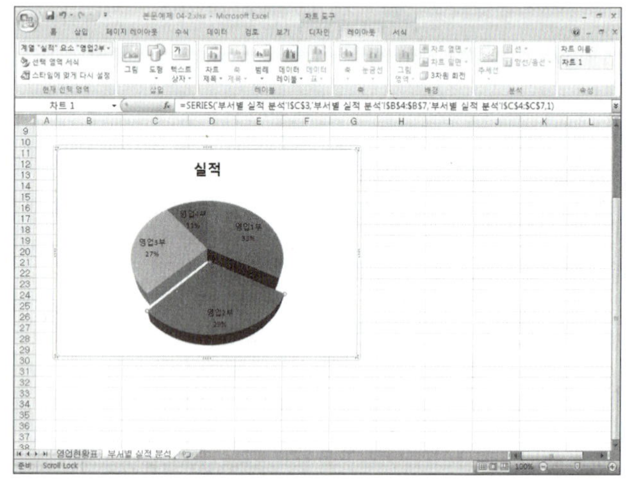

확인학습

◎ 준비 파일 : Chapter04/확인학습04-2
◎ 완성 파일 : Chapter04/완성파일/확인학습완성04-2

❶ 막대 차트의 스타일을 '스타일 26'으로 변경하시오.

❷ 막대 차트의 제목을 '1학기 성적'으로 차트 위쪽에 삽입하고 값 축 제목은 '점수'라는 가로 제목으로 지정한 후 범례의 위치를 아래로 설정하시오.

❸ 세로 축의 눈금 단위는 '25'로 설정하시오.

❹ 차트의 레이블 값은 삭제한 후 이효진의 기말고사 데이터만 데이터 막대 위에 '값'으로 표시되도록 설정하시오.

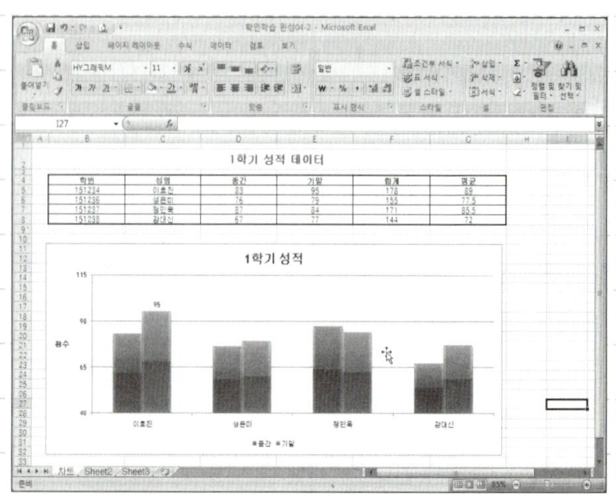

조건부 서식

워밍업

◎ **준비 파일** : Chapter04/본문예제04-3
◎ **완성 파일** : Chapter04/완성파일/본문완성04-3
◎ **출제 포인트** : 조건부 서식을 적용 또는 제거하는 방법

조건부 서식 지정하기

조건부 서식은 특정 조건을 만족하는 셀에 자동으로 지정된 서식을 적용하는 기능이다. 엑셀 2007 버전에서는 이전 버전에서보다 더 쉽고 다양하게 서식을 적용할 수 있게 되었다.

01 [K5:K33] 영역을 선택하고 [홈] 탭의 [스타일] 그룹에서 [조건부 서식]-[셀 강조 규칙]- '보다 큼' 을 선택한다.

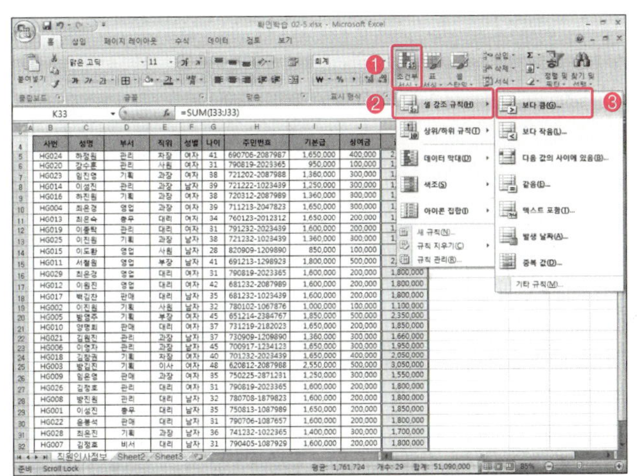

02 [보다 큼] 대화상자가 나타나면 왼쪽 칸에 "1,800,000"을 입력하고 적용할 서식은 '진한 녹색 텍스트가 있는 녹색 채우기' 를 선택한 후 [확인] 단추를 누르면 [K] 열에 조건부 서식이 적용된다.

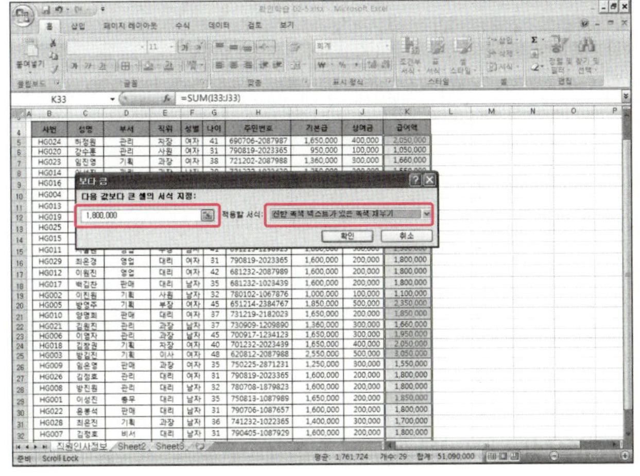

03 [J5:J33] 영역을 선택하고 [홈] 탭의 [스타일] 그룹에서 [조건부 서식]-[데이터 막대]- '주황 데이터 막대'를 선택한다.

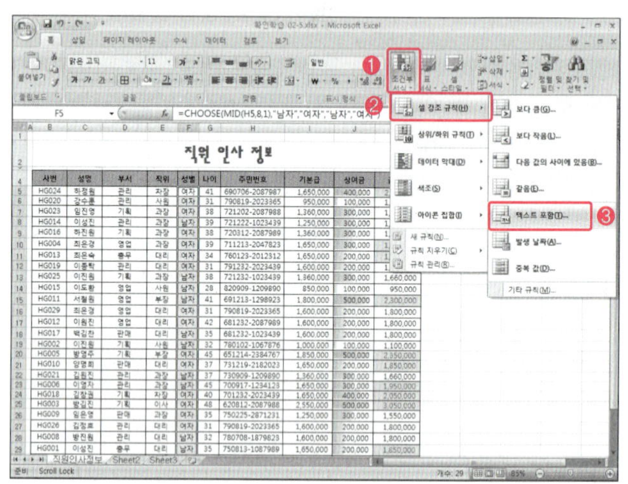

tip

데이터 막대

조건부 서식의 데이터 막대는 데이터의 크기에 따라 색상의 길이를 다르게 지정해 주는 기능이다.

04 [F5:F33] 영역을 선택하고 [스타일] 그룹에서 [조건부 서식]-[셀 강조 규칙]- '텍스트 포함'을 선택한다.

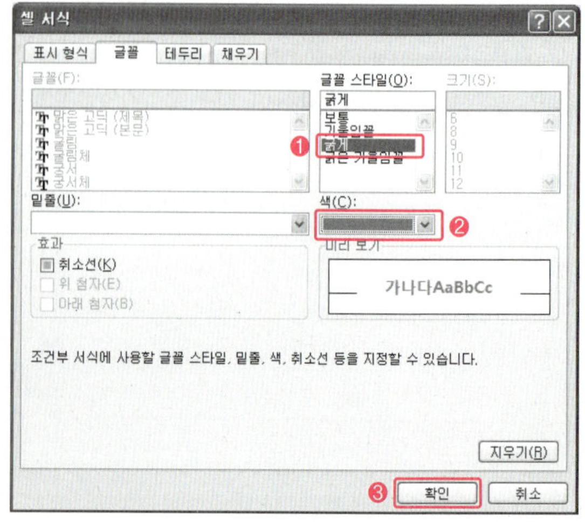

05 [텍스트 포함] 대화상자가 나타나면 '여자'를 입력하고 적용할 서식란에서 '사용자 지정 서식'을 선택한다.

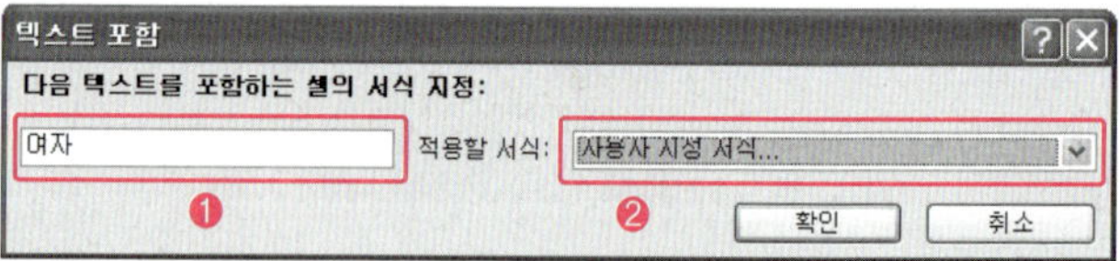

06 [셀 서식] 대화상자에서 글꼴 스타일은 '굵게', 색은 '빨강'을 지정한다.

07 같은 방법으로 '남자'를 입력할 경우 '굵게'와 '파랑' 글꼴 색이 적용되도록 설정한다.

:: 규칙 지우기

01 [F5:F33] 영역을 선택하고 [홈] 탭의 [스타일] 그룹에서 [조건부 서식]– [규칙 지우기]– '선택한 셀의 규칙 지우 기'를 선택한다.

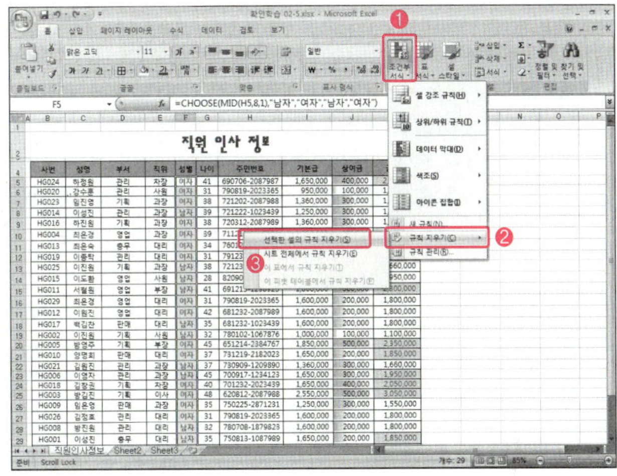

---

tip

시트 전체에서 규칙 지우기

[규칙 지우기]–[시트 전체에서 규칙 지우기]를 선택하면 시트 전체에 적용되어 있는 조건부 서식을 제거할 수 있다.

확인학습

◎ 준비 파일 : Chapter04/확인학습04-3
◎ 완성 파일 : Chapter04/완성파일/확인학습완성04-3

❶ 시트에 적용되어 있는 조건부 서식을 모두 제거하 시오.

❷ [C5:C14] 영역에 '3가지 모양' 아이콘 집합을 적용하시오.

❸ [D5:D14] 영역에 '빨강–노랑 색조' 효과를 적용하 시오.

❹ [D5:D14] 영역의 조건부 서식을 편집하여 최대 값을 '녹색'으로 변경하시오.

데이터 정렬 및 필터

워밍업

◎ **준비 파일 :** Chapter04/본문예제04-4
◎ **완성 파일 :** Chapter04/완성파일/본문완성04-4
◎ **출제 포인트 :** 데이터를 원하는 순서로 정렬하고 필터한다.

데이터베이스

데이터베이스란 대량의 데이터를 특정한 용도로 사용하기 위해 체계적으로 모아 놓은 집합체로 흔히 DB라고 부른다.

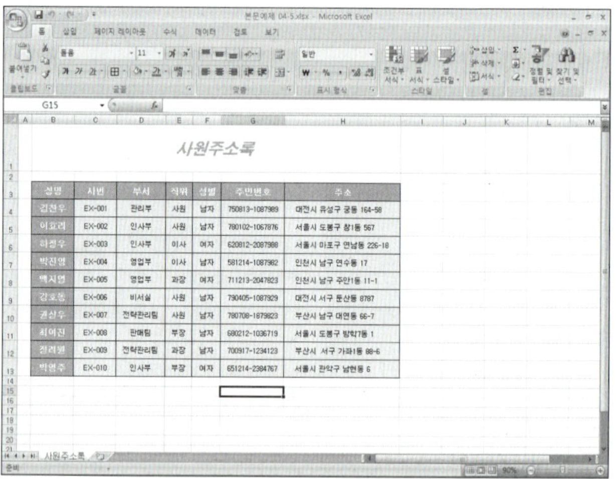

tip

데이터베이스의 구성

• 필드(Field) : 표를 구성하는 열 방향 데이터 모음으로, 같은 종류의 데이터로 구성한다.
• 필드명(Field Name) : 표의 첫 번째 행에 있는 항목 이름이다.
• 레코드(Record) : 행 방향으로 나열된 서로 관련 있는 필드가 모인 정보이다.
• 데이터베이스(DataBase) : 필드와 레코드 구조로 입력된 데이터 표이다.

데이터베이스의 구성 요건

• 필드의 첫 행에는 해당 필드를 대표하는 필드 이름이 있어야 한다.

• 필드명은 한 행에 입력해야 한다.

• 필드명에는 ". : ; – # ~ !" 등의 기호나 빈 칸과 연산자 등을 포함할 수 없다.

• 데이터베이스 중간에 빈 행이나 빈 열이 있어서는 안 된다.

• 하나의 필드에는 하나의 정보만 입력한다.

• 각각의 필드에는 같은 종류의 데이터를 입력한다.

• 필드는 병합하지 않는다.

• 데이터베이스와 관련 없는 데이터는 반드시 한 행, 한 열 이상을 띄워 입력한다.

:: 데이터 정렬

선택한 필드를 기준으로 오름차순과 내림차순의 일정한 기준으로 정렬할 수 있다.

01 성명 열의 임의의 셀을 선택한 후 [데이터] 탭의 [정렬 및 필터] 그룹에서 [텍스트 오름차순 정렬]을 클릭하여 정렬한다.

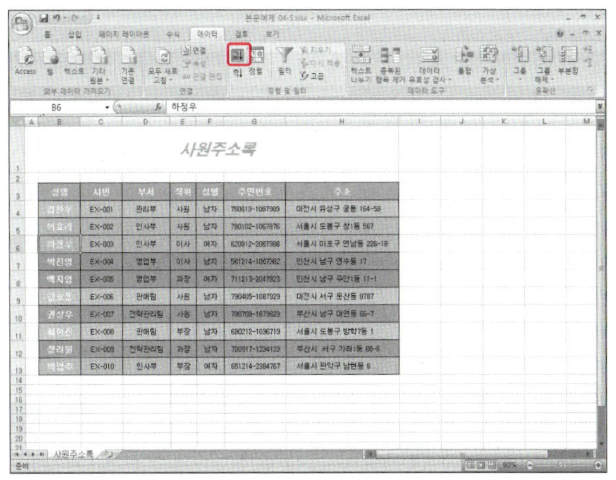

02 데이터가 입력된 임의의 셀이 선택된 상태로 [데이터] 탭의 [정렬 및 필터] 그룹에서 [정렬]을 클릭한다.

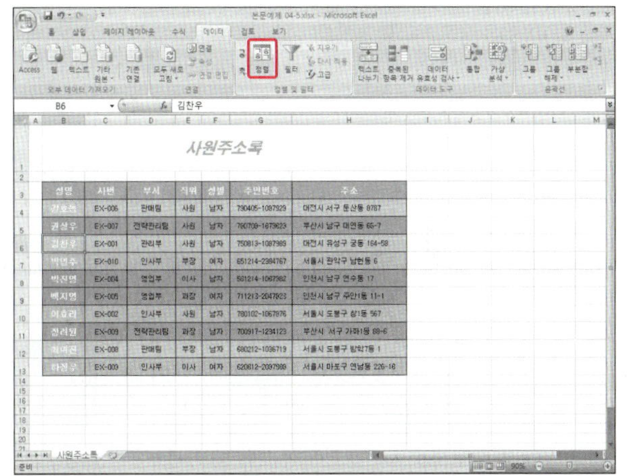

03 [정렬] 대화상자가 나타나면 열 정렬 기준을 '부서'로, 정렬 기준을 '셀 색'으로, 정렬은 원하는 색상으로 선택한다.

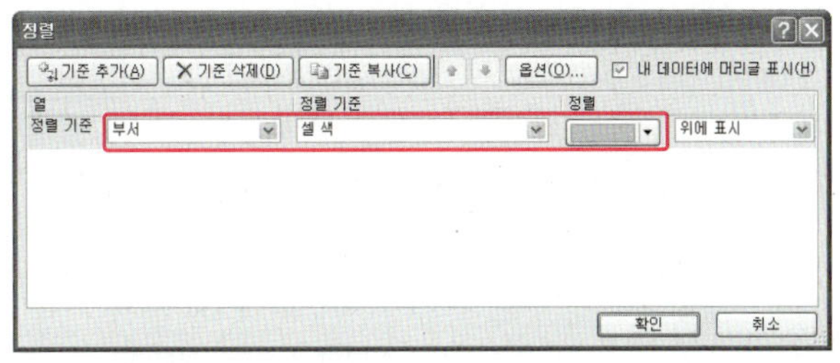

04 [기준 추가] 단추를 눌러 다음 기준을 작성한 후 [확인] 단추를 클릭한다.

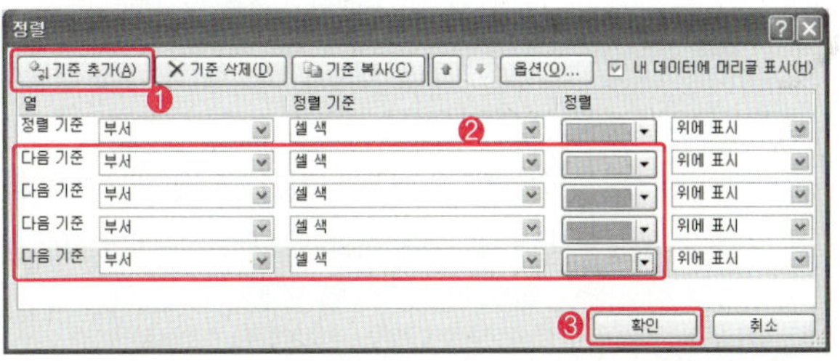

 [Office] 단추의 [Excel 옵션]을 클릭한 후 [사용자 지정 목록 편집] 단추를 클릭한다.

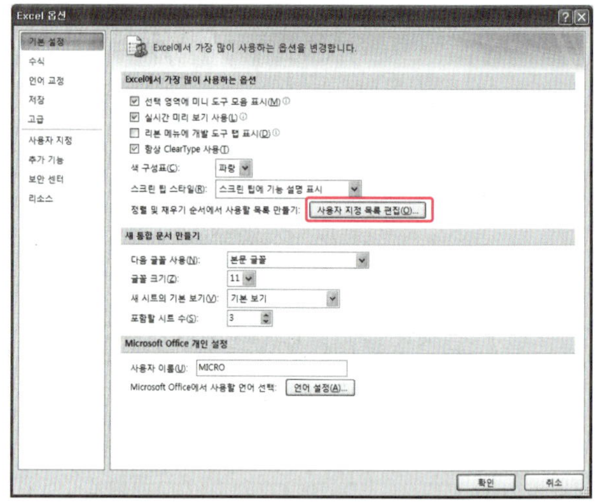

06 [사용자 지정 목록] 대화상자가 나타나면 목록 항목에 "이사", "부장", "과장", "사원"을 입력한 후 [추가] 단추를 눌러 사용자 지정 목록 창에 추가되면 [확인] 단추를 클릭한다. [Excel 옵션] 대화상자의 [확인]도 클릭하여 닫는다.

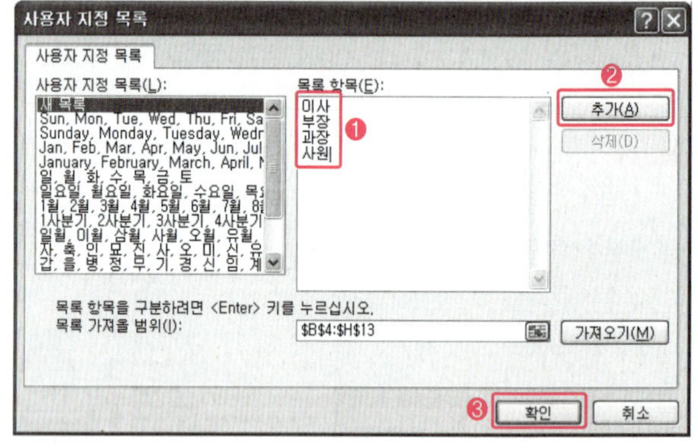

07 다시 [정렬] 대화상자를 열고 [기준 추가] 단추를 누른 후 다음 기준을 '직위'로, 정렬 기준은 '값'으로, 정렬은 '사용자 지정 목록'을 눌러 '이사, 부장, 과장, 사원'을 선택한 후 [확인] 단추를 클릭한다.

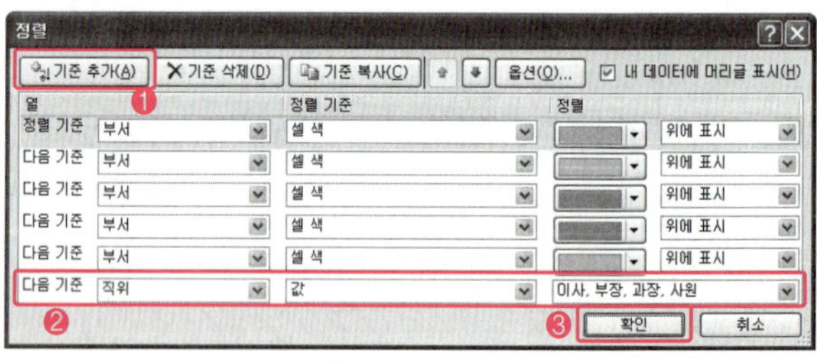

[정렬] 대화상자

- 기준 추가 : 정렬할 기준을 추가한다.
- 기준 삭제 : 선택한 기준을 삭제한다.
- 기준 복사 : 선택한 기준을 복사한다.
- 위로 이동/아래로 이동 : 선택한 정렬 기준의 순서를 설정한다. 이때 위쪽에서 아래쪽 순서로 정렬된다.
- 옵션 : 대/소문자 구분, 정렬 방향 옵션을 설정한다.
- 내 데이터에 머리글 표시 : 체크하면 정렬 기준의 필드 이름이 표시되며, 선택이 해제되어 있다면 필드 이름 대신 열 번호가 표시된다.

08 　부서 열이 색상별로 정렬되고, 같은 부서인 경우에는 '이사, 부장, 과장, 사원'의 순으로 정렬된다.

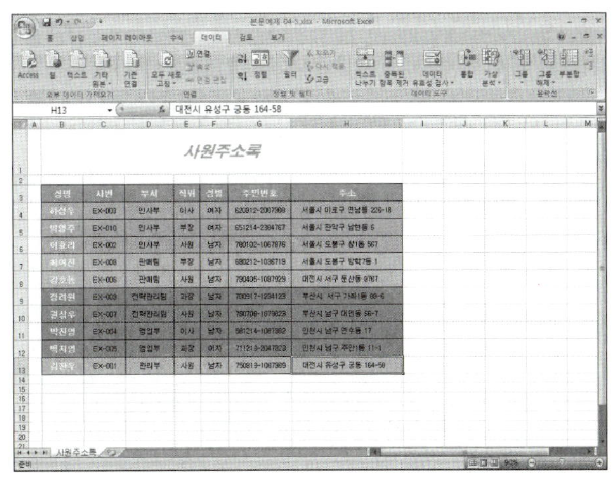

:: 데이터 필터

필터 기능으로 특정 조건에 맞는 레코드만 화면에 추출하여 남긴다.

01 　[데이터] 탭의 [정렬 및 필터] 그룹에서 [필터]를 클릭하여 필터링 단추가 표시되도록 한다.

02 　성별 열의 필터링 단추를 누르고 '여자'를 체크 해제하여 '남자' 데이터만 남도록 한다.

— **t i p** —

필터링 단추로 정렬하기

필터링 단추를 눌렀을 때 목록으로 표시되는 [텍스트 오름차순 정렬] 또는 [텍스트 내림차순 정렬]을 선택하여 필터링이 된 후에도 레코드를 정렬할 수 있다.

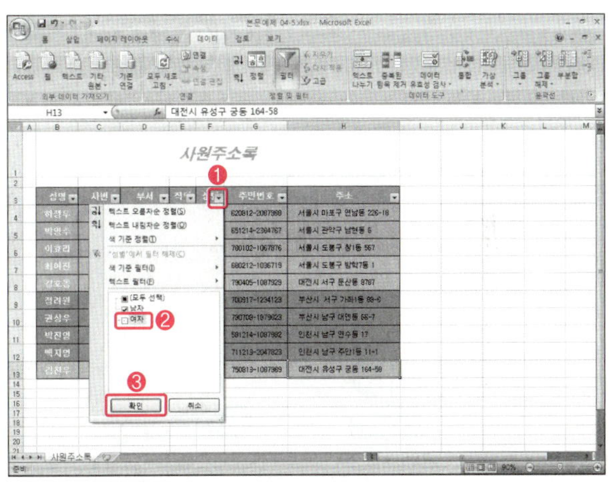

03 　주소 열의 필터링 단추를 누르고 [텍스트 필터]-[시작 문자]를 선택한다.

04 [사용자 지정 자동 필터] 대화상자가 나타나면 시작 문자를 각각 '서울시', '또는', '부산시'로 설정한 후 [확인] 단추를 클릭한다.

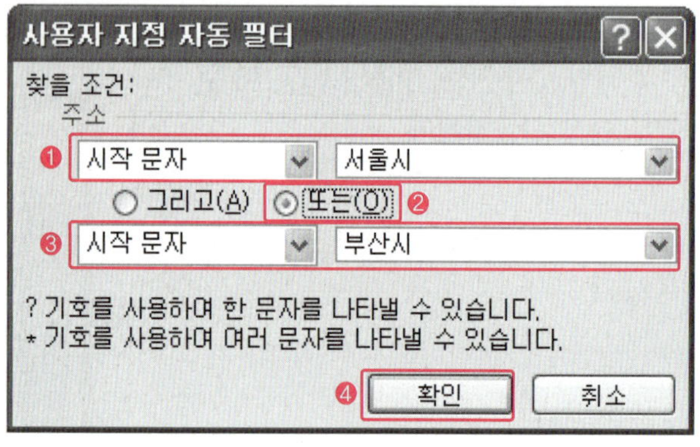

05 성별은 남자이고 주소는 서울시 또는 부산시인 사원만 나타난다.

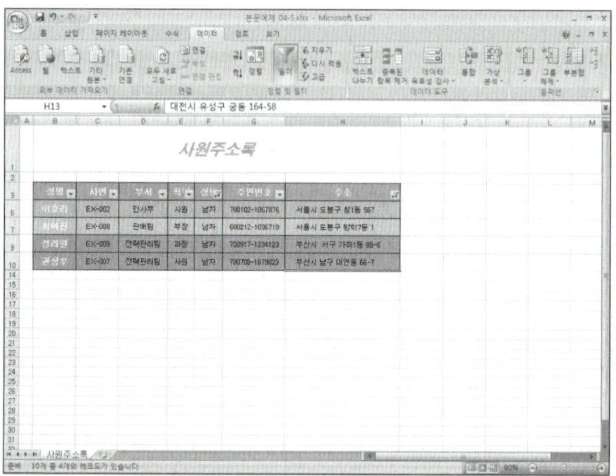

---

t i p

'그리고'와 '또는'

'그리고'를 선택하면 두 조건을 만족하는 레코드가 추출되고 '또는'을 선택하면 두 조건 중 하나만 만족해도 레코드가 추출된다.

확인학습

◎ 준비 파일 : Chapter04/확인학습04-4
◎ 완성파일 : Chapter04/완성파일/확인학습완성04-4

❶ 지점명을 기준으로 '내림차순' 정렬하시오.

❷ 평균값이 '20' 이상인 값만 화면에 표시되도록 설정하시오.

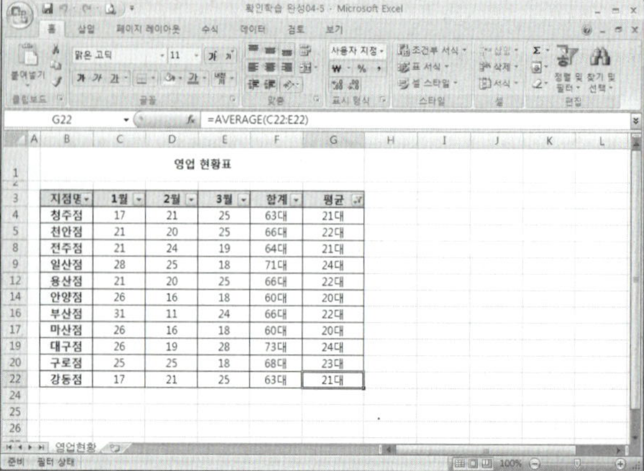

부분합 및 자동 윤곽

Word 프로그램을 실행하면 빈 새 문서가 열리지만 작업 중에 빈 새 문서를 준비하여 새로운 문서를 열고 새 작업을 할 수 있다.

워밍업

◎ **준비 파일** : Chapter04/본문예제04-5
◎ **완성 파일** : Chapter04/완성파일/본문완성04-5
◎ **출제 포인트** : 중복된 행을 찾아 쉽게 찾아 삭제하는 방법

:: 부분합

부분합은 데이터를 일정한 기준으로 그룹화한 후 해당 그룹에 포함된 레코드의 합계나 평균을 자동 계산해 요약해 주는 기능이다.

01 발행처 열의 임의의 셀을 선택한 후 [데이터] 탭의 [정렬 및 필터] 그룹에서 [텍스트 오름차순 정렬]을 클릭하여 정렬한다.

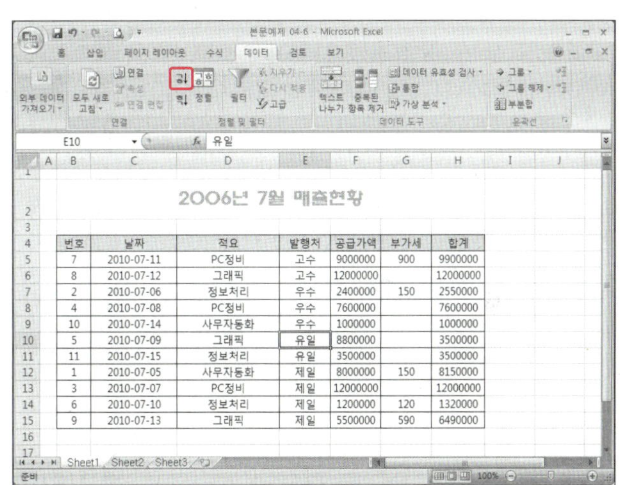

tip

주의하세요.
부분합 기능을 이용하려면 계산하려는 그룹의 필드를 미리 정렬해놓아야 한다.

02 [데이터] 탭의 [윤곽선] 그룹에서 [부분합]을 클릭한다.

03 [부분합] 대화상자가 나타나면 그룹화할 항목은 '발행처'를, 사용할 함수는 '합계'를, 부분합 계산 항목은 '공급가액'과 '합계'를 선택한 후 [확인] 단추를 클릭한다.

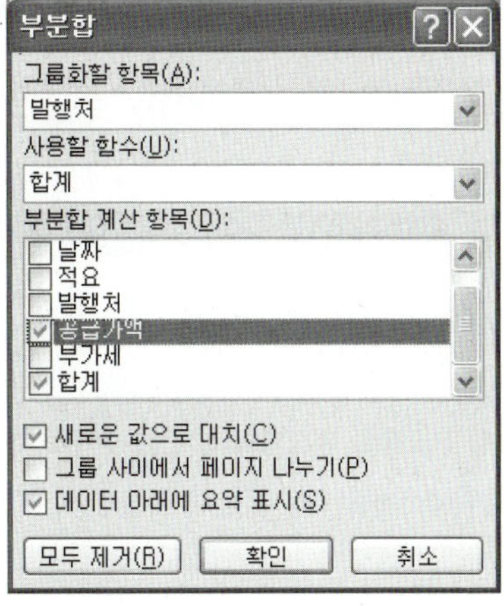

04　발행처를 기준으로 부분합된 데이터가 나타난다.

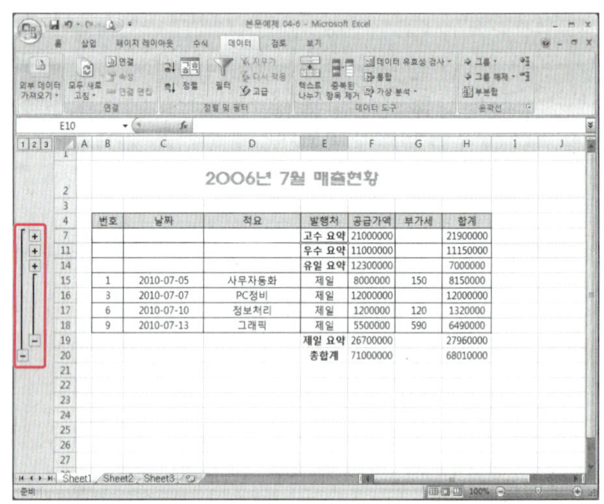

윤곽 조정

01　왼쪽 화면의 [−]를 클릭하여 제일대학교의 세부 내용만 표시하고 나머지는 요약행만 표시되도록 한다.

◎ 준비 파일 : Chapter04/확인학습04-5
◎ 완성파일 : Chapter04/완성파일/확인학습완성04-5

❶ 급여결제장 데이터의 직급별로 '급여액의 평균'과 '공제액의 평균'을 구하시오.

❷ 직급별로 '지급액의 합계'를 추가로 계산하고 '과장'의 세부 항목만 표시되도록 하시오.

입사년도	직급	성명	총급여	공제액	지급액
	부장 요약				5,032,780
	부장 평균		2,984,000	467,610	
2000/03/23	과장	최진우	2,515,000	390,225	2,124,775
2000/08/25	과장	이미례	2,593,000	403,095	2,189,905
2000/11/12	과장	박진영	2,460,000	381,150	2,078,850
	과장 요약				6,393,530
	과장 평균		2,522,667	391,490	
	대리 요약				7,693,325
	대리 평균		2,273,750	350,419	
	사원 요약				6,923,455
	사원 평균		2,043,250	312,386	
	수습 요약				2,901,860
	수습 평균		1,708,000	257,070	
	총합계				28,944,950
	전체 평균		2,281,333	351,670	

chapter 05

공동작업 및 데이터 보호

메모 삽입과 편집

워밍업

◎ **준비 파일** : Chapter05/본문예제05-1
◎ **완성 파일** : Chapter05/완성파일/본문완성05-1
◎ **출제 포인트** : 메모를 삽입하거나 편집하는 방법

메모 삽입

메모는 선택한 셀의 부연 설명이나 참고 사항을 표시할 수 있다.

01 [B2] 셀을 선택하고 [검토] 탭의 [메모] 그룹에서 [새 메모]를 클릭한다.

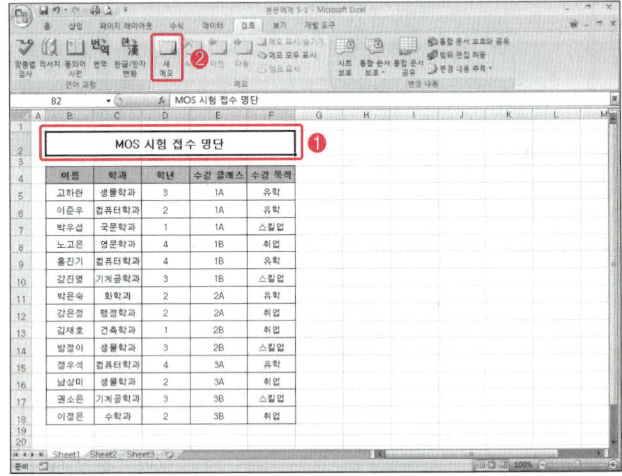

> **tip**
>
> **이렇게 해도 됩니다.**
> 셀을 선택하고 마우스 오른쪽 단추를 클릭하여 [메모 삽입]을 선택해도 된다.

02 [메모] 대화상자가 나타나면 "개강일 일주일 전까지 접수"라고 입력한 후 크기와 위치를 조정한다.

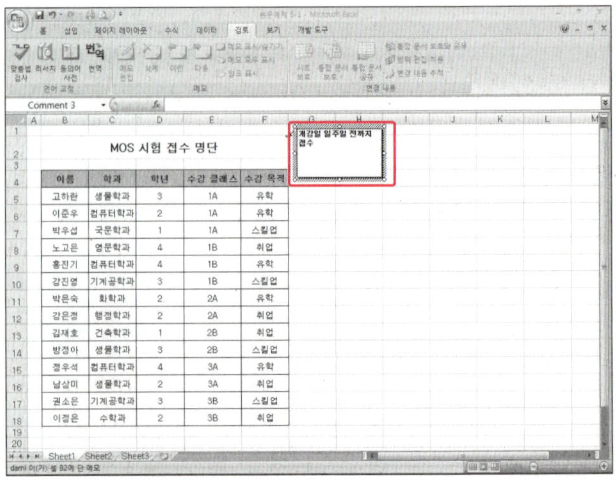

03 메모 바깥쪽 임의의 셀을 클릭하면 메모가 삽입된 셀의 오른쪽 위에 빨간색 표식이 나타난다. 메모가 삽입된 셀에 마우스를 위치시키면 메모가 표시된다.

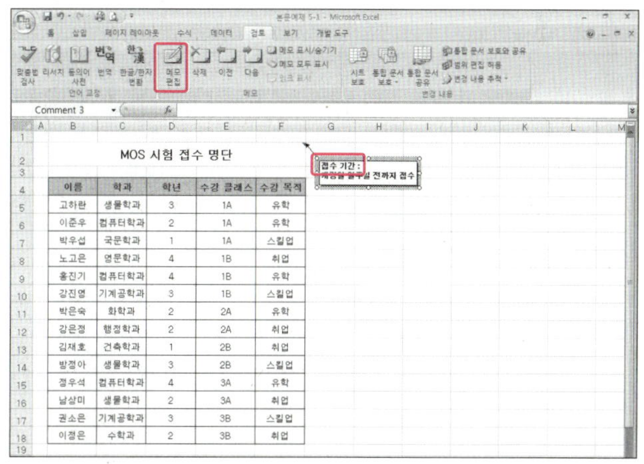

메모 편집

01 [B2] 셀을 선택하고 [검토] 탭의 [메모] 그룹에서 [메모 편집]을 클릭하여 메모 편집 상태가 되면 메모 앞에 "접수 기간 :"이라고 입력한다.

02 [B2] 셀을 선택하고 [검토] 탭의 [메모] 그룹에서 [메모 표시/숨기기]를 클릭하면 메모가 삽입된 셀을 선택하지 않아도 화면에 메모가 표시된다.

◎ 준비 파일 : Chapter05/확인학습05-1
◎ 완성 파일 : Chapter05/완성파일/확인학습완성05-1

❶ 시트에 삽입된 메모를 삭제하시오.

❷ [E4] 셀에 "상반기와 하반기의 합계"라는 메모를 삽입하고 항상 표시되도록 설정하시오.

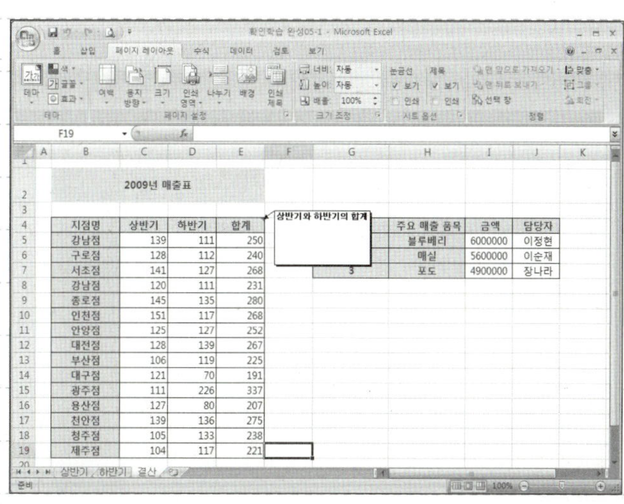

워크시트/통합 문서 보호 및 공유 설정

워밍업

◎ **준비 파일** : Chapter05/본문예제05-2
◎ **완성 파일** : Chapter05/완성파일/본문완성05-2
◎ **출제 포인트** : 시트 및 통합 문서를 보호하고 공유를 설정

시트 보호

시트 보호는 워크시트의 내용을 함부로 편집할 수 없도록 설정하는 기능이다.

01 [홈] 탭의 [셀] 그룹에서 [서식]-[시트 보호]를 선택한다.

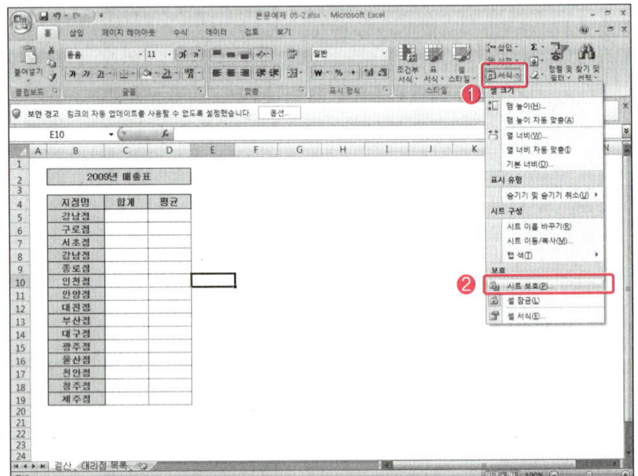

tip

이렇게 해도 됩니다.
[검토] 탭의 [변경 내용] 그룹에서 [시트 보호] 명령을 선택해도 된다.

02 [시트 보호] 대화상자가 나타나면 '시트 보호 해제 암호'를 입력한 후 [확인]을 클릭한다. 잘못 입력하거나 암호를 잊어버리지 않도록 주의한다.

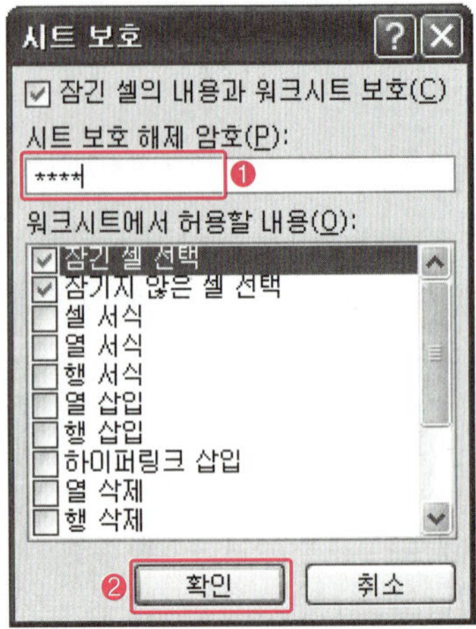

03 [암호 확인] 대화상자에 동일한 암호를 한 번 더 입력한 후 [확인] 단추를 클릭한다.

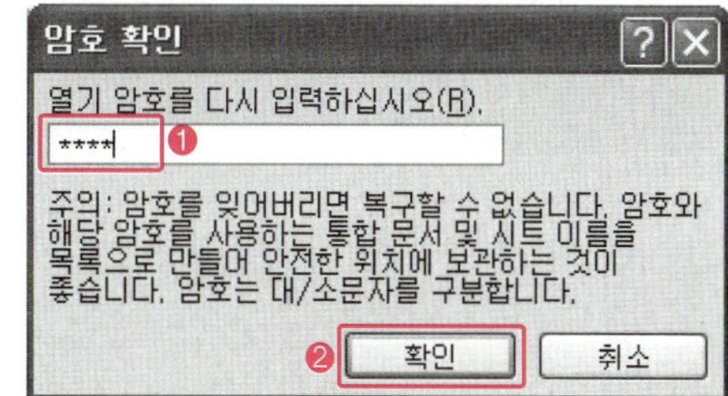

 [시트 보호] 대화상자

- 잠긴 셀의 내용과 워크시트 보호 : 셀 잠김이 설정되어 있는 셀과 워크시트를 보호한다.
- 시트 보호 해제 암호 : 시트 보호를 해제할 때 필요한 암호를 설정한다.
- 워크시트에서 허용할 내용 : 시트 보호 후 편집을 허용할 항목만 체크한다.

04 이제 시트에 데이터를 입력하면 오류 메시지가 표시된다.

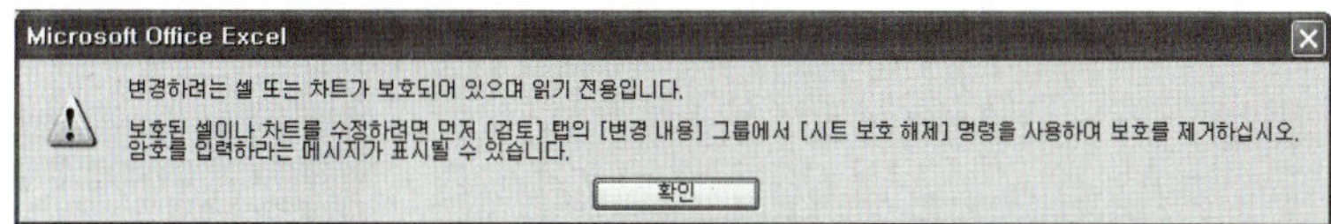

05 [홈] 탭의 [셀] 그룹에서 [서식]-[시트 보호 해제]를 선택한 후 [시트 암호 해제] 대화상자에 암호를 정확하게 입력하고 [확인] 단추를 클릭하면 시트 보호 기능이 해제되어 시트 편집이 가능하다.

∷ 범위 편집 허용

특정 셀 범위에만 시트 보호를 적용할 수 있다.

01 [C5:D19] 영역을 선택한 후 [검토] 탭의 [변경 내용] 그룹에서 [범위 편집 허용]을 선택하고 [범위 편집 허용] 대화상자가 나타나면 [새로 만들기]를 클릭한다.

02 [새 범위] 대화상자가 나타나면 설정 내용을 확인하고 [확인] 단추를 클릭한다.

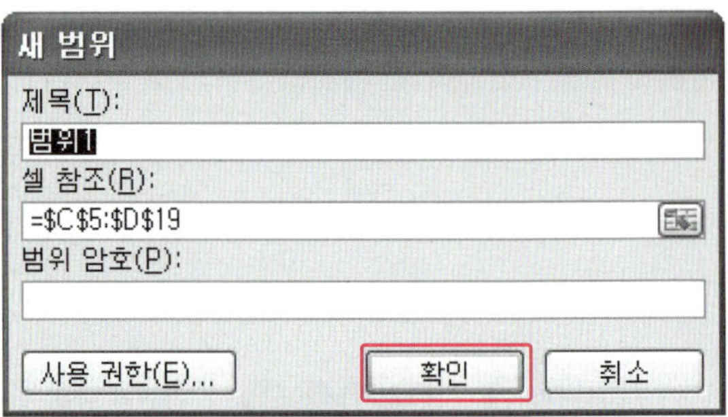

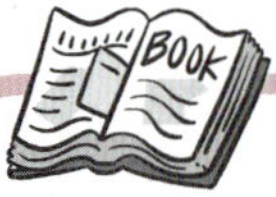

[새 범위] 대화상자

- 제목 : 입력하거나 생략한다.
- 셀 범위 : 범위를 허용할 셀 범위를 지정한다.
- 범위 암호 : 범위 편집을 허용할 암호를 설정하거나 생략한다. 범위 암호를 설정하면 암호를 아는 사용자만 지정된 셀 범위를 편집할 수 있다.

03 [범위 편집 허용] 대화상자가 다시 열리면 [시트 보호] 단추를 클릭하고 [확인] 단추를 누른다. 이제 [C5:D19] 영역만 편집 가능한 상태가 된다.

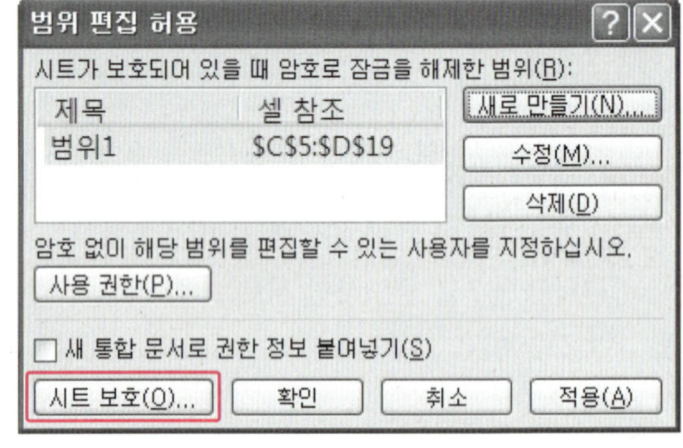

tip

범위 편집 허용 기능 해제

범위 편집 허용 기능을 해제하려면 시트 보호 기능을 해제할 때와 마찬가지로 [홈] 탭의 [셀] 그룹에서 [서식]-[시트 보호 해제]를 선택한다.

:: 통합 문서 보호

01 [Office] 단추를 클릭하고 [다른 이름으로 저장]을 클릭한다.

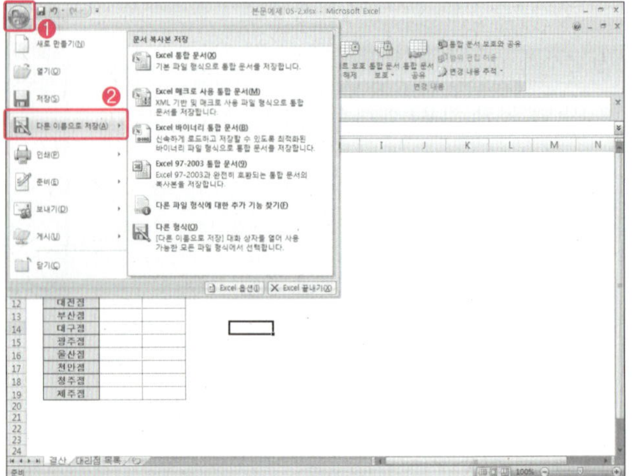

02 [다른 이름으로 저장] 대화상자
가 나타나면 [도구]–[일반 옵션]을 선택
한다.

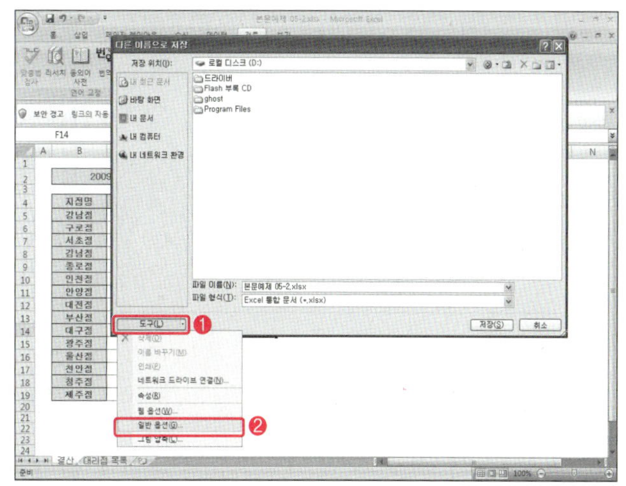

03 [일반 옵션] 대화상자에 [열기 암호]와 [쓰기 암호]를 입력
하고 [확인] 단추를 클릭한 후, 열기 암호와 쓰기 암호를 한 번씩 더
입력하고 [저장] 단추를 클릭한다.

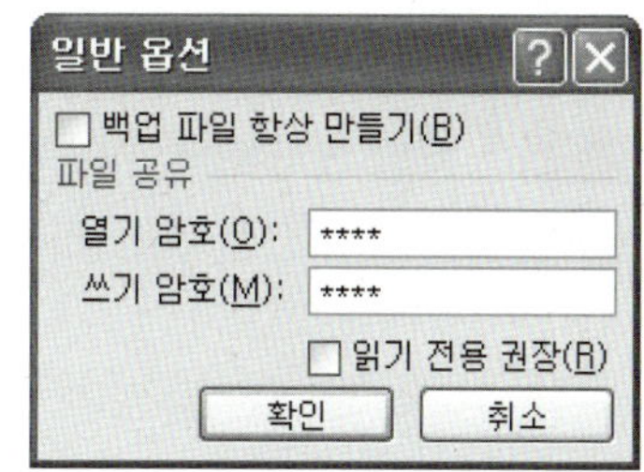

∷ 통합 문서 공유 설정

통합 문서 공유는 여러 사람이 동시에 편집할 수 있도록 하는 기능이다.

01 [검토] 탭의 [변경 내용] 그룹에서 [통합
문서 공유]를 클릭한다.

02 [통합 문서 공유] 대화상자의 [편집] 탭
에서 '여러 사용자가 동시에 변경할 수 있으며
통합 문서 병합도 가능'을 체크한다.

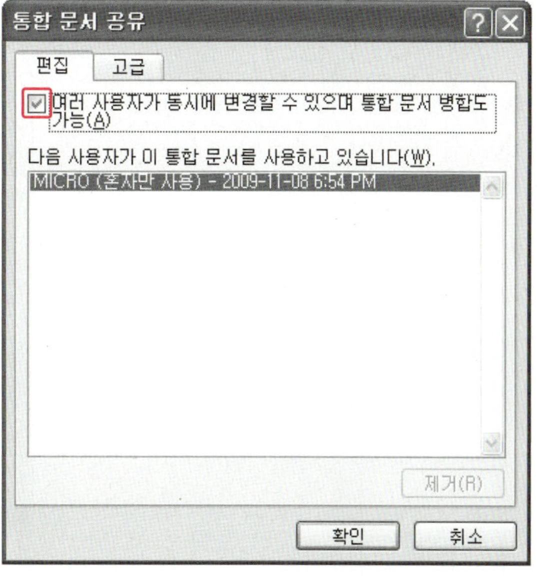

03 [고급] 탭을 클릭하고 '자동 업데이트 간격'을 선택한 후 '10' 분으로 설정하고 [확인] 단추를 클릭한다.

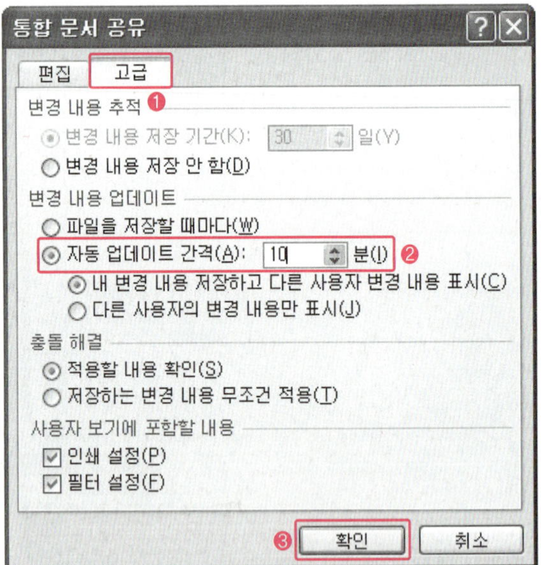

04 확인 메시지가 나타나면 [확인] 단추를 클릭한다.

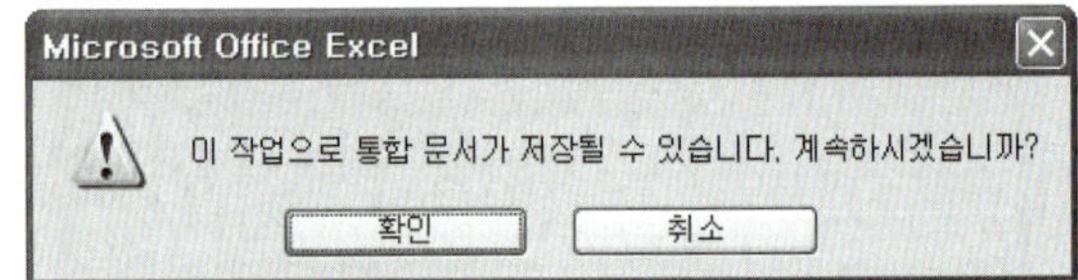

◎ 준비 파일 : Chapter05/확인학습05-2
◎ 완성 파일 : Chapter05/완성파일/확인학습완성05-2

❶ [F5:H15] 영역만 편집이 가능하도록 시트를 보호하시오.

❷ 통합 문서의 열기와 쓰기 암호를 "pass"로 설정하시오.

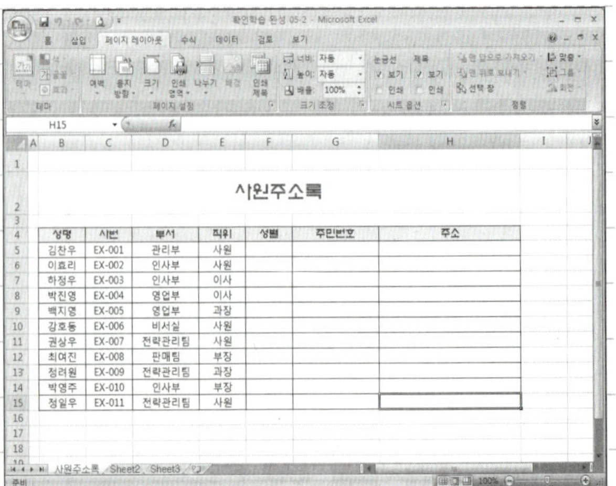

208

통합 문서 배포 준비

워밍업

◎ **준비 파일** : Chapter05/본문예제05-3
◎ **완성 파일** : Chapter05/완성파일/본문완성05-3
◎ **출제 포인트** : 문서를 배포하기 전에 준비할 수 있는 기능

문서 검사

01 [Office] 단추를 클릭하여 [준비]-[문서 검사]를 선택한 후 저장 확인 메시지 창이 나타나면 [예]를 클릭한다.

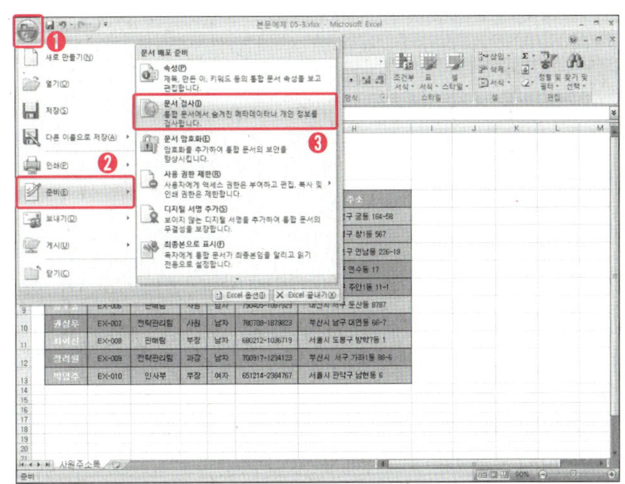

02 [문서 검사] 대화상자의 검사할 항목을 확인한 후 [검사]를 클릭한다.

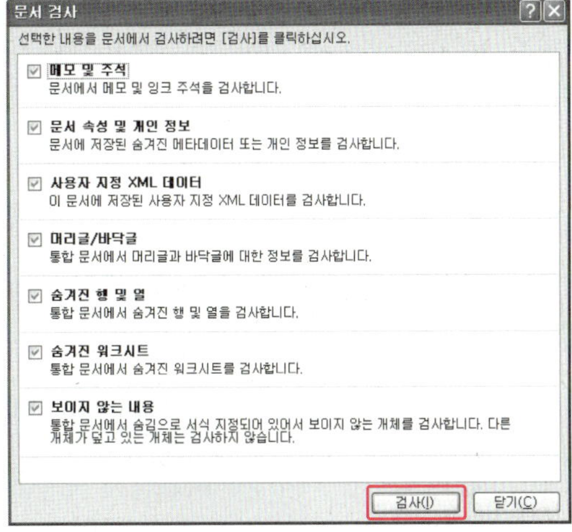

03　검사가 완료되고 검사 결과가 나타나면 변경된 항목에 빨강색의 느낌표(!)가 표시된다. 이 중에서 "문서 속성 및 개인 정보"의 [모두 제거]를 클릭한 후 [닫기] 단추를 클릭한다.

최종본으로 표시

다른 사용자와 공유하기 전에 통합 문서를 최종본으로 표시하여 읽기 전용으로 설정하면 문서가 변경되는 것을 막을 수 있다.

01　[Office] 단추를 클릭하여 [준비]-[최종본으로 표시]를 선택한 후 저장 확인 메시지 창이 나타나면 [확인] 단추를 클릭한다.

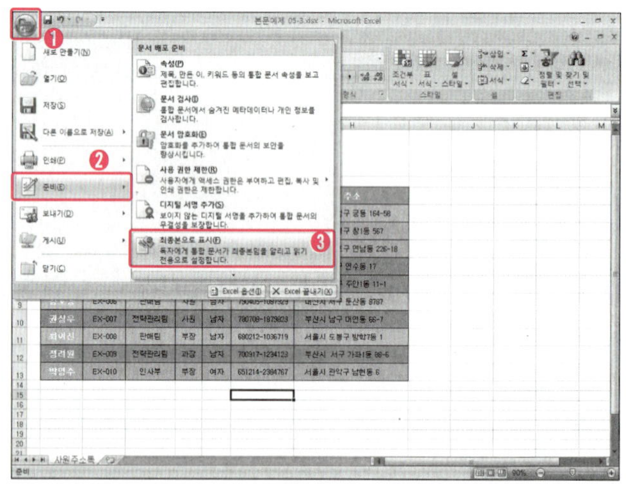

02　문서가 최종본으로 표시되었다는 메시지가 표시되면 [확인] 단추를 클릭한다.

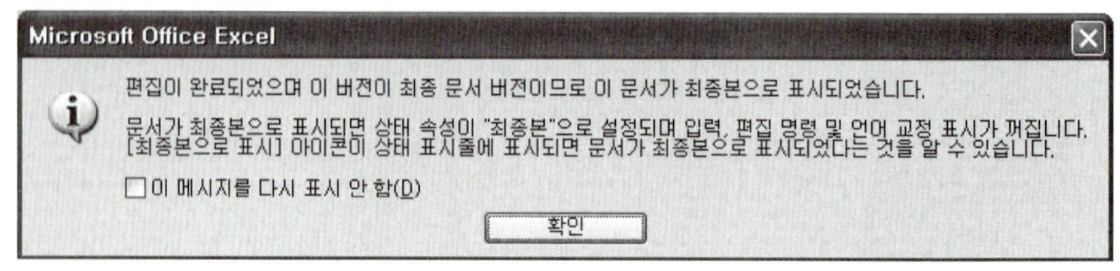

03 문서의 제목 표시줄에 [읽기 전용]이 표시되고, 상태 표시줄 왼쪽에는 '최종본' 임을 알리는 아이콘(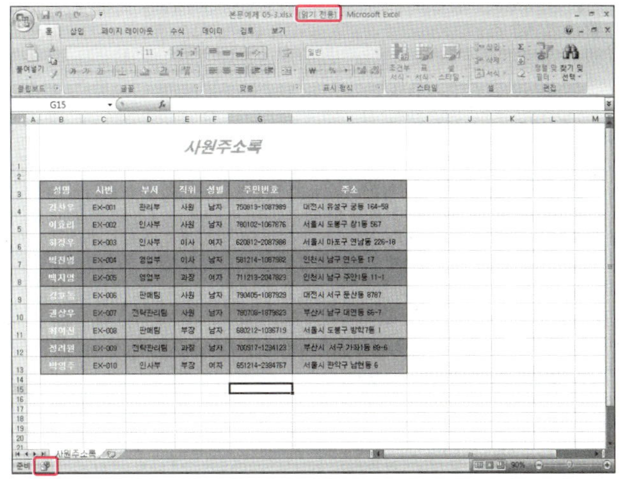)이 표시된다.

◎ 준비 파일 : Chapter05/확인학습05-3
◎ 완성 파일 : Chapter05/완성파일/확인학습완성05-3

❶ 문서를 검사하여 머리글과 바닥글을 모두 제거하시오.

❷ 문서를 최종본으로 표시하시오.

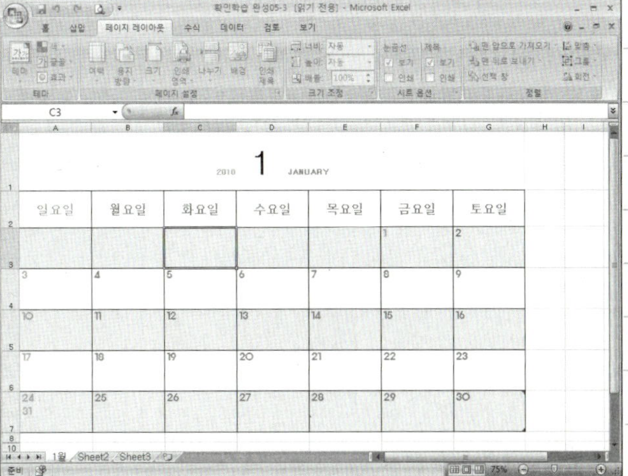

통합 문서 저장

워밍업

◎ **준비 파일** : Chapter05/본문예제05-4
◎ **완성 파일** : Chapter05/완성파일/본문완성05-4
◎ **출제 포인트** : 문서의 호환성을 검사하고 다양한 방법으로 저장하는 기능

호환성 검사 실행

통합 문서를 이전 버전의 엑셀에서 열 경우 특정 기능이나 일부 문서 내용을 잃게 될 수 있다. 이러한 호환성 문제가 없는지 확인하는 기능이 있다.

01 [Office] 단추를 클릭하여 [준비]-[호환성 검사 실행]을 선택한다.

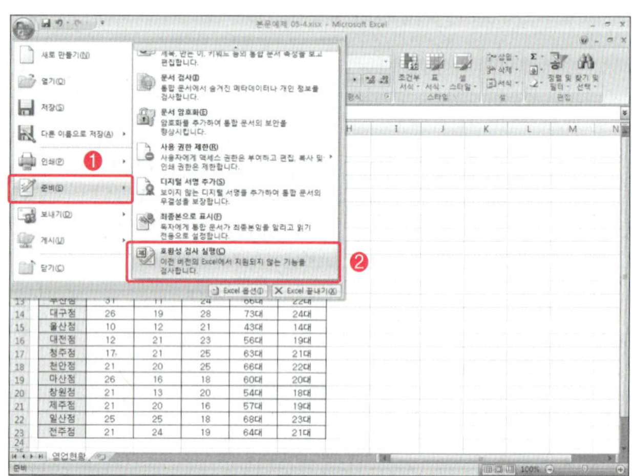

02 [호환성 검사] 대화상자가 나타나면 [요약]에 표시된 보고서를 별도의 워크시트로 만들기 위해 [새 시트에 복사]를 클릭한다.

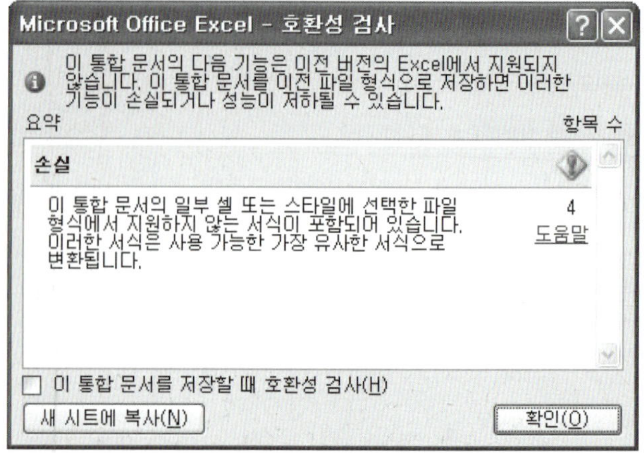

03 검사 결과 내용이 표시된 새 워크시트가 열린다.

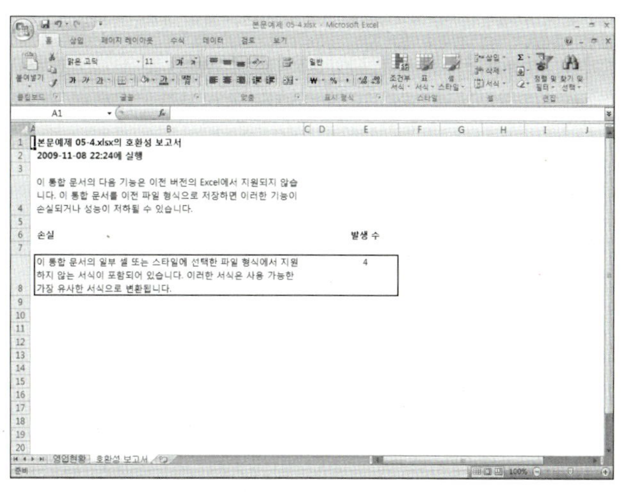

이전 버전으로 저장

엑셀 2007의 확장자는 xlsx이고 확장자가 xls인 이전 버전의 프로그램에서는 열 수가 없다. 이전 버전에서도 2007 버전에서 작성된 파일을 열기 위해서는 파일 형식을 바꾸어 저장한다.

01 [Office] 단추를 클릭하고 [다른 이름으로 저장]의 'Excel 97-2003 통합 문서'를 선택한다.

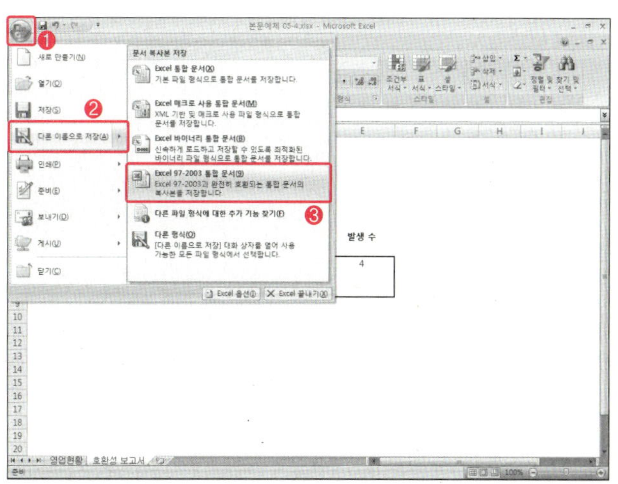

02 [다른 이름으로 저장] 대화상자가 나타나면 저장 위치와 파일 이름 등을 변경하고 [저장] 단추를 클릭한다.

03 [호환성 검사] 대화상자가 나타나면 [계속]을 클릭한다.

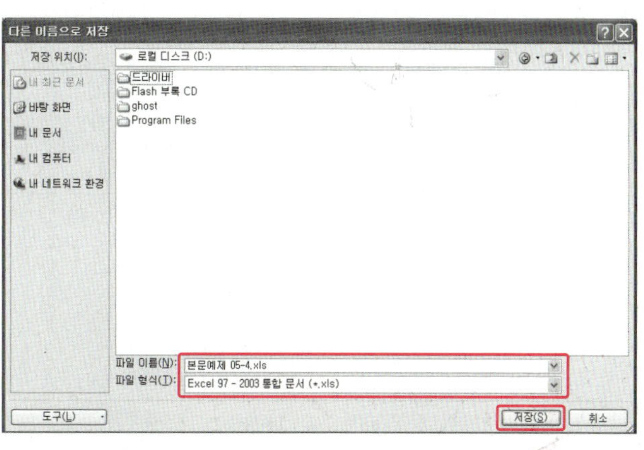

서식 파일로 저장

통합 문서에 포함된 서식을 저장한 파일을 의미한다.

01 [Office] 단추를 클릭하고 [다른 이름으로 저장]을 선택하여 대화상자가 나타나면 [파일 형식]을 'Excel 서식 파일'로 선택한다.

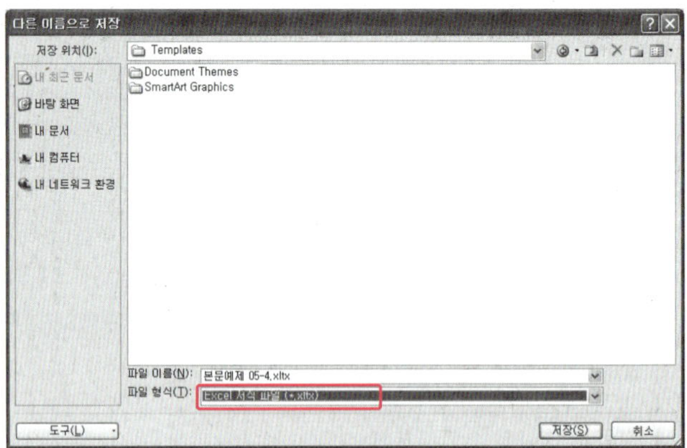

02 파일 형식을 [Excel 서식 파일]로 선택하면 저장 위치가 [Template] 폴더로 변경된다. [저장] 단추를 클릭한다.

◎ 준비 파일 : Chapter05/확인학습05-4
◎ 완성 파일 : Chapter05/완성파일/확인학습완성05-4

❶ 통합 문서를 '대리점 목록'이라는 이름의 서식 파일로 기본 폴더에 저장하시오.

❷ 통합 문서의 호환성을 검사하여 새 워크시트에 표시하시오.

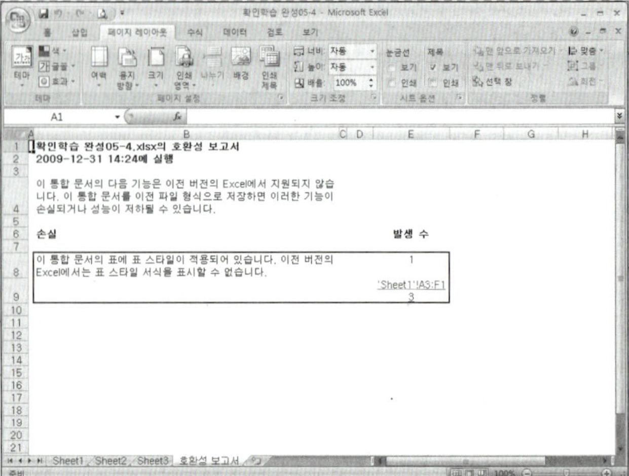

MOS
Excel
2007
모의고사

MOS Excel 2007 모의고사 ❶

모의 1-01 다음 작업을 완료하시오.

- **준비 파일** : 모의고사01/모의고사01-01
- **완성 파일** : 모의고사01/완성파일/모의고사완성01-01

❶ 워크시트를 '130%' 배율로 표시하시오.
❷ 통합 문서를 최종본으로 표시하고 배포 준비를 하시오.

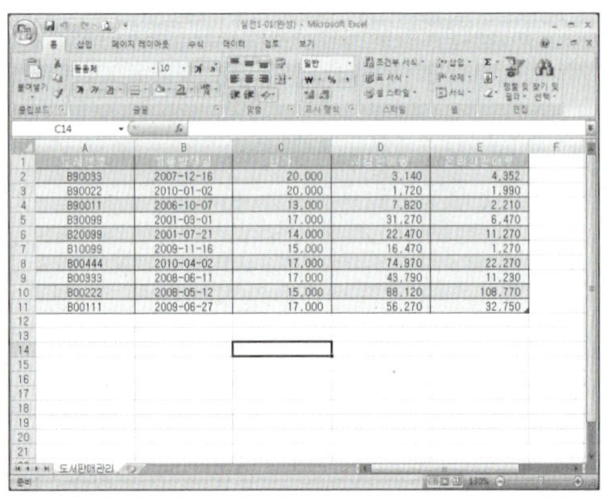

모의 1-01 다음 작업을 완료하시오.

- **준비 파일** : 모의고사01/모의고사01-02
- **완성 파일** : 모의고사01/완성파일/모의고사완성01-02

❶ 워크시트에 '풍요' 테마와 '보자기' 글꼴을 적용하시오.
❷ 메모를 삭제하시오.

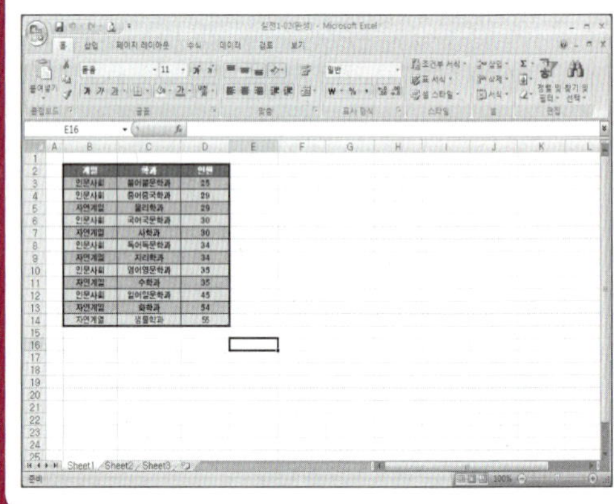

모의 1-03 다음 작업을 완료하시오.

- **준비 파일** : 모의고사01/모의고사01-03
- **완성 파일** : 모의고사01/완성파일/모의고사완성01-03

❶ 워크시트에서 모든 조건부 서식 규칙을 지우시오.
❷ 이 통합 문서 기능을 저장할 때 [호환성 검사]가 적용되도록 하고 호환되지 않는 기능은 새 시트에 복사하시오.

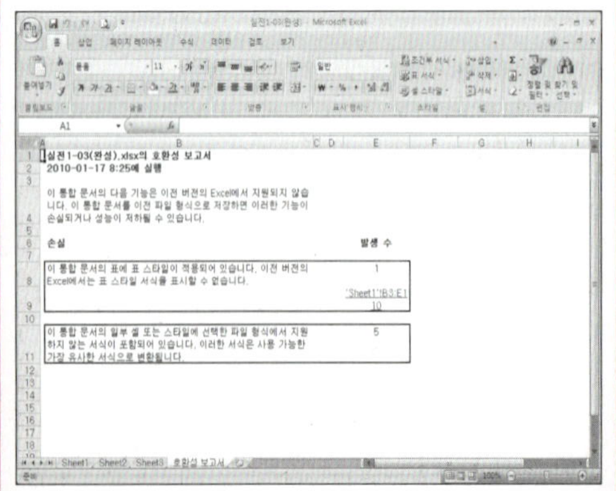

모의 1-04 다음 작업을 완료하시오.

- **준비 파일** : 모의고사01/모의고사01-04
- **완성 파일** : 모의고사01/완성파일/모의고사완성01-04

❶ 셀 범위 [B4:G12]의 성명 데이터에서 중복된 레코드를 삭제하시오.
❷ 차트 높이를 '8.5cm', 너비를 '12.4cm'로 수정하시오.

모의 1-05 다음 작업을 완료하시오.

- **준비 파일** : 모의고사01/모의고사01-05
- **완성 파일** : 모의고사01/완성파일/모의고사완성01-05

❶ [B4] 셀을 복사하여 [C4:E4] 영역에 서식만 붙여 넣으시오.

❷ [B5] 셀부터 [B20] 셀까지 연속 데이터를 채우시오.

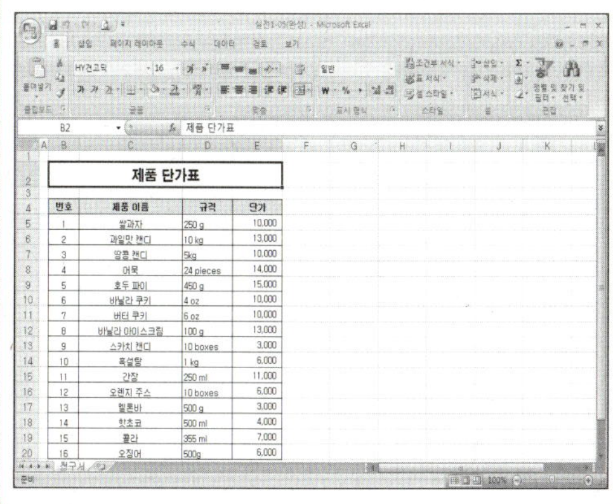

모의 1-06 다음 작업을 완료하시오.

- **준비 파일** : 모의고사01/모의고사01-06
- **완성 파일** : 모의고사01/완성파일/모의고사완성01-06

❶ 워크시트의 눈금선이 보이지 않도록 설정하시오.

❷ [B4:I4] 영역에 '강조색2' 서식을 적용하시오.

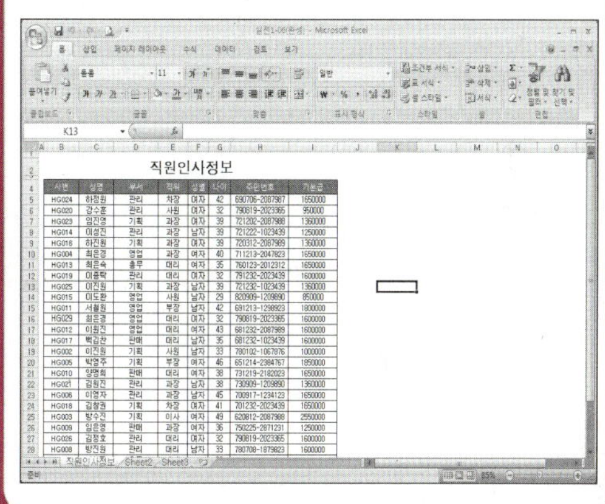

모의 1-07 다음 작업을 완료하시오.

- **준비 파일** : 모의고사01/모의고사01-07
- **완성 파일** : 모의고사01/완성파일/모의고사완성01-07

❶ [F5:F12] 영역에 평균값을 계산한 후 소수점 둘째자리까지 표시하시오.

❷ [B5:B12] 영역의 데이터 왼쪽에 'MS-'가 공통적으로 표시되도록 설정하시오.

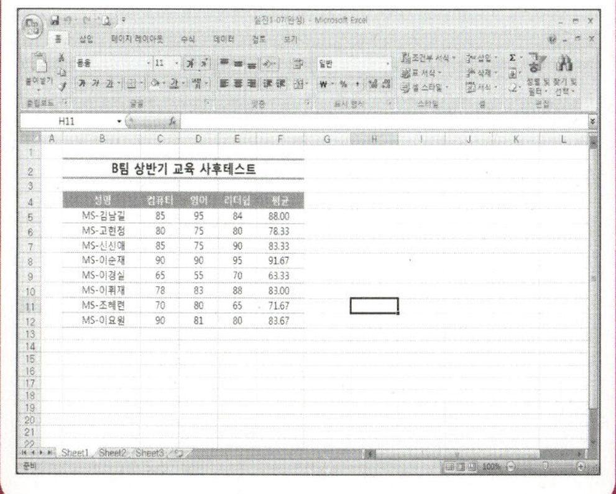

모의 1-08 다음 작업을 완료하시오.

- **준비 파일** : 모의고사01/모의고사01-08
- **완성 파일** : 모의고사01/완성파일/모의고사완성01-08

❶ [G] 열을 이용하여 [G17] 셀에 기말고사 응시자 인원수를 구하시오.

❷ 워크시트에 수식을 표시하시오.

모의 1-09 다음 작업을 완료하시오.

- **준비 파일** : 모의고사01/모의고사01-09
- **완성 파일** : 모의고사01/완성파일/모의고사완성01-09

❶ 차트에 '레이아웃 4'를 적용하시오.
❷ 차트의 위쪽에 '구별 병원 비율'이라는 차트 제목을 추가하시오.

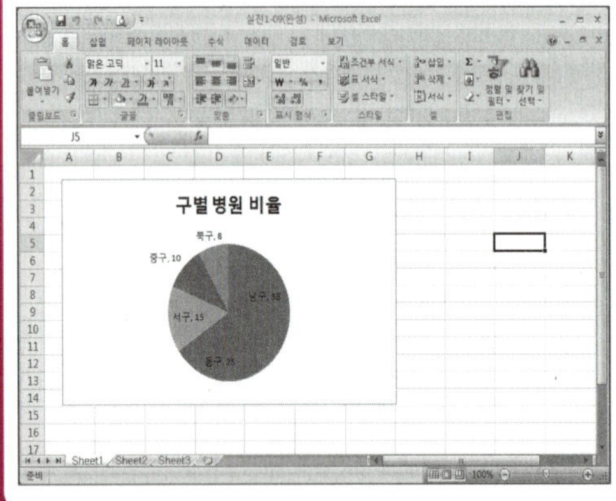

모의 1-10 다음 작업을 완료하시오.

- **준비 파일** : 모의고사01/모의고사01-10
- **완성 파일** : 모의고사01/완성파일/모의고사완성01-10

❶ 셀 범위 [B3:B8]의 쉼표로 분리된 내용을 열로 변환하시오(나머지는 기본 설정을 적용할 것).
❷ 통합 문서에서 숨겨진 메타 데이터 및 개인 정보를 검사하고 모든 검사 결과를 제거하시오(모두 기본 설정을 적용할 것).

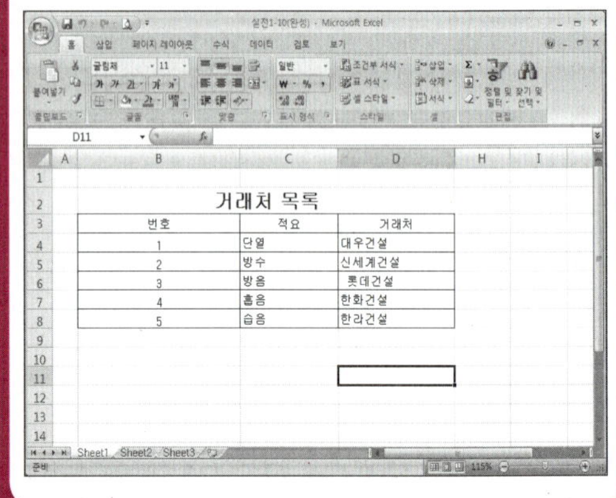

모의 1-11 다음 작업을 완료하시오.

- **준비 파일** : 모의고사01/모의고사01-11
- **완성 파일** : 모의고사01/완성파일/모의고사완성01-11

❶ [F5:F19] 셀에 E열의 데이터가 '장려상'이면 '문구 세트'를, 나머지는 '문화 상품권'을 채우는 수식을 작성하시오.
❷ [C5:C19] 영역에 텍스트 입력 길이를 '1'로 제한하고, 오류 메시지를 '한 자리 숫자만 입력 가능'이라고 표시하시오.

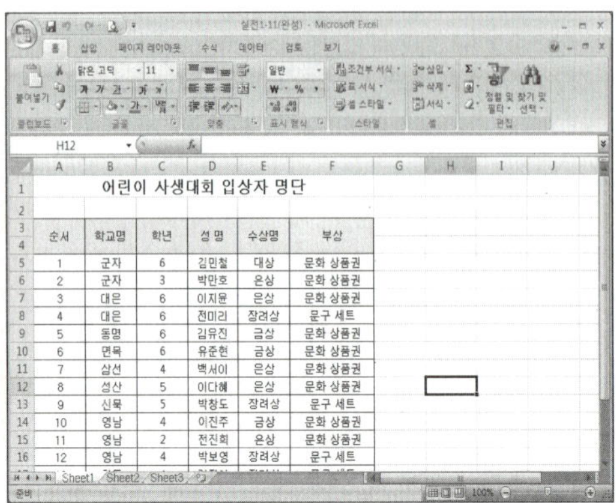

모의 1-12 다음 작업을 완료하시오.

- **준비 파일** : 모의고사01/모의고사01-12
- **완성 파일** : 모의고사01/완성파일/모의고사완성01-12

❶ '직원인사정보' 표를 부서별로 오름차순 정렬하시오.
❷ 셀 범위 [B4:I33]에서 부서별 기본급의 평균을 구하고, 각 부서별로 페이지를 나누어 표시하시오.

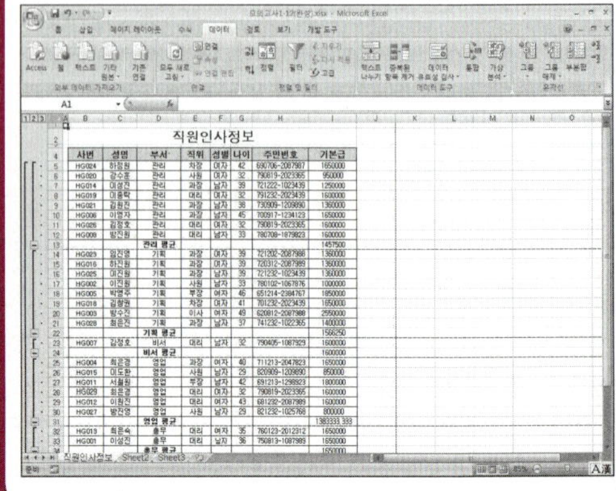

모의 1-13 다음 작업을 완료하시오.

- **준비 파일 :** 모의고사01/모의고사01-13
- **완성 파일 :** 모의고사01/완성파일/모의고사완성01-13

❶ [B4:B7] 영역에 이자를 계산하시오.

❷ [A3:B7] 영역에 '표 스타일 보통 13'을 적용하고 줄무늬 행을 삭제하시오.

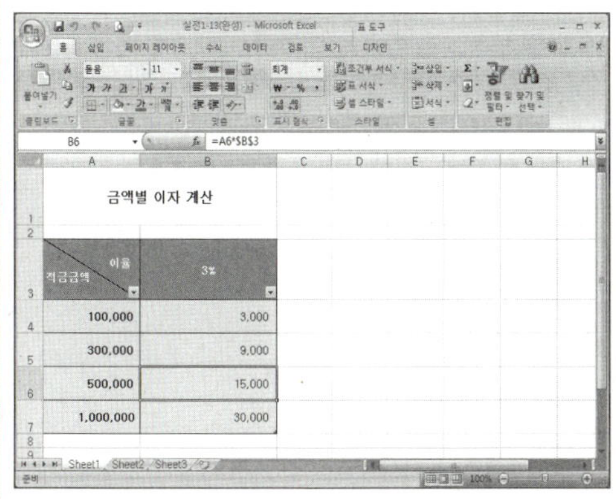

모의 1-14 다음 작업을 완료하시오.

- **준비 파일 :** 모의고사01/모의고사01-14
- **완성 파일 :** 모의고사01/완성파일/모의고사완성01-14

❶ [H3:H8] 영역에 '남자' 또는 '여자' 만 목록 단추를 이용하여 입력이 가능하도록 설정하시오.

❷ [B2:H2] 영역에 '강조색5'를 적용하시오.

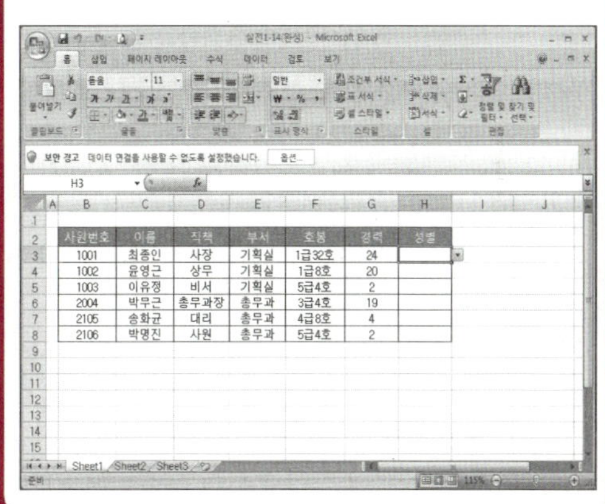

모의 1-15 다음 작업을 완료하시오.

- **준비 파일 :** 모의고사01/모의고사01-15
- **완성 파일 :** 모의고사01/완성파일/모의고사완성01-15

❶ [B1:G1] 영역을 병합하고 가운데 정렬하시오.

❷ [B4:B10] 영역의 데이터 뒤에 '점'이 공통적으로 표시되도록 하시오.

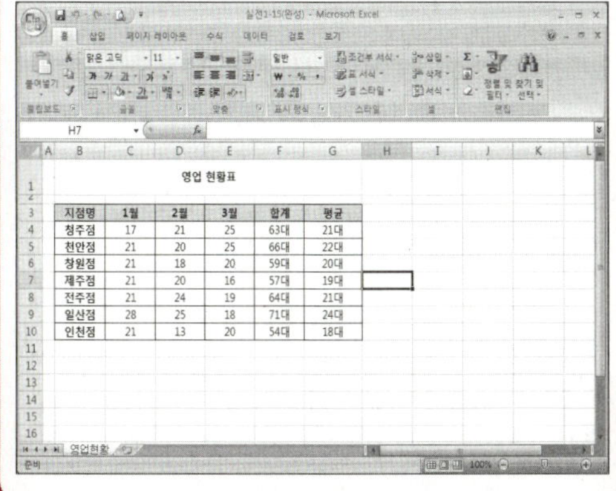

모의 1-16 다음 작업을 완료하시오.

- **준비 파일 :** 모의고사01/모의고사01-16
- **완성 파일 :** 모의고사01/완성파일/모의고사완성01-16

❶ SmartArt 그래픽의 스타일을 '미세 효과'로 변경하시오.

❷ 워크시트에 삽입된 이미지에 '금속 타원'을 적용하시오.

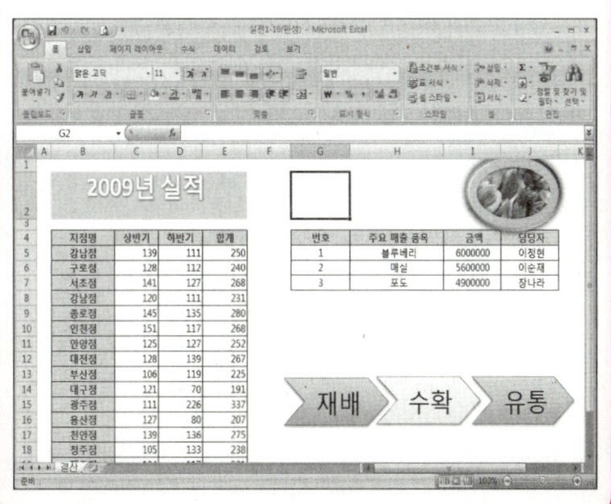

모의 1-17 다음 작업을 완료하시오.

- **준비 파일** : 모의고사01/모의고사01-17
- **완성 파일** : 모의고사01/완성파일/모의고사완성01-17

❶ 워크시트에 삽입된 가로 막대형 차트를 '묶은 세로 막대형 차트'로 변경하시오.

❷ 차트의 '범례'를 삭제하시오.

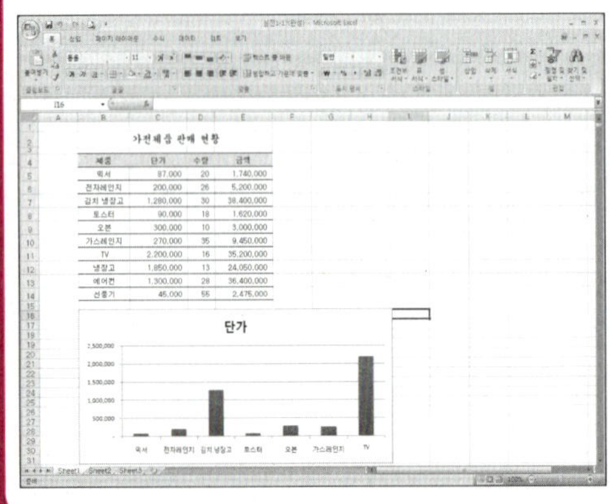

모의 1-18 다음 작업을 완료하시오.

- **준비 파일** : 모의고사01/모의고사01-18
- **완성 파일** : 모의고사01/완성파일/모의고사완성01-18

❶ [E3] 셀의 표시 형식을 '자세한 날짜'로 변경하시오.

❷ 현재 통합 문서를 '엑셀 서식 파일'로 저장하시오.

모의 1-19 다음 작업을 완료하시오.

- **준비 파일** : 모의고사01/모의고사01-19
- **완성 파일** : 모의고사01/완성파일/모의고사완성01-19

❶ 워크시트의 [D] 열을 삭제하시오.

❷ [D5:D20]의 데이터에 '쉼표 스타일'을 적용하시오.

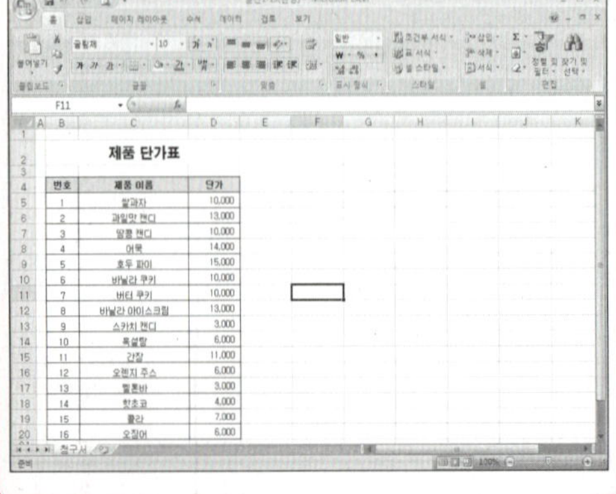

모의 1-20 다음 작업을 완료하시오.

- **준비 파일** : 모의고사01/모의고사01-20
- **완성 파일** : 모의고사01/완성파일/모의고사완성01-20

❶ 부분합된 데이터 중 '관리부'와 '영업부'만 화면에 표시되도록 설정하시오.

❷ 부분합 결과를 제거하시오.

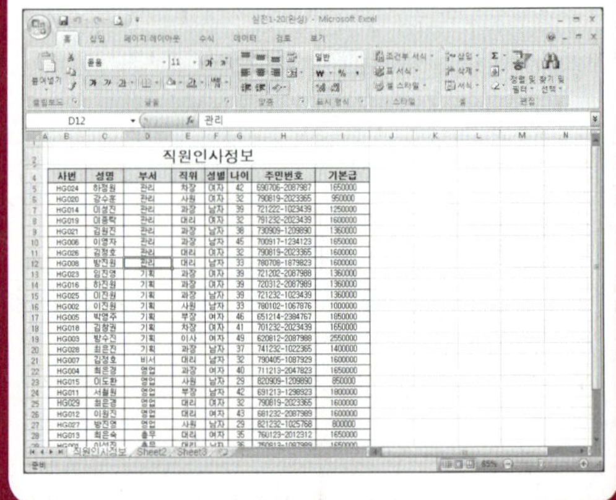

모의 2-01 다음 작업을 완료하시오.

- **준비 파일** : 모의고사02/모의고사02–01
- **완성 파일** : 모의고사02/완성파일/모의고사완성02–01

❶ 워크시트에 삽입된 가로막대형 차트를 '표식이 있는 꺾은선형' 차트로 변경하시오.

❷ 차트의 눈금 간격이 '0, 20, 40, 60, 80, 100'으로 표시되도록 변경하시오.

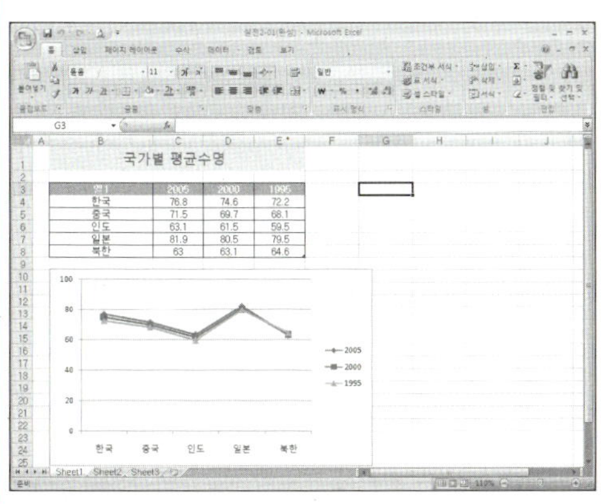

모의 2-02 다음 작업을 완료하시오.

- **준비 파일** : 모의고사02/모의고사02–02
- **완성 파일** : 모의고사02/완성파일/모의고사완성02–02

❶ [B2:B6] 영역의 데이터를 공백을 기준으로 나누어 입력하시오.

❷ [B2:D2] 영역에 '강조색5' 셀 스타일을 적용하시오.

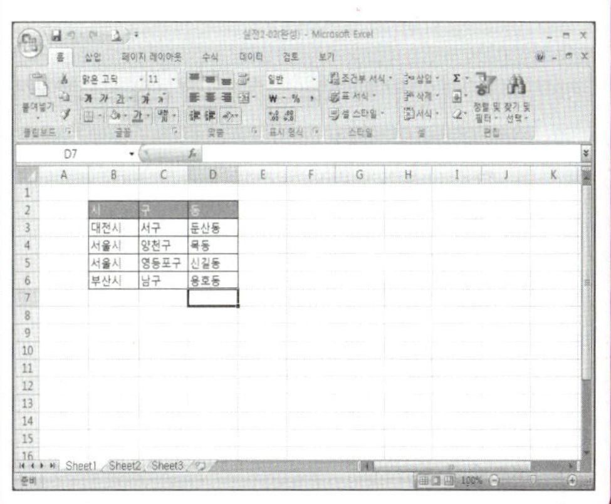

모의 2-03 다음 작업을 완료하시오.

- **준비 파일** : 모의고사02/모의고사02–03
- **완성 파일** : 모의고사02/완성파일/모의고사완성02–03

❶ [F5:F14] 영역에 제품 단가가 1,000,000원 이상이면 '상품권 증정'을, 이하일 때는 '무료 배송'을 표시하는 수식을 입력하시오.

❷ [D5:D14] 영역에 '3가지 모양' 조건부 서식을 적용하시오.

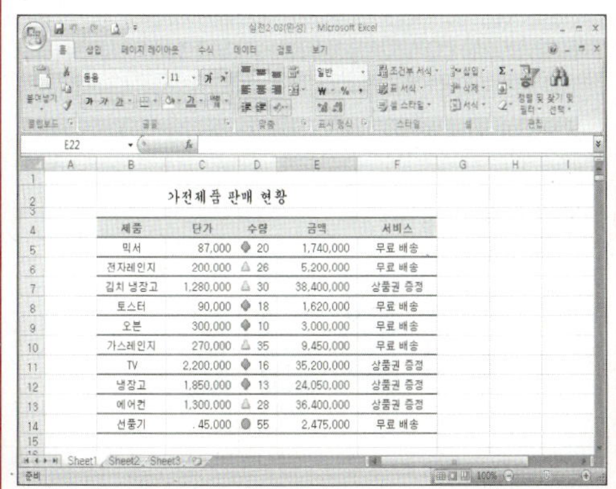

모의 2-04 다음 작업을 완료하시오.

- **준비 파일** : 모의고사02/모의고사02–04
- **완성 파일** : 모의고사02/완성파일/모의고사완성02–04

❶ [B4:E4] 영역에 할인금액을 계산하시오.

❷ [A1:E1] 영역의 글꼴을 '궁서', '20pt'로 설정하시오.

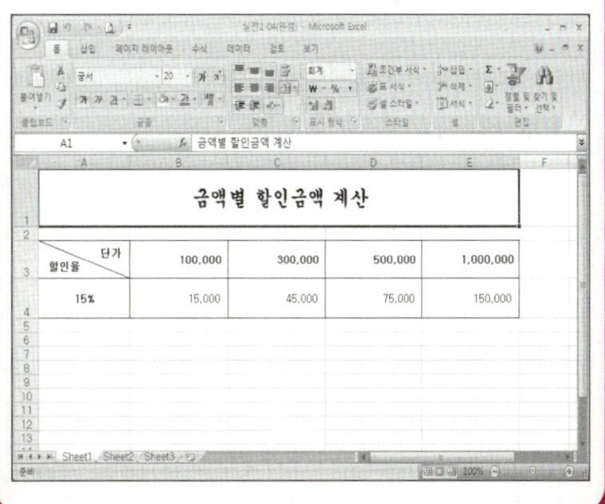

모의 2-05 다음 작업을 완료하시오.

- **준비 파일** : 모의고사02/모의고사02-05
- **완성 파일** : 모의고사02/완성파일/모의고사완성02-05

❶ [E4:E12] 영역에 각 학생들의 '합계' 점수를 계산하시오.

❷ [E13] 셀에 엑셀 점수가 '85점' 이하인 학생의 수를 계산하시오.

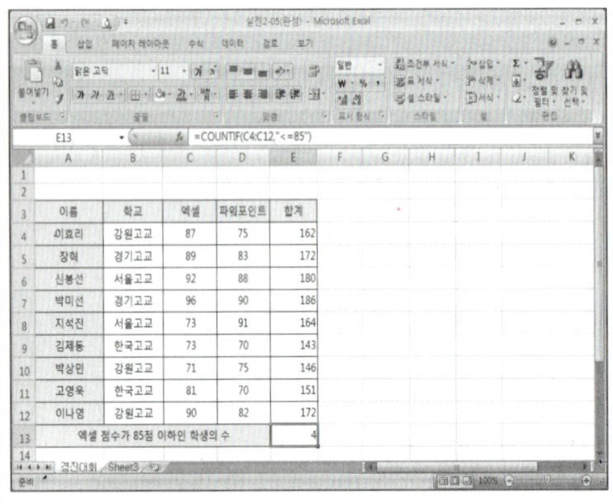

모의 2-06 다음 작업을 완료하시오.

- **준비 파일** : 모의고사02/모의고사02-06
- **완성 파일** : 모의고사02/완성파일/모의고사완성02-06

❶ 차트에 '레이아웃 3'을 적용하시오.

❷ 차트의 크기를 높이 '7cm', 너비 '13cm'로 변경하시오.

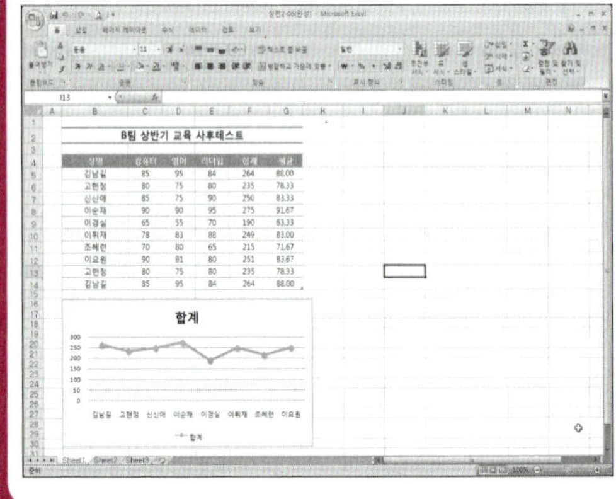

모의 2-07 다음 작업을 완료하시오.

- **준비 파일** : 모의고사02/모의고사02-07
- **완성 파일** : 모의고사02/완성파일/모의고사완성02-07

❶ [F5:F24] 영역을 목록으로 제한하여 [I5:I8] 영역의 데이터만 입력 가능하도록 하시오.

❷ [F5:F24] 영역에 유효성 검사 오류 메시지를 '입력 오류-목록에서 선택'이라고 표시하시오.

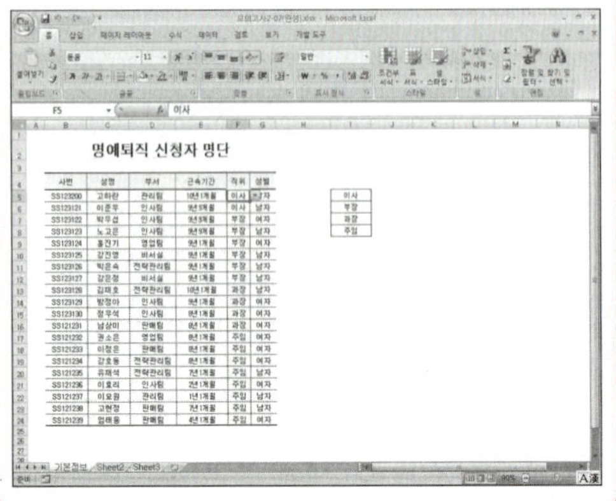

모의 2-08 다음 작업을 완료하시오.

- **준비 파일** : 모의고사02/모의고사02-08
- **완성 파일** : 모의고사02/완성파일/모의고사완성02-08

❶ 차트를 새 워크시트로 이동시키시오.

❷ 통합 문서에서 숨겨진 메타 데이터 및 개인 정보를 검사하고 검사 결과 중 [머리글/바닥글]을 제거하시오(모두 기본 설정을 적용할 것).

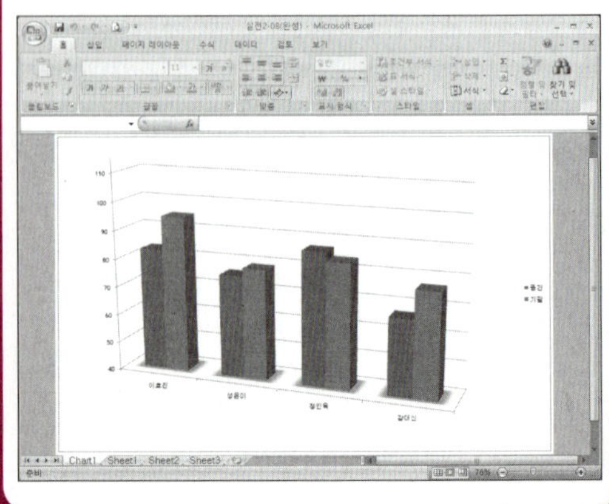

 다음 작업을 완료하시오.

- **준비 파일** : 모의고사02/모의고사02-09
- **완성 파일** : 결산 보고서

❶ 통합 문서의 [결산] 시트를 새 통합 문서로 이동하시오.
❷ 새 통합 문서의 이름은 '결산 보고서'로 하고, 매크로를 지원하는 Excel 2007 호환 형식으로 저장하시오(알림 : 나머지는 기본 설정을 적용할 것).

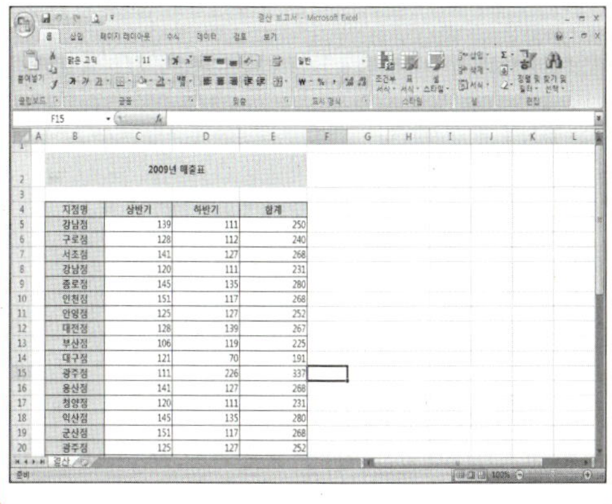

 다음 작업을 완료하시오.

- **준비 파일** : 모의고사02/모의고사02-10
- **완성 파일** : 모의고사02/완성파일/모의고사완성02-10

❶ [상반기] 시트의 [B2:C19] 영역을 복사하여 [하반기] 시트의 [B2:C19] 영역에 서식만 붙여 넣으시오.
❷ [하반기] 시트의 [C5:C19] 영역에 '설명 텍스트' 셀 스타일을 적용하시오.

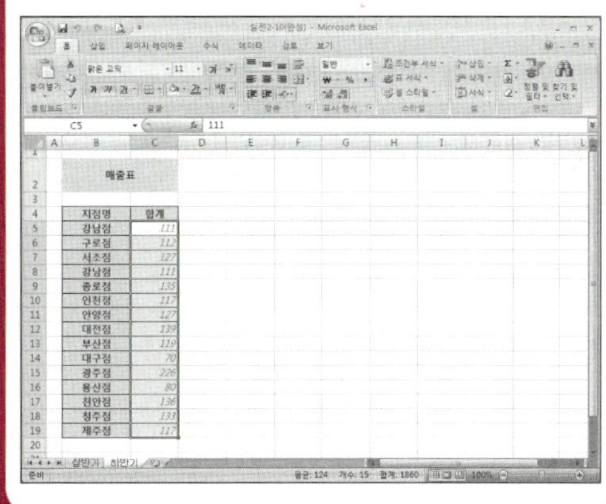

 다음 작업을 완료하시오.

- **준비 파일** : 모의고사02/모의고사02-11
- **완성 파일** : 모의고사02/완성파일/모의고사완성02-11

❶ 통합 문서의 [1월] 시트를 [1월] 시트 오른쪽에 복사한 후 이름을 [2월]로 변경하시오.
❷ [2월] 시트에서 [A3:G7] 영역의 데이터를 모두 삭제하시오.

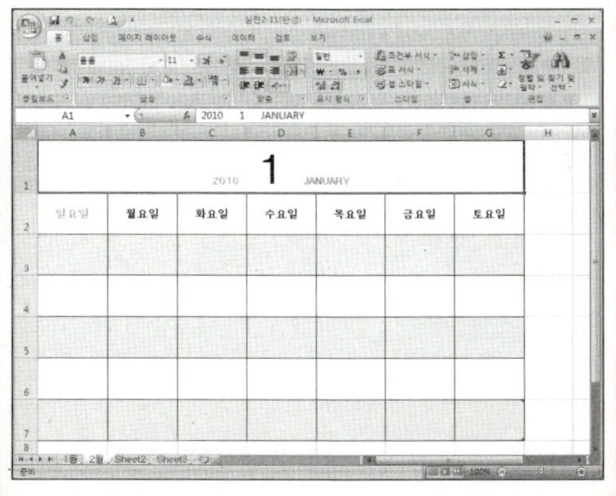

 다음 작업을 완료하시오.

- **준비 파일** : 모의고사02/모의고사02-12
- **완성 파일** : 모의고사02/완성파일/모의고사완성02-12

❶ [B4] 셀의 서식만 복사하여 [D4] 셀에 적용하시오.
❷ [B1:E1] 영역을 병합하고 가운데로 정렬하시오.

모의 2-13 다음 작업을 완료하시오.

- **준비 파일** : 모의고사02/모의고사02-13
- **완성 파일** : 모의고사02/완성파일/모의고사완성02-13

❶ 셀 범위 [B2:F10] 영역에 '표 스타일 어둡게 4'를 적용하고 줄무늬 행을 삭제하시오.

❷ 셀 범위 [B2:F10] 영역에 '가을' 테마를 적용하시오.

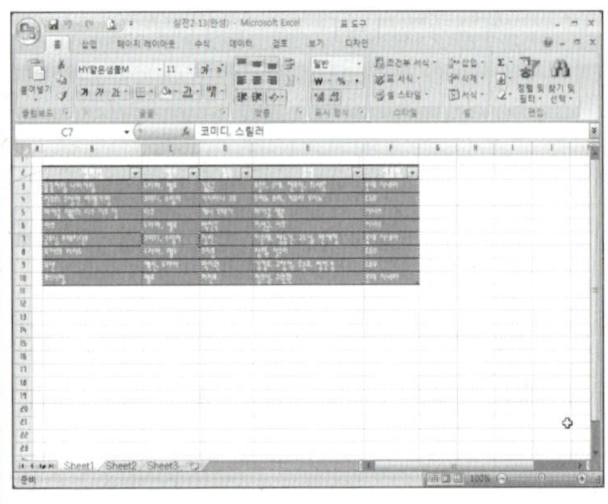

모의 2-14 다음 작업을 완료하시오.

- **준비 파일** : 모의고사02/모의고사02-14
- **완성 파일** : 모의고사02/완성파일/모의고사완성02-14

❶ '직원인사정보' 표를 직위별로 내림차순 정렬하시오.

❷ 직위별로 나이와 기본급의 평균을 구하시오.

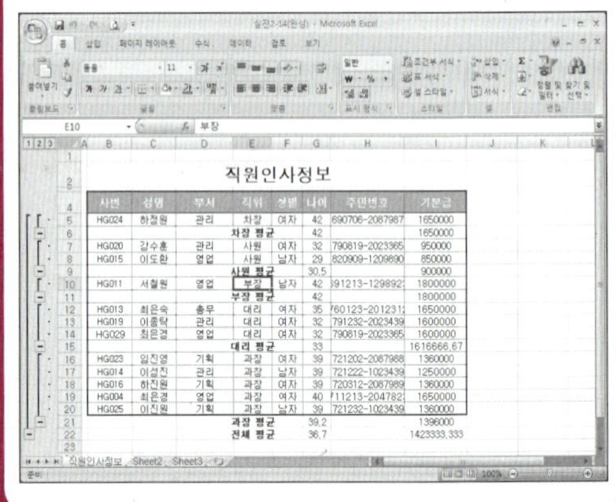

모의 2-15 다음 작업을 완료하시오.

- **준비 파일** : 모의고사02/모의고사02-15
- **완성 파일** : 모의고사02/완성파일/모의고사완성02-15

❶ 워크시트의 눈금선이 보이도록 설정하시오.

❷ 수식 입력줄이 보이지 않도록 설정하시오.

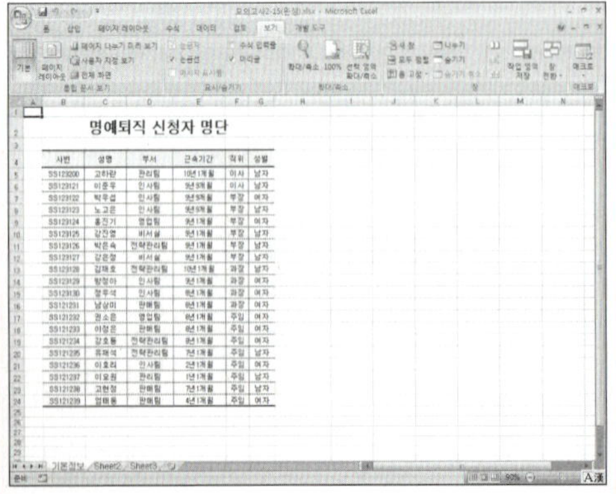

모의 2-16 다음 작업을 완료하시오.

- **준비 파일** : 모의고사02/모의고사02-16
- **완성 파일** : 모의고사02/완성파일/모의고사완성02-16

❶ [Sheet1] 시트의 탭 색을 '바다색, 강조 5, 40% 더 밝게'로 설정하시오.

❷ 이 통합 문서 기능을 저장할 때 [호환성 검사]가 적용되도록 하고 호환되지 않는 기능은 새 시트에 복사하시오.

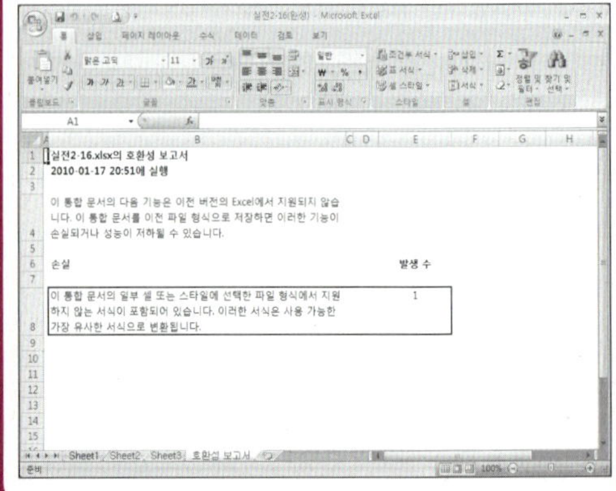

모의 2-17 다음 작업을 완료하시오.

- **준비 파일** : 모의고사02/모의고사02-17
- **완성 파일** : 모의고사02/완성파일/모의고사완성02-17

❶ 통합 문서의 두 개의 도형을 '화살표'로 연결하고 선의 두께는 '3pt'로 설정하시오.

❷ 두 명 이상의 사용자가 같이 편집할 수 있도록 통합 문서를 공유하시오(나머지는 기본 설정을 적용할 것).

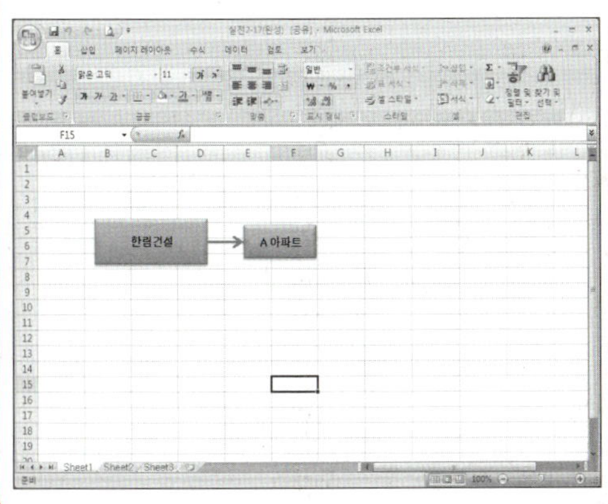

모의 2-18 다음 작업을 완료하시오.

- **준비 파일** : 모의고사02/모의고사02-18
- **완성 파일** : 모의고사02/완성파일/모의고사완성02-18

❶ 주간 식단표에 삽입된 이미지에 '반사형 입체, 흰색' 그림 스타일을 적용하세요.

❷ 통합 문서를 최종본으로 표시하고 배포 준비를 하시오.

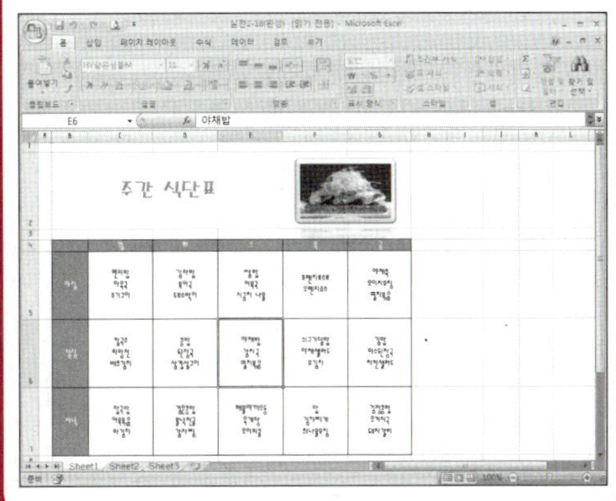

모의 2-19 다음 작업을 완료하시오

- **준비 파일** : 모의고사02/모의고사02-19
- **완성 파일** : 모의고사02/완성파일/모의고사완성02-19

❶ 표에 요약 행을 표시하시오.

❷ 워크시트에 수식을 표시하시오.

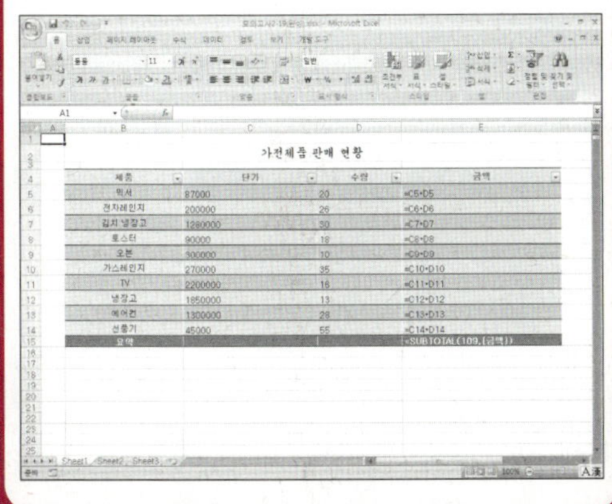

모의 2-20 다음 작업을 완료하시오.

- **준비 파일** : 모의고사02/모의고사02-20
- **완성 파일** : 모의고사02/완성파일/모의고사완성02-20

❶ 급여액의 글꼴 색을 '자동'으로 표시하도록 표를 필터링하시오.

❷ 워크시트를 '130%' 배율로 표시하시오.

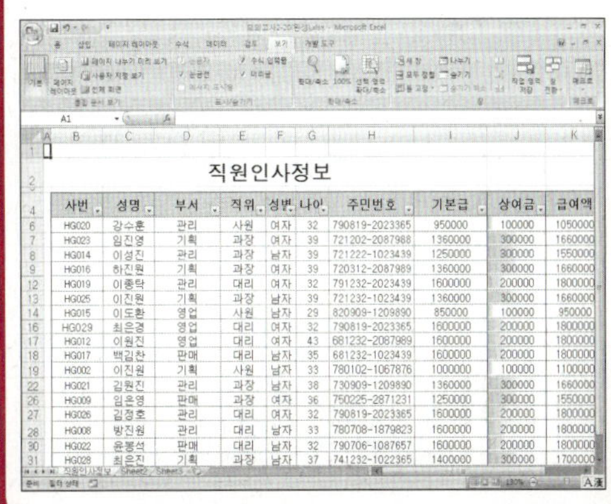

MOS Excel 2007 모의고사 ❸

 다음 작업을 완료하시오.

- **준비 파일** : 모의고사03/모의고사03-01
- **완성 파일** : 모의고사03/완성파일/모의고사완성03-01

❶ [10] 행과 [11] 행 사이에서 가로로 창을 나눈 다음, [1] 행에서 [10] 행까지를 위쪽 창에 표시하고 아래쪽 창에는 [25] 행이 첫 행으로 표시되도록 하시오.

❷ 아래 창에 있는 그림에 3차원 서식 효과 '디벗' 을 적용하시오.

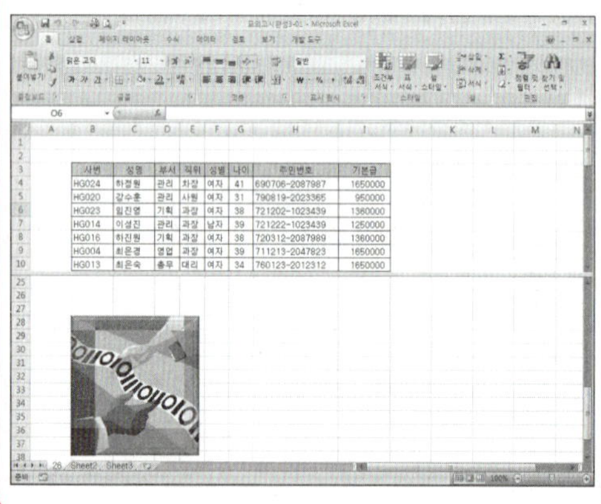

 다음 작업을 완료하시오.

- **준비 파일** : 모의고사03/모의고사03-02
- **완성 파일** : 모의고사03/완성파일/모의고사완성03-02

❶ [E5:E15] 영역에 입력된 발행처가 '제일' 인 항목의 합계에 해당하는 값을 [H5:H15] 영역에서 찾아 그 합계를 구하는 함수를 [K5] 셀에 입력하시오.

❷ [F5:F15] 영역에 있는 공급가액이 '8,000,000' 보다 큰 항목의 개수를 구하는 함수를 [K8] 셀에 입력하시오.

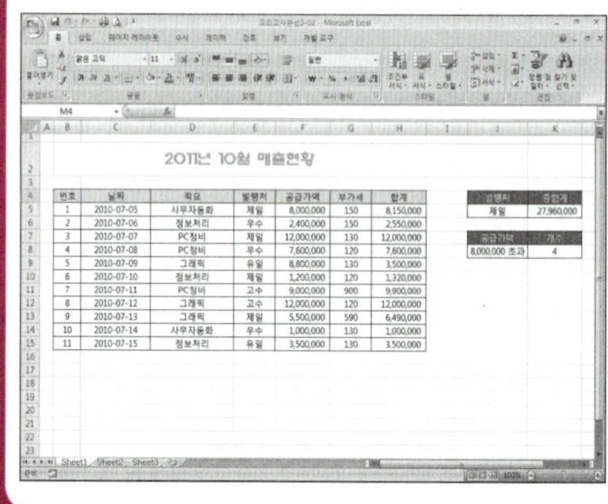

 다음 작업을 완료하시오.

- **준비 파일** : 모의고사03/모의고사03-03
- **완성 파일** : 모의고사03/완성파일/모의고사완성03-03

❶ [B3:B7] 영역의 값을 [I2:K7] 영역에서 조회하여 정확히 일치하는 항목의 이름을 반환하는 함수를 [C3:C7] 영역에 입력하시오.

 다음 작업을 완료하시오.

- **준비 파일** : 모의고사03/모의고사03-04
- **완성 파일** : 모의고사03/완성파일/모의고사완성03-04

❶ [F3] 셀에 입력된 부가세율을 이용하여 [F5:F12] 영역에 부가세가 적용된 금액을 구하시오.

❷ [총 제품현황] 통합 문서를 열고, [제품현황] 시트를 복사해 붙여넣으시오.

모의 3-05 다음 작업을 완료하시오.

- **준비 파일** : 모의고사03/모의고사03-05
- **완성 파일** : 모의고사03/완성파일/모의고사완성03-05

❶ [H5] 셀을 [H6:H15] 영역에 복사하시오.

❷ 표의 마지막 행 아래에 합계를 구하는 요약 행을 표시하시오.

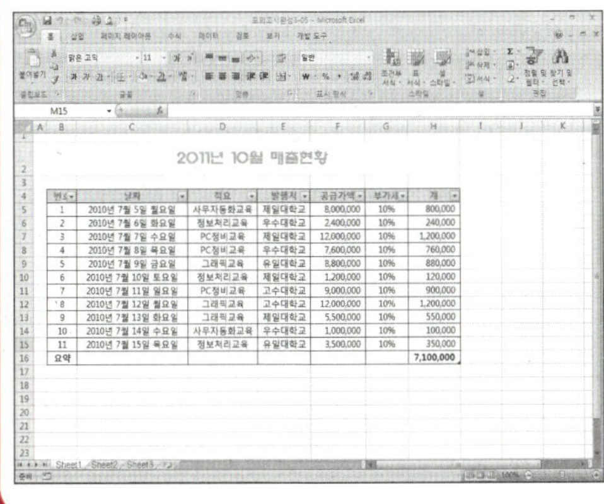

모의 3-06 다음의 작업을 완성하시오.

- **준비 파일** : 모의고사03/모의고사03-06
- **완성 파일** : 모의고사03/완성파일/모의고사완성03-06

❶ [B4:I15] 영역에 '표 스타일 보통 15'를 적용한 뒤 첫 열과 마지막 열을 강조하고 '줄무늬 열'을 적용하시오.

❷ 워크시트의 모든 메모를 제거하시오.

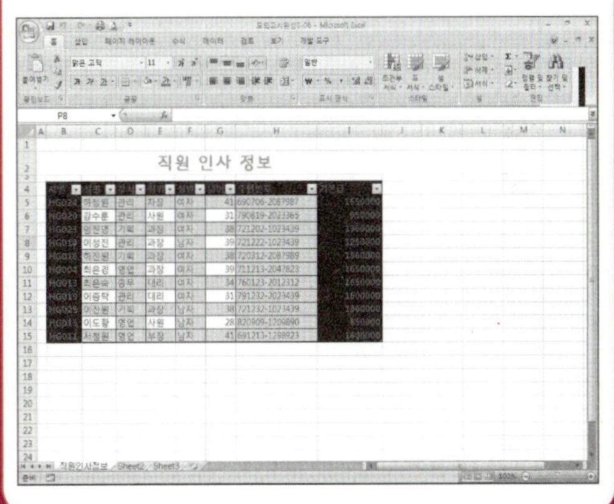

모의 3-07 다음 작업을 완료하시오.

- **준비 파일** : 모의고사03/모의고사03-07
- **완성 파일** : 모의고사03/완성파일/모의고사완성03-07

❶ [C5:C15] 영역만 편집할 수 있도록 허용하고 범위 암호를 'text'로 설정하시오(나머지 기본 설정은 그대로 적용할 것).

❷ 매크로를 지원하는 파일 형식으로 통합 문서를 저장하시오.

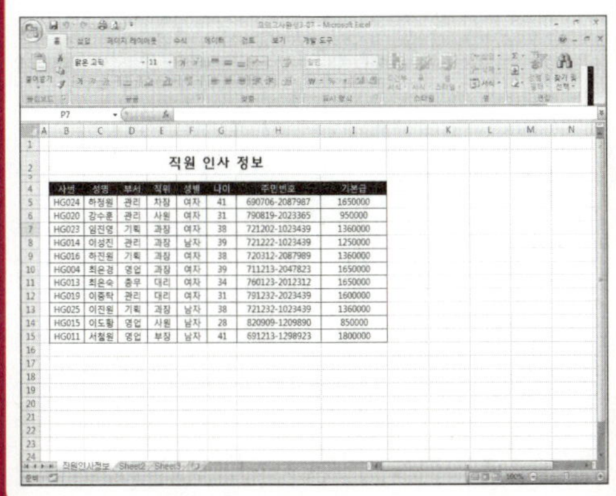

모의 3-08 다음 작업을 완료하시오.

- **준비 파일** : 모의고사03/모의고사03-08
- **완성 파일** : 모의고사03/완성파일/모의고사완성03-08

❶ 지점별로 5월과 6월의 영업 현황을 비교하는 '2차원 세로 막대형' 차트를 새 시트에 작성하시오(나머지는 기본 설정을 적용할 것).

❷ 차트의 높이를 10cm, 너비를 20cm로 수정하시오.

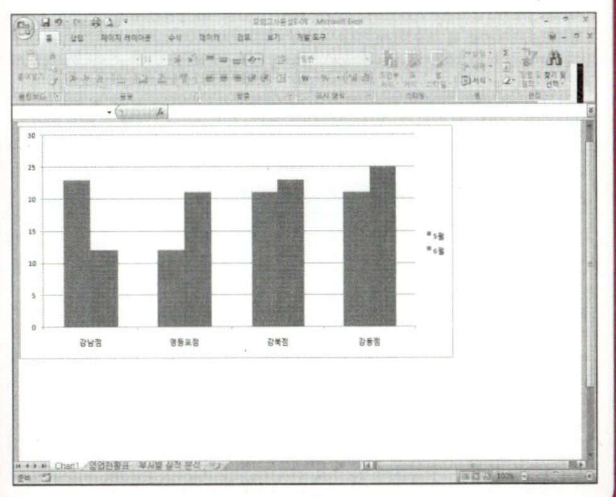

모의 3-09 다음 작업을 완료하시오.

- **준비 파일** : 모의고사03/모의고사03-09
- **완성 파일** : 모의고사03/완성파일/모의고사완성03-09

❶ 현재 1월부터 3월까지의 영업 실적만을 참조하고 있는 평균의 범위에 4월부터 6월까지의 실적을 추가하시오.

❷ [부서별 실적 분석] 워크시트에 삽입된 원형 차트의 레이아웃을 '레이아웃 6' 으로 변경하시오.

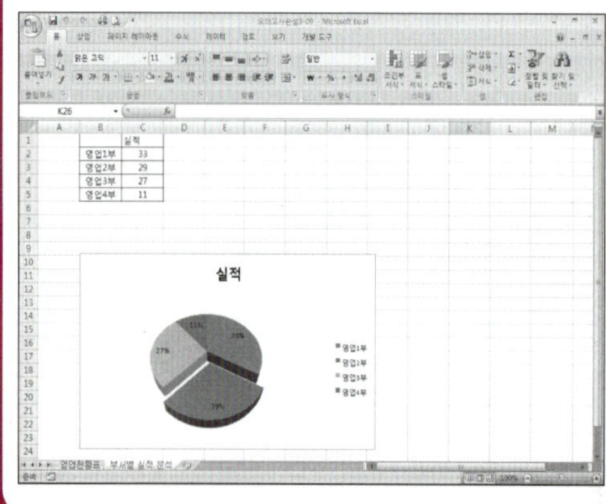

모의 3-10 다음 작업을 완료하시오.

- **준비 파일** : 모의고사03/모의고사03-10
- **완성 파일** : 모의고사03/완성파일/모의고사완성03-10

❶ [결산] 시트의 탭 색을 '주황, 강조6' 으로 설정하시오.

❷ 워크시트에 설정되어 있는 조건부 서식을 모두 제거하시오.

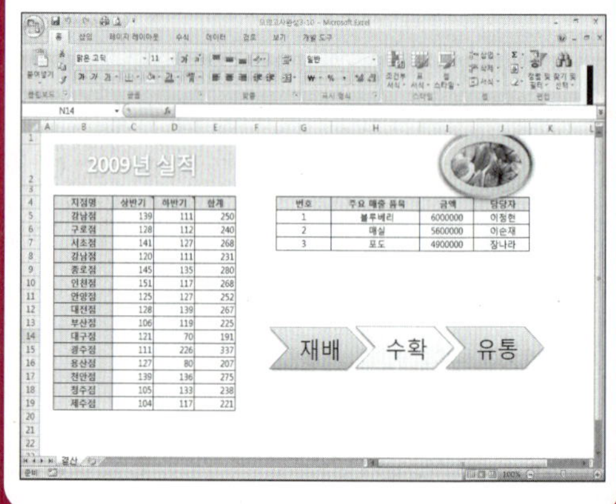

모의 3-11 다음 작업을 완료하시오.

- **준비 파일** : 모의고사03/모의고사03-11
- **완성 파일** : 모의고사03/완성파일/모의고사완성03-11

❶ 합계 열의 데이터를 글꼴 색 기준 '자동' 으로 필터링하시오.

❷ 워크시트에 '모양 ' 테마를 적용하시오

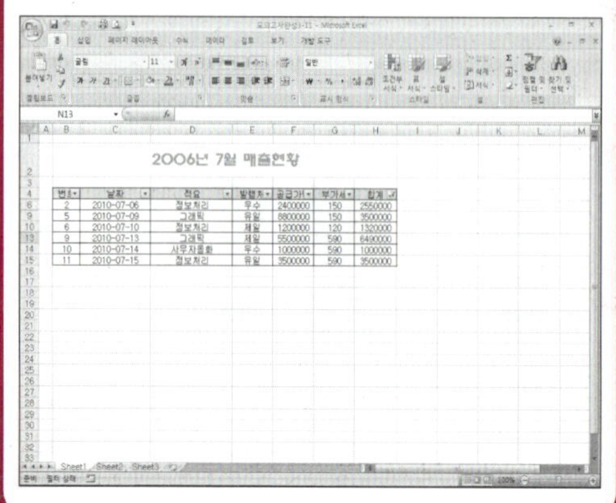

모의 3-12 다음 작업을 완료하시오.

- **준비 파일** : 모의고사03/모의고사03-12
- **완성 파일** : 모의고사03/완성파일/모의고사완성03-12

❶ [G4:G17] 영역에 2글자 길이의 텍스트 입력만 허용되도록 제한하시오.

❷ 이 통합 문서를 저장할 때 호환성 검사가 적용되도록 설정하시오.

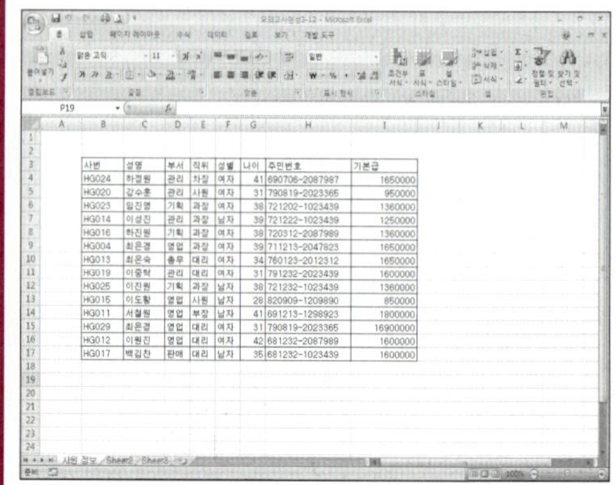

모의 3-13 다음 작업을 완료하시오.

- **준비 파일** : 모의고사03/모의고사03-13
- **완성 파일** : 모의고사03/완성파일/모의고사완성03-13

❶ 워크시트의 눈금선이 보이지 않도록 설정하시오.
❷ 통합 문서에 있는 두 개의 도형을 '양방향 화살표'로 연결하고 선의 두께는 '6pt'로 설정하시오.

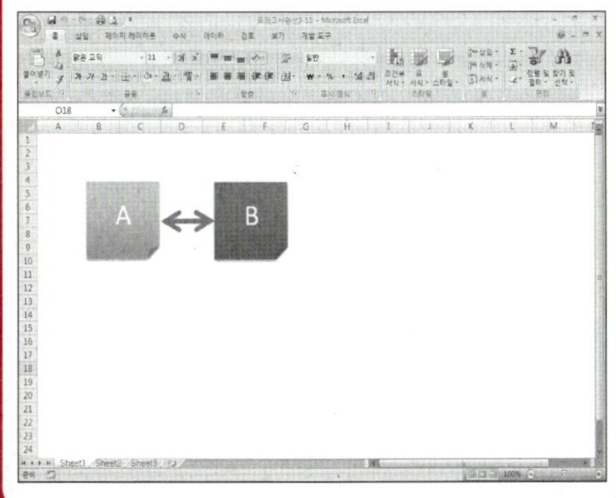

모의 3-14 다음 작업을 완료하시오.

- **준비 파일** : 모의고사03/모의고사03-14
- **완성 파일** : 모의고사03/완성파일/모의고사완성03-14

❶ 입력된 텍스트를 ';'를 기준으로 나누시오..
❷ 데이터 영역에 '모든 테두리'를 적용하시오.

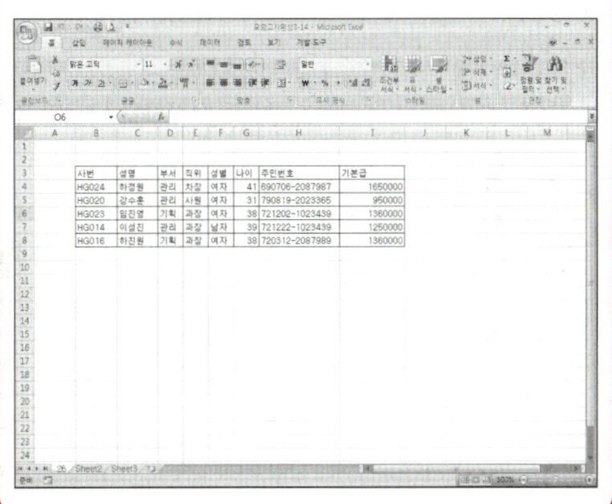

사번	성명	부서	직위	성별	나이	주민번호	기본급
HG024	하정원	관리	차장	여자	41	690706-2087987	1650000
HG020	강수훈	관리	사원	여자	31	790819-2023365	950000
HG023	임진열	기획	과장	여자	38	721202-1023439	1360000
HG014	이성진	관리	과장	남자	39	721222-1023439	1250000
HG016	하진원	기획	과장	여자	38	720312-2087989	1360000

모의 3-15 다음 작업을 완료하시오.

- **준비 파일** : 모의고사03/모의고사03-15
- **완성 파일** : 모의고사03/완성파일/모의고사완성03-15

❶ [B3] 셀을 복사하여 [C3:I3] 영역에 서식만 붙여 넣으시오.
❷ 성명 데이터가 중복된 레코드를 삭제하시오.

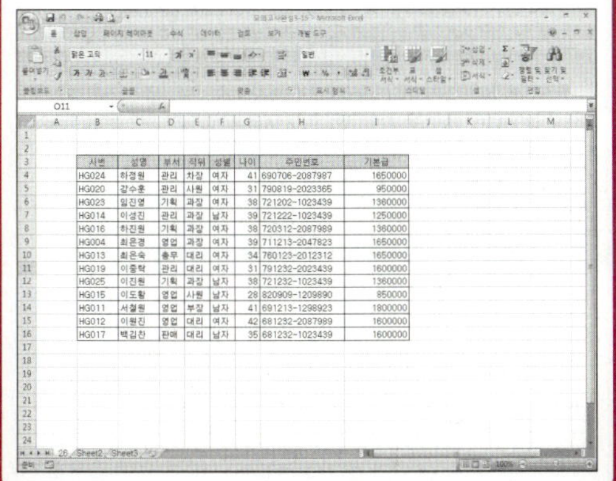

사번	성명	부서	직위	성별	나이	주민번호	기본급
HG024	하정원	관리	차장	여자	41	690706-2087987	1650000
HG020	강수훈	관리	사원	여자	31	790819-2023365	950000
HG023	임진열	기획	과장	여자	38	721202-1023439	1360000
HG014	이성진	관리	과장	남자	39	721222-1023439	1250000
HG016	하진원	기획	과장	여자	38	720312-2087989	1360000
HG004	최은경	영업	과장	여자	39	711213-2047823	1650000
HG013	최은숙	총무	대리	여자	34	760123-2012312	1650000
HG019	이춘탁	관리	대리	여자	31	791232-2023439	1600000
HG025	이진원	기획	과장	남자	38	721232-1023439	1360000
HG015	이도황	영업	사원	남자	28	820909-1209890	850000
HG011	서철원	영업	부장	남자	41	691213-1298923	1800000
HG012	이원진	영업	대리	여자	42	681232-2087989	1600000
HG017	백김찬	판매	대리	남자	35	681232-1023439	1600000

모의 3-16 다음 작업을 완료하시오.

- **준비 파일** : 모의고사03/모의고사03-16
- **완성 파일** : 모의고사03/완성파일/모의고사완성03-16

❶ 성별을 기준으로 오름차순 정렬하시오.
❷ 성별을 기준으로 퇴직금의 부분합을 구하고 그룹 사이에서 페이지를 나누시오.

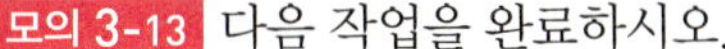

명예퇴직 신청자 명단

사번	성명	부서	근속기간	직위	성별	퇴직금
SS123200	고하란	관리팀	10년1개월	이사	남자	150,000,000
SS123128	김개호	전략관리팀	10년1개월	과장	남자	150,000,000
SS121237	이요원	관리팀	1년1개월	주임	남자	
SS121238	고현정	판매팀	7년1개월	주임	남자	35,000,000
SS121235	유재석	전략관리팀	7년1개월	주임	남자	20,000,000
SS123126	박은숙	전략관리팀	9년1개월	부장	남자	35,000,000
SS123125	강진명	비서실	9년1개월	부장	남자	25,000,000
SS123127	강은정	비서실	9년1개월	부장	남자	35,000,000
SS123121	이준우	인사팀	9년9개월	이사	남자	35,000,000
SS123123	노고온	인사팀	9년9개월	부장	남자	35,000,000
					남자 요약	520,000,000
SS121236	이효리	인사팀	2년1개월	주임	여자	4,000,000
SS121239	엄태웅	판매팀	4년1개월	주임	여자	5,000,000
SS121233	이정은	판매팀	8년1개월	주임	여자	25,000,000
SS121234	강호동	전략관리팀	8년1개월	주임	여자	25,000,000
SS121232	권소온	영업팀	8년1개월	주임	여자	25,000,000
SS121231	남상미	판매팀	8년1개월	과장	여자	25,000,000
SS123130	정우석	인사팀	8년1개월	과장	여자	25,000,000
SS123124	홍진기	영업팀	9년1개월	부장	여자	25,000,000
SS123129	방정아	인사팀	9년1개월	과장	여자	25,000,000
SS123122	박우섭	인사팀	9년9개월	부장	여자	25,000,000
					여자 요약	209,000,000
					총합계	729,000,000

모의 3-17 다음 작업을 완료하시오.

- **준비 파일** : 모의고사03/모의고사03-17
- **완성 파일** : 모의고사03/완성파일/모의고사완성03-17

❶ [G4:G10] 영역의 숫자 데이터 뒤에 '대'가 붙도록 설정하시오.

❷ [B1:G1] 영역을 셀 병합하고 가운데 정렬하시오.

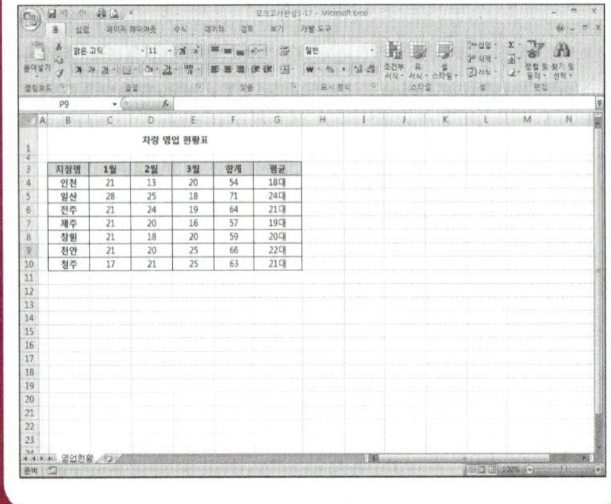

모의 3-18 다음 작업을 완료하시오.

- **준비 파일** : 모의고사03/모의고사03-18
- **완성 파일** : 모의고사03/완성파일/모의고사완성03-18

❶ 워크시트에 적용된 부분합을 제거하시오.

❷ [F5:F15] 영역에 '4색 신호등' 조건부 서식을 적용하시오.

모의 3-19 다음 작업을 완료하시오.

- **준비 파일** : 모의고사03/모의고사03-19
- **완성 파일** : 모의고사03/완성파일/모의고사완성03-19

❶ 판매 수량이 30개 이상이면 '정상', 그렇지 않으면 '10% 할인'이라고 표시하는 함수를 [G5:G14] 영역에 작성하시오.

❷ 대전 지역의 금액 합계를 구하는 함수를 [C17] 셀에 입력하시오.

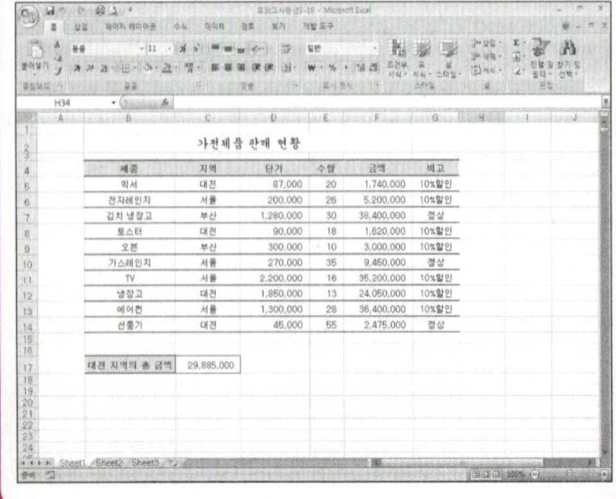

모의 3-20 다음 작업을 완료하시오.

- **준비 파일** : 모의고사03/모의고사03-20
- **완성 파일** : 모의고사03/완성파일/모의고사완성03-20

❶ [C8:I9] 영역을 조회하여 [C4] 셀과 정확히 일치하는 값을 반환하는 함수를 [C5] 셀에 삽입하시오..

❷ 통합 문서를 공유하시오.

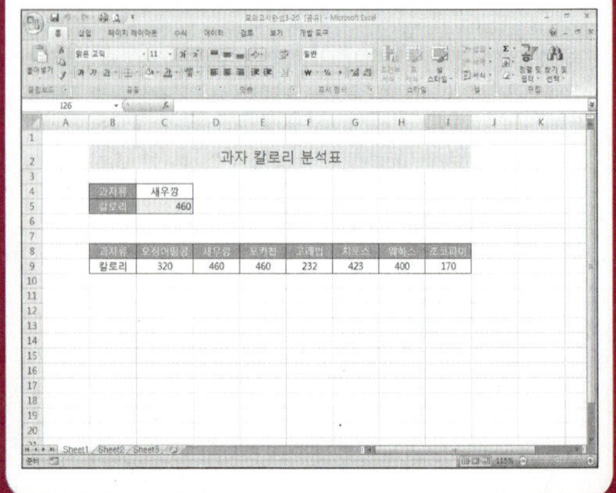

MOS
Excel
2007
모의고사 풀이

MOS Excel 2007 모의고사 **1** 풀이

모의고사 1-1

1 화면을 지정한 배율로 보는 방법
① [보기] 탭의 [확대/축소] 그룹에서 [확대/축소]를 클릭한다.
② [확대/축소] 대화상자가 나타나면 '사용자 지정'에 "130"을 입력하고 [확인] 단추를 클릭한다.

2 통합 문서를 최종본으로 표시하는 방법
① [Office] 단추를 클릭한다.
② [준비]–[최종본으로 표시]를 선택한다.
③ [확인]–[확인] 단추를 클릭한다.

모의고사 1-02

1 테마와 테마색 변경 방법
① [페이지 레이아웃] 탭의 [테마] 그룹에서 [테마]를 클릭하여 '풍요'를 선택한다.
② [페이지 레이아웃] 탭의 [테마] 그룹에서 [글꼴]을 클릭하여 '보자기'를 선택한다.

2 메모 삭제 방법
① [D14] 셀을 선택한다.
② [홈] 탭의 [편집] 그룹에서 [지우기]–[메모 지우기]를 선택한다(마우스 오른쪽 단추를 눌러 [메모 삭제]를 클릭해도 된다).

모의고사 1-03

1 모든 조건부 서식 규칙을 삭제하는 방법
① [홈] 탭의 [스타일] 그룹에서 [조건부 서식]–[규칙 지우기]–[시트 전체에서 규칙 지우기]를 선택한다.

2 호환성 검사를 적용하고 새 시트에 복사하는 방법
① [Office] 단추를 클릭한다.
② [준비]–[호환성 검사 실행]을 클릭한다.
③ [새 시트에 복사]를 클릭한다.

모의고사 1-04

1 중복된 레코드를 삭제하는 방법
① [B4:G14] 영역의 임의의 셀을 선택한 후 [데이터] 탭의 [데이터 도구] 그룹에서 [중복된 항목 제거]를 클릭한다.
② 대화상자가 나타나면 '성명'만 체크하고 [확인] 단추를 클릭한다.

2 차트 높이와 너비를 수치에 맞게 설정하는 방법
① 차트를 선택한다.
② [차트 도구]–[서식] 탭의 [크기] 그룹에서 도형 높이를 '8.5cm'로, 도형 너비를 '12.4cm'로 설정한다.
③ 임의의 셀을 클릭하여 차트 선택을 해제한다.

모의고사 1-05

1 서식만 복사하는 방법
① [B4] 셀을 선택한다.
② [홈] 탭의 [클립보드] 그룹에서 [복사]를 클릭한다.
③ [C4:E4] 영역을 드래그하여 선택한다.
④ [홈] 탭의 [클립보드] 그룹에서 [붙여넣기]–[선택하여 붙여넣기]를 클릭한다(마우스 오른쪽 단추를 눌러 [선택하여 붙여넣기]를 클릭해도 된다).
⑤ [선택하여 붙여넣기] 대화상자에서 [서식]을 선택하고 [확인] 단추를 클릭한다.

2 연속 데이터를 채우는 방법
① [B5] 셀을 선택한다.
② 채우기 핸들을 마우스 오른쪽 단추로 눌러 [B20] 셀까지 드래그한다.
③ [연속 데이터 채우기]를 클릭한다(채우기 핸들을 드래그하여 '1'이 채워지면 [자동 채우기 옵션] 단추를 클릭하여 '연속 데이터 채우기'를 선택해도 된다).

모의고사 1-06

1 화면에 눈금선이 보이지 않도록 설정하는 방법
① [보기] 탭의 [표시/숨기기] 그룹에서 [눈금선] 항목의

체크 박스를 클릭하여 눈금선을 해제한다.

2 셀 스타일 적용 방법

① [B4:I4] 영역을 선택한다.
② [홈] 탭의 [스타일] 그룹에서 [셀 스타일]을 클릭한 후 '강조색2'를 선택한다.

모의고사 1-07

1 평균값 계산 방법, 자릿수 지정 방법

① [F5] 셀을 선택한다.
② [홈] 탭의 [편집] 그룹에서 [자동 합계]–[평균]을 클릭하고 Enter 를 눌러 평균을 구한다.
③ [F5] 셀의 채우기 핸들을 [F12] 셀까지 드래그하여 수식 복사한다.
④ [F5:F12] 영역을 선택하고 [홈] 탭의 [표시 형식] 그룹에서 [자릿수 늘림]을 두 번 클릭한다.

2 사용자 지정 서식을 적용하여 공통 데이터를 표시하는 방법

① [B5:B12] 영역을 선택한다.
② [홈] 탭의 [표시 형식] 그룹에서 [셀 서식 : 표시 형식] 대화상자 단추를 클릭한다.
③ [셀 서식] 대화상자의 [표시 형식] 탭이 나타나면 '범주'에서 '사용자 지정'을 선택한다.
④ '형식'에 ""MS-@""를 입력한 후 [확인] 단추를 클릭한다.

모의고사 1-08

1 COUNT 함수를 이용해 개수를 구하는 방법

① [G17] 셀을 선택한다.
② [홈] 탭의 [편집] 그룹에서 [자동 합계]–[숫자 개수]를 클릭한다.
③ [G5:G12] 영역을 드래그하여 수식의 범위를 수정한 후 Enter 를 누른다.

2 워크시트에 수식을 표시하는 방법

① [수식] 탭의 [수식 분석] 그룹에서 [수식 표시]를 클릭한다.

모의고사 1-09

1 차트 레이아웃을 적용하는 방법

① 차트를 선택한다.
② [차트 도구]–[디자인] 탭의 [차트 레이아웃] 그룹에서 [자세히] 단추를 눌러 '레이아웃 4'를 선택한다.

2 차트 제목을 추가하는 방법

① [차트 도구]–[레이아웃] 탭의 [레이블] 그룹에서 [차트 제목]–[차트 위]를 선택한다.
② '차트 제목'란에 "구별 병원 비율"을 입력한다.
③ 차트 영역 밖을 클릭하여 차트 선택을 해제한다.

모의고사 1-10

1 쉼표로 분리된 텍스트를 열로 분리하는 방법

① [B3:B8] 셀 범위를 선택한 후 [데이터] 탭의 [데이터 도구] 그룹에서 [텍스트 나누기]를 클릭한다.
② [텍스트 마법사 – 3단계 중 1단계] 대화상자에서 '구분 기호로 분리됨'을 선택하고 [다음] 단추를 클릭한다.
③ [텍스트 마법사 – 3단계 중 2단계] 대화상자에서 [구분 기호]를 '쉼표'로 선택하고 [다음] 단추를 클릭한다.
④ [텍스트 마법사 – 3단계 중 3단계] 대화상자에서 [마침] 단추를 클릭한다.
⑤ 셀의 데이터를 바꿀지를 묻는 대화상자가 나타나면 [확인] 단추를 클릭한다.

2 숨겨진 메타 데이터 및 개인 정보를 검사하고 모든 검사 결과를 제거하는 방법

① [Office] 단추를 클릭하여 [준비]–[문서 검사]를 선택한다.
② 저장 확인 메시지 창이 나타나면 [예] 단추를 클릭한다.
③ [문서 검사] 대화상자에서 [검사] 단추를 클릭한다.
④ [메모 및 주석]과 [문서 속성 및 개인 정보] 오른쪽의 [모두 제거] 단추를 클릭한다.
⑤ [닫기] 단추를 클릭한다.

모의고사 1-11

1 논리 IF 함수를 이용하여 수식을 구하는 방법

① [F5] 셀을 클릭한 후 [수식] 탭의 [함수 라이브러리] 그룹에서 [논리]–[IF] 함수를 선택한다.
② IF [함수 인수] 대화상자가 나타나면 'Logical_ test'에 "E5="장려상""을 입력한다.

③ Value_if_true에 "문구 세트"를 입력한다.
④ Value_if_false에 "문화 상품권"을 입력하고 [확인] 단추를 클릭한다.
⑤ 수식 결과가 나타나면 [F5] 셀의 채우기 핸들을 [F19] 셀까지 드래그하여 수식을 복사한다.

❷ 유효성 검사 기능을 이용하여 텍스트의 길이를 제한하고, 오류 메시지를 표시하는 방법

① [C5:C19] 셀 범위를 드래그하여 선택한다.
② [데이터] 탭의 [데이터 도구] 그룹에서 [데이터 유효성 검사]를 클릭한다.
③ [데이터 유효성] 대화상자의 [설정] 탭으로 이동한다.
④ 제한 대상은 '텍스트 길이'로 선택한다.
⑤ 제한 방법에는 '='를 선택한다.
⑥ 길이에는 "1"을 입력한다.
⑦ [오류 메시지] 탭을 클릭하여 이동한다.
⑧ 오류 메시지에 "한 자리 숫자만 입력가능"을 입력한 후 [확인] 단추를 클릭한다.

모의고사 1-12

❶ 데이터를 정렬하는 방법

① [D] 열의 데이터가 입력된 임의의 셀을 클릭한다.
② [데이터] 탭의 [정렬 및 필터] 그룹에서 [텍스트 오름차순 정렬]을 클릭한다.

❷ 제시된 설정에 따라 부분합을 구하는 방법

① [데이터] 탭의 [윤곽선] 그룹에서 [부분합]을 클릭한다.
② [부분합] 대화상자에서 그룹화할 항목은 '부서', 사용할 함수는 '평균'을 선택한다.
③ 부분합 계산 항목은 '기본급'을 체크하고 '그룹 사이에서 페이지 나누기'에 체크한 후 [확인] 단추를 클릭한다.

모의고사 1-13

❶ 절대 참조를 사용하여 이자를 계산하는 방법

① [B4] 셀을 선택한 후 "=A4*$B$3"을 입력하여 수식을 작성한다($ 기호는 키보드의 F4를 눌러 적용한다).
② [B4] 셀의 채우기 핸들을 드래그하여 [B7] 셀까지 수식 복사한다.

❷ 표 스타일을 적용하고 일부 설정을 해제하는 방법

① [A3:B7] 영역의 임의의 셀을 선택한다.

② [홈] 탭의 [스타일] 그룹에서 [표 서식]을 클릭한다.
③ '표 스타일 보통 13'을 선택하여 적용한다.
④ [표 서식] 대화상자가 나타나면 [확인] 단추를 클릭한다.
⑤ [표 도구]-[디자인] 탭의 [표 스타일 옵션] 그룹에서 '줄무늬 행' 항목을 체크 해제한다.
⑥ 임의의 셀을 클릭하여 선택 영역을 해제한다.

모의고사 1-14

❶ 유효성 검사 기능을 이용하여 입력 데이터를 목록으로 제한하는 방법

① [H3:H8] 영역을 드래그하여 선택한다.
② [데이터] 탭의 [데이터 도구] 그룹에서 [데이터 유효성 검사]를 클릭한다.
③ [데이터 유효성] 대화상자의 [설정] 탭에서 제한 대상을 '목록'으로 선택한다.
④ 원본에 "남자, 여자"를 입력한 후 [확인] 단추를 클릭한다.
⑤ 선택 영역 오른쪽에 목록 단추가 생성된 것을 확인한다.

❷ 선택된 영역에 셀 스타일 적용하는 방법

① [B2:H2] 영역을 드래그하여 선택한다.
② [홈] 탭의 [스타일] 그룹에서 [셀 스타일]-'강조색5'를 적용한다.
③ 임의의 셀을 클릭하여 선택 영역을 해제한다.

모의고사 1-15

❶ 셀 병합 방법

① [B1:G1] 영역을 드래그하여 선택한다.
② [홈] 탭의 [맞춤] 그룹에서 [병합하고 가운데 맞춤]을 클릭한다.

❷ 문자 데이터의 사용자 지정 서식

① [B4:B10] 영역을 선택한다.
② [홈] 탭의 [표시 형식] 그룹에서 [셀 서식 : 표시 형식] 대화상자 단추를 클릭한다.
③ [셀 서식] 대화상자의 [표시 형식] 탭의 '범주'에서 '사용자 지정' 항목을 선택한다.
④ '형식'란에 "@"점""을 입력한 후 [확인] 단추를 클릭한다.

1 SmartArt 개체의 서식을 변경하는 방법

① SmartArt 그래픽 개체를 선택한다.

② [SmartArt 도구]-[디자인] 탭의 [SmartArt 스타일] 그룹에서 [자세히] 단추를 클릭하고 '미세 효과'를 선택한다.

2 이미지의 서식을 적용하는 방법

① 이미지 개체를 선택한다.

② [그림 도구]-[서식] 탭의 [그림 스타일] 그룹에서 [자세히] 단추를 클릭하고 '금속 타원'을 선택한다.

모의고사 1-17

1 차트 모양을 변경하는 방법

① 차트 개체를 선택한다.

② [차트 도구]-[디자인] 탭의 [종류] 그룹에서 [차트 종류 변경]을 선택한다.

③ [세로 막대형]-'묶은 세로 막대형' 차트를 선택한 후 [확인] 단추를 클릭한다.

2 차트의 구성 요소를 제거하는 방법

① 차트의 범례를 클릭하여 선택한다.

② Delete 를 눌러 범례를 제거한다.

③ 임의의 셀을 눌러 차트 선택을 해제한다.

모의고사 1-18

1 날짜 데이터의 서식을 변경하는 방법

① [E3] 셀을 클릭한다.

② [홈] 탭의 [표시 형식] 그룹에서 [자세한 날짜]를 클릭한다.

2 통합 문서를 서식 파일로 저장하는 방법

① [Office] 단추-[다른 이름으로 저장]-[다른 형식]을 클릭한다.

② '파일 형식'을 'Excel 서식 파일'로 선택하면 저장 위치가 [Templates] 폴더로 변경된다.

③ [저장]을 클릭하여 저장한다.

모의고사 1-19

1 열 삭제 방법

① [D] 열을 선택한다.

② [홈] 탭의 [셀] 그룹에서 [삭제]-[셀 삭제]를 클릭한다.

③ [D] 열이 삭제되고 [E] 열이 왼쪽으로 당겨진다.

2 숫자 데이터에 쉼표 스타일을 적용하는 방법

① [D5:D20] 영역을 드래그하여 선택한다.

② [홈] 탭의 [표시 형식] 그룹에서 [쉼표 스타일]을 클릭한다.

모의고사 1-20

1 부분합 결과 중 필요한 데이터만 화면에 표시되도록 설정하는 방법

① '관리' 및 '영업' 부서를 제외한 나머지 부서의 왼쪽 윤곽 단추[-]를 각각 클릭한다.

2 부분합 결과를 제거하는 방법

① [데이터] 탭의 [윤곽선] 그룹에서 [부분합]을 클릭한다.

② [부분합] 대화상자에서 [모두 제거] 단추를 클릭한다.

MOS Excel 2007 모의고사 ❷ 풀이

모의고사 2-01

❶ 차트 모양을 변경하는 방법
① 차트 개체를 선택한다.
② [차트 도구]–[디자인] 탭의 [종류] 그룹에서 [차트 종류 변경]을 선택한다.
③ '표식이 있는 꺾은선형' 차트를 선택한 후 [확인] 단추를 클릭한다.

❷ 차트의 눈금 단위를 변경하는 방법
① 차트 개체를 선택한다.
② [차트 도구]–[레이아웃] 탭의 [축] 그룹에서 [축]–[기본 세로 축]–[기타 기본 세로 축 옵션]을 선택한다.
③ [축 서식] 대화상자가 나타나면 최대값을 '고정'으로 체크한 후 "100"을 입력한다.
④ 주 단위를 '고정'으로 체크한 후 "20"을 입력하고 [닫기] 단추를 클릭한다.

모의고사 2-02

❶ 공백을 기준으로 텍스트를 나누는 방법
① [B2:B6] 영역을 선택한 후 [데이터] 탭의 [데이터 도구] 그룹에서 [텍스트 나누기]를 클릭한다.
② [텍스트 마법사 – 3단계 중 1단계] 대화상자에서 '구분 기호로 분리됨'을 선택하고 [다음] 단추를 클릭한다.
③ [텍스트 마법사 – 3단계 중 2단계] 대화상자에서 구분 기호를 '공백'으로 선택하고 [다음] 단추를 클릭한다.
④ [텍스트 마법사 – 3단계 중 3단계] 대화상자에서 [마침] 단추를 클릭한다.
⑤ 셀의 내용을 바꿀지 여부를 묻는 창이 뜨면 [확인] 단추를 클릭한다.

❷ 선택된 영역에 셀 스타일을 적용하는 방법
① [B2:D2] 영역을 드래그하여 선택한다.
② [홈] 탭의 [스타일] 그룹에서 [셀 스타일]을 선택하고 '강조색5'를 적용한다.
③ 임의의 셀을 클릭하여 선택 영역을 해제한다.

모의고사 2-03

❶ 논리 IF 함수를 이용하여 수식을 구하는 방법
① [F5] 셀을 클릭한 후 [수식] 탭의 [함수 라이브러리] 그룹에서 [논리]–[IF] 함수를 선택한다.
② IF [함수 인수] 대화상자가 나타나면 Logical_ test에 "C5)=1000000"을 입력한다.
③ Value_if_true에 "상품권 증정"을 입력한다.
④ Value_if_false에 "무료 배송"을 입력하고 [확인] 단추를 클릭한다.
⑤ 수식 결과가 나타나면 [F5] 셀의 채우기 핸들을 [F14] 셀까지 드래그하여 수식을 복사한다.

❷ 조건부 서식 중 아이콘 집합을 설정하는 방법
① [D5:D14] 영역을 선택한다.
② [홈] 탭의 [스타일] 그룹에서 [조건부 서식]–[아이콘 집합]– '3가지 모양'을 선택한다.

모의고사 2-04

❶ 절대 참조를 사용하여 할인 금액을 계산하는 방법
① [B4] 셀을 선택한 후 "=B3*$A$4"를 입력하여 수식을 작성한다($ 기호는 키보드의 F4 를 눌러 적용한다).
② [B4] 셀의 채우기 핸들을 드래그하여 [E4] 셀까지 수식 복사한다.

❷ 글꼴 및 글자 크기 변경 방법
① [A1:E1] 영역을 선택한 후 [홈] 탭의 [글꼴] 그룹에서 글꼴을 '궁서체', 글자 크기는 '20pt'로 설정한다.

모의고사 2-05

❶ 자동 합계를 이용하여 합계값을 계산하는 방법
① [E4] 셀을 선택한다.
② [홈] 탭의 [편집] 그룹에서 [자동 합계]를 클릭한 후 Enter 를 누른다.
③ [E4] 셀의 채우기 핸들을 [E12] 셀까지 드래그하여 합계값을 수식 복사한다.
④ 합계 점수가 계산된다.

❷ COUNTIF 함수를 이용하여 조건에 맞는 셀의 개수를 세는 방법

① [E13] 셀을 선택한 후 [수식] 탭의 [함수 라이브러리] 그룹에서 [함수 추가]–[통계]–[COUNTIF] 함수를 선택한다.
② COUNTIF [함수 인수] 대화상자가 나타나면 'Range' 에 "C4:C12"를 입력한다.
③ 'Criteria'에 "<=85"을 입력하고 [확인] 단추를 클릭한다.
④ =COUNTIF(C4:C12, "<=85") 수식의 결과가 나타난다.

모의고사 2-06

❶ 차트 레이아웃 적용 방법

① 차트를 선택한다.
② [차트 도구]–[디자인] 탭의 [차트 레이아웃] 그룹에서 [자세히] 단추를 눌러 '레이아웃 3'을 선택한다.

❷ 차트 높이와 너비 설정 방법

① 차트를 선택한다.
② [차트 도구]–[서식] 탭의 [크기] 그룹에서 도형 높이를 '7cm'로, 도형 너비를 '13cm'로 설정한다.
③ 임의의 셀을 클릭하여 차트 선택을 해제한다.

모의고사 2-07

❶ 유효성 검사 기능을 이용하여 목록으로 입력 내용을 제한하는 방법

① [F5:F24] 셀 범위를 드래그하여 선택한다.
② [데이터] 탭의 [데이터 도구] 그룹에서 [데이터 유효성 검사]를 클릭한다.
③ [데이터 유효성] 대화상자의 [설정] 탭에서 제한 대상을 '목록'으로 선택한다.
④ 원본에 '=$I$5:$I$8' 영역을 드래그하여 입력한다.

❷ 유효성 검사 오류 메시지를 표시하는 방법

① [오류 메시지] 탭을 클릭하여 이동한다.
② 오류 메시지에 "입력 오류–목록에서 선택"을 입력한 후 [확인] 단추를 클릭한다.

모의고사 2-08

❶ 차트를 새 워크시트로 이동하는 방법

① 차트를 선택하고 [차트 도구]–[디자인] 탭의 [위치] 그룹에서 [차트 이동]을 클릭한다.
② [차트 이동] 대화상자에서 [새 시트]를 선택한다.
③ [확인] 단추를 클릭한다.

❷ 숨겨진 메타 데이터 및 개인 정보를 검사하고 모든 검사 결과를 제거하는 방법

① [Office] 단추–[준비]–[문서 검사]를 클릭한다.
② 저장 확인 메시지 창이 나타나면 [예] 단추를 클릭한다.
③ [문서 검사] 대화상자에서 [검사] 단추를 클릭한다.
④ [머리글/바닥글]의 [모두 제거] 단추를 클릭한다.
⑤ [닫기] 단추를 클릭한다.

모의고사 2-09

❶ 시트를 새 통합 문서로 이동하는 방법

① [결산] 시트 탭을 마우스 오른쪽 단추로 눌러 [이동/복사] 메뉴를 클릭한다.
② [이동/복사] 대화상자에서 [대상 통합 문서]를 '새 통합 문서'로 선택한다.
③ [확인] 단추를 클릭한다.

❷ 매크로를 지원하는 Excel 2007 호환 형식으로 저장하는 방법

① [Office] 단추–[다른 이름으로 저장]–[Excel 매크로 사용 통합 문서]를 클릭한다.
② 파일 이름을 "결산 보고서"라고 입력한 후 [저장] 단추를 클릭한다.

모의고사 2-10

❶ 서식만 복사하는 방법

① [상반기] 시트의 [B2:C19] 영역을 드래그하여 선택한다.
② [홈] 탭의 [클립보드] 그룹에서 [복사]를 클릭한다(마우스 오른쪽 단추를 눌러 [복사]를 클릭하거나, [클립보드] 그룹에서 [서식 복사]를 클릭해도 된다).
③ [하반기] 시트의 [B2:C19] 영역을 드래그하여 선택한다.
④ [홈] 탭의 [클립보드] 그룹에서 [붙여넣기]–[선택하여 붙여넣기]를 클릭한다(마우스 오른쪽 단추를 눌러 [선택하여 붙여넣기]를 클릭해도 된다).
⑤ [선택하여 붙여넣기] 대화상자에서 [서식]을 선택하고 [확인]을 클릭한다.

2 셀 스타일을 적용하는 방법
① [C5:C19] 영역을 선택한다.
② [홈] 탭의 [스타일] 그룹에서 [셀 스타일]을 클릭한 후 [설명 텍스트]를 선택한다.

1 시트 복사 방법, 시트명 변경 방법
① [1월] 시트 탭을 선택하고 마우스 오른쪽 단추를 눌러 [이동/복사]를 클릭한다.
② [이동/복사] 대화상자에서 '다음 시트의 앞에'를 'sheet2'로 설정한 후 '복사본 만들기'에 체크하고 [확인] 단추를 클릭한다.
③ 복사된 시트 탭 이름을 더블클릭하여 시트 이름 편집 상태로 만들고 "2월"을 입력한 후 Enter 를 누른다.

2 데이터 삭제 방법
① [A3:G7] 영역을 선택한다.
② Delete 를 눌러 데이터를 삭제한다(마우스 오른쪽 단추를 눌러 [내용 지우기]를 선택해도 된다).

1 서식 복사 방법
① [B4] 셀을 선택한다.
② [홈] 탭의 [클립보드] 그룹에서 [서식 복사]를 클릭한다.
③ [D4] 셀을 클릭한다.

2 셀 병합 방법
① [B1:E1] 영역을 드래그하여 선택한다.
② [홈] 탭의 [맞춤] 그룹에서 [병합하고 가운데 맞춤]을 클릭한다.

1 표 스타일을 적용하고 일부 설정을 해제하는 방법
① [B2:F10] 영역의 임의의 셀을 선택한다.
② [홈] 탭의 [스타일] 그룹에서 [표 서식]-'표 스타일 어둡게 4'를 선택하여 적용한다.
③ [표 서식] 대화상자가 나타나면 [확인] 단추를 클릭한다.
④ [표 도구]-[디자인] 탭의 [표 스타일 옵션] 그룹에서 '줄무늬 행' 항목을 체크 해제한다.

⑤ 임의의 셀을 클릭하여 선택 영역을 해제한다.

2 테마 적용 방법
① [페이지 레이아웃] 탭의 [테마] 그룹에서 '테마'를 선택한다.
② '가을' 테마를 선택한다.

1 데이터 정렬 방법
① [E] 열에서 데이터가 있는 범위의 임의의 셀을 클릭한다.
② [데이터] 탭의 [정렬 및 필터] 그룹에서 [텍스트 내림차순 정렬]을 클릭한다.

2 제시된 설정에 따라 부분합을 구하는 방법
① [데이터] 탭의 [윤곽선] 그룹에서 [부분합]을 클릭한다.
② [부분합] 대화상자에서 '그룹화할 항목'은 '직위', '사용할 함수'는 '평균'을 선택한다.
③ '부분합 계산 항목'은 '나이', '기본급'을 체크한 후 [확인] 단추를 클릭한다.

1 화면에 눈금선이 보이도록 설정하는 방법
① [보기] 탭의 [표시/숨기기] 그룹에서 '눈금선' 항목의 체크 박스를 클릭하여 '눈금선'을 설정한다.

2 화면에 수식 입력줄이 보이지 않도록 설정하는 방법
① [보기] 탭의 [표시/숨기기] 그룹에서 수식 입력줄의 체크 박스를 클릭하여 '눈금선'을 해제한다.

1 시트 탭 색 변경 방법
① [Sheet1] 시트 탭을 마우스 오른쪽 단추로 클릭하고 [탭 색]-[테마 색]에서 '바다색, 강조 5, 40% 더 밝게'를 선택한다.

2 호환성 검사를 적용하고 새 시트에 복사하는 방법
① [Office] 단추를 클릭한다.
② [준비]-[호환성 검사 실행]을 선택한다.
③ [새 시트에 복사]를 선택한다.

1 도형을 연결하고 선 두께를 조절하는 방법

① [삽입] 탭의 [일러스트레이션] 그룹에서 [도형]을 선택
한 후 '화살표'를 선택한다.

② 한 도형에 마우스를 대고 연결점이 나오면 드래그하
여 나머지 도형으로 이어서 화살표를 그린다.

③ 화살표 도형을 선택한 후 [그리기 도구]–[서식] 탭의
[도형 스타일] 그룹에서 [도형 윤곽선]을 선택한다.

④ [두께]–[3pt]를 선택한다.

**2 두 명 이상의 사용자가 같이 편집할 수 있도록 통합 문
서를 공유하는 방법**

① [검토] 탭의 [변경 내용] 그룹에서 [통합 문서 공유]를
클릭한다.

② [통합 문서 공유] 대화상자의 '여러 사용자가 동시에
변경할 수 있으며 통합 문서 병합도 가능' 항목에 체
크한 후 [확인] 단추를 클릭한다.

③ 저장할 것인지 여부를 묻는 대화상자가 나타나면 [확
인] 단추를 클릭한다.

1 그림에 효과를 설정하는 방법

① 이미지를 선택한다.

② [그림 도구]–[서식] 탭의 [그림 스타일] 그룹에서 [자세
히] 단추를 클릭한다.

③ '반사형 입체, 흰색'을 선택한다.

④ 서식이 적용되면 선택을 해제한다.

2 통합 문서를 최종본으로 표시하는 방법

① [Office] 단추를 클릭한다.

② [준비]–[최종본으로 표시]를 선택한다.

③ 저장 여부를 확인하는 메시지가 나오면 [확인]–[확인]
단추를 차례로 클릭한다.

1 표에서 요약행을 표시하는 방법

① 표 안의 임의의 셀을 선택하고 [표 도구]–[디자인] 탭
의 [표 스타일 옵션] 그룹에서 '요약 행' 항목을 체크
한다.

② 표의 바로 아래에 요약 행이 표시된다.

2 워크시트에 수식을 표시하는 방법

① [수식] 탭의 [수식 분석] 그룹에서 [수식 표시]를 클릭
한다.

② 화면에 모든 계산 결과 값이 수식으로 전환되어 표시
된다.

1 색 아이콘 기준으로 필터하는 방법

① 데이터 범위의 임의의 셀을 클릭한다.

② [데이터] 탭의 [정렬 및 필터] 그룹에서 [필터]를 클릭
한다.

③ 첫행에 필터 단추가 나타나면 '급여액' 열의 필터 단
추를 클릭하고 [색 기준 필터]에서 [자동]을 클릭한다.

2 화면 보기 배율을 지정한 배율로 보는 방법

① [보기] 탭의 [확대/축소] 그룹에서 [확대/축소]를 클릭
한다.

② [확대/축소] 대화상자가 나타나면 [사용자 지정] 오른쪽
의 빈칸에 "130"을 입력하고 [확인] 단추를 클릭한다.

MOS Excel 2007 모의고사 ❸ 풀이

모의고사 3-01

1 행 나누기 설정 방법

① [11] 행의 행 머리글을 선택한다.

② [보기] 탭의 [창] 그룹에서 [나누기]를 클릭한다.

③ 아래 창을 클릭하고 [25] 행이 첫 행이 되도록 스크롤한다.

2 그림에 3차원 서식 효과를 적용하는 방법

① 그림을 클릭한다.

② [그림 도구]-[서식] 탭의 [그림 스타일] 그룹에서 [그림 효과]-[입체 효과]-[디벗]을 선택한다.

모의고사 3-02

1 SUMIF 함수를 사용하여 조건에 맞는 값의 합계를 구하는 방법

① [K5] 셀을 클릭하여 커서를 둔다.

② [수식] 탭의 [함수 라이브러리] 그룹에서 [수학/삼각]-[SUMIF] 함수를 클릭한다.

③ [함수 인수] 대화상자가 나타나면 'Range'에 "E5:E15"를 입력한다. 영역 지정 단추를 클릭하고 [E5:E15] 영역을 드래그하여 선택하면 편리하다.

④ 'Criteria'에 "제일"텍스트를 입력한다.

⑤ 'Sum_range'에 "H5:H15"를 입력한다. 영역 지정 단추를 클릭하고 [H5:H15] 영역을 드래그하여 선택해도 된다.

⑥ [확인] 단추를 클릭하면 =SUMIF(E5:E15,"제일",H5:H15) 수식이 [K5] 셀에 삽입되어 총합계 값이 구해진다.

2 COUNTIF 함수를 이용하여 조건에 맞는 항목의 개수를 세는 방법

① [K8] 셀을 클릭하여 커서를 둔다.

② [수식] 탭의 [함수 라이브러리] 그룹에서 [함수 추가]-[통계]-[COUNTIF] 함수를 선택한다.

③ [함수 인수] 대화상자가 나타나면 'Range'에 "F5:F15"를 입력한다.

④ 'Criteria'에 ")8000000"을 입력하고 [확인] 단추를 클릭한다.

모의고사 3-03

1 VLOOKUP 함수를 이용하여 일치하는 이름을 찾는 방법

① [C3] 셀에 커서를 둔다.

② [수식] 탭의 [함수 라이브러리] 그룹에서 [찾기/참조 영역]-[VLOOKUP] 함수를 선택한다.

③ 'Lookup_value'에 "B3"를 입력한다.

④ 'Table_array'에 데이터가 있는 셀 영역인 "I2:K7"을 입력한다.

⑤ 'Col_index_num'에 "2"를 입력한다.

⑥ 'Range_lookup'에 '0'을 입력하고 [확인] 단추를 클릭한다.

⑦ =VLOOKUP(B3,이름,2,0) 수식의 결과가 나타난다.

⑧ [C3] 셀을 채우기 핸들로 [C7] 셀까지 드래그하여 복사한다.

모의고사 3-04

1 절대 참조를 사용하여 부가세를 계산하는 방법

① [F5] 셀에 "=E5+E5*$F$3"를 입력한다.

③ 채우기 핸들로 [F12] 셀까지 드래그하여 복사한다.

2 현재 워크시트를 열려 있는 다른 통합 문서로 복사하는 방법

① [제품현황] 시트를 마우스 오른쪽 단추로 클릭하여 [이동/복사] 메뉴를 선택한다.

② [이동/복사] 대화상자가 열리면 '대상 통합 문서'를 선택하여 [총 제품현황] 문서를 선택한다.

③ 대화상자 하단의 [복사본 만들기]에 체크한 뒤 [확인] 단추를 클릭한다.

모의고사 3-05

1 셀 복사 방법

① [H5] 셀을 클릭하고 [H15] 셀까지 채우기 핸들로 드래그하여 복사한다.

② 요약 행 표시 방법

① [표 도구]–[디자인] 탭의 [표 스타일 옵션] 그룹에서 [요약 행]의 체크 상자를 클릭하여 체크한다.

모의고사 3-06

① 표 스타일 적용 방법

① 데이터가 입력되어 있는 셀 중 하나를 클릭하거나 [B4:I15] 영역을 블록으로 설정한다.

② [홈] 탭의 [스타일] 그룹에서 [표 서식]–[보통]–'표 스타일 보통 15'를 선택한다.

③ 표에 사용할 데이터 영역이 지정된 [표 서식] 대화상자가 나타나면 [확인] 단추를 클릭한다.

④ [표 도구]–[디자인] 탭의 [표 스타일 옵션] 그룹에서 [첫째 열], [마지막 열], [줄무늬 열]의 체크 상자를 각각 선택한다.

② 워크시트의 메모를 제거하는 방법

① [검토] 탭의 [메모] 그룹에서 [다음] 단추를 클릭하여 메모가 표시되면 [삭제] 단추를 클릭한다.

② [다음] 아이콘이 비활성화될 때까지 반복한다.

모의고사 3-07

① 특정 셀 범위만 편집 허용하는 방법

① [C5:C15] 영역을 블록으로 설정한다.

② [검토] 탭의 [변경 내용] 그룹에서 [범위 편집 허용]을 선택한다.

③ [범위 편집 허용] 대화상자의 [새로 만들기] 단추를 클릭한다.

④ [새 범위] 대화상자가 열리면 [범위 암호]에 "text"를 입력하고 [확인] 단추를 클릭한다.

⑤ [암호 확인] 대화상자가 열리면 다시 한 번 "text"를 입력하고 [확인] 단추를 클릭한다.

⑥ [시트 보호] 단추를 클릭하여 [시트 보호] 대화상자가 열리면 [확인] 단추를 클릭한다.

② 매크로를 지원하는 파일 형식으로 저장하는 방법

① [Office 단추]–[다른 이름으로 저장]–[Excel 매크로 사용 통합 문서]를 클릭한다.

② [다른 이름으로 저장] 대화상자에서 폴더와 파일 이름을 설정하고 [저장] 단추를 클릭한다.

모의고사 3-08

① 2차원 세로 막대 차트 삽입 방법

① [B4:B8] 영역을 선택한 후 Ctrl 을 누른 채 [G4:H8] 영역을 선택한다.

② [삽입] 탭의 [차트] 그룹에서 [세로 막대형]을 선택한다.

③ 2차원 세로 막대형의 [묶은 세로 막대형]을 클릭한다.

④ [차트 도구]–[디자인] 탭의 [위치] 그룹에서 [차트 이동]을 클릭한다.

⑤ [차트 이동] 대화상자에서 [새 시트]를 선택한다.

⑥ [확인] 단추를 클릭한다.

② 차트의 높이를 수정하는 방법

① 차트가 선택되어 있는 상태에서 [차트 도구]–[서식] 탭의 [크기] 그룹에 높이 "10cm", 너비 "20cm"를 입력한다.

모의고사 3-09

① 범위 영역을 추가하는 방법

① [J5] 셀을 더블클릭하거나, [J5] 셀을 선택하고 수식 입력줄을 선택한다.

② 평균값이 참조하고 있는 영역이 파란색 테두리로 표시되면, 모서리를 [F5:H5] 영역까지 드래그하여 범위 영역을 추가한 후 Enter 를 누른다.

③ 나머지 지점의 평균도 같은 방법으로 수정한다.

② 원형 차트의 레이아웃을 변경하는 방법

① 차트를 선택한다.

② [차트 도구]–[디자인] 탭의 [차트 레이아웃] 그룹에서 [레이아웃 6]을 클릭한다.

모의고사 3-10

① 시트 탭의 색을 변경하는 방법

① [결산] 시트 탭을 마우스 오른쪽 단추로 클릭한다.

② [탭 색]–[주황, 강조 6]을 선택한다.

② 모든 조건부 서식 규칙을 삭제하는 방법

① [홈] 탭의 [스타일] 그룹에서 [조건부 서식]–[규칙 지우기]–[시트 전체에서 규칙 지우기]를 클릭한다.

모의고사 3-11

1 색으로 필터링하는 방법

① 합계 열의 자동 필터 아이콘을 클릭한다.

② [색 기준 필터]를 선택하고 [글꼴 색 기준 필터]의 [자동]을 선택한다.

2 테마 적용 방법

① [페이지 레이아웃] 탭의 [테마] 그룹에서 [테마]–'모양'을 선택한다.

모의고사 3-12

1 유효성 검사 기능을 이용하여 입력 데이터의 길이를 제한하는 방법

① [G4:G17] 영역을 블록으로 설정하고 [데이터] 탭의 [데이터 도구] 그룹에서 [데이터 유효성 검사]–[데이터 유효성 검사]를 클릭한다.

② [데이터 유효성] 대화상자의 [설정] 탭에서 [제한 대상]을 '텍스트 길이'로 선택하고 [제한 방법]에 "="를, [길이]에 "2"를 입력한다.

③ [확인] 단추를 클릭한다.

2 호환성 검사 방법

① [Office 단추]–[준비]–[호환성 검사 실행]을 클릭한다.

② [호환성 검사] 대화상자 하단의 [이 통합 문서를 저장할 때 호환성 검사]에 체크하고 [확인] 단추를 클릭한다.

모의고사 3-13

1 화면에 눈금선이 보이지 않도록 하는 방법

① [보기] 탭의 [표시/ 숨기기] 그룹에서 [눈금선]의 체크 상자를 클릭하여 해제한다.

2 도형을 연결하고 선 두께를 조절하는 방법

① [삽입] 탭의 [일러스트레이션] 그룹에서 [도형]을 클릭한다.

② [선] 항목의 [양방향 화살표] 도형을 클릭한다.

③ A 도형에 마우스를 가져가면 나타나는 빨강색 조절점부터 B 도형의 빨강색 조절점까지 드래그한다.

④ 화살표 도형을 클릭하고 [그리기 도구]–[서식] 탭의 [도형 스타일] 그룹에서 [도형 윤곽선]–[두께]–[6pt]를 선택한다.

모의고사 3-14

1 특정 기호를 기준으로 텍스트를 나누는 방법

① [B3:B8] 영역을 블록으로 설정한다.

② [데이터] 탭의 [데이터 도구] 그룹에서 [텍스트 나누기]를 클릭한다.

③ [텍스트 마법사 – 3단계 중 1단계] 대화상자에서 [구분 기호로 분리됨]을 선택하고 [다음] 단추를 클릭한다.

④ [텍스트 마법사 – 3단계 중 2단계] 대화상자에서 [기타]에 ";"를 입력하고 [다음] 단추를 클릭한다.

⑤ [텍스트 마법사 – 3단계 중 3단계] 대화상자에서 [마침] 단추를 클릭한다.

2 영역에 테두리를 지정하는 방법

① [B3:I8] 영역을 블록으로 설정한다.

② [홈] 탭의 [글꼴] 그룹에서 [테두리] 아이콘의 목록 단추를 클릭하여 [모든 테두리]를 선택한다.

모의고사 3-15

1 서식을 복사하는 방법

① [B3] 셀을 선택하고 [홈] 탭의 [클립보드] 그룹에서 [서식복사] 아이콘을 클릭한다.

② 마우스가 서식 복사하기 모양으로 바뀌면 [C3:I3] 영역을 드래그한다.

2 중복된 레코드 삭제 방법

① 데이터가 입력되어 있는 [B3:I19] 영역을 블록으로 설정한다.

② [데이터] 탭의 [데이터 도구] 그룹에서 [중복된 항목 제거]를 클릭한다.

③ [중복된 항목 제거] 대화 상자에서 [모두 선택 취소] 단추를 클릭한다.

④ [성명] 항목에 체크하고 [확인] 단추를 클릭한다.

⑤ 중복된 값을 제거했다는 메시지가 나타나면 [확인] 단추를 클릭한다.

모의고사 3-16

1 오름차순 정렬 방법

① [성별] 열의 아무 셀이나 선택한 후 [데이터] 탭의 [정렬 및 필터] 그룹에서 [텍스트 오름차순 정렬]을 클릭한다.

2 부분합을 구하고 그룹별로 페이지를 나누는 방법

① 데이터가 입력된 영역에 커서를 두고 [데이터] 탭의 [윤곽선] 그룹에서 [부분합]을 클릭한다.

② [부분합] 대화상자가 나타나면 [그룹화할 항목]을 [성별]로 지정한다.

③ [사용할 함수]는 [합계]를 선택한다.

④ [부분합 계산 항목]에서 [퇴직금]에 체크한 후 [그룹 사이에서 페이지 나누기]에 체크하고 [확인] 단추를 클릭한다.

모의고사 3-17

1 데이터에 특정 텍스트를 추가하는 방법

① [G4:G10] 영역을 블록으로 설정한다.

② 마우스 오른쪽 버튼을 클릭하여 [셀 서식]을 선택한다.

③ [셀 서식] 대화상자가 나타나면 [표시 형식] 탭의 [범주]에서 [사용자 지정]을 선택하고, 형식에 "0대"를 입력하고 [확인] 단추를 클릭한다.

2 셀 병합 방법

① [B1:G1] 영역을 블록으로 설정하고 [홈] 탭의 [맞춤] 그룹에서 [병합하고 가운데 맞춤]을 클릭한다.

모의고사 3-18

1 부분합 제거 방법

① 데이터가 입력된 임의의 셀을 선택하고 [데이터] 탭의 [윤곽선] 그룹에서 [부분합]을 선택한다.

② [부분합] 대화상자 하단의 [모두 제거] 단추를 클릭한다.

2 조건부 서식 적용 방법

① [F5:F15] 영역을 블록으로 설정한다.

② [홈] 탭의 [스타일] 그룹에서 [조건부 서식]-[아이콘 집합]-[4색 신호등]을 선택한다.

모의고사 3-19

1 IF 함수를 사용하여 조건에 맞는 결과 값을 구하는 방법

① [G5] 셀을 클릭하고 [수식] 탭의 [함수 라이브러리] 그룹에서 [논리]-[IF] 함수를 선택한다.

② 'Logical_test'에 "E5>=30"을, 'Value_if_true'에 "정상"을, 'Value_if_false'에 "10% 할인"을 입력한다.

③ [확인] 단추를 클릭하면 =IF(E5>=30,"정상","10% 할인") 함수가 입력된다.

④ 나머지 영역에도 수식을 복사한다.

2 SUMIF 함수를 사용하여 조건에 맞는 값의 합계를 구하는 방법

① [C17] 셀을 클릭한다.

② [수식] 탭의 [함수 라이브러리] 그룹에서 [수학/삼각]-[SUMIF] 함수를 선택한다.

③ 'Range'에 "C5:C14"를, 'Criteria'에 "대전"을, 'Sum_range'에 "F5:F14"를 입력한다.

④ [확인] 단추를 클릭한다.

모의고사 3-20

1 HLOOKUP 함수 이용 방법

① [C5] 셀을 클릭한다.

② [수식] 탭의 [함수 라이브러리] 그룹에서 [찾기/참조 영역]-[HLOOKUP] 함수를 선택한다.

③ 'Lookup_value'에 "C4"를, 'Table_array'에 "C8:I9"를, 'Col_index_num에 "2"를, 'Range_lookup'에 "0"을 입력한다.

④ [확인] 단추를 클릭한다.

2 통합 문서 공유 방법

① [검토] 탭의 [변경 내용] 그룹에서 [통합 문서 공유]를 선택한다.

② [통합 문서 공유] 대화상자의 [편집] 탭에서 [여러 사용자가 동시에 변경할 수 있으며 통합 문서 병합도 가능]에 체크하고 [확인] 단추를 클릭한다.

PART Ⅲ

Word 2007

chapter 01

홍탑

Word 2007 시작하기

Word 프로그램을 실행하면 작업을 할 수 있는 빈 새 문서가 열리지만, 작업 도중에 빈 새 문서를 다시 준비하여 새로운 문서를 열 수 있다. 또한 미리 준비되어 있는 다양한 형식의 서식 파일로 시작할 수도 있다.

워밍업

◎ **준비 파일** : 없음
◎ **완성 파일** : Chapter01/완성파일/본문완성01-01
◎ **출제 포인트** : 새로운 워드 문서를 삽입하는 방법을 묻는 문제

Word 2007의 화면 구성

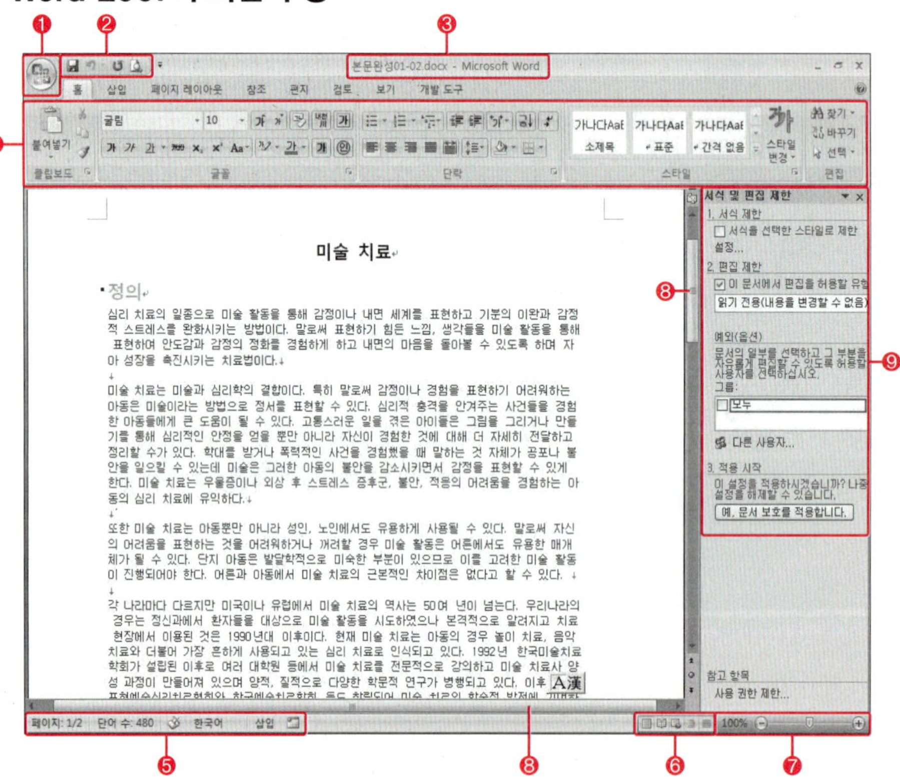

❶ Office 단추 : 이전 버전의 [파일] 메뉴에서 제공하는 기능이 포함되어 있다. 새로 만들기, 열기, 저장, 인쇄, Word 옵션 등을 사용할 수 있다.

❷ 빠른 실행 도구 모음 : 저장, 실행 취소, 다시 실행 명령 단추가 포함되어 있으며, 사용자가 자주 사용하는 명령들을 아이콘으로 추가 및 구성하여 사용할 수 있다.

❸ 제목 표시줄 : 현재 사용하고 있는 프로그램 이름과 사용하고 있는 파일 이름이 나타난다. 저장하지 않은 통합 문서는 기본적으로 문서1, 2 순으로 나타나며 프레젠테이션을 저장하면 저장된 파일 이름이 표시된다. 이곳에서 현재 작업 중인 문서의 이름을 확인한다. 오른쪽에는 프로그램 창을 조절하는 최소화, 최대화 단추와 화면 복원, 닫기 단추가 있다.

❹ 리본 메뉴 : Word 2007부터 도입된 리본 메뉴는 더욱 직관적으로 명령을 찾아 수행할 수 있도록 사용자 인터페이스가 새롭게 개선된 구조이다. Word에서 사용 가능한 모든 명령이 탭-그룹-명령 단추 순서로 구성되어 원하는 명령을 구조적인 순서로 쉽게 찾을 수 있다. 예를 들어 그림을 삽입하려면 [삽입] 탭의 [일러스트레이션] 그룹에서 [그림] 명령을 차례로 찾아 실행하면 된다.

❺ 상태 표시줄 : 커서의 위치를 기준으로 페이지 번호, 줄(행) 번호, 열 위치, 한영 입력 모드 등의 현재 편집 상태 정보를 보여준다.

❻ 화면 보기 단추 : 문서를 여러 가지 보기 화면으로 빠르

게 전환하여 작업할 수 있다. 화면 보기 전환 단추에는 인쇄 모양, 전체 화면, 웹 모양, 개요 보기, 기본 보기가 있다.

❼ **확대/축소 :** 화면을 확대하거나 축소해서 볼 수 있다.

❽ **수직/수평 이동 막대 :** 문서에서 보이지 않는 곳으로 위치를 이동하거나, 다음/이전 슬라이드로 이동한다.

❾ **작업 창 :** 특정 작업 명령이 필요할 때마다 오른쪽 화면에 나타나는 별도의 작은 창을 의미한다. 작업 창은 관련된 기능을 모아 놓은 창으로 특정 작업을 빠르게 수행할 수 있도록 도와준다.

▪▪ 명령 실행 방법

❶ 리본 메뉴

Word 2007에는 홈, 삽입, 페이지 레이아웃, 수식, 데이터, 검토, 보기 탭이 기능적으로 분류되어 있으며, 각 탭을 선택하면 관련된 기능들이 그룹별로 묶여 있다. 특정 명령으로 마우스 포인터를 가져가면 명령의 이름을 스크린 팁으로 확인할 수 있으며, 각 그룹 오른쪽 아래에 있는 확장 명령 단추를 클릭하면 이전 버전에서 사용해 오던 대화상자가 실행된다. 또한 특정 개체를 선택하면 해당 개체를 편집할 수 있는 기능들이 포함된 상황별 도구 탭이 자동으로 나타난다.

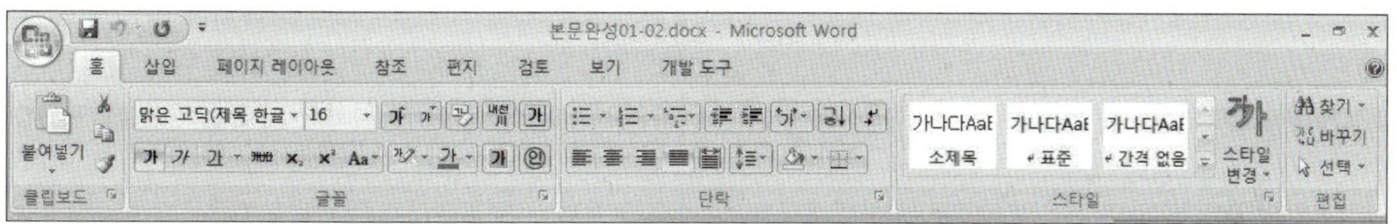

❷ 미니 도구 모음

빠른 실행 도구 모음 외에 리본 메뉴에서 자주 사용하는 명령을 모아 놓은 도구 모음이 바로 미니 도구 모음이다. 마우스 오른쪽 단추를 누르면 바로 나타나며, 리본 메뉴의 위치와 상관없이 자주 사용하는 명령을 빠르게 수행할 수 있도록 해준다.

❸ 바로가기 메뉴

마우스 오른쪽을 누르면 바로가기 메뉴가 실행되어 특정 명령을 빠르게 실행할 수 있다. 바로가기 메뉴는 어느 곳에서 실행했는지에 따라 다르게 표시된다.

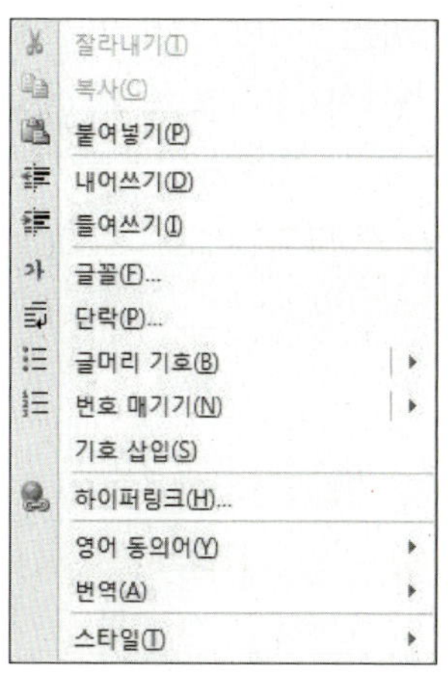

:: 빈 문서의 시작

01 [Office] 단추를 클릭한 후 [새로 만들기]를 클릭한다.

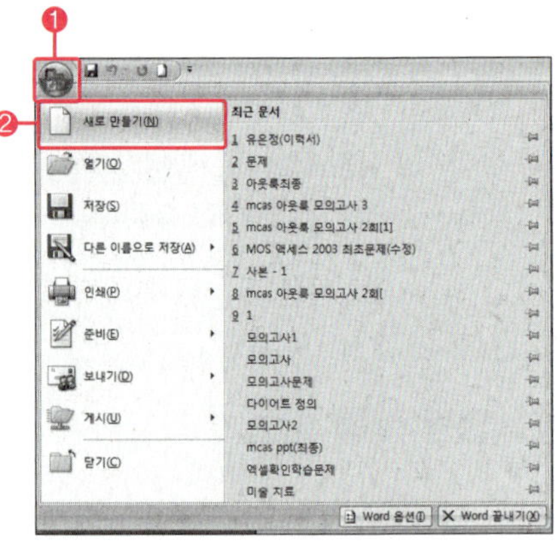

02 [새 문서] 창이 나타나면 [서식 파일]-[새 문서 및 최근 문서]에서 [새 문서]를 선택하고 [만들기] 단추를 클릭한다.

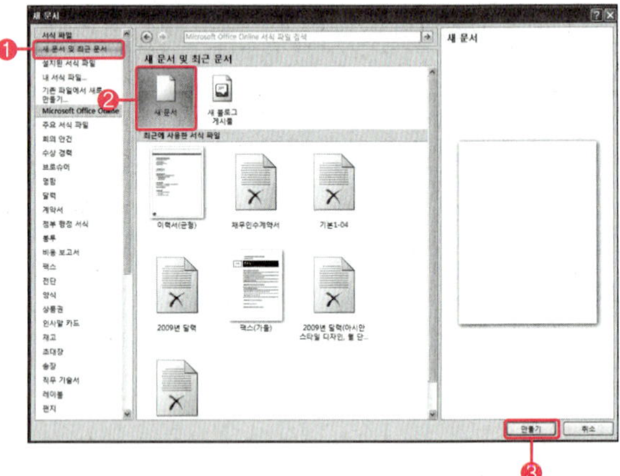

:: Word 서식 파일로 시작

01 [Office] 단추를 클릭한 후 [새로 만들기]를 클릭한다.

02 [새 문서] 창이 나타나면 [서식 파일] 항목에서 '설치된 서식 파일' – '보고서(균형)' 서식 파일을 선택하고 [만들기] 단추를 클릭한다.

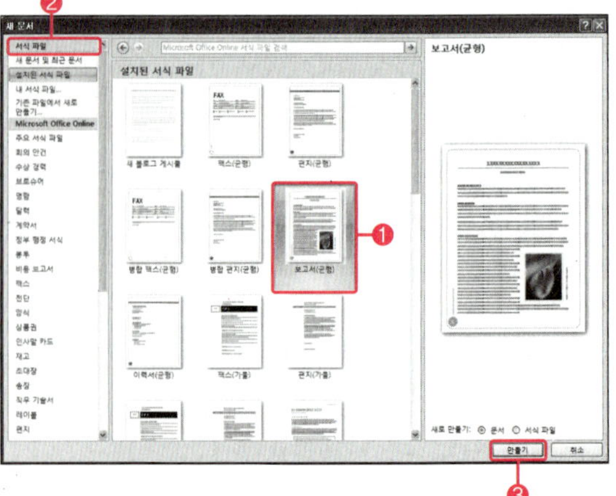

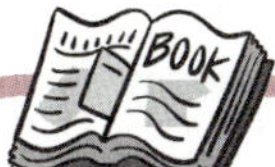

알아두기 | 서식 파일의 종류

① 설치된 서식 파일 : 설치되어 있는 서식 파일을 이용하여 새 문서를 시작한다.

② 내 서식 파일 : 사용자가 만들어 [Template] 폴더에 저장한 서식 파일로 새 문서를 시작한다.

③ 기존 파일에서 새로 만들기 : 기타 사용자 컴퓨터에 저장되어 있는 서식 파일을 선택하여 새 문서를 시작한다.

④ Microsoft Office Online : 웹 사이트에 접속하지 않고도 Word 2007 서식 파일을 쉽게 다운로드하여 새 문서를 시작할 수 있다.

확인학습

◎ 준비 파일 : 없음
◎ 완성 파일 : chapter01/완성파일/학습완성01-01

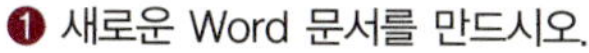

❶ 새로운 Word 문서를 만드시오.

❷ 설치된 서식 파일의 '이력서(균형)' Word 문서를 만드시오.

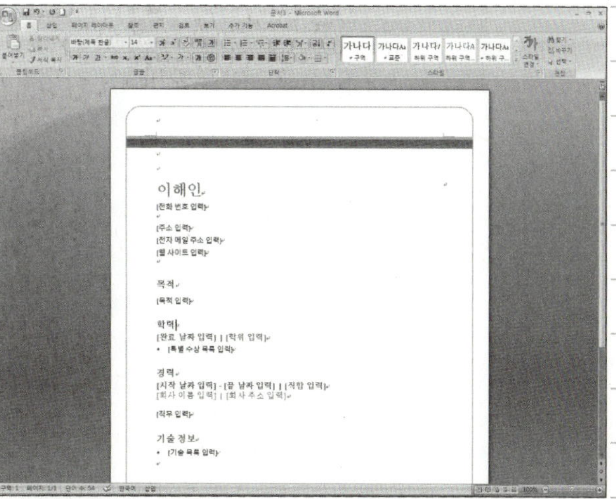

문서 스타일 및 테마

스타일은 텍스트에 적용한 다양한 서식을 목록으로 만들어 두었다가 클릭 한 번으로 원하는 텍스트에 적용할 수 있는 기능이다. Word 2007에 기본으로 정의된 서식을 선택하여 사용할 수 있으며, 자주 사용하는 서식을 등록하여 사용할 수도 있다. 또한 이미 등록된 스타일의 서식을 수정할 수도 있다.

워밍업

◎ **준비 파일 :** chapter01/본문예제01-02
◎ **완성 파일 :** chapter01/완성파일/본문완성01-02
◎ **출제 포인트 :** 스타일 적용, 수정, 새 스타일 등록 방법에 대한 문제

:: 스타일 적용하기

01 '미술 치료'의 제목을 블록으로 지정하고 [홈] 탭의 [스타일] 그룹에서 [자세히] 단추를 클릭한다.

02 [스타일 목록]에서 '제목' 스타일을 클릭한다.

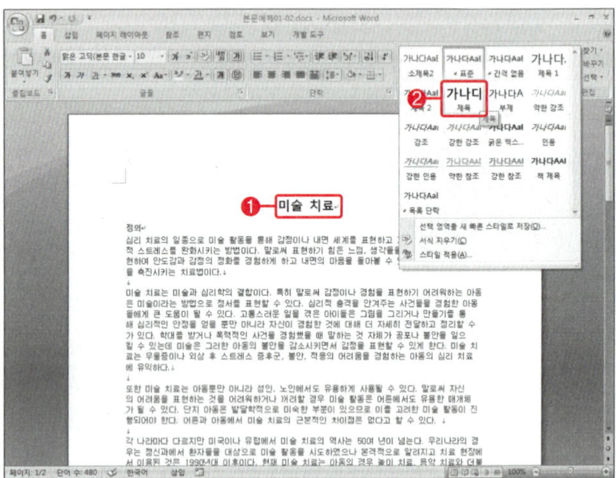

03 '정의, 종류' 텍스트에도 각각 '제목 1' 스타일을 적용한다.

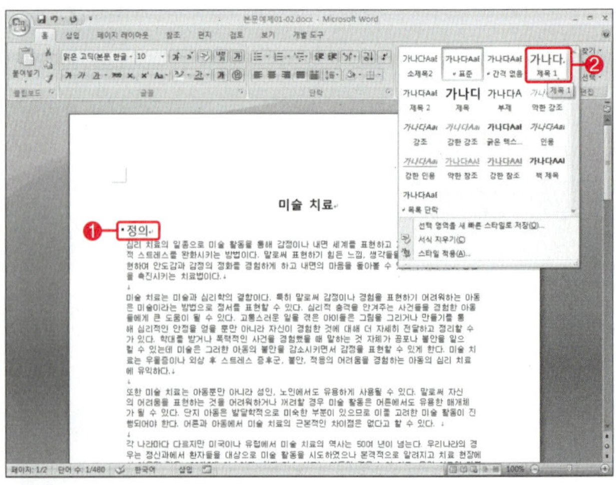

텍스트 서식의 새 스타일 만들기

01 '1)정신적 미술 치료'를 블록으로 지정하고 [홈] 탭의 [스타일] 그룹에서 [자세히] 단추를 클릭하여 [선택 영역을 새 빠른 스타일로 저장]을 클릭한다.

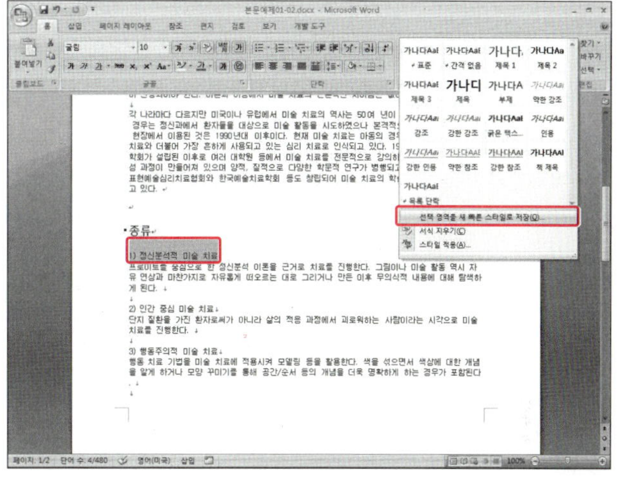

02 [서식에서 새 스타일 만들기] 대화상자에 "소제목"이라고 입력한 후 [확인] 단추를 클릭한다. 새로 만든 스타일은 스타일 목록에 등록되며 필요할 때마다 적용할 수 있다.

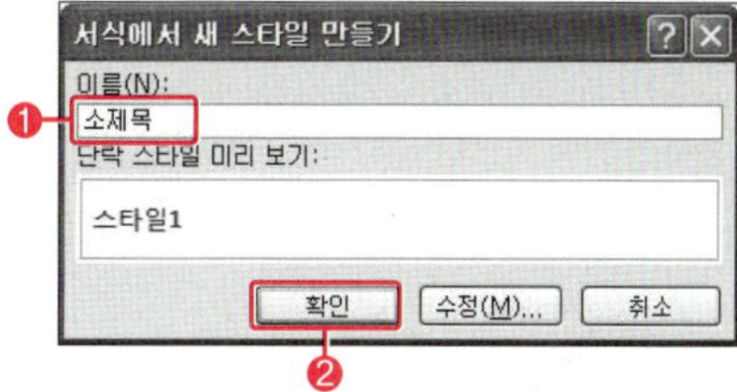

알아두기 | 스타일을 입력하는 다른 방법

텍스트를 블록으로 설정한 후 [홈] 탭의 [스타일] 그룹에서 [스타일] 단추를 클릭하여 [스타일] 작업 창을 표시한다. [스타일] 작업 창 왼쪽 아래의 [새 스타일] 단추를 클릭하여 [서식에서 새 스타일 만들기] 대화상자를 열고 속성 항목의 이름에 '소제목'을 입력하고 [확인] 단추를 누른다.

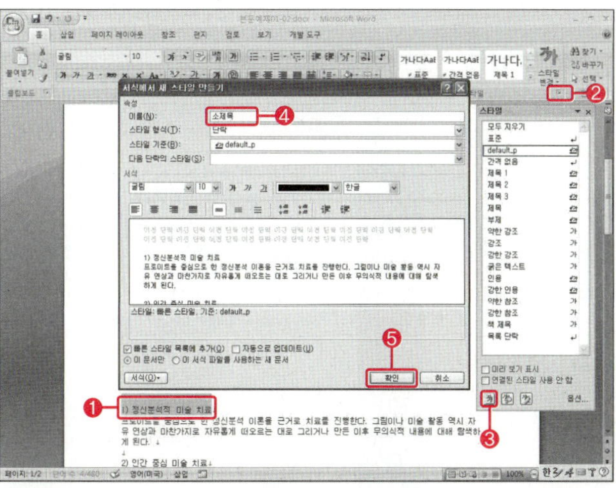

:: 스타일 수정하기

01 [스타일] 그룹의 [스타일] 단추를 클릭한 후, [스타일 목록]에서 '제목 1' 스타일을 마우스 오른쪽 단추로 선택하고 [수정]을 클릭한다.

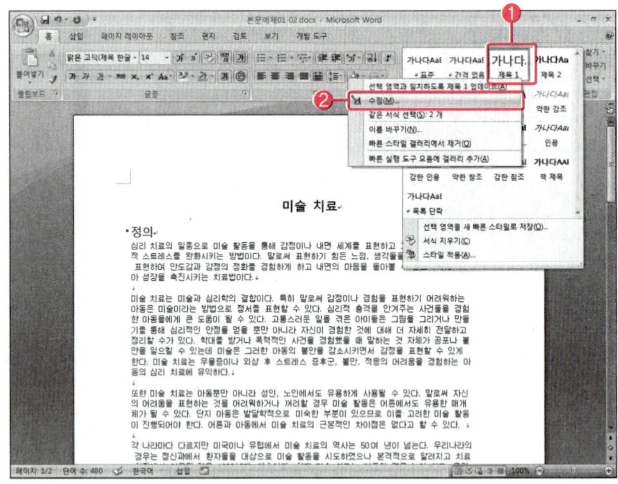

02 '글자 크기' – '16pt', '굵게', 글꼴색 – 주황, 강조 6' 으로 설정하고 [확인] 단추를 클릭한다.

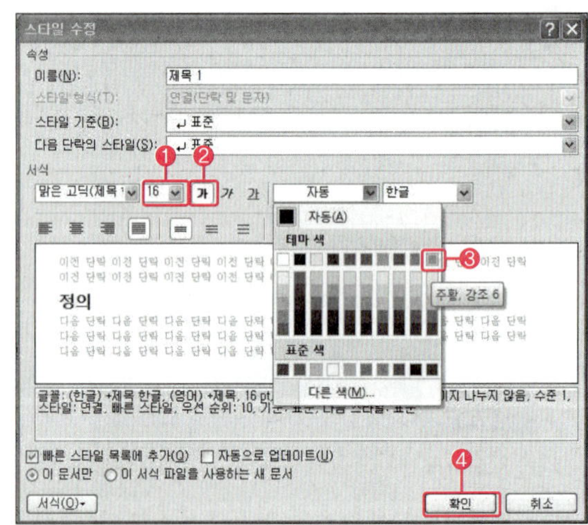

03 본문에서 '제목 1' 스타일의 서식이 모두 변경된 것을 알 수 있다.

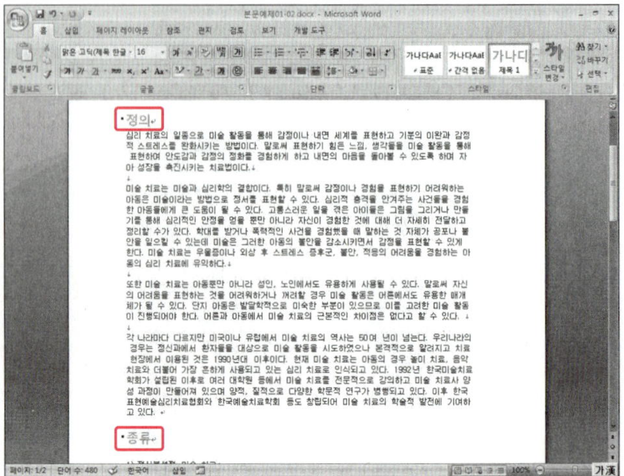

확인학습

◎ 준비 파일 : chapter01/확인학습01-02
◎ 완성 파일 : chapter01/완성파일/학습완성01-02

❶ 1페이지의 제목에 '제목' 스타일을 적용하시오.

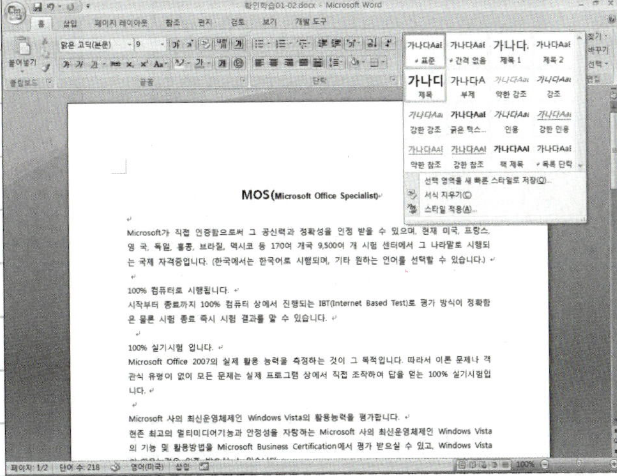

❷ '제목 2' 스타일을 글꼴 크기 '14pt', '굵게', 글꼴색은 '연한 파랑' 으로 수정하시오.

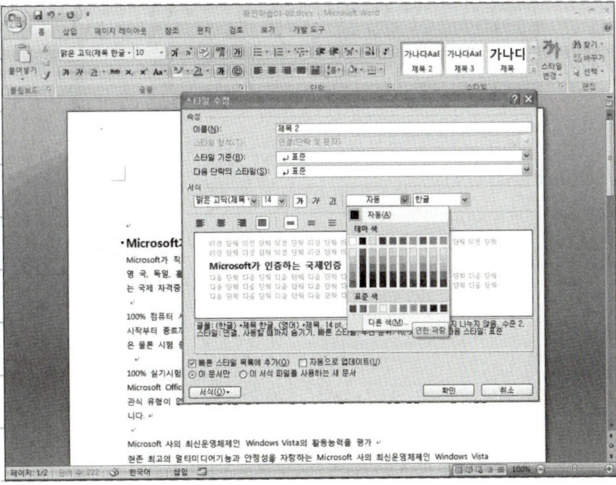

❸ 중간 제목들에 '제목 2' 스타일을 적용하시오.

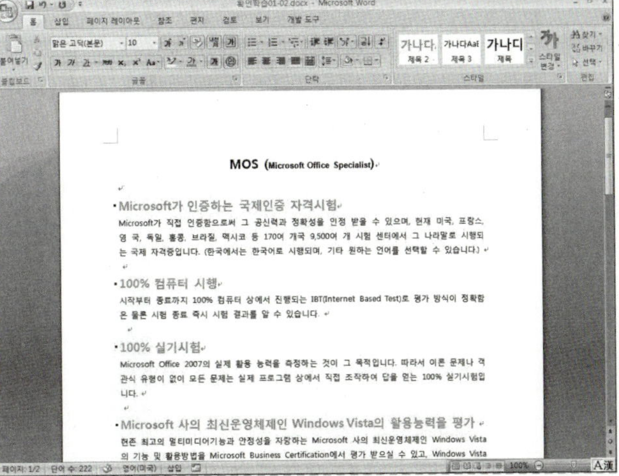

◎ 준비 파일 : chapter01/확인학습01-02
◎ 완성 파일 : chapter01/완성파일/학습완성01-02

❹ 'MOS Master' 내용 단락에 'Microsoft Office Word 2007'의 서식을 기초로 '단계'라는 이름의 새 스타일을 작성하시오

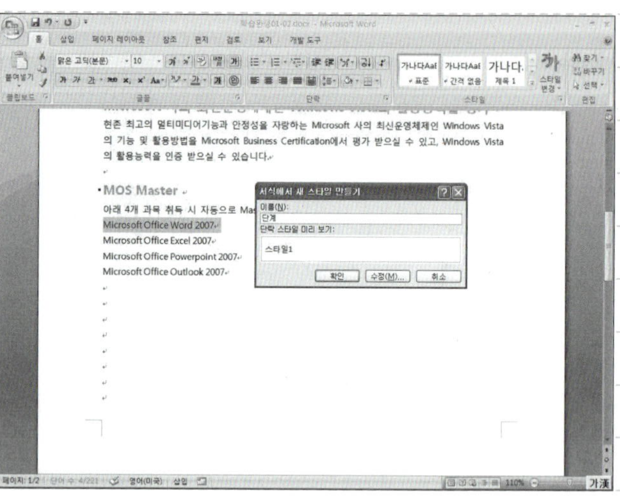

❺ '단계' 스타일에서 '글꼴'은 '궁서', '크기'는 '14pt', '기울임꼴', '글색'은 '빨강, 강조 2'로 수정하시오.

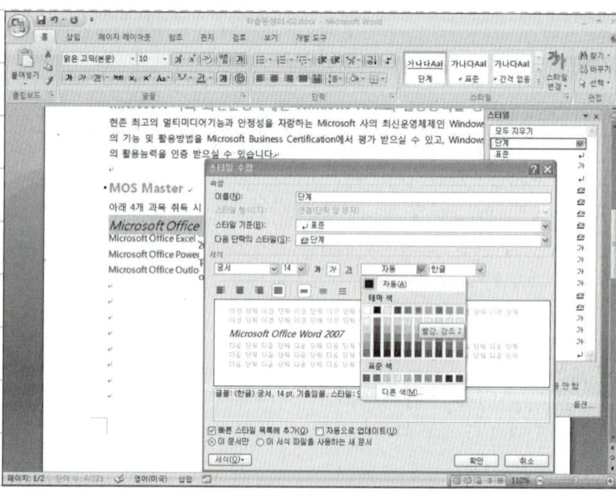

❻ '단계' 스타일을 스타일 목록에서 삭제하시오.

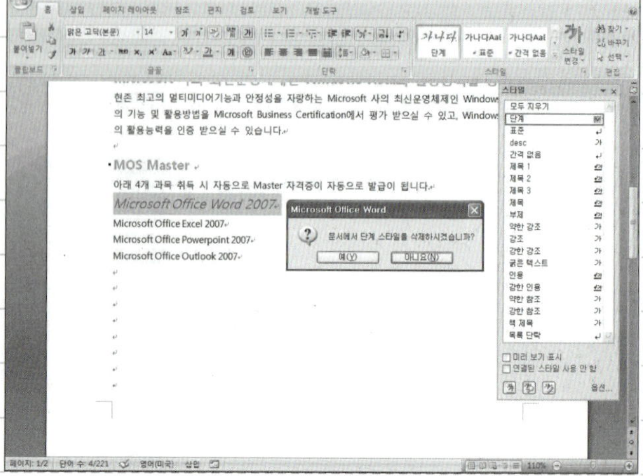

서식 복사하기

서식 복사 기능을 이용하면 다른 단락으로 간편하게 서식을 복사할 수 있다

워밍업

◎ **준비 파일** : chapter01/본문예제01-03
◎ **완성 파일** : chapter01/완성파일/본문완성01-03
◎ **출제 포인트** : 서식 복사 및 서식 없는 텍스트를 붙여넣는 방법을 묻는 문제

아이콘의 서식 복사

01 서식을 복사할 텍스트인 '1)정신분석적 미술 치료' 텍스트를 블록으로 지정하고 [홈] 탭의 [서식 복사]를 클릭한다.

02 '2) 인간 중심 미술 치료'를 드래그하여 서식을 붙여넣는다.

tip

여러 번 [서식 복사] 기능을 수행하려면 [서식 복사] 아이콘을 더블 클릭한다.

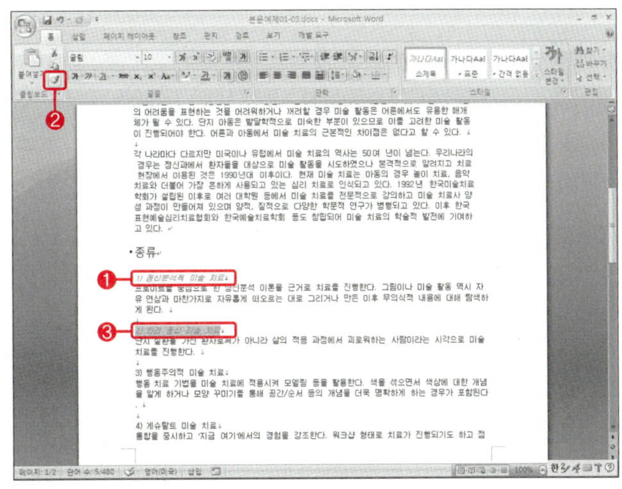

서식 없는 텍스트 복사하기

01 '1)정신분석적 미술 치료'에서 '미술 치료' 텍스트를 블록으로 지정한 후 [홈] 탭의 [복사]를 클릭한다.

tip

마우스 오른쪽 단추를 눌러 단축 메뉴에서 [복사]를 선택할 수도 있다.

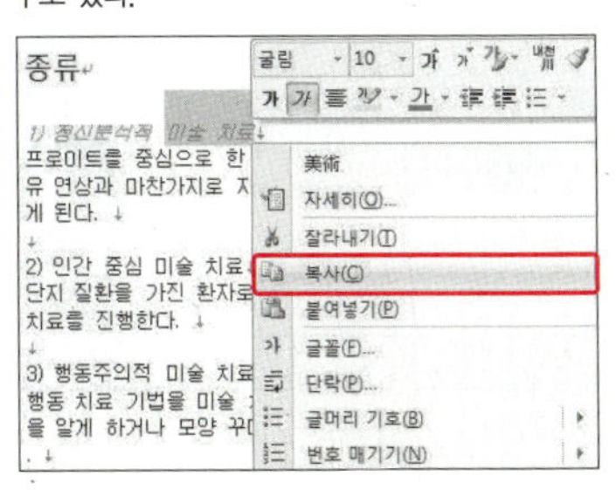

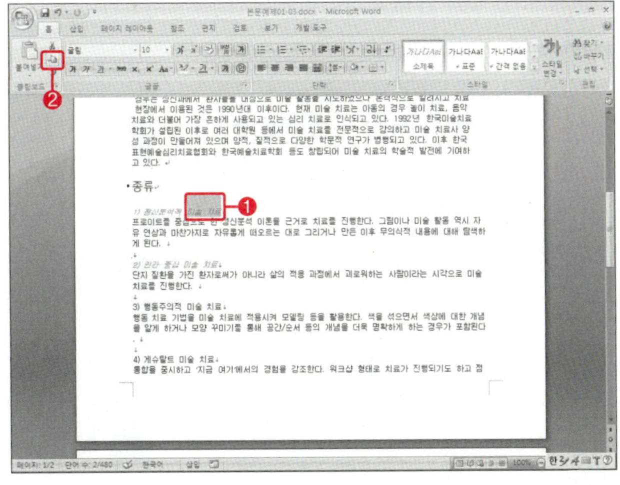

03 '종류' 텍스트 앞에 커서를 두고 [홈] 탭의 [클립보드] 그룹에서 [붙여넣기]-[선택하여 붙여넣기]를 클릭한다.

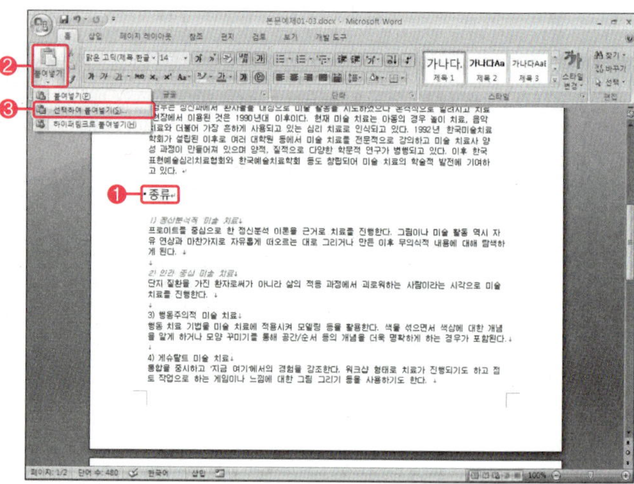

04 [선택하여 붙여넣기] 대화상자에서 '붙여넣기' 항목에 체크를 한 후 '서식 없는 텍스트'를 선택하고 [확인] 단추를 클릭한다.

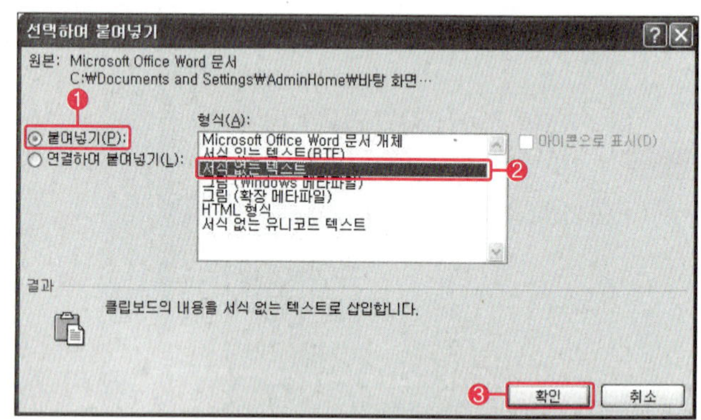

:: 서식 삭제하기

문서에 지정된 서식을 삭제하여 일반 텍스트 형식으로 사용한다.

01 서식을 삭제할 '정의' 텍스트를 드래그하여 선택한다.

02 [스타일] 그룹의 [자세히] 단추를 클릭하여 [서식 지우기]를 선택하거나, [글꼴] 그룹의 [서식 지우기] (🗚)단추를 클릭한다.

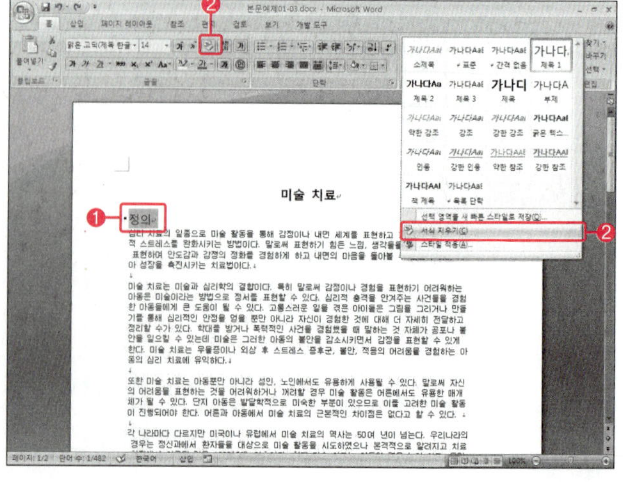

❶ 'Microsoft 사의 최신운영체제인 Windows Vista의 활용능력을 평가' 텍스트의 서식을 다음 단락인 'MOS Master' 텍스트에 붙여 넣으시오.

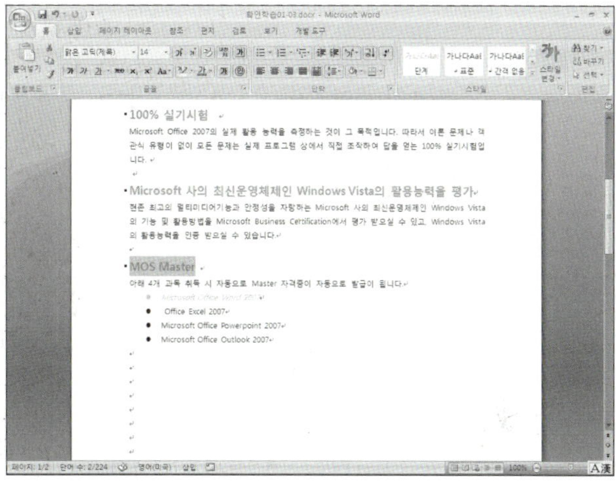

❷ 'MOS Master' 단락에 있는 첫 번째 글머리 기호 목록의 'Microsoft'를 복사하여 두 번째 글머리 기호 목록 텍스트 앞에 서식 없이 붙여 넣으시오.

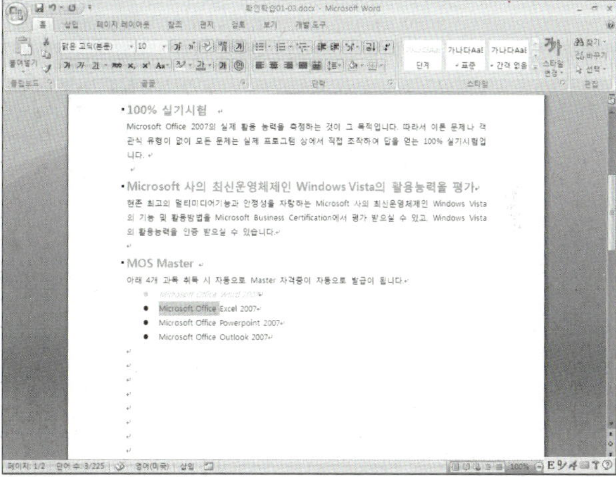

❸ 'MOS Master' 단락에 있는 첫 번째 글머리 기호 목록의 서식을 삭제하시오.

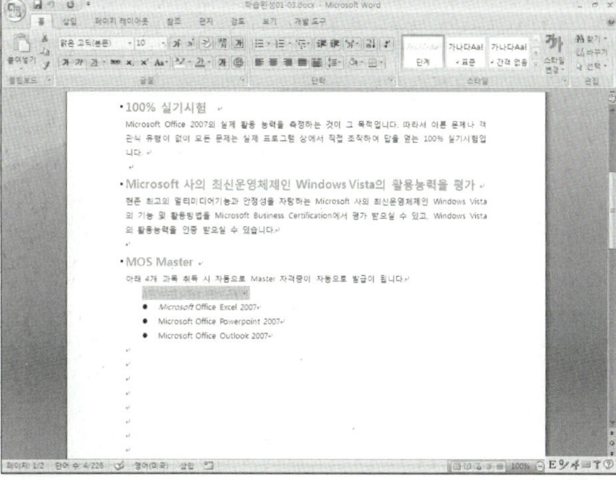

문자 간격

문자의 간격을 좁거나 넓게 설정하여 문자의 간격을 조절할 수 있다.

워밍업

◎ **준비 파일** : chapter01/본문예제01-04
◎ **완성 파일** : chapter01/완성파일/본문완성01-04
◎ **출제 포인트** : 문자 간격의 설정을 묻는 문제

01 '정의' 텍스트의 아래 단락을 블록으로 지정하고, [홈] 탭의 [글꼴] 그룹에서 [글꼴] 서식 단추를 클릭한다. [글꼴] 대화상자의 [문자 간격] 탭에서 간격을 '넓게'로 설정하고 [확인] 단추를 클릭한다.

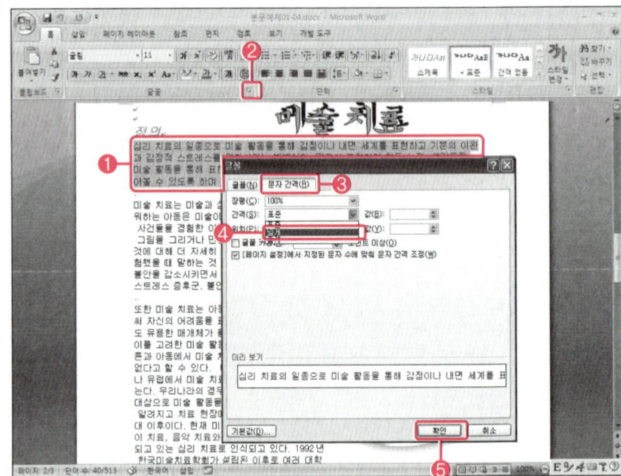

◎ 준비 파일 : chapter01/학습01-04
◎ 완성 파일 : chapter01/완성파일/학습완성01-04

❶ 'MOS(Microsoft Office Specialist)' 제목 텍스트에 글꼴 크기 '20pt', 글꼴 '굴림체', '굵게' 서식을 적용하시오.

❷ 3번째 단락의 문자 간격을 '넓게'로 설정하시오.

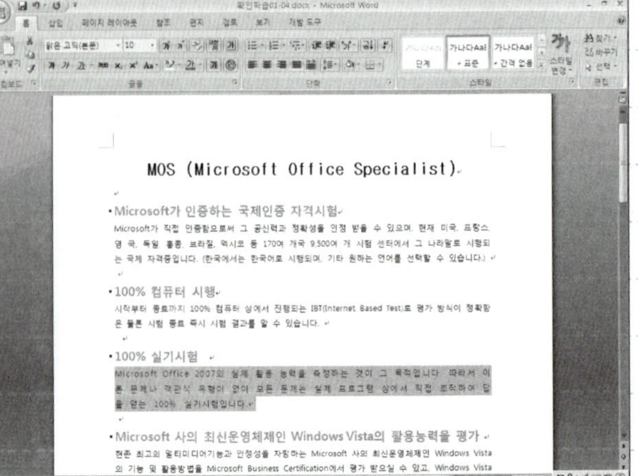

단락

단락의 앞뒤 간격을 조절하여 문서에 여유를 줄 수 있다. 또한 등록된 글머리 기호 번호 목록을 빠르게 다단계 목록으로 수정할 수 있다.

워밍업

◎ **준비 파일** : chapter01/본문예제01-05
◎ **완성 파일** : chapter01/완성파일/본문완성01-05
◎ **출제 포인트** : 단락의 줄 간격 및 단락 앞 뒤 간격 조절을 묻는 문제

단락 간격

01 '정의' 아래 텍스트 단락에서 첫번째 단락을 블록으로 지정하고 [홈] 탭의 [단락] 그룹에서 [단락] 대화상자 단추를 클릭한다.

02 [단락] 대화상자의 [들여쓰기 및 간격] 탭에서 줄 간격을 '2줄'로 설정하고 [확인] 단추를 클릭한다.

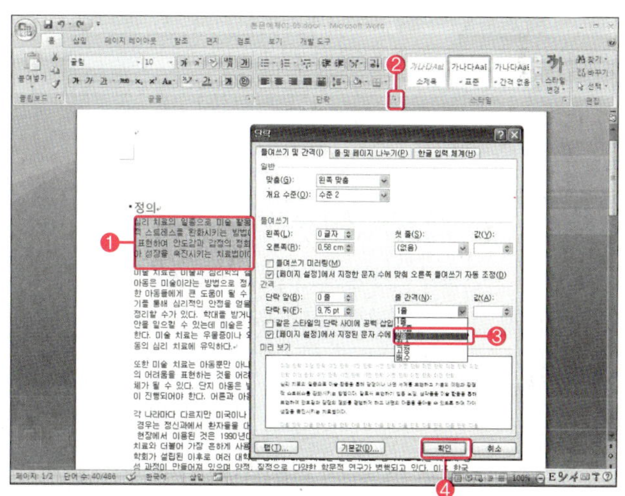

다단계 목록 수정

01 '종류'의 아래에 있는 글머리 기호 목록을 모두 선택한다.

02 [홈] 탭의 [단락] 그룹에서 [다단계 목록]을 클릭하고 '1, 1-1, 1-1-1'을 선택한다.

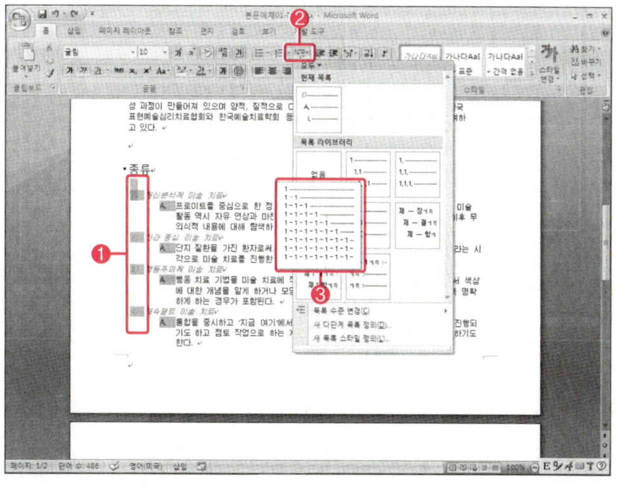

---

tip

글머리 기호를 모두 선택하려면 글머리 기호의 맨 앞을 마우스로 클릭한다.

◎ 준비 파일 : chapter01/확인학습01-05
◎ 완성 파일 : chapter01/완성파일/학습완성01-05

❶ 마지막 단락의 글머리 기호 목록의 줄 간격을 '2줄'로 설정하시오.

❷ 마지막 단락의 글머리 기호 목록을 '◆'로 변경하시오.

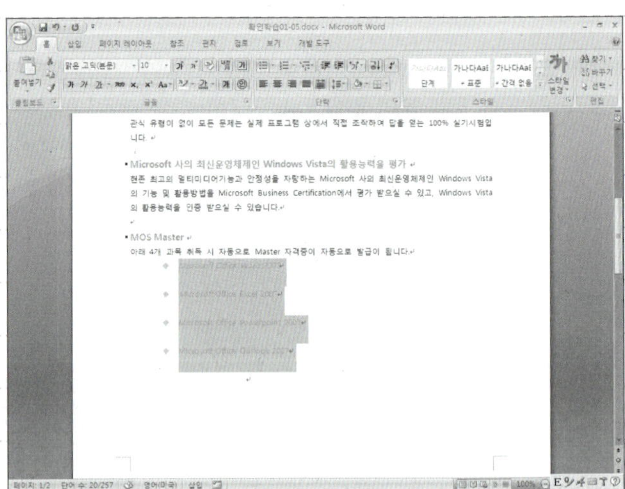

❸ 2페이지의 '응시 시간 수 및 문항 수' 항목들을 [다단계 목록]-'1, 1-1, 1-1-1' 서식으로 수정하시오.

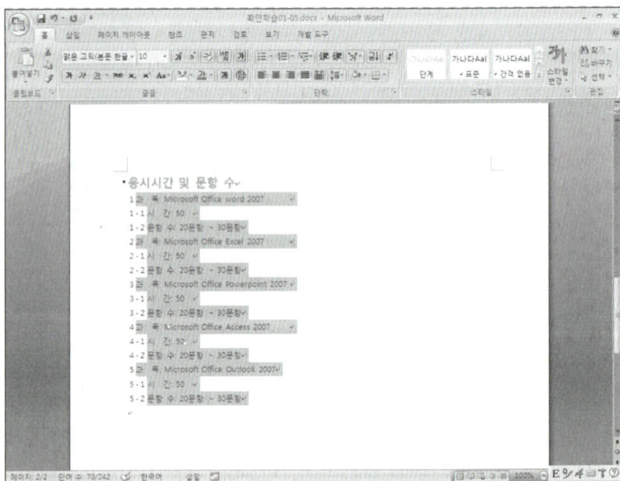

Lesson 06

찾기 / 바꾸기

일괄적으로 특정 텍스트를 한꺼번에 바꾸거나 서식을 변경하여 강조할 수 있다.

워밍업

◎ **준비 파일 :** chapter01/본문예제01-06
◎ **완성 파일 :** chapter01/완성파일/본문완성01-06
◎ **출제 포인트 :** 일괄적으로 특정 텍스트를 찾아 바꾸거나 서식을 바꾸는 문제

찾기

01 [홈] 탭의 [편집] 그룹에서 [찾기]를 클릭한다.

02 [찾기 및 바꾸기] 대화상자의 찾을 내용에 "미술"이라고 입력한 뒤 [다음 찾기] 단추를 클릭한다.

텍스트 바꾸기

01 [홈] 탭의 [편집] 그룹에서 [바꾸기]를 클릭한다.

02 찾을 내용에는 "Art"를, 바꿀 내용에는 "미술"을 입력하고 [모두 바꾸기] 단추를 클릭한다.

서식 바꾸기

01 [홈] 탭의 [편집] 그룹에서 [바꾸기]를 클릭한다.

02 [찾기 및 바꾸기] 대화상자에서 바꿀 내용에 "미술"을 입력하고 바꿀 내용 위치 입력 상자를 클릭하여 커서를 놓은 후 [자세히] 단추를 클릭한다.

03 [서식] 단추를 클릭하여 [글꼴]을 선택한 후, [글꼴 바꾸기] 대화상자에서 '글꼴색' – '빨강', '글꼴 스타일' – '굵게'를 선택한 뒤 [확인] 단추를 클릭한다.

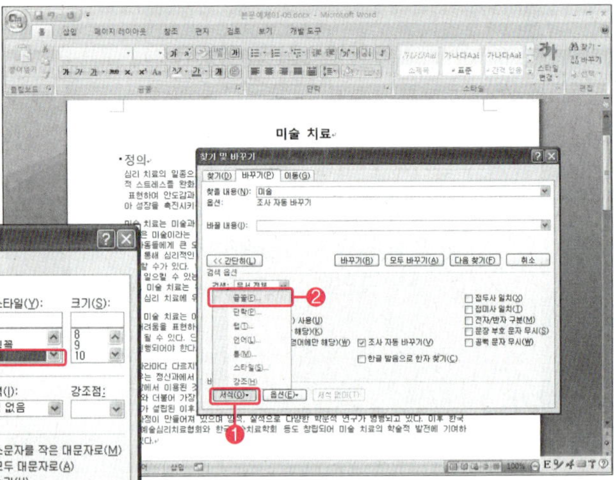

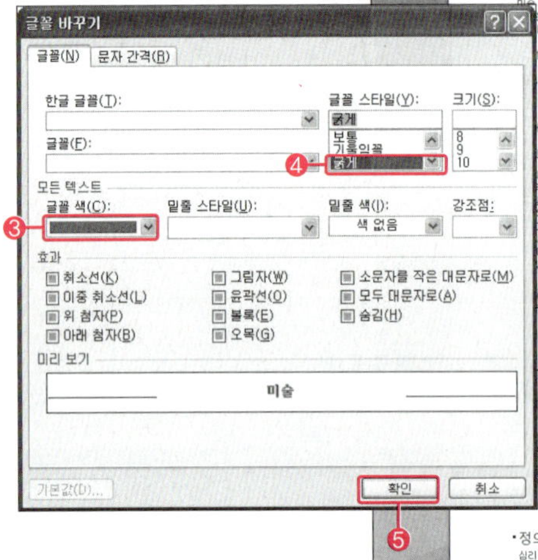

04 [모두 바꾸기] 단추를 클릭하면 텍스트의 서식이 일괄적으로 변경된 것을 볼 수 있다.

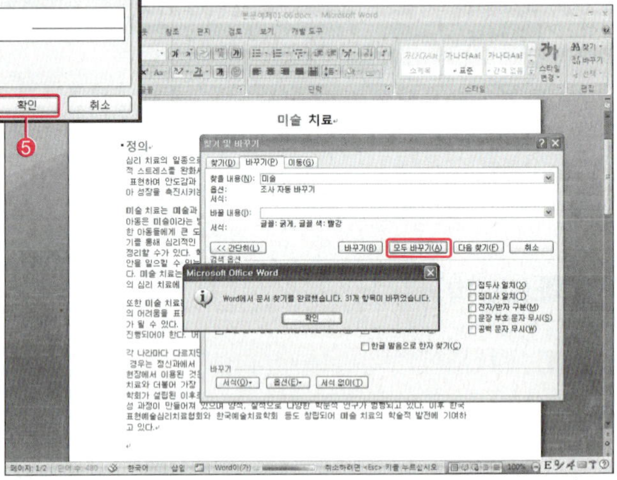

확인학습

◎ 준비 파일 : chapter01/확인학습01-06
◎ 완성 파일 : chapter01/완성파일/학습완성01-06

❶ 문서에서 'smile' 텍스트를 찾아 '웃음' 텍스트로 모두 바꾸시오.

❷ '웃음' 텍스트를 찾아 '연한녹색', '굵게' 서식을 적용하시오.

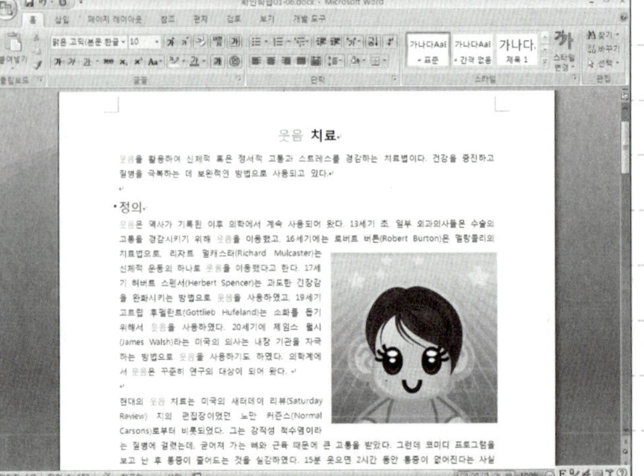

chapter 02

삽입 탭

01

표지 넣기

문서에 표지를 삽입하면 좀더 완성도 있는 결과물을 만들 수 있다. Word 2007에는 다양한 모양의 표지가 제공되므로 이를 쉽게 삽입할 수 있다.

워밍업

◎ **준비 파일** : chapter02/본문예제02-01
◎ **완성 파일** : chapter02/완성파일/본문완성02-1
◎ **출제 포인트** : 표지를 삽입하는 방법에 대한 문제

01 [삽입] 탭의 [페이지] 그룹에서 [표지]– '노출'을 선택한다.

02 삽입된 표지 제목에 "미술치료"라는 텍스트를 입력한다.

03 제목 텍스트 '미술치료'를 드래그한 후 마우스 오른쪽 단추를 클릭하여 미니 메뉴 상자가 나타나면 글꼴 크기 '36pt', 글자색 '파랑색' 계열로 설정한다.

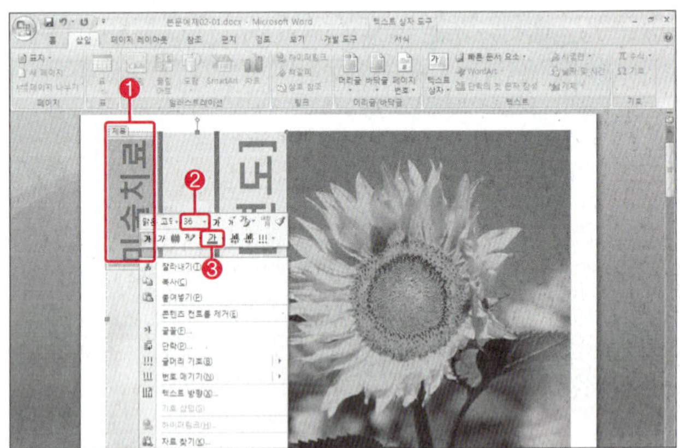

확인학습

◎ **준비 파일** : chapter02/확인학습02-01
◎ **완성 파일** : chapter02/완성파일/학습완성02-01

❶ 기본 제공되는 표지 중 '대비' 표지를 삽입하시오.

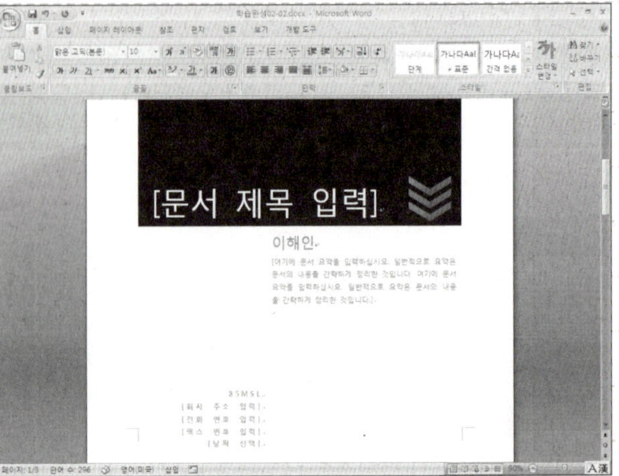

페이지 나누기

다음 문단으로 넘길 때는 Enter를 이용하는데, Enter를 여러 번 입력해 다음 페이지로 넘기면 나중에 문서를 수정할 때 곤란한 경우가 생긴다. 이럴 때는 커서 위치로부터 한 번에 다음 페이지로 넘기는 방법을 사용한다.

워밍업

◎ 준비 파일 : chapter02/본문예제02-02
◎ 완성 파일 : chapter02/완성파일/본문완성02-2
◎ 출제 포인트 : 현재 단락을 다음 페이지로 나누는 방법을 묻는 문제

01 다음 페이지로 이동할 '미술 치료 종류' 제목 단락 왼쪽에 커서를 놓고 [삽입] 탭의 [페이지] 그룹에서 [페이지 나누기]를 클릭한다.

02 다음 페이지로 이동된다.

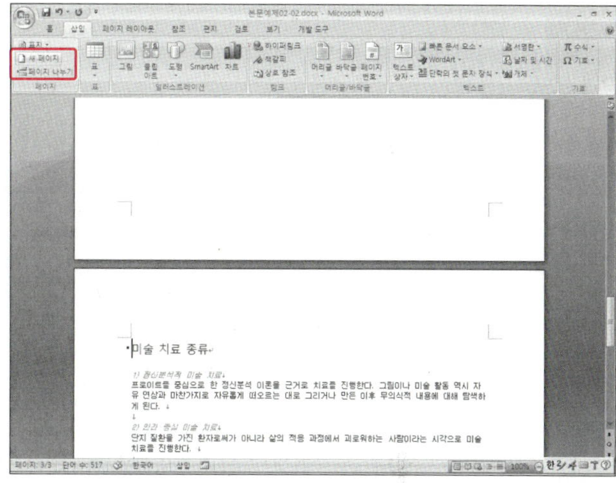

───── tip ─────
페이지 나누기의 단축키는 Ctrl + Enter 이다.

확인학습

◎ 준비 파일 : chapter02/확인학습02-02
◎ 완성 파일 : chapter02/완성파일/학습완성02-02

❶ '응시시간 및 문항 수' 텍스트가 2쪽의 첫행이 되도록 페이지를 나누시오.

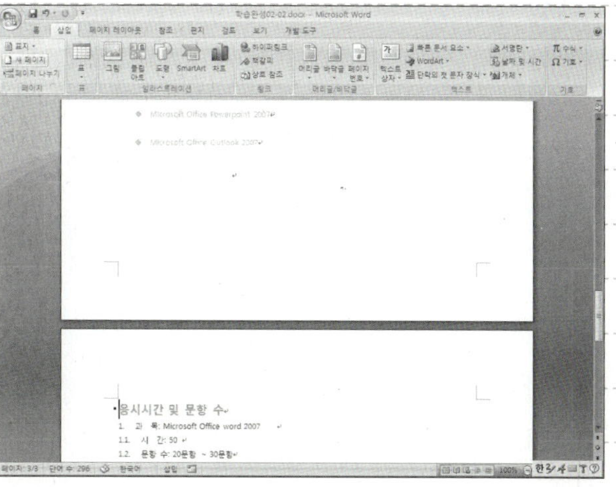

그림

문서에 삽입한 그림에 여러 효과를 적용하여 색다르게 꾸밀 수 있다. 또 그림을 블록으로 저장하면 그림이 가지고 있는 서식을 그대로 유지한 채 필요에 따라 클릭만 하면 사용할 수 있다. 문서를 인쇄할 것인지 전자 메일로 보낼 것인지에 따라 그림의 크기를 압축하여 조정하는 것도 무척 편리한 기능이다.

워밍업

◎ **준비 파일 :** chapter02/본문예제02-03
◎ **완성 파일 :** chapter02/완성파일/본문완성02-03
◎ **출제 포인트 :** 그림 삽입, 압축, 그림 효과, 블록 저장에 대한 문제

∷ 그림 삽입

01 2페이지 아래쪽에 그림을 삽입하기 위해 페이지 맨 아래에 커서를 두고 [삽입] 탭의 [일러스트레이션] 그룹에서 [그림]을 선택한다.

02 [그림 삽입] 대화상자에서 '미술1.jpg'를 선택하고 [삽입] 단추를 클릭한다.

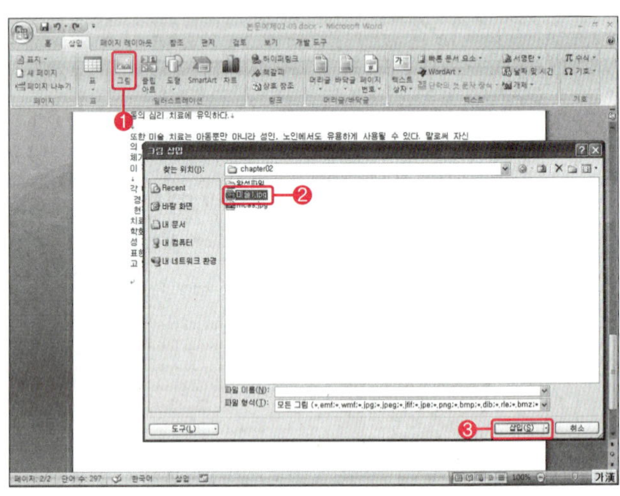

∷ 그림 압축

01 삽입된 그림을 선택하고 [그림 도구]-[서식] 탭의 [조정] 그룹에서 [그림 압축]을 클릭한다.

02 [그림 압축] 대화상자에서 [옵션] 단추를 클릭한다.

03 [압축 설정] 대화상자에서 전자 메일을 보내기 알맞게 그림을 최소화하기 위해 '전자 메일(96ppi)'을 선택한 뒤 [확인] 단추를 클릭한다.

04 [그림 압축] 대화상자에서 [확인] 단추를 클릭한다.

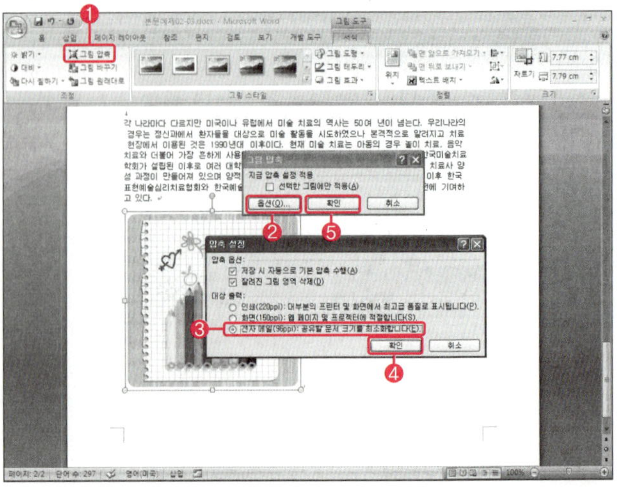

:: 그림 서식 지정

01 그림을 선택한 뒤 [그림 도구] - [서식] 탭의 [그림 스타일] 그룹에서 [자세히] 단추를 클릭하고 '부드러운 가장자리 타원'을 선택한다.

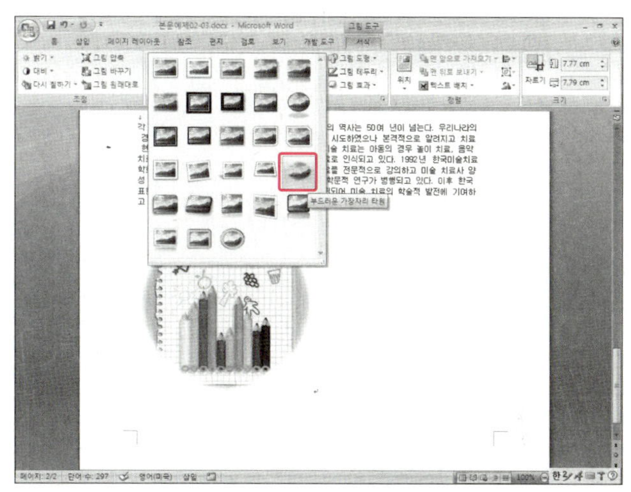

02 [서식] 탭의 [그림 스타일] 그룹에서 [그림 효과]를 클릭하고 '기본 설정'에서 '기본 설정 10'을 선택한다.

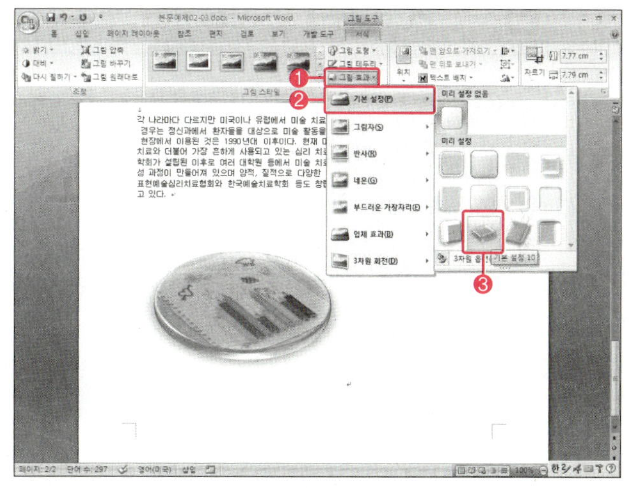

:: 그림 블록 저장

01 그림을 선택한 후 [삽입] 탭의 [텍스트] 그룹에서 [빠른 문서 요소]를 클릭하고, [선택 영역을 빠른 문서 요소 갤러리에 저장]을 클릭한다.

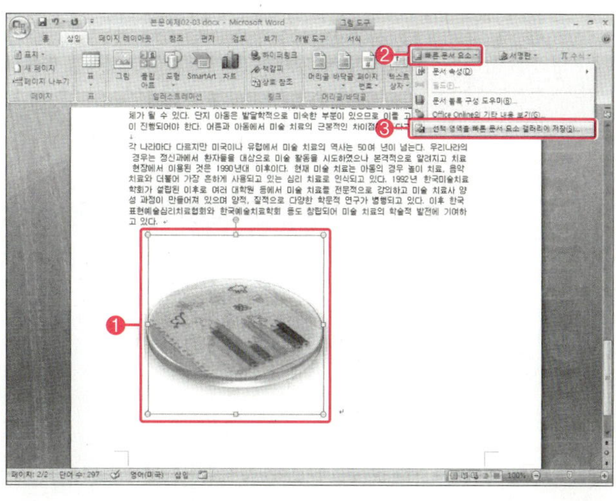

02 [새 문서 블록 만들기] 대화상자가 열리면 '이름'에 "미술"을 입력하고, '범주'의 목록 단추를 클릭하여 '새 범주 만들기' 목록을 선택한다. [새 범주 만들기] 대화상자의 '이름'에 "치료"라고 입력한 뒤 [확인] 단추를 클릭한다.

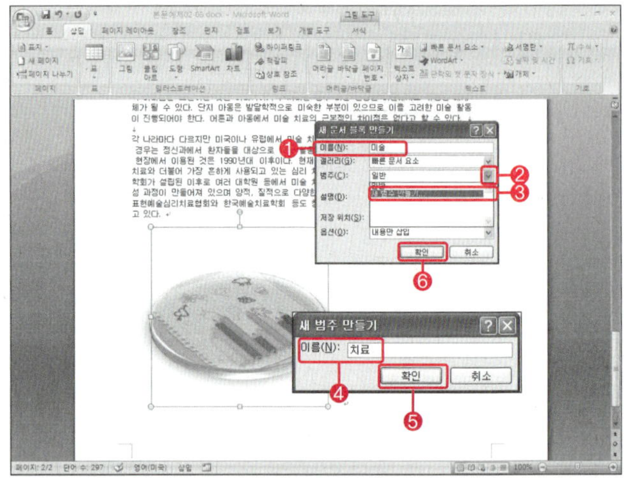

03 이제 [빠른 문서 요소] 메뉴를 클릭하면 등록된 미술 그래픽을 볼 수 있으며 원하는 곳에 커서를 두고 클릭하면 등록된 이미지가 삽입된다.

확인학습

◎ 준비 파일 : chpater02/확인학습02-03
◎ 완성 파일 : chpater02/완성파일/학습완성02-03

❶ 2페이지 제목 오른쪽에 'mos.jpg' 그림을 삽입하고, '반사형 입체, 검정' 스타일을 적용하시오.

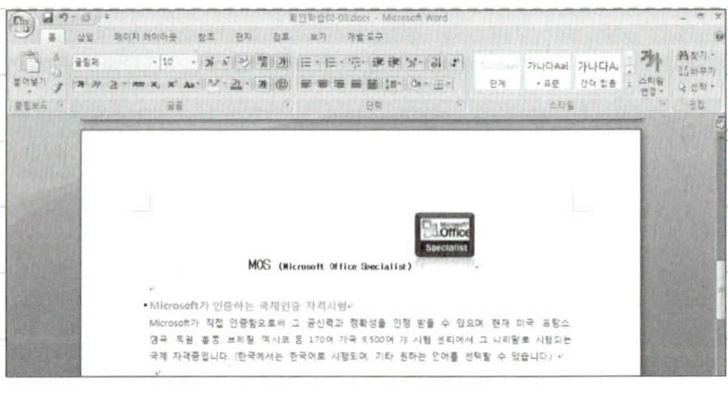

❷ 문서에 삽입된 그림을 인쇄 설정에 맞게 압축하시오.

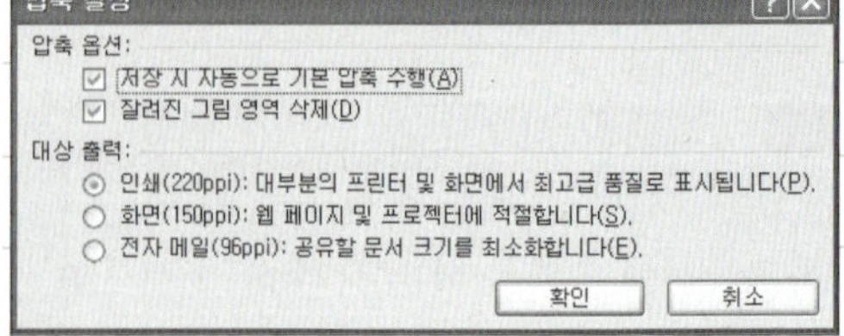

❸ 삽입된 그림을 '로그'라는 새 범주에 '자격증'이라는 이름의 문서 블록으로 저장하시오.

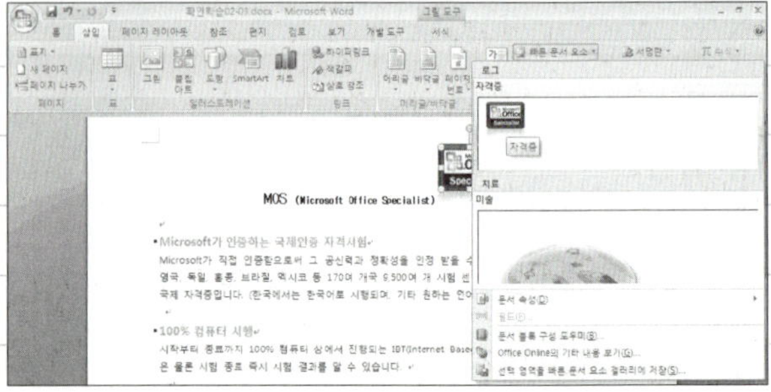

책갈피

특정 단어나 단락을 책갈피에 추가하여 간편하고 빠르게 이동이 가능하다.

워밍업

◎ **준비 파일** : chapter02/본문예제02-04
◎ **완성 파일** : chapter02/완성파일/본문완성02-04
◎ **출제 포인트** : 책갈피 이동에 대한 문제

책갈피 추가

01 '2) 인간 중심 미술 치료' 텍스트에 커서를 두고 [삽입] 탭의 [링크] 그룹에서 [책갈피]를 클릭한다.

02 [책갈피] 대화상자가 나타나면 책갈피 이름에 "인간중심"이라고 입력하고 [추가] 단추를 클릭한다.

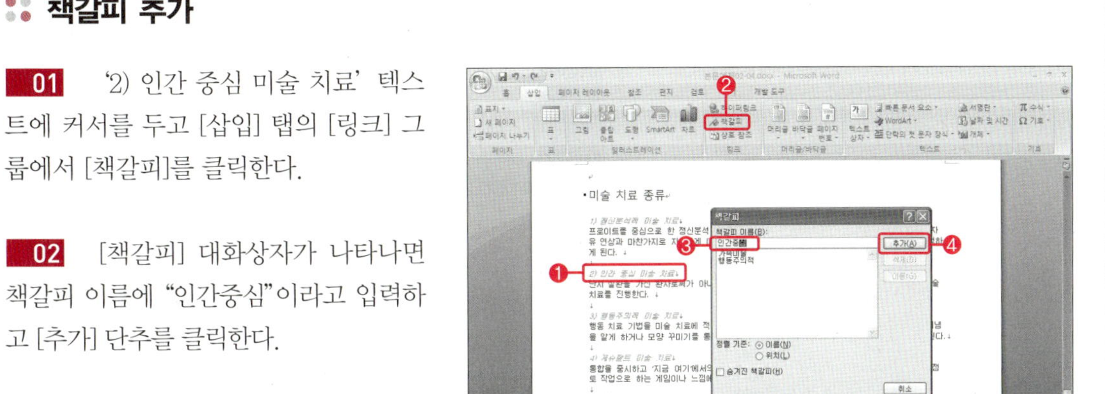

책갈피 이동

01 작성된 책갈피로 이동하려면 [삽입] 탭의 [링크] 그룹에서 [책갈피]를 클릭하여 [책갈피] 대화상자가 나타나면 '가족미술' 을 클릭하고 [이동] 단추를 클릭한다.

02 책갈피가 설정된 단락으로 이동된다.

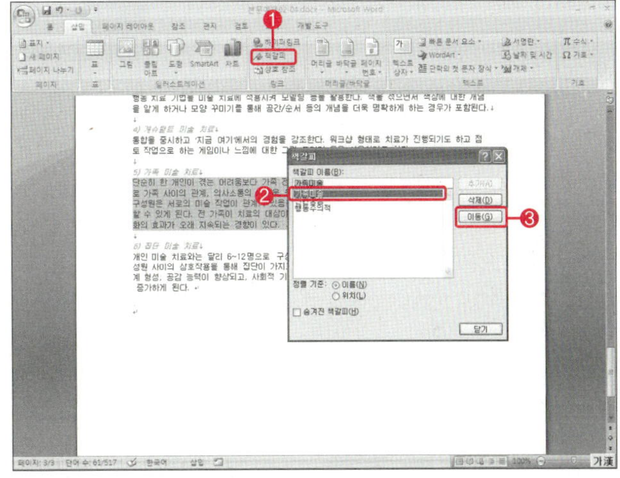

◎ 준비 파일 : chapter02/확인학습02-04
◎ 완성 파일 : chapter02/완성파일/학습완성02-04

❶ 2페이지 마지막 단락의 글머리 기호 목록에 '마스터' 라는 책갈피를 추가하시오.

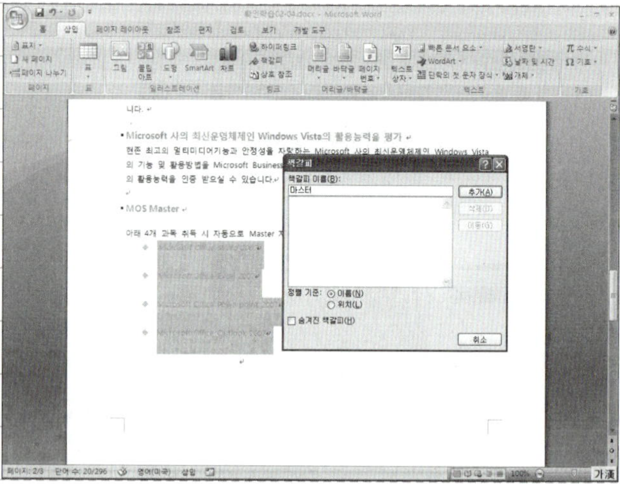

❷ '응시시간' 책갈피로 이동하시오.

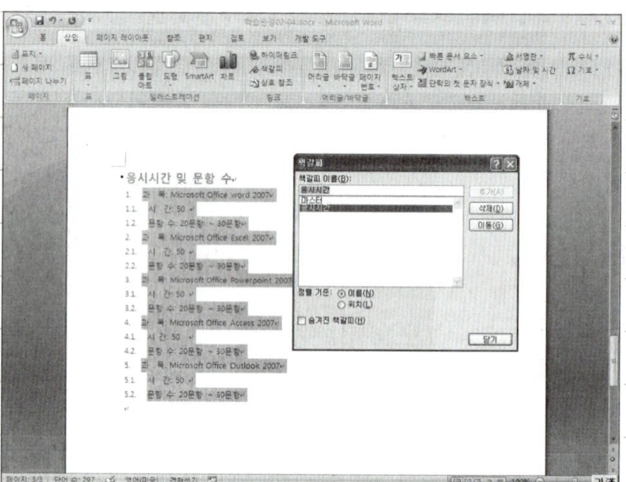

머리글/바닥글

워밍업

◎ **준비 파일** : chapter02/본문예제02-05
◎ **완성 파일** : chapter02/완성파일/본문완성02-05
◎ **출제 포인트** : 머리글/바닥글, 페이지 번호 삽입 및 수정 방법을 묻는 문제

머리글

01 [삽입] 탭의 [머리글/바닥글] 그룹에서 [머리글]을 클릭한 후 '알파벳' 머리글을 선택한다.

02 제목란에 "미술치료의 개론"을 입력한다.

03 [머리글/바닥글 도구]–[디자인] 탭의 [머리글/바닥글 닫기] 단추를 클릭하여 본문으로 돌아온다.

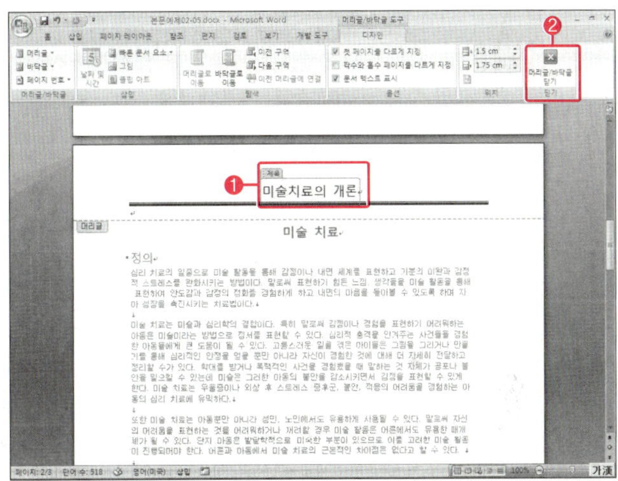

바닥글

01 [삽입] 탭의 [머리글/바닥글] 그룹에서 [바닥글]을 클릭한 후 '알파벳' 바닥글을 선택한다.

02 텍스트 입력 위치에 "미술치료의 필요성"이라고 입력한다.

03 [머리글/바닥글 도구]–[디자인] 탭의 [머리글/바닥글 닫기] 단추를 클릭하여 본문으로 돌아온다.

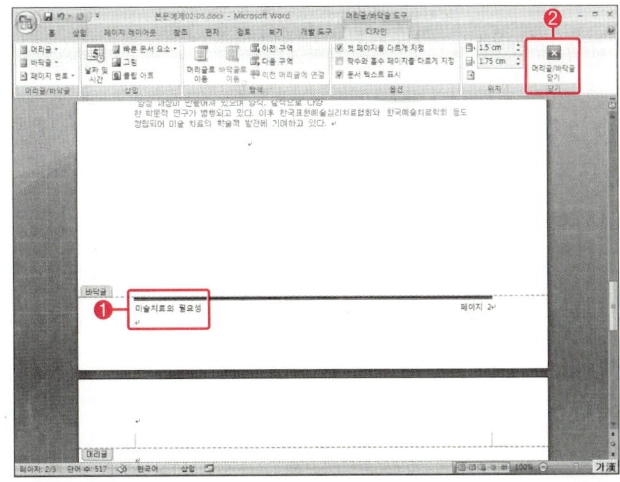

머리글/바닥글 편집

01 [삽입] 탭의 [머리글/바닥글] 그룹에서 [머리글]-[머리글 편집]이나 [바닥글]-[바닥글 편집]을 선택하여 편집할 수 있다.

02 [머리글/바닥글 도구]-[디자인] 탭의 [머리글/바닥글 닫기] 단추를 클릭하여 본문으로 돌아온다.

tip
머리글이나 바닥글의 텍스트를 더블클릭해도 편집할 수 있다.

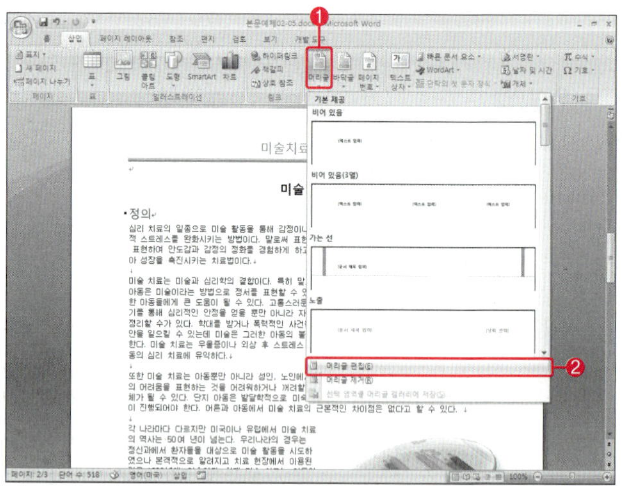

페이지 번호 삽입/수정

01 [삽입] 탭의 [머리글/바닥글] 그룹에서 [페이지 번호]의 [페이지 번호 서식]을 클릭한다.

02 [페이지 번호 서식] 대화상자에서 번호 서식을 '가, 나, 다' 형식으로 선택하고 [확인] 단추를 클릭한다.

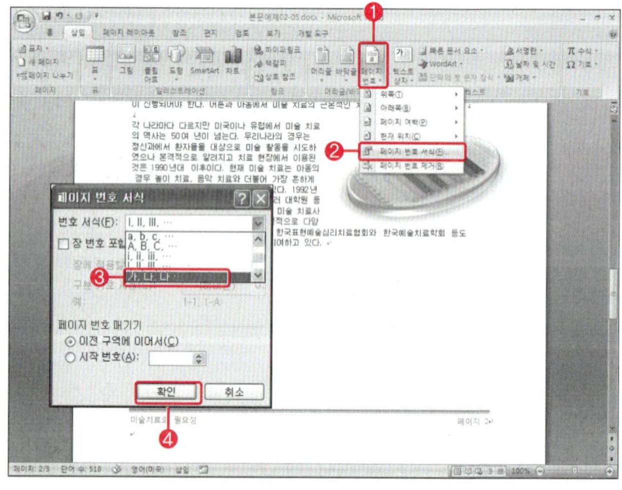

03 [삽입] 탭의 [머리글/바닥글] 그룹에서 [페이지 번호]-[아래쪽]의 '일반 번호 2'를 선택하여 페이지 번호 서식을 바꾼다.

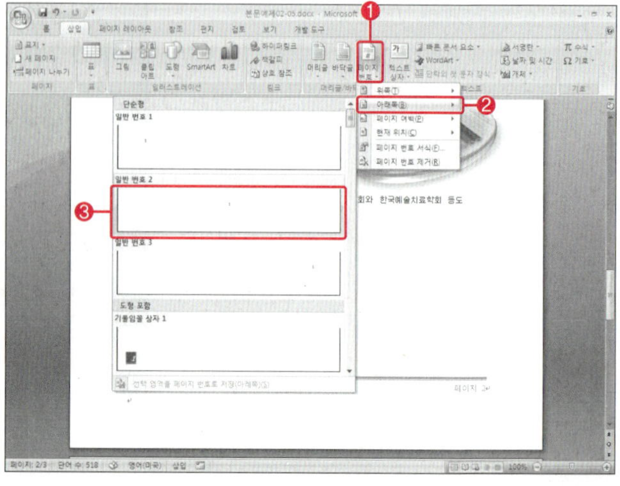

04 첫 페이지에 페이지 번호를 삽입하지 않으려면 [머리글/바닥글 도구]-[디자인] 탭의 [옵션] 그룹에서 [첫 페이지를 다르게 지정]을 선택한다.

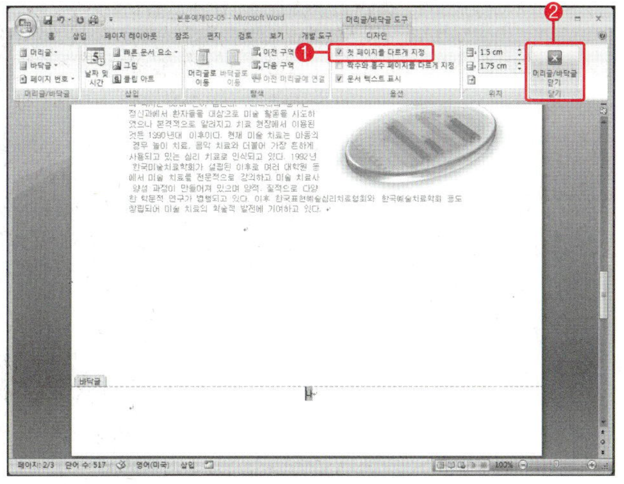

05 [머리글/바닥글 닫기] 단추를 클릭하여 본문으로 돌아온다.

확인학습

◎ 준비 파일 : chapter02/확인학습02-05
◎ 완성 파일 : chapter02/완성파일/학습완성02-05

❶ '가는선' 머리글을 삽입하고 "합격 MOS Master"를 입력하시오.

❷ 첫 페이지에는 머리글이 표시되지 않도록 지정하시오.

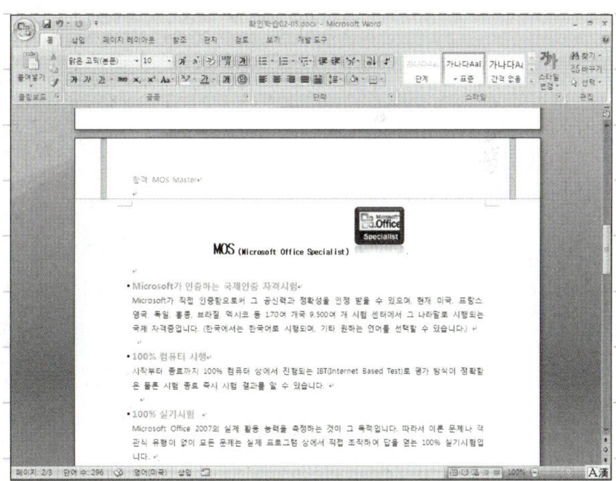

❸ '스택' 바닥글을 삽입하고 "MOS" 텍스트를 입력하시오.

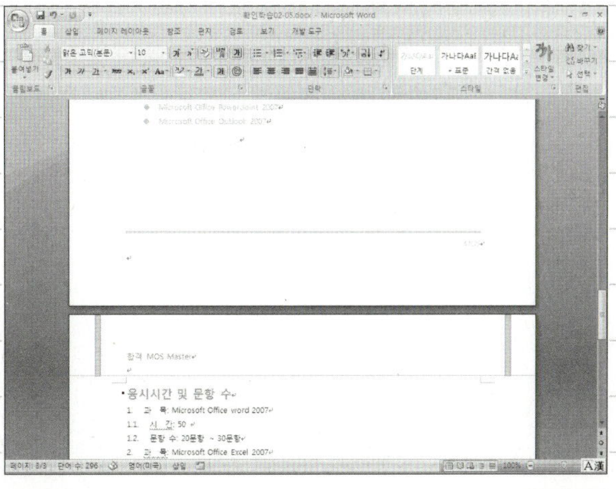

◎ 준비 파일 : chapter02/확인학습02-05
◎ 완성 파일 : chapter02/완성파일/학습완성02-05

❹ 아래쪽 가운데 '1, 2, 3' 번호 형식의 위치에 페이지 번호를 삽입하시오.

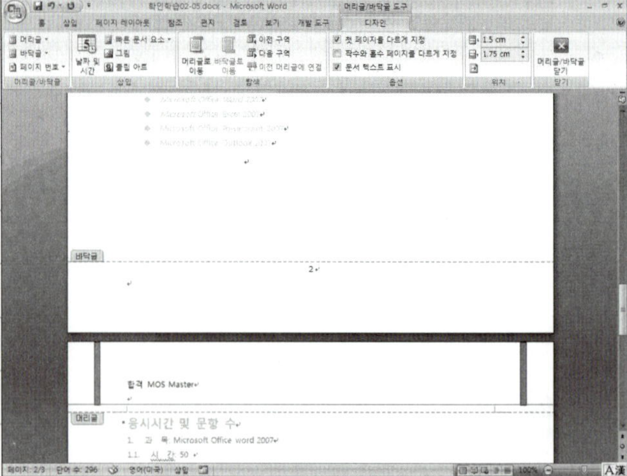

❺ 'ㄱ, ㄴ, ㄷ' 형식으로 페이지 번호 서식을 수정하시오.

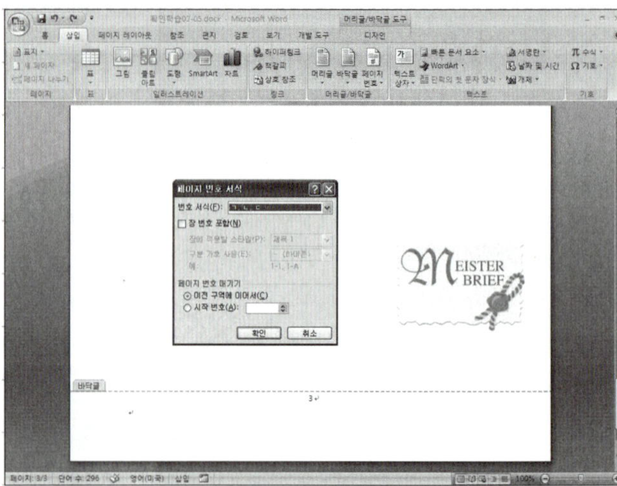

문서 구성 블록 도우미

워밍업

◎ **준비 파일** : chapter02/본문예제 02-06
◎ **완성 파일** : chapter02/완성파일/본문완성02-06
◎ **출제 포인트** : 문서 구성 블록 인용문 삽입 등을 묻는 문제

01 [삽입] 탭의 [텍스트] 그룹에서 [빠른 문서 요소]-[문서 블록 구성 도우미]를 클릭한다.

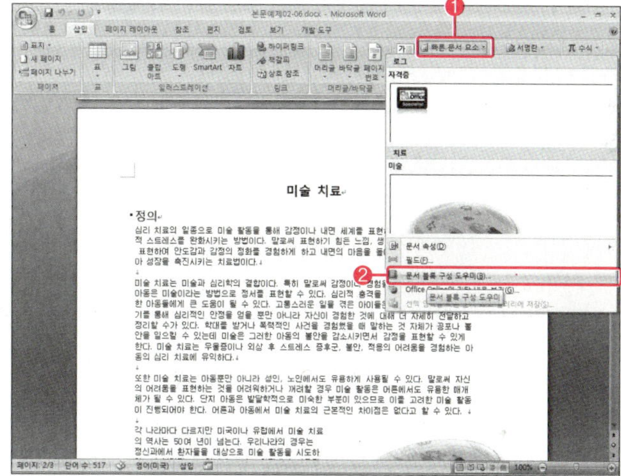

02 [문서 블록 구성 도우미] 대화상자에서 [인용문-사이드라인]을 선택하고 [삽입] 단추를 클릭한다.

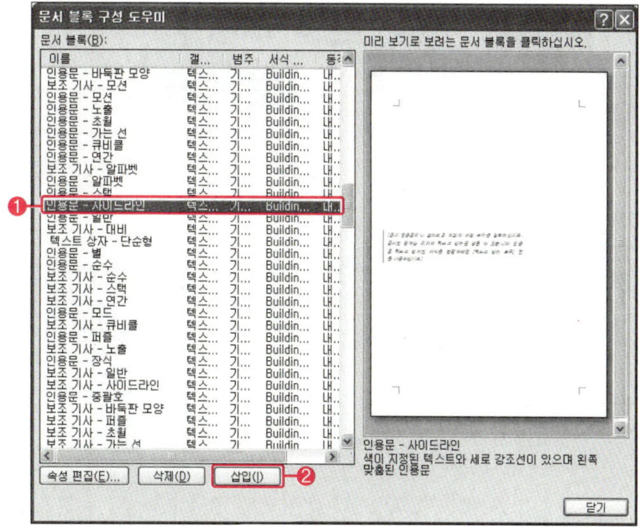

 인용문이 삽입되면 오른쪽 하단
으로 드래그하여 이동시킨다.

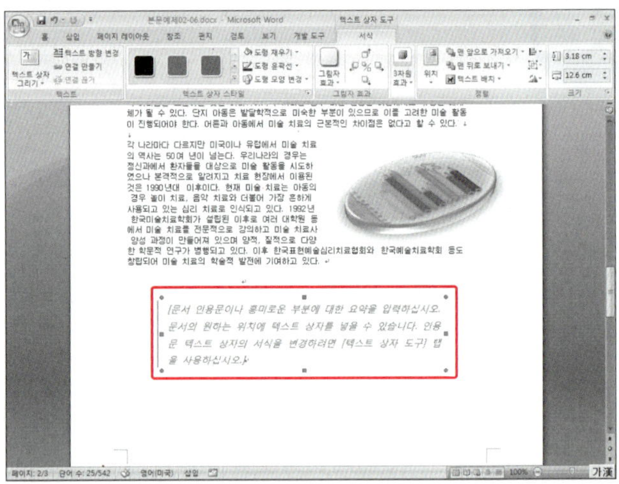

◎ 준비 파일 : chapter02/확인학습02-06
◎ 완성 파일 : chapter02/완성파일/학습완성02-06

❶ 3페이지 문서 마지막 하단에 '인용문-노출' 문
서를 삽입하시오.

워드아트

일반 글꼴로는 표현하기 힘든 비주얼하고 시각적인 표현을 하려면 워드아트를 이용한다.

워밍업

◎ 준비 파일 : chapter02/본문예제02-07
◎ 완성 파일 : chapter02/완성파일/본문완성02-07
◎ 출제 포인트 : 워드아트 삽입 및 편집, 모양 변경을 묻는 문제

워드아트 삽입

01 2페이지의 제목인 '미술치료' 텍스트를 블록으로 지정한다.

02 [삽입] 탭의 [텍스트] 그룹에서 [WordArt]를 선택하고 'WordArt 스타일 22'를 선택한다.

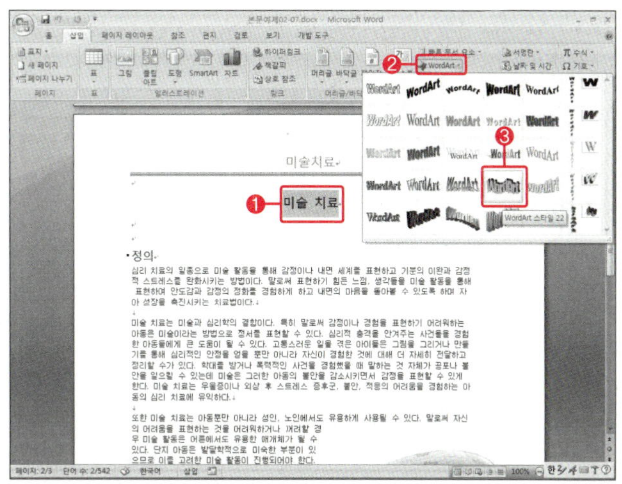

03 [WordArt 텍스트 편집] 대화상 자에 '미술 치료'라는 텍스트가 삽입된 다. 글꼴은 '궁서체'로, 크기는 '40'으로 지정하고 [확인] 단추를 클릭한다.

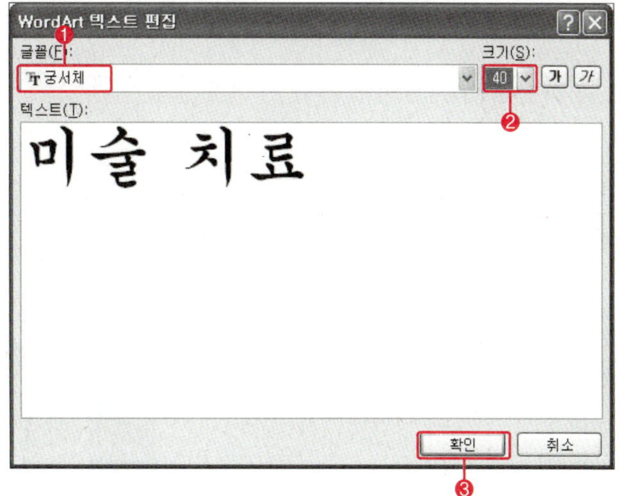

04 삽입된 워드아트의 모양을 변경하기 위해 [WordArt 도구]–[서식] 탭의 [WordArt 스타일] 그룹에서 [WordArt 도형 변경]–'이중물결 1'을 클릭한다.

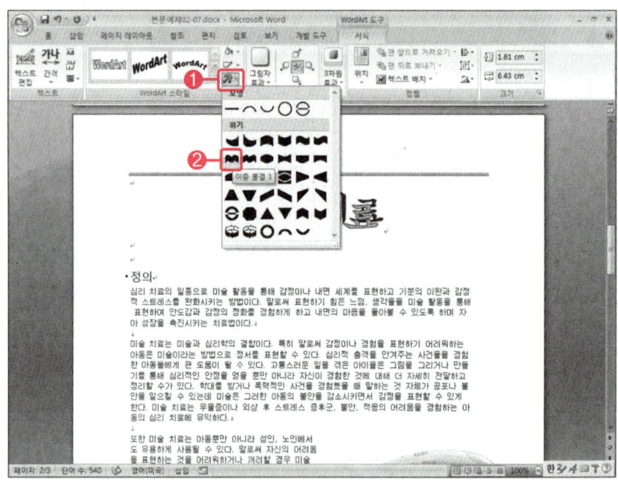

❶ 3페이지에 입력된 '응시시간 및 문항 수' 텍스트를 'WordArt 스타일 22'로 변경하고, 글꼴은 '굴림체' 크기는 '32'로 바꾸시오.

❷ 워드아트 모양을 '(가는)위쪽 원호'로 변경하시오.

표 편집

워밍업

◎ **준비 파일** : chapter02/본문예제02-08
◎ **완성 파일** : chapter02/완성파일/본문완성02-08
◎ **출제 포인트** : 표 삽입, 표 병합, 표의 계산 등을 묻는 문제

---

01 커서를 아래쪽의 공백에 놓고 [삽입] 탭의 [표] 그룹에서 [표]-[표 삽입] 메뉴를 클릭한다.

02 [표 삽입] 대화상자에서 열 개수는 '4', 행 개수는 '4'로 지정하고 고정된 열 너비는 '5cm'로 설정한 후 [확인] 단추를 클릭한다.

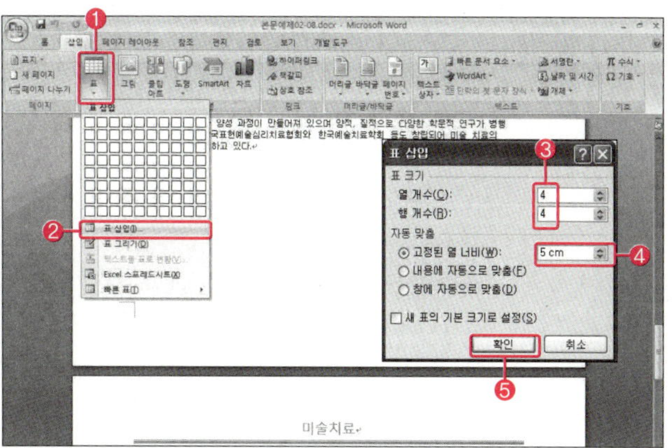

03 표의 첫 행을 블록으로 지정하고 [표 도구]-[디자인] 탭의 [표 스타일] 그룹에서 [음영]을 클릭하여 '표준색' – '연한 파랑'을 클릭한다.

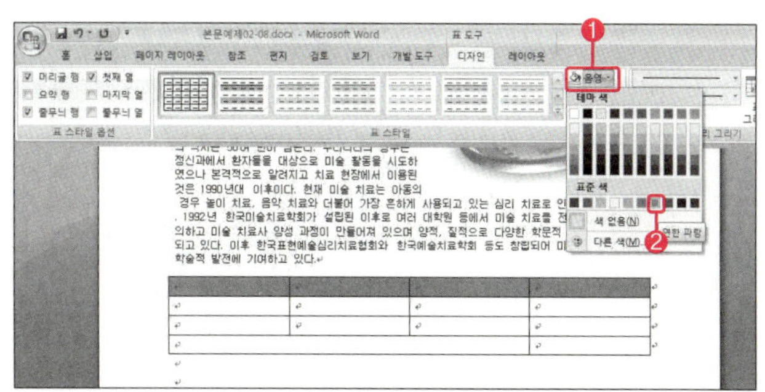

04 마지막 행의 앞쪽부터 셀 세 개를 블록으로 지정하고 [표 도구]-[레이아웃] 탭의 [병합] 그룹에서 [셀 병합]을 선택한다.

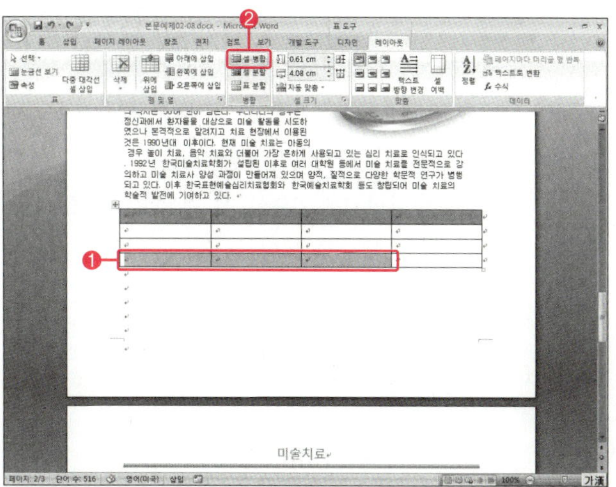

> **tip**
> 지정한 블록에 커서를 놓고 마우스 오른쪽 단추로 클릭한 후 [셀 병합]을 선택하여 블록을 병합할 수도 있다.

05 병합된 셀에 "합계" 텍스트를 입력하고 [표 도구]-[레이아웃] 탭의 [맞춤] 그룹에서 [정가운데]를 클릭하여 텍스트를 배치시킨다.

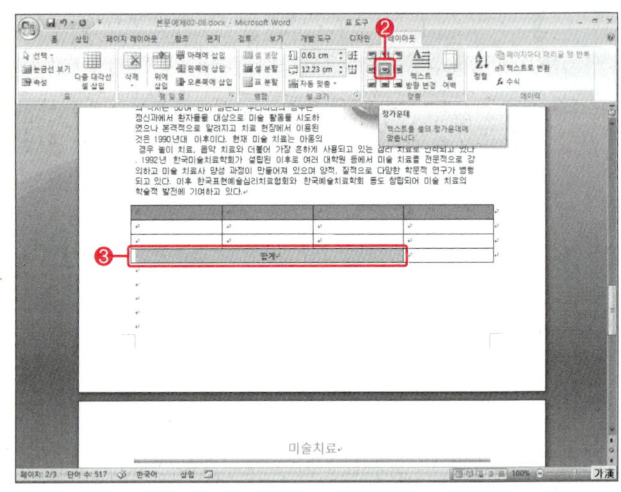

06 아래와 같이 표 내용을 입력한다.

상담	치료기법	인지프로그램	총 교육시간
아동, 청소년	무의식 세계 탐구	미술치료	30
성인	개인의 심리, 정서문제완화	미술치료	35
합계			

07 합계를 계산하기 위해 '총 교육시간'의 마지막 열에 커서를 두고 [레이아웃] 탭의 [데이터] 그룹에서 [수식]을 클릭한다.

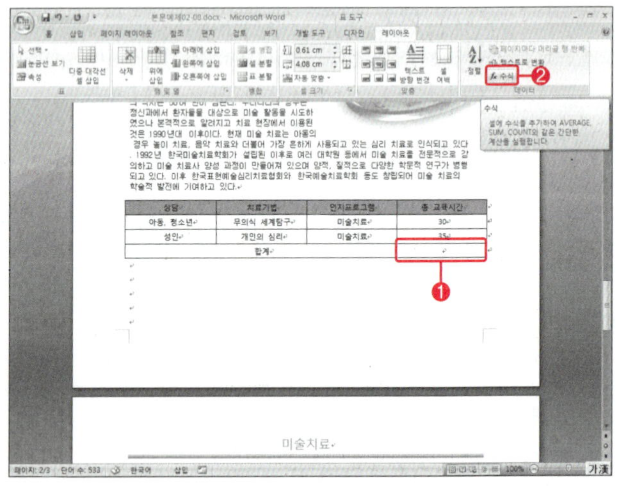

08 [수식] 대화상자의 '수식'에 '=SUM(ABOVE)' 함수가 나오면 [확인] 단추를 클릭한다.

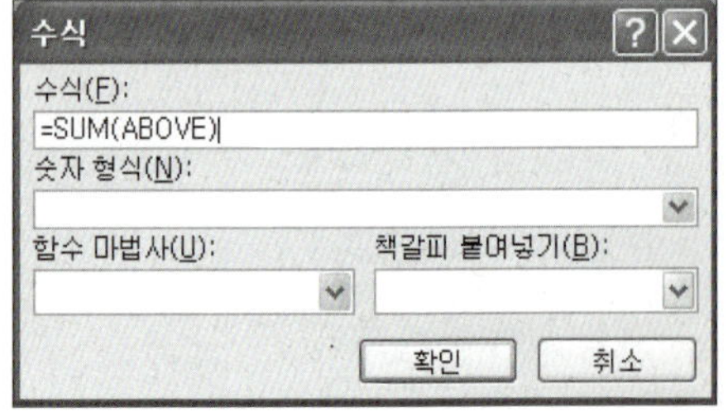

tip

함수 뒤에 나오는 ABOVE는 계산 범위를 뜻하는 것으로서, 세로 아래를 계산 범위로 나타내는 것이다. 왼쪽 열을 계산하고자 할 때는 =SUM(LEFT)가 된다. 또한 평균을 나타내고자 할 때는 아래의 '함수 마법사' 목록 상자에서 AVERAGE 함수를 선택하여 계산식을 완성할 수 있다.

09 높은 순으로 '총 교육 시간'을 정렬해 보도록 한다. 병합 및 계산식을 입력한 마지막 행을 제외한 표를 블록으로 지정한 후 [표 도구]-[레이아웃] 탭의 [데이터] 그룹에서 [정렬]을 클릭한다.

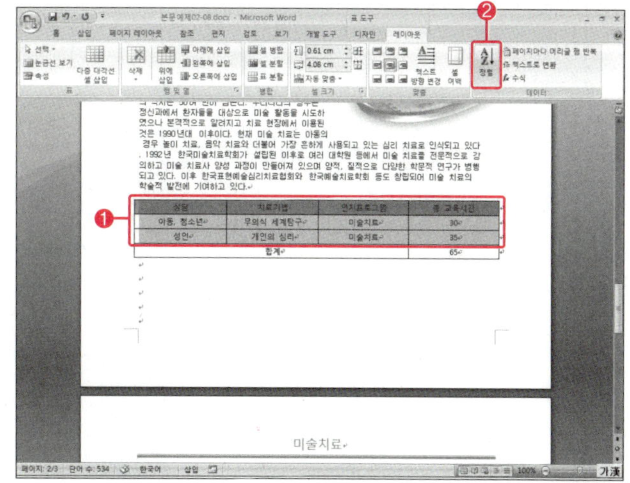

10 [정렬] 대화상자에서 첫째 기준에는 '총 교육시간' 필드를 선택하고 '내림차순'을 선택한 후 [확인] 단추를 클릭한다.

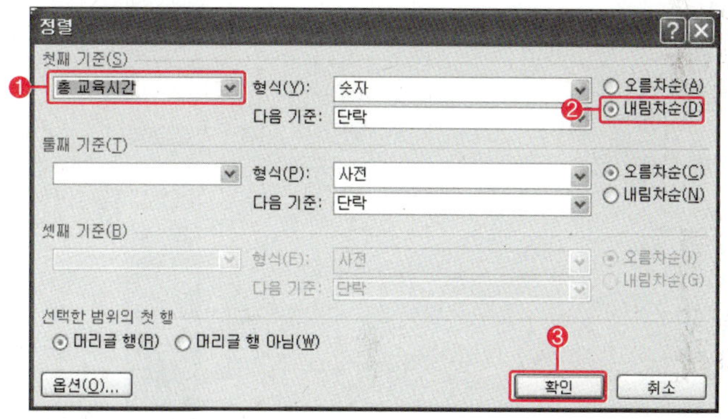

11 시간 수가 많은 데이터 순으로 정렬되었다.

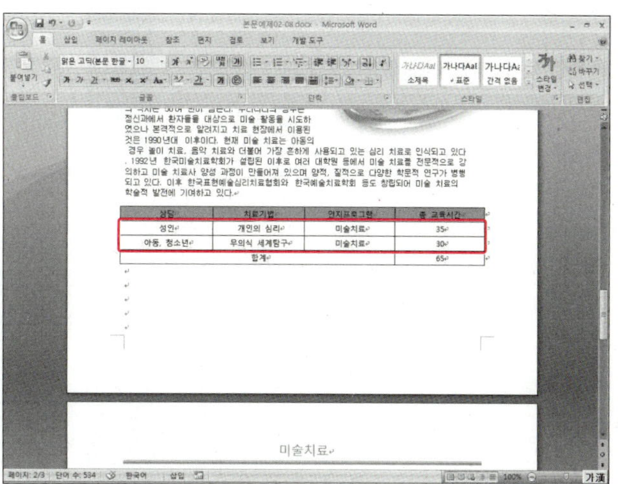

◎ 준비 파일 : chapter02/확인학습02-08
◎ 완성 파일 : chapter02/완성파일/학습완성02-08

❶ 2페이지의 맨 아래에 고정된 열 너비가 '4cm'인 4행 4열의 표를 삽입하시오.

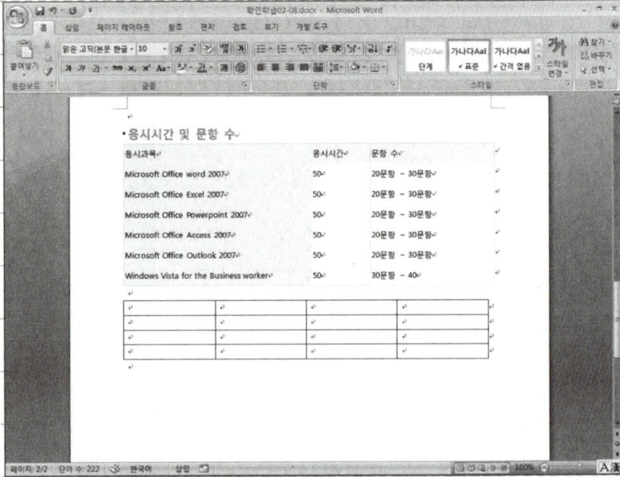

❷ 마지막 열을 병합하시오.

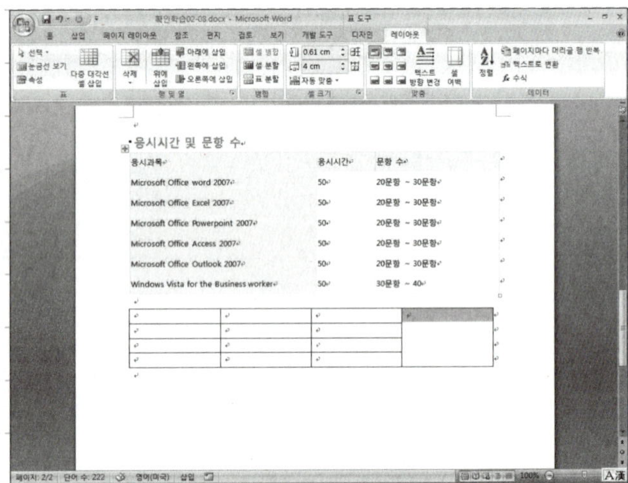

❸ '응시시간 및 문항 수' 표에서 '응시시간' 열의 마지막 셀에 합계를 구하는 수식을 완성하시오.

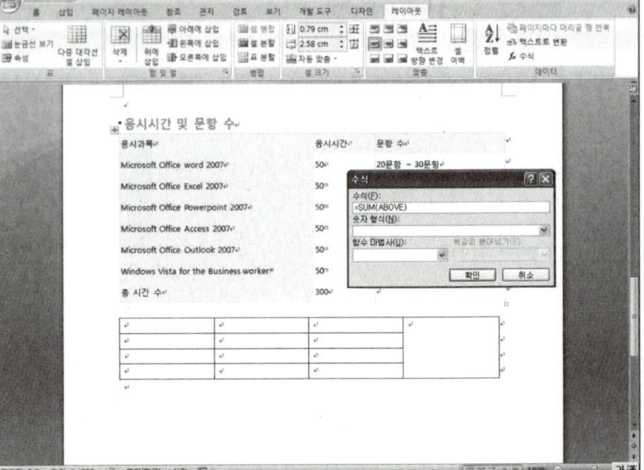

chapter 03

페이지 레이아웃 탭
참조 탭

문서 테마

워밍업

◎ 준비 파일 : chapter03/본문예제03-01
◎ 완성 파일 : chapter03/완성파일/본문완성03-01
◎ 출제 포인트 : 문서의 테마 설정을 하는 문제

01 [페이지 레이아웃] 탭의 [테마] 그룹에서 [테마]-[열정]을 선택한다.

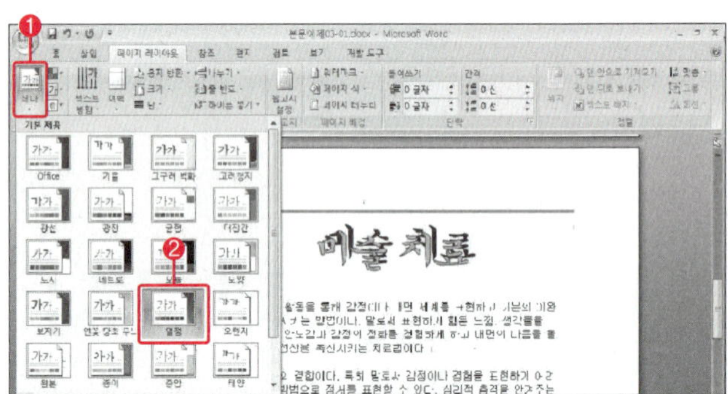

02 문서 전체에 테마가 적용되면 [페이지 레이아웃] 탭의 [테마] 그룹에서 [테마 글꼴]-[보자기], [테마 효과]-[광장]을 각각 선택하여 변경한다.

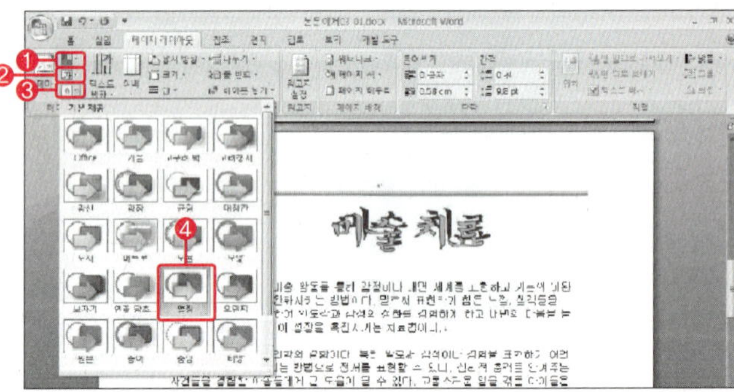

확인학습

◎ 준비 파일 : chapter03/확인학습03-01
◎ 완성 파일 : chapter03/완성파일/학습완성03-01

❶ 현재 문서에 '오렌지' 테마를 적용하시오

❷ 테마 글꼴은 '고구려 벽화', 테마 효과는 '모양' 으로 설정하시오

페이지 설정

워밍업

◎ **준비 파일 :** chapter03/본문예제03-02
◎ **완성 파일 :** chapter03/완성파일/본문완성03-02
◎ **출제 포인트 :** 구역 나누기, 단, 용지 크기 설정을 하는 문제

⁙ 구역 나누기

01 2페이지의 '미술 치료 종류' 텍스트 왼쪽에 커서를 두고 [페이지 레이아웃] 탭의 [페이지 설정] 그룹에서 [나누기]를 클릭한 후 '구역 나누기'의 [다음 페이지부터]를 선택한다.

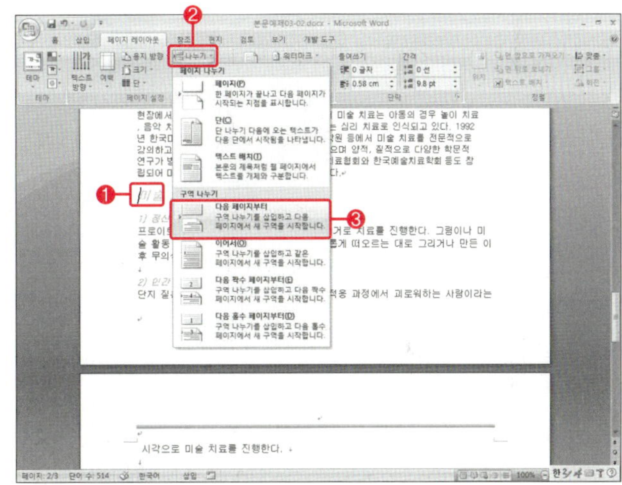

03 '미술 치료 종류' 단락부터 다음 페이지로 구역 나누기가 된다.

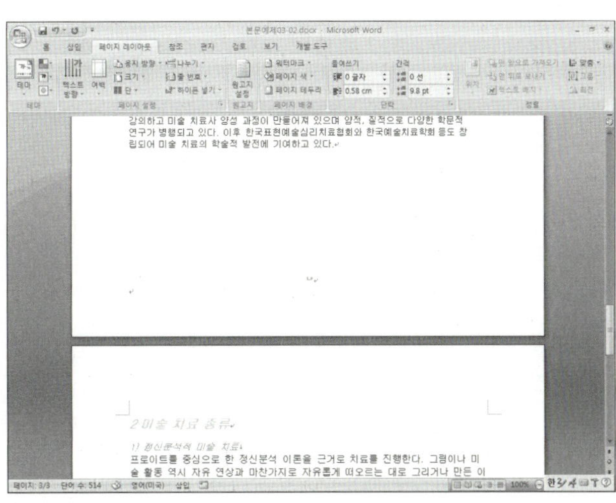

---

tip

[삽입] 탭의 [페이지 나누기]는 단순히 해당 단락을 다음 페이지로 넘기는 메뉴이며, [페이지 레이아웃] 탭의 [구역 나누기]는 단락, 여백, 용지 설정 등 다양한 페이지 설정을 구역별로 할 수 있도록 나누는 메뉴이다.

:: 용지 크기 설정

01 커서를 2페이지 '정의' 앞에 두고 [페이지 레이아웃] 탭의 [페이지 설정] 그룹에서 [크기]-[기타 용지 크기]를 클릭한다.

02 [페이지 설정] 대화상자의 [용지] 탭에서 용지 크기를 'Letter'로 변경한다. 적용 대상을 '이 구역'으로 설정하고 [확인] 단추를 클릭한다.

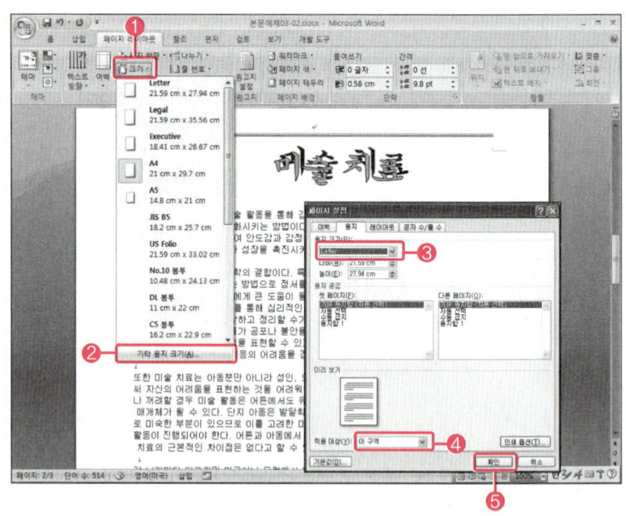

03 용지 크기가 변경되어 '미술치료' 텍스트 아래의 단락은 다음쪽으로 이동되었고, 전체 쪽수는 3페이지에서 5페이지로 늘었다.

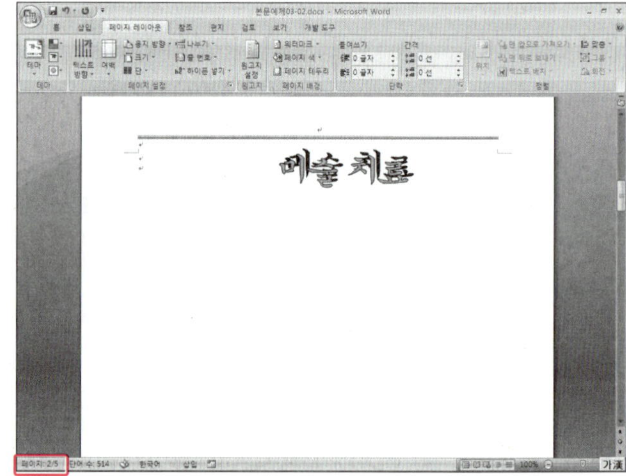

:: 단 지정

01 5페이지 '1) 정신분석적 미술치료'의 왼쪽에 커서를 둔다.

02 [페이지 레이아웃] 탭의 [페이지 설정] 그룹에서 [단]-[기타 단]을 클릭한다.

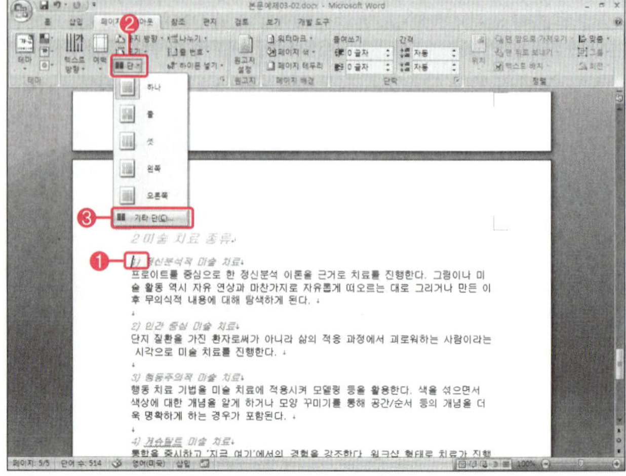

03 [단] 대화상자에서 '둘'을 선택하고 열 너비를 '20글자', 적용 대상은 '이 구역'으로 설정하고 [확인] 단추를 클릭한다.

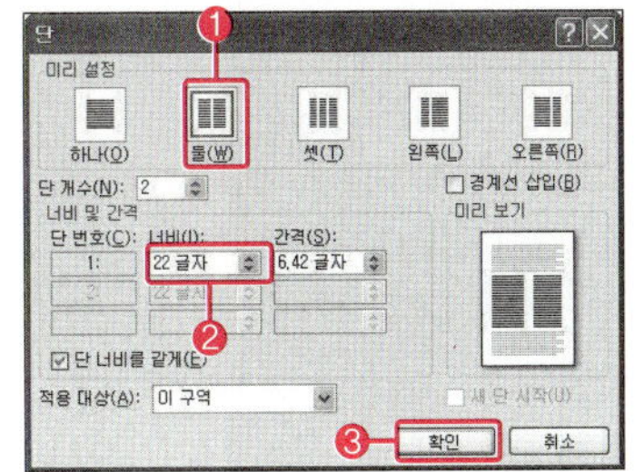

04 설정된 구역이 2단으로 변경된다.

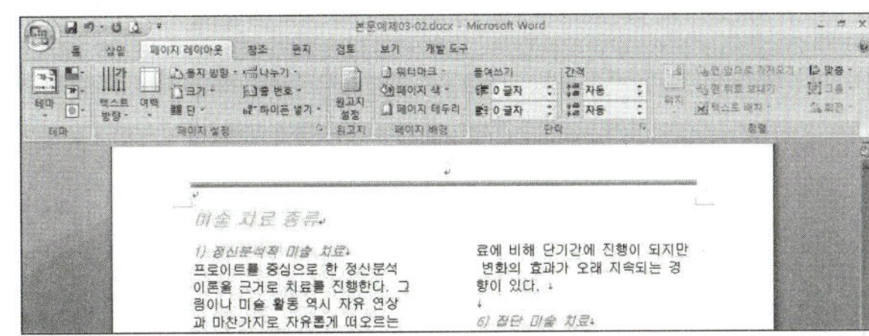

◎ 준비 파일 : chapter03/확인학습03-02
◎ 완성 파일 : chapter03/완성파일/학습완성03-02

❶ 1페이지 제목 아래 단락을 왼쪽 기준으로 이어서 구역 나누기를 하시오.

❷ 1페이지만 2단으로 설정하시오.

❸ 열 너비를 동일하게 20글자만 지정되도록 설정하시오.

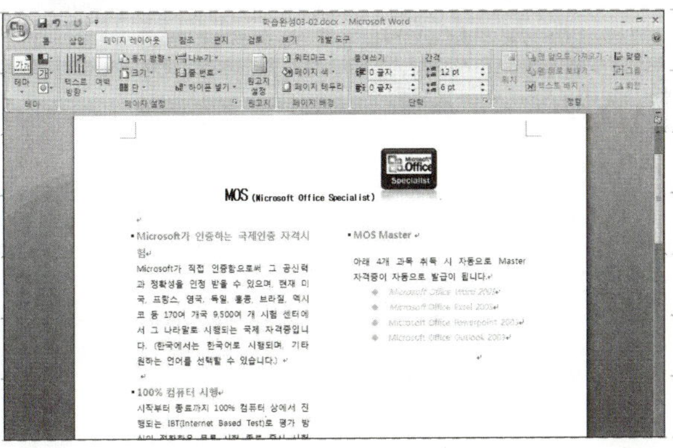

❹ 2페이지만 가로 용지로 설정하시오.

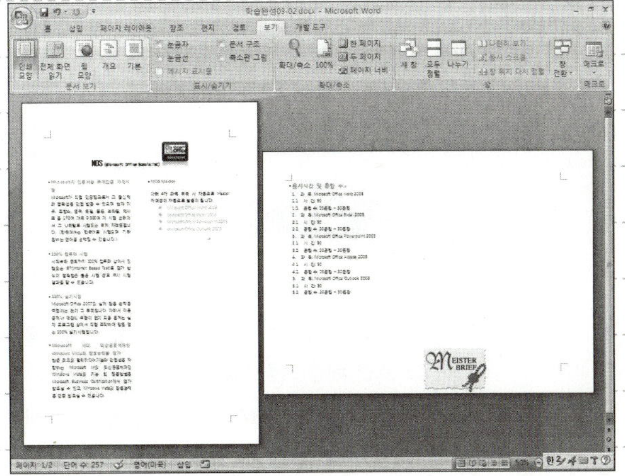

워터마크

문서에 그림이나 텍스트 워터마크를 삽입하면 문서 전체 배경으로 삽입된다.

워밍업

◎ **준비 파일 :** chapter03/본문예제03-03
◎ **완성 파일 :** chapter03/완성파일/본문완성03-03
◎ **출제 포인트 :** 문서 전체에 워터마크를 삽입하는 문제

01 [페이지 레이아웃] 탭의 [페이지 배경] 그룹에서 [워터마크]-[사용자 지정 워터마크]를 클릭한다.

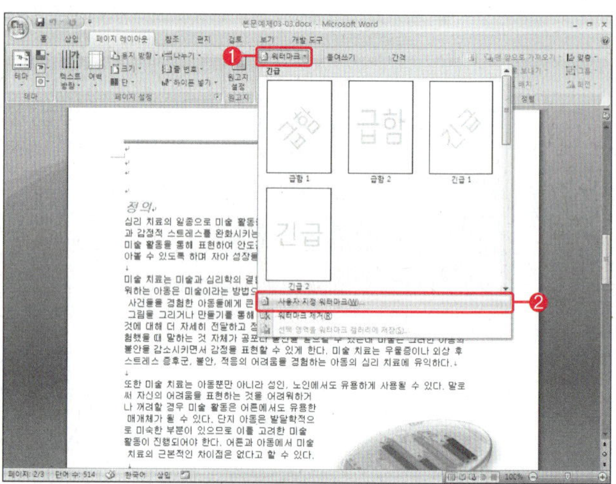

02 [워터마크] 대화 상자에서 '텍스트 워터마크'를 선택한다. '텍스트'의 목록 단추를 눌러 '초안'을 선택하고 색은 표준색에서 '연한 녹색'을 선택한 후 [확인] 단추를 클릭한다.

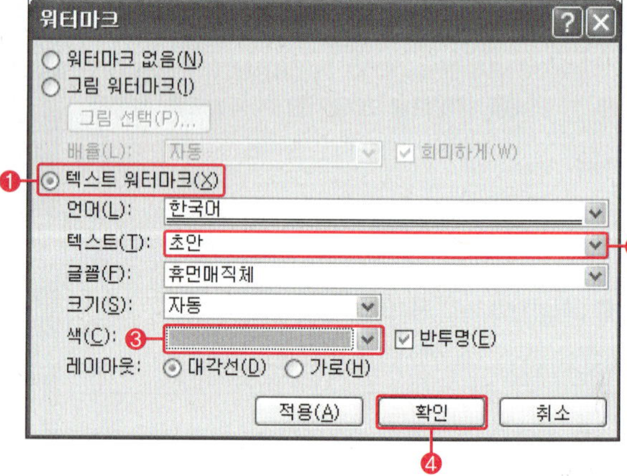

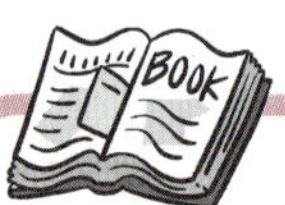

워터마크 옵션

① **워터마크 없음 :** 설정되어 있는 워터마크를 제거한다.

② **그림 워터마크 :** 사용자가 원하는 그림을 문서에 삽입할 수 있으며, 그림이 반투명으로 삽입된 흐린 배경 그림으로 사용할 수 있다.

③ **텍스트 워터마크 :** 텍스트, 글꼴, 크기, 색을 설정하고, 텍스트를 반투명하게 삽입하여 흐린 배경 텍스트로 사용할 수 있다.

◎ 준비 파일 : chapter03/확인학습03-03
◎ 완성 파일 : chapter03/완성파일/학습완성03-03

03

❶ 지정하고 연한 녹색의 '복사 금지' 텍스트 워터마크가 문서 전체에 삽입되도록 설정하시오(기본 설정은 그대로 유지하시오).

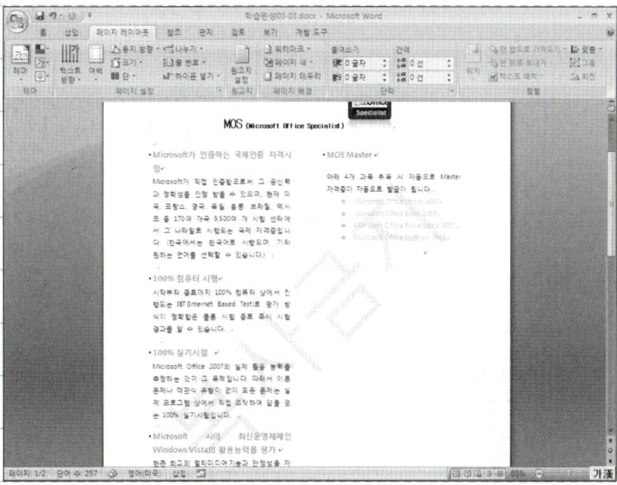

❷ 워터마크의 글꼴을 '궁서체'로, 레이아웃은 '가로'로 설정하시오.

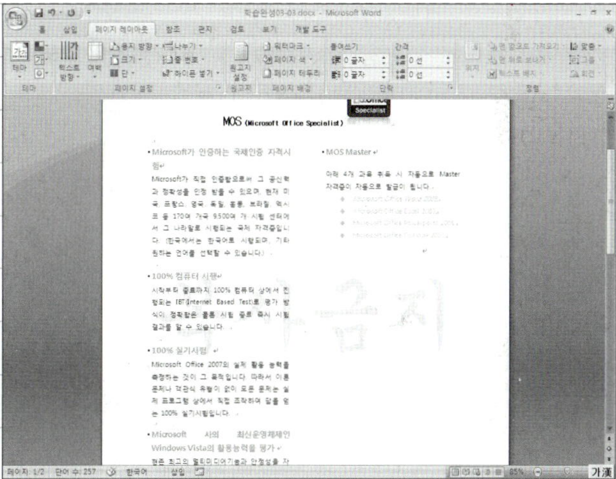

페이지 색

워밍업

◎ **준비 파일 :** chapter03/본문예제03-04
◎ **완성 파일 :** chapter03/완성파일/본문완성03-04
◎ **출제 포인트 :** 페이지 색을 설정하는 문제

01 [페이지 레이아웃] 탭의 [페이지 배경] 그룹에서 [페이지 색]을 클릭하고 테마 색의 '연한 노랑, 배경 2'를 선택한다.

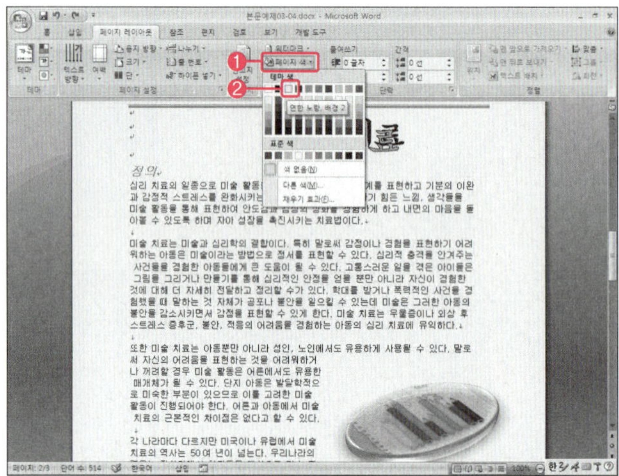

◎ **준비 파일 :** chapter03/확인학습03-04
◎ **완성 파일 :** chapter03/완성파일/학습완성03-04

❶ 문서 전체의 배경에 '흰색 대리석' 질감을 설정하시오.

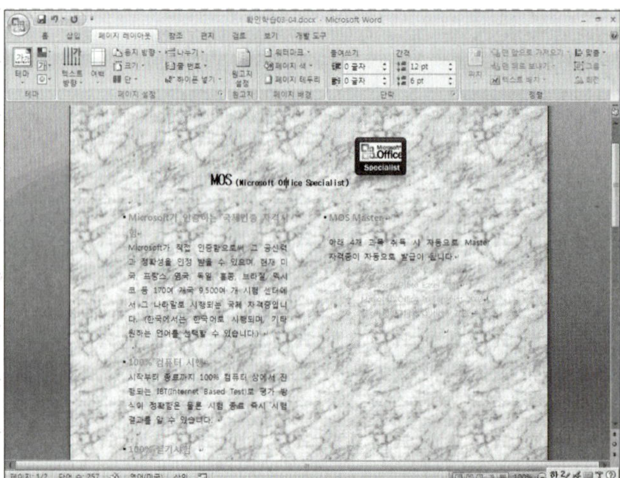

페이지 테두리

워밍업

◎ **준비 파일 :** chapter03/본문예제03-05
◎ **완성 파일 :** chapter03/완성파일/본문완성03-05
◎ **출제 포인트 :** 페이지에 테두리를 설정하는 문제

01 [페이지 레이아웃] 탭의 [페이지 배경] 그룹에서 [페이지 테두리]를 클릭한다.

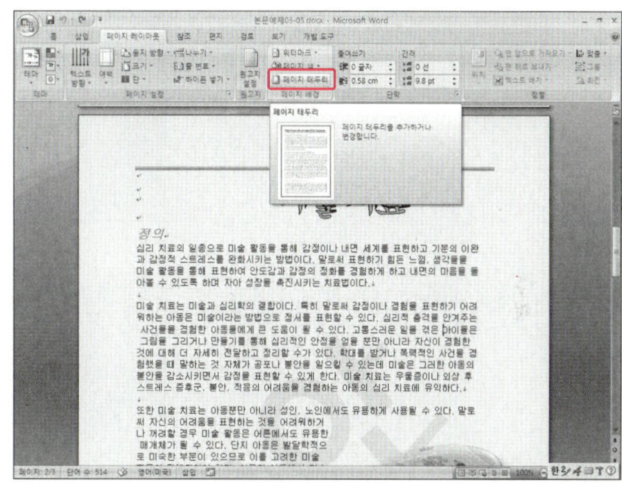

02 [테두리 및 음영] 대화 상자의 [페이지 테두리] 탭에서 설정은 '상자', 스타일은 '기본 실선', 색은 '연한 녹색', 두께는 '1pt'로 선택한 후 [확인] 단추를 클릭한다.

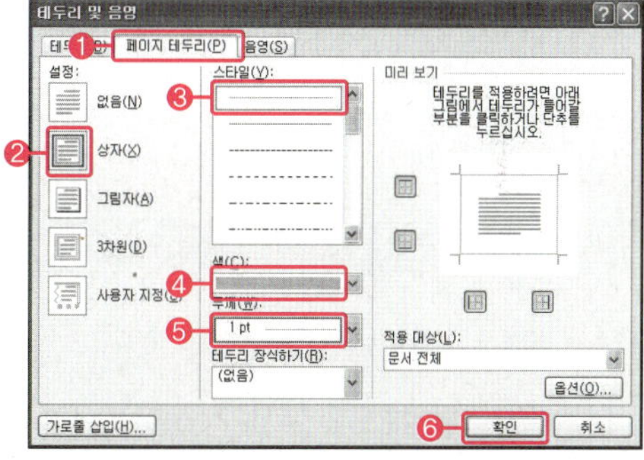

03 페이지에 테두리가 지정되었다.

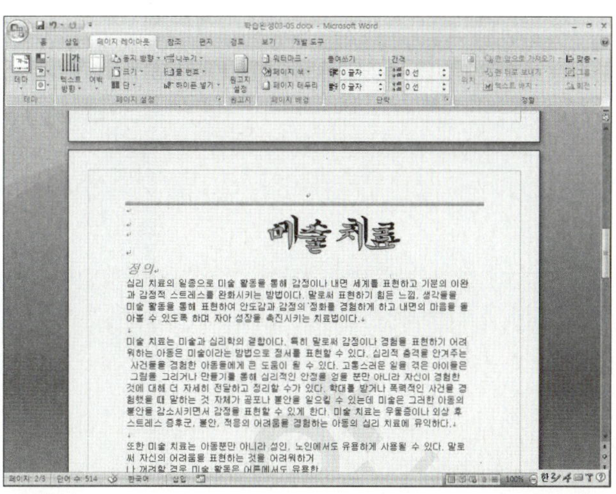

◎ 준비 파일 : chapter03/확인학습03-05
◎ 완성 파일 : chapter03/완성파일/학습완성03-05

❶ 전체 문서에 '황갈색, 배경2, 10%, 더 어둡게' 페이지 색을 설정하시오.

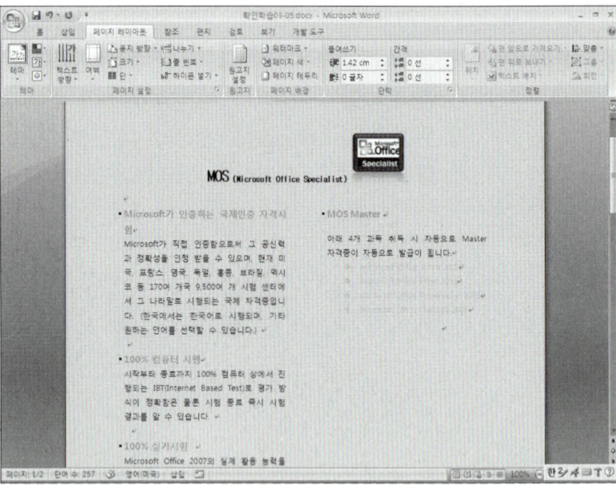

❷ '흰색', '3pt', '점선' 스타일의 전체 테두리를 삽입하시오.

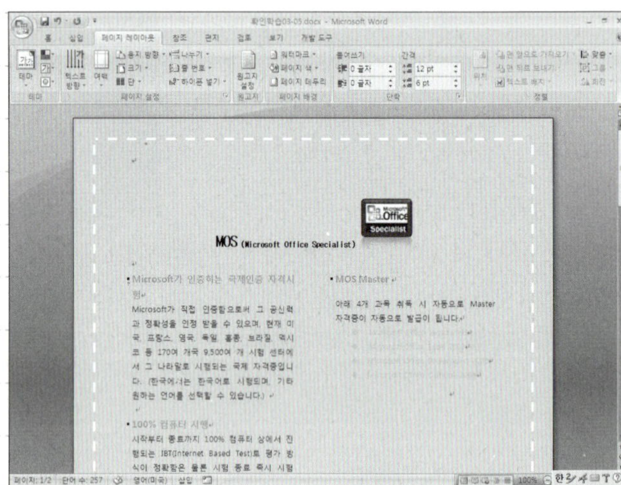

❸ 문서 전체의 배경에 '물고기 화석'의 질감을 설정하시오.

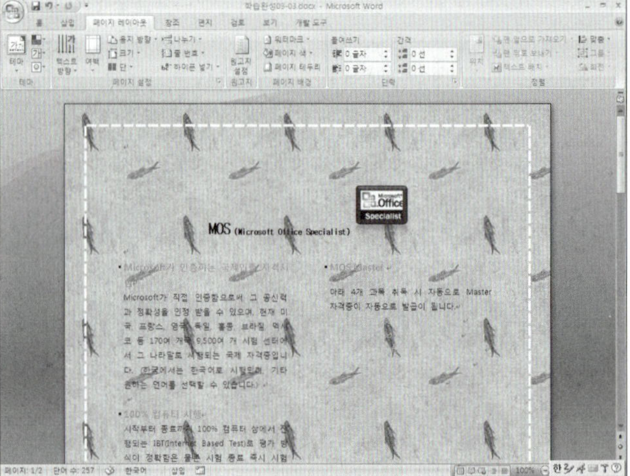

목차 삽입

문서의 목차를 자동으로 만들 수 있다. 해당 서식이나 특정 스타일에 목차를 지정할 수 있으며, 문서에 삽입된 그림에도 목차를 삽입할 수 있다.

워밍업

◎ **준비 파일** : chapter03/본문예제03-06-01, 03-06-02, 03-06-03
◎ **완성 파일** : chapter03/완성파일/본문완성03-06-01, 03-06-02, 03-06-03
◎ **출제 포인트** : 특정 스타일 목차 삽입, 그림 목차 삽입에 대한 문제

목차

01 '본문예제03-06-01' 파일을 연다. '미술 치료' 제목 텍스트 아래에 커서를 두고 [참조] 탭의 [목차] 그룹에서 [목차]–[목차 삽입]을 클릭한다.

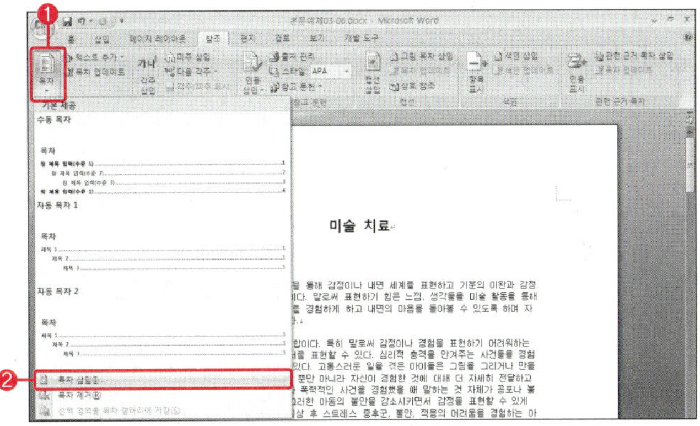

02 [목차] 대화상자에서 서식을 '현대형'으로 선택하고 [확인] 단추를 클릭한다.

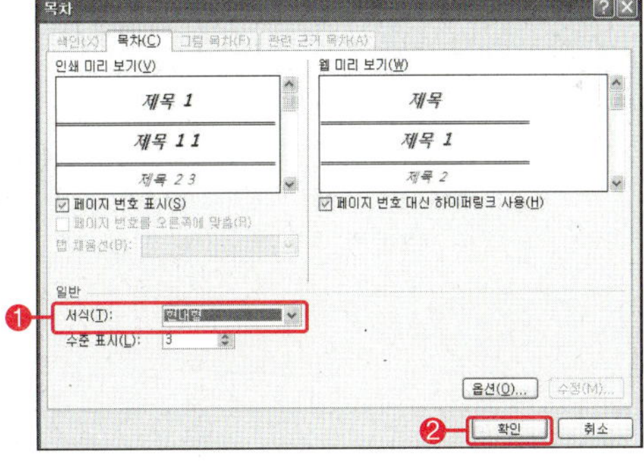

03 '현대형' 서식의 목차가 삽입된다.

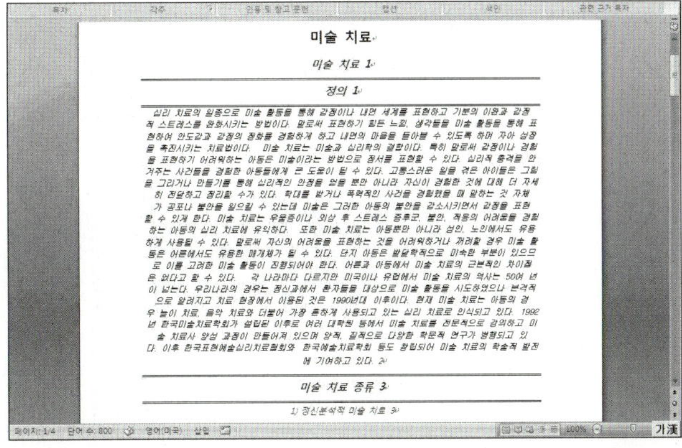

01 '본문예제03-06-02' 파일을 연다. '미술 치료' 제목 텍스트 아래에 커서를 두고 [참조] 탭의 [목차] 그룹에서 [목차]-[목차 삽입]을 클릭한 후 [목차] 대화상자의 [옵션] 단추를 클릭한다.

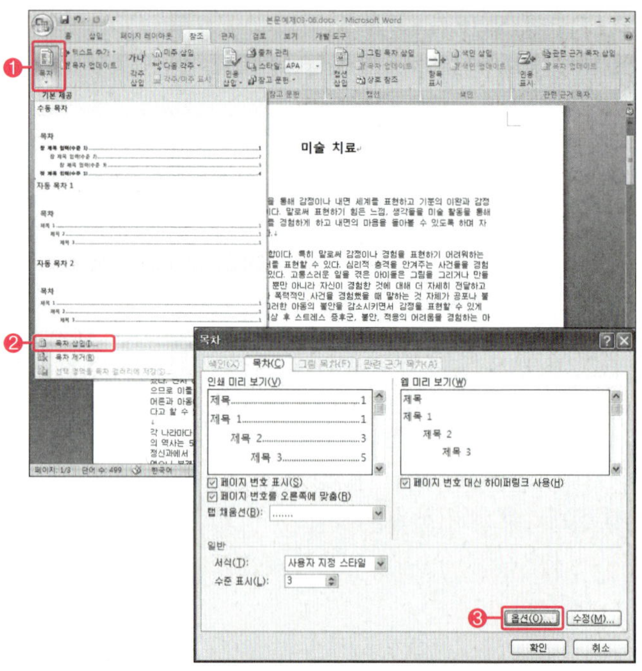

02 [목차 옵션] 대화상자의 목차 수준 항목의 스크롤 바를 이동시켜 목차를 삽입할 '제목2' 스타일을 제외한 항목을 찾아 모두 삭제한 후, [확인] 단추를 클릭한다.

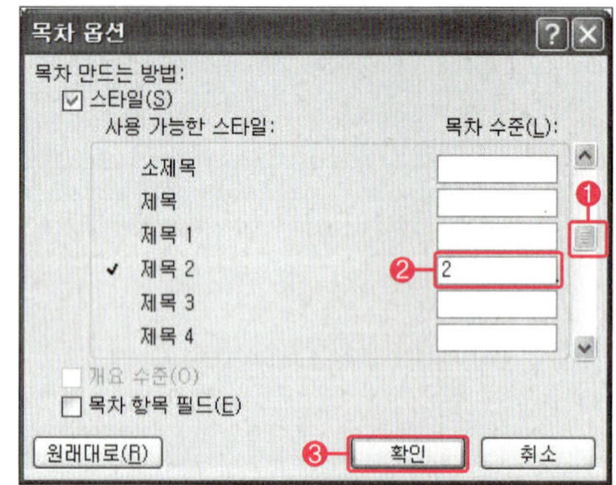

03 [목차] 대화상자의 [확인] 단추를 클릭하면 '제목 2' 스타일의 목차만 삽입된 것을 볼 수 있다.

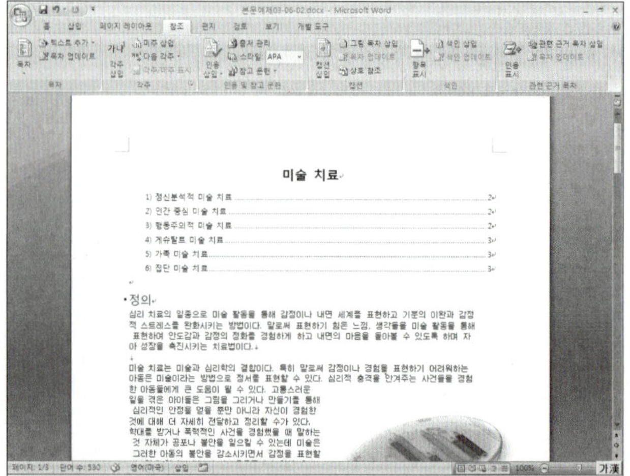

⠿ 그림 목차 삽입

01 '본문예제03-06-03' 파일을 연다. '미술 치료' 제목 텍스트 아래에 커서를 두고 [참조] 탭의 [캡션] 그룹에서 [그림 목차 삽입]을 클릭한다.

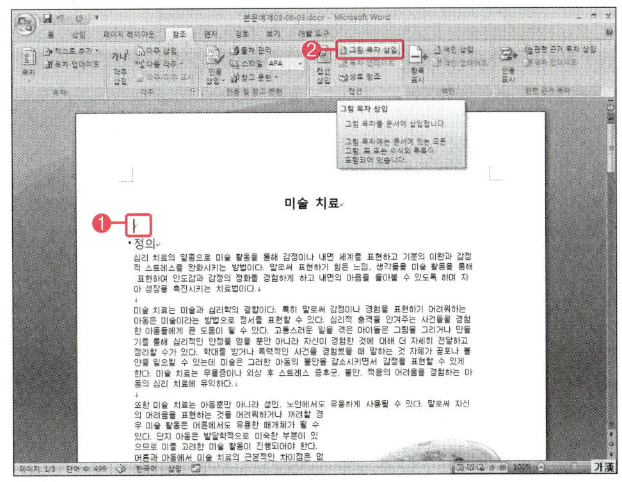

02 [그림 목차] 대화상자에서 서식은 '장식형'으로, 캡션 레이블은 '그림'으로 설정하고 [확인] 단추를 클릭한다.

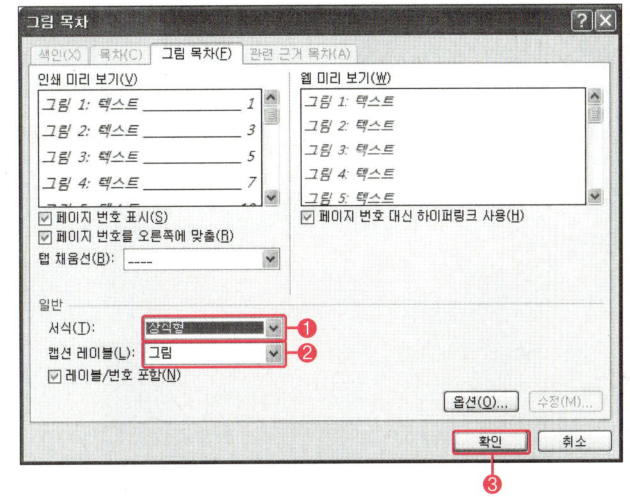

03 '그림목차' 가 삽입된다.

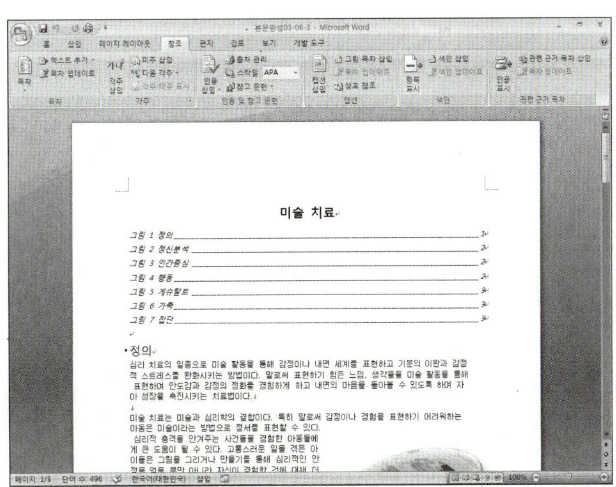

◎ 준비 파일 : chapter03/확인학습03-06-1, 03-06-2, 03-06-3
◎ 완성 파일 : chapter03/완성파일/학습완성03-06-1, 03-06-2, 03-06-3

❶ '확인학습 03-06-1' 파일을 열고 '목차' 텍스트의 아래에 '정형' 서식의 목차를 삽입하시오.

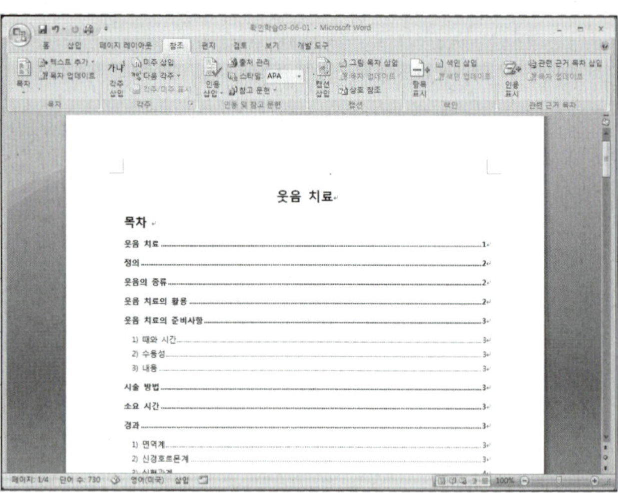

❷ '확인학습 03-06-2' 파일을 열고 그림 캡션 레이블을 사용한 그림 목차를 '기본형' 서식으로 '그림 목차' 텍스트 아래에 삽입하시오.

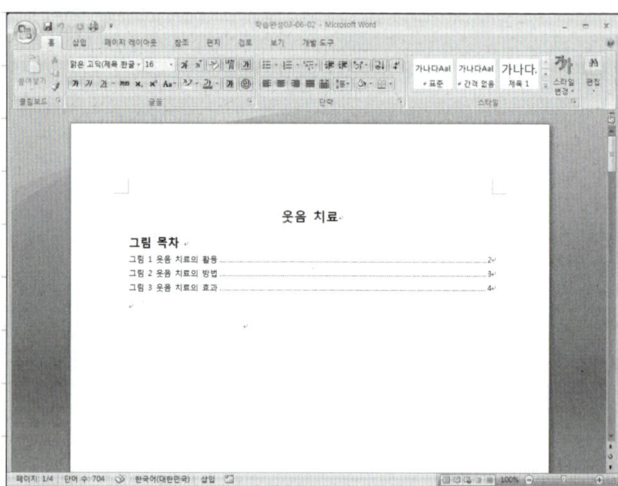

❸ '확인학습 03-06-3' 파일을 열고 '제목 1' 스타일만 표시되는 목차를 '스타일 목차' 텍스트 아래에 삽입하시오.

각주 삽입

설명이 필요한 단어에 각주를 삽입할 수 있다.

워밍업

◎ **준비 파일** : chapter03/본문예제03-07
◎ **완성 파일** : chapter03/완성파일/본문완성03-07
◎ **출제 포인트** : 각주 삽입 및 번호 서식 변경에 대한 문제

01 1페이지 다섯 번째 단락 중 '한국미술치료학회' 텍스트 뒤에 커서를 두고 [참조] 탭의 [각주] 그룹에서 [각주 삽입]을 클릭한다.

02 "1992. 창립총회 개최"라는 텍스트를 각주에 삽입한다.

03 [참조] 탭의 [각주] 그룹에서 [각주 및 미주] 단추를 클릭한다.

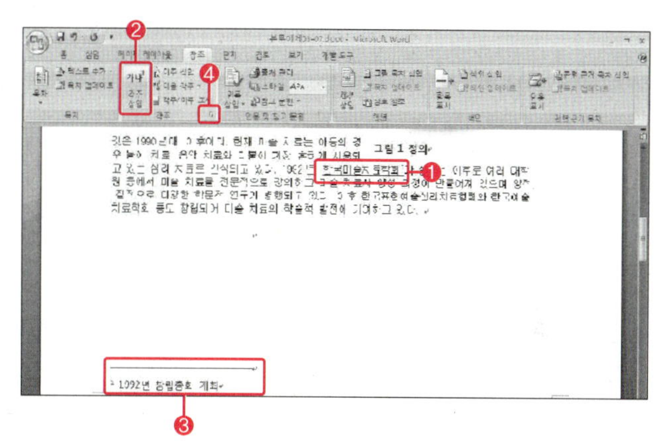

04 [각주 및 미주] 대화상자가 나타나면 번호 서식 'a.b.c'으로 설정하고 [적용] 단추를 클릭한다.

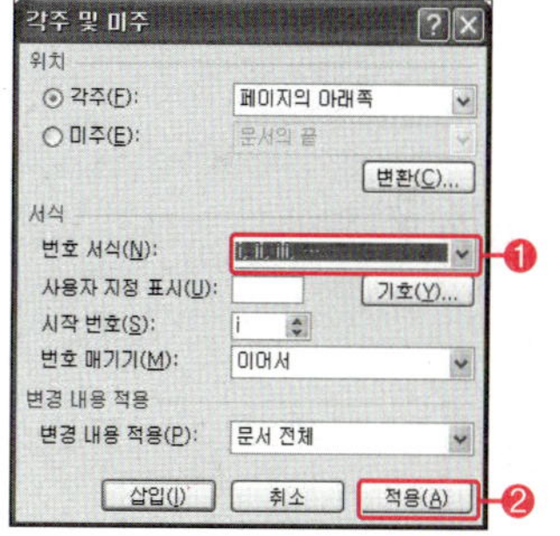

05 'a 1992. 창립총회 개최'의 각주를 볼 수 있다.

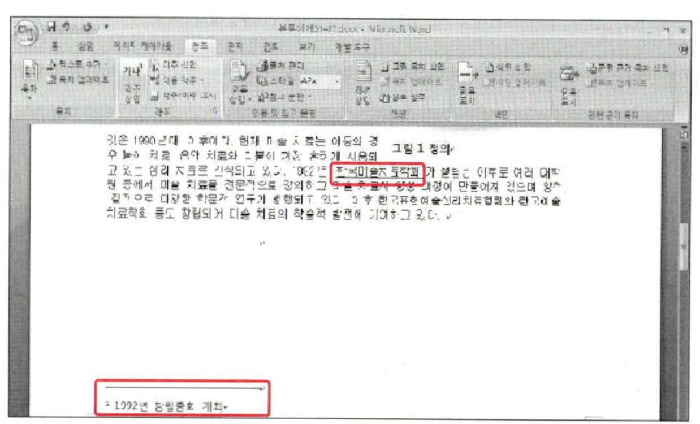

확인학습

❶ 1페이지 마지막 단락의 '노만 커즌스' 텍스트 뒤에 번호 서식이 '가,나,다'인 'Normal Carsons' 각주를 입력하시오.

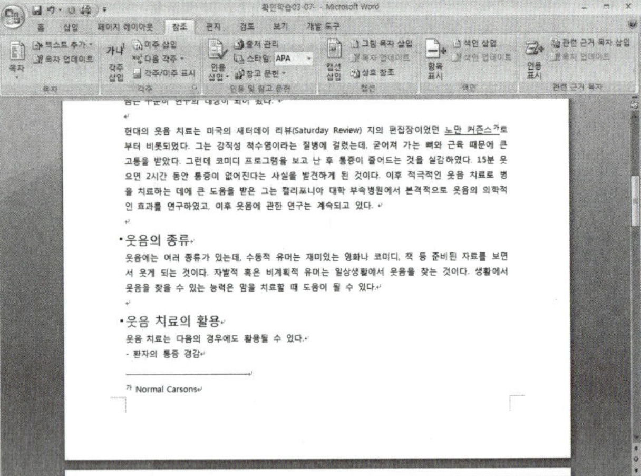

❷ 3페이지 마지막 단락의 '호스피스' 텍스트 뒤에 'hospice' 각주를 삽입하시오.

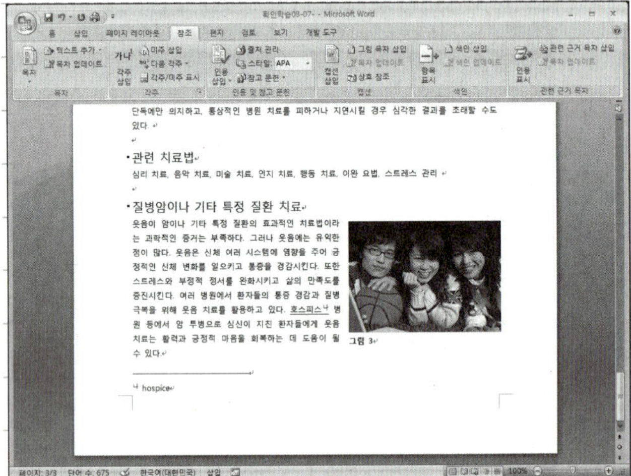

chapter 04

검토 탭
오피스 단추

메모

문서에 필요한 주석이나 설명 등을 메모로 삽입하여 둘 수 있다.

워밍업

◎ **준비 파일 :** chapter04/본문예제04-01
◎ **완성 파일 :** chapter04/완성파일/본문완성04-01
◎ **출제 포인트 :** 메모 삽입, 삭제, 추가 방법을 묻는 문제

새 메모 삽입

01 2페이지 3번째 단락의 '프로이트'를 블록으로 지정한 후, [검토] 탭의 [메모] 그룹에서 [새 메모]를 클릭한다.

02 오른쪽에 메모가 표시되면 "정신분석의 창시자"라고 입력한다.

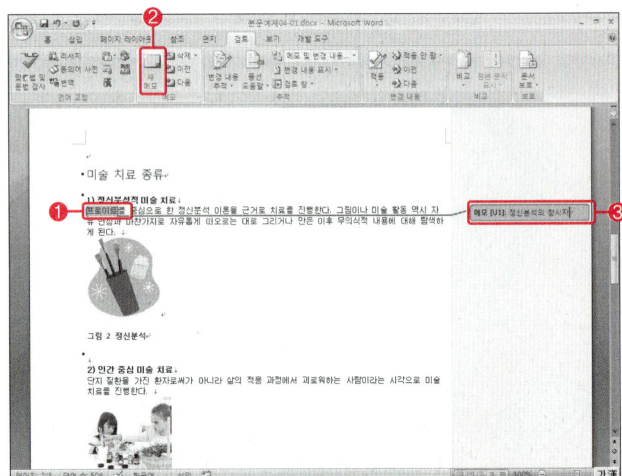

03 3페이지 '가족 미술 치료'의 그림을 클릭하고 [검토] 탭의 [메모] 그룹에서 [새 메모]를 클릭한다.

04 "그림 수정"이라는 텍스트를 메모에 입력한다.

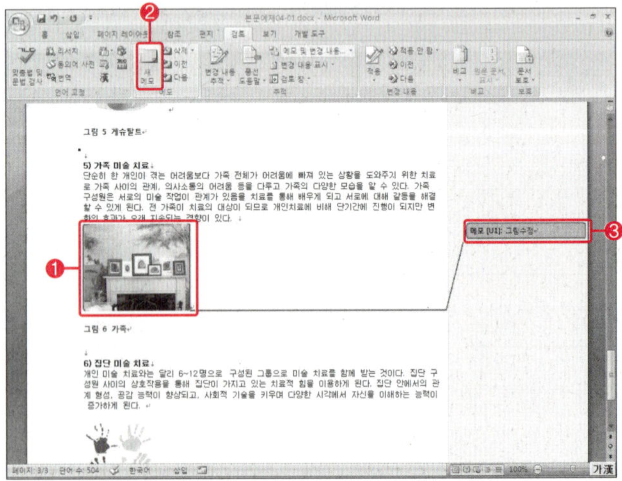

:: 메모 수정

01 3페이지 그림에 삽입된 메모를 클릭하고 텍스트 앞에 "추가:"라고 덧붙인다.

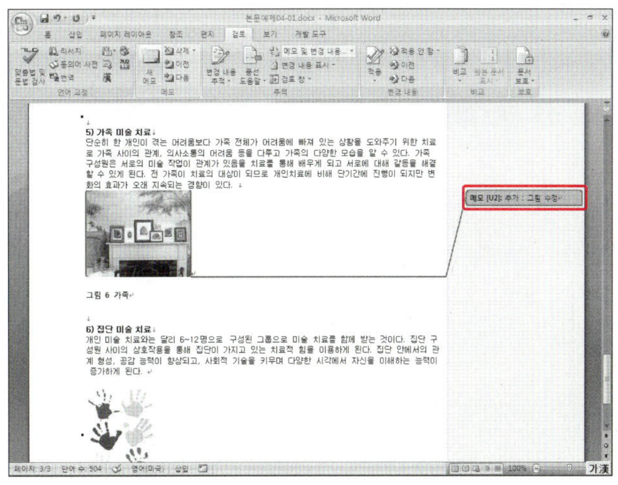

:: 메모 삭제

01 3페이지의 메모를 클릭하고 [검토] 탭의 [메모] 그룹에서 [삭제] 단추를 클릭한다.

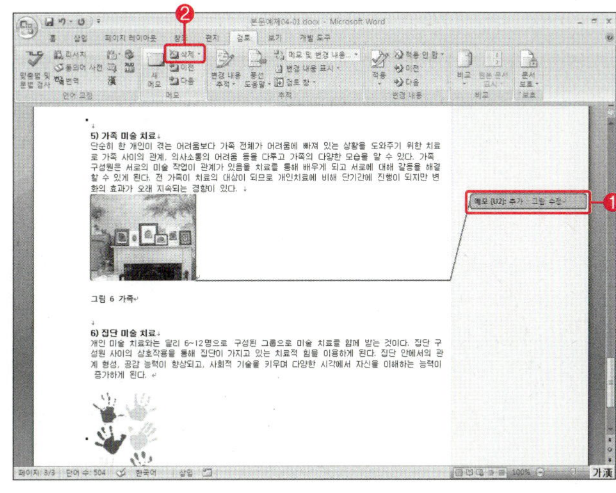

---

tip

숨겨진 메모 삭제

숨겨진 메모를 삭제할 때는 [검토] 탭의 [메모] 그룹에서 [다음] 단추를 클릭하여 숨겨진 메모를 표시한 후 삭제한다.

◎ 준비 파일 : chapter04/확인학습04-01
◎ 완성 파일 : chapter04/완성파일/학습완성04-01

❶ 1페이지의 '웃음치료의 활용' 텍스트에 "추가 조사 필요"라는 메모를 입력하시오.

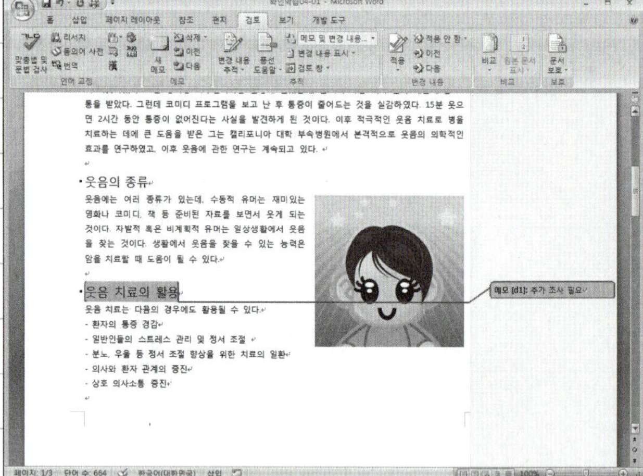

❷ 마지막 페이지에 있는 '부연 설명 필요'라는 메모를 삭제하시오.

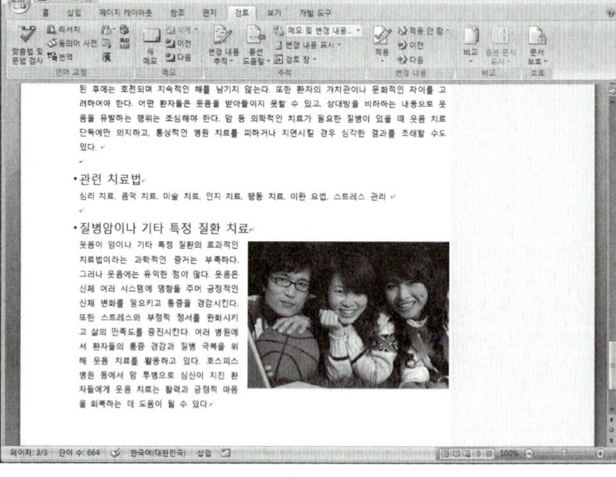

비교 및 병합

원본과 수정된 파일을 비교하여 두 문서의 작업을 비교해 볼 수 있다.

워밍업

◎ **준비 파일 :** chapter04/본문예제04-02-01, 04-02-02
◎ **완성 파일 :** chapter04/완성파일/본문완성04-02-01, 04-02-02
◎ **출제 포인트 :** 문서 비교 및 변경 내용 옵션의 수정에 대한 문제

비교

01 [검토] 탭의 [비교] 그룹에서 [비교]-[비교]를 클릭한다.

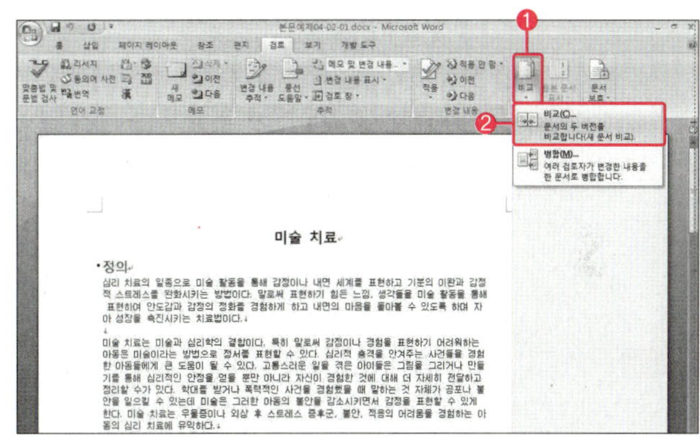

02 [문서 비교] 대화상자에서 원본 문서에 '본문예제04-02-01'을, 수정한 문서에 '본문예제04-02-02' 문서를 각각 선택하고 [확인] 단추를 클릭한다.

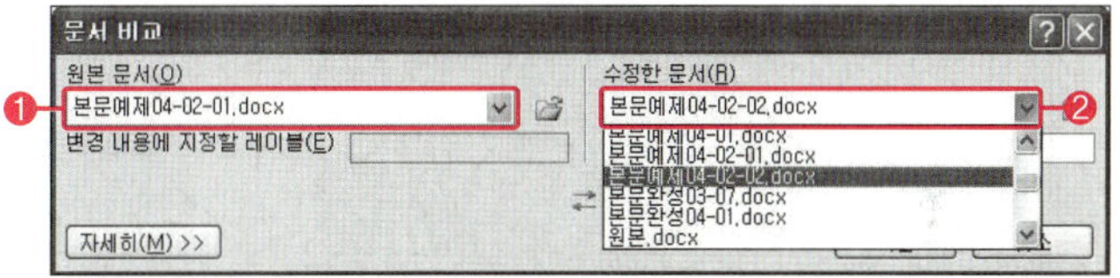

03 다음과 같이 원본 문서와 수정 문서를 비교할 수 있다.

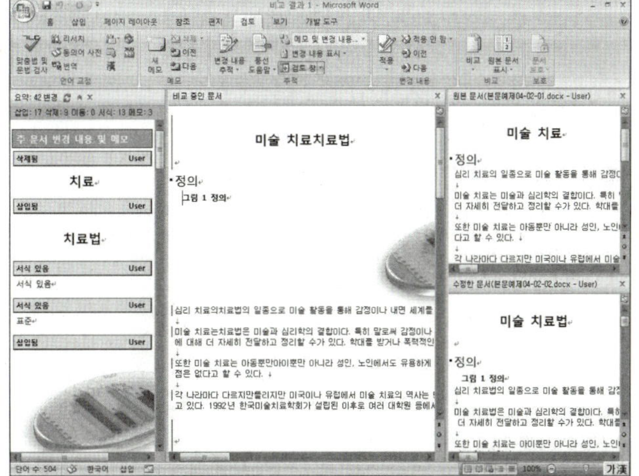

---

tip

[변경내용 추적 옵션]에서 이미 설정된 옵션이 자동으로 적용되므로 설정되어 있는 옵션에 따라 완성된 화면이 다를 수 있다.

(예제는 '삽입'과 '삭제' 모두 '없음'으로 설정된 화면임.)

04 수정된 내용을 서식으로 표기하기 위해 [검토] 탭의 [추적] 그룹에서 [변경 내용 추적]-[변경 내용 추적 옵션]을 선택한다.

05 [변경 내용 추적 옵션] 대화상자의 '메모 및 변경 내용'에서 삽입은 '굵게', 삭제는 '이중 밑줄'을 선택하고 [확인] 단추를 클릭한다.

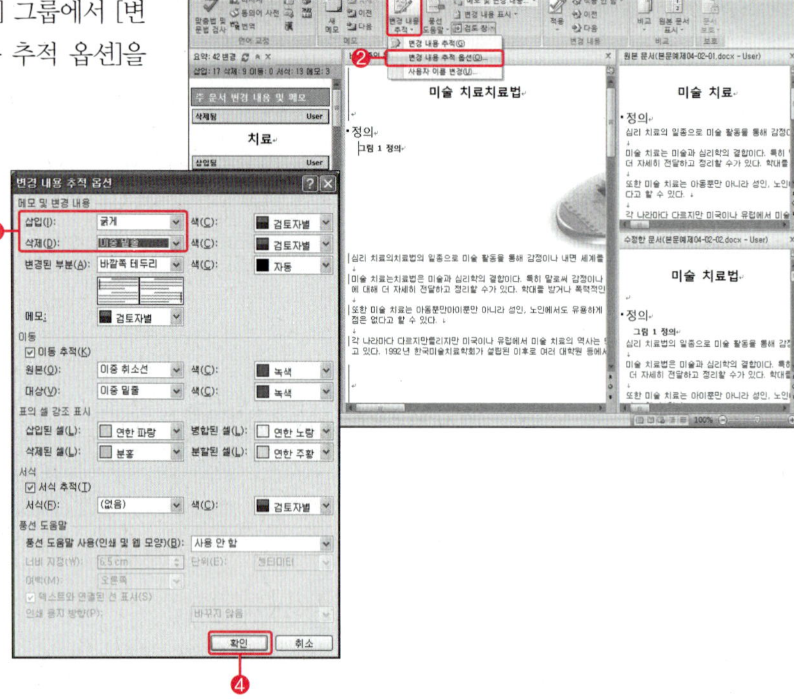

06 [변경 내용 추적 옵션]에서 지정한 서식이 파일에 표기된 것을 볼 수 있다.

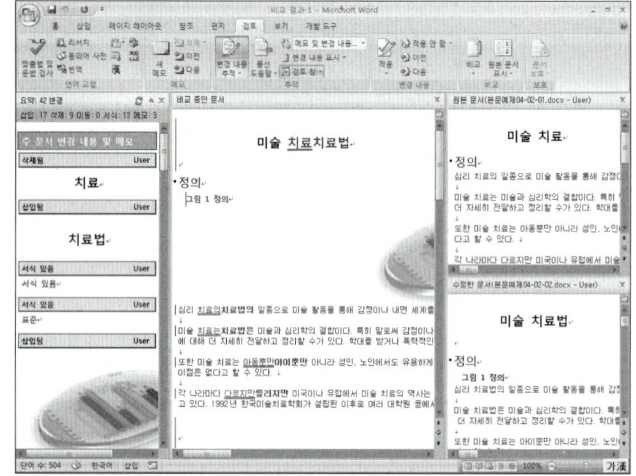

∷ 병합

01 '본문예제 04-02-01'를 열고, [검토] 탭의 [비교] 그룹에서 [비교]-[병합]을 클릭한다.

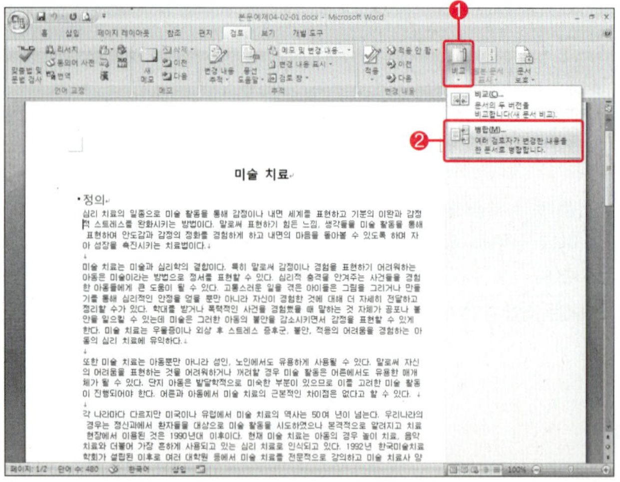

02 [문서 병합] 대화상자에서 원본 문서는 '본문예제04-02-01', 수정한 문서는 '본문예제04-02-02' 문서를 선택하고 [확인] 단추를 클릭한다.

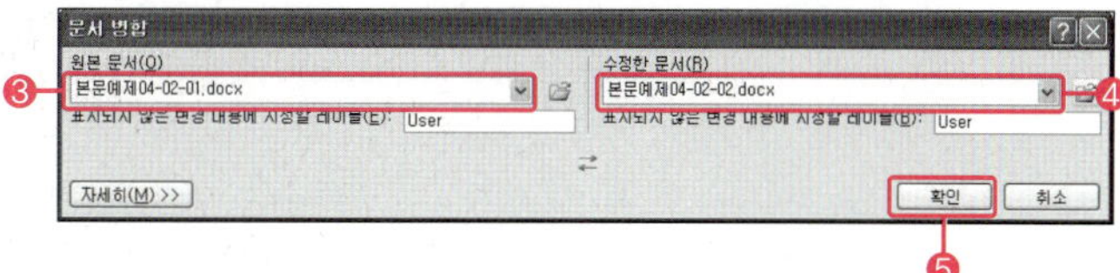

03 병합이 완료되면 두 검토자 중에서 한 명의 검토자의 내용만 적용할 수 있도록 [추적] 그룹에서 [변경 내용 표시]를 클릭한 후 '검토자' – '모든 검토자'의 체크를 해제한다.

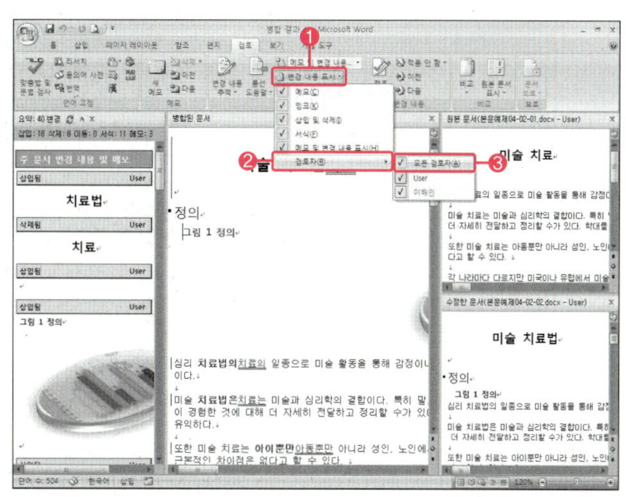

04 [변경 내용 표시 명령]에서 '검토자' – '이해인'을 선택한다.

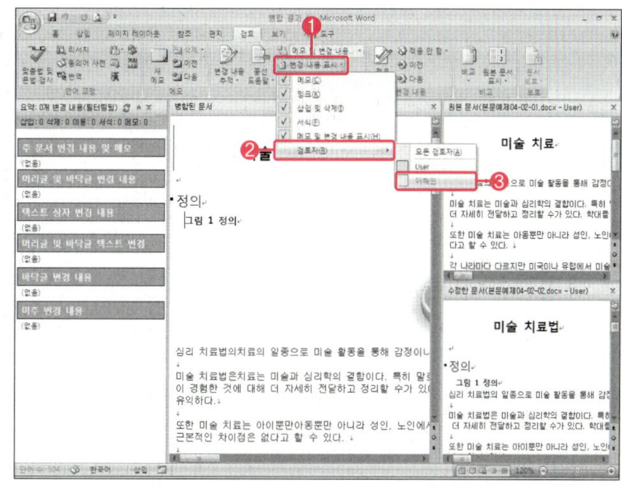

05 '이해인'이 변경한 내용의 목록이 나타난다.

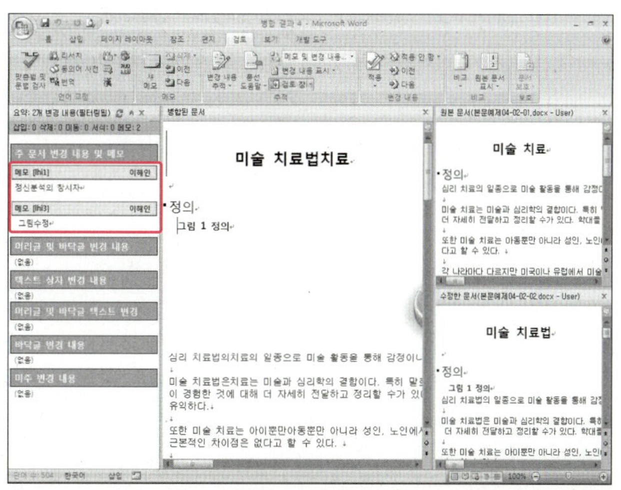

◎ 준비 파일 : chapter04/확인학습04-02-01, 04-02-02
◎ 완성 파일 : chapter04/완성파일/학습완성04-02

❶ '확인학습04-02-01' 과 '확인학습04-02-02'
의 문서를 비교하시오.

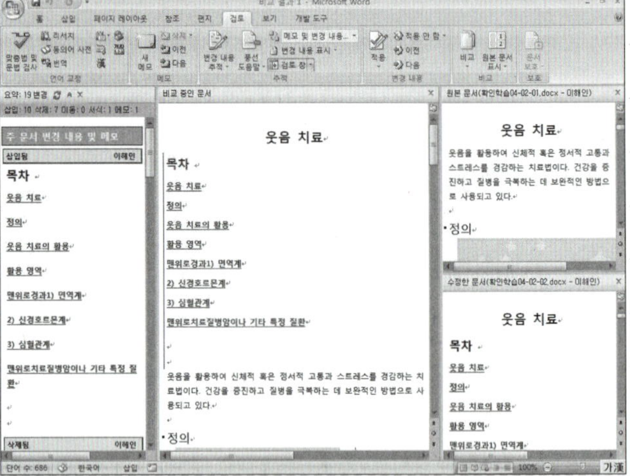

❷ 삭제된 텍스트에 '이중 취소선' 서식이 표시되
도록 변경 내용 옵션을 설정하시오.

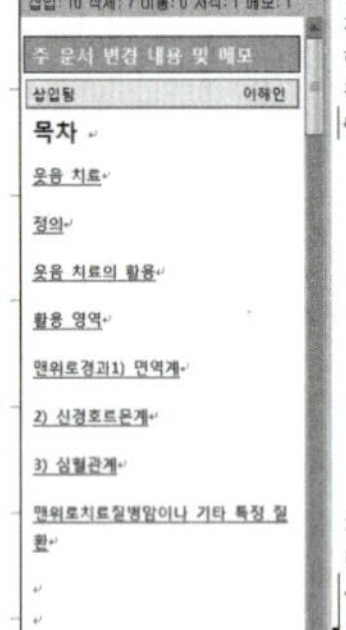

❸ '확인학습04-02-01' 과 '확인학습04-02-02'
의 문서를 병합한 후 '이해인'이 작성한 내용만
모두 적용하시오.

문서 보호

문서 중 메모 수정, 양식, 읽기 전용 등 사용자가 원하는 서식의 편집을 제한할 수 있다.

워밍업

◎ **준비 파일** : chapter04/본문예제04-03
◎ **완성 파일** : chapter04/완성파일/본문완성04-03
◎ **출제 포인트** : 양식, 메모만 편집할 수 있도록 문서의 보호를 설정하는 문제

01 [검토] 탭의 [보호] 그룹에서 [문서 보호]–[서식 및 편집 제한]을 클릭한다.

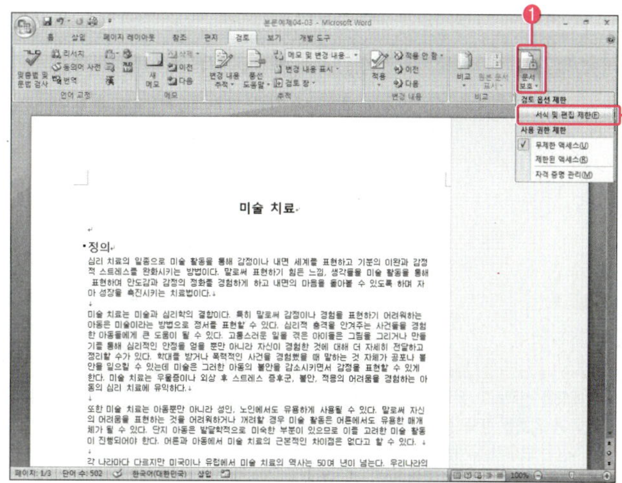

02 오른쪽 작업 창에서 '2.편집 제한'의 '이 문서에서 편집을 허용할 유형'에 체크하고 목록에서 '메모'를 선택한 다음 [예, 문서 보호를 적용합니다] 단추를 클릭한다.

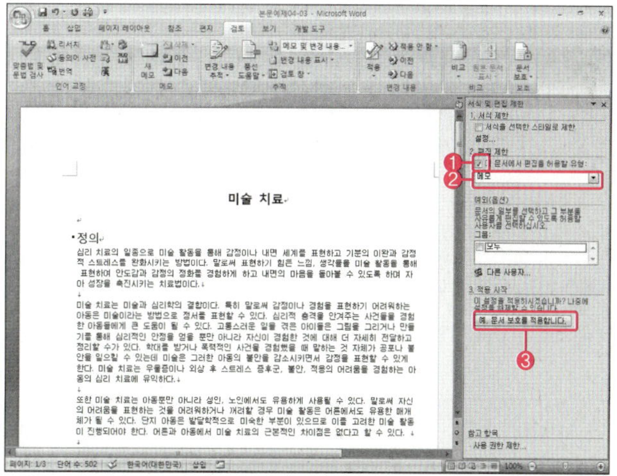

03 [문서 보호 적용] 대화상자가 나오면 암호를 입력한다. 암호를 입력하지 않으려면 그냥 [확인] 단추를 클릭한다.

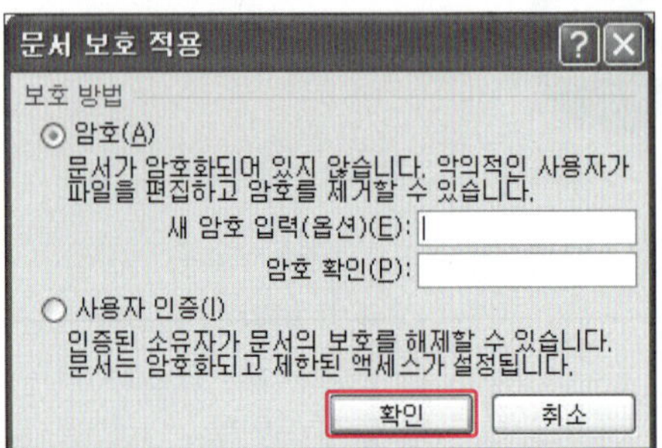

04 문서 보호가 설정되었다.

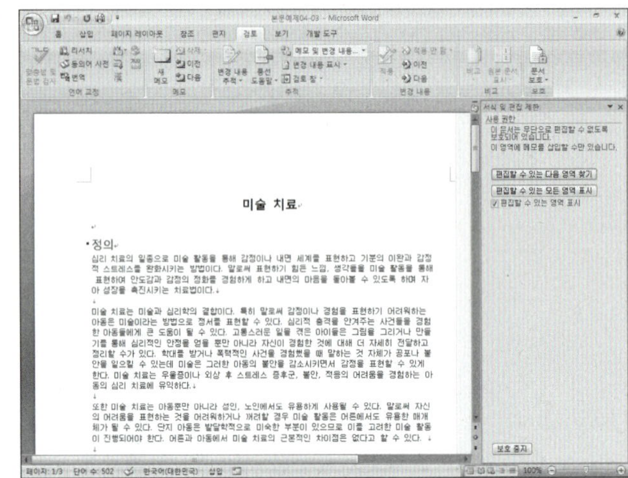

tip
메모를 선택하고 문서 보호를 적용하면 메모만 수정이 가능하며, 암호를 해제하려면 보호 중지 버튼을 클릭하면 문서에 적용된 보호가 해제된다.

확인학습

◎ 준비 파일 : chapter04/확인학습04-03
◎ 완성 파일 : chapter04/완성파일/학습완성04-03

❶ 다른 사용자들이 내용을 변경하지 못하도록 읽기 전용으로 설정하고 암호는 '1234' 로 설정하시오.

Word 옵션

워밍업

◎ **출제 포인트** : 다양한 옵션 설정 방법을 묻는 문제

사용자 이름 변경

01 새 문서를 시작한 후 [Office] 단추의 [Word 옵션]을 클릭한다.

02 [Word 옵션] 대화상자에서 [기본 설정] 탭의 'Microsoft Office 개인 설정'에서 사용자 이름은 "이해인"을, 이니셜에는 "lhi"를 입력한 후 [확인] 단추를 클릭한다.

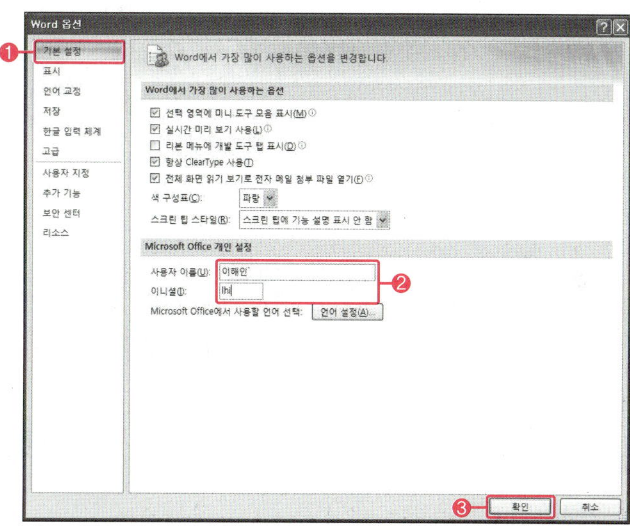

언어 교정

01 [Office] 단추의 [Word 옵션]을 클릭한다.

02 [Word 옵션] 대화상자의 [언어 교정] 탭에서 [자동 고침 옵션] 단추를 클릭한다.

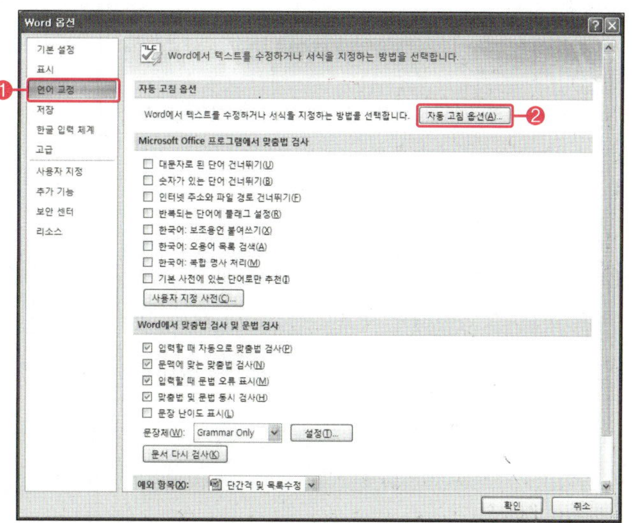

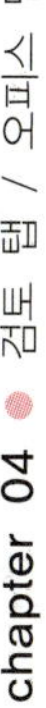

03 'art'를 입력하면 자동으로 '미술'로 고쳐지도록 '입력'에 "art"를, '결과'에 "미술"을 입력한 후 [추가]-[확인] 단추를 클릭한다.

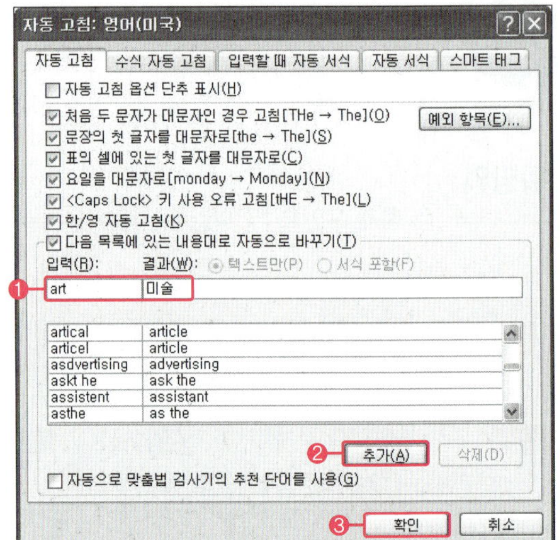

t i p

설정된 자동 고침 옵션 항목을 삭제하려면 목록에서 선택하고 [삭제] 단추를 클릭한다.

◎ 준비 파일 : 없음
◎ 완성 파일 : 없음

❶ 사용자 이름은 '신현석', 이니셜은 'shs'로 표기되도록 설정하시오.

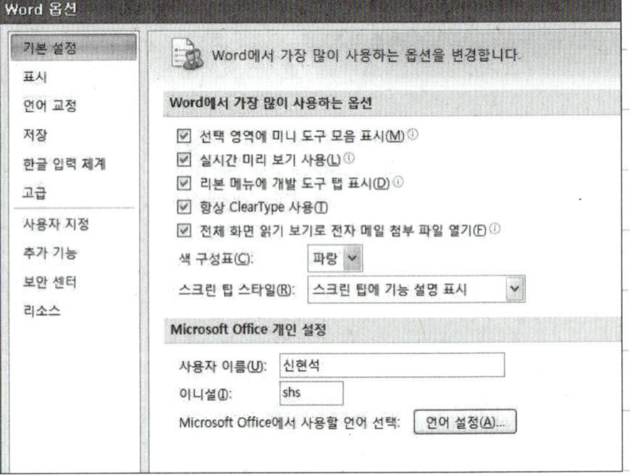

❷ '웃' 텍스트를 입력하면 자동으로 '웃음' 텍스트가 표기되도록 옵션을 설정하시오.

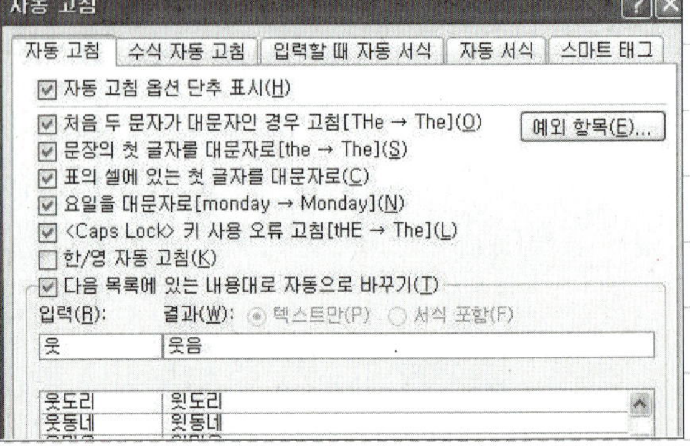

310

준비

워밍업

◎ 준비 파일 : chapter04/본문예제04-05
◎ 완성 파일 : chapter04/완성파일/본문완성04-05
◎ 출제 포인트 : 문서 속성을 검사하는 방법을 묻는 문제

문서 검사

01 [Office] 단추를 클릭한 뒤 [준비]-[문서 검사]를 클릭한다.

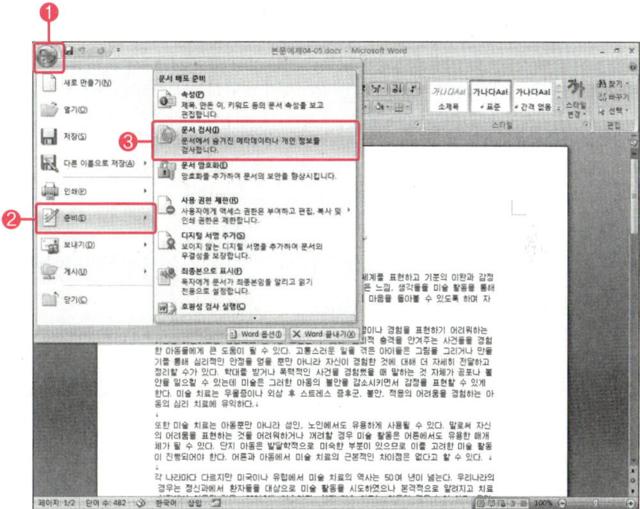

02 [문서 검사] 대화상자에서 필요한 검사 항목에 체크하고 [검사] 단추를 클릭한다.

03 [문서 결과] 대화상자에서 검사 결과를 확인하고 필요한 항목 옆의 [모두 제거] 단추를 클릭한 뒤 [닫기] 단추를 클릭한다.

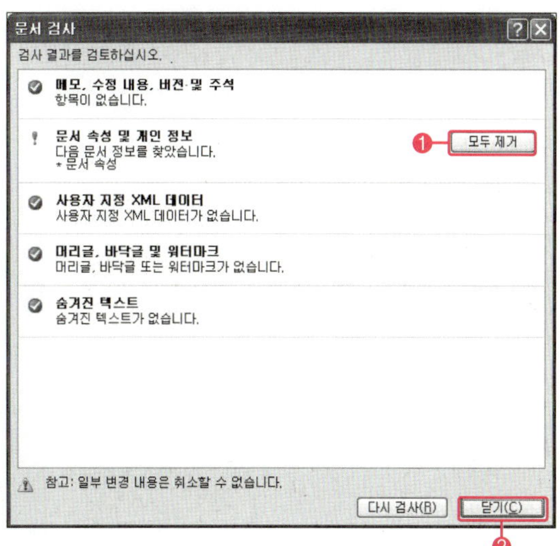

:: 최종본으로 표시

01 [Office] 단추를 클릭한 뒤 [준비]-[최종본으로 표시]를 클릭한다.

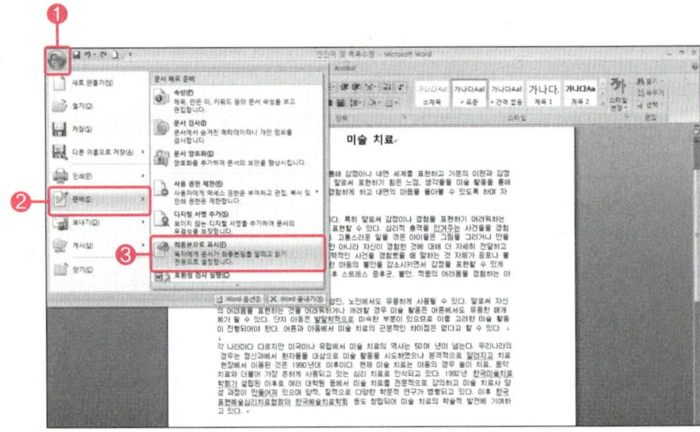

02 '이 문서를 최종본으로 표시하고 저장합니다' 라는 메시지가 나타나면 [확인] 단추를 클릭한다.

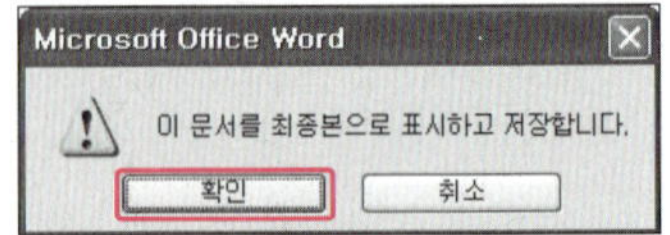

03 편집 완료를 알리는 대화상자가 나타나면 [확인] 단추를 클릭한다.

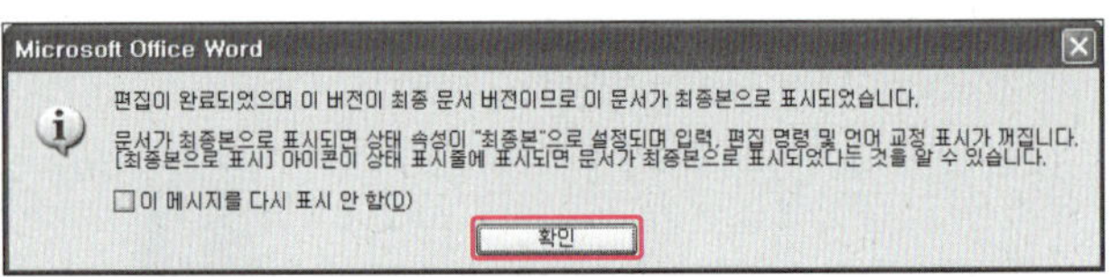

tip

최종본으로 표시되면 배포 준비가 완료된 상태이므로 기본 메뉴를 사용할 수 없도록 메뉴들이 비활성화되어 있다. 이를 해제하려면 [Officee] 단추 - [준비] - [최종본으로 표시]를 다시 한 번 더 클릭하면 된다.

❶ 문서의 모든 속성을 검사하고 검사 결과 내용을 모두 삭제하시오.

❷ 최종본으로 표시하고 배포 준비를 하시오.

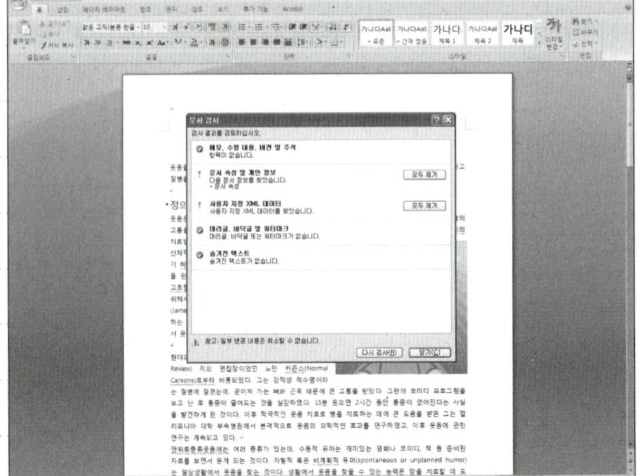

MOS
Word
2007
모의고사

MOS Word 2007 모의고사 ①

모의 1-01 다음 작업을 완료하시오.

- **준비 파일** : 모의고사01/모의고사01-01
- **완성 파일** : 모의고사01/완성파일/모의고사완성01-01

❶ '음악' 이라는 텍스트를 동시에 모두 찾아서 '굵게', '빨강색' 으로 표시하시오.

❷ 1페이지의 하단의 '음악 치료의 종류' 텍스트의 서식을 삭제하시오.

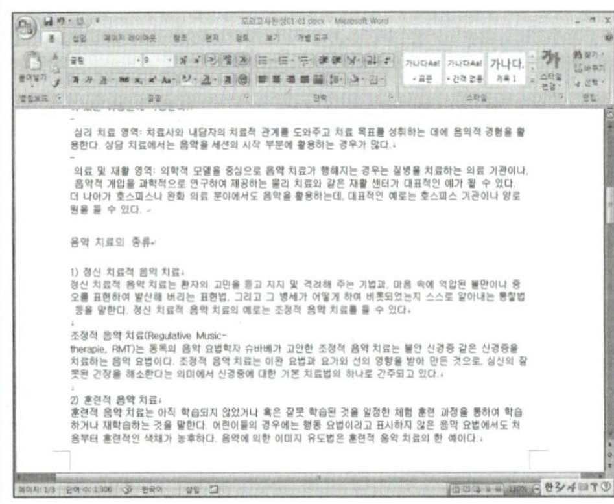

모의 1-02 다음 작업을 완료하시오.

- **준비 파일** : 모의고사01/모의고사01-02
- **완성 파일** : 모의고사01/완성파일/모의고사완성01-02

❶ '음악 치료의 종류' 아래에 '4' 열, '4' 행의 표를 삽입하고 열 너비를 '4.1' cm로 고정하시오.

❷ 표의 마지막 행을 병합하시오.

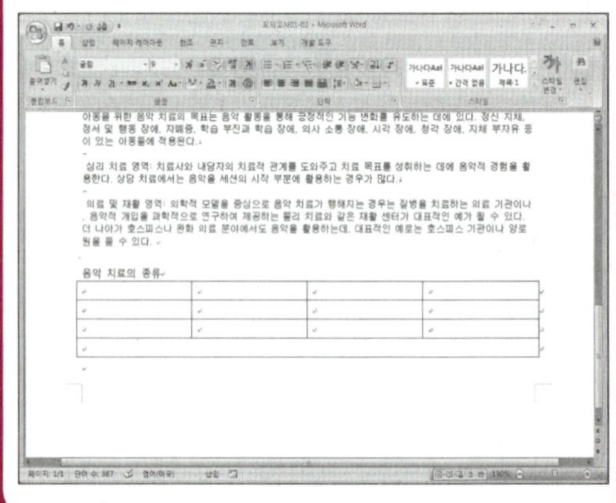

모의 1-03 다음 작업을 완료하시오.

- **준비 파일** : 모의고사01/모의고사01-03
- **완성 파일** : 모의고사01/완성파일/모의고사완성01-03

❶ 제목 텍스트인 '음악치료' 를 기준으로 '표준1' 이라는 이름의 새 스타일을 작성하시오.

❷ 열 너비를 동일하게 '12글자' 로 수정하시오.

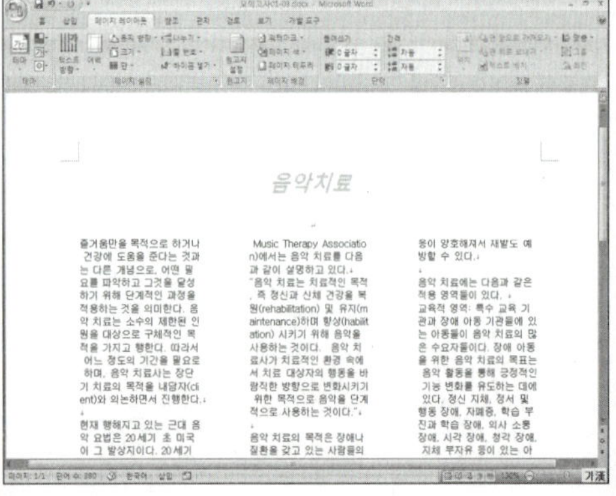

모의 1-04 다음 작업을 완료하시오.

- **준비 파일** : 모의고사01/모의고사01-04
- **완성 파일** : 모의고사01/완성파일/모의고사완성01-04

❶ Word의 사용자 이름을 '이해인' 으로, 이니셜을 'lhi' 로 수정하시오.

❷ 두 번째 단락의 '국립음악협회' 텍스트에 "NMC" 라는 메모를 삽입하시오.

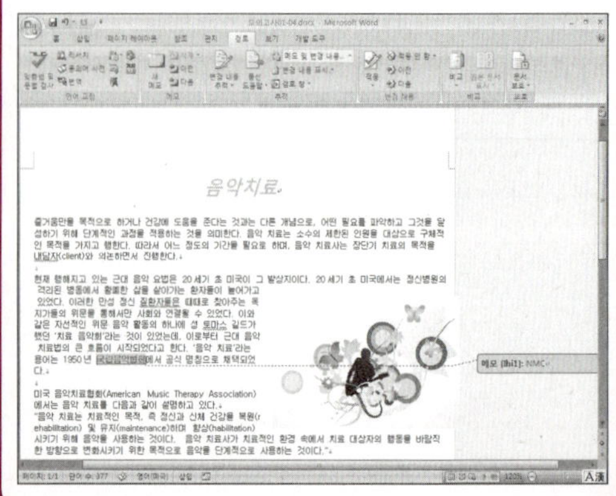

모의 1-05 다음 작업을 완료하시오.

- **준비 파일 :** 모의고사01/모의고사01-05
- **완성 파일 :** 모의고사01/완성파일/모의고사완성01-05

❶ 기본 제공되는 '알파벳' 머리글을 삽입하시오.

❷ 첫 페이지에는 머리글이 표시되지 않도록 지정하시오.

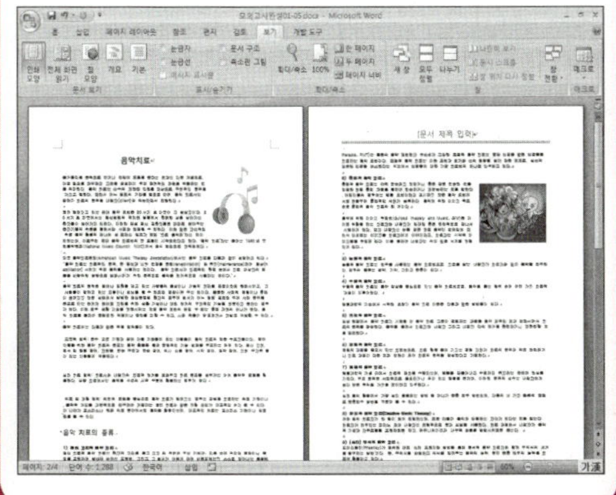

모의 1-06 다음 작업을 완료하시오.

- **준비 파일 :** 모의고사01/모의고사01-06-01, 01-06-02
- **완성 파일 :** 모의고사01/완성파일/모의고사완성01-06

❶ '모의고사01-06-01' 문서를 연 후, '모의고사01-06-02' 문서를 병합하시오.

❷ 삭제된 텍스트에 '이중 밑줄'이 표시되도록 '변경 내용 추적 옵션'을 변경하시오.

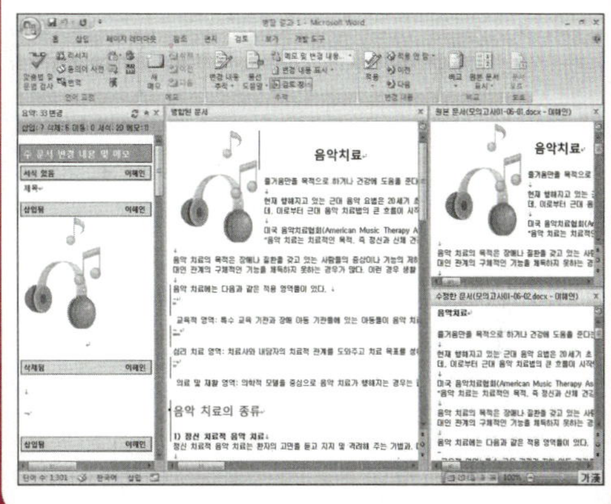

모의 1-07 다음 작업을 완료하시오.

- **준비 파일 :** 모의고사01/모의고사01-07
- **완성 파일 :** 모의고사01/완성파일/모의고사완성01-07

❶ '창조적이란' 이름의 책갈피로 이동하시오.

❷ 책갈피가 설정된 단락의 줄 간격을 '2' 줄로 적용하시오.

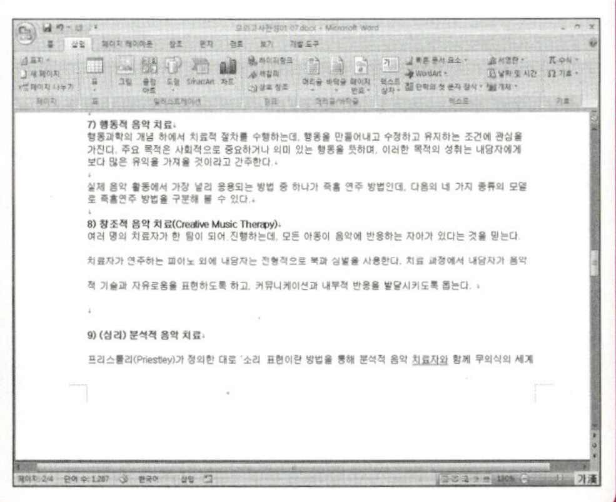

모의 1-08 다음 작업을 완료하시오.

- **준비 파일 :** 모의고사01/모의고사01-08-01, 01-08-02
- **완성 파일 :** 모의고사01/완성파일/모의고사완성01-08

❶ '모의고사01-08-01'과 '모의고사01-08-02'의 문서를 비교하시오(모두 기본 설정을 적용할 것).

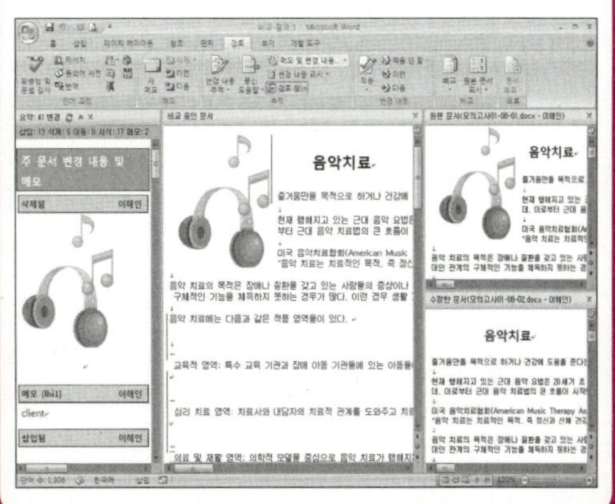

모의 1-09 다음 작업을 완료하시오.

- **준비 파일** : 모의고사01/모의고사01-09
- **완성 파일** : 모의고사01/완성파일/모의고사완성01-09

❶ 1페이지에 있는 그래픽을 '음악'이란 이름의 새 카테고리에 '스피커'란 이름의 문서 블록으로 저장하시오(나머지는 기본 설정을 적용할 것).

❷ 문서의 그림 아래 모서리에 [인용문-노출] 문서 블록을 삽입하시오.

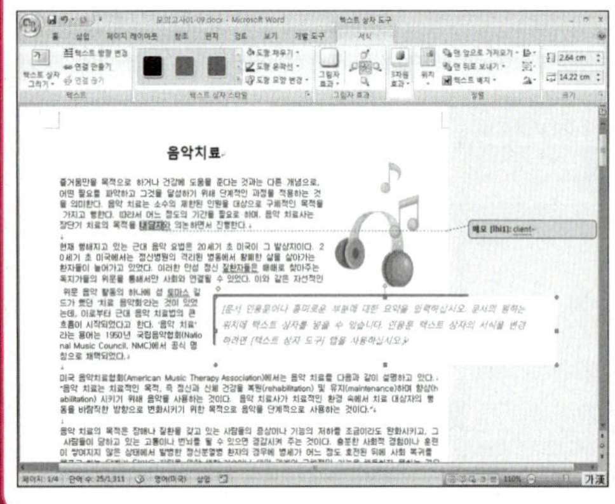

모의 1-10 다음 작업을 완료하시오.

- **준비 파일** : 모의고사01/모의고사01-10
- **완성 파일** : 모의고사01/완성파일/모의고사완성01-10

❶ 1페이지의 제목에 '제목' 스타일을 적용하시오.

❷ '제목' 스타일을 글꼴 크기 '24' 포인트, 글꼴 '궁서체', 글꼴색 '연한 파랑', '가운데 맞춤'으로 수정하시오.

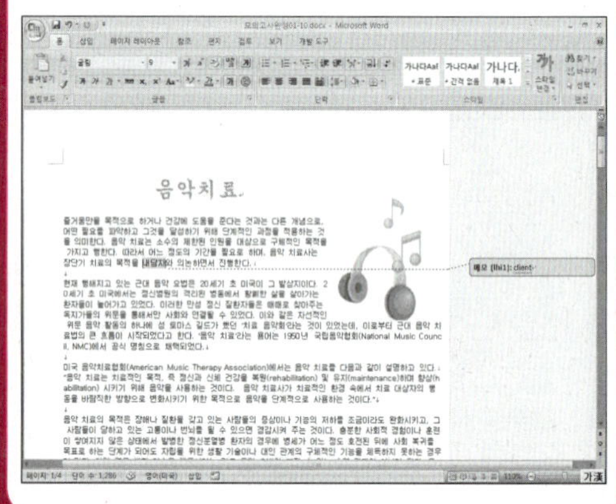

모의 1-11 다음 작업을 완료하시오.

- **준비 파일** : 모의고사01/모의고사01-11
- **완성 파일** : 모의고사01/완성파일/모의고사완성01-11

❶ '페이지에 있는 음악치료의 정의' 왼쪽에 이어서 구역 나누기를 삽입하시오.

❷ '음악치료의 정의' 부분의 문서 서식을 두 단으로 설정하시오.

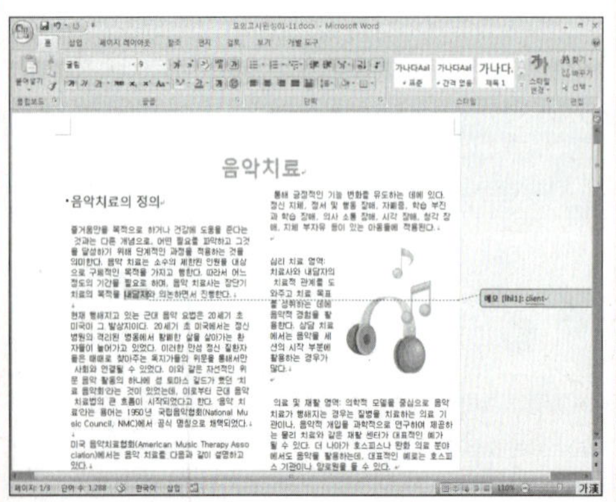

모의 1-12 다음 작업을 완료하시오.

- **준비 파일** : 모의고사01/모의고사01-12
- **완성 파일** : 모의고사01/완성파일/모의고사완성01-12

❶ 3페이지의 '1 개인 정신 음악 치료' 텍스트부터 문서 끝까지 '1, 1-1, 1-1-1' 다단계 번호 서식으로 변경하시오.

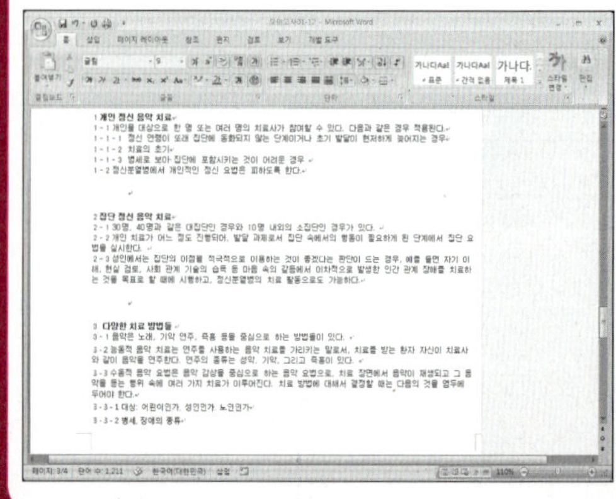

 다음 작업을 완료하시오.

- **준비 파일** : 모의고사01/모의고사01-13
- **완성 파일** : 모의고사01/완성파일/모의고사완성01-13

❶ 2페이지의 '환자의 고민을'로 시작하는 단락의 단락 앞 간격을 '3'줄로 적용하시오.

❷ 2페이지 '환자의 고민을'로 시작하는 단락의 문자 간격을 '넓게'로 적용하시오(나머지는 기본 설정을 적용할 것).

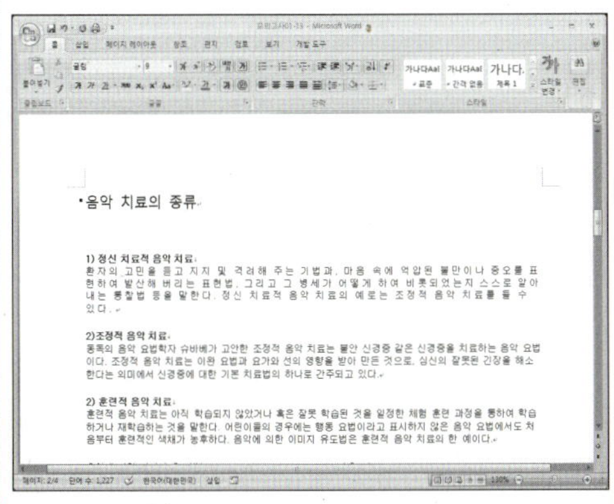

 다음 작업을 완료하시오.

- **준비 파일** : 모의고사01/모의고사01-14
- **완성 파일** : 모의고사01/완성파일/모의고사완성01-14

❶ 'Music'을 동시에 찾아서 '음악'으로 바꾸시오.

❷ 1페이지의 위쪽의 '음악치료' WordArt를 '일반 텍스트' 모양으로 수정하시오.

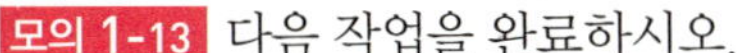

 다음 작업을 완료하시오.

- **준비 파일** : 모의고사01/모의고사01-15
- **완성 파일** : 모의고사01/완성파일/모의고사완성01-15

❶ 문서의 모든 그림을 인쇄에 적합한 수준으로 압축하시오.

❷ 메모만 편집 가능하도록 문서에 암호를 설정하지 않고 보호하시오.

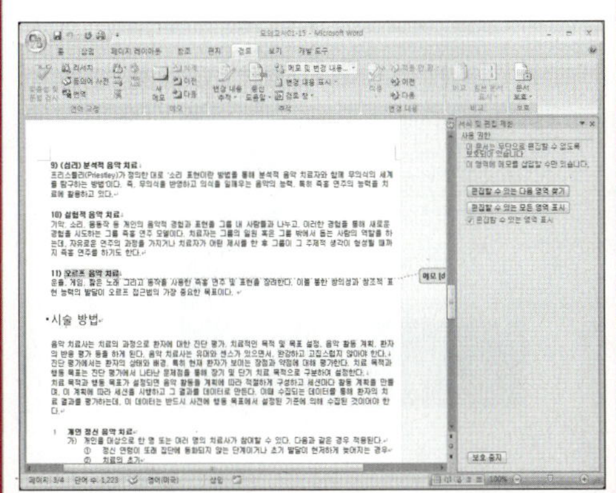

 다음 작업을 완료하시오.

- **준비 파일** : 모의고사01/모의고사01-16
- **완성 파일** : 모의고사01/완성파일/모의고사완성01-16

❶ 1페이지의 '2. 음악 치료 적용 영역' 텍스트부터 다음 페이지 구역으로 나누기하시오.

❷ 1페이지만 용지 크기를 A4로 변경하시오.

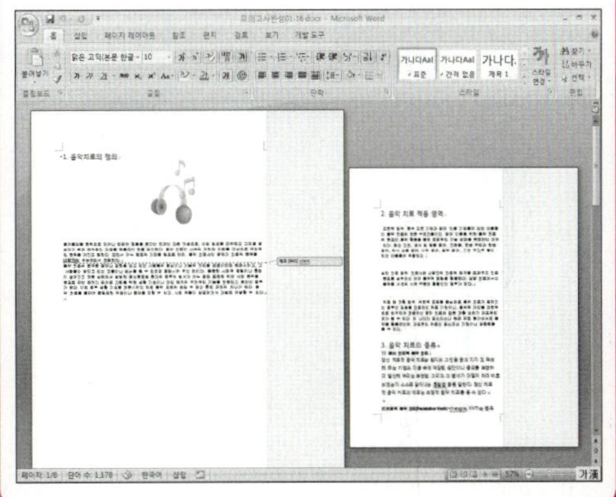

모의 1-17 다음 작업을 완료하시오.

- **준비 파일** : 모의고사01/모의고사01-17
- **완성 파일** : 모의고사01/완성파일/모의고사완성01-17

❶ 목차 텍스트 바로 아래에 '정형' 목차를 삽입하시오.

❷ 2페이지의 '1. 음악치료의 적용 영역'으로 시작되는 단락을 다음 페이지로 나누시오.

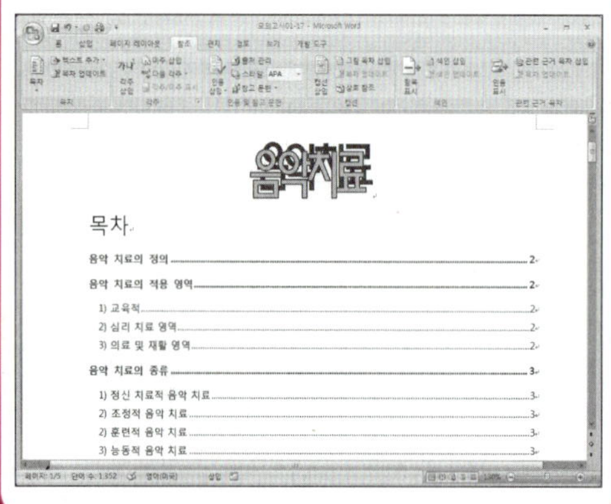

모의 1-18 다음 작업을 완료하시오.

- **준비 파일** : 모의고사01/모의고사01-18
- **완성 파일** : 모의고사01/완성파일/모의고사완성01-18

❶ '대비' 표지를 삽입하시오.

❷ 모든 페이지의 아래 가운데 영역에 '-1-, -2-, -3-' 번호 서식의 페이지 번호를 삽입하시오.

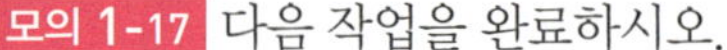
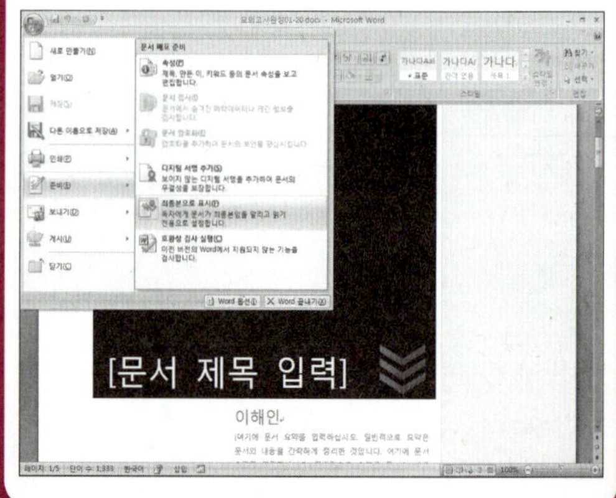

모의 1-19 다음 작업을 완료하시오.

- **준비 파일** : 모의고사01/모의고사01-19
- **완성 파일** : 모의고사01/완성파일/모의고사완성01-19

❶ 문서에서 숨겨진 메타 데이터 및 개인 정보를 검사하고 모든 검사 결과를 제거하시오(모두 기본 설정을 적용할 것).

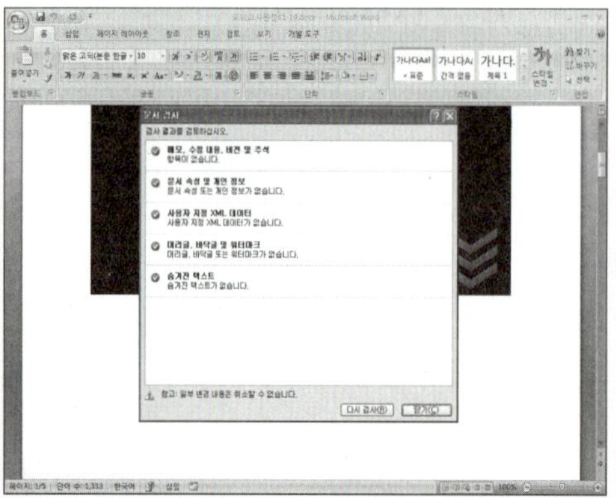

모의 1-20 다음 작업을 완료하시오.

- **준비 파일** : 모의고사01/모의고사01-20
- **완성 파일** : 모의고사01/완성파일/모의고사완성01-20

❶ 2페이지 '1)교육적 영역'의 아래 단락에 '교육적영역'이란 책갈피를 삽입하시오.

❷ 최종본으로 표시하고 배포 준비하시오.

MOS Word 2007 모의고사 ❷

모의 2-01 다음 작업을 완료하시오.

- **준비 파일** : 모의고사02/모의고사02-01
- **완성 파일** : 모의고사02/완성파일/모의고사완성02-01

❶ 페이지 번호 매기기를 'a, b, c, …' 서식으로 수정하시오.

❷ '노출' 표지를 삽입하시오.

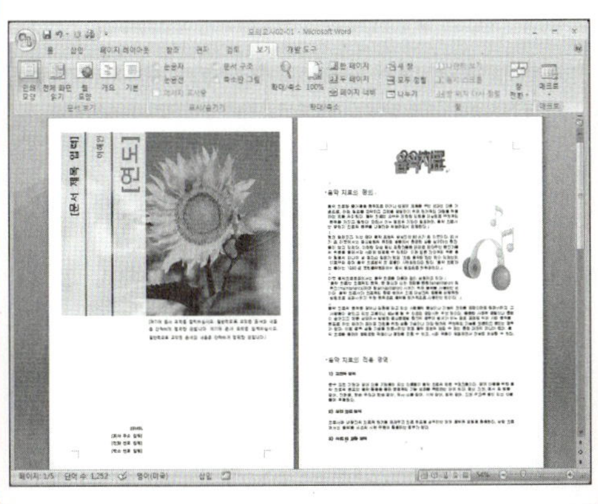

모의 2-02 다음 작업을 완료하시오.

- **준비 파일** : 모의고사02/모의고사02-02
- **완성 파일** : 모의고사02/완성파일/모의고사완성02-02

❶ 문서의 페이지 색을 '황록색, 강조 3, 40% 더 밝게' 서식으로 설정하시오.

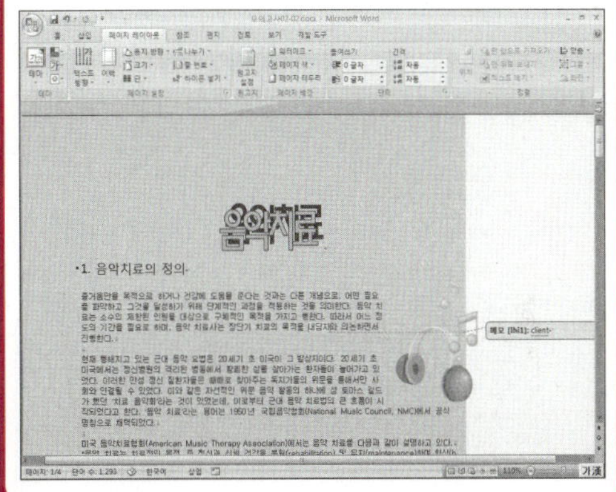

모의 2-03 다음 작업을 완료하시오.

- **준비 파일** : 모의고사02/모의고사02-03
- **완성 파일** : 모의고사02/완성파일/모의고사완성02-03

❶ 1페이지의 그래픽에 '반사형 모서리가 둥근 직사각형' 스타일을 적용하시오.

❷ '음악' 텍스트를 입력하면 'Music' 텍스트가 삽입되도록 [자동 고침] 옵션을 설정하시오.

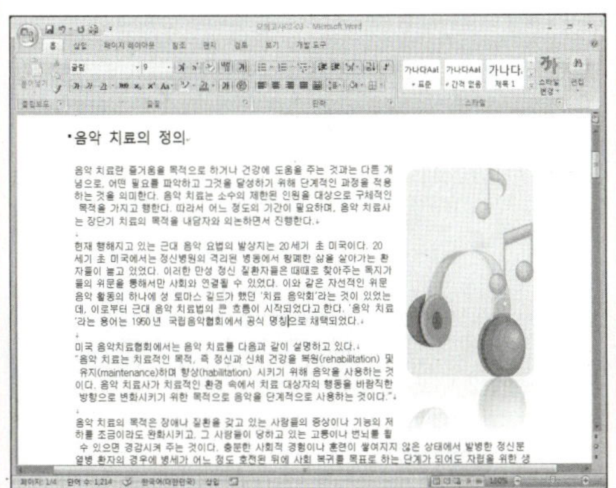

모의 2-04 다음 작업을 완료하시오.

- **준비 파일** : 모의고사02/모의고사02-04
- **완성 파일** : 모의고사02/완성파일/모의고사완성02-04

❶ 제목의 '수강' 텍스트를 복사하여 '신청과목' 텍스트의 왼쪽에 서식 없이 붙여 넣으시오.

❷ '희망 수업 시간' 열이 내림차순이 되도록 표를 정렬하시오.

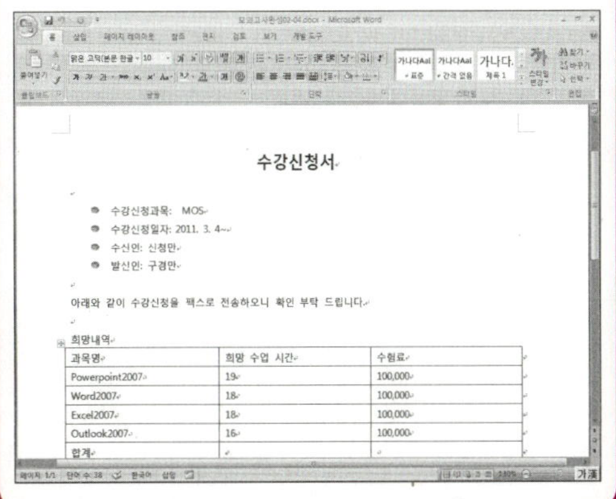

모의 2-05 다음 작업을 완료하시오.

- **준비 파일** : 모의고사02/모의고사02-05
- **완성 파일** : 모의고사02/완성파일/모의고사완성02-05

❶ '희망 내역' 텍스트 위에 텍스트 상자를 삽입하고 '희망 내역'을 텍스트 상자로 이동하시오.

❷ 수험료의 합계를 수식을 사용하여 구하시오.

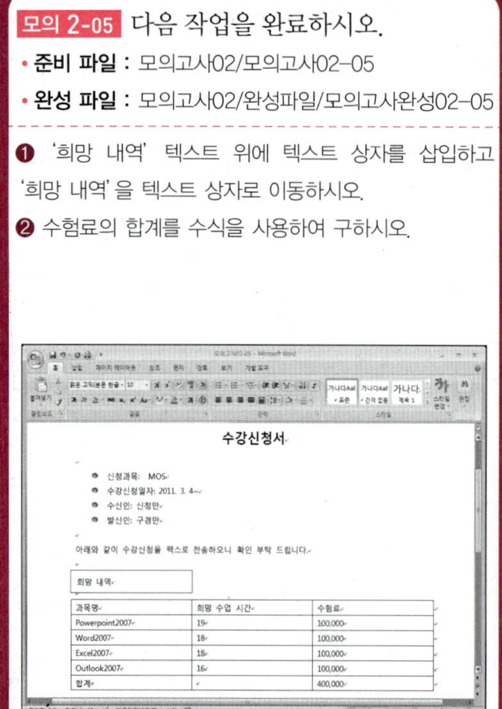

모의 2-06 다음 작업을 완료하시오.

- **준비 파일** : 모의고사02/모의고사02-06
- **완성 파일** : 모의고사02/완성파일/모의고사완성02-06

❶ 모든 문서를 검사하고 문서 속성 및 개인 정보만 제거하시오.

❷ 문서를 Word 97-2003 문서 형식으로 [내 문서] 폴더에 저장하시오.

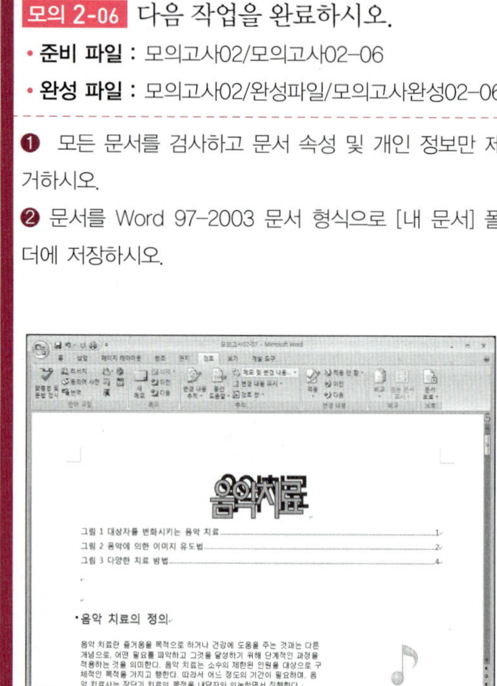

모의 2-07 다음 작업을 완료하시오.

- **준비 파일** : 모의고사02/모의고사02-07
- **완성 파일** : 모의고사02/완성파일/모의고사완성02-07

❶ 제목 아래에 '정형' 서식을 적용한 그림 캡션용 그림 목차를 삽입하시오(나머지는 기본 설정을 적용하시오).

❷ 문서에 삽입된 메모를 숨기시오.

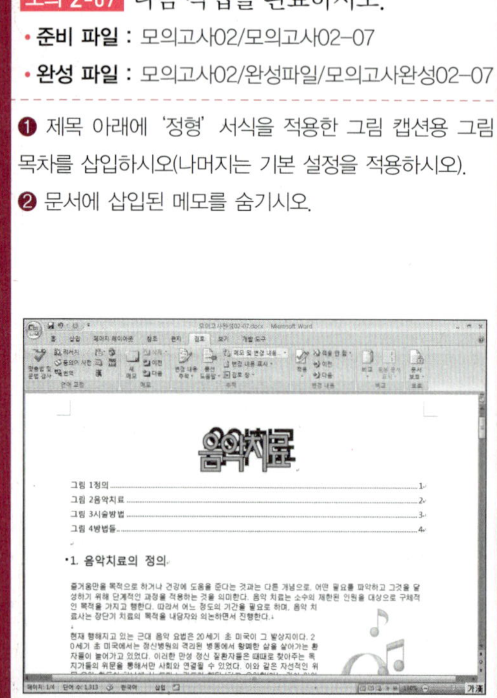

모의 2-08 다음 작업을 완료하시오.

- **준비 파일** : 모의고사02/모의고사02-08
- **완성 파일** : 모의고사02/완성파일/모의고사완성02-08

❶ 이해인 검토자가 변경한 내용을 표시하고 '표시된 변경 내용 모두 적용'으로 설정하시오.

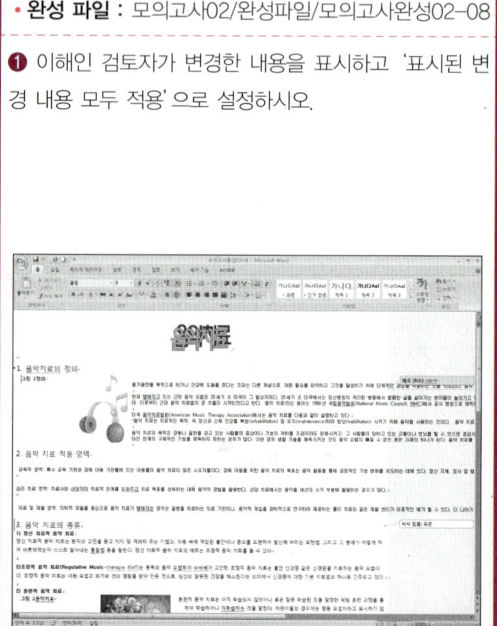

모의 2-09 다음 작업을 완료하시오.

- **준비 파일 :** 모의고사02/모의고사02-09
- **완성 파일 :** 모의고사02/완성파일/모의고사완성02-09

❶ 기본 제공되는 '가는 선' 바닥글을 삽입하시오.

❷ 바닥글 영역에 "음악치료의 정의" 텍스트를 삽입하시오.

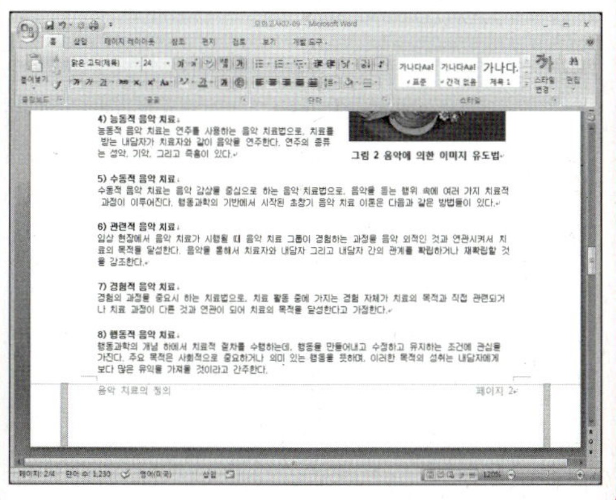

모의 2-10 다음 작업을 완료하시오.

- **준비 파일 :** 모의고사02/모의고사02-10
- **완성 파일 :** 모의고사02/완성파일/모의고사완성02-10

❶ 1페이지에 삽입된 'Client' 메모 앞에 '참고:'라는 텍스트를 삽입하시오.

❷ 3페이지의 메모를 삭제하시오.

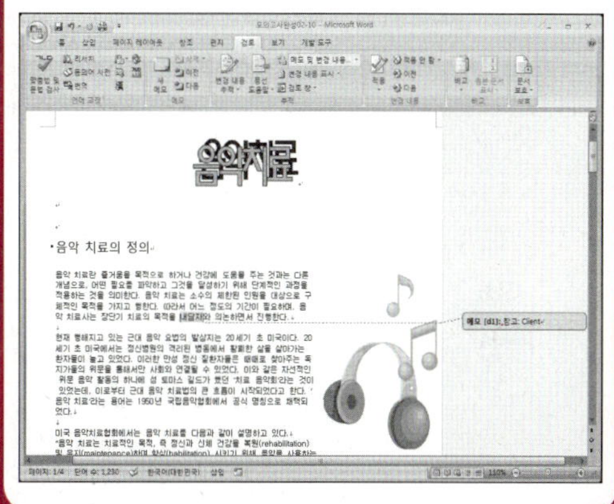

모의 2-11 다음 작업을 완료하시오.

- **준비 파일 :** 모의고사02/모의고사02-11
- **완성 파일 :** 모의고사02/완성파일/모의고사완성02-11

❶ '수강신청서' 제목 오른쪽에 '신청서.jpg'를 삽입하시오.

❷ 삽입된 그래픽의 텍스트 배치를 '정사각형'으로 설정하시오.

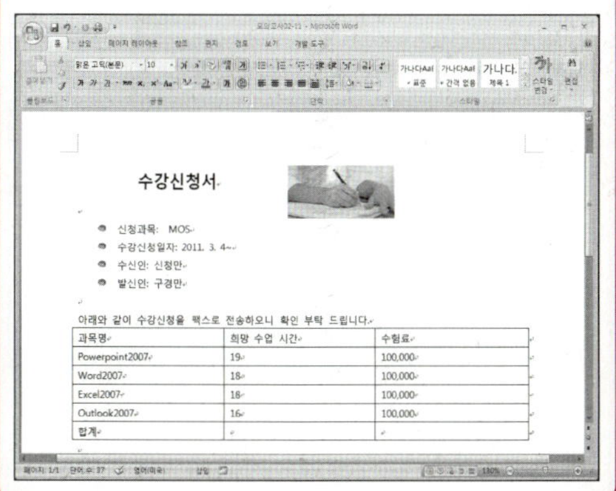

모의 2-12 다음 작업을 완료하시오.

- **준비 파일 :** 모의고사02/모의고사02-12
- **완성 파일 :** 모의고사02/완성파일/모의고사완성02-12

❶ 1페이지의 왼쪽 위 모서리에 있는 그래픽에 '그림자 스타일 3'을 적용하시오.

❷ 문서에 양식만 사용할 수 있도록 'cc1234' 암호를 사용하여 문서를 보호하시오.

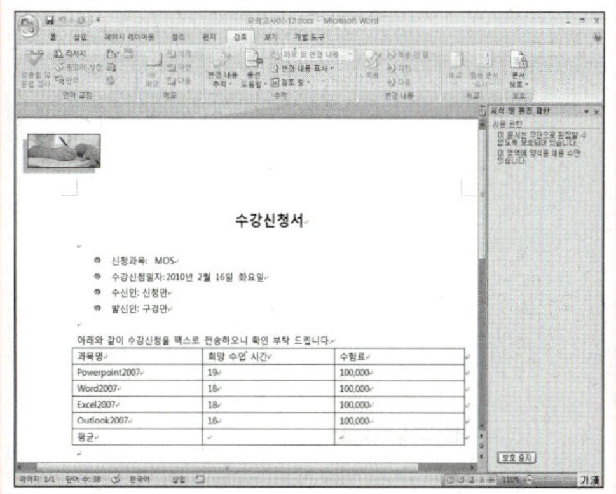

모의 2-13 다음 작업을 완료하시오.

- **준비 파일** : 모의고사02/모의고사02-13
- **완성 파일** : 모의고사02/완성파일/모의고사완성02-13

❶ 표 마지막 행의 왼쪽을 기준으로 두 개의 셀을 병합하시오.

❷ 노란색 영역에 수험료 총 합계의 평균값을 구하는 수식을 삽입하시오.

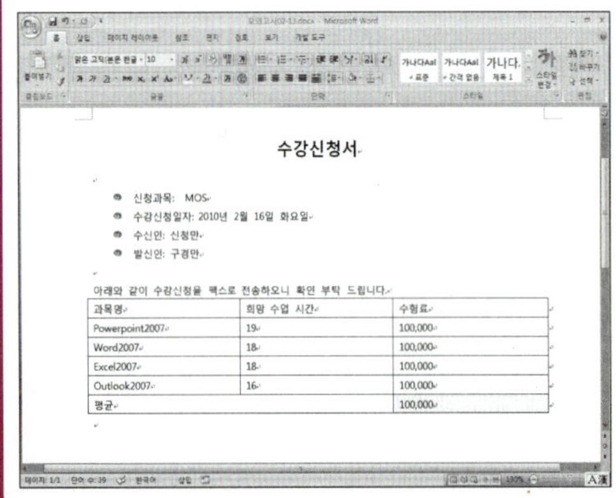

모의 2-14 다음 작업을 완료하시오.

- **준비 파일** : 모의고사02/모의고사02-14
- **완성 파일** : 모의고사02/완성파일/모의고사완성02-14

❶ 표에 '옅은 음영–강조색1' 스타일을 적용하시오.

❷ 표 스타일 옵션에서 '줄무늬 열'을 추가하시오.

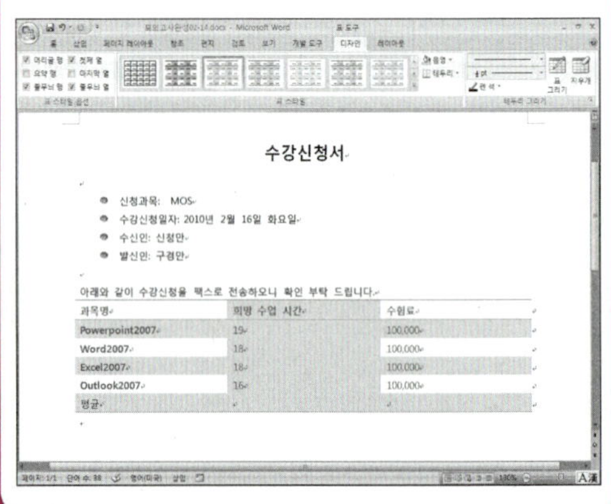

모의 2-15 다음 작업을 완료하시오.

- **준비 파일** : 모의고사02/모의고사02-15
- **완성 파일** : 모의고사02/완성파일/모의고사완성02-15

❶ 문서의 모든 그림을 전자 메일 통신에 적합한 수준으로 압축하시오(나머지는 기본 설정하시오).

❷ 본문 맨 앞의 '음악 치료' 텍스트에 'Music Therapy'라는 메모를 삽입하시오.

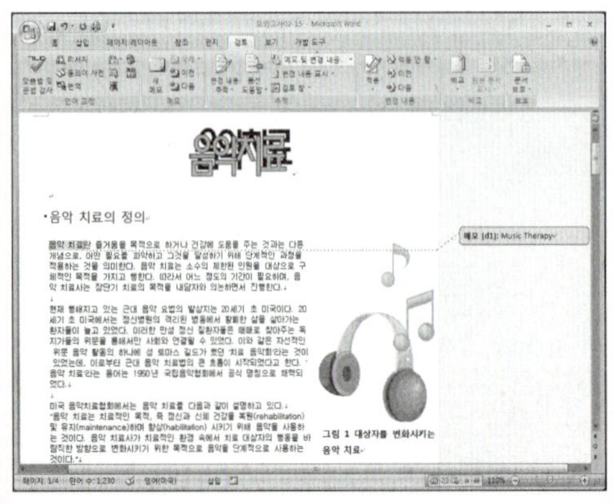

모의 2-16 다음 작업을 완료하시오.

- **준비 파일** : 모의고사02/모의고사02-16
- **완성 파일** : 모의고사02/완성파일/모의고사완성02-16

❶ 삽입된 텍스트는 글꼴을 '굵게' 나타내도록 '변경 내용 추적' 설정을 수정하시오.

❷ 1페이지만 인쇄하시오.

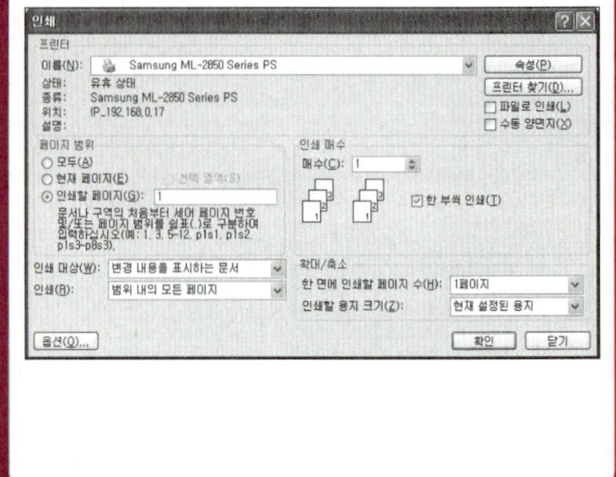

모의 2-17 다음 작업을 완료하시오.
- **준비 파일** : 모의고사02/모의고사02-17
- **완성 파일** : 모의고사02/완성파일/모의고사완성02-17

❶ 문서의 메모를 모두 삭제하시오.
❷ 1페이지 제목을 제외한 텍스트의 문서 서식을 '2'단으로 지정하고 '20글자' 간격으로 동일하게 지정하시오.

모의 2-18 다음 작업을 완료하시오.
- **준비 파일** : 모의고사02/모의고사02-18
- **완성 파일** : 모의고사02/완성파일/모의고사완성02-18

❶ 글꼴 색은 '연한 파랑', 레이아웃은 '가로' 레이아웃인 '초안' 워터마크를 삽입하시오.
❷ Word의 사용자 이름을 '신현석', 이니셜을 'shs'로 수정하시오.

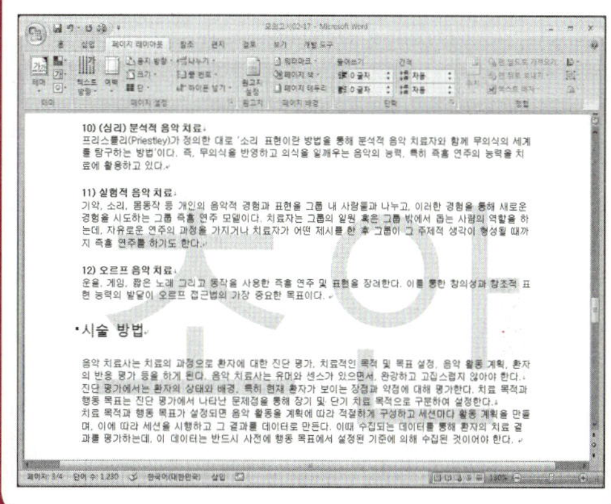

모의 2-19 다음 작업을 완료하시오.
- **준비 파일** : 모의고사02/모의고사02-19
- **완성 파일** : 모의고사02/완성파일/모의고사완성02-19

❶ 1페이지 목차 바로 아래에 '제목1' 스타일의 제목만 표시되는 목차를 삽입하시오.

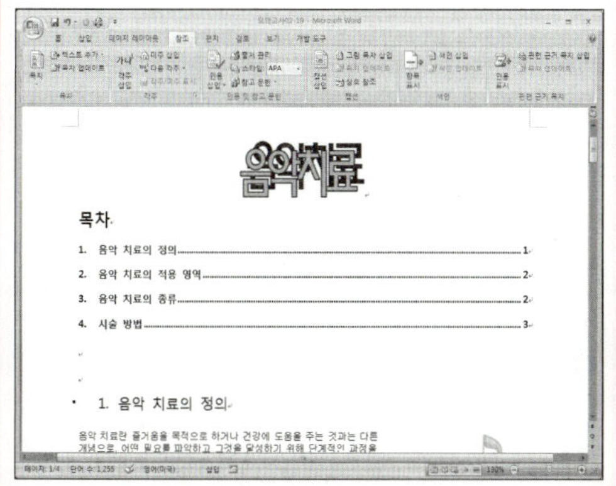

모의 2-20 다음 작업을 완료하시오.
- **준비 파일** : 모의고사02/모의고사02-20
- **완성 파일** : 모의고사02/완성파일/모의고사완성02-20

❶ 제목의 '음악치료' 텍스트를 'WordArt 스타일 17'의 워드아트로 변경하시오.
❷ '음악치료' WordArt를 '물결1'로 수정하고 가운데에 위치시키시오.

모의 3-01 다음 작업을 완료하시오.

- **준비 파일** : 모의고사03/모의고사03-01
- **완성 파일** : 모의고사03/완성파일/모의고사완성03-01

❶ 문서 페이지 색을 '주황, 강조 6, 80% 더 밝게'로 설정하시오
❷ '알파벳' 표지를 삽입하시오.

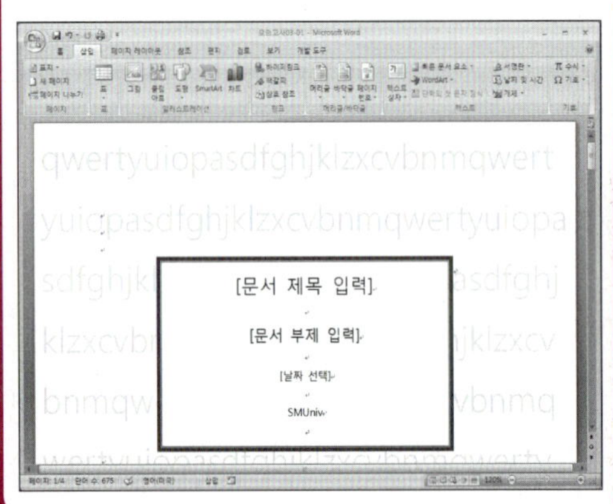

모의 3-02 다음 작업을 완료하시오.

- **준비 파일** : 모의고사03/모의고사03-02-01, 03-02-02
- **완성 파일** : 모의고사03/완성파일/모의고사완성03-02

❶ '모의고사 03-02-01' 문서와 '모의고사 03-02-02' 문서를 병합하시오.

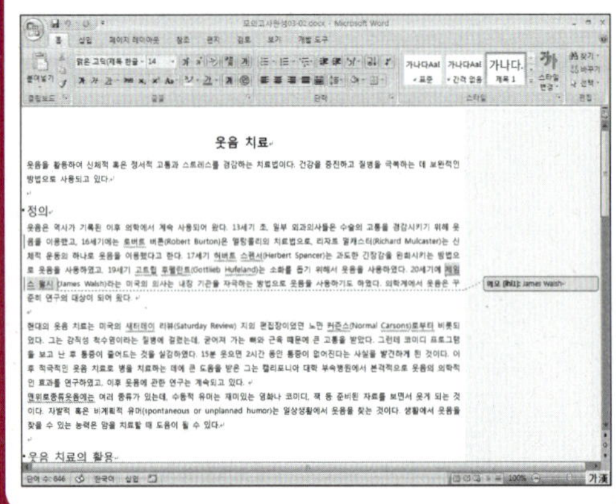

모의 3-03 다음 작업을 완료하시오.

- **준비 파일** : 모의고사03/모의고사03-03
- **완성 파일** : 모의고사03/완성파일/모의고사완성03-03

❶ '신경호르몬계' 이름의 책갈피로 이동하시오.
❷ 책갈피가 설정된 단락의 줄 간격을 '2' 줄로 적용하시오.

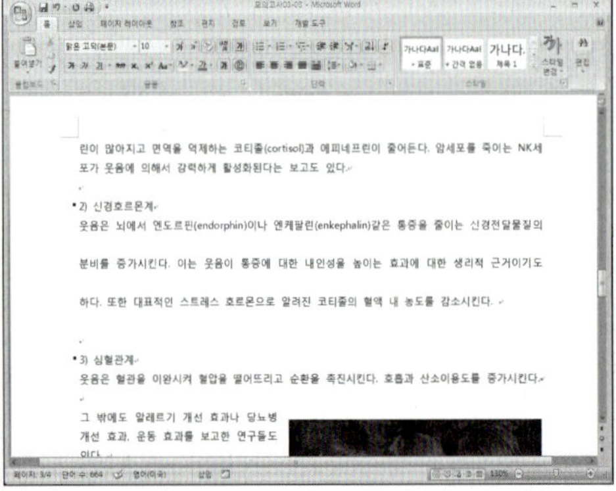

모의 3-04 다음 작업을 완료하시오.

- **준비 파일** : 모의고사03/모의고사03-04
- **완성 파일** : 모의고사03/완성파일/모의고사완성03-04

❶ '스택' 머리글을 삽입하시오.
❷ 첫 페이지에는 머리글이 표시되지 않도록 지정하시오.

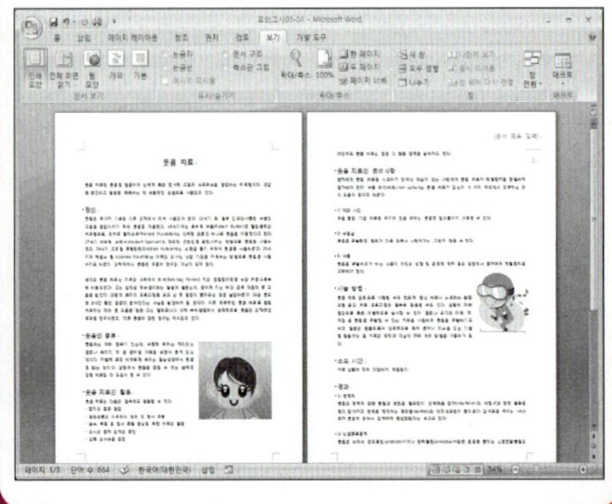

모의 3-05 다음 작업을 완료하시오.

- **준비 파일** : 모의고사03/모의고사03-05
- **완성 파일** : 모의고사03/완성파일/모의고사완성03-05

❶ 예제로 제공되는 '웃음.jpg' 그래픽을 1페이지의 '정의' 텍스트 오른쪽에 삽입하시오.

❷ 그래픽의 위치를 '텍스트를 정사각형으로 배치하고 오른쪽 가운데에 배치'로 수정하시오.

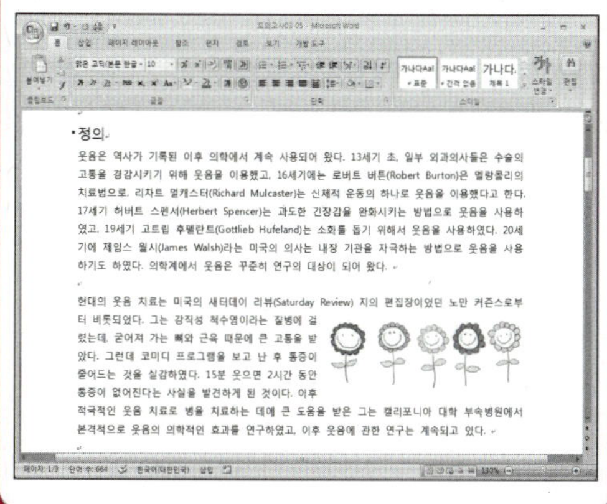

모의 3-06 다음의 작업을 완성하시오.

- **준비 파일** : 모의고사03/모의고사03-06
- **완성 파일** : 모의고사03/완성파일/모의고사완성03-06

❶ 1페이지 첫줄의 '웃음 치료'에 '제목' 스타일을 적용하시오.

❷ '정의' 등의 단락에 적용되어 있는 '제목1' 스타일을 글꼴 크기 '24' 포인트, '가운데 맞춤'으로 수정하시오.

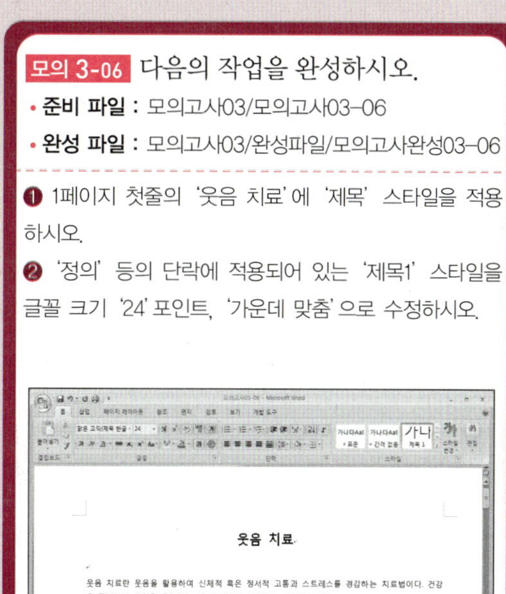

모의 3-07 다음 작업을 완료하시오.

- **준비 파일** : 모의고사03/모의고사03-07
- **완성 파일** : 모의고사03/완성파일/모의고사완성03-07

❶ 1페이지의 '정의' 텍스트 왼쪽에서 구역 나누기 '이어서'를 삽입하시오.

❷ 1페이지의 '정의' 텍스트부터 '2' 단으로 설정하시오.

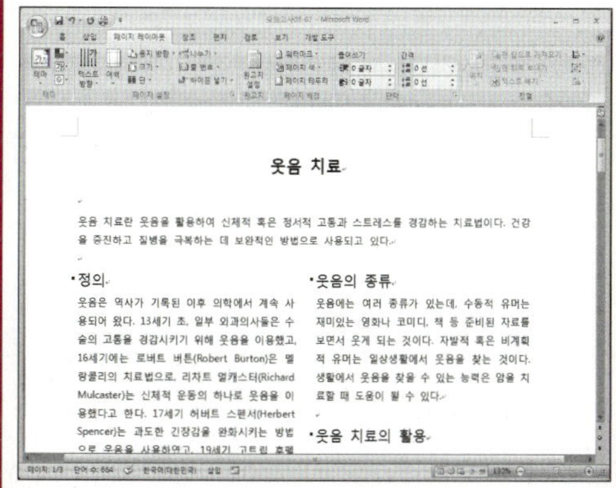

모의 3-08 다음 작업을 완료하시오.

- **준비 파일** : 모의고사03/모의고사03-08
- **완성 파일** : 모의고사03/완성파일/모의고사완성03-08

❶ 1페이지 '웃음 치료의 활용' 텍스트의 단락 뒤 간격을 '2' 줄로 간격 조절하시오.

❷ '웃음 치료의 활용' 아래 단락의 문자 간격을 '넓게'로 변경하시오.

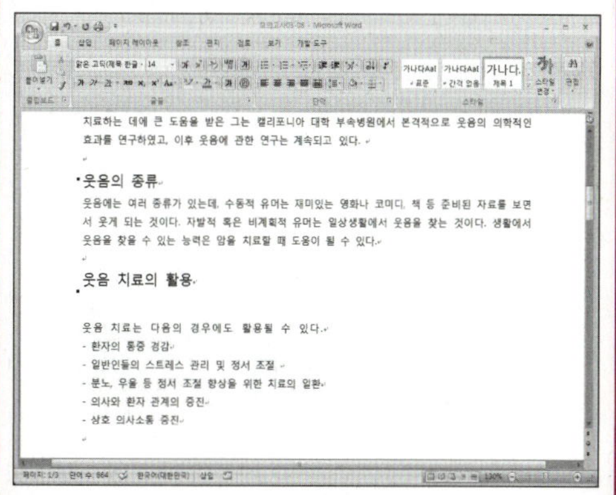

모의 3-09 다음 작업을 완료하시오.

- **준비 파일** : 모의고사03/모의고사03-09
- **완성 파일** : 모의고사03/완성파일/모의고사완성03-09

❶ '청남대' 항목을 동시에 모두 찾아서 '파랑색', '굵게' 서식으로 바꾸시오.

❷ 제목 아래 첫 단락의 '청남대' 텍스트에 'http://chnam.cb21.net'로 연결되는 하이퍼링크를 삽입하시오.

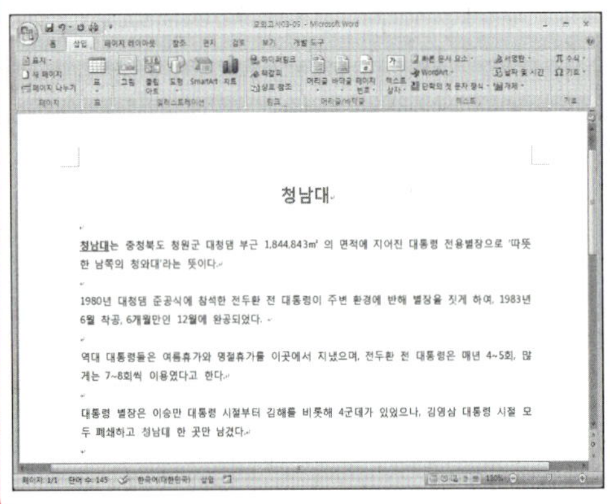

모의 3-10 다음 작업을 완료하시오.

- **준비 파일** : 모의고사03/모의고사03-10
- **완성 파일** : 모의고사03/완성파일/모의고사완성03-10

❶ 1페이지의 위쪽에 있는 WordArt를 '(가는) 아래쪽 원호' 모양으로 수정하시오.

❷ "대통령" 텍스트를 입력하면 'president' 텍스트가 삽입되도록 [자동 고침] 옵션을 설정하시오.

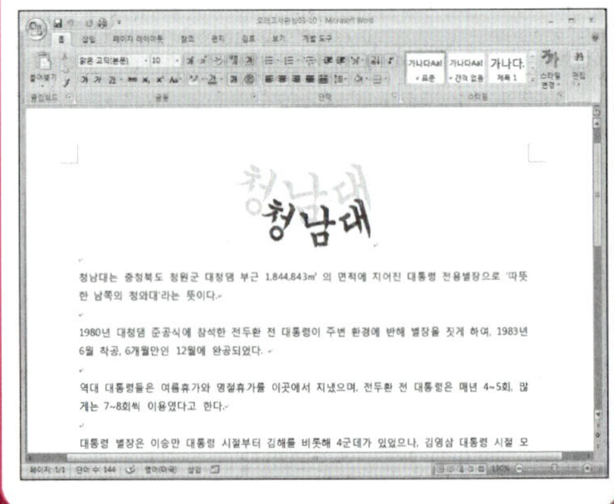

모의 3-11 다음 작업을 완료하시오.

- **준비 파일** : 모의고사03/모의고사03-11
- **완성 파일** : 모의고사03/완성파일/모의고사완성03-11

❶ 제목인 '청남대' 텍스트를 복사하여 첫 번째 단락의 '는~' 텍스트 왼쪽에 서식 없이 붙여 넣으시오.

❷ 그림 위에 텍스트 상자를 삽입하고 그림 아래의 '청남대 경관' 텍스트를 텍스트 상자로 이동하시오.

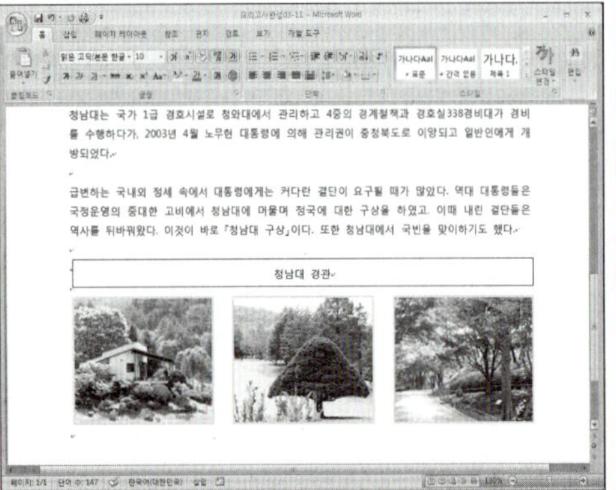

모의 3-12 다음 작업을 완료하시오.

- **준비 파일** : 모의고사03/모의고사03-12
- **완성 파일** : 모의고사03/완성파일/모의고사완성03-12

❶ 문서에 숨겨진 메타 데이터 및 개인 정보를 검사하고 모든 검사 결과를 제거하시오(모두 기본 설정을 적용할 것).

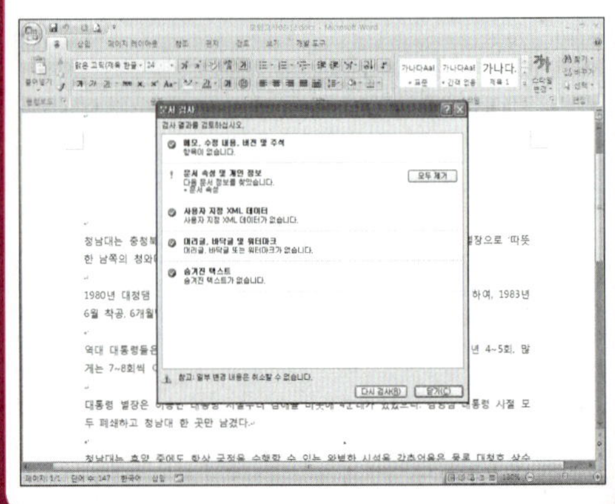

모의 3-13 다음 작업을 완료하시오.

- **준비 파일** : 모의고사03/모의고사03-13
- **완성 파일** : 모의고사03/완성파일/모의고사완성03-13

❶ 총판매량의 합계를 수식을 사용하여 구하시오.

❷ 총판매량이 내림차순이 되도록 표를 정렬하시오.

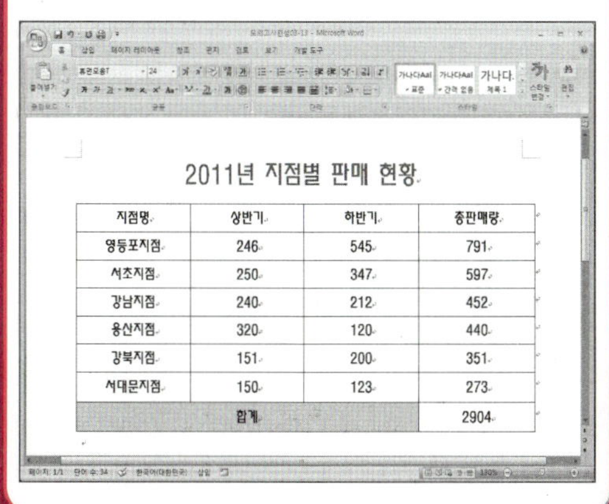

모의 3-14 다음 작업을 완료하시오.

- **준비 파일** : 모의고사03/모의고사03-14
- **완성 파일** : 모의고사03/완성파일/모의고사완성03-14

❶ 문서를 Word 97-2003 문서 형식으로 [내 문서] 폴더에 저장하시오.

❷ 문서를 변경할 수 없도록 읽기 전용으로 편집 제한하되, 암호는 설정하지 마시오.

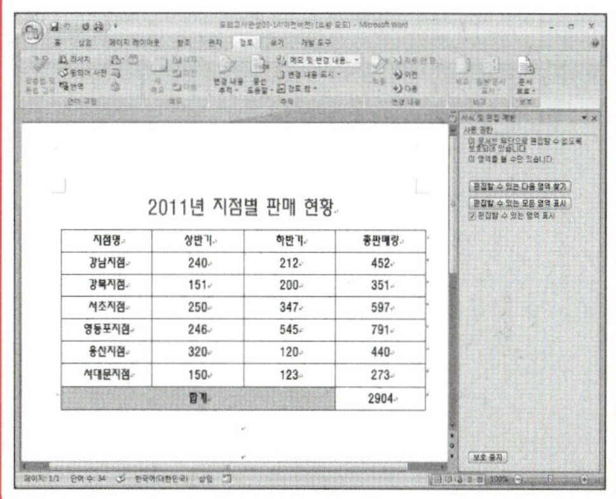

모의 3-15 다음 작업을 완료하시오.

- **준비 파일** : 모의고사03/모의고사03-15
- **완성 파일** : 모의고사03/완성파일/모의고사완성03-15

❶ 최종본으로 표시하고 배포 준비하시오.

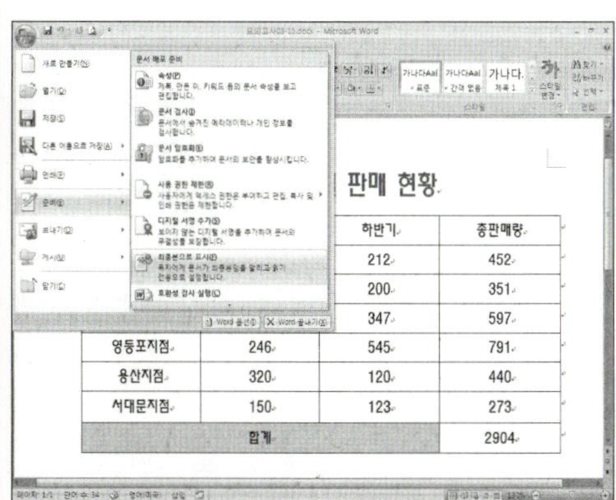

모의 3-16 다음 작업을 완료하시오.

- **준비 파일** : 모의고사03/모의고사03-16
- **완성 파일** : 모의고사03/완성파일/모의고사완성03-16

❶ 표의 마지막 행의 왼쪽을 기준으로 세 개의 행을 병합하고 '지점별 총합'을 입력하시오.

❷ 제목 텍스트의 서식을 기초로 '표제목'이란 스타일을 만드시오.

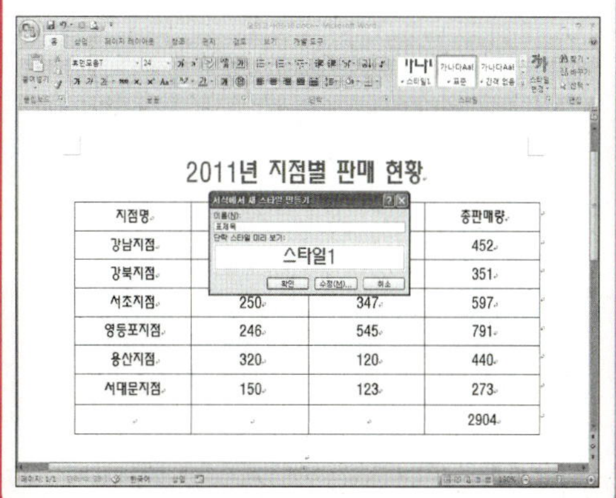

모의 3-17 다음 작업을 완료하시오.

- **준비 파일** : 모의고사03/모의고사03-17
- **완성 파일** : 모의고사03/완성파일/모의고사완성03-17

❶ 삽입 텍스트는 글꼴을 '취소선', 삭제된 텍스트는 '이중 밑줄'이 적용되도록 [변경 내용 추적] 설정을 수정하시오.

❷ 제목에 '대통령 전용별장' 텍스트를 메모로 삽입하시오.

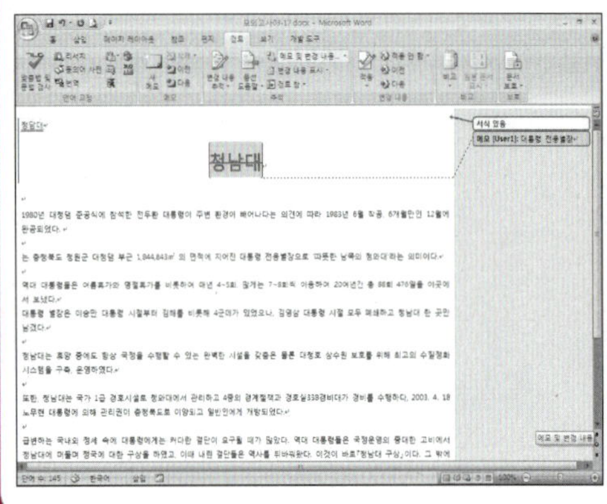

모의 3-18 다음 작업을 완료하시오.

- **준비 파일** : 모의고사03/모의고사03-18
- **완성 파일** : 모의고사03/완성파일/모의고사완성03-18

❶ 1페이지 그림에 삽입된 메모 앞에 '주의 –' 텍스트를 추가하시오.

❷ 현재 삽입된 페이지 번호를 '가, 나, 다' 번호 스타일로 변경하시오.

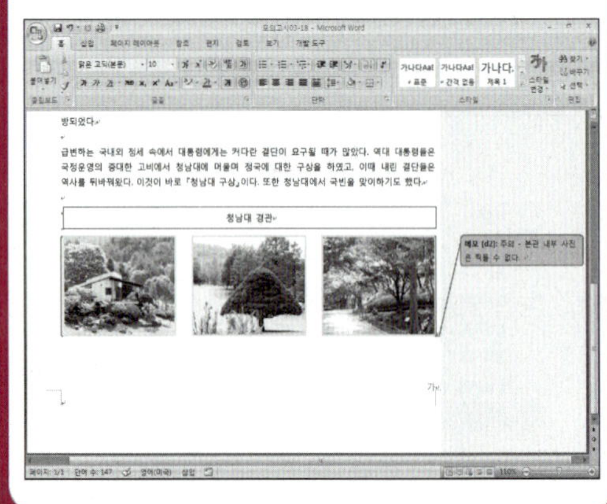

모의 3-19 다음 작업을 완료하시오.

- **준비 파일** : 모의고사03/모의고사03-19-01, 03-19-02
- **완성 파일** : 모의고사03/완성파일/모의고사완성03-19

❶ '모의고사03-19-01'와 '모의고사03-19-02' 문서를 비교하시오.

❷ 검토자 이해인이 입력한 내용만 모두 적용하시오.

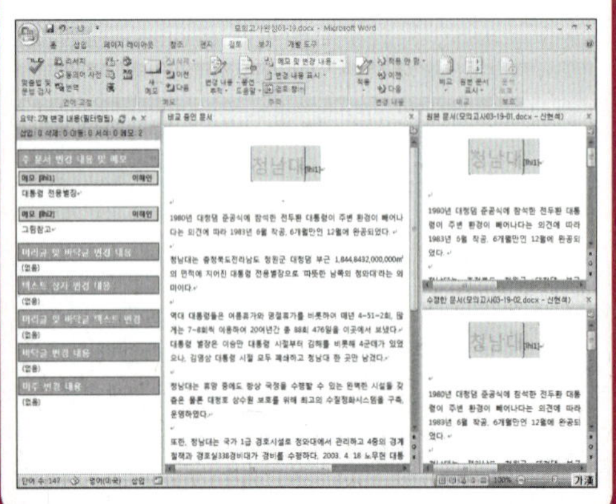

모의 3-20 다음 작업을 완료하시오.

- **준비 파일** : 모의고사03/모의고사03-20
- **완성 파일** : 모의고사03/완성파일/모의고사완성03-20

❶ 1페이지에 있는 그림을 '별장'이란 이름의 새 카테고리에 '청남대'란 이름의 문서 블록으로 저장하시오(나머지는 기본 설정을 적용할 것).

❷ 문서에 '인용문-순수' 문서 블록을 삽입하시오.

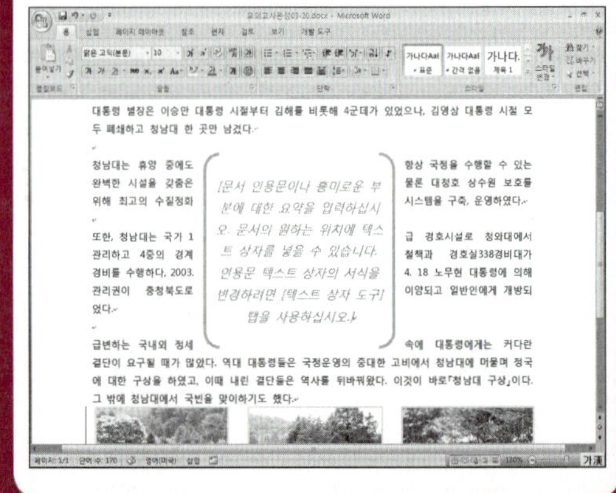

MOS
Word 2007
모의고사 풀이

MOS Word 2007 모의고사 1 풀이

모의고사 1-1

❶ 서식 바꾸기 방법

① [홈] 탭의 [편집] 그룹에서 [바꾸기]를 클릭한다.
② 찾을 내용에 "음악"을 입력한다.
③ 바꿀 내용에 커서를 두고 아래의 [자세히] 단추를 클릭한다.
④ 바꾸기 항목의 [서식] 단추를 클릭한 후 [글꼴]을 클릭한다.
⑤ 글꼴 스타일은 '굵게', 글꼴색은 '빨강색'을 선택한 후 [확인] 단추를 클릭한다.
⑥ [모두 바꾸기]를 클릭한다.
⑦ [완료] 대화상자에서 [확인] 단추를 클릭한다.
⑧ [닫기] 단추를 클릭한다.

❷ 서식 삭제 방법

① '음악 치료의 종류' 텍스트를 블록으로 지정한다.
② [홈] 탭의 [글꼴] 그룹에서 [서식 지우기]를 클릭하거나, [홈] 탭의 [스타일] 그룹에서 [자세히] 단추를 클릭하여 [서식 지우기]를 클릭한다.

모의고사 1-2

❶ 고정열 너비를 지정한 표 삽입 방법

① 1페이지 하단의 '음악 치료의 종류' 아래에 커서를 둔다.
② [삽입] 탭의 [표] 그룹에서 [표]를 클릭한다.
③ [표 삽입]을 클릭한다.
④ 열 개수 '4', 행 개수 '4'를 선택하고 '고정된 열 너비'에 '4.1'을 입력한 후 [확인] 단추를 클릭한다.

❷ 표 병합 방법

① 마지막 행을 블록으로 지정한다.
② [표 도구]–[레이아웃] 탭의 [병합] 그룹에서 [셀 병합]을 클릭하거나, 마우스 오른쪽 단추를 클릭하여 단축 메뉴에서 [셀 병합]을 선택한다.

모의고사 1-3

❶ 서식 저장 방법

① '음악치료' 텍스트를 블록으로 지정한다.
② [홈] 탭의 [스타일] 그룹에서 [자세히] 단추를 클릭한다.
③ [선택 영역을 새 빠른 스타일로 저장]을 클릭한다.
④ [서식에서 새 스타일 만들기] 대화상자의 서식 이름을 "표준1"이라고 입력하고 [확인] 단추를 클릭한다.

❷ 단 간격 조절 방법

① 본문에 커서를 둔다.
② [페이지 레이아웃] 탭의 [페이지 설정] 그룹에서 [단]–[기타 단]을 클릭한다.
③ '너비 및 간격'에서 '너비'를 '12' 글자로 입력하고 [확인] 단추를 클릭한다.

모의고사 1-4

❶ 사용자 이름을 지정하는 방법

① [Office] 단추 – [Word 옵션] 단추을 클릭한다.
② '사용자 이름'에 "이해인"을, '이니셜'에 "lhi"를 입력한다.

❷ 메모 삽입 방법

① "국립음악협회"를 블록으로 지정한다.
② [검토] 탭의 [메모] 그룹에서 [새 메모]를 클릭한다.
③ 오른쪽 메모 창에 "NMC"를 입력한다.

모의고사 1-5

❶ 머리글 삽입 방법

① [삽입] 탭의 [머리글/바닥글] 그룹에서 [머리글]을 클릭한다.
② 머리글 종류는 '알파벳'을 선택한다.
③ [디자인] 탭의 [닫기] 그룹에서 [머리글/바닥글 닫기]를 클릭한다.

❷ 첫 페이지에 머리글이 표시되지 않도록 지정하는 방법

① [삽입] 탭의 [머리글/바닥글] 그룹에서 [머리글]–[머리글 편집]을 클릭하거나 머리글을 더블 클릭한다.
② [머리글/바닥글 도구]–[디자인] 탭의 [옵션] 그룹에서 [첫 페이지를 다르게 지정]에 체크한다.

③ [머리글/바닥글 도구]–[디자인] 탭의 [닫기] 그룹에서 [머리글/바닥글 닫기]를 클릭한다.

❶ 문서 병합 방법

① '모의고사01–06–01' 문서를 열고 [검토] 탭의 [비교] 그룹에서 [비교]–[병합]를 클릭한다.
② [문서 병합] 대화상자의 '원본 문서'에서 노란색 폴더 모양의 [원본 찾아보기] 단추를 클릭하여 '모의고사 01–06–01' 파일을 선택한다.
③ '수정한 문서'에는 [수정 내용 찾아보기] 단추를 클릭 하여 '모의고사01–06–02' 파일을 선택하고 [확인] 단 추를 클릭한다.
④ 변경 내용을 유지할 서식 집합을 묻는 대화상자가 나 타나면 '모의고사01–06–01' 문서를 선택하고 [병합 계속] 단추를 클릭한다.

❷ 변경 내용 추적 옵션 지정 방법

① [검토] 탭의 [추적] 그룹에서 [변경 내용 추적]–[변경 내용 추적 옵션]을 클릭한다.
② [변경 내용 추적 옵션] 대화상자가 열리면 '삭제'에서 '이중 밑줄'을 선택하고 [확인] 단추를 클릭한다.

❶ 책갈피 이동 방법

① [삽입] 탭의 [링크] 그룹에서 [책갈피]를 클릭한다.
② [책갈피] 대화상자에서 '창조적'을 선택하고 [이동] 단 추를 클릭한다.
③ 책갈피가 설정된 단락을 찾으면 [닫기] 단추를 클릭 한다.

❷ 단락의 줄 간격 조절 방법

① '창조적' 책갈피 단락에 커서를 놓고서 [홈] 탭의 [단 락] 그룹 오른쪽의 아래 [단락] 대화상자 단추를 클릭 하거나, 마우스 오른쪽 단추를 클릭하여 단축 메뉴에 서 [단락]을 선택한다.
② [단락] 대화상자가 열리면 '간격'의 '줄 간격'에서 '2' 줄을 선택하고 [확인] 단추를 클릭한다.

❶ 문서 비교 방법

① [검토] 탭의 [비교] 그룹에서 [비교]–[비교]를 클릭한다.
② [문서 비교] 대화상자의 '원본 문서'에서 노란색 폴더 모양의 [원본 찾아보기] 단추를 클릭하여 '모의고사 01–08–01' 파일을 선택한다.
③ '수정한 문서'에는 [수정 내용 찾아보기] 단추를 클릭 하여 '모의고사01–08–02' 파일을 선택하고 [확인] 단 추를 클릭한다.

❶ 문서 블록 저장 방법

① 1페이지의 그림을 클릭한다.
② [삽입] 탭의 [텍스트] 그룹에서 [빠른 문서 요소]–[선택 영역을 빠른 문서 요소 갤러리에 저장]을 클릭한다.
③ [새 문서 블록 만들기] 대화상자에서 '이름'에 "음악" 을 입력하고 [범주]–[새 범주 만들기]를 클릭한다.
④ [새 범주 만들기] 대화상자의 이름에 "스피커"를 입력 한다.
⑤ [확인]–[확인] 단추를 클릭한다.
⑥ 편집 영역 아무곳이나 클릭하여 그림 선택을 해제한다.

❷ 문서 블록의 삽입 방법

① [삽입] 탭의 [텍스트] 그룹에서 [빠른 문서 요소]–[문서 블록 구성 도우미]를 클릭한다.
② 문서 블록 목록에서 [인용문–노출]을 선택하고 [삽입] 단추를 클릭한다.
③ 그림의 아래 오른쪽으로 드래그하여 이동시킨다.

❶ 스타일 적용 방법

① '음악치료' 텍스트를 블록으로 지정한다.
② [홈] 탭의 [스타일] 그룹에서 [자세히] 단추를 클릭한다.
③ 스타일 목록에서 [제목]을 클릭한다.

❷ 스타일 서식 수정 방법

① '제목' 스타일을 선택한 후, 마우스 오른쪽 단추를 클 릭하여 [수정]을 선택한다.
② 글꼴은 '궁서체', 글꼴 크기는 '24' 포인트, '가운데 맞 춤'을 지정하고 글꼴색 '연한 파랑'을 선택하고 [확인] 단추를 클릭한다.

❶ 구역 나누기 방법

① '음악치료의 정의' 왼쪽에 커서를 둔다.
② [페이지 레이아웃] 탭의 [페이지 설정] 그룹에서 [나누기]를 클릭한다.
③ '구역 나누기' 의 [이어서]를 클릭한다.

❷ 단 설정 방법

① '음악치료의 정의' 문단에 커서를 둔다.
② [페이지 레이아웃] 탭의 [페이지 설정] 그룹에서 [단]-'둘' 을 클릭한다.

모의고사 1-12

❶ 다단계 번호 서식 변경 방법

① 3페이지의 '개인 정신 음악 치료' 앞의 숫자를 클릭한다.
② [홈] 탭의 [단락] 그룹에서 [다단계 목록]-[1, 1-1, 1-1-1]을 클릭한다.

모의고사 1-13

❶ 단락의 간격 조절 방법

① '환자의 고민을' 단락에 커서를 둔다.
② [홈] 탭의 [단락] 그룹 오른쪽 아래의 [단락] 대화상자 단추를 클릭하거나, 마우스 오른쪽 단추를 클릭하여 단축 메뉴에서 [단락]을 선택한다.
③ '간격' 항목의 '단락 앞' 에 '3줄' 을 입력하고 [확인] 단추를 클릭한다.

❷ 문자 간격 조절 방법

① '환자의 고민을' 로 시작하는 단락을 블록으로 지정한다.
② [홈] 탭의 [글꼴] 그룹에서 오른쪽 아래의 [글꼴] 대화상자 단추를 클릭하거나, 마우스 오른쪽 단추를 클릭하여 단축 메뉴에서 [글꼴]을 클릭한다.
③ [문자 간격] 탭을 클릭하고 간격을 '넓게' 로 변경한 후 [확인] 단추를 클릭한다.

모의고사 1-14

❶ 텍스트 찾아 바꾸기

① [홈] 탭의 [편집] 그룹에서 [바꾸기]를 클릭한다.
② [찾기 및 바꾸기] 대화상자의 [바꾸기] 탭에서 찾을 내용에 "music"을, 바꿀 내용에 "음악"을 입력한다.
③ [모두 바꾸기] 단추를 클릭한다.
④ 찾기를 완료하였다는 메시지가 나타나면 [확인]-[닫기] 단추를 클릭한다.

❷ WordArt의 모양을 변경하는 방법

① '음악치료' WordArt를 클릭한다.
② [WordArt 도구]-[서식] 탭의 [WordArt 스타일] 그룹에서 [도형 모양 변경]-'일반 텍스트' 를 클릭한다.

모의고사 1-15

❶ 그림을 압축하는 방법

① 그림을 선택한다.
② [그림 도구]-[서식] 탭의 [조정] 그룹에서 [그림 압축]을 클릭한다.
③ [그림 압축] 대화상자에서 '선택한 그림에만 적용' 에 체크가 되어 있지 않은 것을 확인하고 [옵션] 단추를 클릭한다.
④ '대상 출력' 에서 '인쇄(220ppi)' 를 선택하고 [확인] 단추를 클릭한다.
⑤ [그림 압축] 대화상자에서 [확인] 단추를 클릭한다.

❷ 문서 보호 방법

① [검토] 탭의 [보호] 그룹에서 [문서 보호]-[서식 및 편집 제한]을 클릭한다.
② '2. 편집 제한' 의 '이 문서에서 편집을 허용할 유형' 에 체크하고 목록 단추를 클릭하여 [메모]를 선택한다.
③ [예, 문서 보호를 적용합니다]를 클릭한다.
④ [문서 보호 적용] 대화상자에서 암호를 입력하지 않고 [확인] 단추를 클릭한다.

모의고사 1-16

❶ 구역 나누기 설정 방법

① '2. 음악 치료 적용 영역' 앞에 커서를 둔다.
② [페이지 레이아웃] 탭의 [페이지 설정] 그룹에서 [나누기]를 클릭한다.
③ [다음 페이지부터]를 클릭한다.

❷ 현재 구역의 용지 크기 변경 방법

① 1페이지를 클릭한다.

② [페이지 레이아웃] 탭의 [페이지 설정] 그룹에서 [크기]-[A4]를 클릭한다.

❶ 목차 삽입 방법

① 목차 텍스트 아래에 커서를 둔다.
② [참조] 탭의 [목차] 그룹에서 [목차]-[목차 삽입]을 클릭한다.
③ '일반' 항목에서 서식을 '정형'으로 선택하고 [확인] 단추를 클릭한다.

❷ 페이지 나누기 방법

① 2페이지 '1. 음악 치료의 적용 영역' 앞에 커서를 둔다.
② [삽입] 탭의 [페이지] 그룹에서 [페이지 나누기]를 클릭한다.

❶ 표지 삽입 방법

① [삽입] 탭의 [페이지] 그룹에서 [표지]를 클릭한다.
② '대비'를 클릭한다.

❷ 페이지 번호 삽입 방법

① 첫페이지를 제외한 다른 페이지에 커서를 두고 [삽입] 탭의 [머리글/바닥글] 그룹에서 [페이지 번호]-[아래쪽]-'일반 번호 2'를 클릭한다.
② [머리글/바닥글 도구]-[디자인] 탭의 [머리글/바닥글] 그룹에서 [페이지 번호]-[페이지 번호 서식]을 클릭한다.
③ [페이지 번호 서식] 대화상자에서 번호 서식을 '- 1 -, - 2 -, - 3 -'으로 선택한 후 [확인] 단추를 클릭한다.
④ [머리글/바닥글 도구]-[디자인] 탭의 [옵션] 그룹에서 '첫 페이지를 다르게 지정'의 체크를 해제한다.
⑤ [닫기] 그룹에서 [머리글/바닥글 닫기]를 클릭한다.

❶ 문서 속성 검사 방법

① [Office] 단추를 클릭하고 [준비]-[문서 검사]를 선택한다.
② [문서 검사] 대화상자에서 [검사] 단추를 클릭한다.
③ 검사 결과가 표시되면 [모두 제거] 단추를 모두 클릭한다.
④ [닫기] 단추를 클릭한다.

❶ 책갈피 삽입에 대한 방법

① '교육적 영역'의 아래 단락에 커서를 두거나 블록으로 지정한다.
② [삽입] 탭의 [링크] 그룹에서 [책갈피]를 클릭한다.
③ [책갈피] 대화상자의 책갈피 이름에 "교육적영역"을 입력하고 [추가] 단추를 클릭한다.

❷ 최종본 표시 방법

① [Office] 단추를 클릭하고 [준비]-[최종본으로 표시]를 클릭한다.
② 최종본 저장 여부를 묻는 대화상자에서 [확인] 단추를 클릭한다.

MOS Word 2007 모의고사 ❷ 풀이

모의고사 2-1

❶ 페이지 번호 수정 방법

① 하단의 페이지 번호를 더블 클릭한다.

② [머리글/바닥글] 탭의 [머리글/바닥글] 그룹에서 [페이지 번호]-[페이지 번호 서식]을 클릭한다.

③ [페이지 번호 서식] 대화상자에서 번호 서식을 'a, b, c'로 선택한 후 [확인] 단추를 클릭한다.

④ [닫기] 그룹에서 [머리글/바닥글 닫기]를 클릭한다.

❷ 표지 삽입 방법

① [삽입] 탭의 [페이지] 그룹에서 [표지]를 클릭한다.

② [노출]을 클릭한다.

모의고사 2-2

❶ 문서 페이지 색 설정 방법

① [페이지 레이아웃] 탭의 [페이지 배경] 그룹에서 [페이지 색]을 클릭한다.

② [황록색, 강조 3, 40% 더 밝게]를 클릭한다.

모의고사 2-3

❶ 그래픽 스타일 지정 방법

① 1페이지의 그래픽을 선택한다.

② [그림 도구]-[서식] 탭의 [그림 스타일] 그룹에서 [자세히] 단추를 클릭한다.

③ '반사형 모서리가 둥근 직사각형' 스타일을 클릭한다.

❷ 자동 고침 옵션 설정 방법

① [Office] 단추를 클릭하고 [Word 옵션]을 클릭한다.

② [언어 교정]을 클릭하여 자동 고침 옵션의 [자동 고침 옵션] 단추를 클릭한다.

③ [자동 고침] 탭의 입력 창에 "음악"을 입력하고 결과에는 "Music" 텍스트를 입력한 후 [추가] 단추를 클릭하고 [확인] 단추를 클릭한다.

④ [확인] 단추를 클릭한다.

모의고사 2-4

❶ 서식 없이 텍스트만 붙여 넣는 방법

① '수강신청서' 제목의 '수강'만 블록으로 지정한다.

② 오른쪽 버튼을 클릭하여 단축 메뉴에서 [복사]를 선택하거나 [홈] 탭의 [클립보드] 그룹에서 [복사]를 클릭한다.

③ 첫 번째 글머리 기호 목록의 '신청과목' 텍스트 앞에 커서를 둔다.

④ [홈] 탭의 [클립보드] 그룹에서 [붙여넣기]-[선택하여 붙여넣기]를 클릭한다.

⑤ [선택하여 붙여넣기] 대화상자에서 '서식 없는 텍스트'를 선택하고 [확인] 단추를 클릭한다.

❷ 표 정렬 방법

① '합계' 행을 제외한 나머지 셀을 블록으로 지정한다.

② [표 도구]-[레이아웃] 탭의 [데이터] 그룹에서 [정렬]을 클릭한다.

③ 첫째 기준에 '희망 수업 시간'을 선택하고 '내림차순'을 클릭한 후 [확인] 단추를 클릭한다.

모의고사 2-5

❶ 텍스트 상자 삽입 후 텍스트 이동 방법

① [삽입] 탭의 [텍스트] 그룹에서 [텍스트 상자]-[텍스트 상자 그리기]를 클릭한다.

② '희망 내역' 텍스트 위에서 드래그하여 텍스트 상자를 삽입한다.

③ '희망 내역' 텍스트를 블록으로 선택하고 드래그하여 상자로 이동시킨다.

❷ 표의 합계를 구하는 방법

① 수험료 열의 마지막 행에 커서를 둔다.

② [표 도구]-[레이아웃] 탭의 [데이터] 그룹에서 [수식]을 클릭한다.

③ [수식] 대화상자에 "=SUM(ABOVE)"를 입력하고 [확인]을 클릭한다.

※ 합계 계산 시 이미 입력된 수식(=SUM(ABOVE))은 다시 입력하지 않고 [확인] 단추를 클릭해도 된다.

③ [머리글/바닥글 도구]–[디자인] 탭의 [닫기] 그룹에서 [머리글/바닥글 닫기]를 클릭한다.

❶ 문서 병합 방법

① '모의고사01–06–01' 문서를 열고 [검토] 탭의 [비교] 그룹에서 [비교]–[병합]를 클릭한다.
② [문서 병합] 대화상자의 '원본 문서'에서 노란색 폴더 모양의 [원본 찾아보기] 단추를 클릭하여 '모의고사 01–06–01' 파일을 선택한다.
③ '수정한 문서'에는 [수정 내용 찾아보기] 단추를 클릭하여 '모의고사01–06–02' 파일을 선택하고 [확인] 단추를 클릭한다.
④ 변경 내용을 유지할 서식 집합을 묻는 대화상자가 나타나면 '모의고사01–06–01' 문서를 선택하고 [병합 계속] 단추를 클릭한다.

❷ 변경 내용 추적 옵션 지정 방법

① [검토] 탭의 [추적] 그룹에서 [변경 내용 추적]–[변경 내용 추적 옵션]을 클릭한다.
② [변경 내용 추적 옵션] 대화상자가 열리면 '삭제'에서 '이중 밑줄'을 선택하고 [확인] 단추를 클릭한다.

❶ 책갈피 이동 방법

① [삽입] 탭의 [링크] 그룹에서 [책갈피]를 클릭한다.
② [책갈피] 대화상자에서 '창조적'을 선택하고 [이동] 단추를 클릭한다.
③ 책갈피가 설정된 단락을 찾으면 [닫기] 단추를 클릭한다.

❷ 단락의 줄 간격 조절 방법

① '창조적' 책갈피 단락에 커서를 놓고서 [홈] 탭의 [단락] 그룹 오른쪽의 아래 [단락] 대화상자 단추를 클릭하거나, 마우스 오른쪽 단추를 클릭하여 단축 메뉴에서 [단락]을 선택한다.
② [단락] 대화상자가 열리면 '간격'의 '줄 간격'에서 '2'줄을 선택하고 [확인] 단추를 클릭한다.

❶ 문서 비교 방법

① [검토] 탭의 [비교] 그룹에서 [비교]–[비교]를 클릭한다.
② [문서 비교] 대화상자의 '원본 문서'에서 노란색 폴더 모양의 [원본 찾아보기] 단추를 클릭하여 '모의고사 01–08–01' 파일을 선택한다.
③ '수정한 문서'에는 [수정 내용 찾아보기] 단추를 클릭하여 '모의고사01–08–02' 파일을 선택하고 [확인] 단추를 클릭한다.

❶ 문서 블록 저장 방법

① 1페이지의 그림을 클릭한다.
② [삽입] 탭의 [텍스트] 그룹에서 [빠른 문서 요소]–[선택 영역을 빠른 문서 요소 갤러리에 저장]을 클릭한다.
③ [새 문서 블록 만들기] 대화상자에서 '이름'에 "음악"을 입력하고 [범주]–[새 범주 만들기]를 클릭한다.
④ [새 범주 만들기] 대화상자의 이름에 "스피커"를 입력한다.
⑤ [확인]–[확인] 단추를 클릭한다.
⑥ 편집 영역 아무곳이나 클릭하여 그림 선택을 해제한다.

❷ 문서 블록의 삽입 방법

① [삽입] 탭의 [텍스트] 그룹에서 [빠른 문서 요소]–[문서 블록 구성 도우미]를 클릭한다.
② 문서 블록 목록에서 [인용문–노출]을 선택하고 [삽입] 단추를 클릭한다.
③ 그림의 아래 오른쪽으로 드래그하여 이동시킨다.

❶ 스타일 적용 방법

① '음악치료' 텍스트를 블록으로 지정한다.
② [홈] 탭의 [스타일] 그룹에서 [자세히] 단추를 클릭한다.
③ 스타일 목록에서 [제목]을 클릭한다.

❷ 스타일 서식 수정 방법

① '제목' 스타일을 선택한 후, 마우스 오른쪽 단추를 클릭하여 [수정]을 선택한다.
② 글꼴은 '궁서체', 글꼴 크기는 '24' 포인트, '가운데 맞춤'을 지정하고 글꼴색 '연한 파랑'을 선택하고 [확인] 단추를 클릭한다.

❶ 구역 나누기 방법

① '음악치료의 정의' 왼쪽에 커서를 둔다.

② [페이지 레이아웃] 탭의 [페이지 설정] 그룹에서 [나누기]를 클릭한다.

③ '구역 나누기'의 [이어서]를 클릭한다.

❷ 단 설정 방법

① '음악치료의 정의' 문단에 커서를 둔다.

② [페이지 레이아웃] 탭의 [페이지 설정] 그룹에서 [단]– '둘'을 클릭한다.

모의고사 1-12

❶ 다단계 번호 서식 변경 방법

① 3페이지의 '개인 정신 음악 치료' 앞의 숫자를 클릭한다.

② [홈] 탭의 [단락] 그룹에서 [다단계 목록]–[1, 1-1, 1-1-1]을 클릭한다.

모의고사 1-13

❶ 단락의 간격 조절 방법

① '환자의 고민을' 단락에 커서를 둔다.

② [홈] 탭의 [단락] 그룹 오른쪽 아래의 [단락] 대화상자 단추를 클릭하거나, 마우스 오른쪽 단추를 클릭하여 단축 메뉴에서 [단락]을 선택한다.

③ '간격' 항목의 '단락 앞'에 '3줄'을 입력하고 [확인] 단추를 클릭한다.

❷ 문자 간격 조절 방법

① '환자의 고민을'로 시작하는 단락을 블록으로 지정한다.

② [홈] 탭의 [글꼴] 그룹에서 오른쪽 아래의 [글꼴] 대화상자 단추를 클릭하거나, 마우스 오른쪽 단추를 클릭하여 단축 메뉴에서 [글꼴]을 클릭한다.

③ [문자 간격] 탭을 클릭하고 간격을 '넓게'로 변경한 후 [확인] 단추를 클릭한다.

모의고사 1-14

❶ 텍스트 찾아 바꾸기

① [홈] 탭의 [편집] 그룹에서 [바꾸기]를 클릭한다.

② [찾기 및 바꾸기] 대화상자의 [바꾸기] 탭에서 찾을 내용에 "music"을, 바꿀 내용에 "음악"을 입력한다.

③ [모두 바꾸기] 단추를 클릭한다.

④ 찾기를 완료하였다는 메시지가 나타나면 [확인]–[닫기] 단추를 클릭한다.

❷ WordArt의 모양을 변경하는 방법

① '음악치료' WordArt를 클릭한다.

② [WordArt 도구]–[서식] 탭의 [WordArt 스타일] 그룹에서 [도형 모양 변경]–'일반 텍스트'를 클릭한다.

모의고사 1-15

❶ 그림을 압축하는 방법

① 그림을 선택한다.

② [그림 도구]–[서식] 탭의 [조정] 그룹에서 [그림 압축]을 클릭한다.

③ [그림 압축] 대화상자에서 '선택한 그림에만 적용'에 체크가 되어 있지 않은 것을 확인하고 [옵션] 단추를 클릭한다.

④ '대상 출력'에서 '인쇄(220ppi)'를 선택하고 [확인] 단추를 클릭한다.

⑤ [그림 압축] 대화상자에서 [확인] 단추를 클릭한다.

❷ 문서 보호 방법

① [검토] 탭의 [보호] 그룹에서 [문서 보호]–[서식 및 편집 제한]을 클릭한다.

② '2. 편집 제한'의 '이 문서에서 편집을 허용할 유형'에 체크하고 목록 단추를 클릭하여 [메모]를 선택한다.

③ [예, 문서 보호를 적용합니다]를 클릭한다.

④ [문서 보호 적용] 대화상자에서 암호를 입력하지 않고 [확인] 단추를 클릭한다.

모의고사 1-16

❶ 구역 나누기 설정 방법

① '2. 음악 치료 적용 영역' 앞에 커서를 둔다.

② [페이지 레이아웃] 탭의 [페이지 설정] 그룹에서 [나누기]를 클릭한다.

③ [다음 페이지부터]를 클릭한다.

❷ 현재 구역의 용지 크기 변경 방법

① 1페이지를 클릭한다.

② [페이지 레이아웃] 탭의 [페이지 설정] 그룹에서 [크기]–[A4]를 클릭한다.

모의고사 1-17

❶ 목차 삽입 방법

① 목차 텍스트 아래에 커서를 둔다.
② [참조] 탭의 [목차] 그룹에서 [목차]–[목차 삽입]을 클릭한다.
③ '일반' 항목에서 서식을 '정형'으로 선택하고 [확인] 단추를 클릭한다.

❷ 페이지 나누기 방법

① 2페이지 '1. 음악 치료의 적용 영역' 앞에 커서를 둔다.
② [삽입] 탭의 [페이지] 그룹에서 [페이지 나누기]를 클릭한다.

모의고사 1-18

❶ 표지 삽입 방법

① [삽입] 탭의 [페이지] 그룹에서 [표지]를 클릭한다.
② '대비'를 클릭한다.

❷ 페이지 번호 삽입 방법

① 첫페이지를 제외한 다른 페이지에 커서를 두고 [삽입] 탭의 [머리글/바닥글] 그룹에서 [페이지 번호]–[아래쪽]–'일반 번호 2'를 클릭한다.
② [머리글/바닥글 도구]–[디자인] 탭의 [머리글/바닥글] 그룹에서 [페이지 번호]–[페이지 번호 서식]을 클릭한다.
③ [페이지 번호 서식] 대화상자에서 번호 서식을 '– 1 –, – 2 –, – 3 –'으로 선택한 후 [확인] 단추를 클릭한다.
④ [머리글/바닥글 도구]–[디자인] 탭의 [옵션] 그룹에서 '첫 페이지를 다르게 지정'의 체크를 해제한다.
⑤ [닫기] 그룹에서 [머리글/바닥글 닫기]를 클릭한다.

모의고사 1-19

❶ 문서 속성 검사 방법

① [Office] 단추를 클릭하고 [준비]–[문서 검사]를 선택한다.
② [문서 검사] 대화상자에서 [검사] 단추를 클릭한다.
③ 검사 결과가 표시되면 [모두 제거] 단추를 모두 클릭한다.
④ [닫기] 단추를 클릭한다.

모의고사 1-20

❶ 책갈피 삽입에 대한 방법

① '교육적 영역'의 아래 단락에 커서를 두거나 블록으로 지정한다.
② [삽입] 탭의 [링크] 그룹에서 [책갈피]를 클릭한다.
③ [책갈피] 대화상자의 책갈피 이름에 "교육적영역"을 입력하고 [추가] 단추를 클릭한다.

❷ 최종본 표시 방법

① [Office] 단추를 클릭하고 [준비]–[최종본으로 표시]를 클릭한다.
② 최종본 저장 여부를 묻는 대화상자에서 [확인] 단추를 클릭한다.

MOS Word 2007 모의고사 2 풀이

❶ 페이지 번호 수정 방법

① 하단의 페이지 번호를 더블 클릭한다.

② [머리글/바닥글] 탭의 [머리글/바닥글] 그룹에서 [페이지 번호]–[페이지 번호 서식]을 클릭한다.

③ [페이지 번호 서식] 대화상자에서 번호 서식을 'a, b, c'로 선택한 후 [확인] 단추를 클릭한다.

④ [닫기] 그룹에서 [머리글/바닥글 닫기]를 클릭한다.

❷ 표지 삽입 방법

① [삽입] 탭의 [페이지] 그룹에서 [표지]를 클릭한다.

② [노출]을 클릭한다.

❶ 문서 페이지 색 설정 방법

① [페이지 레이아웃] 탭의 [페이지 배경] 그룹에서 [페이지 색]을 클릭한다.

② [황록색, 강조 3, 40% 더 밝게]를 클릭한다.

❶ 그래픽 스타일 지정 방법

① 1페이지의 그래픽을 선택한다.

② [그림 도구]–[서식] 탭의 [그림 스타일] 그룹에서 [자세히] 단추를 클릭한다.

③ '반사형 모서리가 둥근 직사각형' 스타일을 클릭한다.

❷ 자동 고침 옵션 설정 방법

① [Office] 단추를 클릭하고 [Word 옵션]을 클릭한다.

② [언어 교정]을 클릭하여 자동 고침 옵션의 [자동 고침 옵션] 단추를 클릭한다.

③ [자동 고침] 탭의 입력 창에 "음악"을 입력하고 결과에는 "Music" 텍스트를 입력한 후 [추가] 단추를 클릭하고 [확인] 단추를 클릭한다.

④ [확인] 단추를 클릭한다.

❶ 서식 없이 텍스트만 붙여 넣는 방법

① '수강신청서' 제목의 '수강'만 블록으로 지정한다.

② 오른쪽 버튼을 클릭하여 단축 메뉴에서 [복사]를 선택하거나 [홈] 탭의 [클립보드] 그룹에서 [복사]를 클릭한다.

③ 첫 번째 글머리 기호 목록의 '신청과목' 텍스트 앞에 커서를 둔다.

④ [홈] 탭의 [클립보드] 그룹에서 [붙여넣기]–[선택하여 붙여넣기]를 클릭한다.

⑤ [선택하여 붙여넣기] 대화상자에서 '서식 없는 텍스트'를 선택하고 [확인] 단추를 클릭한다.

❷ 표 정렬 방법

① '합계' 행을 제외한 나머지 셀을 블록으로 지정한다.

② [표 도구]–[레이아웃] 탭의 [데이터] 그룹에서 [정렬]을 클릭한다.

③ 첫째 기준에 '희망 수업 시간'을 선택하고 '내림차순'을 클릭한 후 [확인] 단추를 클릭한다.

❶ 텍스트 상자 삽입 후 텍스트 이동 방법

① [삽입] 탭의 [텍스트] 그룹에서 [텍스트 상자]–[텍스트 상자 그리기]를 클릭한다.

② '희망 내역' 텍스트 위에서 드래그하여 텍스트 상자를 삽입한다.

③ '희망 내역' 텍스트를 블록으로 선택하고 드래그하여 상자로 이동시킨다.

❷ 표의 합계를 구하는 방법

① 수험료 열의 마지막 행에 커서를 둔다.

② [표 도구]–[레이아웃] 탭의 [데이터] 그룹에서 [수식]을 클릭한다.

③ [수식] 대화상자에 "=SUM(ABOVE)"를 입력하고 [확인]을 클릭한다.

※ 합계 계산 시 이미 입력된 수식(=SUM(ABOVE))은 다시 입력하지 않고 [확인] 단추를 클릭해도 된다.

모의고사 2-6

❶ 문서 속성 검사 방법

① [Office] 단추를 클릭하고 [준비]–[문서 검사]를 클릭한다.
② [문서 검사] 대화상자에서 문서 검사의 목록을 모두
체크하고 [검사] 단추를 클릭한다.
③ 검사 결과가 나오면 '문서 속성 및 개인 정보' 항목의
[모두 제거] 단추를 클릭한다.
④ [닫기] 단추를 클릭한다.

❷ Word 97-2003 문서 형식 저장 방법

① [Office] 단추를 클릭하고 [다른 이름으로 저장]–
[Word 97-2003 문서]를 클릭한다.
② 저장할 위치와 파일 명을 지정하고 [저장] 단추를 클
릭한다.

모의고사 2-7

❶ 그림 목차 삽입에 대한 방법

① 제목 아래에 커서를 둔다.
② [참조] 탭의 [캡션] 그룹에서 [그림 목차 삽입]을 클릭
한다.
③ '일반' 항목의 '서식'에서 '정형'을 선택하고 '캡션 레
이블'은 '그림'으로 선택한 후 [확인] 단추를 클릭한다.

❷ 메모 숨기기 방법

① [검토] 탭의 [추적] 그룹에서 [변경 내용 표시]를 클릭
한다.
② 체크된 메모를 클릭하여 해제한다.

모의고사 2-8

❶ 검토 내용 변경 내용을 표시하는 방법

① [검토] 탭의 [추적] 그룹에서 [변경 내용 표시]를 클릭
한다.
② [검토자]–[모든 검토자]–[이해인]만 클릭한다.
③ [변경 내용] 그룹에서 [적용]–[표시된 변경 내용 모두
적용]을 클릭한다.

모의고사 2-9

❶ 바닥글을 삽입하는 방법

① [삽입] 탭의 [머리글/바닥글] 그룹에서 [바닥글]을 클릭한다.

② '가는 선'을 클릭한다.

❷ 바닥글에 텍스트를 삽입하는 방법

① 활성된 바닥글 영역에 "음악 치료의 정의"라고 입력
한다.
② [닫기] 그룹에서 [머리글/바닥글 닫기]를 클릭한다.

모의고사 2-10

❶ 메모에 텍스트를 추가하는 방법

① 1페이지에 삽입된 'client' 메모 앞에 커서를 두고 "참
고:"라는 텍스트를 입력한다.

❷ 메모를 삭제하는 방법

① 3페이지의 메모를 클릭하고 [검토] 탭의 [메모] 그룹에
서 [삭제]를 클릭한다.

모의고사 2-11

❶ 그림을 삽입하는 방법

① '수강신청서' 제목 오른쪽에 커서를 둔다.
② [삽입] 탭의 [일러스트레이션] 그룹에서 [그림]을 클릭
한다.
③ [모의고사]–[모의고사02] 폴더의 '신청서.jpg' 파일을
클릭하고 [삽입]을 클릭한다.

❷ 그림 배치 방법

① 삽입된 그림을 클릭한다.
② [그림 도구]–[서식] 탭의 [정렬] 그룹에서 [텍스트 배
치]–[정사각형]을 클릭한다.

모의고사 2-12

❶ 그림의 그림자 서식 지정 방법

① 그림을 클릭한다.
② [그림 도구]–[서식] 탭의 [그림자 효과] 그룹에서 [그림
자 효과]를 클릭한다.
③ [그림자]–[그림자 스타일3]을 클릭한다.

❷ 문서에 양식만 보호를 설정하는 방법

① [검토] 탭의 [보호] 그룹에서 [문서 보호]–[서식 및 편
집 제한]을 클릭한다.
② '2. 편집 제한' 목록에서 '양식 채우기'를 선택한다.

③ [예, 문서 보호를 적용합니다] 단추를 클릭한다.
④ [문서 보호 적용] 대화상자에서 새 암호 입력에
"cc1234"를 입력하고 암호 확인에 "cc1234"를 한 번
더 입력한 후 [확인] 단추를 클릭한다.

❶ 표를 병합하는 방법

① 표 마지막 행의 왼쪽 두 개 행을 블록으로 지정한다.
② [표 도구]–[레이아웃] 탭의 [병합] 그룹에서 [셀 병합]
을 클릭하거나, 마우스 오른쪽 단추를 클릭하여 단축
메뉴에서 [셀 병합]을 선택한다.

❷ 표의 평균을 계산하는 방법

① 수험료 열의 마지막 행에 커서를 둔다.
② [표 도구]–[레이아웃] 탭의 [데이터] 그룹에서 [수식]을
클릭한다.
③ [수식] 대화상자에 "=AVERAGE(ABOVE)"를 입력하
거나 함수 마법사를 사용하여 AVERAGEM 함수를
불러온다. [확인]을 클릭한다.
※ 함수 마법사에 AVERAGE 함수를 사용할 때도 범위
인수인 "ABOVE"는 입력해야 한다.

❶ 표 스타일 적용 방법

① 표 전체를 블록으로 지정한다.
② [표 도구]–[디자인] 탭의 [표 스타일] 그룹을 클릭한다.
③ [옅은 음영 – 강조색1] 스타일을 클릭한다.

❷ 표 스타일 옵션 지정 방법

① 표를 클릭한다.
② [표 도구]–[디자인] 탭의 [표 스타일 옵션] 그룹에서
[줄 무늬열]을 체크한다.

❶ 그림 압축에 대한 방법

① 그림을 클릭한다.
② [그림 도구]–[서식] 탭의 [조정] 그룹에서 [그림 압축]
을 클릭한다.
③ '선택한 그림에만 적용'에 체크되어 있지 않은 것을
확인하고 [옵션] 단추를 클릭한다.

④ 대상 출력에서 '전자메일(96ppi)'에 체크하고 [확인]
단추를 클릭한다.
⑤ [그림 압축] 대화상자에서 [확인] 단추를 클릭한다.

❷ 메모 삽입에 대한 방법

① '음악 치료' 텍스트를 블록으로 지정한다.
② [검토] 탭의 [메모] 그룹에서 [새 메모]를 클릭한다.
③ 오른쪽 메모창에 "Music Therapy"를 입력한다.

❶ 변경 내용 추적 옵션 지정 방법

① [검토] 탭의 [추적] 그룹에서 [변경 내용 추적]–[변경
내용 추적 옵션]을 클릭한다.
② '변경 내용 추적 옵션'에서 '삽입'에 '굵게'를 선택하
고 [확인] 단추를 클릭한다.

❷ 1페이지 인쇄 방법

① 1페이지에 커서를 둔다.
② [Office] 단추를 클릭하고 [인쇄]를 클릭한다.
③ 페이지 범위의 '현재 페이지'를 선택하거나 인쇄할 페
이지에 '1'을 선택한다.
④ [확인] 단추를 클릭한다.

❶ 메모 삭제 방법

① 문서에서 메모가 기록된 곳에 커서를 둔다.
② [검토] 탭의 [메모] 그룹에서 [삭제]를 클릭한 후 [문서
에서 메모 모두 삭제]를 선택한다.

❷ 단 간격 조절 및 단 설정 방법

① 제목 아랫줄에 커서를 둔다.
② [페이지 레이아웃] 탭의 [페이지 설정] 그룹에서 [나누
기]–[이어서]를 클릭한다.
③ [페이지 레이아웃] 탭의 [페이지 설정] 그룹에서 [단]–
[기타 단]을 클릭한다.
④ '미리 설정'에서 '둘'을 클릭하거나, '단 개수'에 "2"
를 입력한다.
⑤ '너비 및 간격' 항목에서 너비에 "20"글자를 입력한
후 [확인] 단추를 클릭한다.

❶ 워터 마크 삽입 방법

① [페이지 레이아웃] 탭의 [페이지 배경] 그룹에서 [워터 마크]-[사용자 지정 워터마크]를 클릭한다.

② [워터마크] 대화상자에서 [텍스트 워터마크]를 클릭한다.

③ 텍스트에서 '초안'을 선택하고 색은 '연한파랑', 레이아웃은 '가로'에 체크하고 [확인] 단추를 클릭한다.

❷ Word의 사용자 이름을 지정하는 방법

① [Office] 단추를 클릭하고 [Word 옵션]을 클릭한다.

② Microsoft Office 개인 설정에서 사용자 이름에 "신현석"을, 이니셜에 "shs"를 입력한다.

❶ 특정 스타일만 표시되는 목차 삽입 방법

① 목차 텍스트 아래에 커서를 둔다.

② [참조] 탭의 [목차] 그룹에서 [목차]를 클릭한 후, [목차 삽입]을 선택한다.

③ [목차] 대화상자에서 [옵션] 단추를 클릭한다.

④ [목차 옵션] 대화상자에서 '제목1'을 제외한 나머지 목차 수준은 삭제한 후 [확인] 단추를 클릭한다.

⑤ [목차] 대화상자에서 [확인] 단추를 클릭한다.

❶ 텍스트를 WordArt로 변경하는 방법

① 제목의 '음악 치료'를 블록으로 지정한다.

② [삽입] 탭의 [텍스트] 그룹에서 [WordArt]를 클릭한다.

③ [WordArt 스타일 17]을 클릭한다.

④ [WordArt 텍스트 편집] 창이 나오면 [확인] 단추를 클릭한다.

❷ WordArt 모양 변경 방법

① WordArt를 클릭하고 [WordArt 도구]-[서식] 탭의 [WordArt 스타일] 그룹에서 [WordArt 도형 모양 변경]을 클릭한다.

② '휘기'의 [물결1]을 클릭한다.

③ [홈] 탭의 [단락] 그룹에서 [가운데 맞춤] 단추를 클릭한다.

MOS Word 2007 모의고사 ❸ 풀이

❶ 문서 페이지 색 설정 방법

① [페이지 레이아웃] 탭의 [페이지 배경] 그룹에서 [페이지 색]을 클릭한다.
② [주황, 강조 6, 80% 더 밝게]를 클릭한다.

❷ 표지 삽입 방법

① [삽입] 탭의 [페이지] 그룹에서 [표지]를 클릭한다.
② [알파벳]을 클릭한다.

❶ 문서 병합 방법

① [검토] 탭의 [비교] 그룹에서 [비교]–[병합]을 클릭한다.
② [문서 병합] 대화상자의 '원본 문서'에서 노란색 폴더 모양의 [원본 찾아보기] 단추를 클릭하여 '모의고사 03–02–01' 파일을 선택한다.
③ 수정한 문서에서는 [수정 내용 찾아보기] 단추를 클릭하여 '모의고사 03–02–02' 파일을 클릭하고 [확인] 단추를 클릭한다.

❶ 책갈피 이동 방법

① [삽입] 탭의 [링크] 그룹에서 [책갈피]를 클릭한다.
② [책갈피] 대화상자에서 '신경호르몬계'를 클릭하고 [이동] 단추를 클릭한다.
③ 책갈피가 설정된 단락으로 이동되었으면 [닫기] 단추를 클릭한다.

❷ 단락의 줄 간격 조절 방법

① 줄 간격을 조절할 단락에 커서를 놓고 [홈] 탭의 [단락] 그룹에서 [단락] 대화상자 단추를 클릭하거나, 마우스 오른쪽 단추를 클릭하고 단축 메뉴에서 [단락]을 클릭한다.
② [단락] 대화상자의 [들여쓰기 및 간격] 탭에서 '간격' 항목의 '줄 간격'을 '2' 줄로 설정하고 [확인] 단추를 클릭한다.

❶ 머리글 삽입 방법

① [삽입] 탭의 [머리글/바닥글] 그룹에서 [머리글]을 클릭하고 '스택'을 선택한다.
② [디자인] 탭의 [닫기] 그룹에서 [머리글/바닥글 닫기]를 클릭한다.

❷ 첫 페이지에는 머리글이 표시되지 않도록 지정하는 방법

① [삽입] 탭의 [머리글/바닥글] 그룹에서 [머리글]–[머리글 편집]을 클릭하거나, 머리글을 더블 클릭한다.
② [머리글/바닥글]–[디자인] 탭의 [옵션] 그룹에서 [첫 페이지를 다르게 지정]에 체크한다.
③ [디자인] 탭의 [닫기] 그룹에서 [머리글/바닥글 닫기]를 클릭한다.

❶ 그림 삽입 방법

① 1페이지 '정의' 텍스트 오른쪽에 커서를 둔다.
② [삽입] 탭의 [일러스트레이션] 그룹에서 [그림]을 클릭한다.
③ [모의고사]–[모의고사03] 폴더에서 '웃음.jpg' 파일을 선택하고 [삽입]을 클릭한다.

❷ 그림 배치 방법

① 삽입된 그림을 클릭한다.
② [그림 도구] 탭의 [정렬] 그룹에서 [위치]를 클릭한다.
③ 텍스트 배치의 [텍스트를 정사각형으로 배치하고 오른쪽 가운데 배치]를 클릭한다.

❶ 스타일 적용 방법

① '웃음치료' 텍스트를 블록으로 지정한다.
② [홈] 탭의 [스타일] 그룹에서 [자세히] 단추를 클릭한다.
③ 스타일 목록에서 '제목'을 클릭한다.

❷ 스타일 서식 수정 방법

① [홈] 탭의 [스타일] 그룹에서 [자세히] 단추를 클릭한다.
② '제목1' 스타일을 선택한 후 마우스 오른쪽 단추를 클릭하고 [수정]을 클릭한다.
③ [스타일 수정] 대화상자에서 글꼴 크기는 '24' 포인트, '가운데 맞춤'을 지정하고 [확인] 단추를 클릭한다.

모의고사 3-7

❶ 구역 나누기 방법

① '정의' 텍스트의 왼쪽에 커서를 둔다.
② [페이지 레이아웃] 탭의 [페이지 설정]-[나누기]를 클릭한다.
③ 구역 나누기의 [이어서]를 클릭한다.

❷ 단 설정 방법

① '정의' 텍스트 왼쪽에 커서를 둔다.
② [페이지 레이아웃] 탭의 [페이지 설정] 그룹에서 [단]-[기타 단]을 클릭한다.
③ [단] 대화상자에서 단 개수에 '2'를, 적용 대상은 '현재 위치 다음부터'를 선택한 후 [확인] 단추를 클릭한다.

모의고사 3-8

❶ 단락 간격 조절 방법

① '웃음 치료의 활용' 텍스트에 커서를 둔다.
② 마우스 오른쪽 단추를 클릭하고 단축 메뉴에서 [단락]을 선택하거나, [홈] 탭의 [단락] 그룹에서 [단락] 단추를 클릭한다.
③ '간격' 항목의 단락 뒤를 '2줄'로 입력하고 [확인] 단추를 클릭한다.

❷ 문자 간격 조절 방법

① '웃음 치료의 활용' 텍스트 아래 단락인 '웃음 치료는~'을 블록으로 지정한다.
② [홈] 탭의 [글꼴] 그룹에서 [글꼴] 대화상자 단추를 클릭하거나, 마우스 오른쪽 단추를 클릭하고 단축 메뉴에서 [글꼴]을 선택한다.
③ [문자 간격] 탭을 클릭하고 간격을 '넓게'로 변경한 후 [확인] 단추를 클릭한다.

모의고사 3-9

❶ 서식을 바꾸는 방법

① [홈] 탭의 [편집] 그룹에서 [바꾸기]를 클릭한다.
② [찾기 및 바꾸기] 대화상자에서 찾을 내용에 "청남대"를 입력한다.
③ 바꿀 내용에 커서를 두고 [자세히] 단추를 클릭한다.
④ 바꾸기 항목의 [서식]-[글꼴]을 클릭한다.
⑤ 글꼴 스타일은 '굵게', 글꼴색은 '파랑'을 선택한 후 [확인] 단추를 클릭한다.
⑥ [찾기 및 바꾸기] 대화상자의 [모두 바꾸기]를 클릭한다.
⑦ 문서 찾기를 완료했다는 메시지가 나오면 [확인] 단추를 클릭한다.
⑧ [찾기 및 바꾸기] 대화상자의 [닫기] 단추를 클릭한다.

❷ 텍스트에 하이퍼링크를 삽입하는 방법

① 첫 번째 단락의 '청남대' 텍스트를 블록으로 지정한다.
② [삽입] 탭의 [링크] 그룹에서 [하이퍼링크]를 클릭한다.
③ [기존 파일/웹 페이지]의 주소 입력줄에 "http://chnam.cb21.net"을 입력한다.
④ [확인] 단추를 클릭한다.

모의고사 3-10

❶ WordArt의 모양을 변경하는 방법

① 청남대 WordArt를 클릭한다.
② [WordArt 도구]-[서식] 탭의 [WordArt 스타일] 그룹에서 [도형 모양 변경]-[(가는) 아래쪽 원호]를 클릭한다.

❷ 자동 고침 옵션 설정 방법

① [Office] 단추를 클릭하고 [Word 옵션]을 선택한다.
② [언어 교정]을 클릭하고 자동 고침 옵션의 [자동 고침 옵션] 단추를 클릭한다.
③ 입력에 "대통령", 결과에 "president"를 입력하고 [추가] 단추를 클릭한 후 [확인] 단추를 클릭한다.
④ [Word 옵션] 대화상자에서 [확인] 단추를 클릭한다.

모의고사 3-11

❶ 서식 없이 텍스트만 붙여 넣는 방법

① 제목 텍스트 '청남대'를 블록으로 지정한다.
② 마우스 오른쪽 단추를 클릭하여 단축 메뉴에서 [복사]를 선택하거나, [홈] 탭의 [클립보드] 그룹에서 [복사]를 클릭한다.
③ 첫 번째 단락의 '는~' 앞에 커서를 둔다.
④ [홈] 탭의 [클립보드] 그룹에서 [붙여넣기]-[선택하여 붙여넣기]를 클릭한다.

⑤ [선택하여 붙여넣기] 대화상자에서 '서식 없는 텍스트'를 클릭하고 [확인] 단추를 클릭한다.

❷ 텍스트 상자 삽입 후 텍스트 이동 방법
① [삽입] 탭의 [텍스트] 그룹에서 [텍스트 상자]–[텍스트 상자 그리기]를 클릭한다.
② 그림 위의 빈 공간에서 드래그하여 텍스트 상자를 삽입한다.
③ 그림 아래의 '청남대 경관' 텍스트를 블록으로 지정하고 드래그하여 텍스트 상자 안으로 이동시킨다.

모의고사 3-12

❶ 문서 속성 검사 방법
① [Office] 단추를 클릭하고 [준비]–[문서 검사]를 선택한다.
② [문서 속성 및 개인 정보]에 체크된 것을 확인하고 [검사] 단추를 클릭한다.
③ 검사 결과가 나오면 [모두 제거] 단추를 클릭한다.
④ [닫기] 단추를 클릭한다.

모의고사 3-13

❶ 표의 합계를 구하는 방법
① 총판매량 열의 마지막 행에 커서를 둔다.
② [표 도구]–[레이아웃] 탭의 [데이터] 그룹에서 [수식]을 클릭한다.
③ [수식] 대화상자에 "=SUM(ABOVE)"를 입력하고 [확인]을 클릭한다.
※ 합계 계산 시 이미 입력된 수식(=SUM(ABOVE))은 다시 입력하지 않고 [확인]을 클릭해도 된다.

❷ 표의 정렬 방법
① '합계' 행을 제외한 나머지 표를 블록으로 지정한다.
② [표 도구]–[레이아웃] 탭의 [데이터] 그룹에서 [정렬]을 클릭한다.
③ 첫째 기준에서 '총판매량'을 클릭하고 '내림차순'을 선택한 후 [확인] 단추를 클릭한다.

모의고사 3-14

❶ Word 97-2003 문서 형식 저장 방법
① [Office] 단추를 클릭하고 [다른 이름으로 저장]–[Word 97-2003 문서]를 선택한다.
② [내 문서] 폴더를 선택하고 [저장] 단추를 클릭한다.

❷ 문서 보호 방법
① [검토] 탭의 [보호] 그룹에서 [문서 보호]–[서식 및 편집 제한]을 클릭한다.
② '2. 편집 제한'의 '이 문서에서 편집을 허용할 유형'에 체크하고 목록에서 [읽기 전용(내용을 변경할 수 없음)]을 선택한다.
③ [예, 문서 보호를 적용합니다]를 클릭한다.
④ [암호] 대화상자에서 [확인] 단추를 클릭한다.

모의고사 3-15

❶ 최종본 표시 방법
① [Office] 단추를 클릭하고 [준비]–[최종본으로 표시]를 선택한다.
② [저장 여부] 대화상자에서 [확인] 단추를 클릭한다.
③ [최종본 표시] 대화상자에서 [확인] 단추를 클릭한다.

모의고사 3-16

❶ 표 병합 방법
① 마지막 행의 왼쪽 세 개 셀을 블록으로 지정한다.
② [레이아웃] 탭의 [병합] 그룹에서 [셀 병합]을 클릭하거나, 마우스 오른쪽 단추를 클릭하여 [셀 병합]을 선택한다.
③ 병합된 셀에 "지점별 총합" 텍스트를 입력한다.

❷ 서식 저장 방법
① 표 제목 '2011년 지점별 판매 현황' 텍스트를 블록으로 지정한다.
② [홈] 탭의 [스타일] 그룹에서 [자세히] 단추를 클릭한다.
③ [선택 영역을 새 빠른 스타일로 저장]을 클릭한다.
④ [서식에서 새 스타일 만들기] 대화상자의 서식 이름을 "표제목"이라고 입력하고 [확인] 단추를 클릭한다.

모의고사 3-17

❶ 변경 내용 추적 옵션 지정 방법
① [검토] 탭의 [추적] 그룹에서 [변경 내용 추적]–[변경 내용 추적 옵션]을 클릭한다.
② [변경 내용 추적 옵션]에서 '삽입'은 '취소선', '삭제'는 '이중 밑줄'을 선택하고 [확인] 단추를 클릭한다.

❷ 메모 삽입에 대한 방법

① 제목인 '청남대' 텍스트를 블록으로 지정한다.
② [검토] 탭의 [메모] 그룹에서 [새 메모]를 클릭한다.
③ 오른쪽 메모 창에 "대통령 전용별장"을 입력한다.

모의고사 3-18

❶ 메모에 텍스트 추가 방법

① 그림에 삽입된 메모 앞에 커서를 두고 "주의 –"라고
입력한다.

❷ 페이지 번호 변경 방법

① 하단의 페이지 번호를 더블 클릭한다.
② [머리글/바닥글 도구]–[디자인] 탭의 [머리글/바닥글]
그룹에서 [페이지 번호]를 클릭한다.
③ [페이지 번호 서식]을 클릭하여 번호 서식을 '가,나,다'
로 선택한 후 [확인] 단추를 클릭한다.
④ [머리글/바닥글 도구]–[디자인] 탭의 [닫기] 그룹에서
[머리글/바닥글 닫기]를 클릭한다.

모의고사 3-19

❶ 문서 비교에 대한 방법

① [검토] 탭의 [비교] 그룹에서 [비교]–[비교]를 클릭한다.
② [문서 비교] 대화상자에서 '원본 문서'는 [원본 찾아보
기] 단추를 클릭하여 '모의고사03–19–01' 파일을 선택
한다.
③ '수정한 문서'는 [수정 내용 찾아보기] 단추를 클릭하
여 '모의고사03–19–02'를 선택하고 [확인] 단추를 클
릭한다.

❷ 검토 내용 변경 내용 적용 취소 방법

① [검토] 탭의 [추적] 그룹에서 [변경 내용 표시]를 클릭
한다.
② [검토자]–[모든 검토자]의 체크를 해체한 후 다시 [검
토자]–[이해인]을 클릭한다.
③ [변경 내용] 그룹에서 [적용]–[표시된 변경 내용 모두
적용]을 클릭한다.

모의고사 3-20

❶ 문서 블록 저장 방법

① 1페이지의 그림을 클릭한다.
② [삽입] 탭의 [텍스트] 그룹에서 [빠른 문서 요소]를 클
릭한다.
③ [선택 영역을 빠른 문서 요소 갤러리에 저장]을 클릭
한다.
④ [새 문서 블록 만들기] 대화상자의 이름에 "청남대"를
입력한다.
⑤ 범주는 '새 범주 만들기'로 선택하고 [새 범주 만들
기] 대화상자가 열리면 이름에 "별장"을 입력한다.
⑥ [확인]–[확인] 단추를 클릭한다.

❷ 문서 블록의 삽입 방법

① [삽입] 탭의 [텍스트] 그룹에서 [빠른 문서 요소]를 클
릭한다.
② [문서 블록 구성 도우미]를 클릭한다.
③ 문서 블록 목록에서 [인용문–순수]를 선택하고 [삽입]
단추를 클릭한다.

PART IV

Outlook 2007

chapter 01
Outlook
시작하기

Outlook 소개

2007 Microsoft Office System은 비즈니스를 보다 효율적으로 수행하는 데 사용할 수 있는 소프트웨어의 전체 모음이다. 개인 생산성을 높이고, 공동 작업 방법을 단순화하며, 프로세스 및 엔터프라이즈 콘텐츠 관리 효율성을 향상시키고, 조직 전체의 비즈니스 이해력을 강화할 수 있는 새로운 기능들이 포함되어 있다.

시간 및 정보 관리

아웃룩을 이용하면 정보를 보다 효율적으로 구성하여 시간을 절약하고 생산성을 높일 수 있다.

• 모든 정보를 빠르게 검색

통합된 빠른 검색 기능을 통해 원하는 모든 정보를 직접 찾을 수 있다. 키워드별로 정보를 검색할 수 있을 뿐 아니라 전자 메일 첨부 파일 내의 키워드도 검색할 수 있다. 빠른 검색 창에는 보다 관련성이 높은 검색 결과를 얻을 수 있도록 항목을 구체화하는 데 유용하게 사용할 수 있는 조건들이 제공된다.

• 일별 우선순위 관리

할 일 모음을 사용하여 하루 일과를 구성하고 우선순위를 관리할 수 있다. 할 일 모음에서는 일정, 예정된 약속, 작업 및 플래그가 지정된 메일을 모두 함께 볼 수 있으므로 해당 정보에 따른 작업을 간편하게 수행할 수 있다.

• Microsoft Office Fluent 사용자 인터페이스

제작 환경에 Office Fluent 사용자 인터페이스를 사용하여 전자 메일을 더욱 직관적이고 쉽게 작성하고 메일의 서식을 지정할 수 있으며 추가 작업을 수행할 수 있게 되었다. 이제 메시지 내에서 Office Outlook 2007의 다양한 모든 기능에 액세스하고 쉽게 찾을 수 있다.

• 시각적으로 정보 식별

색 범주를 사용하면 범주를 쉽게 개인 설정할 수 있으며 모든 유형의 정보에 범주를 추가할 수 있다. 항목을 시각적 방식으로 간편하게 구별할 수 있으므로 쉽게 데이터를 구성하고 정보를 검색할 수 있다.

• 첨부 파일 미리 보기 기능

보통 전자 메일 첨부 파일에 액세스하려면 여러 단계를 거쳐야 하므로 해당 콘텐츠를 쉽게 보기 어려운 경우가 많다. 첨부 파일 미리 보기 기능을 사용하면 Office Outlook 2007 내에서 클릭 한 번으로 첨부 파일을 손쉽게 미리 볼 수 있다.

모든 사용자와 연결

• 인터넷 일정 작성 및 가입

인터넷 일정에서 업계 행사나 개인적으로 관심이 있는 일정을 보고 최신 정보를 확인할 수 있다. 고정된 인터넷 일정을 추가하거나 동적 인터넷 일정에 가입할 수 있으며 자신의 인터넷 일정을 만들어 다른 사용자와 공유할 수도 있다.

• 일정 스냅숏을 사용하여 다른 사람에게 자신의 일정 정보 보내기

다른 사람과 손쉽게 일정 정보를 공유할 수 있다. 즉, 일정 스냅숏을 통해 일정을 HTML로 표시할 수 있으므로 다른 사람과 해당 정보를 손쉽게 공유할 수 있다.

• Microsoft Office Online에 인터넷 일정 게시

새로운 인터넷 일정을 손쉽게 만들어 Office Online에 게시함으로써 다른 사람과 공유할 수 있다. Microsoft Passport 자격 증명을 사용하면 동료, 고객, 친구 또는 친지를 초대하여 일정을 보고 작업하도록 할 수 있으므로 모든 사람이 최신 정보를 확인할 수 있다.

• Microsoft Windows SharePoint Services 기술과의 완벽한 통합

언제 어디서나 Windows SharePoint Services 기술에 저장된 정보를 사용할 수 있다. 또한 Windows SharePoint Services 일정, 문서, 연락처 또는 작업에 연결해 전체 편집 기능을 사용할 수 있다. 이때 Outlook 2007에서 저장한 정보에 대한 변경 내용을 모두 서버 버전에도 반영할 수 있다.

• Microsoft Exchange Server 2007를 사용하여 기능 및 공동 작업 개선

Office Outlook 2007과 Microsoft Exchange Server 2007을 함께 사용하면 공동 작업 기능과 보안을 향상시킬 수 있다. Exchange Server 2007은 개선된 정크 메일 차단, 동적 사서함 연결 및 통합 메시징 기능을 최신 상태로 제공한다.

• 한 번의 클릭으로 Outlook에서 텍스트 메시지 보내기

Outlook 모바일 서비스는 Office Outlook 2007과 모든 모바일 장치 간에 텍스트 및 그림 메시지를 주고받을 수 있는 기능이다. 또한 전자 메일 메시지, 미리 알림 및 하루 일정을 모바일 장치에 텍스트 메시지로 자동으로 보내도록 설정할 수도 있다.

• Office Outlook 2007 내에서 RSS 피드 작업 수행

Office Outlook 2007에서 직접 RSS(Really Simple Syndication) 피드에 정식 등록하고 서비스를 사용할 수 있다.

• 전자 명함 사용자 지정 및 공유

전자 명함을 사용하면 정보를 손쉽게 만들고 사용자를 지정하고 고객 또는 친구와 공유할 수 있다. 받는 사람이 명함을 쉽게 알아보도록 명함에 사진, 회사 로고 또는 기타 개인 정보를 추가할 수도 있다.

⠿ 전자 메일 제어 및 보호 향상

• 정크 메일 방지 및 악의적인 사이트에 대한 노출 감소

정크 메일 필터는 정크 메일 메시지가 받은 편지함에 들어오지 않도록 차단한다. Office Outlook 2007에는 개인 정보 유출을 방지하는 기능도 추가되었다. 새로운 피싱 방지 기능은 위험한 링크를 비활성화하고 전자 메일 메시지 내의 악의적인 콘텐츠나 피싱 콘텐츠에 대한 경고 메시지를 표시한다.

• Exchange Server 2007를 통한 보호 및 보안 기능 향상

Office Outlook 2007과 Exchange Server 2007을 함께 사용하면 새로워진 정크 메일 필터 기능에 포함된 피싱 방지 기술을 적용할 수 있다. Exchange Server 2007은 받은 전자 메일에 대해 초기 검사를 수행하여 해당 메일의 합법성을 판단한 다음 필요한 경우 메일 메시지에 포함된 링크나 URL을 비활성화하여 사용자를 보호한다.

• 중요한 작업 배포 관리

IRM(정보 권한 관리) 기능을 사용하면 받는 사람이 중요한 전자 메일 메시지를 전달, 복사 또는 인쇄하지 못하도록 함으로써 회사 자산을 보호할 수 있으며, 메시지에 대해 만료 날짜를 지정하여 해당 날짜가 지나면 메시지를 보거나 작업을 수행하지 못하도록 할 수도 있다.

• 관리 전자 메일 폴더를 사용한 규정 준수

Exchange Server 2007은 관리 전자 메일 폴더라는 새로운 방식을 사용하여 문서 보존, 보관 및 규정 준수 작업을 수행한다. 사용자는 Office Outlook 2007에서 다른 메일 폴더와 마찬가지로 이 폴더를 보고 사용할 수 있지만, 이 폴더에 저장된 메시지에는 관리자가 지정한 보존, 보관 및 만료 정책이 적용된다. 관리 전자 메일 폴더를 통해 사용자와 관리자는 메시지 보존과 관련된 다양한 형태의 외부 규제와 회사 내부 정책을 쉽게 준수할 수 있다.

• Office Outlook 2007 전자 메일 소인을 통해 전자 메일의 합법성 보장

Office Outlook 2007 전자 메일 소인을 사용하면 사용자의 받은 편지함에 합법적인 전자 메일만이 배달되도록 할 수 있으며 Office Outlook 2007에서 보낸 전자 메일을 받는 사람의 클라이언트에서 신뢰하도록 할 수 있다.

Outlook 시작하기

워밍업

◎ **준비 파일 :** 교재 예제

계정 설정하기

일반적으로 yahoo.co.kr 사이트에서 POP를 개인 계정을 받아 직접 Outlook에 등록하여 사용하지만 연습할 때는 각자의 개인용 편지함이 아니라 데이터 파일을 교재 예제로 사용하므로 계정을 받지 않고 아래의 순서대로 입력하여 계정 설정을 한다. .

01 Outlook 2007을 실행하고 [도구]-[계정 설정] 메뉴를 선택한다. [계정 설정] 대화상자의 [전자 메일] 탭에서 [새로 만들기] 단추를 클릭한다.

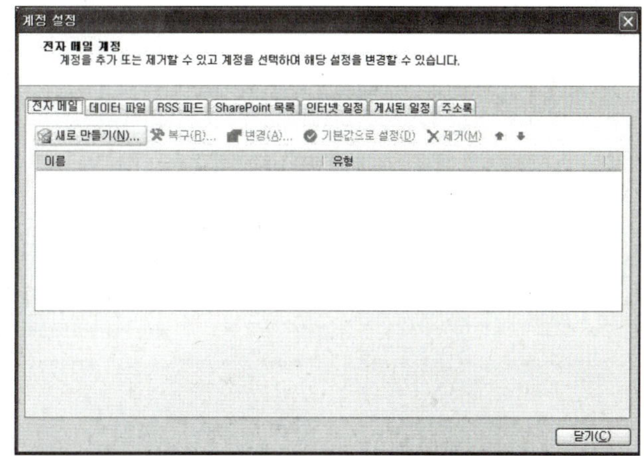

알아두기

만약 Outlook 2007을 처음 실행한다면 [사용자 계정 구성] 대화상자가 나타난다. [예]에 체크하고 [다음] 단추를 클릭하면 된다.

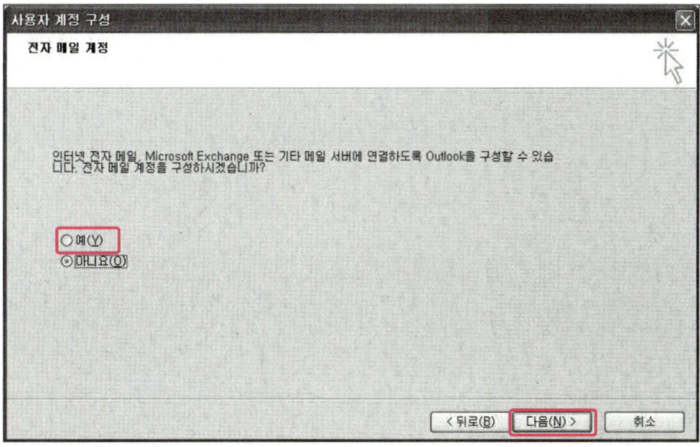

347

 [새 전자 메일 계정 추가] 대화
상자에서 'Microsoft Exchange,
POP3, IMAP 또는 HTTP'를 클릭한 뒤
[다음] 단추를 클릭한다.

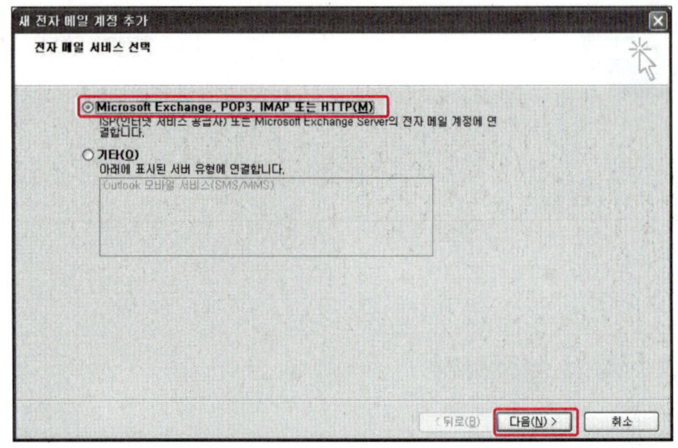

 '수동으로 서버 설정 또는 추가
서버 유형 구성'에 체크하고 [다음] 단추
를 클릭한다.

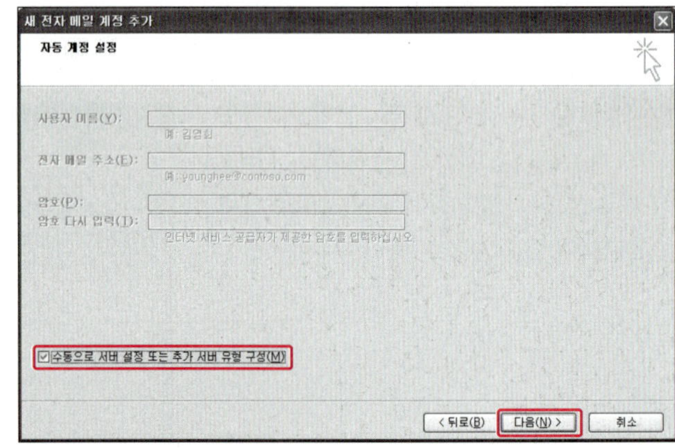

tip

자동으로 계정을 설정하려면 체크하지 않고 설정 내용을 입
력한 후 [다음] 단추를 클릭하여 진행한다.

 첫 번째 항목인 '인터넷 전자 메
일'을 클릭하고 [다음] 단추를 클릭한다.

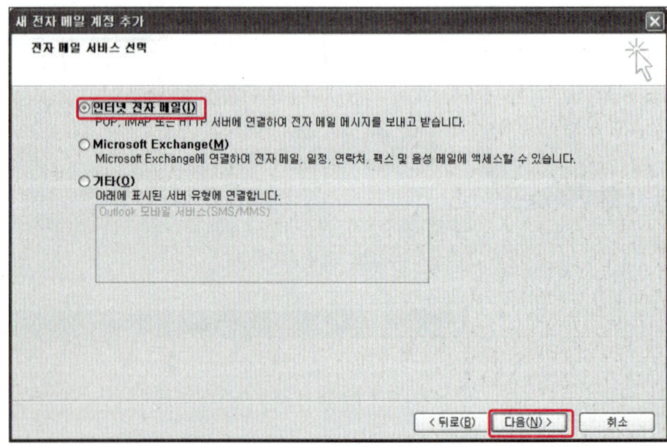

05 [인터넷 전자 메일 설정] 단계가 나오면 사용자 이름과 Outlook에서 사용할 메일 주소, 서버 정보를 모두 입력한 후 [다음] 단추를 클릭한다.

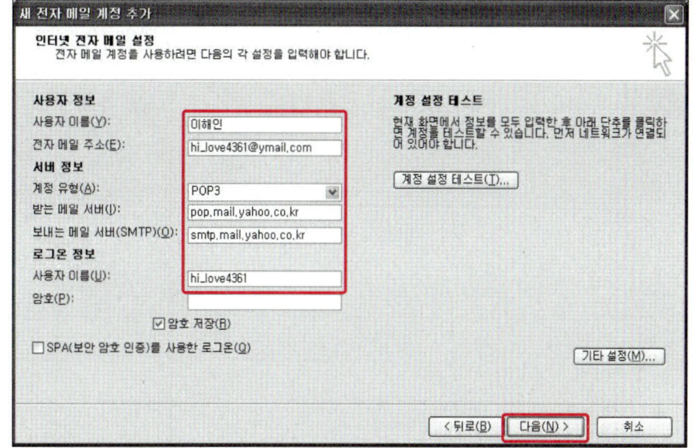

06 전자 메일 계정 변경 마법사의 마지막 단계에서 [마침] 단추를 클릭한다.

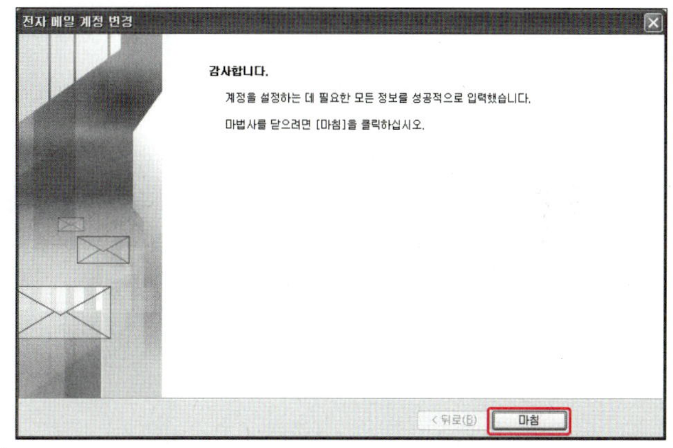

07 전자 메일 계정이 만들어졌다.

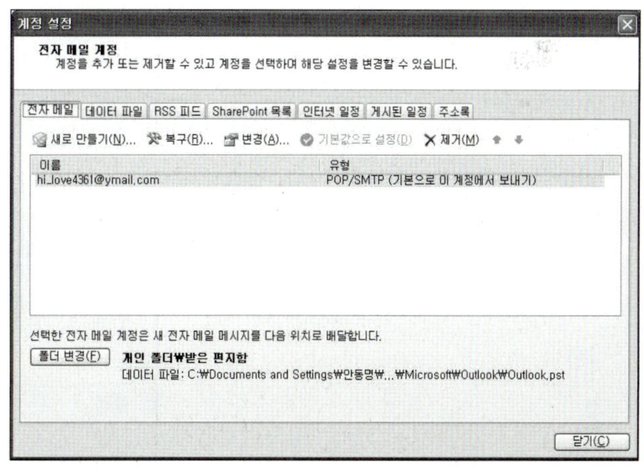

tip

계정 설정만 한 것이므로 실제로 사용할 수 있는 것은 아니다. 사용중에 [네트워크 암호 입력] 대화상자가 나타나면 [취소] 단추를 눌러 대화상자를 닫고 작업을 진행한다.

01 [파일]-[데이터 파일 관리]를 클릭한다.

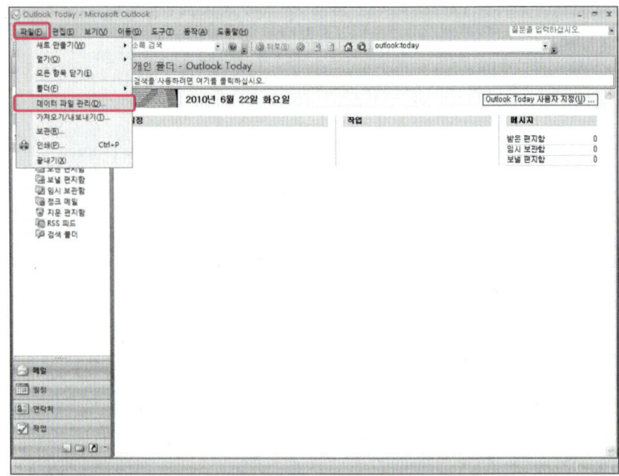

02 [계정 설정] 대화상자에서 [데이터 파일] 탭의 [추가]를 클릭한다.

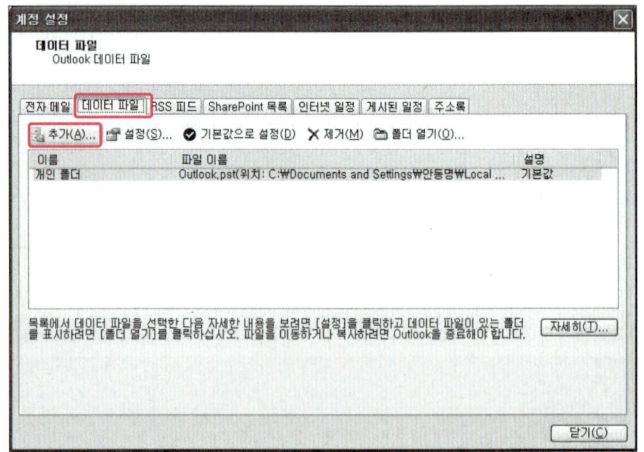

03 [새 Outlook 데이터 파일] 대화상자가 열리면 [Office Outlook 개인 폴더 파일(.pst)]를 선택하고 [확인] 단추를 클릭한다.

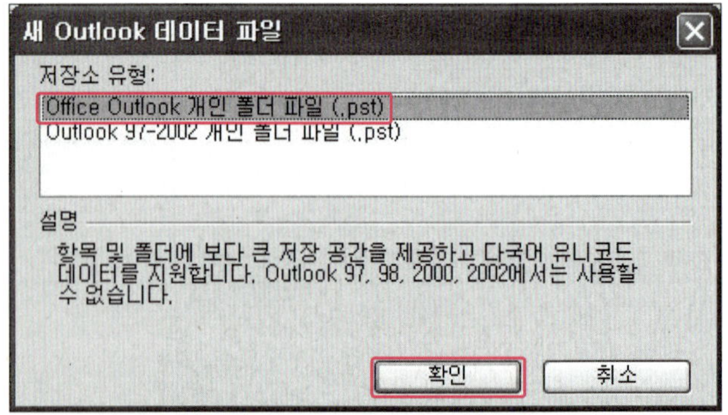

04 예제로 제공되는 '교재예제' 파일을 찾아 선택하고 [확인] 단추를 클릭한다.

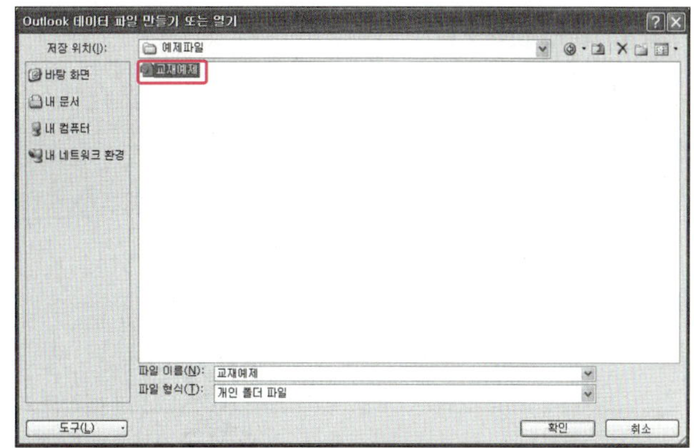

05 [개인 폴더] 대화상자가 열리면 [확인] 단추를 클릭한다.

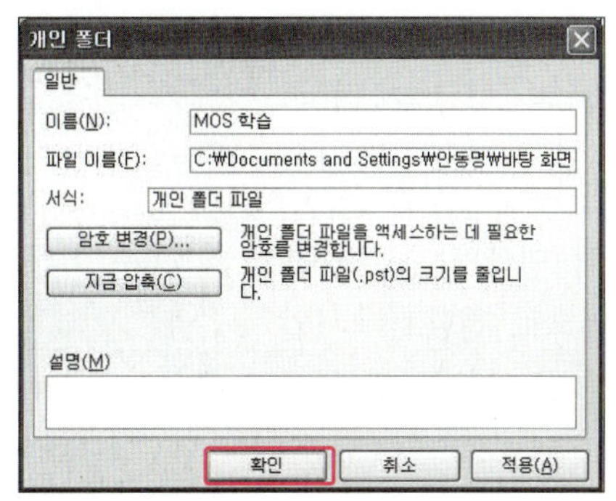

06 삽입된 'MOS 학습'을 선택하고 [기본값으로 설정]을 클릭한다.

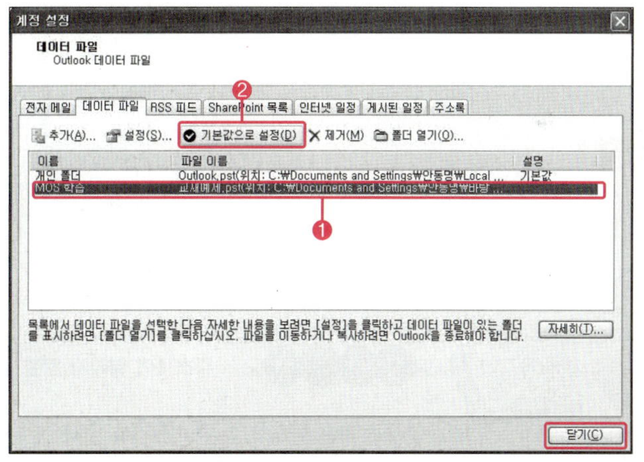

07 메일 배달 위치가 변경된다는 메시지가 나오면 [확인] 단추를 클릭하고, [계정 설정] 대화상자에서 [닫기] 단추를 클릭한다.

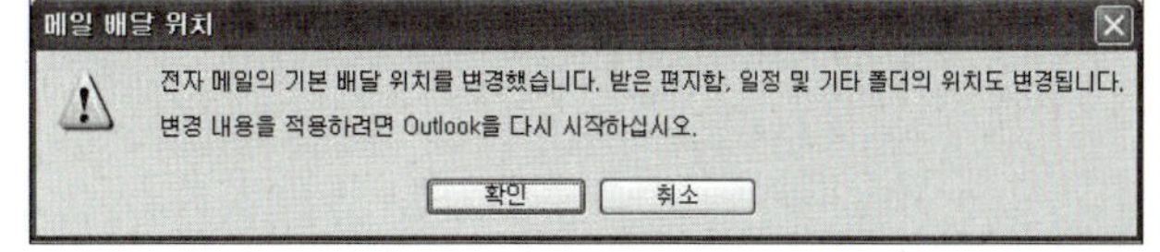

08 추가한 데이터를 기본값으로 사용하기 위해 Outlook을 재실행한다.

01 Outlook 2007을 다시 실행하고 왼쪽의 탐색 창을 보면, 새로 추가한 [MOS 학습] 데이터 폴더가 기본값으로 설정되어 있는 것을 볼 수 있다. 화면 왼쪽 하단에서 [메일] 단추를 선택하고 [받은 편지함]을 클릭하면 오른쪽에 받은 편지함 목록이 열린다.

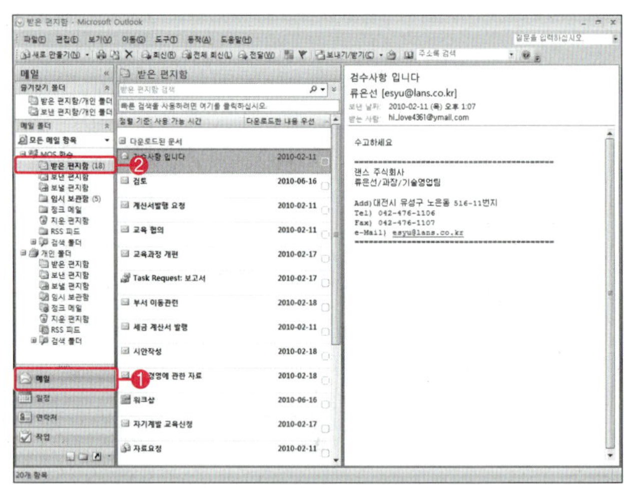

---
tip

받은 편지함 목록의 모양은 사용자 컴퓨터의 설정에 따라 다르게 보일 수 있다. 예제 화면은 [보기]-[현재 보기]-[문서]가 선택된 상태이다.

---

02 탐색 창에서 [연락처] 단추를 선택하면 연락처 화면으로 전환된다. [일정] 폴더와 [작업] 폴더도 각각 클릭하여 확인해본다.

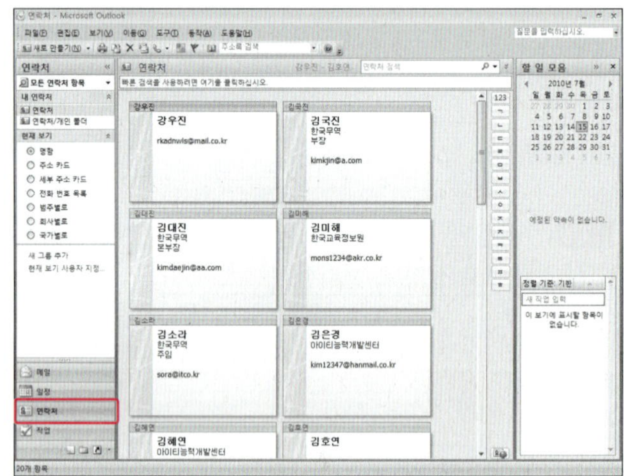

주소록이 열리지 않을 경우

만약 주소록이 열리지 않는다면 왼쪽 탐색 창에서 [내 연락처]의 [연락처]를 마우스 오른쪽 단추로 클릭하고 [속성]을 선택한다. [연락처 속성] 대화상자의 [Outlook 주소록] 탭에서 '이 폴더를 전자 메일 주소록으로 표시'에 체크한 후 [확인] 단추를 클릭한다. 새로운 설정을 적용해야 하므로 Outlook을 재실행한다.

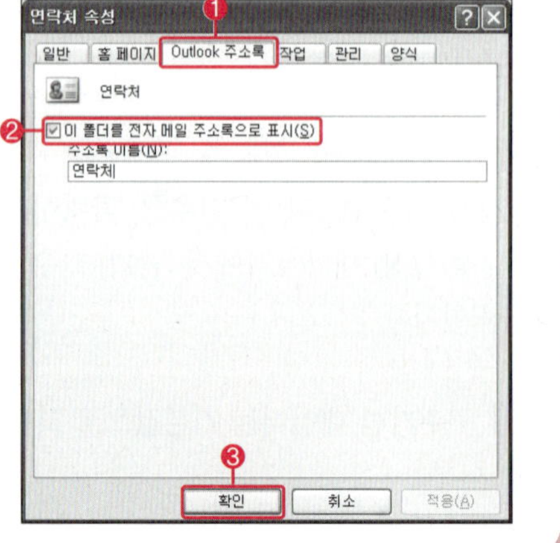

chapter 02

메일 폴더

메일 작성

다양한 첨부 파일 방식을 이용하여 메일을 보낼 수 있다.

워밍업

◎ **출제 포인트** : 다양한 메일 작성 및 옵션 설정 방법에 대한 문제

새 메일 메시지 작성

01 탐색 창에서 [메일] 단추를 클릭하고 [파일]-[새로 만들기]-[메일 메시지]를 선택하거나 도구 상자의 [새로 만들기]를 클릭한다.

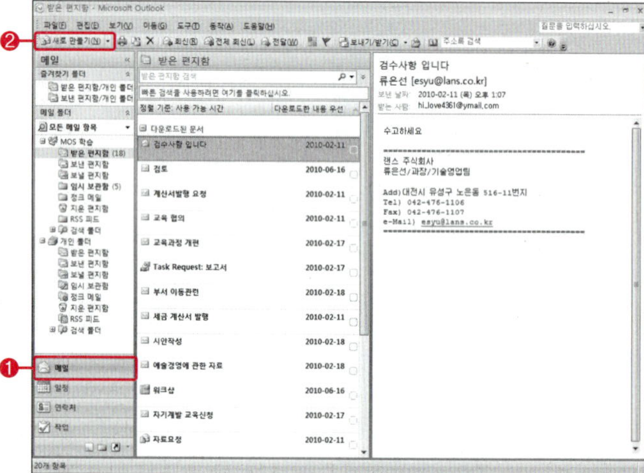

02 [메시지] 창에서 [받는 사람]에 커서를 두고 [받는 사람] 단추를 누르거나, [메시지] 탭의 [이름] 그룹에서 [주소록]을 클릭한다.

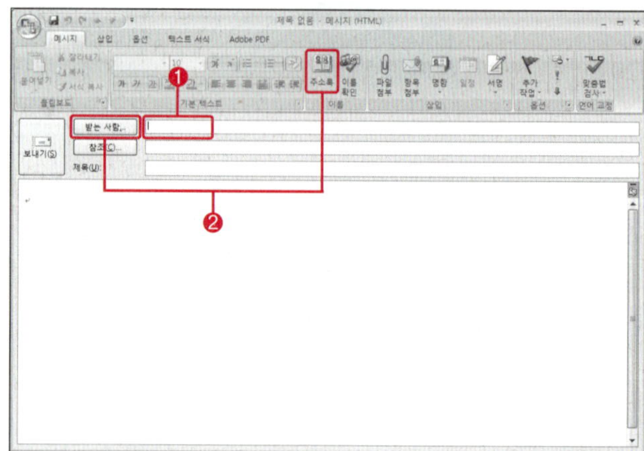

03 [이름 선택: 연락처] 대화 상자에서 '김소라'를 선택하고 하단의 [받는 사람] 단추를 클릭하여 추가한 후 [확인] 단추를 클릭한 후 [확인] 단추를 클릭한다.

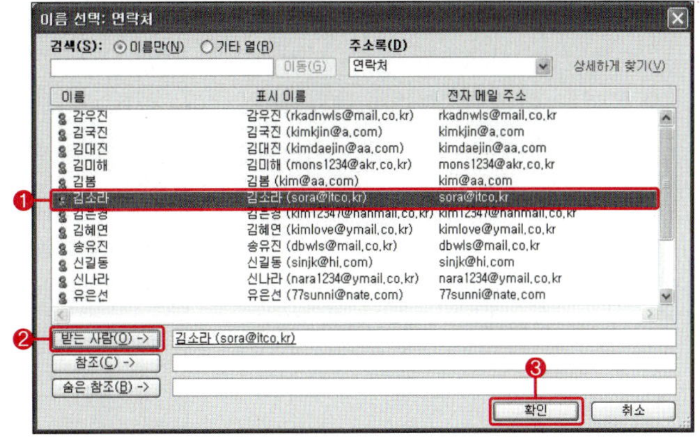

04 제목란에 "자료요청"을 입력하고 메시지 내용 입력 창에 "인사관리 자료 요청"이라고 입력한다.

05 [보내기] 단추를 클릭한다.

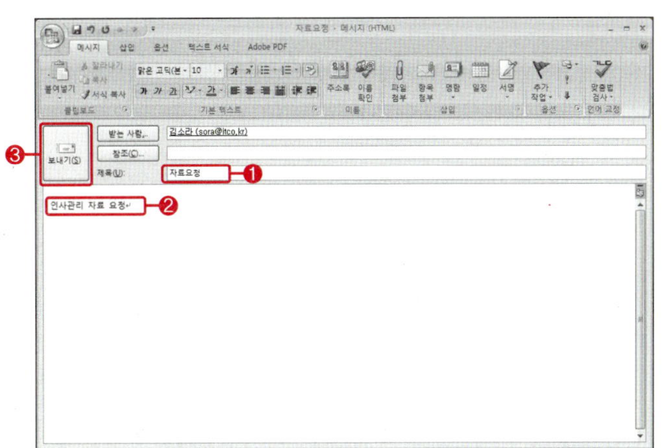

:: 첨부 파일 작성하기

(1) 파일 첨부

그래픽, office 문서 및 다양한 문서를 메일에 첨부하여 보낼 수 있다.

01 탐색 창에서 [메일] 단추를 클릭하고 [파일]-[새로 만들기]-[메일 메시지]를 선택하거나, 도구 상자에서 [새로 만들기]를 클릭한다.

02 [받는 사람]에 커서를 두고, [받는 사람] 단추를 누르거나 [메시지] 탭의 [이름] 그룹에서 [주소록]을 클릭한다.

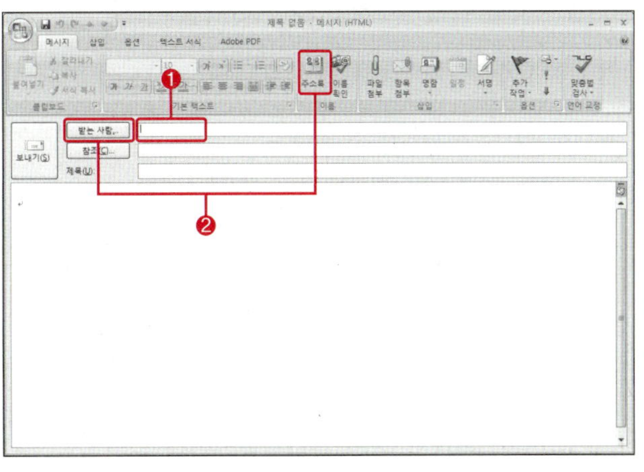

03 [이름 선택: 연락처] 대화상자에서 '송유진'을 선택하고 [받는 사람] 단추를 클릭한 후 [확인] 단추를 클릭한다.

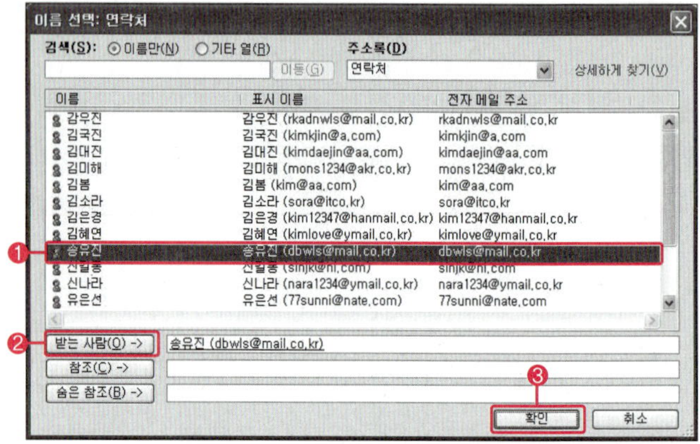

04 [메시지] 탭의 [삽입] 그룹에서 [파일 첨부]를 클릭하거나, [삽입] 탭의 [삽입] 그룹에서 [파일 첨부]를 클릭한다.

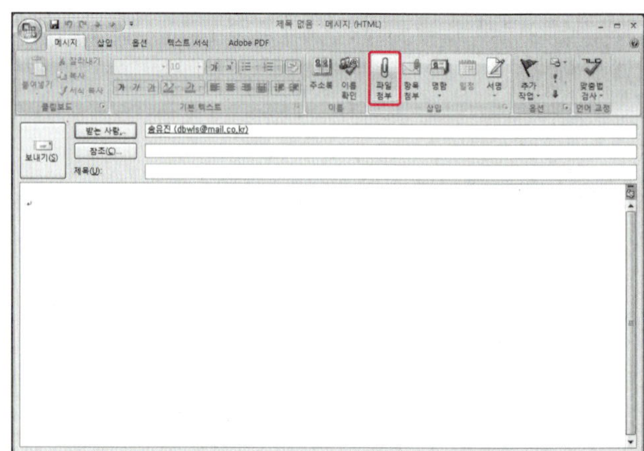

05 예제로 제공되는 '미술치료.docx' 파일을 선택하고 [삽입] 단추를 클릭한다.

06 파일이 첨부된 것을 볼 수 있다. 제목에 "미술치료의 필요성"을 입력하고 메시지 내용에 "검토바람" 텍스트를 입력한 후 [보내기] 단추를 클릭한다.

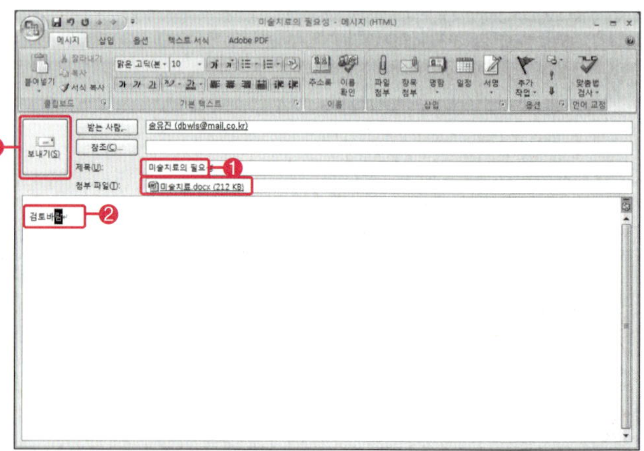

(2) 항목 첨부

일정 및 메일 작업의 자세한 내용을 첨부하여 보낼 수 있다.

01 탐색 창에서 [메일] 단추를 클릭하고 [파일]–[새로 만들기]–[메일 메시지]를 선택하거나 [도구 상자]의 [새로 만들기]를 클릭한다.

02 [메시지] 창에서 [받는 사람]에 커서를 두고 [받는 사람] 단추를 누르거나 [메시지] 탭의 [이름] 그룹에서 [주소록]을 클릭한다.

03 받는 사람을 '김국진'으로 선택하고 '송유진'을 숨은 참조로 선택한 뒤 [확인] 단추를 클릭한다.

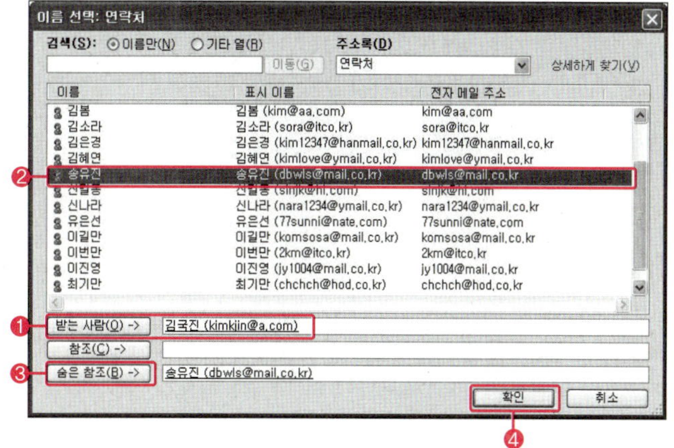

04 제목에 "주간회의 일정"을 입력한다.

05 [메시지] 탭의 [삽입] 그룹에서 [항목 첨부]를 클릭하거나 [삽입] 탭의 [삽입] 그룹에서 [항목 첨부]를 클릭한다.

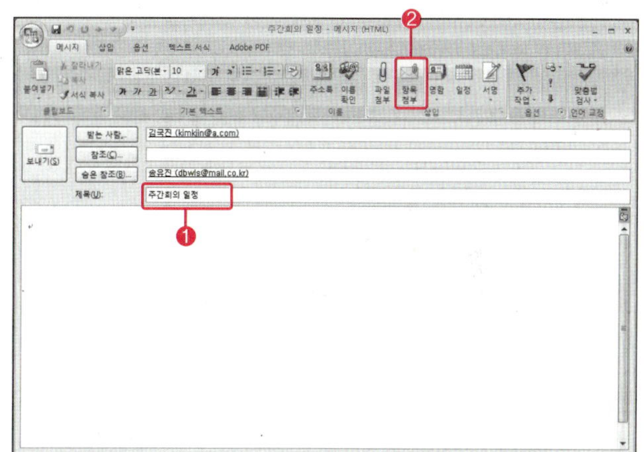

06 [항목 삽입] 대화상자의 '찾는 위치'에서 '일정'을 선택하고 '항목'에서 '주간회의'를 선택한 후 [확인] 단추를 클릭한다.

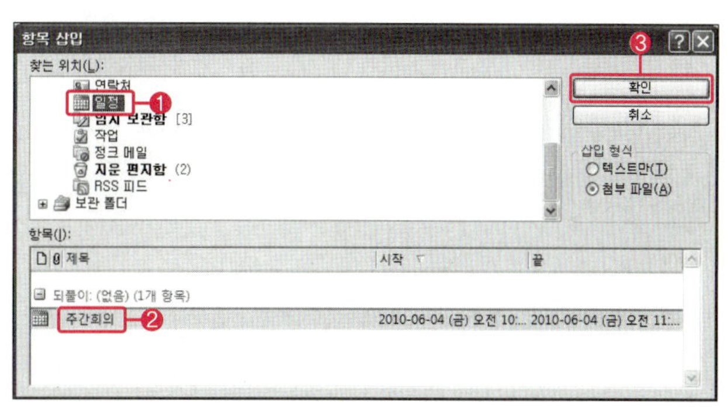

07 [저장] 단추를 클릭한 후 [닫기]
단추를 클릭한다.

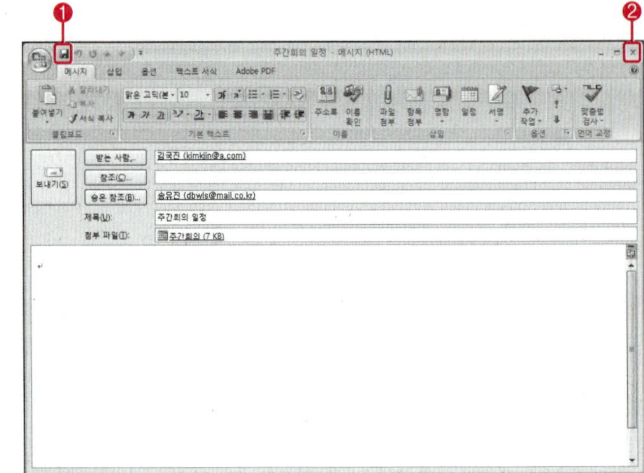

tip
[저장] 단추를 클릭하면 작성한 메일이 [임시 보관함] 폴더에
저장된다.

(3) 명함 첨부

01 탐색 창에서 [메일] 단추를 클릭하고 [파일]-[새로 만들기]-[메일 메시지]를 선택하거나 [도구
상자]의 [새로 만들기]를 클릭한다.

02 [받는 사람]에 커서를 두고 [받는 사람] 단추를 누르거나 [메시지] 탭의 [이름] 그룹에서 [주소
록]을 클릭한다.

03 '유은선'을 선택하고 [받는 사람] 단추를 클릭해 추가한 후 [확인] 단추를 클릭한다.

04 제목에 "연락처 첨부"를 입력한다.

05 [메시지] 탭의 [삽입] 그룹이나 [삽입] 탭의 [삽입] 그룹에서 [명함]-[기타 명함]을 클릭한다.

06 [명함 삽입] 대화상자에서 '김혜
연'을 선택하고 [확인] 단추를 클릭한다.

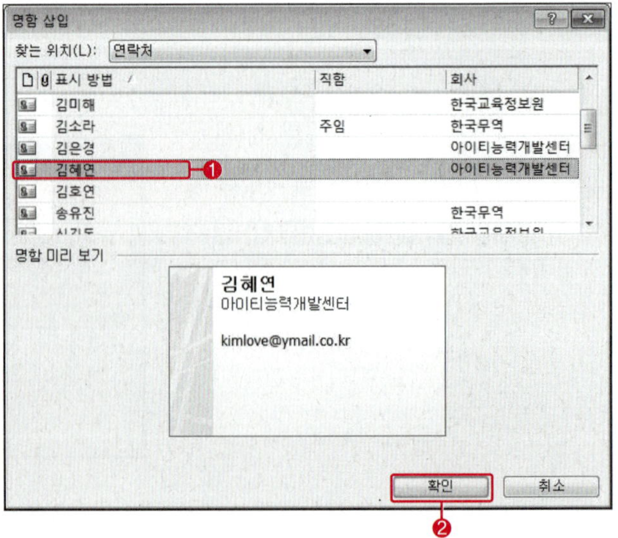

07　메시지 내용 입력 창에 명함이 표시되면 저장 후 닫는다.

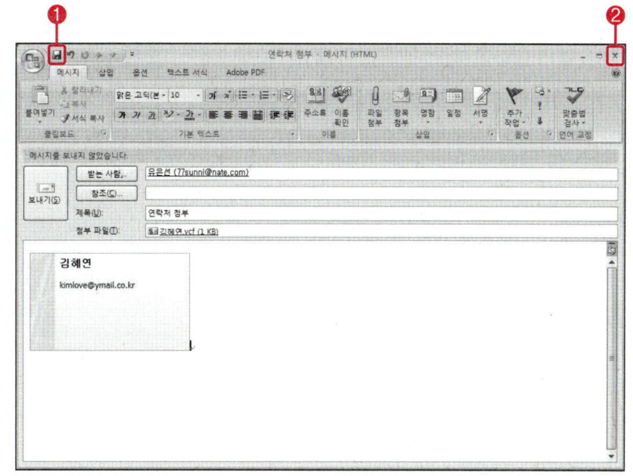

(4) 일정 첨부

01　탐색 창에서 [메일] 단추를 클릭하고 [파일]-[새로 만들기]-[메일 메시지]를 선택하거나 [도구 상자]의 [새로 만들기]를 클릭한다.

02　메시지 창에서 [받는 사람]에 커서를 두고 [받는 사람] 단추를 누르거나 [메시지] 탭의 [이름] 그룹에서 [주소록]을 클릭한다.

03　받는 사람을 '유은선'으로 선택하고 [확인] 단추를 클릭한다.

04　제목에 "한 달 일정"이라고 입력하고 메시지 입력 창에 커서를 둔다.

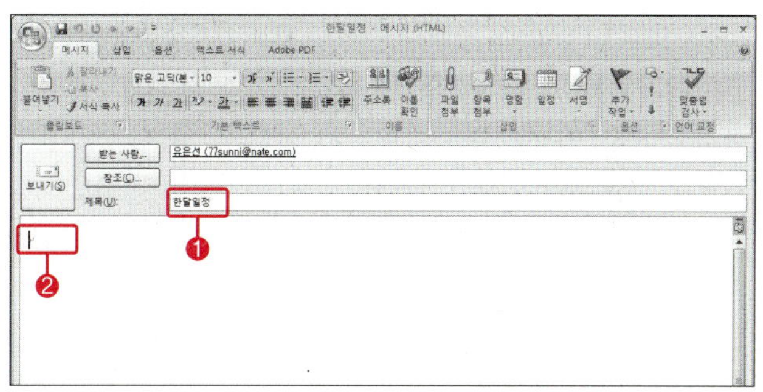

05　[메시지] 탭의 [삽입] 그룹이나 [삽입] 탭의 [삽입] 그룹에서 [일정]을 클릭한다.

06　[전자 메일로 일정 보내기] 대화 상자에서 '날짜 범위'를 '다음 30일'로 변경하고 '자세히'는 '약속 있음/없음'으로 선택하고 [확인] 단추를 클릭한다.

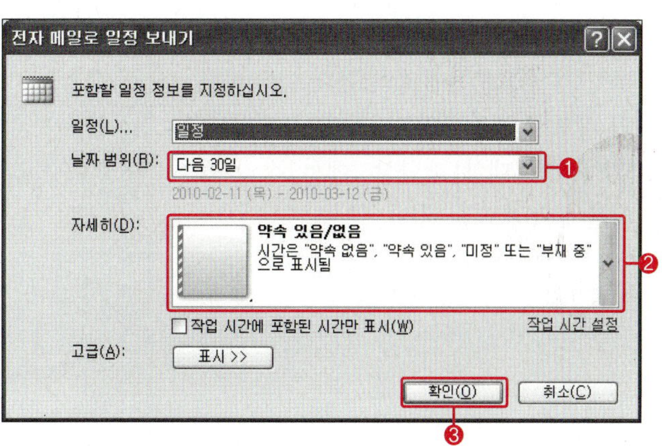

07 날짜 범위 변경 여부를 묻는 메시지가 나타나면 [계속] 단추를 클릭한다.

08 메시지 입력 창에 일정이 삽입된 것을 볼 수 있다. [보내기] 단추를 클릭한다.

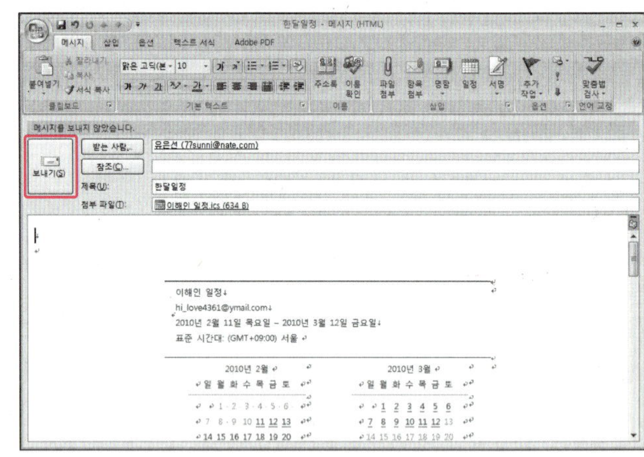

메시지를 작업 폴더로 이동

01 [파일]–[새로 만들기]–[메일 메시지]를 선택하거나 [도구 상자]의 [새로 만들기]를 클릭한다.

02 제목 창에 "작업"이라고 입력한다.

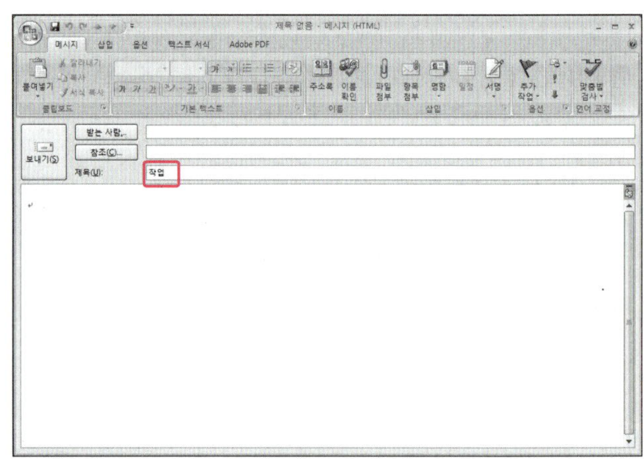

03 [Office] 단추–[이동]–[작업]을 클릭한다. 오른쪽에 항목 폴더 이동 목록이 나오지 않을 경우 [이동]을 클릭한 후 [항목 이동 대상] 대화상자에서 [작업] 폴더를 선택해도 된다.

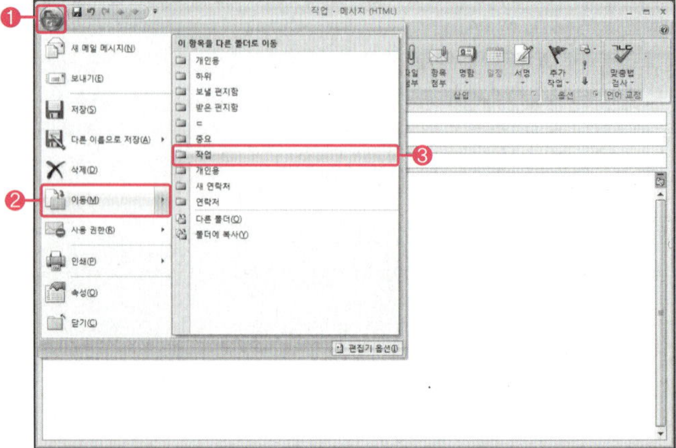

04 메시지 창이 작업 창으로 바뀐다. [저장 후 닫기] 단추를 클릭한다.

05 탐색 창에서 [작업] 단추를 클릭해 보면 방금 이동한 '작업' 메시지가 할 일 모음 목록에 등록된 것을 볼 수 있다.

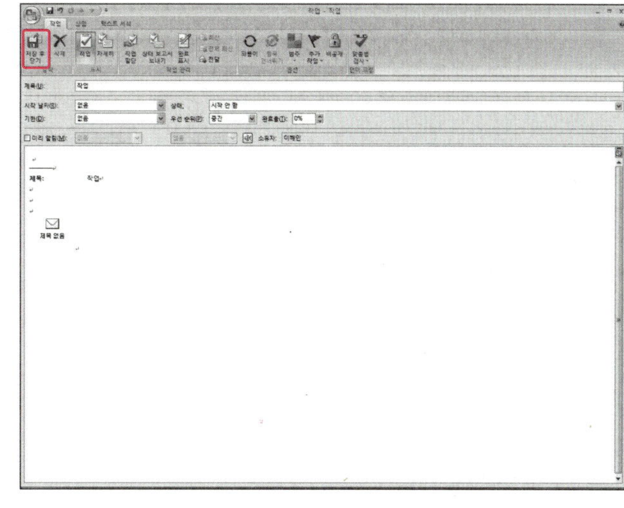

t i p

메일 작업으로 만드는 내용은 chapter04에서 다시 한 번 다룬다.

❶ 예제로 제공되는 '신종플루.pptx' 파일을 "주의 요망" 이라는 제목의 메시지에 첨부하고, 메시지를 저장한 후 닫으시오.

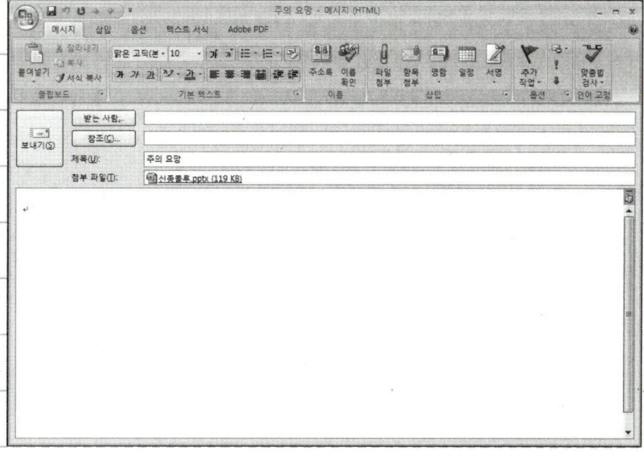

❷ '강우진' 연락처의 전자 명함을 '강우진 명함' 이라는 제목으로 '김소라' 에게 보내시오(모든 기타 설정은 승인한다).

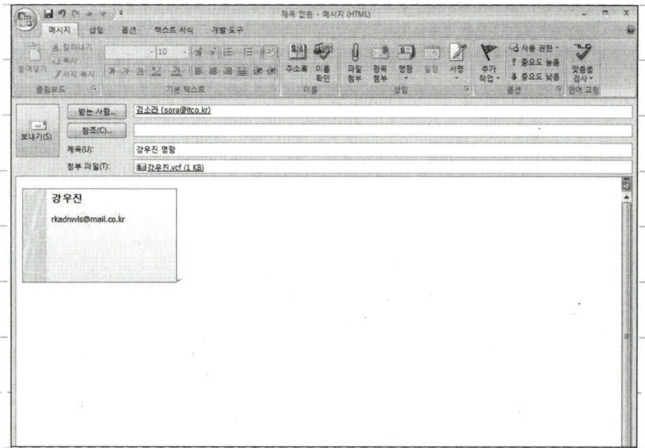

서명 작성 및 기본 설정

서명을 새로 만들거나 기본 설정을 해 두고, 메일 회신 시 서명이 자동으로 삽입될 수 있도록 한다.

워밍업

◎ **출제 포인트** : 새 서명 작성 및 서명 기본 설정을 하는 문제

서명 추가하기

새로운 서명을 추가해두면 필요할 때마다 서명을 선택하여 메일을 발송할 수 있다.

01 탐색 창에서 [메일] 단추를 클릭하고 [도구]-[옵션]을 선택한 후 [옵션] 대화상자의 [메일 형식] 탭에서 [서명] 단추를 클릭한다.

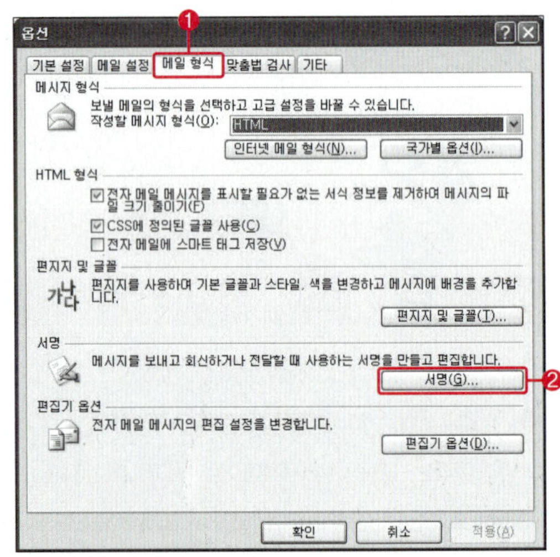

02 [서명 및 편지지] 대화상자에서 [새로 만들기] 단추를 클릭한다.

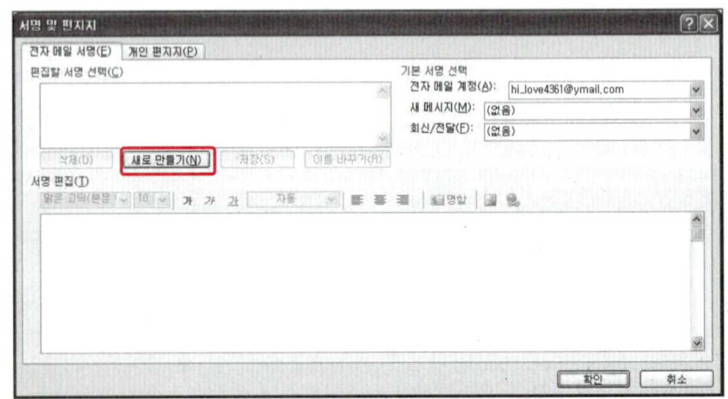

03 [새 서명] 대화상자에 "개인용"이라고 이름을 입력하고 [확인] 단추를 클릭한다.

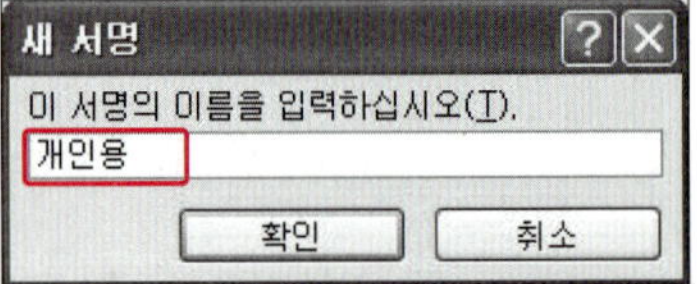

04 [그림] 아이콘(🖼)을 클릭한 후 [그림 삽입] 대화상자에서 예제로 제공되는 '기도.jpg' 파일을 선택하고 [삽입] 단추를 클릭한다.

05 [서명 및 편지지] 대화상자에서 [확인] 단추를 클릭하고, [옵션] 대화상자에서도 [확인] 단추를 클릭한다.

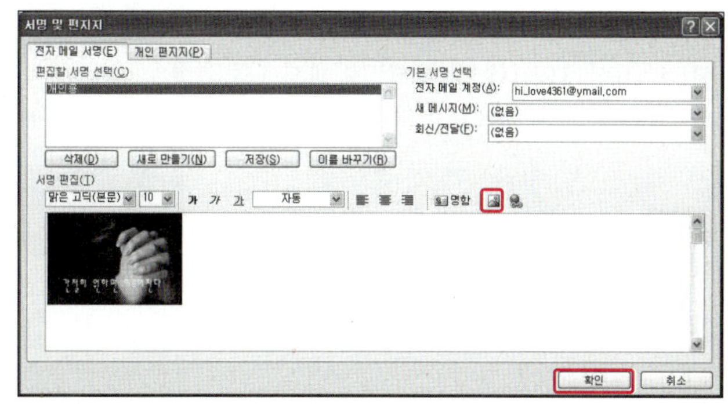

:: 서명 첨부

01 탐색 창에서 [메일] 단추를 클릭하고 [도구 상자]의 [새로 만들기]를 클릭한다.

02 메시지 대화상자에서 [받는 사람]에 커서를 두고 [받는 사람] 단추를 누른후 받는 사람을 '유은선'으로 선택하고 [확인] 단추를 클릭한다.

03 제목에 "서명 첨부"라고 입력한다.

04 [메시지] 탭의 [삽입] 그룹이나 [삽입] 탭의 [삽입] 그룹에서 [서명]-[개인용]을 클릭한다.

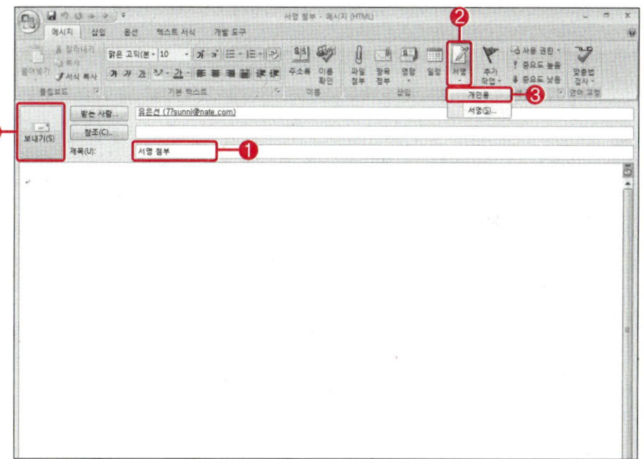

05 서명이 첨부되었다. [보내기] 단추를 클릭한다.

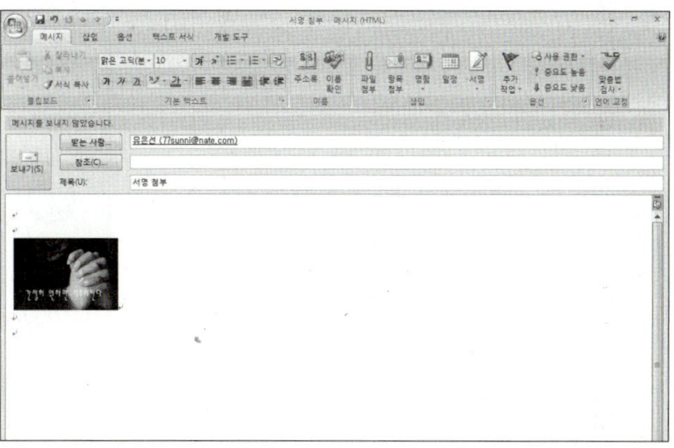

:: 기본 서명으로 지정

01 탐색 창에서 [메일] 단추를 클릭하고 [도구]-[옵션]을 선택한 후 [옵션] 대화상자의 [메일 형식] 탭에서 [서명] 단추를 클릭한다.

02 [서명 및 편지지] 대화상자에서 '새 메시지' 목록 상자를 선택하여 '개인용'을 선택하고 [확인] 단추를 클릭한다.

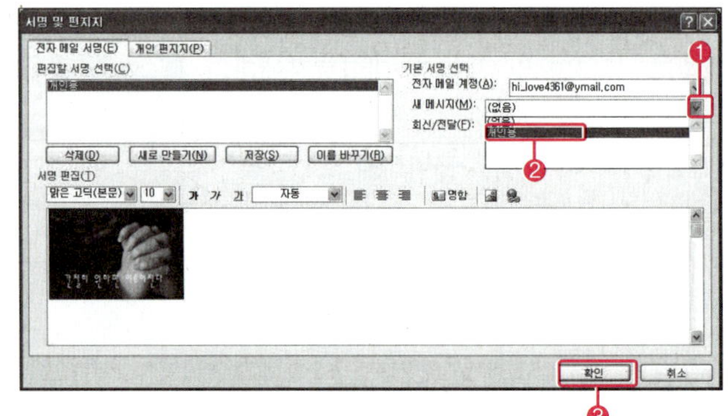

03 [옵션] 대화상자에서 [확인] 단추를 클릭한다. 이제부터는 별도로 지정하지 않으면 '개인용' 서명이 기본 서명으로 삽입된다.

❶ 명함을 삽입하여 '업무용'이라는 이름의 새 서명을 만드시오.

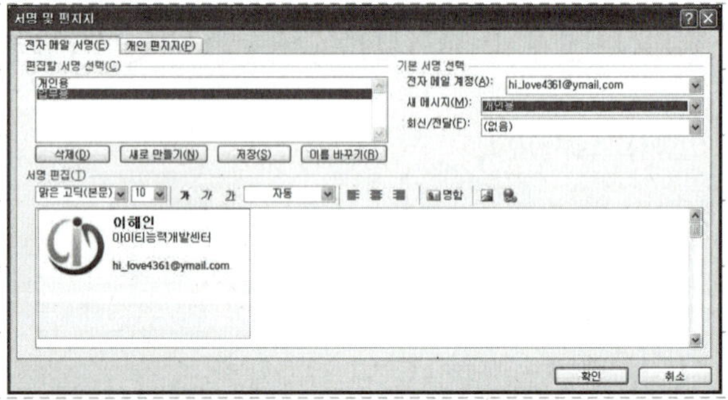

❷ 모든 새 메시지에 '업무용' 서명이 기본으로 추가되도록 설정하시오.

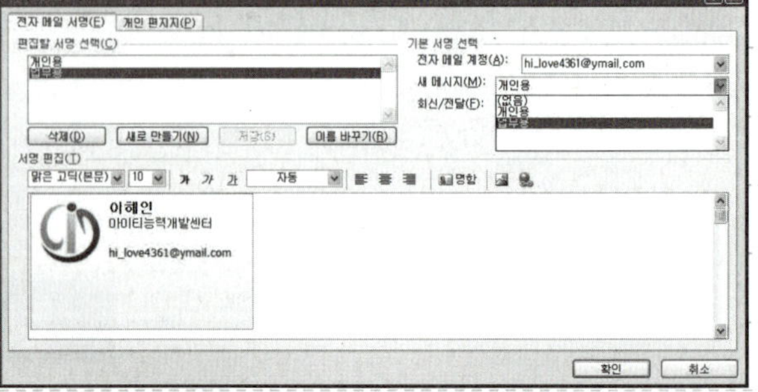

메일 옵션

메시지의 중요도와 우편물의 종류를 선택할 수 있으며, 수신 여부도 확인할 수 있다.

워밍업

◎ **출제 포인트 :** 메일 옵션 설정 방법에 대한 문제

메시지 설정

01 탐색 창에서 [메일] 단추를 클릭하고 [파일]-[새로 만들기]-[메일 메시지]를 선택하거나 도구 상자의 [새로 만들기]를 클릭한다.

02 [메시지] 대화상자에서 [받는 사람]에 커서를 두고 [받는 사람] 단추를 누르거나 [메시지] 탭의 [이름] 그룹에서 [주소록]을 클릭한다.

03 받는 사람을 '유은선'으로 선택하고 [확인] 단추를 클릭한다.

04 [메시지] 탭의 [옵션] 그룹에서 [메시지 옵션] 대화상자 단추를 클릭한다.

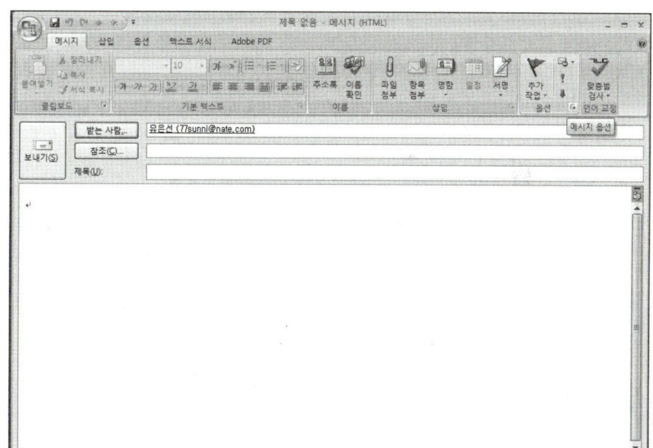

05 [메시지 옵션] 대화상자의 '메시지 설정'에서 '중요도'를 '높음'으로 설정하고 '우편물 종류'는 '원본 유지'를 선택한 후 [닫기] 단추를 클릭한다.

06 제목에 "중요도 설정"이라고 입력하고 [보내기] 단추를 클릭하여 메시지를 전송한다.

응답 및 추적 옵션

메시지의 배달 완료, 수신 확인 등을 체크하여 확인할 수 있다.

01 도구 상자에서 [새로 만들기]를 클릭하여 새 메시지 창을 연다.

02 [메시지] 대화상자에서 [받는 사람]을 '신길동' 으로 선택한다.

03 [메시지] 탭의 [옵션] 그룹에서 [메시지 옵션] 단추를 클릭한다. [메시지 옵션] 대화상자의 '응답 및 추적 옵션'에서 '메시지를 배달했을 때 알림'과 '메시지를 읽었을 때 알림'에 각각 체크하고 [닫기] 단추를 클릭한다.

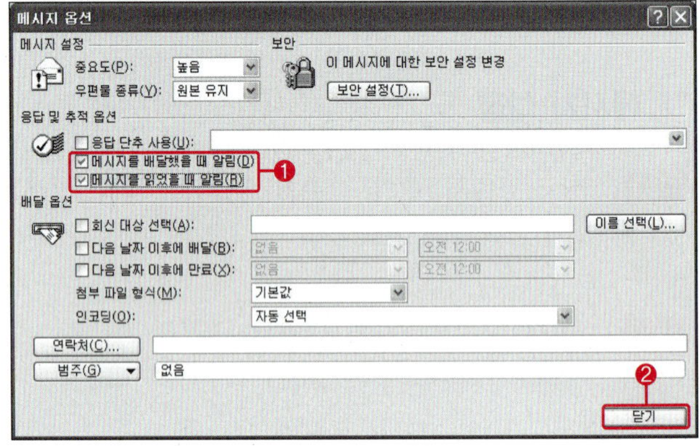

> **tip**
>
> [옵션] 탭의 [추적] 그룹에서 [배달 확인 요청], [읽음 확인 요청] 체크 상자를 클릭해도 된다.

04 제목에 "알림 설정"이라고 입력하고 [보내기] 단추를 클릭하여 메일을 발송한다. 정상적으로 메일이 발송되었거나 메일을 확인하면 확인 메시지가 받은 편지함으로 발송된다.

회신 대상 선택

보내는 사람이 부재중이거나 다른 사람 주소로 메일을 보내고자 할 때 사용할 수 있다.

01 새 메시지 창을 열고 받는 사람을 '김미해' 로 선택한다.

02 [메시지] 탭의 [옵션] 그룹에서 [메시지 옵션] 대화상자 단추를 클릭하거나 [옵션] 탭의 [기타 옵션] 그룹에서 [회신 대상]을 클릭한다.

03 [메시지 옵션] 대화상자에서 '배달 옵션'의 '회신 대상 선택' 입력란에 이메일 주소를 입력하거나 [이름 선택] 단추를 클릭하여 보낼 사람의 이름을 선택한다. 여기서는 [이름 선택] 단추를 누른다.

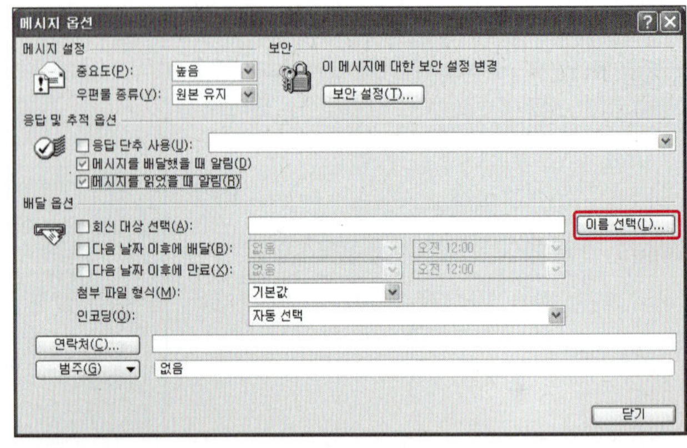

04 ‘송유진’을 클릭하고 [회신 대상] 단추를 클릭한 후 [확인] 단추를 클릭한다.

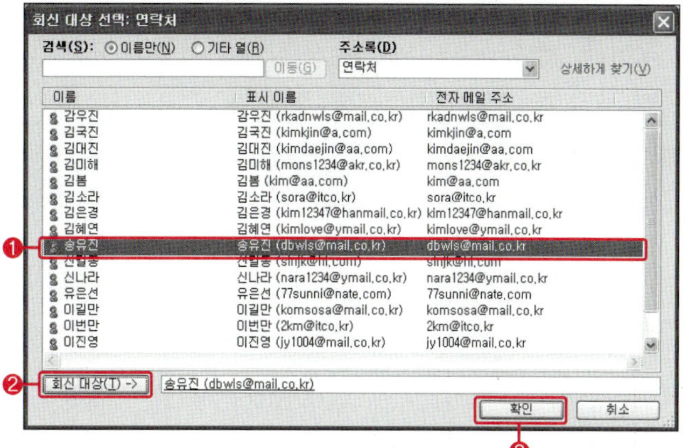

05 ‘회신 대상 선택’에 이름과 이메일이 표기된 것을 확인하고 [닫기] 단추를 클릭한다.

06 제목에 "회신자 변경"이라고 입력하고 [보내기] 단추를 클릭하여 메일을 발송한다.

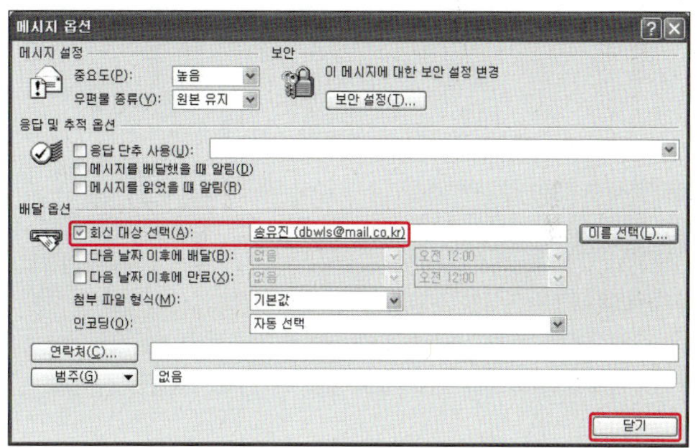

❶ [받은 편지함]에 있는 ‘검수사항입니다’라는 메시지를 열어 메시지 중요도를 [높음]으로 변경하고 저장한 후 닫으시오.

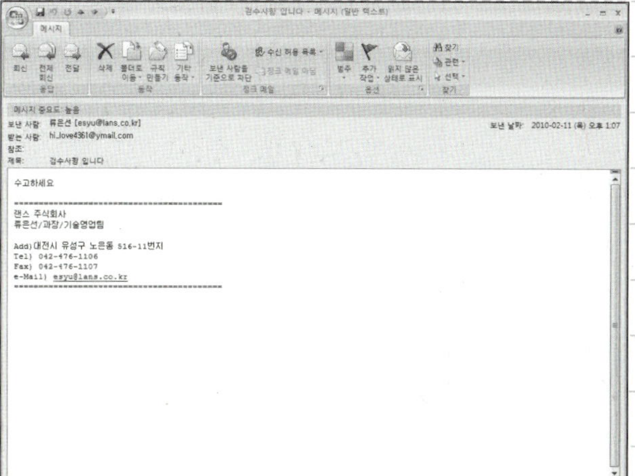

❷ [임시 보관함] 폴더에 있는 '교육관리사항' 메시지를 비밀우편으로 변경하고 발송하시오.

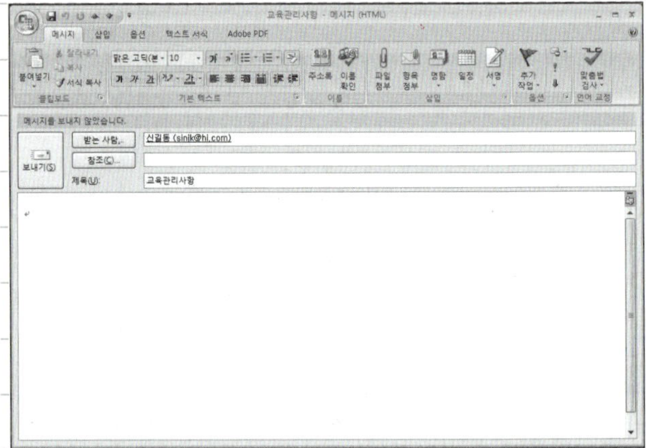

❸ [임시 보관함] 폴더에 있는 '고객 관리 데이터 요청' 메시지를 goto12@ita.co.kr 주소로 회신되도록 옵션을 설정하고 저장하시오.

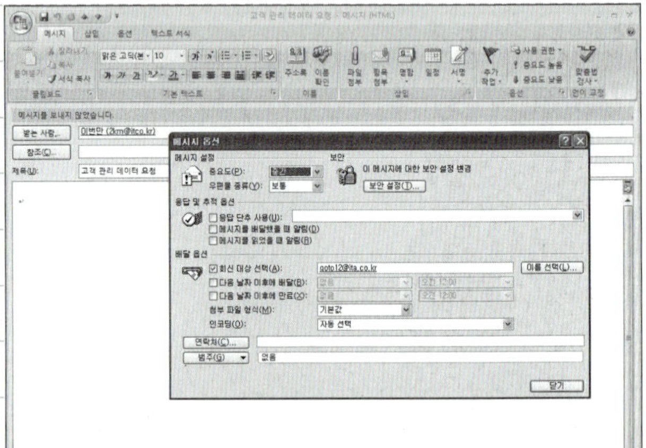

❹ [임시 보관함] 폴더에 있는 '고객 관리 데이터 요청' 메시지를 수신 확인되도록 옵션 설정하고 발송하시오.

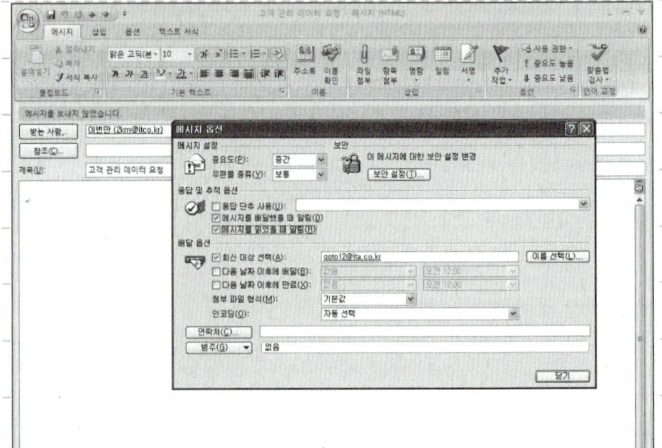

메일 확인 및 전달

메일 확인 및 답장, 전달, 회신, 전체 회신 등을 할 수 있다.

워밍업

◎ **출제 포인트** : 메일 전달 및 회신에 대한 문제

∷ 회신

01 [받은 편지함]에 있는 '제안서' 메시지를 더블클릭하여 연다.

02 [메시지] 탭의 [응답] 그룹에서 [회신]을 클릭한다.

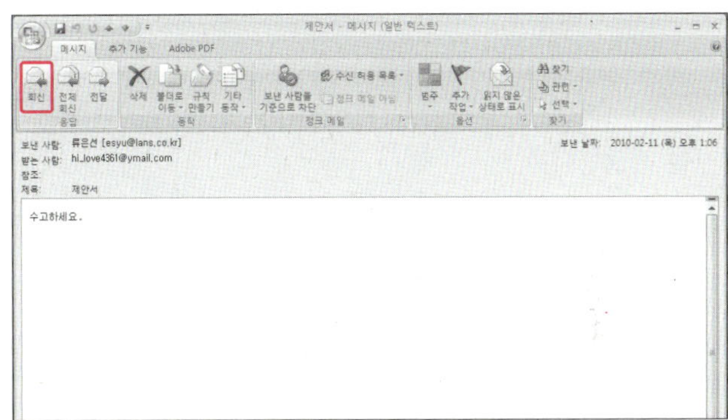

03 메시지 작성 창에 "첨부파일 요청"이라고 입력한 뒤 [보내기] 단추를 클릭하여 회신한다.

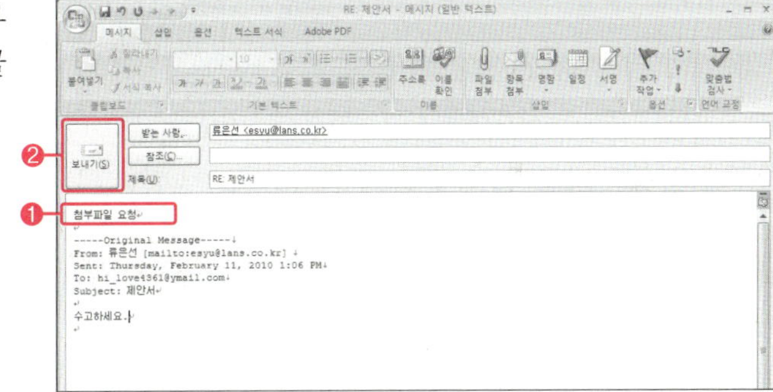

∷ 전달

01 [받은 편지함]에 있는 '회의일정' 메시지를 더블클릭하여 연다.

02 [메시지] 탭의 [응답] 그룹에서 [전달]을 클릭한다.

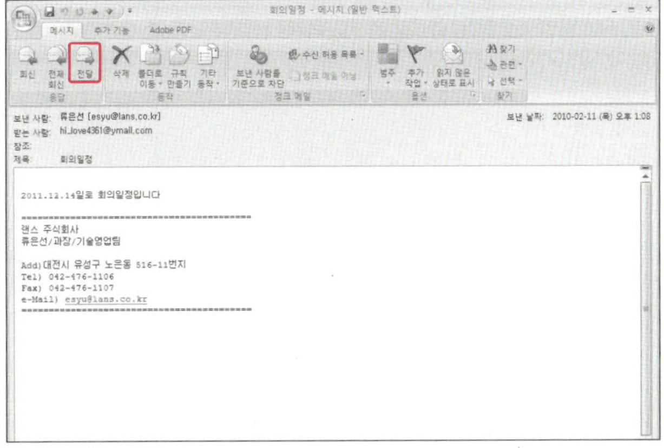

03 [받는 사람] 단추를 클릭하고 [이름 선택 : 연락처] 대화상자에서 '김소라' 를 선택하고 [받는 사람]을 클릭한 후 [확인] 단추를 클릭한다.

04 [보내기] 단추를 클릭하여 메시지를 전달한다.

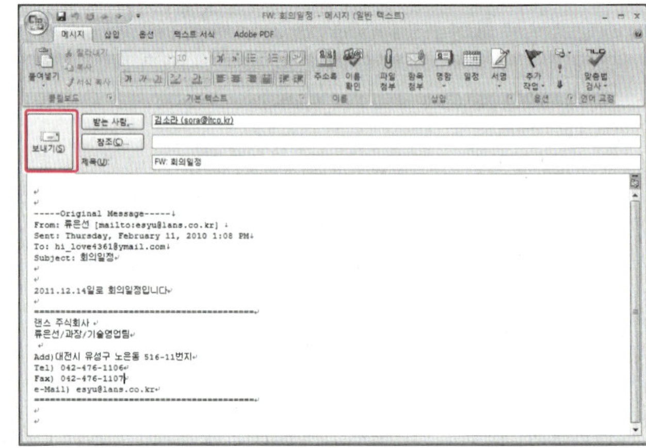

⠿ 수락 및 거절

01 [받은 편지함]에 있는 '주간회의 참석' 메시지를 더블클릭하여 내용을 확인한다.

02 일정을 확인한 후 참석 여부에 따라 수락이나 거절 메일을 회신할 수 있다. 참석할 예정임을 알리기 위해 [수락] 단추를 클릭한다.

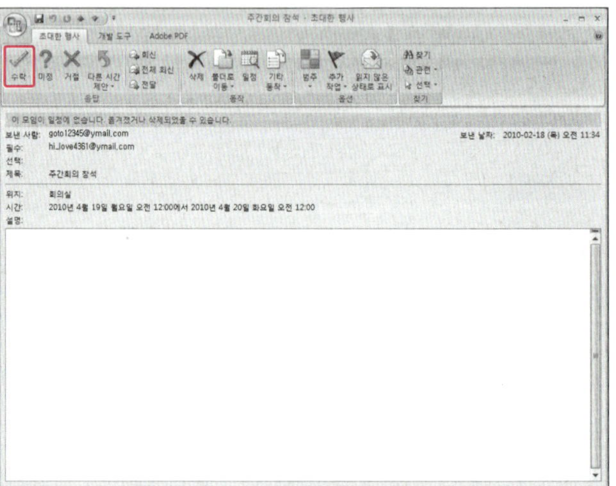

❶ [받은 편지함]에 있는 '전산교육 모집안' 메시지에 "결재중"이라는 텍스트를 삽입하여 회신하시오.

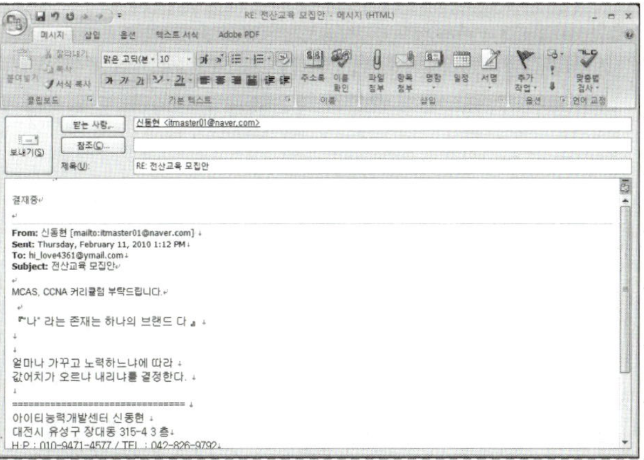

❷ [받은 편지함]에 있는 '회의일정' 메시지에 "참고요청"이라는 텍스트를 삽입하여 '아이티능력개발센터' 주소로 전달하시오.

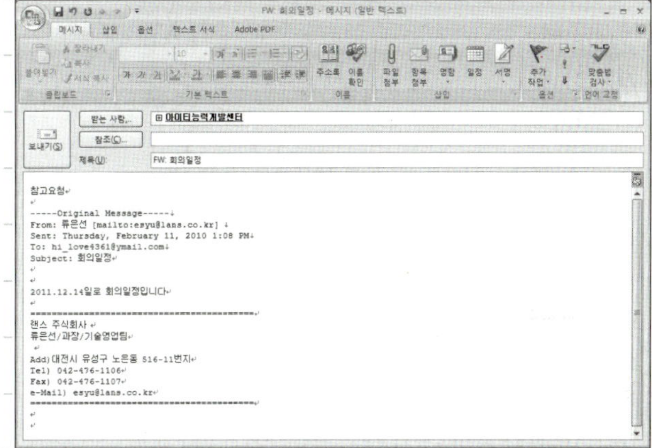

❸ [받은 편지함]에서 '워크샵' 메시지를 열어 일정을 수락하시오.

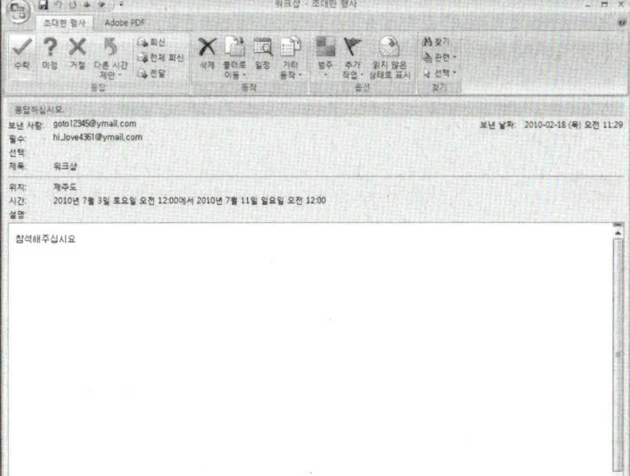

첨부 파일 관리하기

다양한 첨부 파일들을 미리 보거나 저장할 수 있다.

워밍업

◎ **출제 포인트 :** 첨부 파일 미리 보기 및 전자 명함 연락처로 저장하는 문제

첨부 파일 미리 보기 및 저장하기

01 [받은 편지함]에 있는 '검토' 메시지를 더블클릭하여 연다.

02 첨부되어 있는 '녹색정부 구현.docx' 파일을 클릭한다.

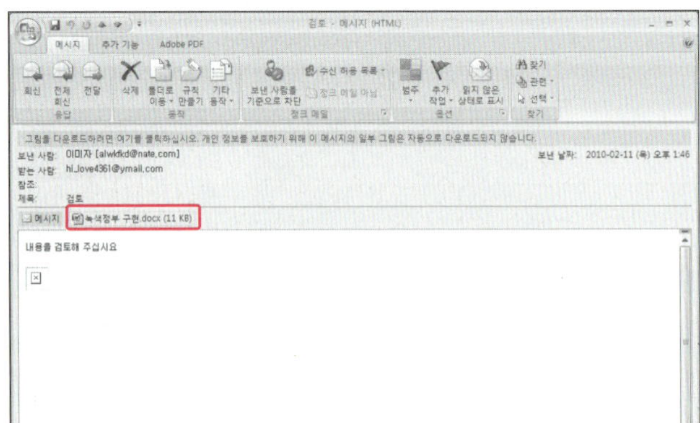

03 메시지 창에서 [파일 미리 보기] 단추를 클릭한다.

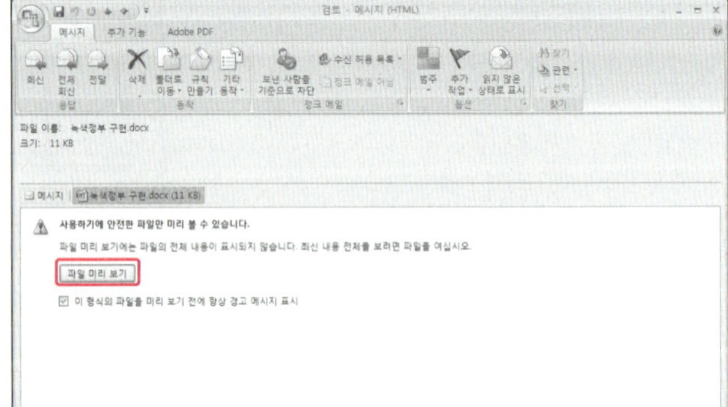

04 메시지 창에 파일 내용이 미리 보여진다.

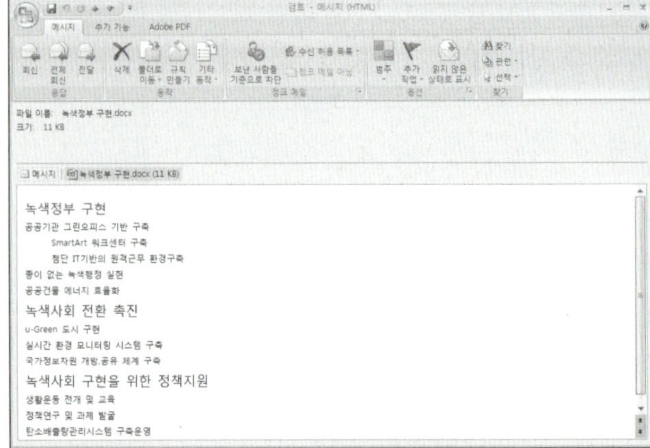

05 해당 첨부 파일을 내 컴퓨터에 저장하기 위해 '녹색정부 구현.docx' 파일을 선택하고 마우스 오른쪽 단추로 클릭하여 [다른 이름으로 저장]을 클릭한다.

06 저장할 위치를 [내 문서]로 설정하고 [저장] 단추를 클릭한다.

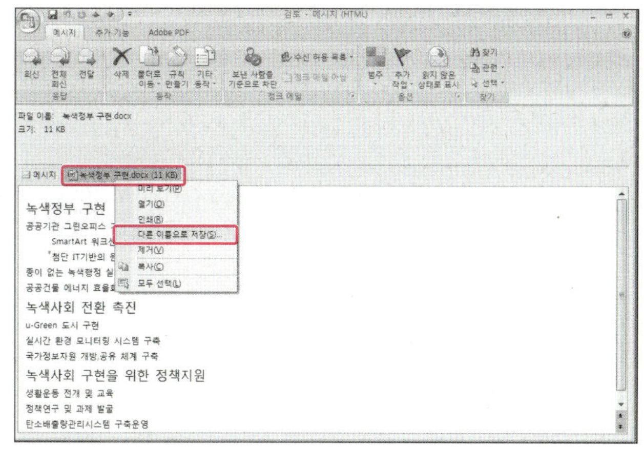

연락처 추가하기

01 [임시 보관함] 폴더에 있는 '인사관리' 메일을 더블 클릭하여 연다.

02 첨부되어 있는 '김봄.vcf' 파일을 선택하고 마우스 오른쪽 단추를 클릭하여 [연락처에 추가] 단추를 클릭한다.

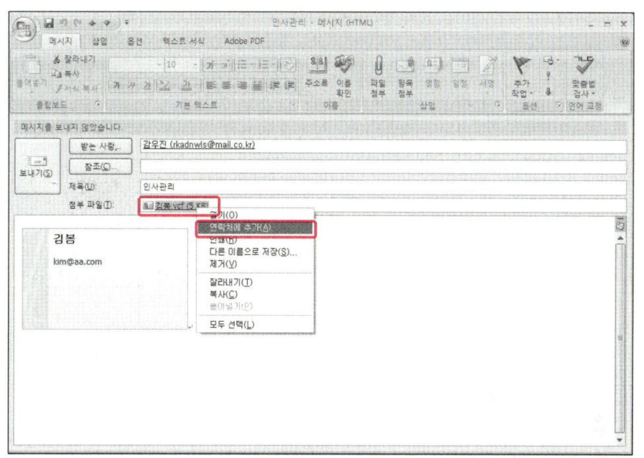

03 [연락처] 탭에서 [저장 후 닫기] 단추를 클릭한다.

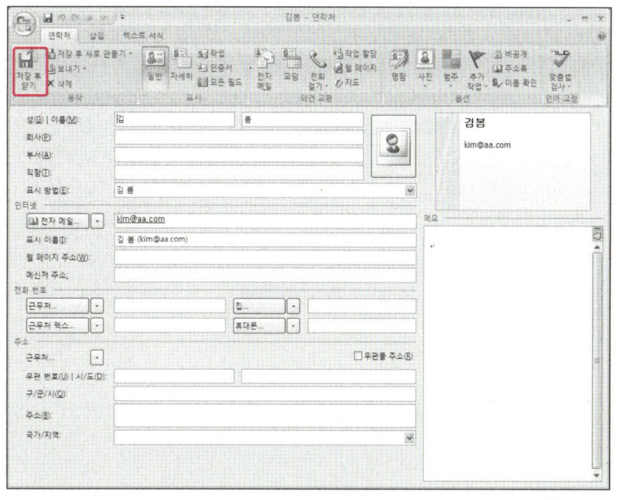

❶ [받은 편지함]에 있는 '부서 이동 관련' 메시지에
첨부된 전자 명함을 열어 연락처를 만들고, 저장한
후 닫으시오.

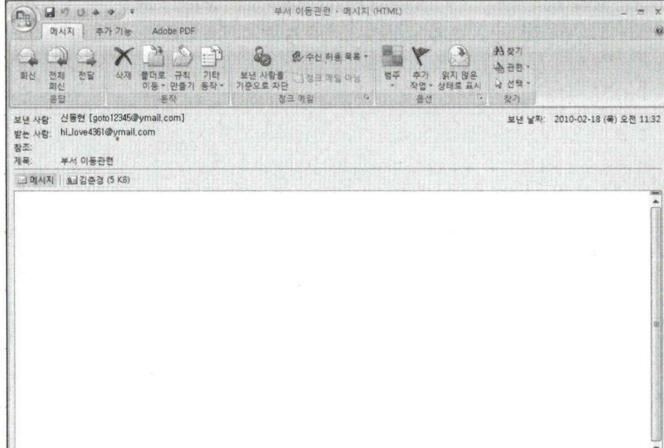

❷ [받은 편지함]에 있는 '시안 작성' 메시지에 첨부
된 파일을 [내 문서] 폴더에 저장하시오.

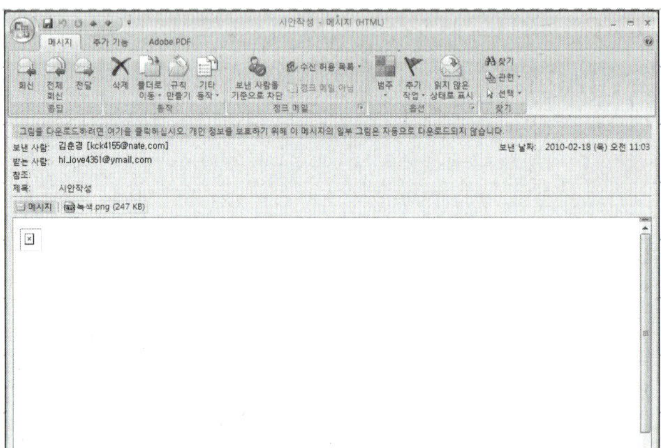

❸ [받은 편지함]에서 '예술경영에 관한 자료' 메시
지를 찾아 열고 첨부된 '예술 경영.docx' 파일을 미
리 보시오.

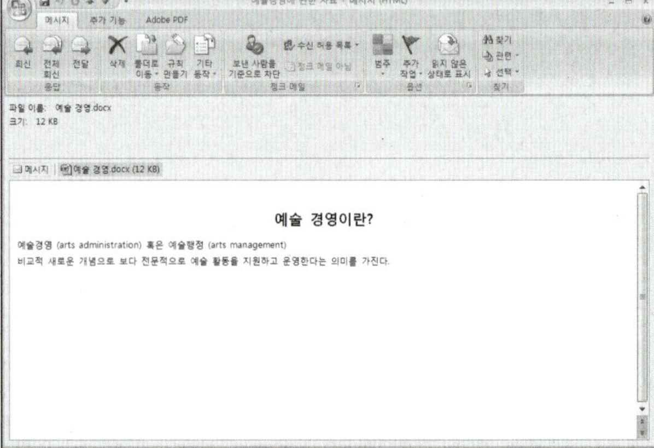

메일 하위 폴더 만들기 및 폴더 관리

메시지를 따로 관리할 폴더를 만들 수 있으며, 특정 규칙에 따라 메시지가 자동으로 폴더로 이동되거나 삭제되도록 할 수 있다.

워밍업

◎ **출제 포인트** : 폴더 만들기 및 규칙 설정 방법을 묻는 문제

∷ 폴더 만들기

01 [파일]-[새로 만들기]-[폴더]를 클릭한다.

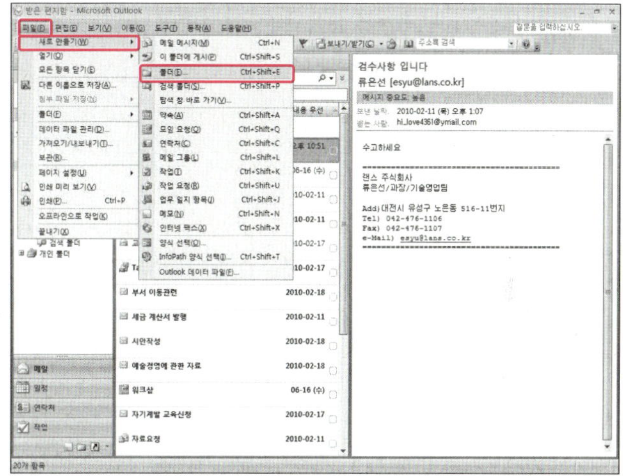

02 [새 폴더 만들기] 대화상자의 '이름'에 "중요"라고 입력하고 '폴더 위치 선택'에서 [MOS 학습] 폴더를 선택한 후 [확인] 단추를 클릭한다.

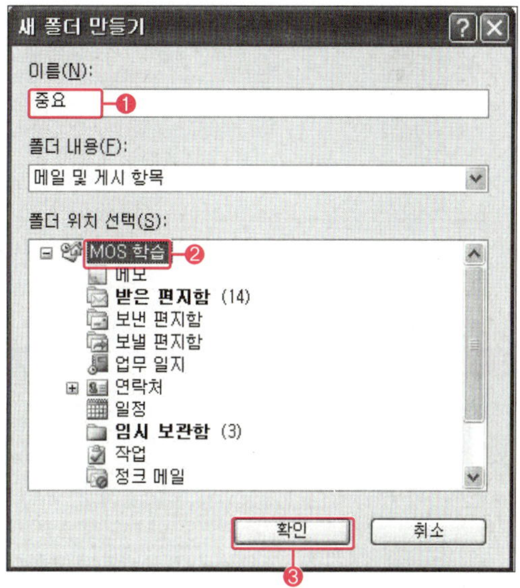

⬛ 받은 편지함의 메시지를 폴더로 이동

01 [받은 편지함]에서 '제안서' 메시지를 클릭한다.

02 왼쪽의 메일 폴더 중에서 새로 만든 [중요] 폴더로 드래그하여 이동시킨다.

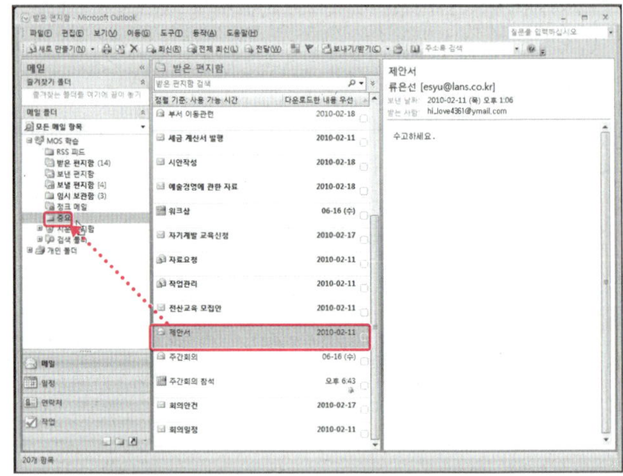

⬛ 특정 사람이 보낸 메일을 이동하는 규칙 만들기

01 [도구]-[규칙 및 알림]을 클릭한다.

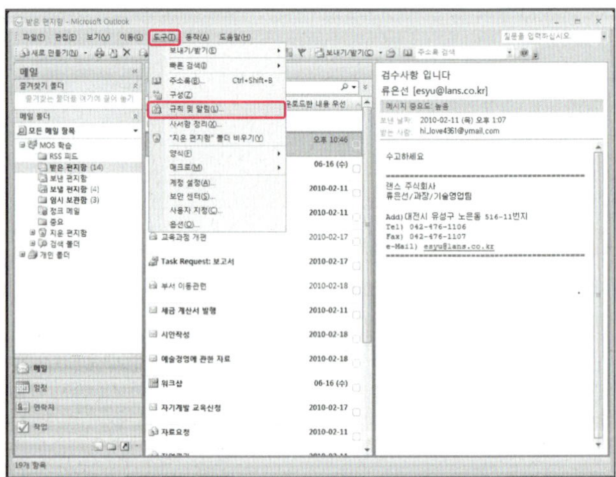

02 [규칙 및 알림] 대화상자에서 [전자 메일 규칙] 탭의 [새 규칙]을 클릭한다.

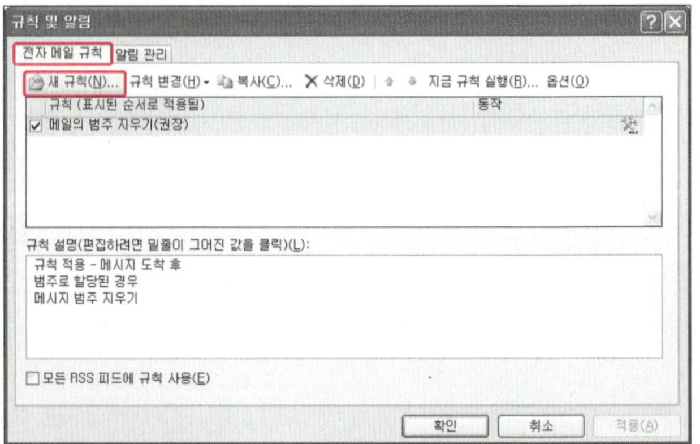

03 [규칙 마법사] 대화상자의 '1단계 : 서식 파일 선택'에서 '특정인이 보낸 메시지를 폴더로 이동'을 선택한 후 [다음] 단추를 클릭한다.

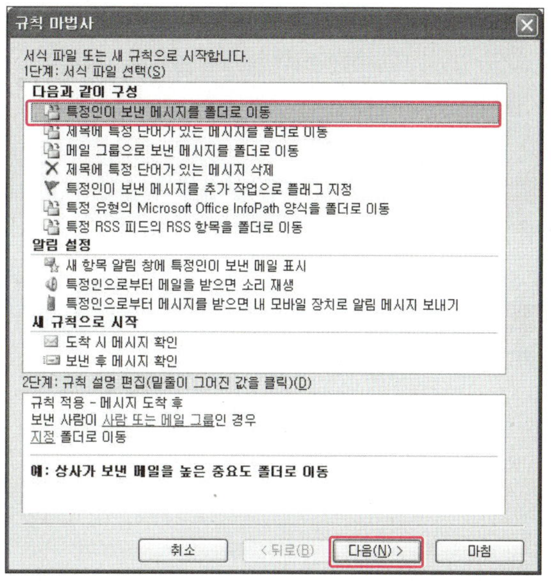

04 '2단계 : 규칙 설명 편집'에서 '사람 또는 메일 그룹'을 클릭한다.

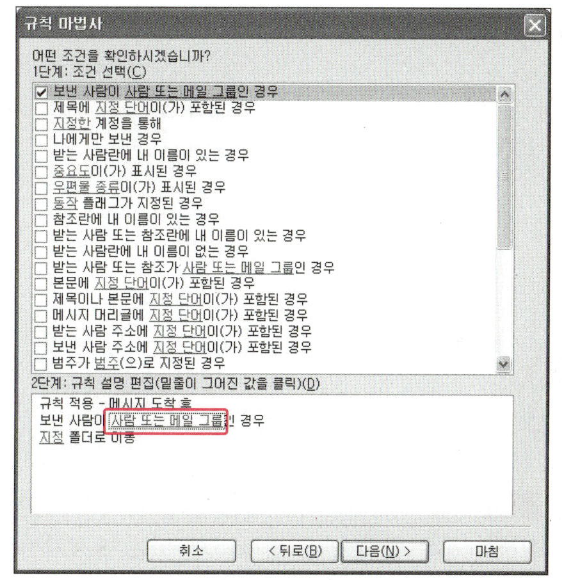

05 [규칙 주소] 대화상자에서 '김혜연'을 선택하고 [보낸 사람]을 클릭하여 추가한 후 [확인] 단추를 클릭한다.

06 '지정 폴더로 이동'의 '지정'을 클릭하고 [규칙 및 알림] 대화상자에서 [중요] 폴더를 선택하고 [확인] 단추를 클릭한다.

07 [규칙 마법사] 대화상자에서 조건 선택 내용을 확인하고 [다음] 단추를 클릭한다.

08 동작 선택 내용을 확인하고 [다음] 단추를 클릭한다.

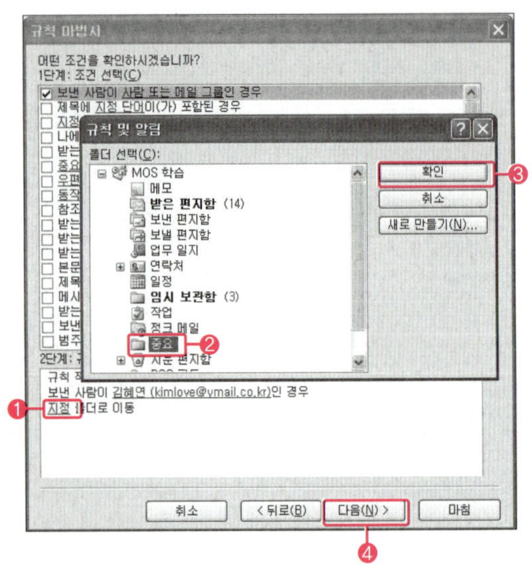

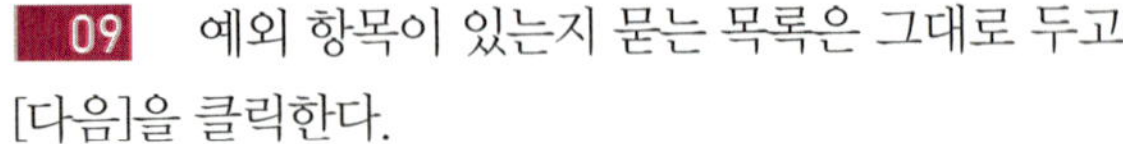

09 예외 항목이 있는지 묻는 목록은 그대로 두고 [다음]을 클릭한다.

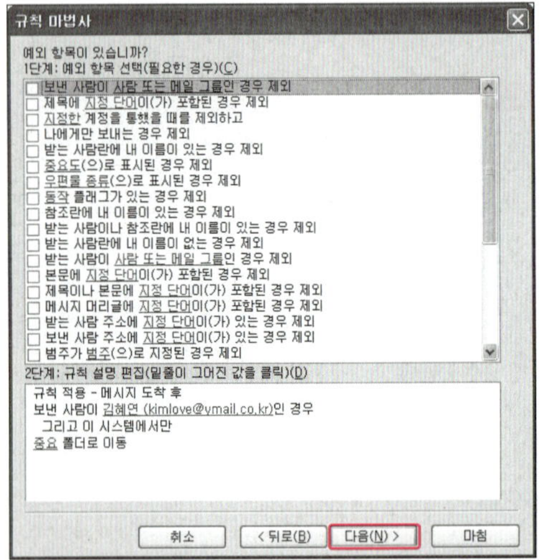

10 규칙 설정을 마친다는 안내가 나온다. 바로 실행할 경우에는 ["받은 편지함"에 있는 메시지에 이 규칙 지금 실행]을 체크하면 된다. 여기서는 [규칙 사용]에 체크한 후 [마침] 단추를 클릭한다.

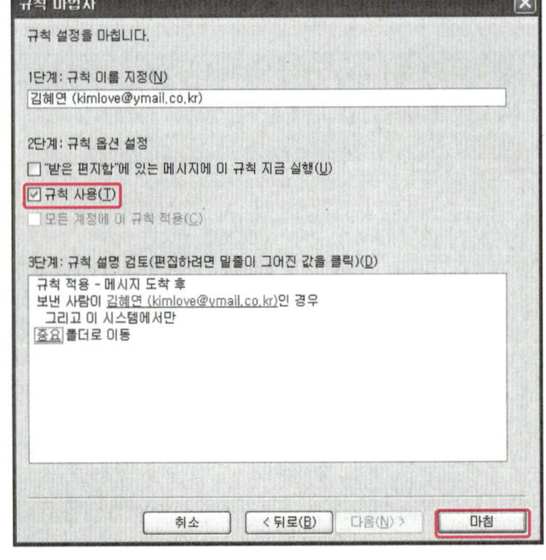

11 [규칙 및 알림] 대화상자에서 새 규칙을 확인할 수 있다. [확인] 단추를 클릭한다.

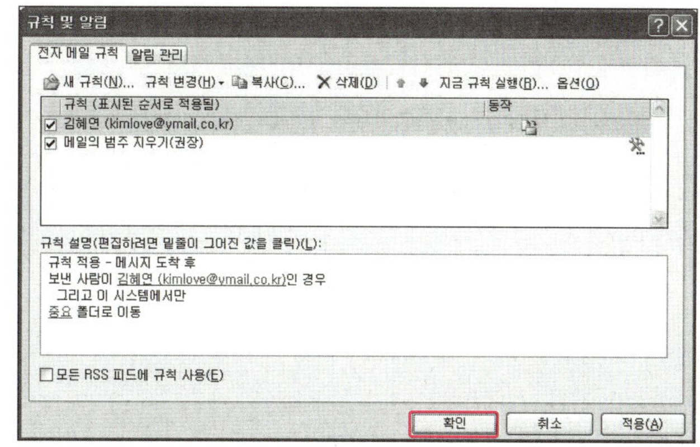

제목에 특정 단어가 들어있는 메시지를 이동하는 규칙 만들기

01 [도구]-[규칙 및 알림]을 클릭한다.

02 [규칙 및 알림] 대화상자의 [전자 메일 규칙] 탭에서 [새 규칙]을 클릭한다.

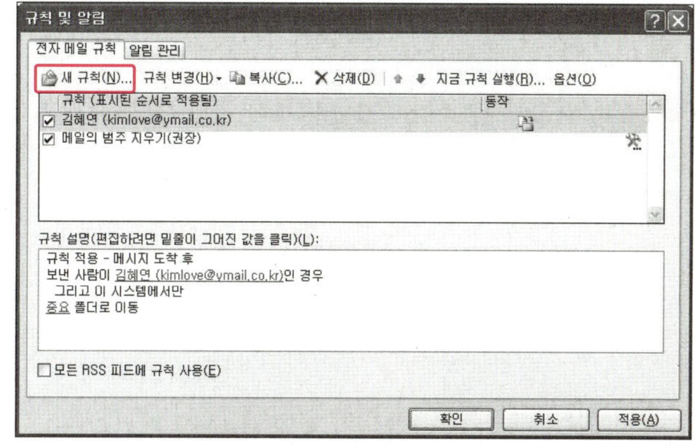

03 [규칙 마법사] 대화상자의 '1단계 : 서식 파일 선택'에서 '제목에 제목에 특정 단어가 있는 메시지를 폴더로 이동'을 선택한 후 [다음] 단추를 클릭한다.

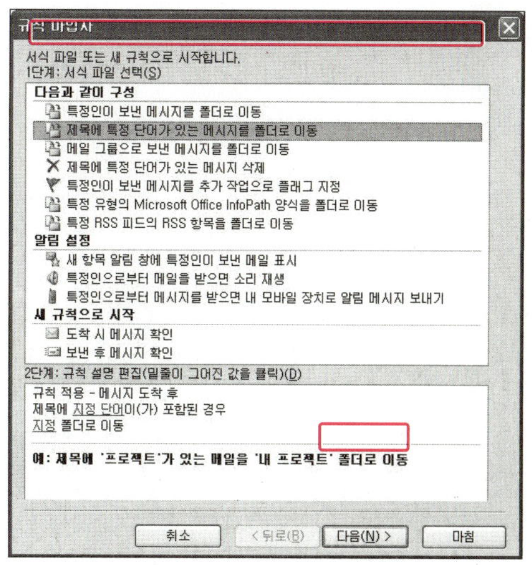

04 '2단계 : 규칙 설명 편집'에서 '지정 단어'를 클릭하고 [텍스트 검색] 대화상자의 '제목에서 찾을 단어 또는 구 지정'에 "제안서"를 입력한다. [추가] 단추를 클릭하여 단어를 추가하고 [확인] 단추를 클릭한다.

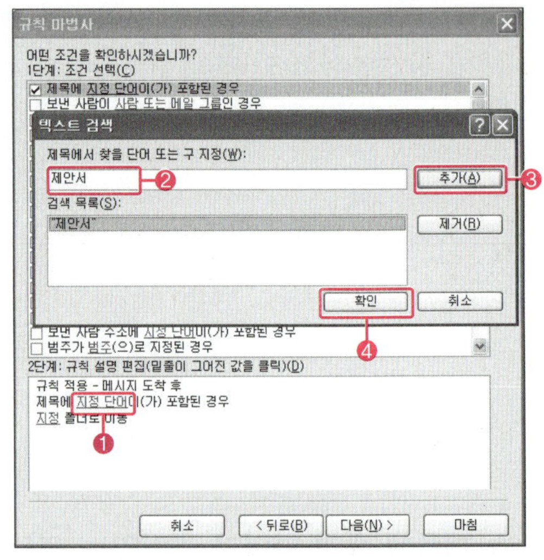

05 '지정 폴더로 이동' 중의 '지정' 텍스트를 클릭하고 [규칙 및 알림] 대화상자에서 [중요] 폴더를 선택한 후 [확인] 단추를 클릭한다.

06 [규칙 마법사] 대화상자에서 조건 선택 내용을 확인하고 [다음] 단추를 클릭한다.

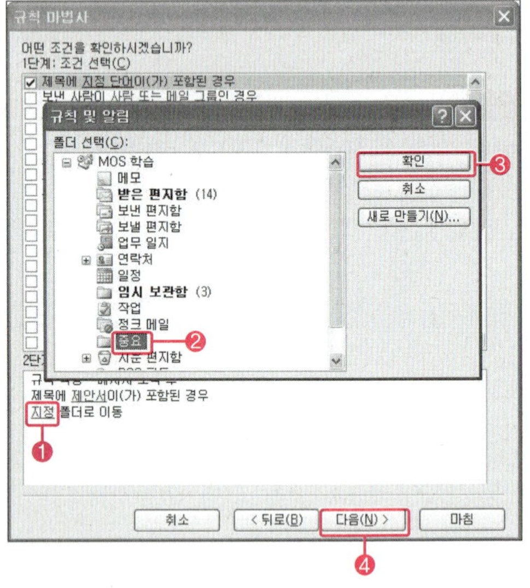

07 동작 선택 내용을 확인하고 [다음] 단추를 클릭한다.

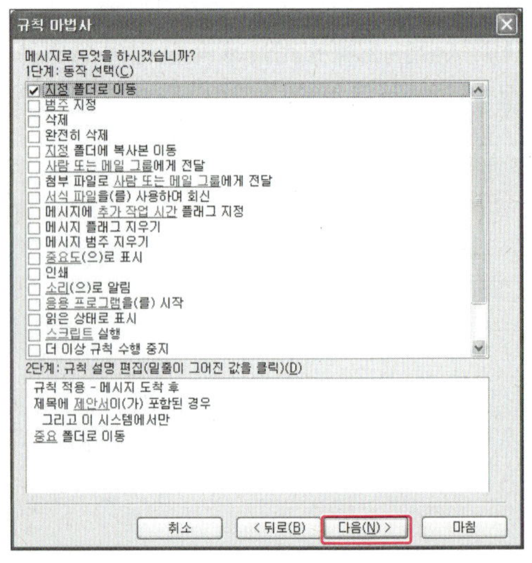

07 예외 항목이 있는지 묻는 목록은 그대로 두고 [다음]을 클릭한다.

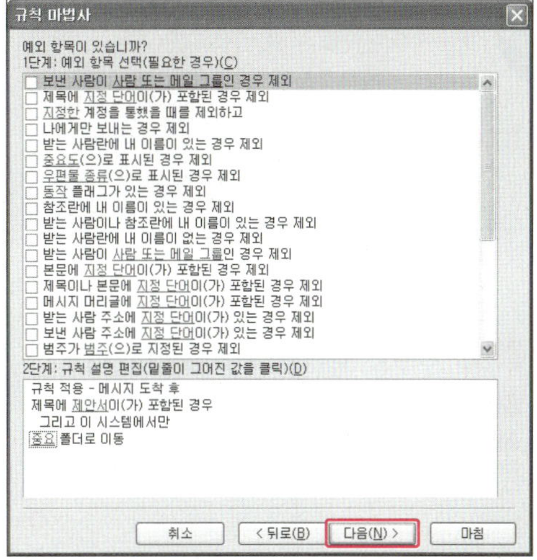

08 [마침]을 클릭한다.

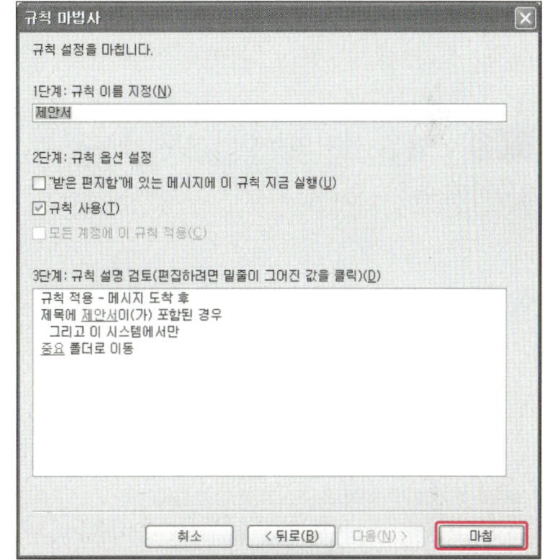

❶ [메일] 폴더의 [MOS 학습] 폴더의 하위에 [회의] 폴더와 [교육 신청] 폴더를 만드시오.

❷ 제목 행에 '회의'라는 텍스트가 들어 있는 메시지를 [회의] 폴더로 이동하는 규칙을 만드시오.

❸ [받은 편지함] 폴더에 있는 '자기계발 교육신청' 메시지를 [교육 신청] 폴더로 이동하시오.

메일 내용 미리 보기

메일 내용을 미리 확인할 수 있으며, 메시지 내용을 최대 3행까지 미리 볼 수 있다.

워밍업

◎ **출제 포인트** : 내용 조금 보기에 대한 문제

01 [받은 편지함]을 클릭한다.

02 [보기]-[내용 조금 보기]를 클릭한다.

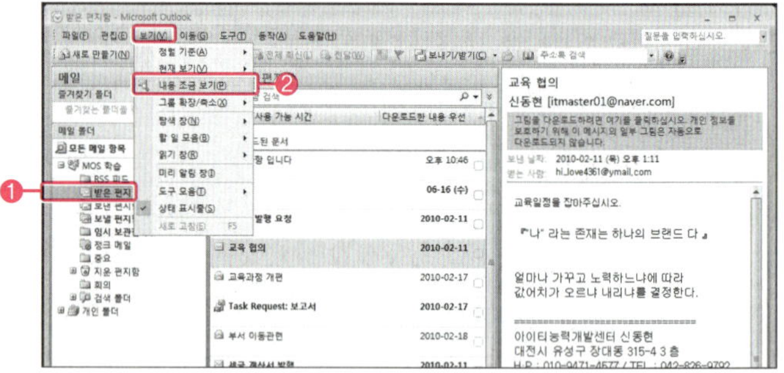

03 받은 편지의 메일 본문 내용을 3줄까지 볼 수 있다.

> **tip**
> 해제하려면 [보기]-[내용 조금 보기]를 다시 클릭한다.

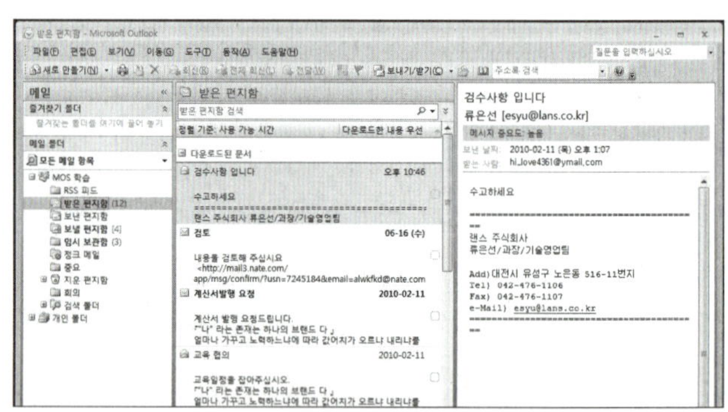

❶ [받은 편지함]을 제목만 표시되는 기본 보기 상태로 보시오.

chapter 03

연락처 폴더

연락처 만들기

개인 연락처나 그룹 연락처를 만들어 두면 메일을 주고받을 때 편리하게 사용할 수 있다.

워밍업

◎ **출제 포인트** : 새 연락처 및 그룹 연락처를 만드는 방법에 대해 묻는 문제

새 연락처 만들기

01 탐색 창에서 [연락처] 단추를 클릭하고 [파일]-[새로 만들기]-[연락처]를 클릭하거나, 도구 모음에서 [새로 만들기]를 선택한다.

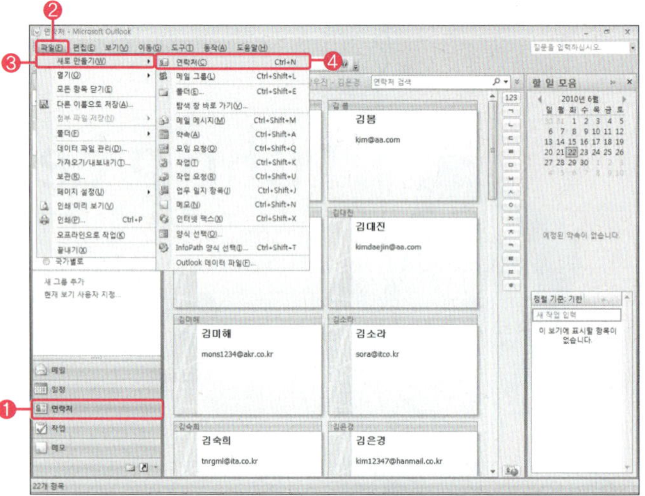

01 "김숙희"를 성과 이름으로 구분하여 입력하고 [전자 메일]에 "tnrgml@ita.co.kr"을 입력하고 [저장 후 닫기] 단추를 클릭한다.

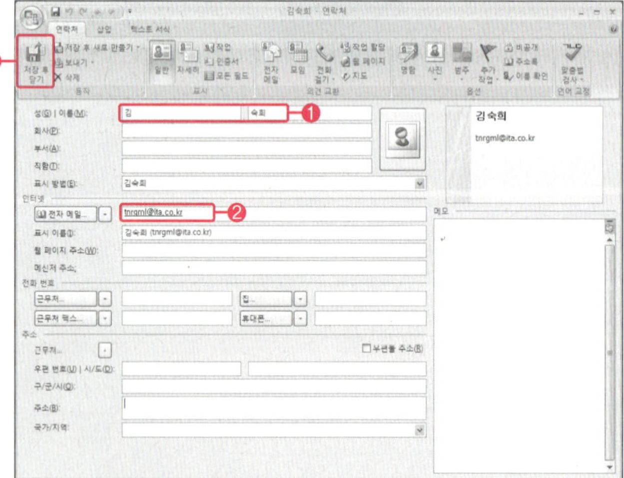

메일 그룹 만들기

01 [파일]-[새로 만들기]-[메일 그룹]을 클릭하거나, 도구 모음의 [새로 만들기]-[메일 그룹]을 선택한다.

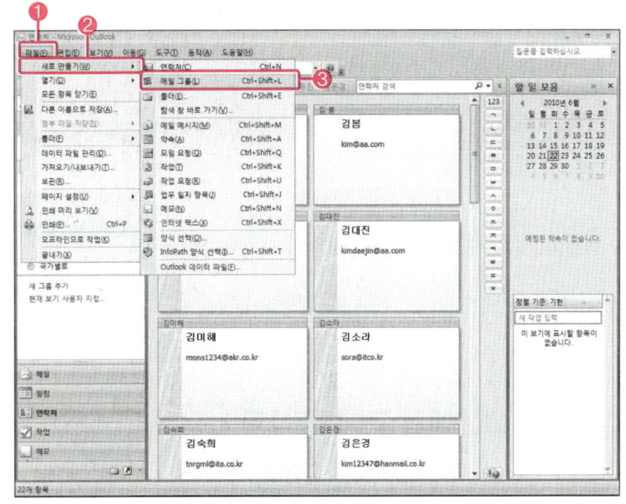

02 '이름'에 "한국교육정보원"을 입력하고 [저장 후 닫기] 단추를 클릭한다.

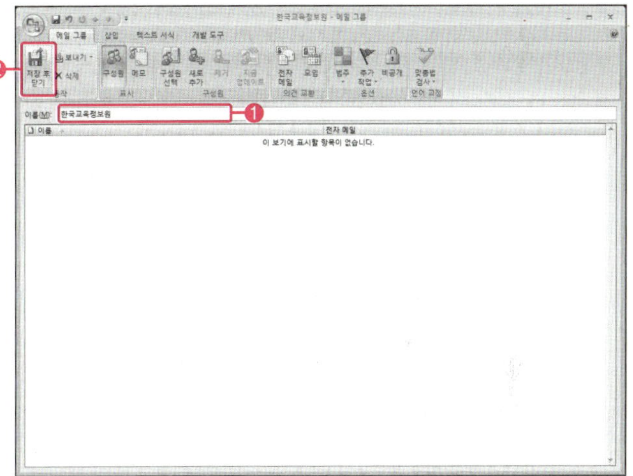

메일 그룹에 구성원 추가하기

01 '아이티능력개발센터' 그룹 연락처를 더블클릭하거나, 마우스 오른쪽 단추로 클릭하고 [열기]를 클릭한다.

02 [구성원] 그룹에서 [구성원 선택]을 클릭한다.

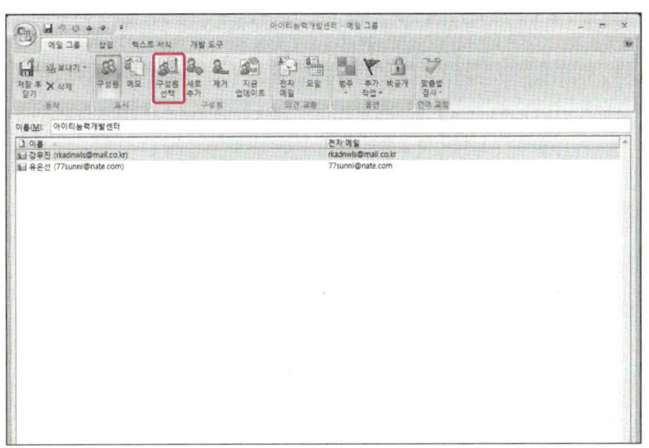

01 Ctrl 을 누른 채 김은경, 이진영, 최기만을 선택하고 [추가] 단추를 클릭한 후 [확인] 단추를 클릭한다.

01 [저장 후 닫기] 단추를 클릭한다.

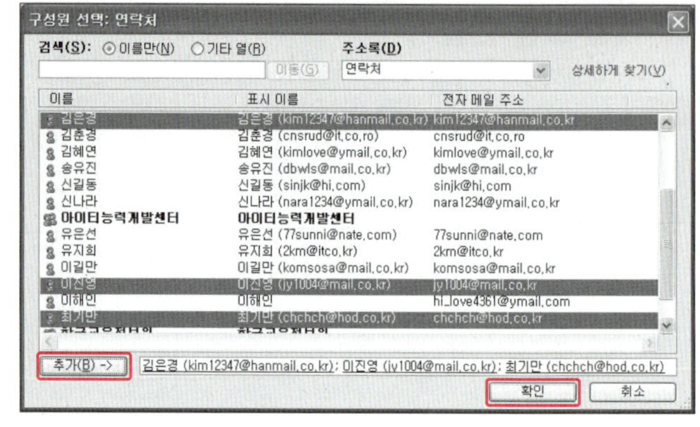

메일 그룹에서 구성원 삭제

01 '한국무역' 그룹 연락처를 더블클릭하거나, 마우스 오른쪽 단추로 클릭하고 [열기]를 클릭한다.

02 '김소라'를 선택하고 [메일 그룹] 탭의 [구성원] 그룹에서 [제거]를 클릭한다.

03 [저장 후 닫기] 단추를 클릭한다.

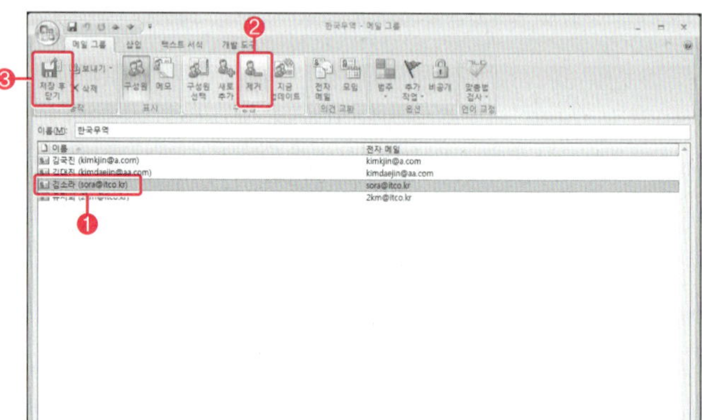

메일 그룹 업데이트

변경된 메일 주소나 오래된 연락처 그룹을 업데이트하여 수정된 연락처로 그룹 업데이트를 할 수 있다.

01 '아이티능력개발센터' 그룹 연락처를 더블클릭한다.

02 [메일 그룹] 탭의 [구성원] 그룹에서 [지금 업데이트]를 클릭하여 수정 연락처로 업데이트한다.

03 업데이트에 적용할 선택 사항을 묻는 대화상자가 나타난다. 원하는 항목을 선택하고 [확인] 단추를 클릭한다.

04 [저장 후 닫기] 단추를 클릭한다.

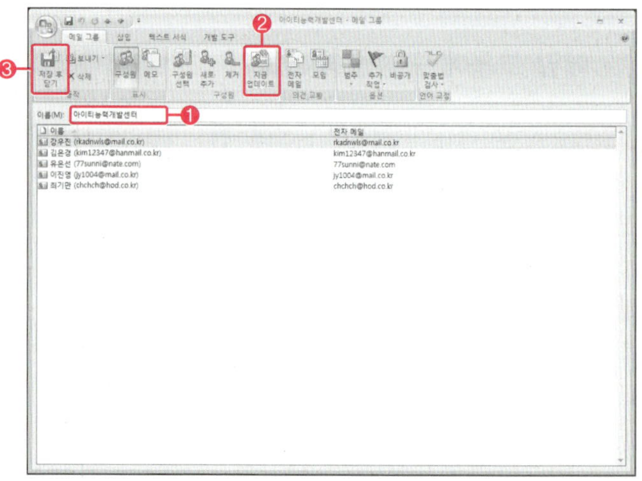

❶ 이름이 '김상현'이고 전자 메일 주소는 shkim@ita.co.kr인 새 연락처를 만들어 저장하고 닫으시오.

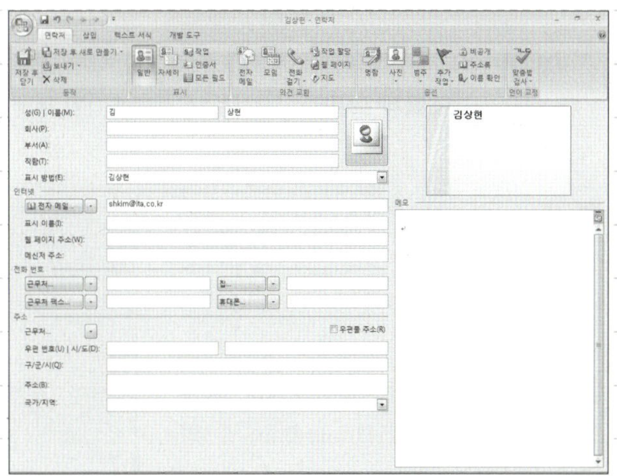

❷ '대한 무역'이라는 새 메일 그룹을 만드시오.

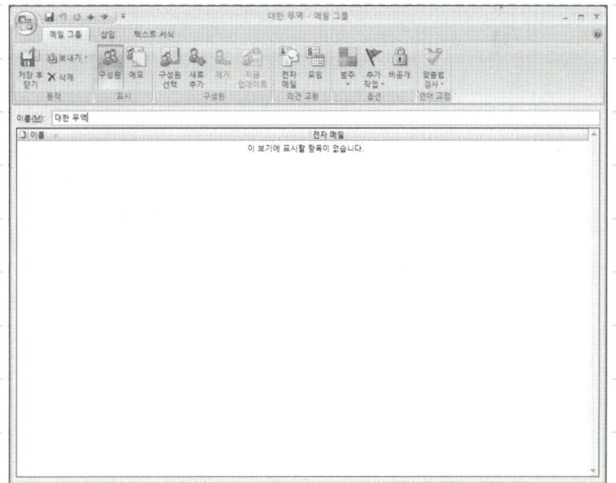

❸ '대한 무역' 그룹에 김은경, 신나라, 이길만을 구성원으로 추가하시오.

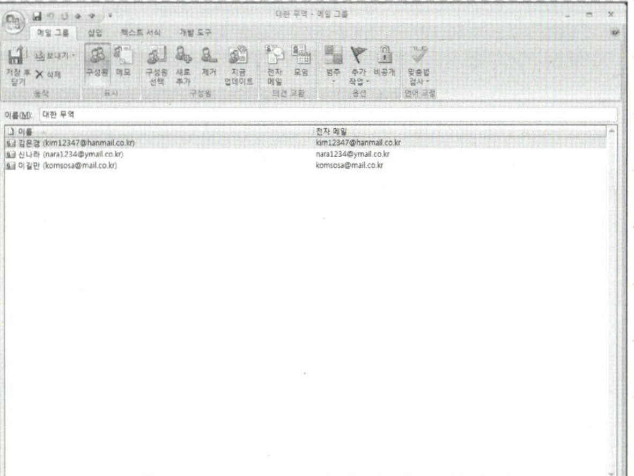

연락처 수정

이미 등록된 연락처나 업그레이드된 연락처를 수정할 수 있다.

워밍업

◎ **출제 포인트** : 연락처 수정 방법에 대한 문제

01 '이미숙' 연락처를 더블 클릭하거나 마우스 오른쪽 버튼으로 클릭하고 [열기]를 선택하여 연다.

02 '전자 메일' 입력줄에 커서를 두고 두고 "lemisuki@nate.com"을 입력한다.

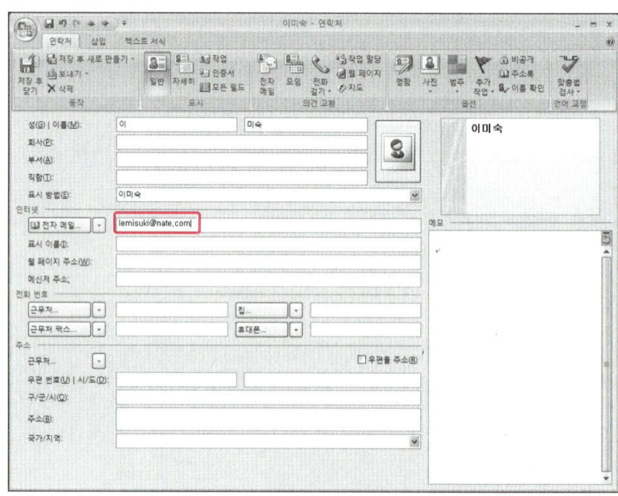

03 [연락처에 사진 추가] 아이콘을 클릭하여 이미지를 추가한다. 여기서는 예제로 제공되는 '장미.png' 그래픽을 삽입한다.

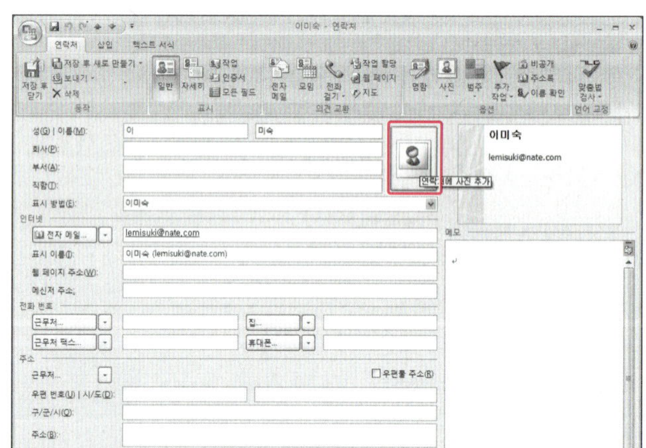

04 [옵션] 그룹의 [명함]을 클릭한다.

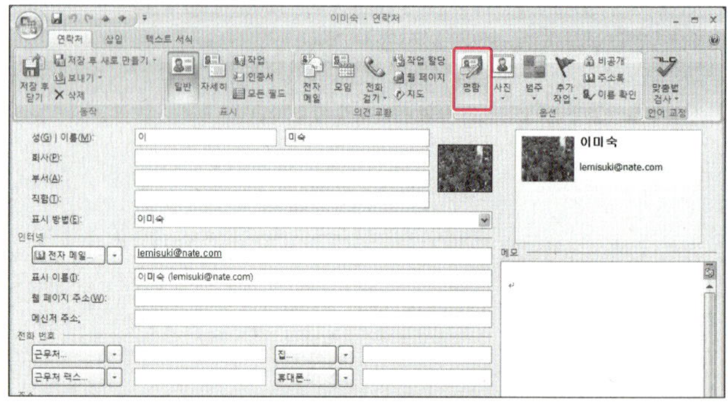

05 [명함 편집] 창에서 '레이아웃'을 [이미지 오른쪽]으로 선택하고 [확인] 단추를 클릭한다.

06 [저장 후 닫기] 단추를 클릭한다.

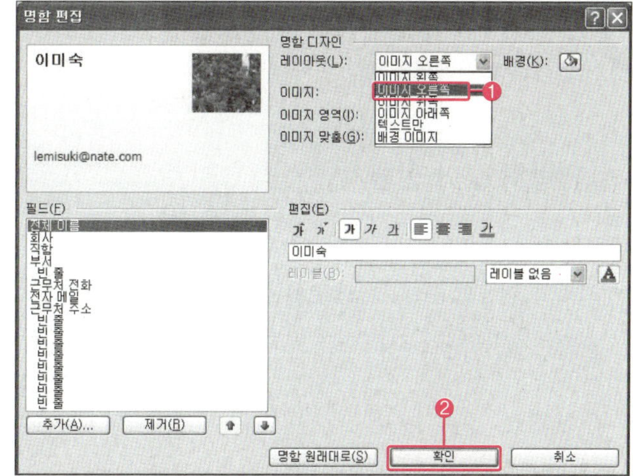

❶ '이해인' 연락처의 전자 명함 레이아웃을 [이미지 위쪽]으로 설정한 후 저장하고 닫으시오.

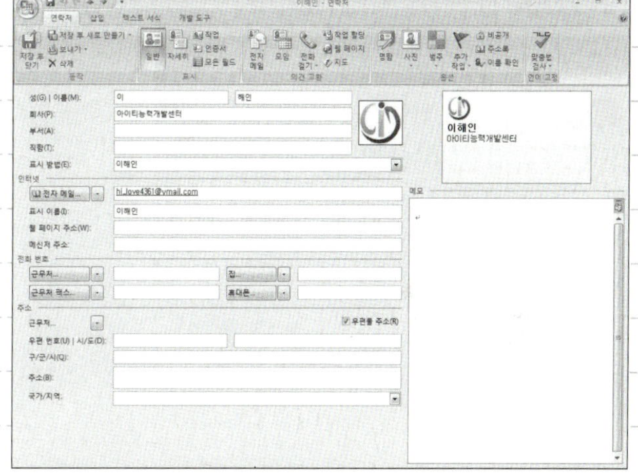

❷ '김호연' 연락처에 hyhy@hanmail.net 전자 메일 주소를 추가하시오.

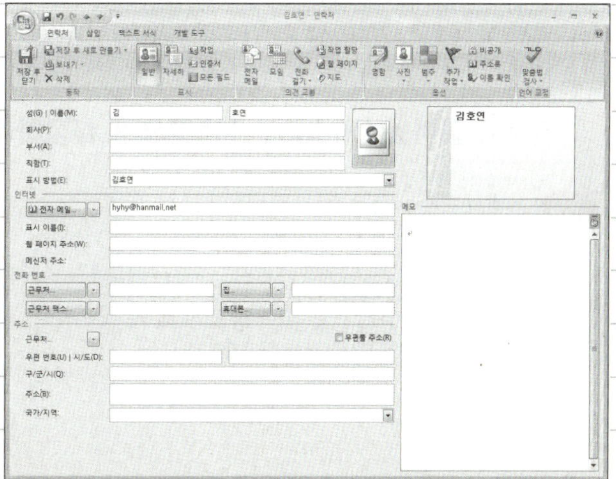

Outlook 주소록 설정

여러 개의 연락처 폴더를 만들어 주소를 체계적으로 관리할 수 있으며, 각 폴더를 Outlook 주소록으로 사용할지 여부를 선택할 수 있다.

연락처 폴더 만들기

01 [내 연락처] 의 '연락처' 폴더를 선택하고 마우스 오른쪽 단추로 클릭하여 [새 폴더]를 클릭한다.

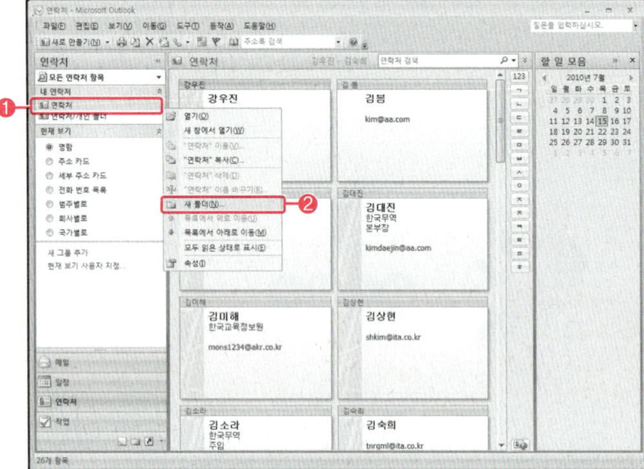

tip

메뉴에서 [파일]–[새로 만들기]–[폴더]를 선택해도 된다.

02 [새 폴더 만들기] 대화상자에서 이름을 "축구 동호회"라고 입력하고 [확인] 단추를 클릭한다.

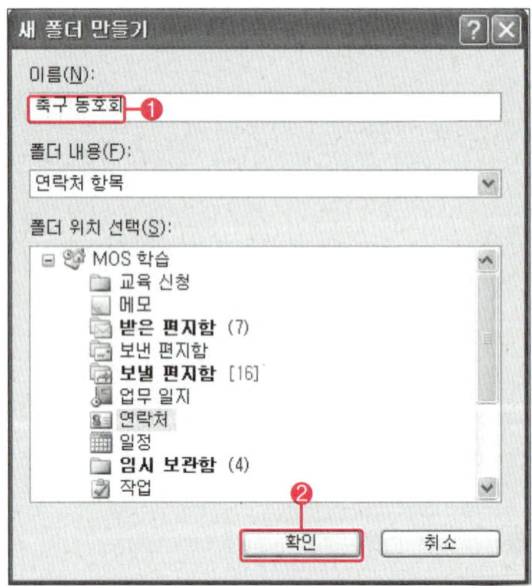

연락처 폴더를 Outlook 주소록으로 설정하기

01 새로 만든 [축구 동호회] 연락처 폴더를 선택하고 마우스 오른쪽 단추를 클릭하여 [속성]을 선택한다.

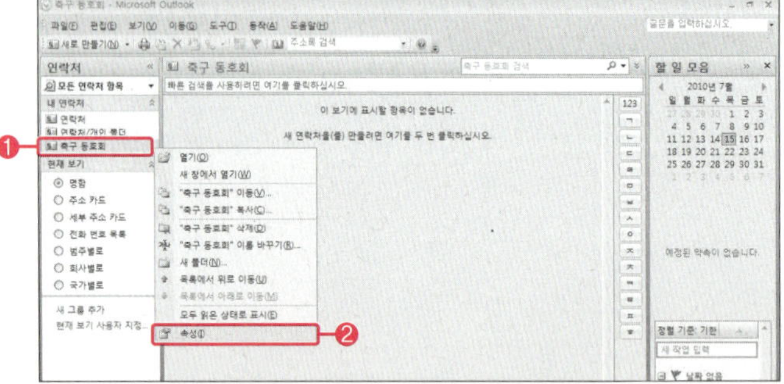

02 [연락처 속성] 대화상자의 [Outlook 주소록] 탭에서 '이 폴더를 전자 메일 주소록으로 표시'에 체크하고 [확인] 단추를 클릭한다.

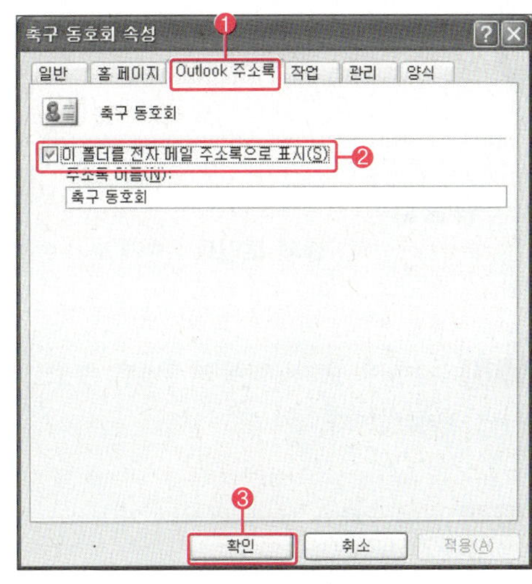

03 이제 이 폴더에 있는 연락처들이 전자 메일 주소록으로 표시된다. [도구]-[주소록] 메뉴를 선택하고 주소록 목록 단추를 클릭해 보면, 등록된 연락처 폴더의 주소록을 각각 선택하여 확인할 수 있다.

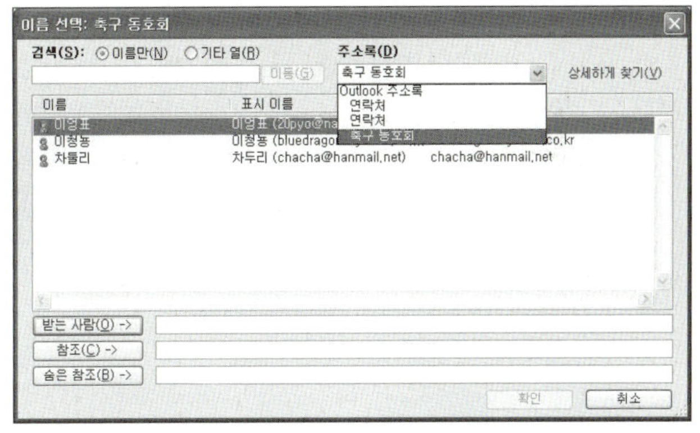

t i p
예제 화면에 보이는 연락처들은 새로 만든 [축구 동호회] 연락처 폴더에 임의로 등록한 것이다.

❶ [연락처] 폴더 안에 [중학교 동창회]라는 연락처 폴더를 새로 만드시오.

❷ 새로 만든 [중학교 동창회] 폴더를 Outlook 전자 메일 주소록으로 사용할 수 있도록 설정하시오.

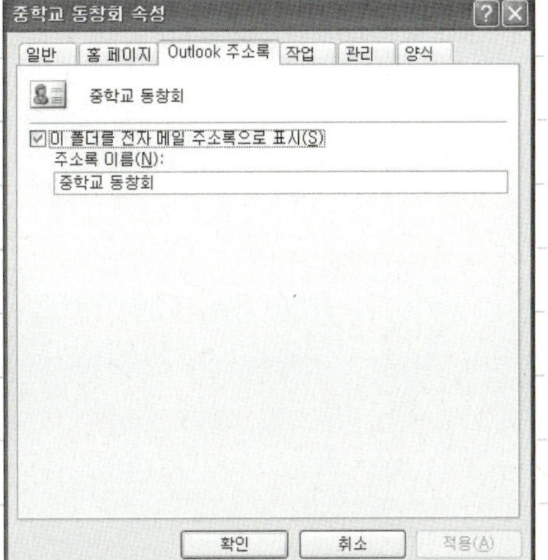

연락처 보기

명함, 주소 카드, 세부 주소 카드 등 다양한 보기로 확인하면서 연락처를 확인하고 수정할 수 있다.

워밍업

◎ **출제 포인트** : 현재 보기 변경 문제

01 [현재 보기] 항목의 [세부 주소 카드]를 클릭한다.

02 연락처의 보기 형식이 세부 주소 카드 모양으로 바뀐다.

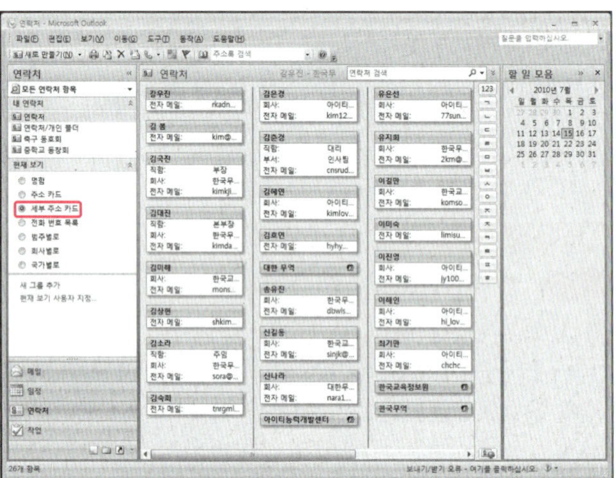

❶ 현재 연락처를 [회사별]로 설정하여 보시오.

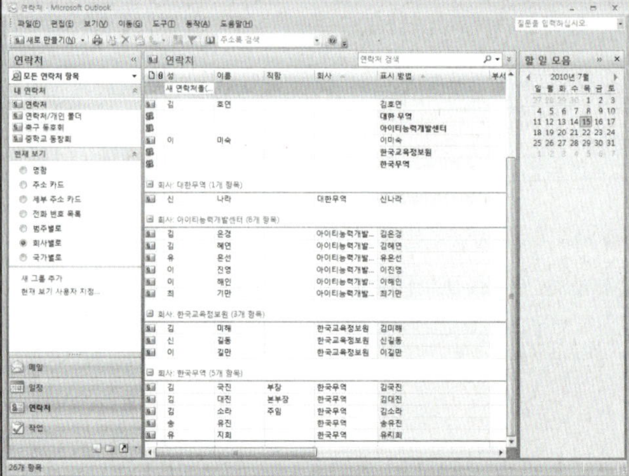

chapter 04

일정 폴더 작업 폴더

일정 만들기

다양한 일정 관리를 할 수 있으며 자동 알림 기능으로 일정을 미리 파악할 수 있다.

워밍업

◎ **출제 포인트** : 새 약속, 새 모임, 새 되풀이 약속 만드는 방법을 묻는 문제

새 약속

01 탐색 창에서 [일정] 단추를 선택하고, [내 일정] 그룹에서 '일정'을 선택한다.

02 표시 창을 마우스 오른쪽 단추로 클릭하고 [새 약속]을 클릭한다. 또는 [파일]-[새로 만들기]-[약속]을 클릭하거나, 도구 모음의 [새로 만들기]를 클릭한다.

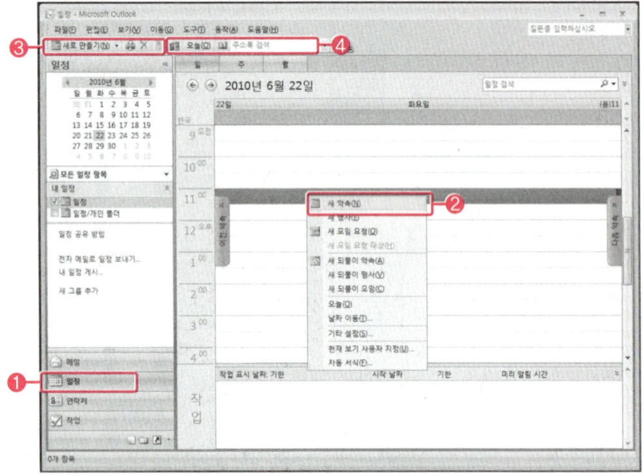

03 제목에 "간담회"를 입력하고 '시작 시간'은 '2011-06-25(토), 오전 11:30', '종료 시간'은 '2011-06-25(토), 오후 12:30'으로 선택한 후 [저장 후 닫기] 단추를 클릭한다.

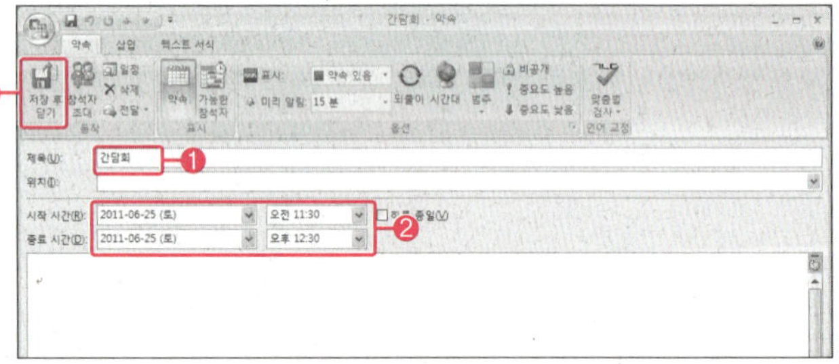

03 왼쪽의 일정 달력에서 2011년 6월 25일을 선택해 보면 설정한 시간에 일정이 잡혀 있는 것을 확인할 수 있다.

:: 새 행사

01 표시 창을 마우스 오른쪽 버튼으로 클릭하고 [새 행사]를 클릭한다.

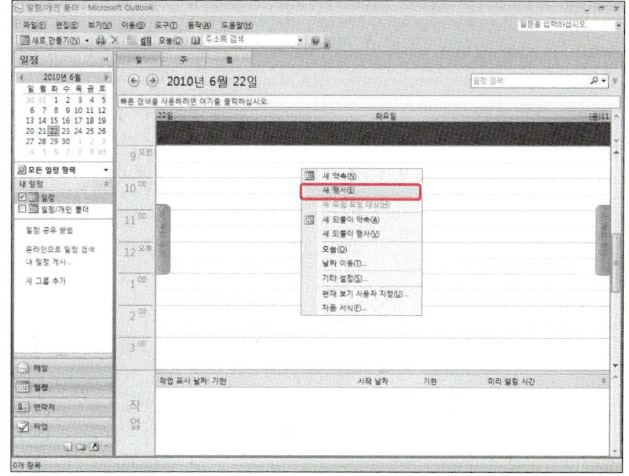

---

tip

표시 창의 모양은 설정에 따라 사용자마다 다를 수 있다. [일/주/월]을 선택한 화면이며, 화면 보기를 바꾸려면 [보기]-[현재 보기] 메뉴에서 선택하면 된다.

---

02 제목에 "직원 상반기 체육대회"를 입력하고 '시작 시간'은 '2011-03-04(금)', '종료 시간'도 '2011-03-04(금)'으로 지정하고 '하루 종일'에 체크한다.

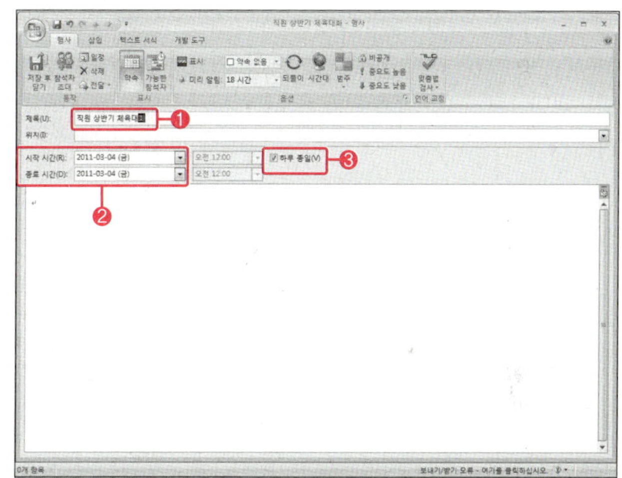

03 [행사] 탭의 [옵션] 그룹에서 [중요도 높음]을 클릭한다.

04 [저장 후 닫기] 단추를 클릭한다.

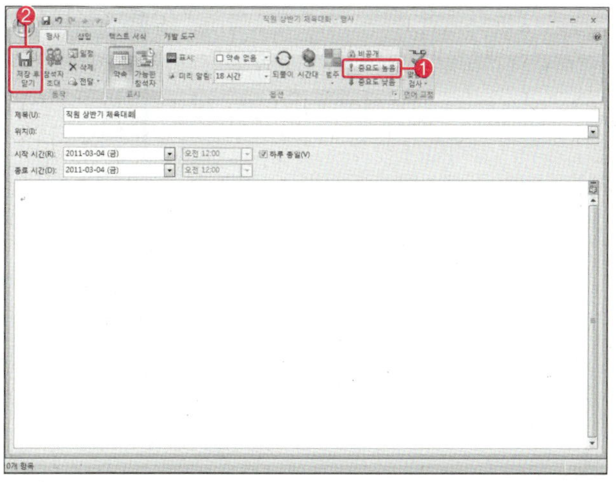

:: 모임 요청

01 [파일]-[새로 만들기]-[모임 요청]을 클릭한다.

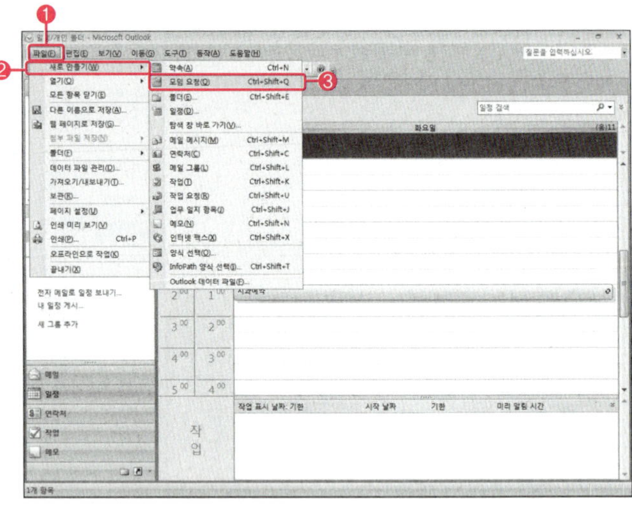

02 받는 사람 입력줄에 커서를 두고, [받는 사람] 단추를 클릭하거나 [모임] 탭의 [참석자] 그룹에서 [주소록]을 클릭한다.

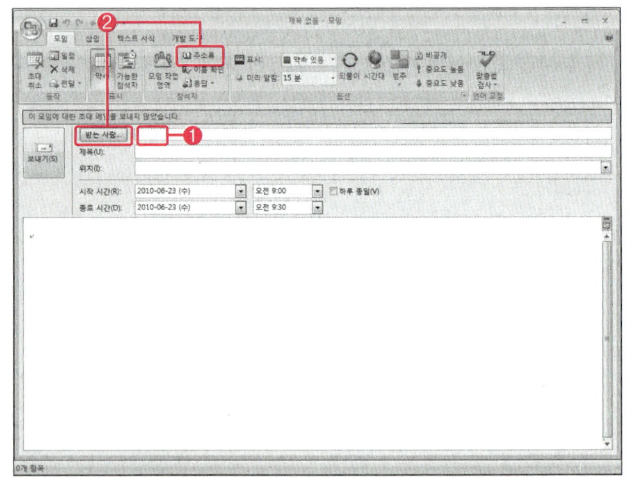

03 연락처의 목록 중 '김소라'는 [필수], '신나라'는 [선택], '한국무역'은 [리소스] 단추를 클릭하여 추가하고 [확인] 단추를 클릭한다.

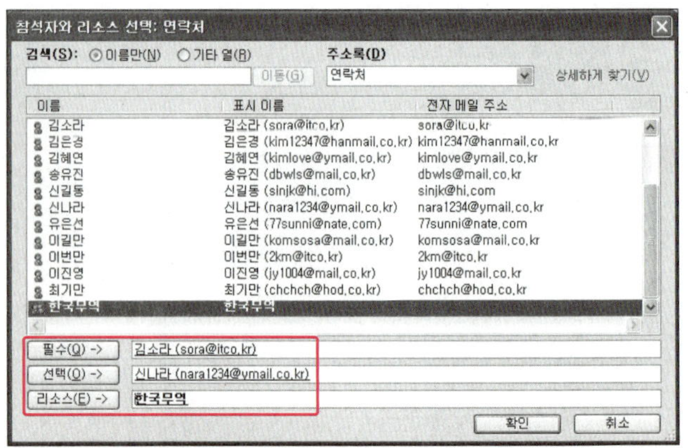

04 제목에 "오리엔테이션"을 입력하고 '시작 시간'은 다음주 금요일로 지정하고 '하루 종일'에 체크한 후 메시지 입력 창에 "참석 바랍니다"라고 입력한다. [보내기] 단추를 클릭하여 발송한다.

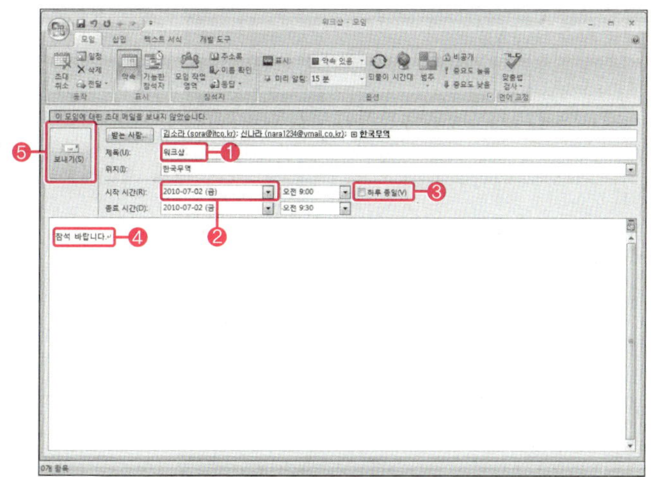

새 되풀이 약속

01 [일정] 단추를 선택하고 [파일]-[새로 만들기]-[약속]을 클릭하거나, 도구 모음의 [새로 만들기]를 클릭한다.

02 [약속] 탭의 [옵션] 그룹에서 [되풀이]를 선택한다.

03 [약속 되풀이] 대화상자에서 약속 시간 '시작'을 '오후 1:00', '끝'을 '오후 1:30'으로 지정하고 되풀이 방법은 '매주', '월요일', '화요일'을 선택하고 [확인] 단추를 클릭한다.

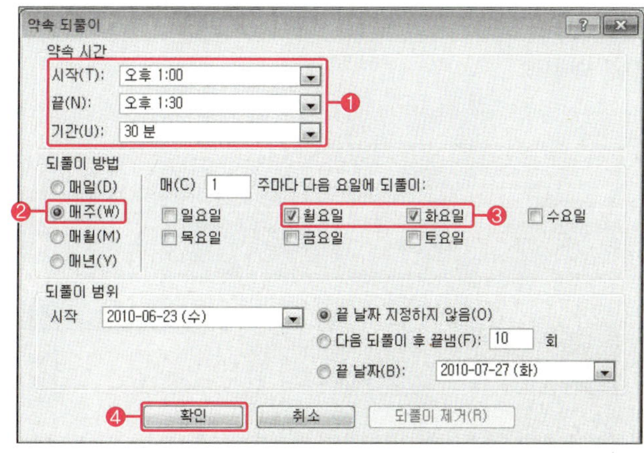

04 제목에 "치과예약"을 입력한 뒤 [저장 후 닫기] 단추를 클릭한다.

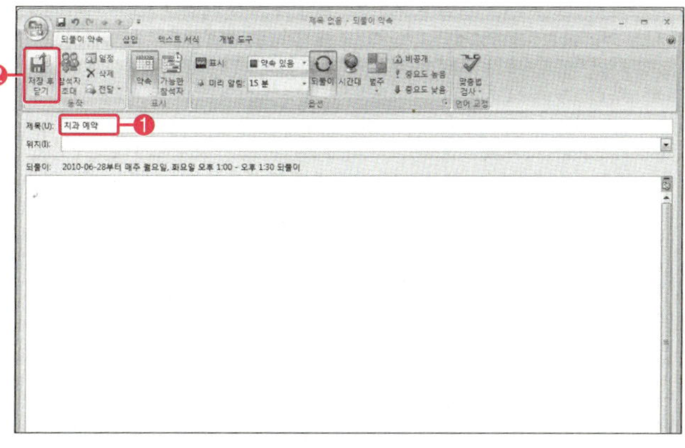

❶ '월요 회의'라는 제목의 약속을 만들어 2011년 5월 2일 월요일부터 14주 동안 매주 월요일 오전 9시에 시작하여 오전 10시에 끝나도록 설정한 후 약속을 저장하고 닫으시오.

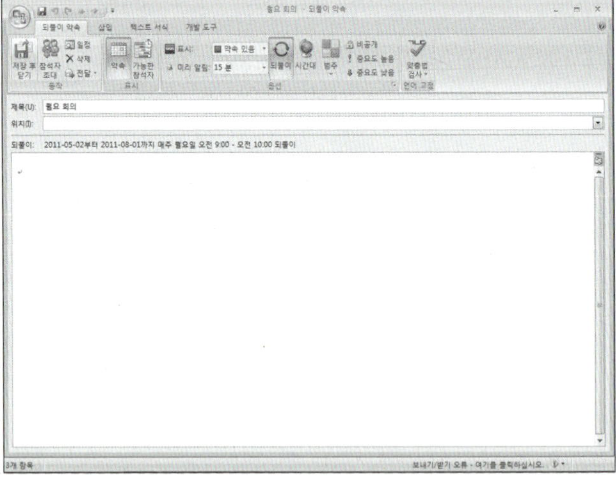

❷ 'IT세미나'라는 제목의 새 모임을 만들어 2011년 4월 14일 목요일 오후 4시에 시작하여 오후 6시에 끝나도록 설정하고 '강우진'을 '필수', '김소라'는 '선택', '아이티능력개발센터'는 '리소스' 상태로 보내시오.

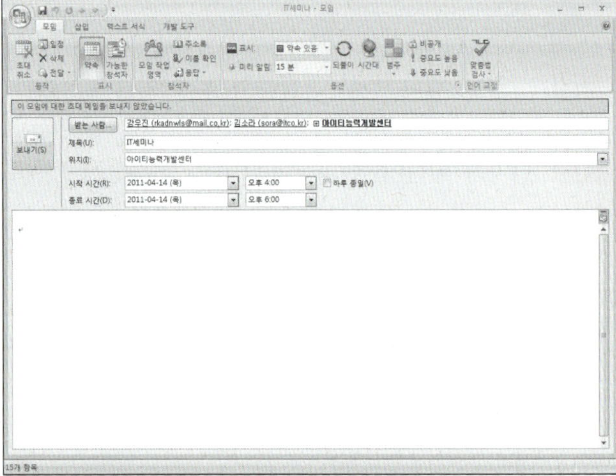

일정 편집 및 삭제

이미 지정된 일정의 시간이나 날짜를 변경할 수 있으며 삭제할 수 있다.

워밍업

◎ **출제 포인트** : 되풀이 일정 중 특정 항목 수정 방법 및 일정 삭제에 대한 방법

행사 일정 수정

01 왼쪽의 일정 달력에서 앞에서 '직원 상반기 체육대회' 행사를 만든 2011년 3월 4일을 클릭한다.

02 2011년 3월 4일에 있는 '직원 상반기 체육대회' 일정을 더블클릭하거나 마우스 오른쪽 단추로 클릭하여 [열기]를 클릭한다.

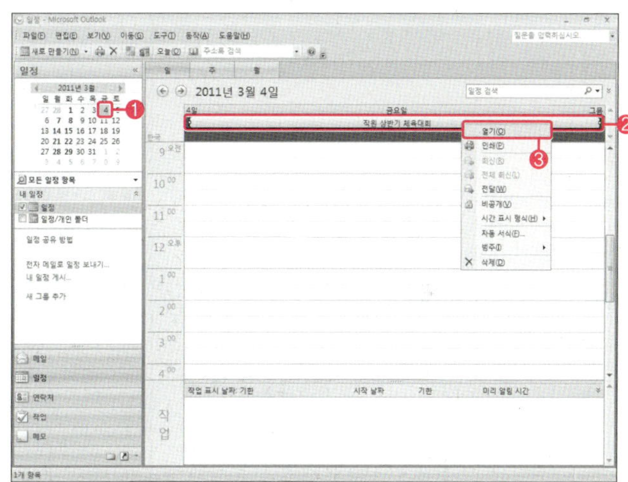

03 '시작 시간' 목록을 선택하고 2주일 후로 날짜를 변경한다.

04 [저장 후 닫기] 단추를 클릭한다.

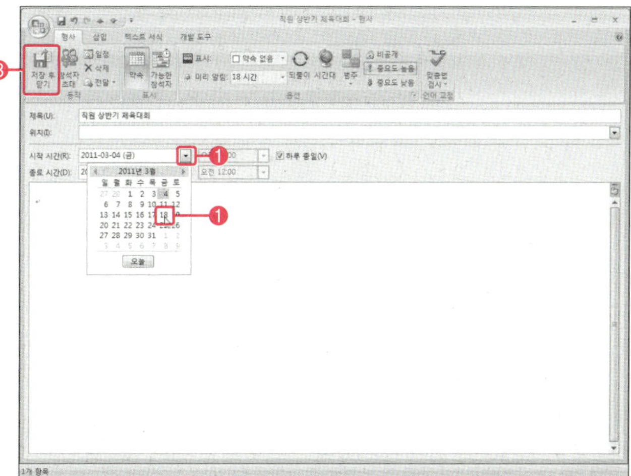

:: 되풀이 날짜 변경

01 왼쪽의 일정 달력에서 다음 주 화요일 날짜를 선택한다. 다음 주부터 월요일과 화요일에는 치과 예약이 되어 있다.

02 [보기]–[주]를 클릭하여 일정을 주 단위로 본다.

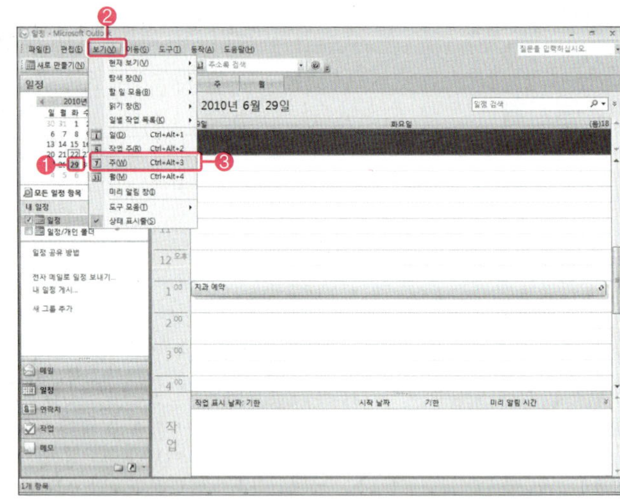

03 다음 주 화요일에 예정되어 있는 '치과예약' 일정을 더블클릭한다.

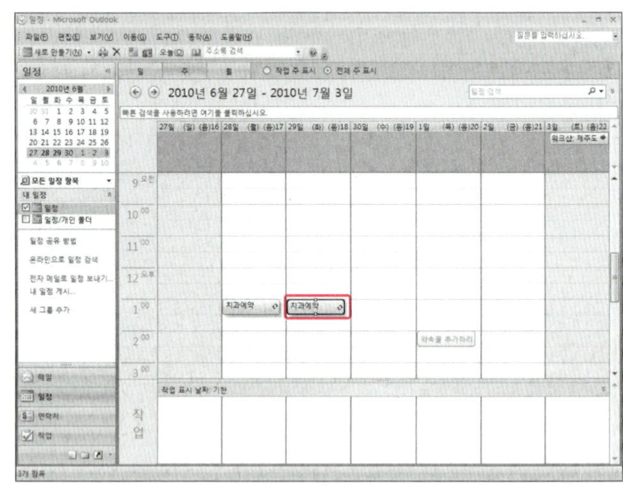

04 [되풀이 항목 열기] 대화상자에서 '이 항목만 열기'를 클릭하고 [확인] 단추를 클릭한다.

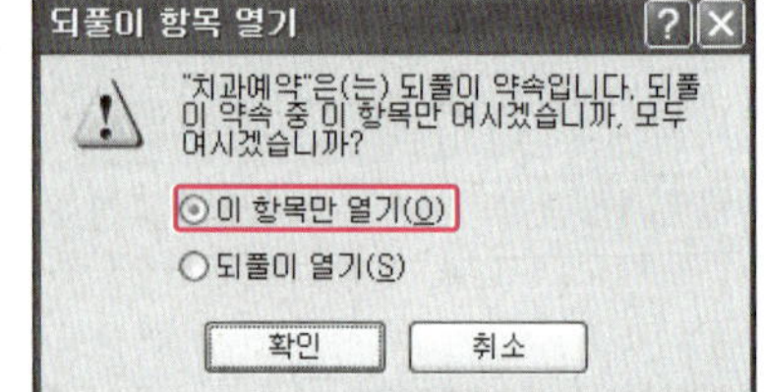

— **tip** —
- 이 항목만 열기 : 선택한 날의 일정만 수정한다.
- 되풀이 열기 : 지정된 되풀이 일정을 모두 수정한다.

05 '시작 시간'을 '오후 2:30'으로, '종료 시간'을 '오후 03:00'로 지정하고 [저장 후 닫기] 단추를 클릭한다.

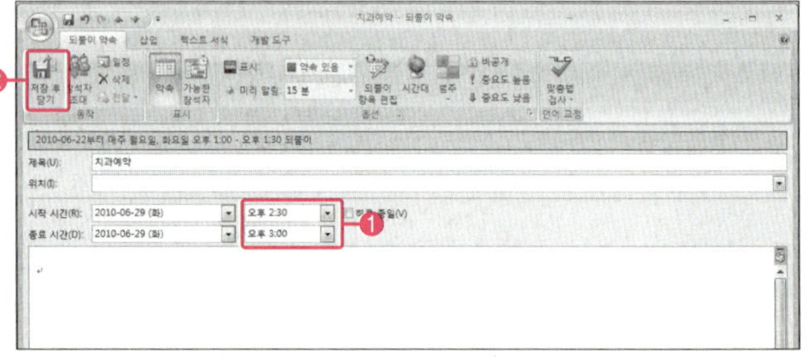

06 선택한 약속 항목만 시간이 변경되었다.

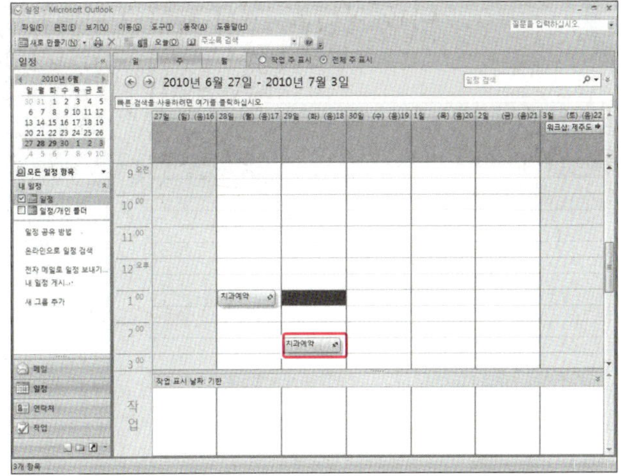

① 앞 단원의 학습문제 1번에서 만든 '월요 회의' 약속을 열어 끝 날짜를 지정하지 않도록 수정하고 저장 후 닫으시오.

② 매주 월요일과 화요일에 있는 '치과예약' 되풀이 약속 일정에서 다음 주 월요일 약속만 삭제하시오.

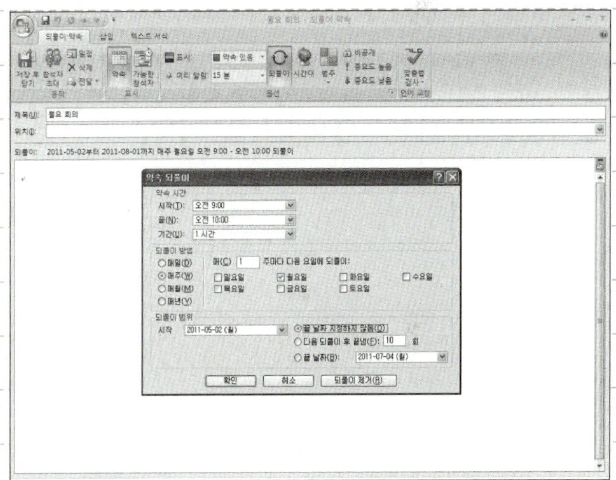

받은 편지함 메일을 일정으로 만들기

01 [메일] 단추를 클릭하고 [받은 편지함]을 폴더를 선택한다.

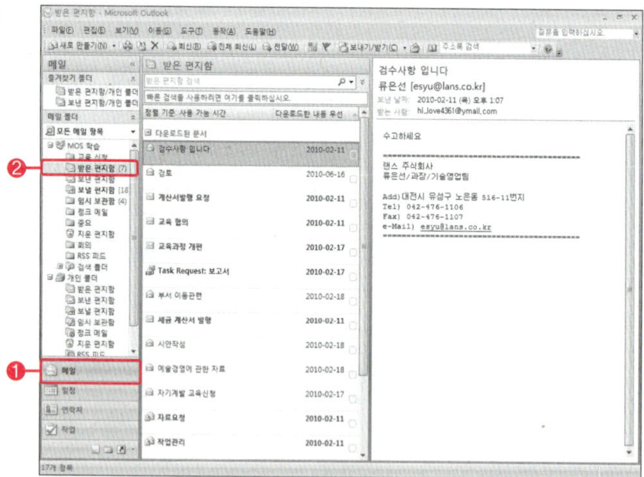

02 '주간회의' 메시지를 클릭하여 탐색 창의 [일정] 폴더로 드래그하거나, 마우스 오른쪽 단추로 메시지를 클릭하고 [폴더로 이동]을 클릭하여 [항목 이동] 대화상자에서 [일정] 폴더를 선택한다.

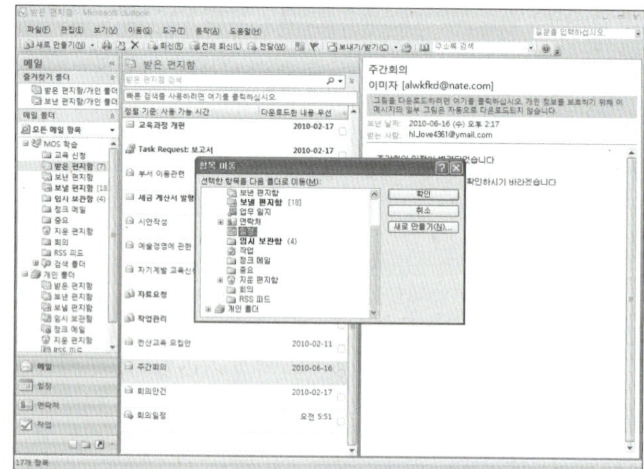

03 주간회의 메일이 일정 화면으로 열린다. [약속] 탭의 [옵션] 그룹에서 [되풀이]를 클릭한다.

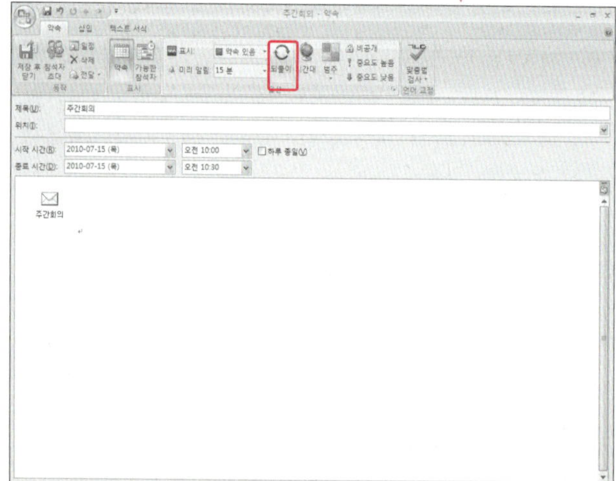

05 '되풀이 방법'을 '매주'로 지정하고 '월요일', '화요일'에 체크한 후 총 14회 되풀이되도록 '다음 되풀이 후 끝냄'에 '14'를 입력한 후 [확인] 단추를 클릭한다.

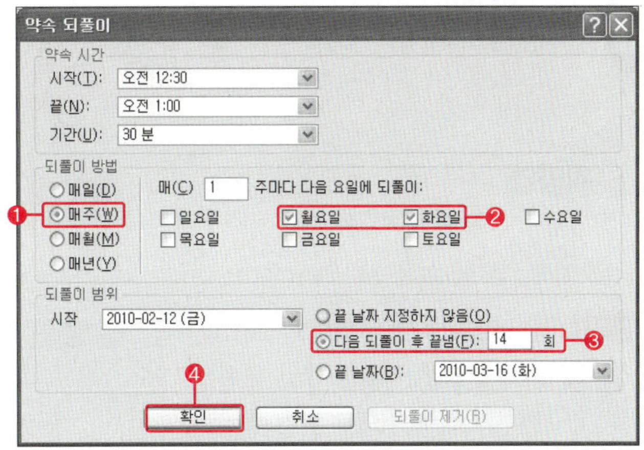

06 [저장 후 닫기] 단추를 클릭한다.

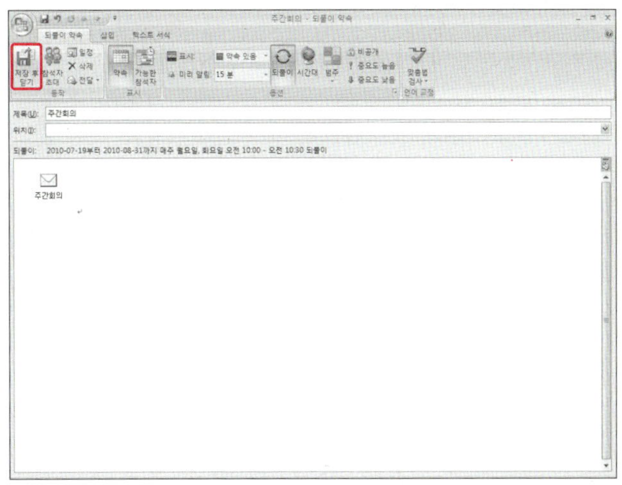

❶ '회의안건' 메시지를 [일정] 폴더로 드래그하여 열고 저장한 후 닫으시오.

일정 보기

일정을 다양한 보기 형태로 볼 수 있다. 한 화면에 두 일정을 비교해서 볼 수도 있으며, 할 일 모음의 달력이나 약속을 화면에 추가하여 한눈에 일정을 파악할 수 있다.

워밍업

◎ **출제 포인트** : 화면 보기 및 할 일 모음 추가 설정 방법

01 [일정] 단추를 클릭하고 [내 일정] 목록에서 '일정', '일정/개인 폴더'를 각각 체크하면 두 일정을 함께 볼 수 있다.

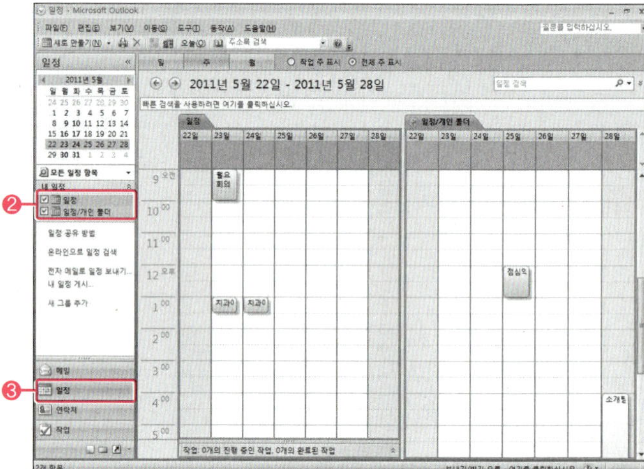

t i p

교재 화면의 '일정/개인 폴더'의 약속들은 임의로 입력한 것이다.

02 [보기]-[겹침 모드로 보기]를 클릭하면 두 일정이 겹쳐서 표시된다.

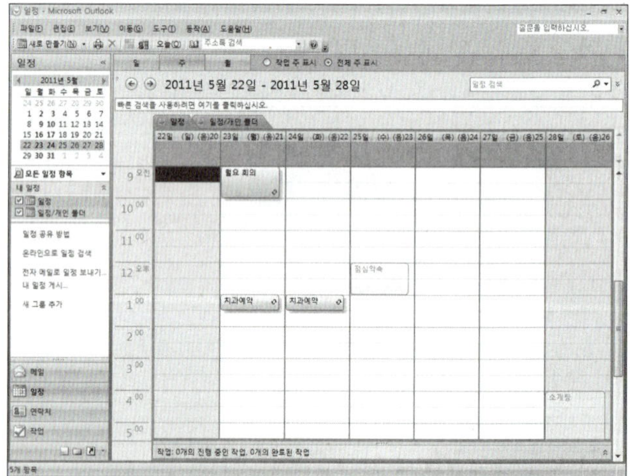

03 [보기]-[할 일 모음]-[기본]을 클릭하여 오른쪽에 할 일 모음 작업 창을 표시한다.

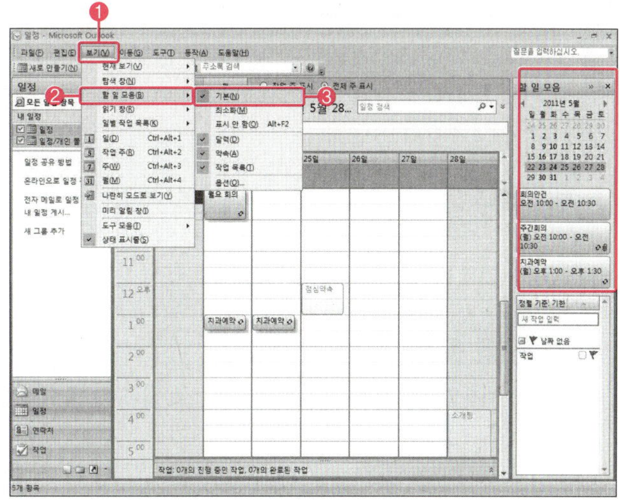

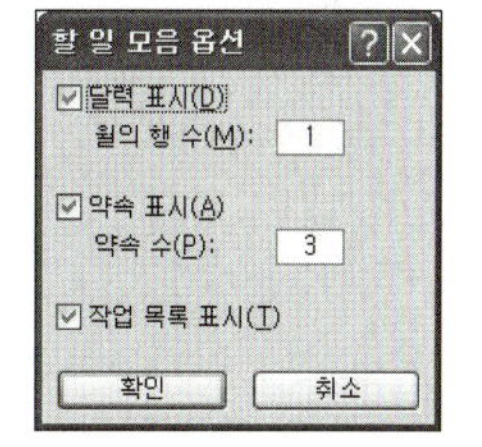

알아두기 | 할 일 모음 옵션

달력이나 일정의 표시 개수를 조절하려면 [보기]-[할 일 모음]-[옵션]을 클릭하여 [할 일 모음 옵션] 대화상자를 이용한다. 각 항목 앞의 체크를 선택하거나 해제하여 달력, 약속, 작업 목록의 표시 여부도 설정할 수 있다.

확인학습

❶ 할 일 모음 작업 창에 달력이 2개 표시되도록 설정하시오.

일정 옵션

추가 표준 시간을 설정하여 다른 나라의 날짜와 시간을 확인하면서 일정 계획을 수정할 수 있으며, 주 단위 옵션을 사용하여 주 단위 요일도 설정할 수 있다. 이 외에도 여러 가지 다양한 옵션을 지정할 수 있다.

워밍업

◎ **출제 포인트** : 주 단위 작업 일정, 일정 옵션, 고급 옵션을 설정하는 방법을 묻는 문제

주 단위 옵션

주 단위로 작업하는 일정을 표기하여 사용하는 일정에 따른 관리를 할 수 있다.

01 [도구]-[옵션]을 선택하고, [옵션] 대화상자
의 [기본 설정] 탭에서 [일정 옵션] 단추를 클릭한다.

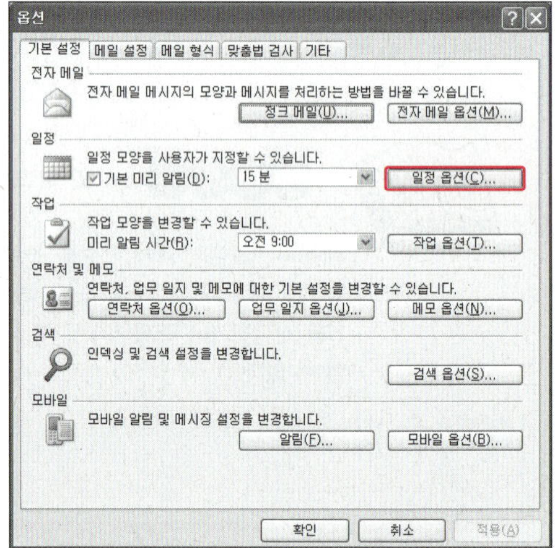

02 '주 단위 작업 일정'을 일요일
부터 토요일까지 모두 선택한 뒤 [확인]
단추를 클릭한다.

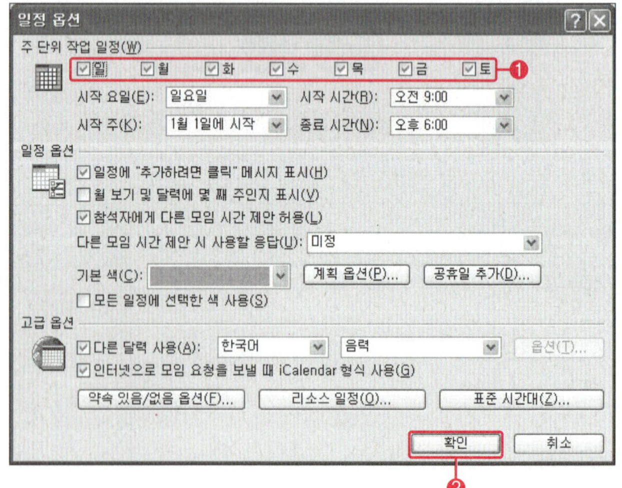

:: 일정 옵션

일정 옵션을 지정하여 전체적인 일정 색을 지정하고, 다른 나라의 공휴일을 추가할 수 있다.

01 [도구]-[옵션]을 선택하고, [옵션] 대화상자의 [기본 설정] 탭에서 [일정 옵션] 단추를 클릭한다.

02 '기본 색'을 변경하면 일정의 전체적인 색이 변경된다. [공휴일 추가] 단추를 클릭한다.

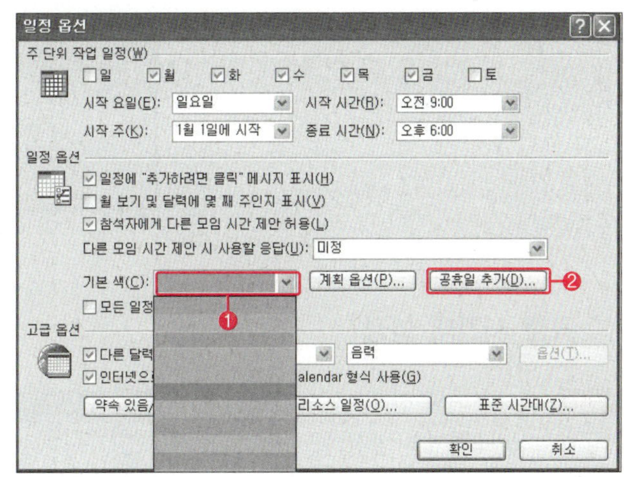

03 [일정에 공휴일 추가] 대화상자에서 '미국'을 선택하고 [확인] 단추를 클릭한다. 일정에 미국의 공휴일이 추가된다.

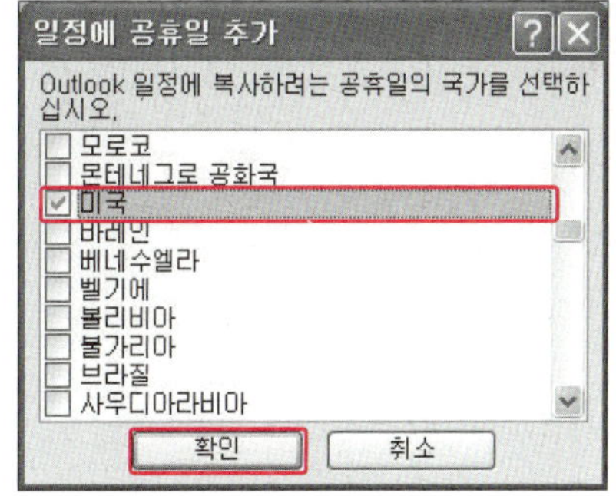

:: 약속 있음/없음

모임 요청을 보내는 사람이 내가 참석할 수 있는 시간을 판단할 때 사용하는 기능이다.

01 [도구]-[옵션]을 선택하고, [옵션] 대화상자의 [기본 설정] 탭에서 [일정 옵션] 단추를 클릭한다.

02 고급 옵션의 [약속 있음/ 없음 옵션] 단추를 클릭한다.

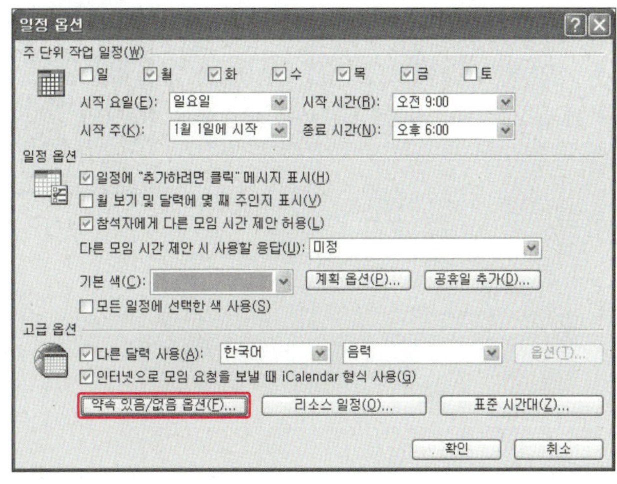

03 "3"개월 동안의 약속 있음/ 없음 일정 정보를 "10"분마다 업데이트하도록 설정하고 [확인] 단추를 클릭한다.

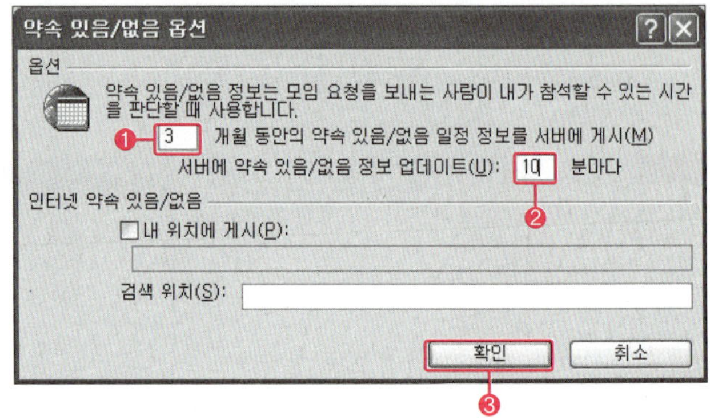

표준 시간대 설정

01 [도구]–[옵션]을 선택하고, [옵션] 대화상자의 [기본 설정] 탭에서 [일정 옵션] 단추를 클릭한다.

02 [일정 옵션] 대화상자의 고급 옵션에서 [표준 시간대] 단추를 클릭한다.

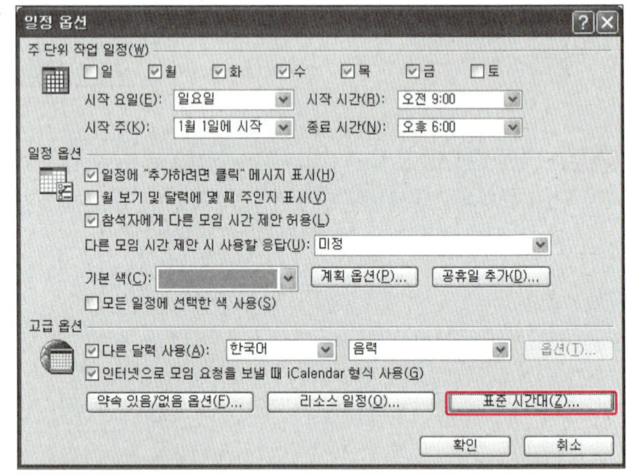

03 [표준 시간대] 대화상자에서 '현재 Windows 표준 시간대'의 '레이블'에 "한국"을 입력한다. '추가 표준 시간대'에서 '추가 표준 시간대 표시'에 체크하고 '레이블'에는 "미국"을 입력하고 '표준 시간대' 목록에서 '(GMT-10:00)하와이'를 선택한 후 [확인] 단추를 클릭한다.

04 [확인] 단추를 클릭하여 [일정 옵션]과 [옵션] 대화상자를 차례로 닫는다. 미국과 한국의 시간대가 동시에 표시되는 것을 확인할 수 있다.

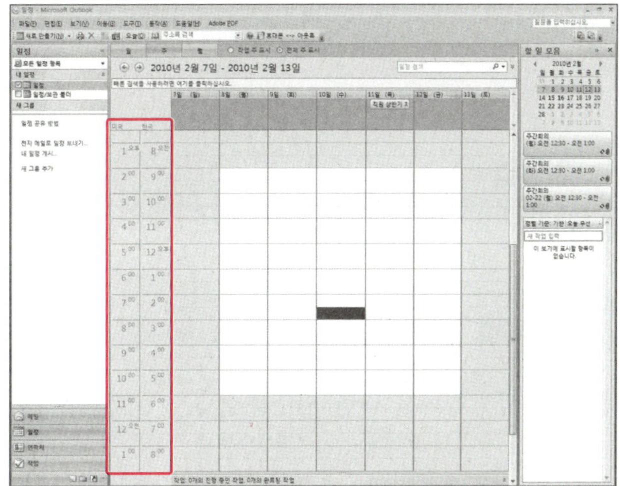

❶ 주 단위 작업 일정을 월요일부터 금요일까지로 변경하시오.

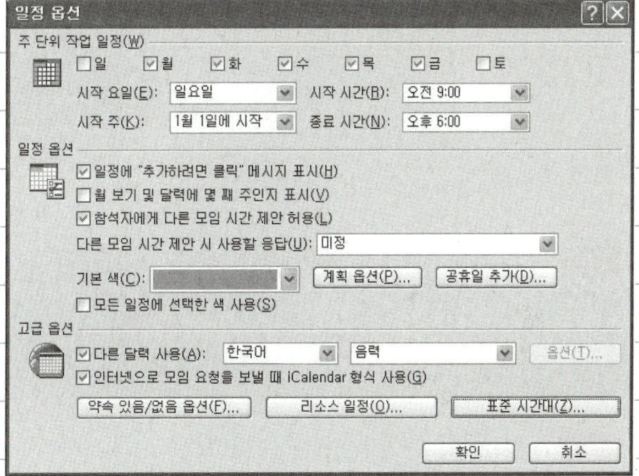

❷ 추가 표준 시간대의 레이블을 '호주'로 표기하고 '(GMT+10:00)캔버라, 멜버른, 시드니'가 일정에 추가되도록 하시오.

작업 만들기

작업 일정 및 내용을 입력하거나 받은 메시지의 작업 내용을 따로 관리할 수 있다.

워밍업

◎ **출제 포인트 :** 새 작업을 만드는 방법

∷ 새 작업 만들기

01 탐색 창에서 [작업] 단추를 클릭하고 작업 창에서 마우스 오른쪽 단추를 클릭하여 [새 작업]을 클릭한다. 또는 [파일]-[새로 만들기]-[작업]을 선택하거나 [도구 상자]의 [새로 만들기]를 클릭한다.

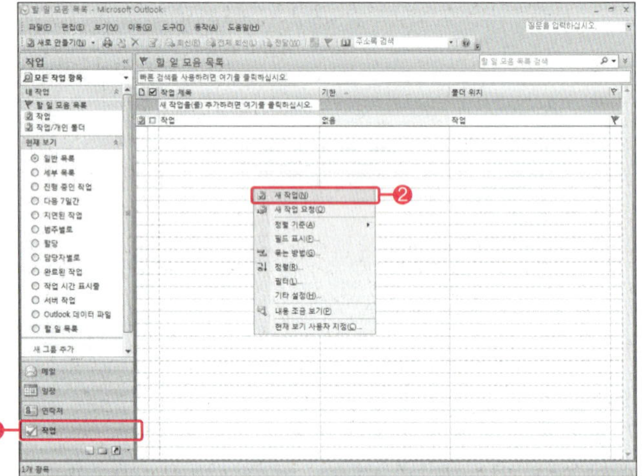

02 제목에 "신상품 개발 보고서"라고 입력하고 시작 날짜를 '2011-07-06(수)'로 선택한다.

03 [저장 후 닫기] 단추를 클릭한다.

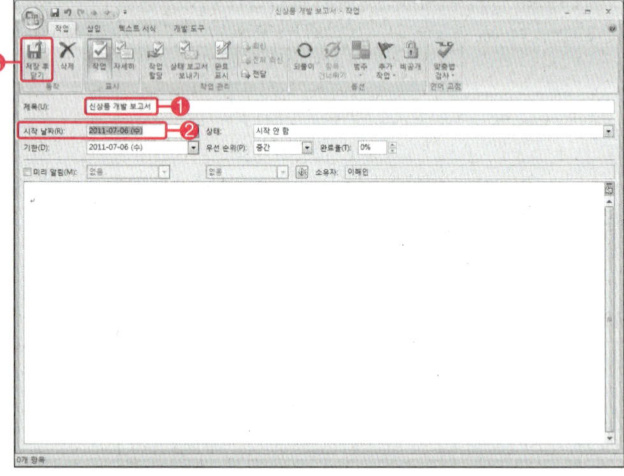

04 작업창 목록에 새 작업이 추가
되었다.

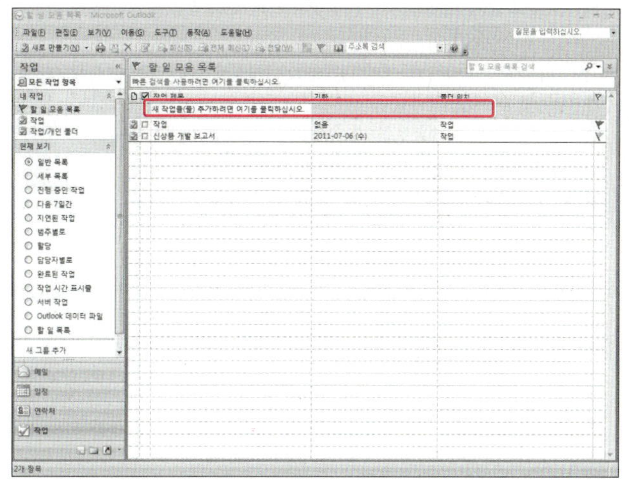

작업 상태 수정

01 작업 목록에서 '신상품 개발 보
고서'를 더블클릭하거나 마우스 오른쪽
단추로 클릭하고 [열기]를 클릭한다.

02 '상태'를 '진행 중'으로, '우선
순위'를 '높음'으로, '완료율'을 '25%'
로 설정한다.

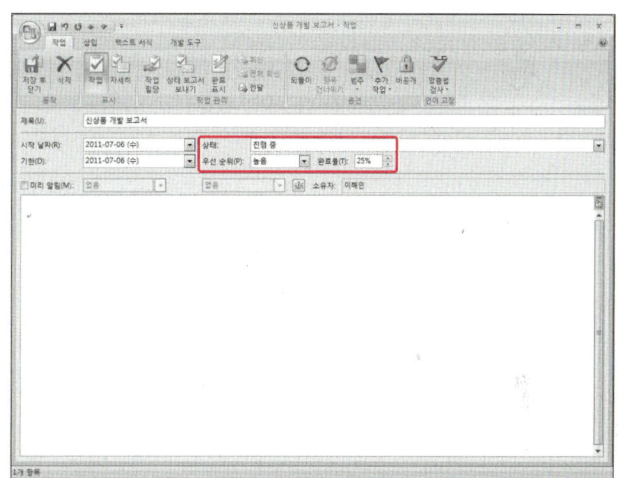

03 메시지 입력 창에 "신상품 개발
이 예정대로 진행 중입니다."라고 입력
한다.

04 [작업] 탭의 [옵션] 그룹에서 [비
공개]를 클릭한다.

05 [저장 후 닫기] 단추를 클릭한다.

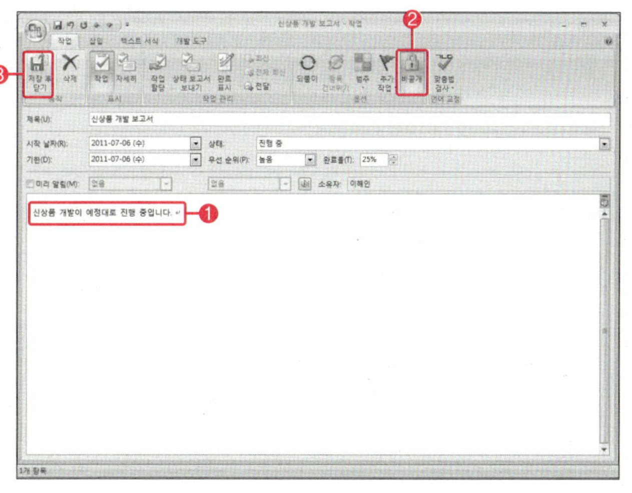

❶ '그룹 과제'라는 새 작업을 만들어 저장하고 닫
으시오.

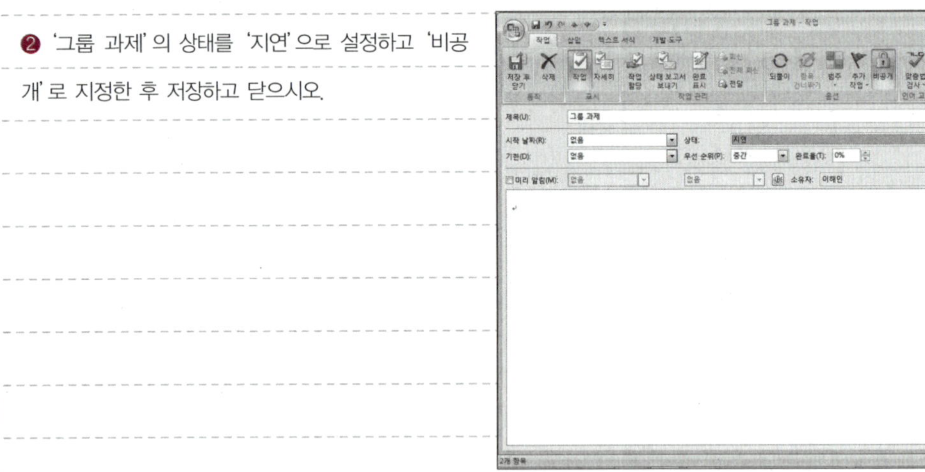

❷ '그룹 과제'의 상태를 '지연'으로 설정하고 '비공
개'로 지정한 후 저장하고 닫으시오.

작업 할당

작성한 일정을 다른 사람에게 회신하여 보낼 수 있다.

워밍업

◎ **출제 포인트 :** 작업할당 방법을 묻는 문제

01 작업 목록에서 '신상품 개발 보고서'를 더블클릭하거나, 마우스 오른쪽 단추로 클릭하고 [열기]를 클릭한다.

02 [작업] 탭의 [작업 관리] 그룹에서 [작업 할당]을 클릭한다.

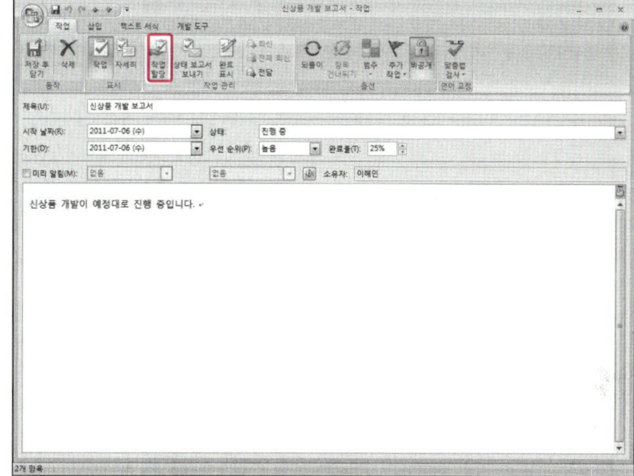

---

t i p

작업 목록에서 '보고서'를 마우스 오른쪽 단추로 클릭하고 곧바로 [작업 할당]을 클릭해도 된다.

---

03 [받는 사람]을 클릭하거나, [작업] 탭의 [작업 관리] 그룹에서 [주소록]을 클릭한다.

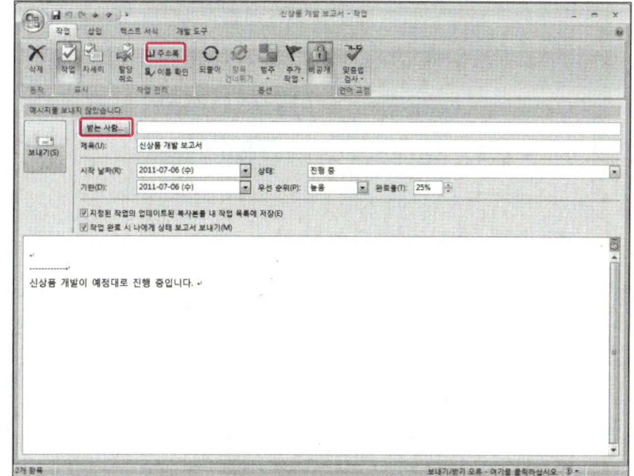

 [작업 받는 사람 선택: 연락처]
대화상자에서 '김호연'을 선택하고 [받
는 사람]을 클릭한 후 [확인] 단추를 클릭
한다.

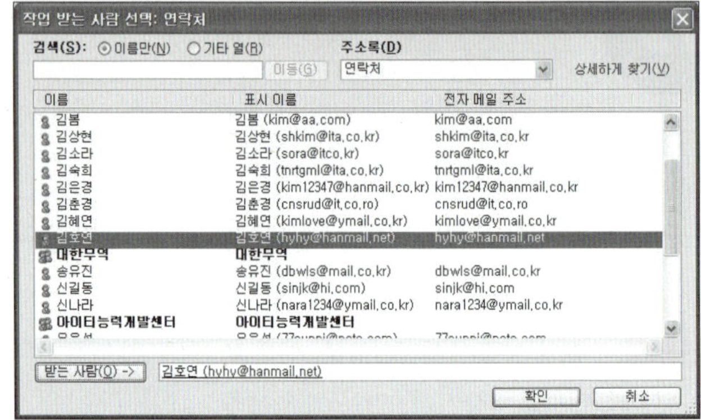

 [보내기] 단추를 클릭한다.

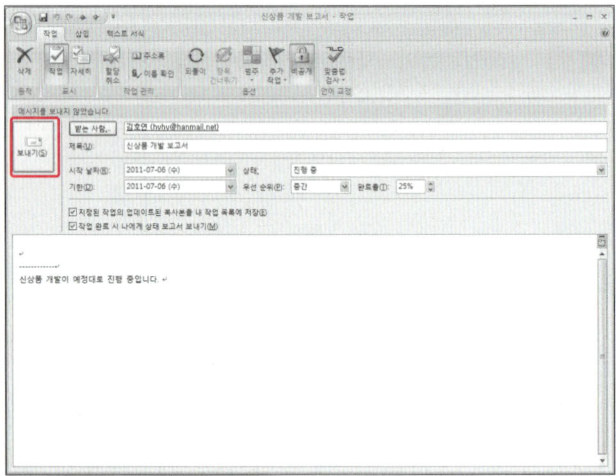

❶ '세미나 추진계획' 작업을 만들고 '김대진'에게

작업 할당하여 보내시오.

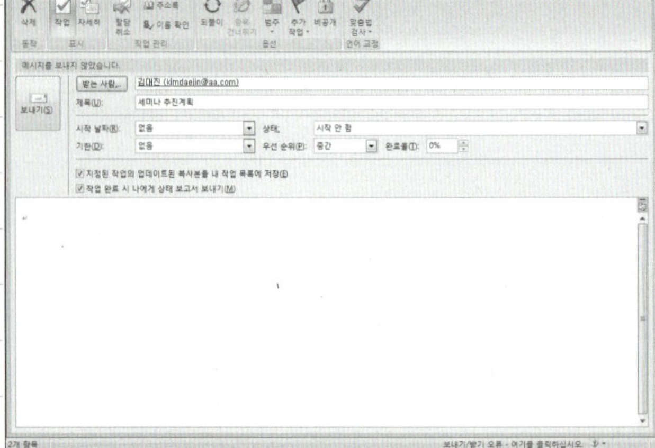

받은 편지를 작업으로 만들기

받은 편지함의 메시지를 작업으로 만들 수 있다.

워밍업

◎ **출제 포인트** : 받은 편지함의 메시지를 작업으로 만드는 방법을 묻는 문제

01　탐색 창에서 [메일] 단추를 클릭하고 [받은 편지함]의 '작업관리' 메시지를 선택한다.

02　'작업관리' 메시지를 탐색 창의 [작업] 폴더로 드래그한다.

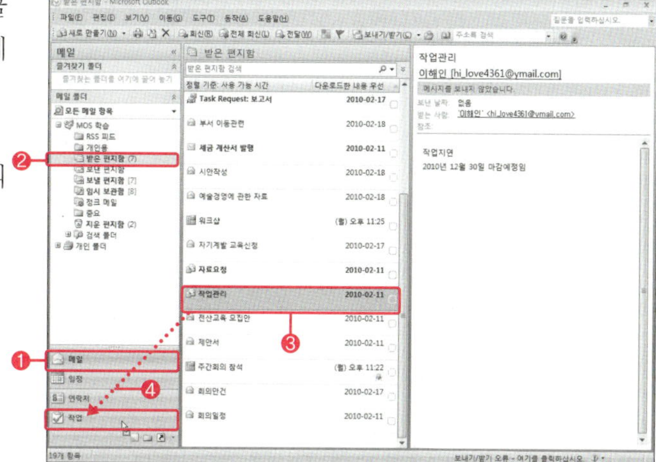

03　'작업관리' 메시지가 [작업] 창으로 열린다. 내용을 확인하고 [저장 후 닫기] 단추를 클릭한다.

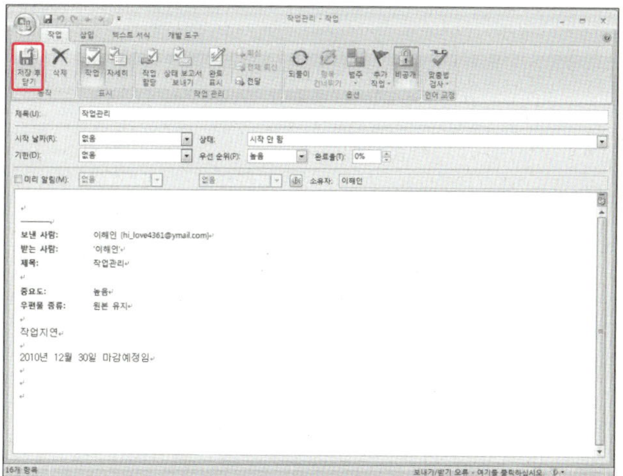

❶ [받은 편지함]에 있는 '검토' 메시지를 작업으로

만들고 저장 후 닫으시오.

MOS
Outlook
2007
모의고사

모의 1-01 다음 작업을 완료하시오.

❶ 이름은 '신동현', 전자 메일 주소는 goto12345@ymail.com인 새 연락처를 만들어 저장하고 닫으시오.
❷ '이해인' 연락처의 전자 명함 레이아웃을 [이미지 오른쪽]으로 설정한 후 저장하고 닫으시오.

모의 1-02 다음 작업을 완료하시오.

❶ [일정] 폴더의 [할 일 모음]에 [달력]을 표시하시오.
❷ 3개월 간의 일정 약속 있음/없음 정보를 서버에 게시하시오(기타 기본 설정은 모두 유지).

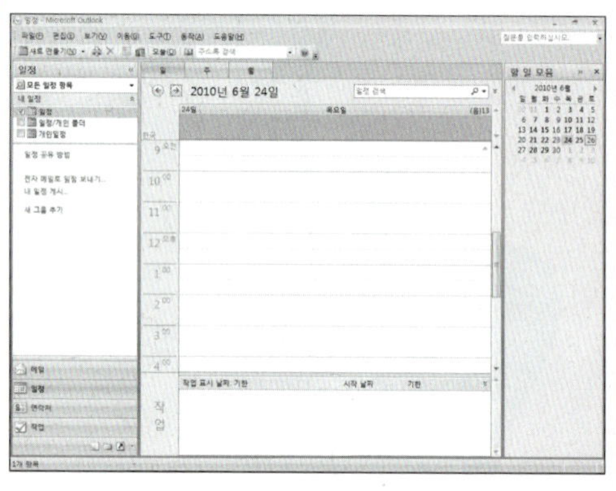

모의 1-03 다음 작업을 완료하시오.

❶ [MOS 학습] 폴더의 아래에 [검토]라는 메일 폴더를 만드시오.
❷ [개인 연락처]라는 이름의 연락처 폴더를 만들고 [Outlook 주소록]에 추가하시오.

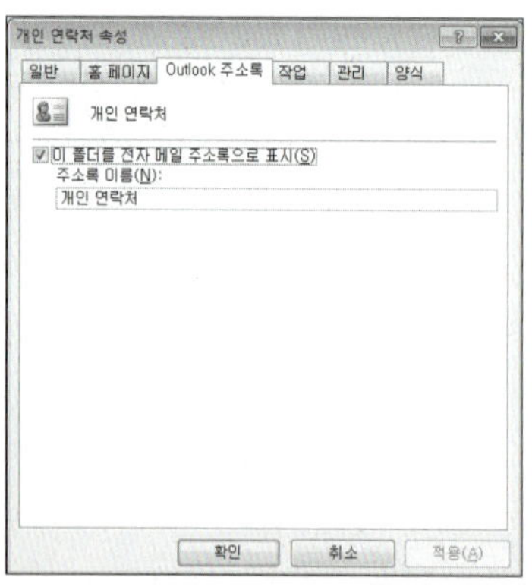

모의 1-04 다음 작업을 완료하시오.

❶ Outlook 폴더에 '아웃룩'이라는 이름의 새로운 Outlook 데이터 파일을 만드시오(기타 기본 설정은 모두 유지).
❷ 받은 모든 표준 메일이 [일반 텍스트] 형식으로 열리도록 보안 옵션을 설정하시오.

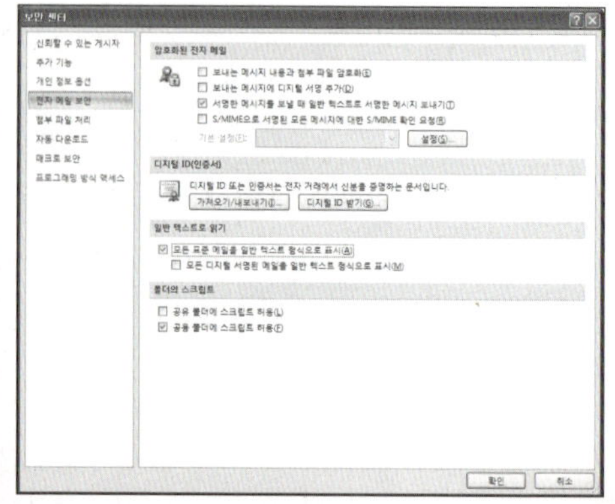

 다음 작업을 완료하시오.

❶ '010-123-4321' 번호를 입력하여 [전화번호]라는 새로운 서명을 만들고, 모든 새 메시지와 회신/전달 메시지의 기본 서명으로 설정하시오.
❷ '검토' 메시지의 첨부 파일을 미리 보시오.

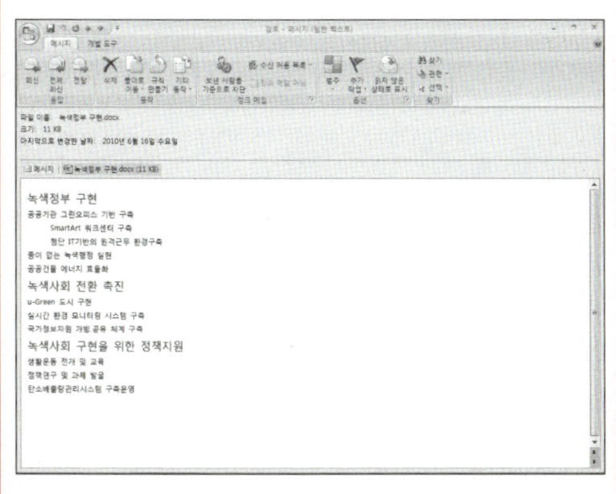

 다음 작업을 완료하시오.

❶ '전산교육 모집안' 메시지의 본문에 "신청하세요"라는 텍스트를 넣어 모든 사람에게 회신하시오.
❷ '작업 관리' 메시지의 중요도를 '높음'으로 변경하시오.

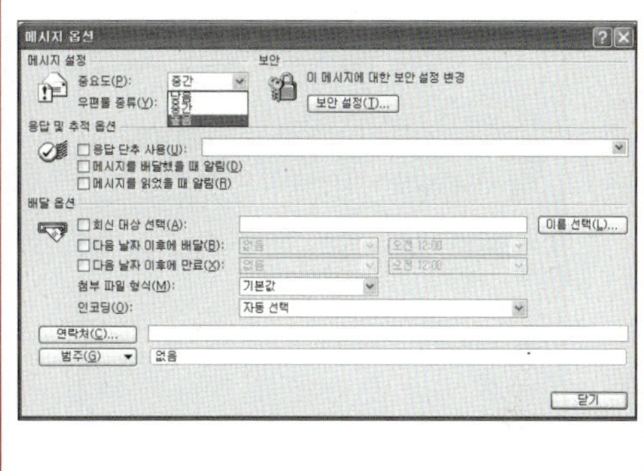

 다음 작업을 완료하시오.

❶ '계산서 발행 요청' 메시지를 '이해인' 연락처로 전달하시오.
❷ '작업관리' 메시지를 '원본 유지' 우편으로 설정하시오.

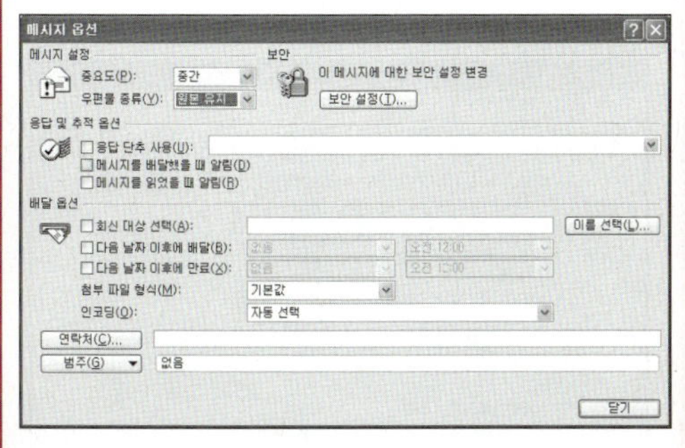

 다음 작업을 완료하시오.

❶ '회의 일정' 메시지에서 작업을 만들고 오늘을 마감일로 설정하시오. 작업을 저장하고 닫으시오.
❷ 현재 보기에서 모든 메시지의 처음 3행을 미리 보시오.

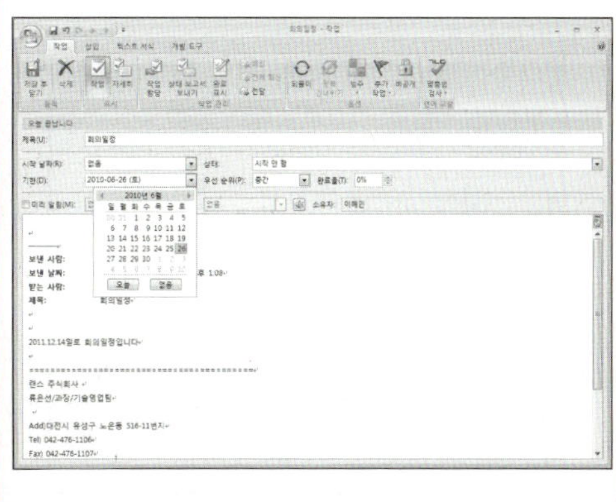

모의 1-09 다음 작업을 완료하시오.

❶ 2011년 3월 5일 토요일에 '북 세미나'라는 이름의 행사를 만들어 저장하고 닫으시오.

❷ Outlook을 닫으면 [지운 편지함] 폴더가 자동으로 비워지도록 설정하시오.

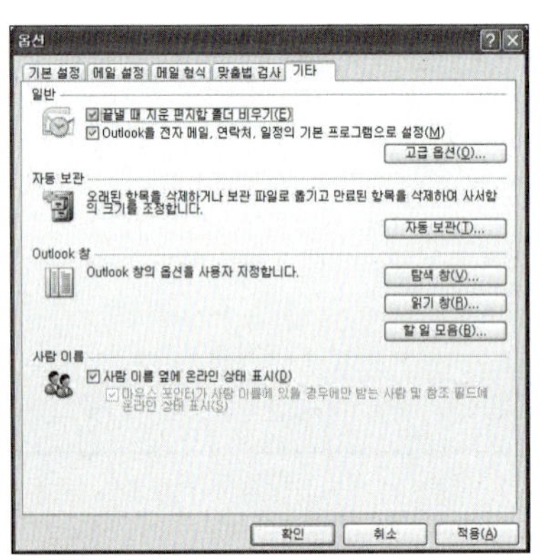

모의 1-10 다음 작업을 완료하시오.

❶ 제목이 '창업 세미나'인 새 메시지를 작업 배포 목록에 만든 후 메시지를 저장하고 닫으시오.

❷ '교육'이라는 이름의 메일 폴더를 만드시오.

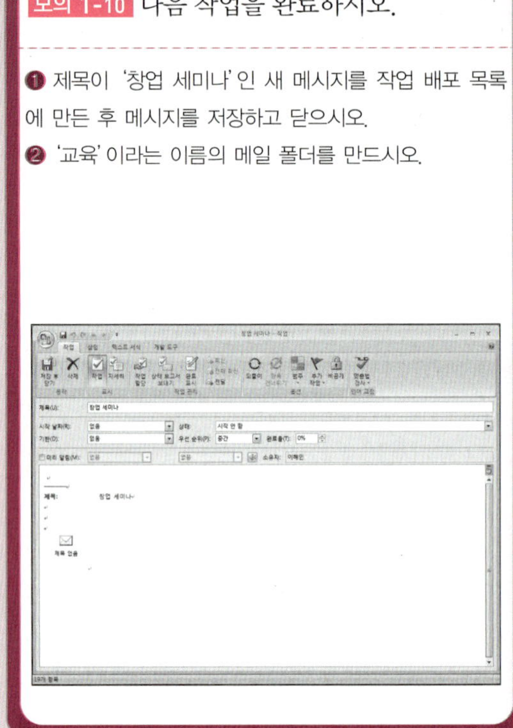

모의 1-11 다음 작업을 완료하시오.

❶ '이해인' 연락처에서 온 도착 메시지를 [교육] 폴더로 자동 이동시키는 규칙을 만드시오(기타 기본 설정은 모두 유지).

❷ 제목 행에 '협의'라는 텍스트가 있는 도착 메시지를 자동으로 삭제하는 규칙을 만들고 지금 규칙을 실행하시오(기타 설정은 모두 유지).

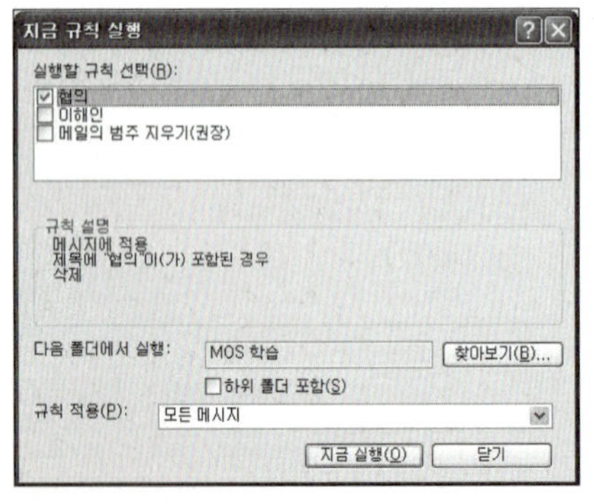

모의 1-12 다음 작업을 완료하시오.

❶ 주 단위 작업 일정을 '월요일'부터 '목요일'까지로 설정하시오.

❷ '창업 세미나'라는 작업의 상태를 [지연]으로 표시하고 저장 후 닫으시오.

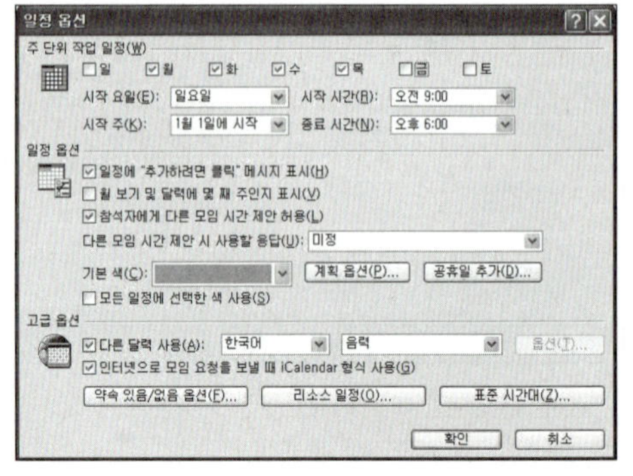

 다음 작업을 완료하시오.

❶ '대전 IT 센터'라는 새로운 메일 그룹을 만들고 '이해인'을 구성원으로 추가한 후 저장하고 닫으시오.
❷ '팀장회의'라는 약속을 만들어 2011년 3월 2일 수요일부터 12주 동안 매주 수요일 오전 10시에 시작하여 오전 11시에 끝나도록 설정한 후 저장하고 닫으시오(기본 설정은 모두 유지).

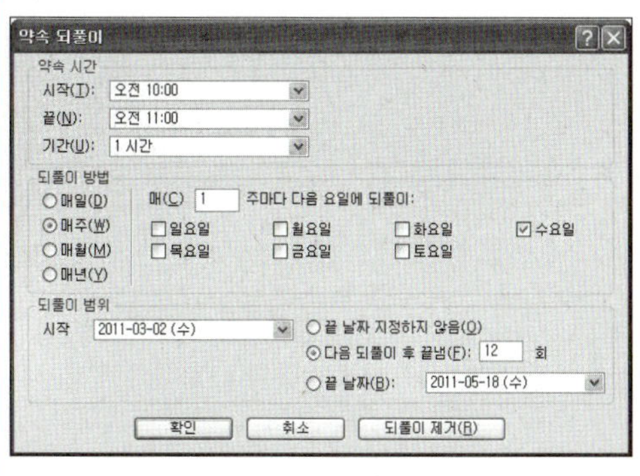

모의 1-14 다음 작업을 완료하시오.

❶ '+10:00'라는 레이블을 사용하여 '호바트'를 추가 표준 시간대로 일정에 추가하시오.
❷ '회의 안건' 메시지를 사용하여 2010년 12월 16일 목요일 오후 1시에 시작하여 오후 3시에 끝나는 약속을 만들어 저장하고 닫으시오.

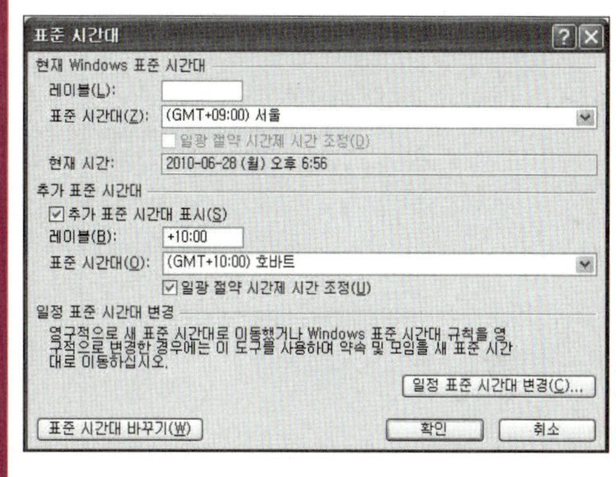

모의 1-15 다음 작업을 완료하시오.

❶ '2011년 3월 16일 수요일 오전 10시'에 열리는 '팀장회의' 일정만 삭제하시오.
❷ 일정을 겹침 모드로 표시하시오.

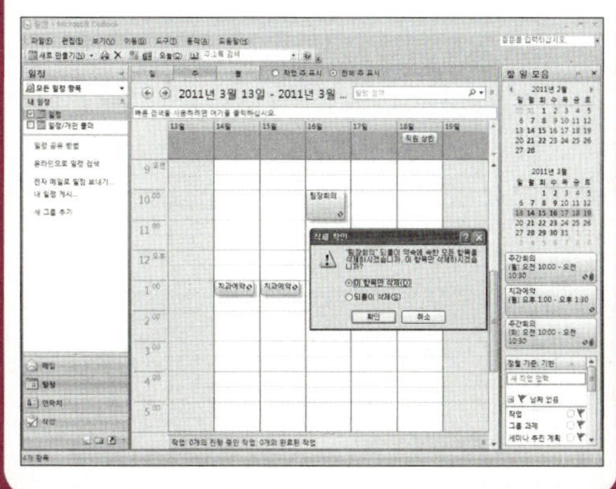

모의 1-16 다음 작업을 완료하시오.

❶ '이해인' 연락처로 보낼 '연락 부탁'이라는 새로운 메시지를 작성하고 저장한 후 닫으시오.
❷ '창업 세미나' 작업을 '이해인' 연락처에 할당하고 작업을 보내시오.

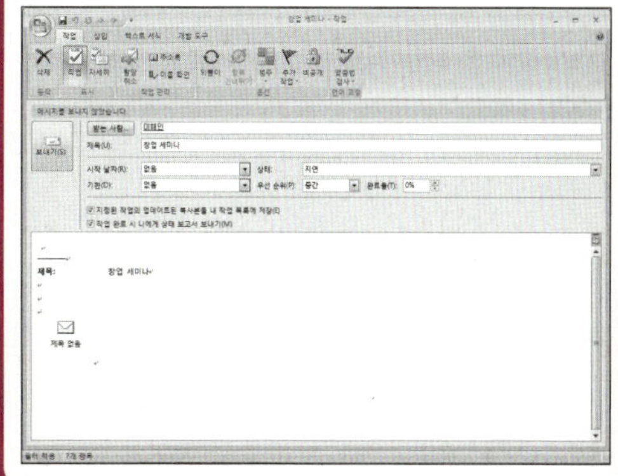

모의 1-17 다음 작업을 완료하시오.

❶ [받은 편지함]의 '검토' 메시지의 첨부 파일을 [내 문서] 폴더에 저장하시오(기본 설정은 그대로 유지).
❷ 보내는 모든 메일의 메시지 형식을 서식이 있는 텍스트로 설정하시오.

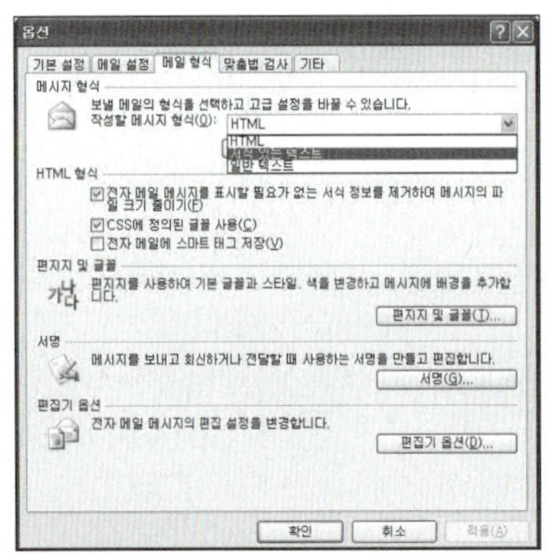

모의 1-18 다음 작업을 완료하시오.

❶ '회의 참석 요망'이라는 제목의 새 메시지에 2010년 12월 16일의 일정을 첨부하여 '김대진' 연락처로 발송하시오(기본 설정은 모두 유지).
❷ '대전 IT 센터'라는 메일 그룹의 연락처 정보를 업데이트한 후, 메일 그룹을 저장하고 닫으시오.

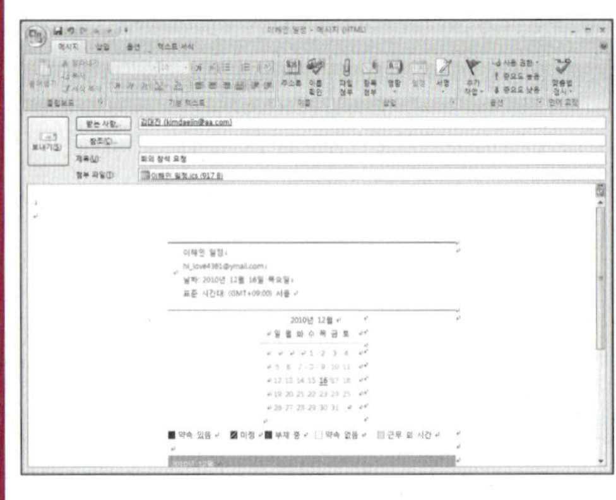

모의 1-19 다음 작업을 완료하시오.

❶ 신동현이 보낸 '교육 협회' 메시지를 [교육] 폴더로 이동하시오.
❷ [받은 편지함]의 '자료 요청' 메시지를 삭제하시오.

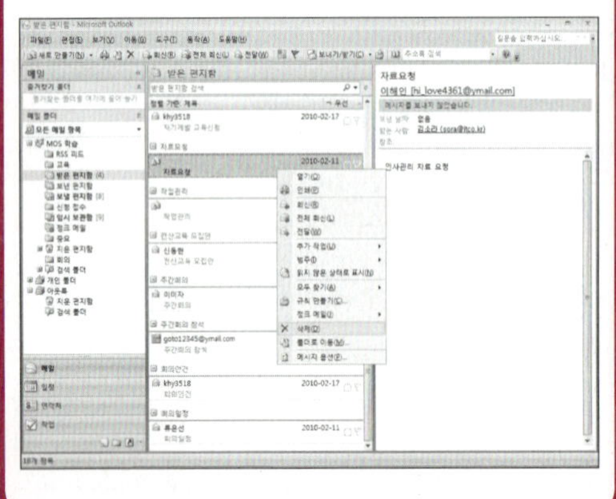

모의 1-20 다음 작업을 완료하시오.

❶ [임시 보관함]에 있는 '자료 출력' 메시지를 발송하시오.
❷ 일정을 30분마다 알려주도록 기본 미리 알림을 설정하시오.

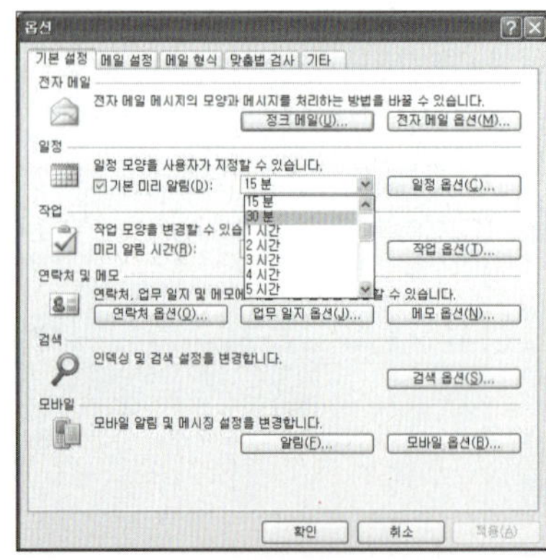

MOS Outlook **2007** 모의고사 ❷

 다음 작업을 완료하시오.

❶ 연락처에서 '유지희'의 전자 명함 레이아웃을 [이미지 오른쪽]으로 설정한 후 저장하고 닫으시오.

❷ '신나라' 연락처의 전자 명함을 '신나라 연락처'라는 제목으로 '최기만' 연락처로 발송하시오(모든 기타 기본 설정을 승인).

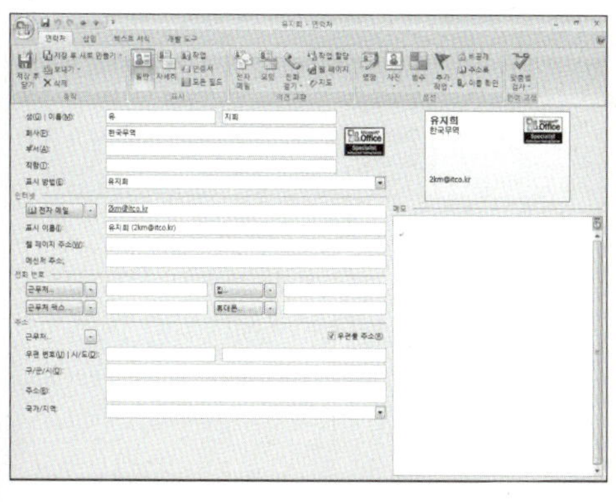

 다음 작업을 완료하시오.

❶ [임시 보관함] 폴더에 있는 '교육관리사항' 메시지의 옵션을 '김혜연'으로 회신을 보내도록 설정하고, 메시지를 보내시오.

❷ [임시 보관함] 폴더에 있는 '인사관리' 메시지를 '개인 '우편'으로 설정하고, 메시지를 보내시오.

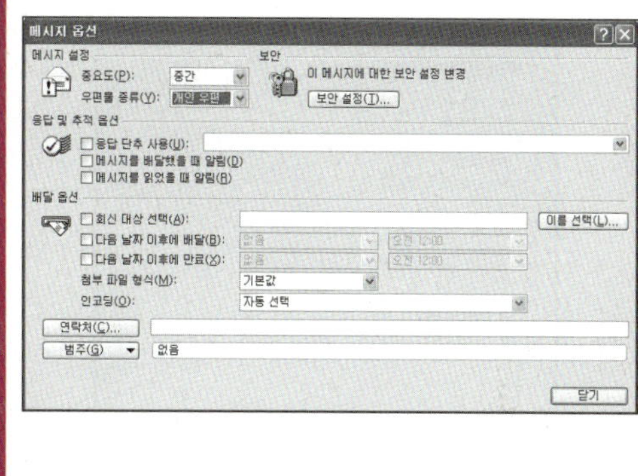

 다음 작업을 완료하시오.

❶ '창업 세미나' 작업의 기한을 2011년 02월 05일 토요일로 설정하고, '비공개'로 표시하시오.

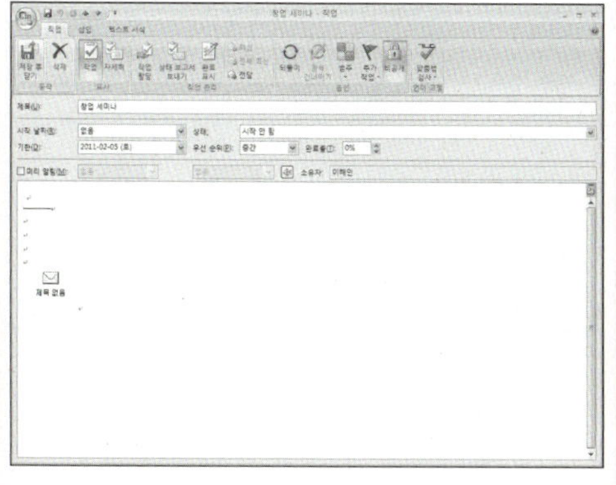

 다음 작업을 완료하시오.

❶ 일정을 겹침 모드로 표시하시오.

❷ 일정에서 2011년 5월 11일 수요일에 있는 '팀장회의'라는 제목의 회의만 오후 2시 30분에 끝나도록 설정하고 저장한 후 닫으시오.

모의 2-05 다음 두 가지의 작업을 완료하시오.

❶ '최기만' 연락처를 '아이티능력개발센터' 메일 그룹에서 제거한 후, 메일 그룹을 저장하고 닫으시오.
❷ '김봄' 연락처에서 보낸 도착 메시지를 [교육] 폴더로 자동으로 이동시키는 규칙을 만드시오(기타 기본 설정을 모두 승인).

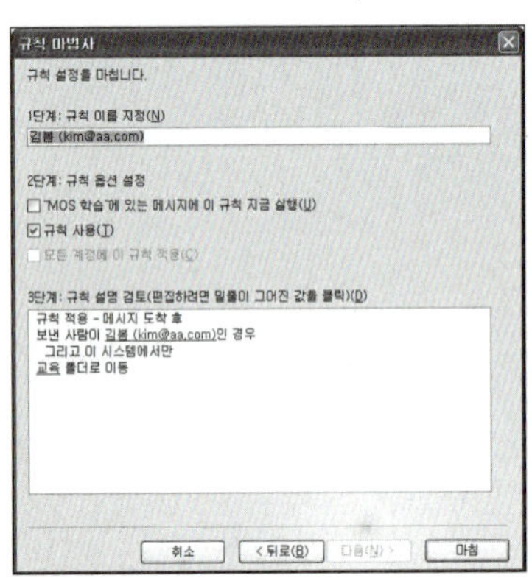

모의 2-06 다음 두 가지의 작업을 완료하시오.

❶ '김봄' 연락처를 '아이티능력개발센터' 메일 그룹에 추가한 후, 메일 그룹을 저장하고 닫으시오.
❷ 제목이 '마인드맵 작성'인 새 메시지를 작업 배포 목록에 만든 후 메시지를 저장하고 닫으시오.

모의 2-07 다음 작업을 완료하시오.

❶ 2011년 4월부터 매달 첫째 토요일 오후 4시부터 7시까지 열리는 '고전음악 감상회' 행사를 일정에 추가하시오.
❷ 2011년 6월 16일 수요일의 일정만 삭제하시오.

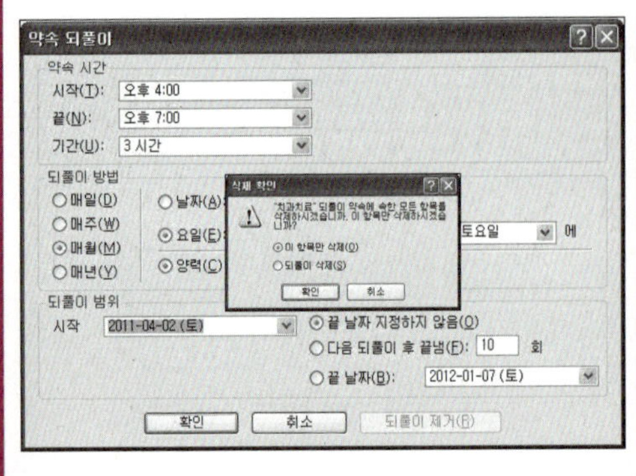

모의 2-08 다음 두 가지의 작업을 완료하시오.

❶ [할 일 모음]에 [달력]을 표시하시오.
❷ 3개월 간의 일정 약속 있음/없음 정보를 서버에 게시하시오(기타 기본 설정을 모두 승인).

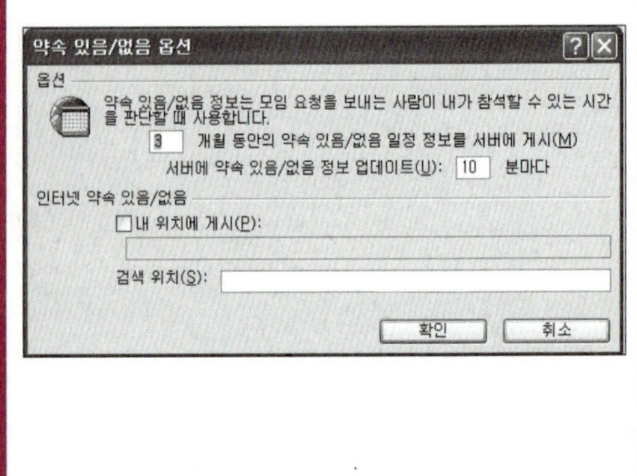

모의 2-09 다음 작업을 완료하시오.

❶ '창업 세미나' 작업을 '송유진' 연락처에 할당하고, 작업을 보내시오.

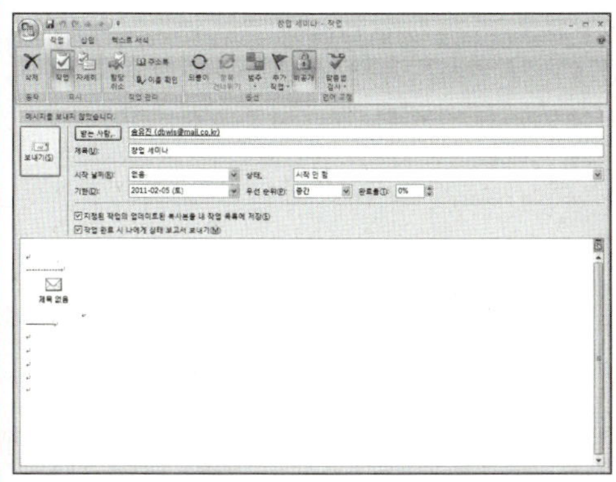

모의 2-10 다음 작업을 완료하시오.

❶ 보내는 모든 메일의 메시지 형식을 HTML로 설정하시오.

❷ '기도.jpg' 파일을 첨부하여 '강우진'에게 '확인 요청'이라는 메시지를 보내시오.

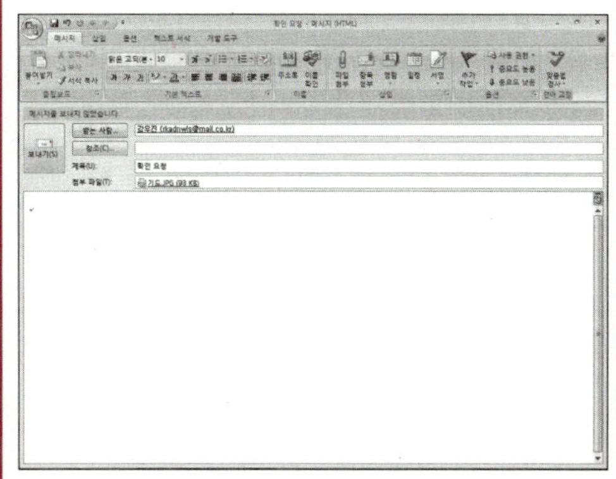

모의 2-11 다음 작업을 완료하시오.

❶ 앞으로 일주일 동안의 일정을 '일주일 일정'이라는 제목의 메시지로 만들어 '이진영' 연락처로 보내시오(기타 기본 설정을 모두 승인).

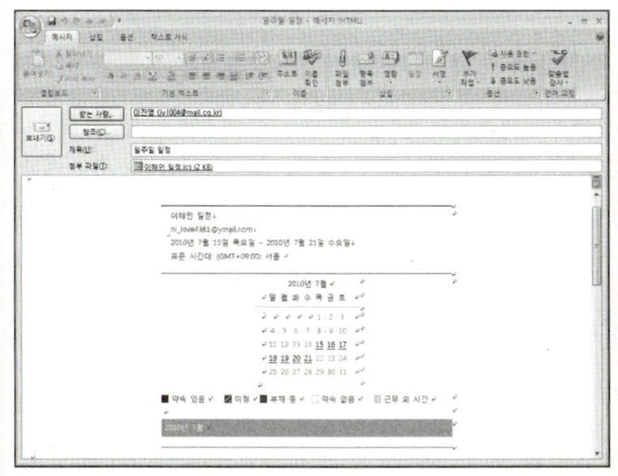

모의 2-12 다음 작업을 완료하시오.

❶ '업체'라는 이름의 새 메일 그룹을 만들고 저장하시오.

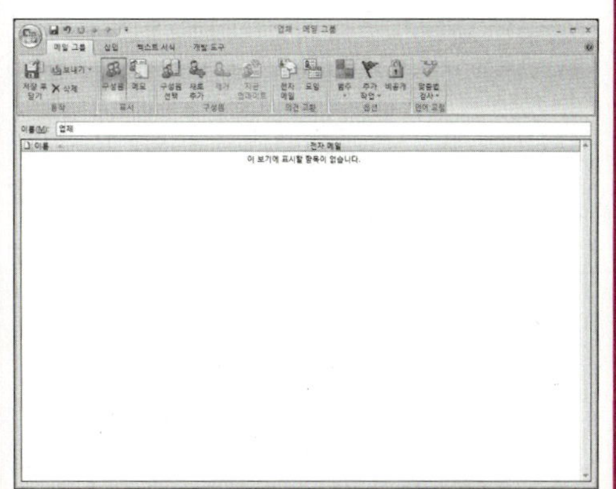

다음 작업을 완료하시오.

❶ [가족]이라는 이름의 연락처 폴더를 만들고 [Outlook 주소록]에 추가하시오.

다음 작업을 완료하시오.

❶ 이름이 '이정은'이고 전자 메일 주소는 'leejy@uad. co.kr'인 새 연락처를 만든 후, [연락처] 폴더에 저장하고 닫으시오.

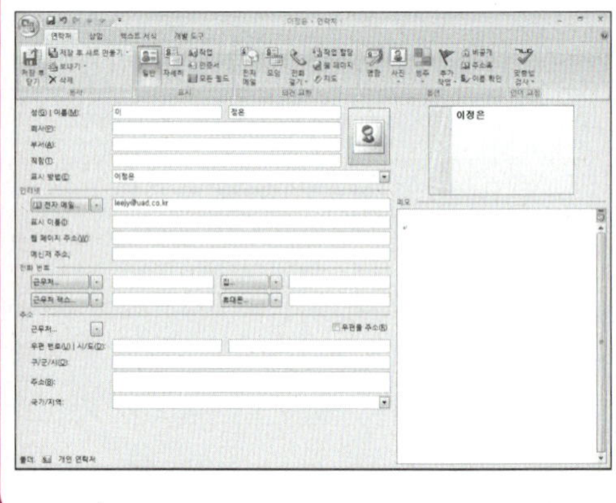

다음 작업을 완료하시오.

❶ '한국 무역' 그룹의 연락처 정보를 업데이트한 후 저장하고 닫으시오.

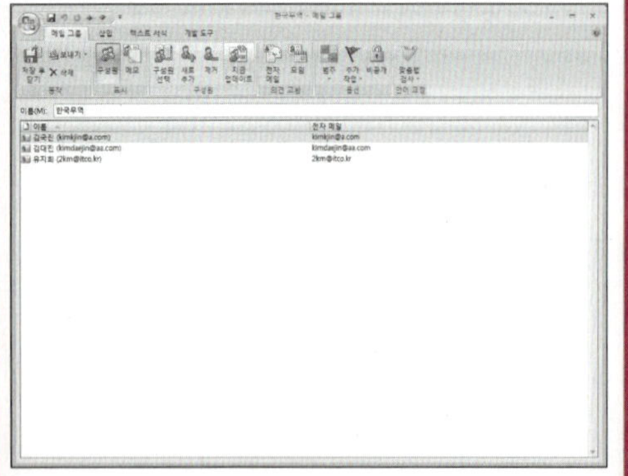

다음 작업을 완료하시오.

❶ Outlook 폴더에 '업체'라는 이름의 새로운 Outlook 데이터 파일을 만드시오(기타 기본 설정을 모두 승인).

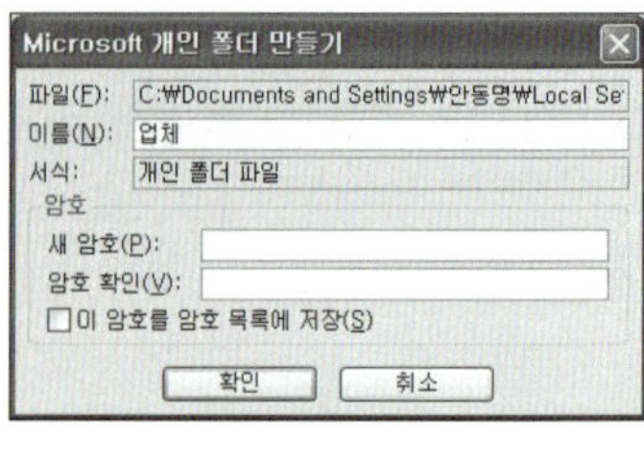

 다음 작업을 완료하시오.

❶ 받은 모든 표준 메일이 일반 텍스트로 열리도록 보안 옵션을 설정하시오.

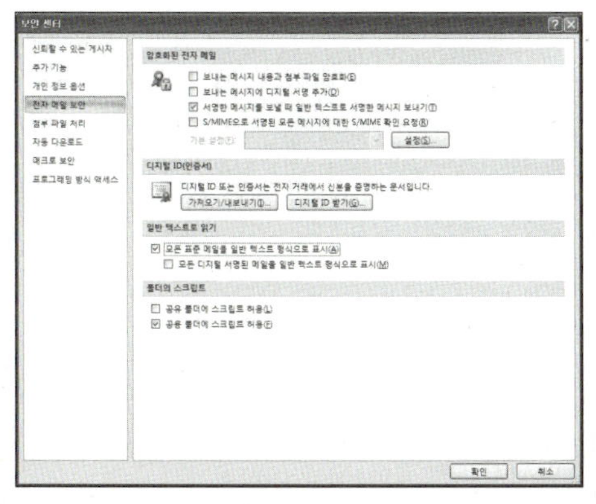

 다음 작업을 완료하시오.

❶ '유은선' 연락처의 전자명함에 '기도.jpg' 이미지를 추가한 후, 저장하고 닫으시오.
❷ '마인드맵 작성' 작업을 완료 표시하시오

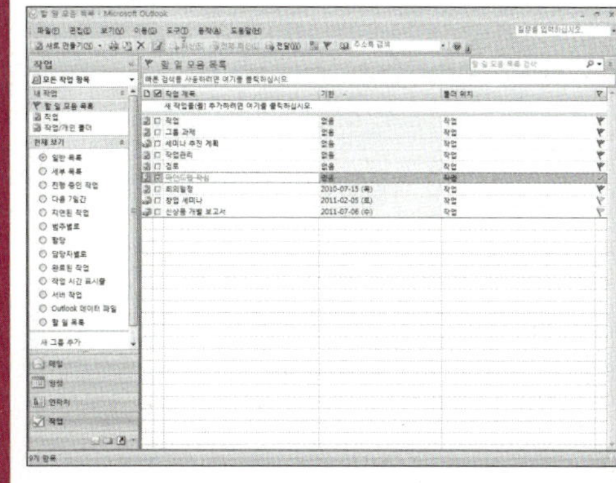

 다음 작업을 완료하시오.

❶ 받은 편지함의 '시안작성' 메시지의 첨부 파일을 [내 문서] 폴더에 저장하시오.
❷ 받은 편지함의 '회의안건' 메시지에 '참석 가능합니다.' 라는 텍스트를 본문에 삽입하여 회신하시오.

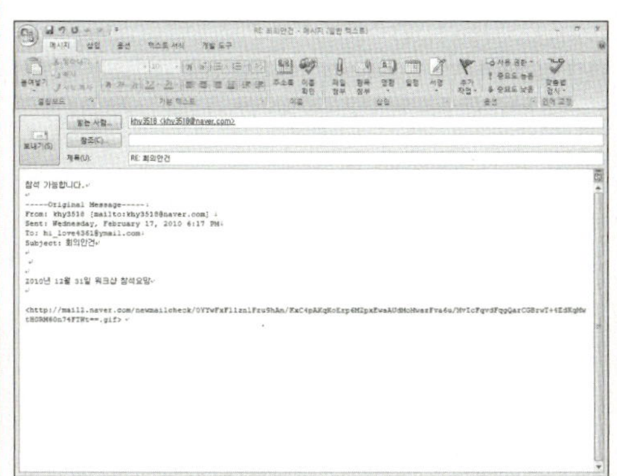

 다음 작업을 완료하시오.

❶ [MOS 학습] 폴더의 하위에 [거래처]라는 폴더를 삽입하시오.
❷ '류은선' 이 보낸 '회의일정' 이라는 메시지를 [거래처] 폴더로 이동하시오.

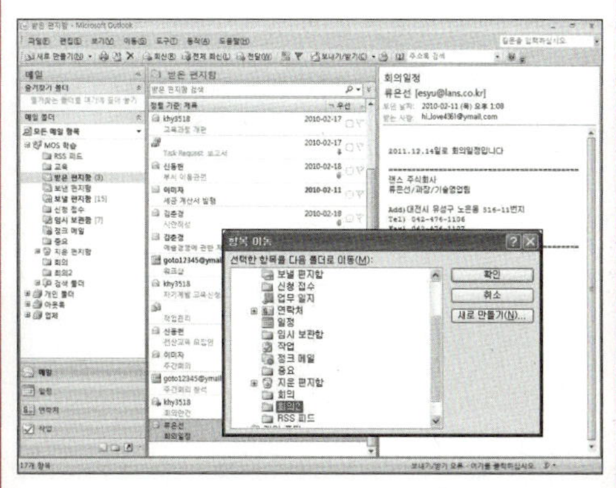

모의 3-01 다음 작업을 완료하시오.

❶ '이해인' 연락처의 전자 명함을 '이해인 명함'이라는 제목으로 '이진영' 연락처로 보내시오(기타 모든 설정은 그대로 유지).

❷ '주말 회의'라는 제목으로 필수 참석자에는 김소라, 선택적 참석자에는 '유은선'을 추가하고 위치는 '사무실', 날짜는 '2011-03-05(토)', '하루종일', 본문에 "주말 회의 참석 바랍니다"라고 입력한 후 발송하시오.

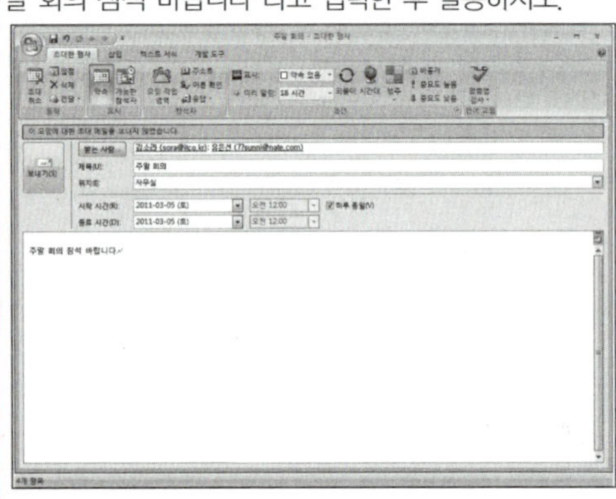

모의 3-02 다음 작업을 완료하시오.

❶ 메시지를 열었을 때 보낸 사람에게 알려주도록 [임시 보관함] 폴더에 있는 '일정보고' 메시지를 설정한 후, 메시지를 발송하시오.

❷ 2011년 3월 5일에 열리는 주말 회의에 '이해인'을 선택적 참석자로 추가하고, 모든 참석자에게 업데이트 내용을 보내시오.

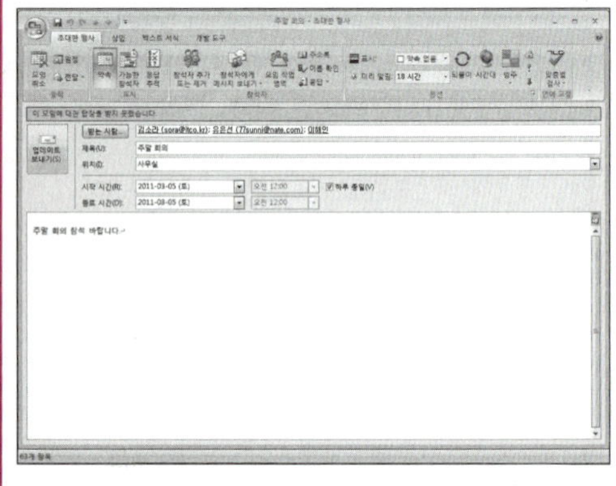

모의 3-03 다음 작업을 완료하시오.

❶ 예제 파일로 제공되는 '전구.png' 그림 파일을 [임시 보관함] 폴더의 '그래픽 추가' 메시지에 첨부한 후, 메시지를 저장하고 닫으시오.

❷ 2011년 5월 5일 목요일에 '어린이날 행사'라는 이름의 행사를 만들어 저장하고 닫으시오.

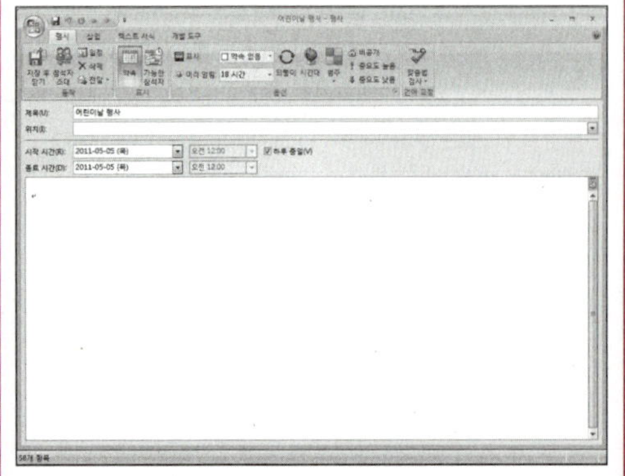

모의 3-04 다음 작업을 완료하시오.

❶ Outlook 폴더에 'backup'이라는 이름의 새로운 Outlook 데이터 파일을 메일 프로필에 추가하시오.

❷ '시안작성' 메시지로 작업을 만들고 '오늘'을 마감일로 설정한 후, 작업을 저장하고 닫으시오.

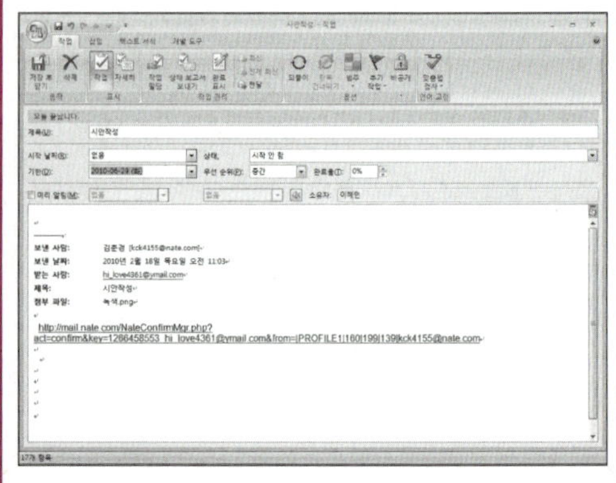

 다음 작업을 완료하시오.

❶ '예술경영에 관련 자료' 메시지의 첨부 파일을 미리 보시오.

❷ '자기계발 교육신청' 메시지의 본문에 "신청하세요" 라는 텍스트를 넣어 '김소라', '신길동'에게 전달하시오.

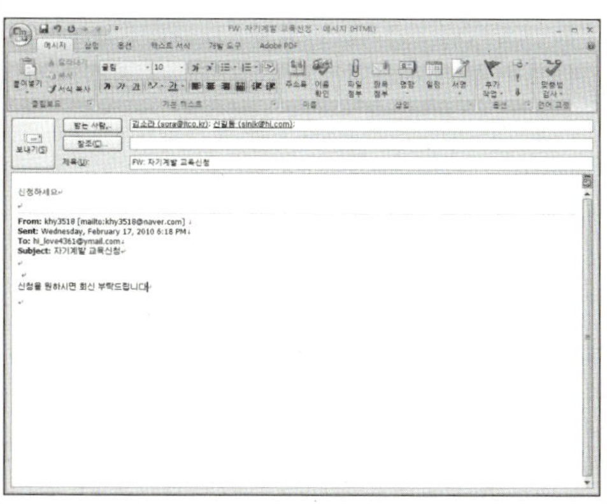

모의 3-06 다음 작업을 완료하시오.

❶ '시안작성' 작업의 상태를 '지연'으로 설정하시오.

❷ 모든 신규 메시지에 대하여 [개인용] 서명을 기본 서명으로 설정하시오.

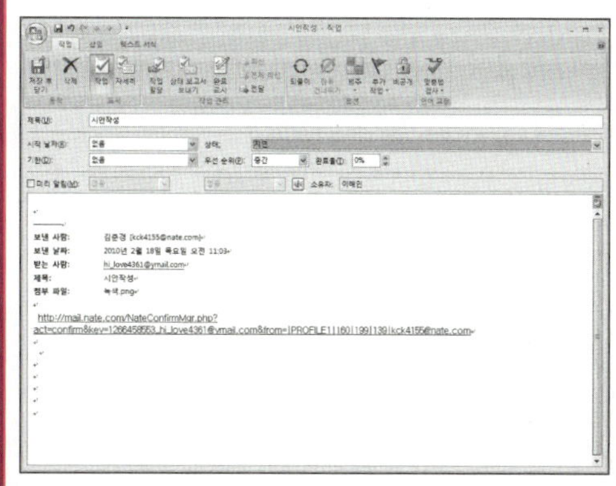

모의 3-07 다음 작업을 완료하시오.

❶ '교육과정 개편' 메시지를 이용해 2011년 5월 4일 수요일 오후 1시에 시작하여 오후 3시에 끝나는 약속을 만들어 저장하고 닫으시오.

❷ '부서 이동 관련' 메시지의 중요도를 '높음'으로 변경하시오.

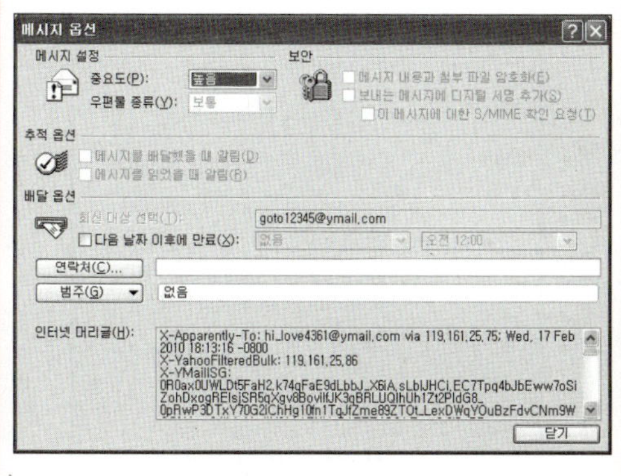

모의 3-08 다음 작업을 완료하시오.

❶ 이름은 '이서연', 전자 메일 주소는 'goto1234@ymail.com'인 새 연락처를 만들어 저장하고 닫으시오.

❷ '한국무역' 메일 그룹에 '이진영' 연락처를 추가한 후, 메일 그룹을 저장하고 닫으시오.

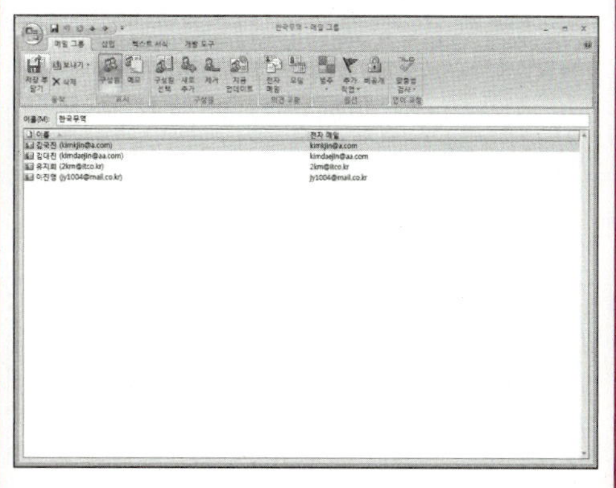

 다음 작업을 완료하시오.

❶ 보내는 모든 메일의 메시지 형식을 '일반 텍스트'로 설정하시오.
❷ '업무용1'이라는 이름의 새 메일 그룹을 만들고 저장하시오.

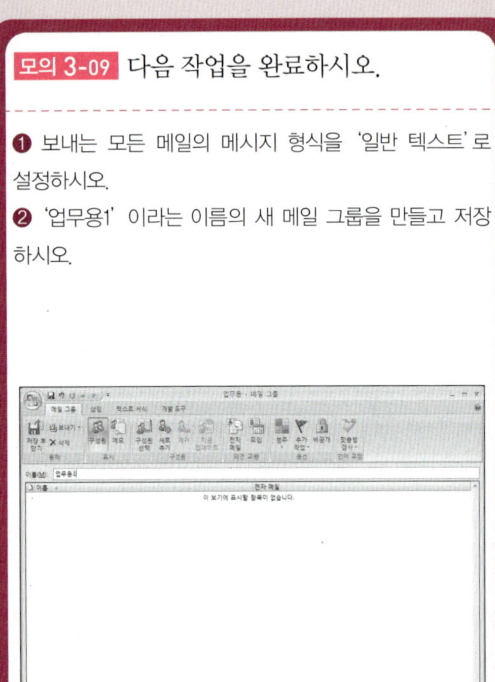

 다음 작업을 완료하시오.

❶ 받은 모든 표준 메일이 일반 텍스트로 열리도록 보안 옵션을 설정하시오.
❷ '-03:00'이라는 레이블을 사용하여 '그린랜드'를 추가 표준 시간대로 일정에 추가하시오.

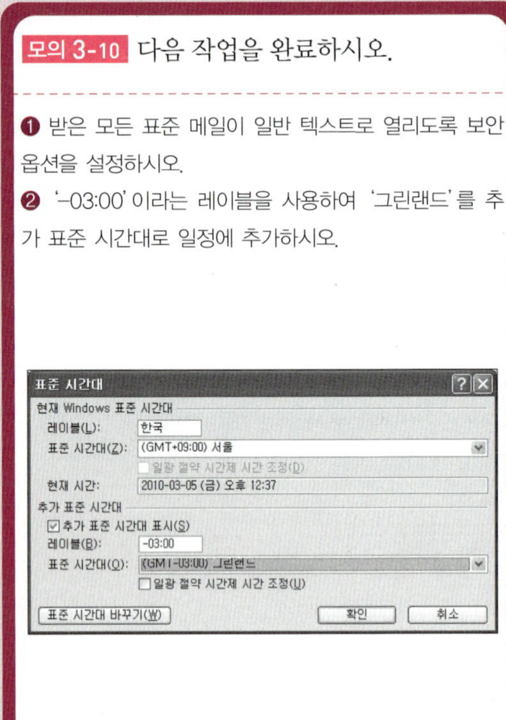

 다음 작업을 완료하시오.

❶ '시안 작성' 작업을 '김혜연' 연락처에 할당하고 작업을 보내시오.
❷ 주 단위 작업 일정을 '월요일'부터 '토요일'까지로 설정하시오.

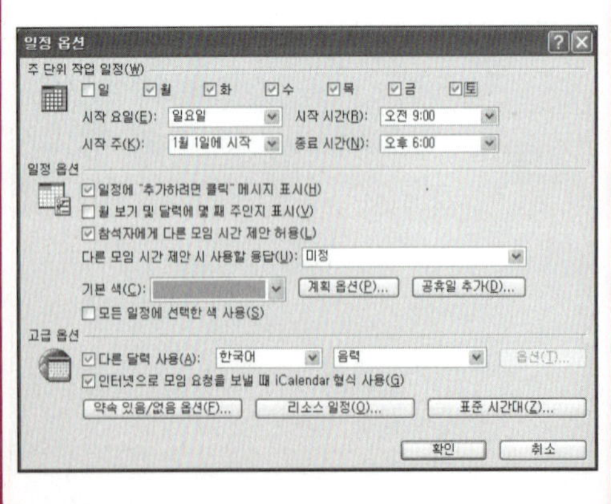

 다음 작업을 완료하시오.

❶ 현재 보기에서 모든 메시지의 처음 3행을 미리 보시오.
❷ Outlook을 닫으면 [지운 편지함] 폴더가 자동으로 비워지도록 설정하시오.

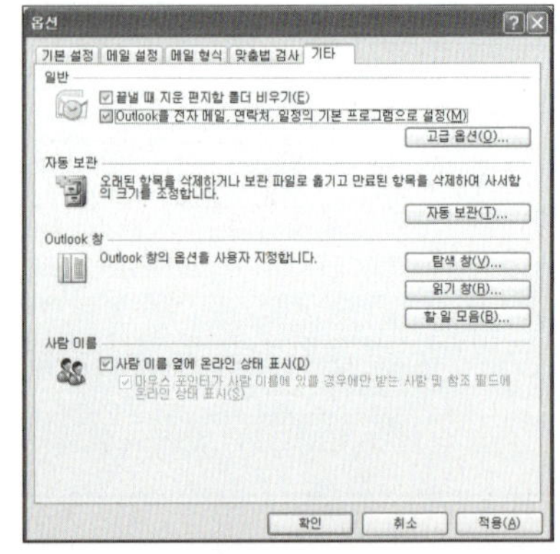

모의 3-13 다음 작업을 완료하시오.

❶ 제목 행에 '계산서'라는 텍스트가 있는 도착 메시지는 자동으로 [거래처] 폴더로 이동되는 규칙을 만드시오 (기타 설정은 모두 유지).
❷ '이미자'가 보낸 '세금 계산서 발행' 메시지를 [거래처] 폴더로 이동하시오.

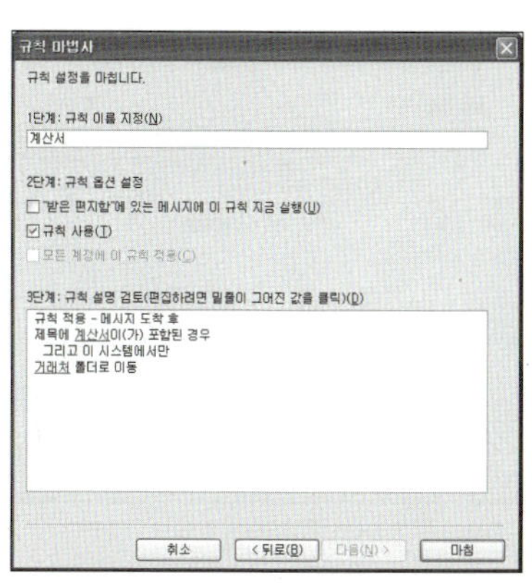

모의 3-14 다음 작업을 완료하시오.

❶ 2011년 5월 4일에 있는 '교육과정 개편' 약속을 오후 6시에 끝나도록 수정하고 저장한 후 닫으시오.
❷ '한국무역' 그룹에서 '김국진' 연락처를 제거한 후 메일 그룹을 저장하고 닫으시오.

모의 3-15 다음 작업을 완료하시오.

❶ 제목이 '긴급 회의 안건'인 새 메시지를 작업 배포 목록에 만들어 저장하고 닫으시오.
❷ 2011년 4월 6일의 '팀장회의' 일정만 삭제하시오.

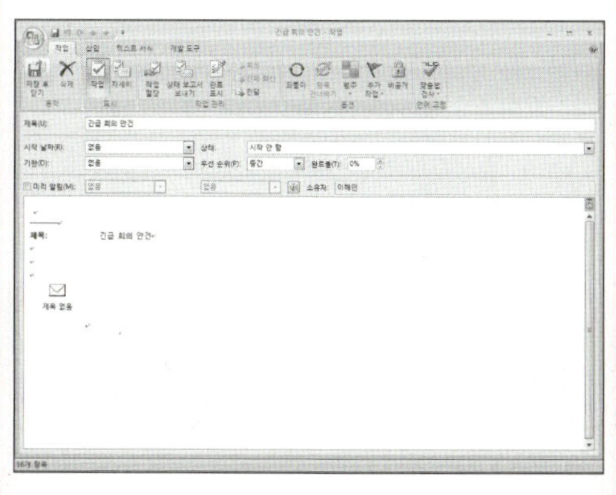

모의 3-16 다음 작업을 완료하시오.

❶ [할 일 모음]에 [달력 표시]를 추가하시오.
❷ 5개월 간의 일정 약속 있음/없음 정보를 서버에 게시하시오(기타 기본 설정은 모두 유지).

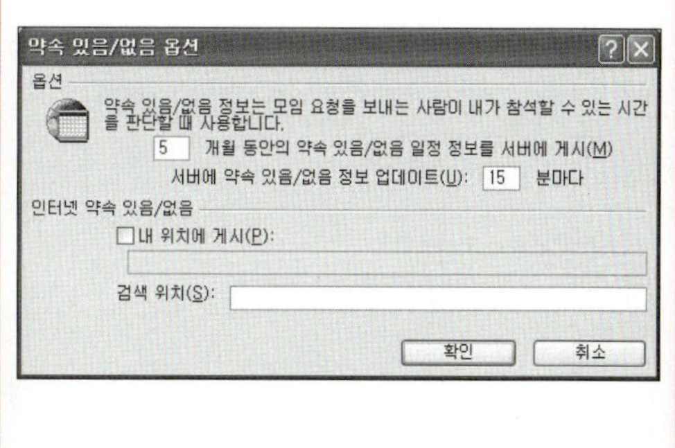

모의 3-17 다음 작업을 완료하시오.

❶ '유은선' 연락처의 전자 명함 레이아웃을 '이미지 오른쪽'으로 설정한 후, 연락처를 저장하고 닫으시오.

❷ [임시 보관함] 폴더에서 '연락처 첨부' 메시지를 '비밀 우편'으로 설정하고 발송하시오.

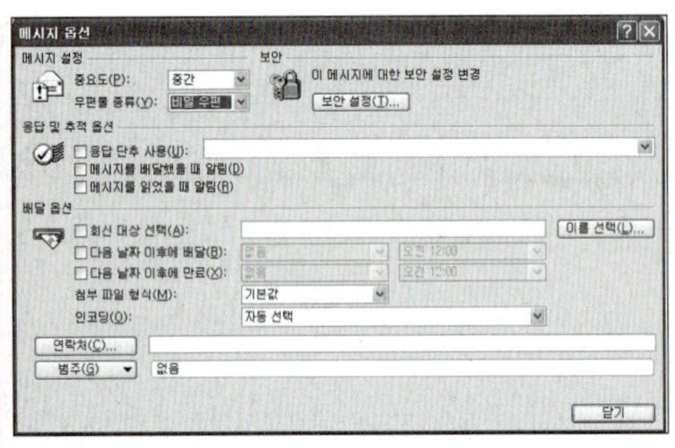

모의 3-18 다음 작업을 완료하시오.

❶ 일정을 나란히 모드로 표시하시오.

❷ '업무 보고'라는 제목의 약속을 만들어 2011년 5월 12일 목요일부터 15주 동안 매주 목요일 오후 3시에 시작하여 오후 3시 30분에 끝나도록 설정하시오. 약속을 저장하고 닫으시오(기타 설정은 모두 유지).

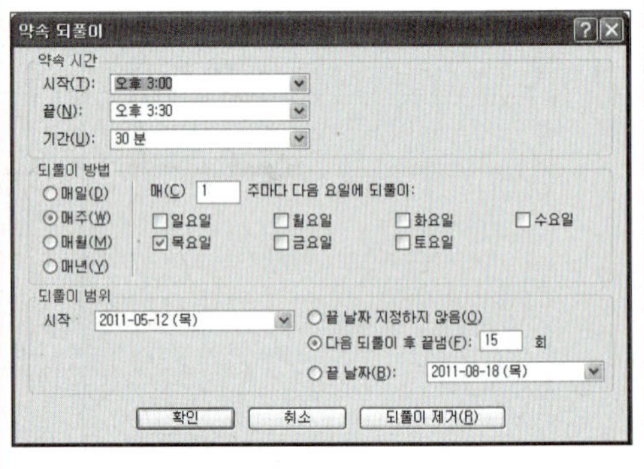

모의 3-19 다음 작업을 완료하시오.

❶ '주간회의 참석' 메시지의 본문에 "꼭 참석하세요"라고 입력한 후 모든 사람에게 회신하시오.

❷ 2011년 5월 12일 목요일부터 시작되는 '업무 보고' 약속을 모두 삭제하시오.

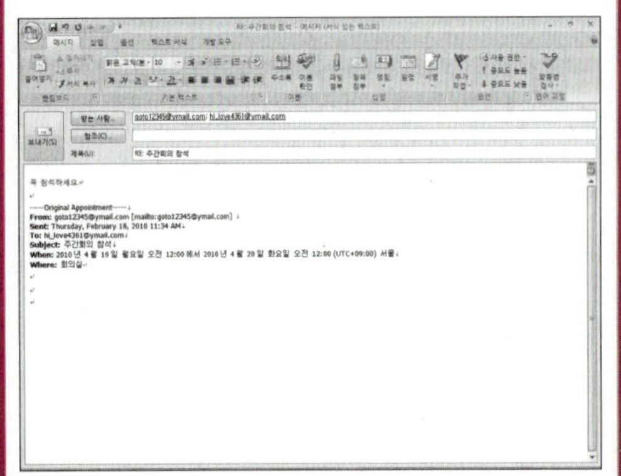

모의 3-20 다음 작업을 완료하시오.

❶ '한국무역' 메일 그룹의 연락처 정보를 업데이트한 후 메일 그룹을 저장하고 닫으시오.

❷ 메일의 읽기 창을 '아래쪽'으로 표시하시오.

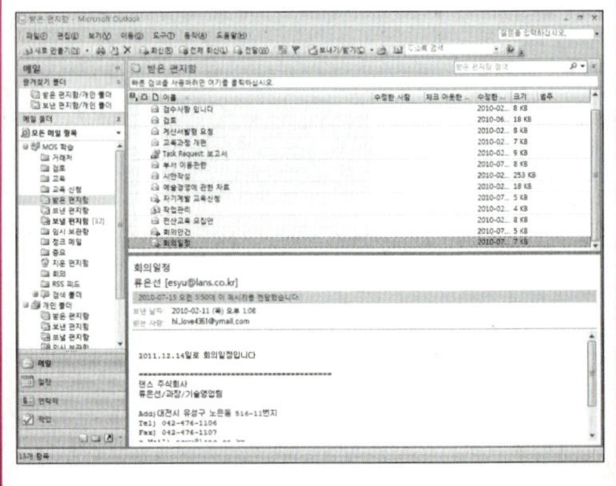

MOS
Outlook
2007
모의고사 풀이

MOS Outlook 2007 모의고사 **1** 풀이

❶ 새 연락처를 만드는 방법

① [연락처] 단추를 클릭하고 [새로 만들기]의 [연락처]를 클릭한다.

② '성'은 "신", '이름'은 "동현", '전자메일'은 "goto12345@ymail.com"을 입력하고 [저장 후 닫기] 단추를 클릭한다.

❷ 전자 명함 레이아웃을 변경하는 방법

① [연락처] 단추를 클릭한 후 [내 연락처]의 [연락처] 폴더를 선택하고 '이해인' 명함을 더블클릭한다.

② [연락처] 탭의 [옵션] 그룹에서 [명함]을 클릭한다.

③ '레이아웃'을 [이미지 오른쪽]으로 선택하고 [확인]을 누른다.

④ [저장 후 닫기] 단추를 클릭한다.

❶ 할 일 모음에 달력을 표시하는 방법

① [보기]-[할 일 모음]-[달력]을 클릭한다.

❷ 도구에서 일정 옵션을 설정하는 방법

① [일정] 단추를 클릭하고 [도구]-[옵션] 메뉴를 선택한다.

② [옵션] 대화상자의 [기본 설정] 탭에서 [일정 옵션] 단추를 클릭한다.

③ 고급 옵션의 [약속 있음/없음 옵션] 단추를 클릭한다.

④ "3" 개월이라고 입력한 후 [확인]-[확인]-[확인] 단추를 차례로 클릭하여 대화상자를 모두 닫는다.

❶ 새 메일 그룹에 폴더 만드는 방법

① [메일] 단추를 클릭하고 도구 모음에서 [새로 만들기]-[폴더]를 클릭한다.

③ [새 폴더 만들기] 대화상자의 이름 입력란에 "검토"라고 입력한 후 '폴더 위치 선택'에서 [MOS 학습] 폴더를 선택하고 [확인]을 클릭한다.

❷ 새로운 연락처 폴더를 만들고 Outlook 주소록에 추가하는 방법

① [연락처] 단추를 클릭하고 도구 모음에서 [새로 만들기]-[폴더]를 선택한다.

② 이름에 "개인 연락처"라고 입력하고 '폴더 위치 선택'에서 [연락처]를 선택한 후 [확인]을 클릭한다.

③ 왼쪽의 [내 연락처]에서 [개인 연락처]를 클릭한 후 마우스 오른쪽 단추를 눌러 [속성]을 클릭한다.

④ [개인 연락처 속성] 대화상자에서 [Outlook 주소록] 탭을 클릭하고 '이 폴더를 전자 메일 주소록으로 표시'에 체크한 후 [확인]을 누른다.

❶ Outlook 데이터 파일 만드는 방법

① [파일]-[새로 만들기]-[Outlook 데이터 파일]을 클릭한다.

② [새 Outlook, 데이타 파일] 대화상자에서 [Office Outlook 개인 폴더 파일]을 선택하고 [확인]을 클릭한다.

③ 파일 이름을 "아웃룩"이라고 입력한 후 [확인]을 클릭한다.

④ 이름도 "아웃룩"이라고 입력한 후 [확인]을 클릭한다.

❷ 보안 옵션 설정 방법

① [도구]-[보안 센터]를 클릭한다.

② [전자 메일 보안] 탭에서 '일반 텍스트로 읽기'의 '모든 표준 메일을 일반 텍스트 형식으로 표시'에 체크한 후 [확인]을 클릭한다.

❶ 기본 서명 변경 방법

① [도구]-[옵션]을 클릭한다.

② [메일 형식] 탭에서 [서명] 단추를 클릭한다.

③ [서명 및 편지지] 대화상자에서 [새로 만들기] 단추를 클릭한다.

④ [새 서명] 대화상자에 "전화번호"라고 이름을 입력하고 [확인] 단추를 클릭한다.

⑤ 하단의 '서명 편집'에 "010-123-4321"을 입력한다.

⑥ '기본 서명 선택'에서 '새 메시지'와 '회신/전달'을 '전화번호'로 각각 선택한 후 [확인]-[확인]을 클릭한다.

❷ 첨부 파일 미리 보는 방법
① [메일] 단추를 클릭하고 [받은 편지함]에서 '검토' 메
　시지를 더블클릭하여 연다.
② 첨부된 '녹색정부구현.docx' 파일을 클릭한다.
③ [파일 미리보기] 단추를 클릭한다.

모의고사 1-6

❶ 전체 회신하는 방법
① [받은 편지함]에서 '전산교육 모집안' 메시지를 더블
　클릭하여 연다.
② 도구 모음의 [전체 회신]을 클릭한다.
③ 본문에 "신청하세요"라고 입력한 후 [보내기]를 클릭
　한다.

❷ 메시지 옵션 설정 방법
① '작업관리' 메시지를 더블클릭하여 연다.
② [메시지] 탭의 [옵션] 그룹에서 [메시지 옵션] 대화상자
　단추를 클릭한다.
③ [메시지 옵션] 대화상자에서 '중요도'를 '높음'으로 설
　정한 후 [닫기]를 클릭한다.

모의고사 1-7

❶ 메시지 전달 방법
① '계산서 발행 요청' 메시지를 더블클릭하여 열고 도구
　모음의 [전달]을 클릭한다.
② [받는 사람]을 클릭한 후 [이름 선택 : 연락처] 대화상
　자에서 '이해인'을 선택하고 [받는 사람] 단추를 클릭
　한 후 [확인]을 클릭한다.
③ [보내기]를 클릭한다.

❷ 메시지 옵션 우편물 설정 방법
① '작업관리' 메시지를 더블클릭하여 연다.
② [메시지] 탭의 [옵션] 그룹에서 [메시지 옵션] 대화상자
　단추를 클릭한다.
③ [메시지 옵션] 대화상자에서 '우편물 종류'를 '원본 유
　지'로 설정한 후 [닫기]를 클릭한다.

모의고사 1-8

❶ 메시지를 이용하여 작업을 설정하는 방법
① '회의 일정' 메시지를 클릭한 후 [작업] 폴더로 드래
　그한다.

② '기한'은 '오늘'을 클릭한다.
③ [저장 후 닫기]를 클릭한다.

❷ 내용 조금 보기 설정
① [메일] 단추를 클릭한다.
② [보기]–[내용 조금 보기]를 클릭한다.

모의고사 1-9

❶ 새로운 행사를 만드는 방법
① [일정] 단추를 클릭하고, '내일 일정'의 '일정'을 선택
　한다.
② [동작]–[새 행사]를 클릭한다.
③ 제목에 "북 세미나"라고 입력하고 '시작 날짜'와 '종
　료 날짜'를 '2011–03–05(토)'로 설정한다.
④ [저장 후 닫기]를 클릭한다.

❷ Outlook을 닫으면 [지운 편지함] 폴더를 자동으로 비
우는 방법
① [도구]–[옵션]을 클릭한다.
② [기타] 탭을 클릭한다.
③ '끝낼 때 지운 편지함 폴더 비우기'에 체크한 후 [확
　인]을 클릭한다.

모의고사 1-10

❶ 새 메시지를 작성하여 작업 배포 목록 만드는 방법
① [메일] 단추를 클릭하고 도구 모음에서 [새로 만들기]
　를 클릭한다.
② [제목]에 "창업 세미나"를 입력한다.
③ [Office] 단추를 클릭하고 [이동]을 클릭한다.
④ [작업] 폴더를 선택하고 [확인] 단추를 클릭한다.
⑤ [저장 후 닫기]를 클릭한다.

❷ 메일 폴더 만드는 방법
① [메일] 단추를 클릭하고 도구 모음의 [새로 만들기]–
　[폴더]를 클릭한다.
② '이름'에 "교육"을 입력한 후 '폴더 위치 선택'에서
　[MOS 학습] 폴더를 선택하고 [확인] 단추를 클릭한다.

모의고사 1-11

❶ 규칙 설정 방법
① [도구]–[규칙 및 알림]을 클릭한다.

② [새 규칙] 단추를 클릭한다.
③ '1단계 : 서식 파일 선택'에서 '특정인이 보낸 메시지를 폴더로 이동'을 선택한다.
④ '2단계 : 규칙 설명 편집'에서 밑줄이 그어져 있는 '사람 또는 메일 그룹'을 클릭한다.
⑤ '이해인'을 선택하고 [보낸 사람] 단추를 클릭한 후 [확인]을 클릭한다.
⑥ '지정 폴더로 이동'의 '지정' 텍스트를 클릭하여 [교육] 폴더를 선택하고 [확인]을 클릭한다.
⑦ [다음]–[다음]–[다음]–[다음]–[마침]을 클릭하여 모든 대화상자를 닫는다.
⑧ 마지막으로 [확인]을 클릭한다.

❷ 규칙 설정 방법
① [도구]–[규칙 및 알림]을 클릭한다.
② [새 규칙] 단추를 클릭한다.
③ '1단계 : 서식 파일 선택'에서 '제목에 특정 단어가 있는 메시지 삭제'를 선택한다.
④ '2단계 : 규칙 설명 편집'에서 '지정 단어'를 클릭하여 "협의"라고 입력하고 [추가]를 클릭하고 [확인]을 클릭한다.
⑤ [다음]–[다음]–[다음]–[다음]–[마침]을 클릭하여 모든 대화상자를 닫는다.
⑥ [지금 규칙 실행]을 클릭하고 '협의'에 체크한 후 [지금 실행]을 클릭하고 [닫기]를 클릭한다.
⑦ 마지막으로 [확인]을 클릭한다.

모의고사 1-12

❶ 작업 일정 옵션 설정 방법
① [도구]–[옵션]을 클릭한다.
② [옵션] 대화상자의 [기본 설정] 탭에서 [일정 옵션] 단추를 클릭한다.
③ '주 단위 작업 일정'에서 '금요일'의 체크를 해제하고 [확인]–[확인]을 클릭한다.

❷ 작업 편집하는 방법
① [작업] 폴더를 클릭한다.
② '창업 세미나' 작업을 더블클릭하여 연다.
③ '상태'를 '지연'으로 선택하고 [저장 후 닫기] 단추를 클릭한다.

모의고사 1-13

❶ 메일 그룹을 만들고 구성원을 추가하는 방법

① [연락처] 단추를 클릭한다.
② 도구 모음에서 [새로 만들기]–[메일 그룹]을 클릭한다.
③ 이름에 "대전 IT 센터"라고 입력한 후 [구성원] 그룹에서 [구성원 선택]을 클릭한다.
④ '이해인'을 선택하고 [추가] 단추를 클릭한 후 [확인]을 클릭한다.
⑤ [저장 후 닫기] 단추를 클릭한다.

❷ 새로운 되풀이 약속 설정 방법
① [일정] 단추를 클릭한다.
② [동작]–[새 되풀이 약속]을 클릭한다.
③ '시작'은 '오전 10:00'을 선택하고 '끝'은 '오전 11:00'을 선택한다.
④ '매주'를 선택하고 '수요일'에 체크한다.
⑤ '시작'은 '2011–03–02(수)'을 선택하고 '다음 되풀이 후 끝냄'에 "12"를 입력한 후 [확인]을 클릭한다.
⑥ 제목에 "팀장회의"라고 입력하고 [저장 후 닫기]를 클릭한다.

모의고사 1-14

❶ 추가 표준 시간대를 설정하는 방법
① [도구]–[옵션]을 클릭한다.
② [옵션] 대화상자의 [기본 옵션] 탭에서 [일정 옵션]을 클릭한 후 '고급 옵션'의 [표준 시간대] 단추를 클릭한다.
③ '레이블'에 "+10:00"이라고 입력한 후 '추가 표준 시간대 표시'에 체크하고 '표준 시간대'에서 '(UTC+10:00) 호바트'를 선택한다.
④ [확인]–[확인]–[확인] 단추를 클릭하여 모든 대화상자를 닫는다.

❷ 메시지를 이용하여 새로운 약속을 설정하는 방법
① [메일] 단추를 클릭하고 [받은 편지함] 폴더에서 '회의 안건' 메시지를 선택한 후 [일정] 폴더로 드래그한다.
② '시작 시간'은 '2010–12–16(목)', '오후 1:00'로 설정하고 '종료 시간'은 '오후 3:00'로 설정한다.
③ [저장 후 닫기]를 클릭한다.

모의고사 1-15

❶ 되풀이 약속의 특정 날짜만 삭제하는 방법
① [일정] 단추를 클릭한다.
② 2011년 3월 16일의 '팀장회의' 일정을 선택하고 마우

스 오른쪽 단추를 클릭하여 [삭제]를 클릭한다.
③ [이 항목만 삭제]를 선택하고 [확인] 단추를 클릭한다.

❷ 일정을 겹침 모드로 표시하는 방법
① [일정] 단추를 클릭한다.
② 왼쪽의 탐색 창에서 '내 일정'의 '일정'과 '일정/개인 폴더'를 선택한다.
③ [보기]-[겹침 모드로 보기]를 클릭한다.

모의고사 1-16

❶ 새 메일을 작성하여 저장하는 방법
① [메일] 단추를 클릭한다.
② 도구 모음에서 [새로 만들기]를 클릭한다.
③ [받는 사람]을 클릭하여 '이해인'을 선택한 후 [받는 사람]을 클릭하고 [확인]을 클릭한다.
④ 제목에 '연락 부탁'이라고 입력한 후 [저장]-[닫기]를 클릭한다.

❷ 작업을 할당하는 방법
① [작업] 단추를 클릭한다.
② '세미나'를 클릭한 후 마우스 오른쪽 단추를 눌러 [작업 할당]을 클릭한다.
③ [받는 사람]을 클릭하여 '이해인'을 선택한 후 [받는 사람] 단추를 클릭하고 [확인]을 클릭한다.
④ [보내기]를 클릭한다.

모의고사 1-17

❶ 첨부 파일을 저장하는 방법
① [메일] 단추를 클릭한다.
② '검토' 메시지를 더블클릭하여 열고, 첨부 파일인 '녹색정부 구현.docx'를 마우스 오른쪽 단추로 클릭하여 [다른 이름으로 저장]을 클릭한다.
③ 저장 위치를 [내 문서]로 설정한 후 [저장]을 클릭한다.

❷ 보내는 메일의 메시지 형식을 변경하는 방법
① [도구]-[옵션]을 클릭한다.
② [옵션] 대화상자의 [메일 형식] 탭에서 '메시지 형식'의 '작성할 메시지 형식'을 '서식 있는 텍스트'로 선택한 후 [확인]을 클릭한다.

모의고사 1-18

❶ 메일에 일정을 첨부하여 발송하는 방법

① [일정] 단추를 클릭한다.
② [전자 메일로 일정 보내기]를 클릭한다.
③ '날짜 범위'에서 '날짜 지정..'을 선택하고 '시작'과 '끝'을 '2010-12-16(목)'으로 설정한 후 [확인]을 클릭한다.
④ [받는 사람]을 클릭하여 '김대진'을 선택하고 [받는 사람] 단추를 클릭한 후 [확인]을 클릭한다.
⑤ 제목을 "회의 참석 요청"이라고 변경한 후 [보내기]를 클릭한다.

❷ 메일 그룹의 연락처 정보를 업데이트하는 방법
① [연락처] 단추를 클릭한다.
② '대전 IT 센터' 연락처를 더블 클릭한다.
③ [메일 그룹] 탭의 [구성원] 그룹에서 [지금 업데이트]를 클릭한다.
④ [저장 후 닫기]를 클릭한다.

모의고사 1-19

❶ 메일 이동 방법
① [메일] 단추를 클릭한다.
② [받은 편지함]에서 '교육 협회' 메시지를 선택한 후 마우스 오른쪽 단추를 클릭하여 [폴더로 이동]을 클릭한다.
③ [교육] 폴더를 선택하고 [확인]을 클릭한다.

❷ 받은 메일을 삭제하는 방법
① [메일] 단추를 클릭한다.
② [받은 편지함]의 '자료 요청' 메시지를 선택한 후 마우스 오른쪽 단추를 클릭하고 [삭제]를 클릭한다.

모의고사 1-20

❶ 임시 보관함에 저장된 메일을 발송하는 방법
① [메일] 단추를 클릭한다.
② [임시 보관함]을 선택한 후 '자료 출력' 메시지를 더블 클릭하여 연다.
③ [보내기]를 클릭한다.

❷ 일정 옵션을 설정하는 방법
① [도구]-[옵션]을 클릭한다.
② [옵션] 도구상자의 [기본 설정] 탭에서 '일정'의 '기본 미리 알림'을 '30분'으로 설정한 후 [확인]을 클릭한다.

모의고사 2-1

❶ 연락처 명함의 레이아웃을 변경하는 방법

① [연락처] 단추를 클릭한 후 [연락처] 폴더에 있는 '유지희' 명함을 더블클릭하여 연다.

② [옵션] 그룹에서 [명함]을 클릭한다.

③ '레이아웃'에서 [이미지 오른쪽]을 선택하고 [확인]을 클릭한다.

④ [저장 후 닫기] 단추를 클릭한다.

❷ 명함을 첨부하여 메일 보내는 방법

① [메일] 단추를 클릭한 후 도구 상자에서 [새로 만들기]를 클릭한다.

② [받는 사람]을 클릭하여 '최기만'을 선택한 후 [받는 사람] 단추를 클릭하고 [확인]을 클릭한다.

③ 제목에 "신나라 연락처"라고 입력한다.

④ [삽입] 그룹의 [삽입] 탭에서 [명함]–[기타 명함]을 클릭한다.

⑤ '신나라'를 선택한 후 [확인]을 클릭한다.

⑥ [보내기]를 클릭하여 메일을 발송한다.

모의고사 2-2

❶ 메시지 옵션의 회신 대상을 설정하는 방법

① [임시 보관함]을 클릭한 후 '교육관리사항' 메시지를 더블클릭하여 연다.

② [메시지] 탭의 [옵션] 그룹에서 [메시지 옵션] 대화상자 단추를 클릭한다.

③ [메시지 옵션] 대화상자의 '배달 옵션'에서 '회신 대상 선택'의 [이름 선택] 단추를 클릭한다.

④ '김혜연'을 선택하고 [회신 대상] 단추를 클릭한 후 [확인]을 클릭한다.

⑤ [닫기]를 클릭한 후 [보내기]를 클릭하여 메일을 발송한다.

❷ 메시지 옵션 우편물 설정 방법

① [임시 보관함]을 클릭한 후 '인사관리' 메시지를 더블클릭하여 연다.

② [메시지] 탭의 [옵션] 그룹에서 [메시지 옵션] 대화상자 단추를 클릭한다.

③ [메시지 옵션] 대화상자의 '메시지 설정'에서 '우편물 종류'를 '개인 우편'으로 설정한 후 [닫기]를 클릭한다.

④ [보내기]를 클릭하여 메일을 발송한다.

모의고사 2-3

❶ 작업의 옵션을 설정하는 방법

① [작업] 단추를 클릭한 후 '창업 세미나' 작업을 더블클릭하여 연다.

② '기한'을 '2011–02–05 (토)'로 설정한다.

③ [작업] 탭의 [옵션] 그룹에서 [비공개]를 클릭한다.

④ [저장 후 닫기]를 클릭한다.

모의고사 2-4

❶ 일정을 겹침 모드로 변경하는 방법

① [일정] 단추를 클릭한다.

② '내 일정'에서 '일정' 폴더와 '일정/개인 폴더' 폴더를 모두 선택한다.

③ [보기]–[겹침 모드로 보기]를 클릭한다.

❷ 일정을 변경하는 방법

① [일정] 단추를 클릭한 후 2011년 5월 11일에 있는 '팀장회의' 일정을 더블클릭하여 연다.

② [되풀이 항목 열기] 대화상자에서 '이 항목만 열기'에 체크하고 [확인] 단추를 클릭한다.

③ '종료 시간'을 '오후 2:30'으로 설정한 후 [저장 후 닫기]를 클릭한다.

모의고사 2-5

❶ 메일 그룹에서 구성원을 삭제하는 방법

① [연락처] 단추를 클릭한 후 '아이티능력개발센터' 그룹 연락처를 더블클릭하여 연다.

② '최기만'을 선택한 후 [구성원] 그룹에서 [제거]를 클릭한다.

③ [저장 후 닫기]를 클릭한다.

❷ 규칙 설정 방법

① [메일] 단추를 클릭하고, [도구]-[규칙 및 알림]을 클릭한다.
② [새 규칙] 단추를 클릭한다.
③ '1단계 : 서식 파일 선택'에서 '특정인이 보낸 메시지를 폴더로 이동'을 선택한다.
④ '2단계 : 규칙 설명 편집'에서 밑줄이 그어진 글자인 '사람 또는 메일 그룹'을 클릭한다.
⑤ '김봄'을 선택하고 [보낸 사람] 단추를 클릭한 후 [확인]을 클릭한다.
⑥ '지정 폴더로 이동'의 '지정' 텍스트를 클릭하여 [교육] 폴더를 선택한 후 [확인]을 클릭한다.
⑦ [다음]-[다음]-[다음]-[다음]-[마침]을 차례로 클릭하여 대화상자를 모두 닫는다.
⑧ 마지막으로 [확인]을 클릭한다.

❶ 메일 그룹에 구성원을 추가하는 방법

① [연락처] 단추를 클릭한 후 '아이티능력개발센터' 그룹 연락처를 더블 클릭하여 연다.
② [메일 그룹] 탭의 [구성원] 그룹에서 [구성원 선택]을 클릭한다.
③ '김봄'을 선택하고 [추가] 단추를 클릭한 후 [확인]을 클릭한다.
④ [저장 후 닫기]를 클릭한다.

❷ 새 메시지를 작성하여 작업 배포 목록 만드는 방법

① [메일] 단추를 클릭하고 도구 상자에서 [새로 만들기]를 클릭한다.
② 제목에 "마인드맵 작성"을 입력한다.
③ [Office] 단추를 클릭하고 [이동]을 클릭한다.
④ [작업] 폴더를 선택하고 [확인]을 클릭한다.
⑤ [저장 후 닫기]를 클릭한다.

❶ 되풀이 약속 설정 방법

① [일정] 단추를 클릭한다.
② [동작]-[새 되풀이 행사]를 클릭한다.
③ 되풀이 방법은 '매월', '1'개월마다 '첫째', '토요일'로, 약속 시간은 '오후 4:00'에 시작하여 '오후 7:00'에 끝나도록 설정한다.
④ 되풀이 범위에서 시작 날짜는 '2011-04-02(토)'로 선택하고 '끝 날짜 지정하지 않음'에 체크한 후 [확인]

단추를 클릭한다.
⑤ 제목에 "고전음악 감상회"라고 입력하고 [저장 후 닫기]를 클릭한다.

❷ 되풀이 일정에서 특정일만 삭제하는 방법

① [일정] 단추를 클릭한다.
② 2011년 8월 첫째 주의 '고전음악 감상회' 일정을 클릭한 후 도구 모음에서 [삭제] 단추를 클릭한다.
③ [이 항목만 삭제]에 체크한 후 [확인]을 클릭한다.

❶ 할 일 모음에 달력을 표시하는 방법

① [보기]-[할 일 모음]-[달력]을 클릭한다.

❷ 도구에서 일정 옵션을 설정하는 방법

① [일정] 단추를 클릭한다.
② [도구]-[옵션]을 클릭하고 [옵션] 대화상자의 [기본 설정] 탭에서 [일정 옵션] 단추를 클릭한다.
③ 고급 옵션의 [약속 있음/없음 옵션] 단추를 클릭한다.
④ "3"개월이라고 입력한 후 [확인]-[확인]-[확인] 단추를 차례로 클릭하여 대화상자를 모두 닫는다.

❶ 작업을 할당하는 방법

① [작업] 단추를 클릭한다.
② '창업 세미나' 작업을 클릭한 후 마우스 오른쪽 단추를 눌러 [작업 할당]을 선택한다.
③ [받는 사람]을 클릭하여 '송유진'을 선택한 후 [받는 사람] 단추를 클릭하고 [확인]을 클릭한다.
④ [보내기]를 클릭한다.

❶ 메일의 메시지 형식을 변경하는 방법

① [도구]-[옵션]을 클릭한다.
② [옵션] 대화상자의 [메일 형식] 탭에서 '메시지 형식'의 '작성할 메시지 형식'을 'HTML'로 선택한 후 [확인]을 클릭한다.

❷ 메일에 사진 파일을 첨부하여 발송하는 방법

① [메일] 단추를 클릭한다.

② 도구 모음에서 [새로 만들기]를 클릭하고, [받는 사람]을 클릭하여 '강우진'을 선택한 후 [받는 사람] 단추를 클릭하고 [확인]을 클릭한다.

③ 제목에 "확인 요청"이라고 입력하고 [삽입] 그룹에서 [파일 첨부]를 클릭한다.

④ 예제 파일로 제공되는 '기도.jpg'를 선택한 후 [삽입]을 클릭한다.

⑤ [보내기]를 클릭하여 메시지를 전송한다.

모의고사 2-11

❶ 메일에 일정을 첨부하여 발송하는 방법

① [일정] 단추를 클릭한다.

② [전자 메일로 일정 보내기]를 클릭한다.

③ [전자 메일로 일정 보내기] 대화상자가 나타나면 날짜 범위를 '다음 7일'로 선택하고 [확인]을 클릭한다.

④ [받는 사람]을 클릭하여 '이진영'을 선택하고 [받는 사람] 단추를 클릭한 후 [확인]을 클릭한다.

⑤ 제목을 "일주일 일정"이라고 변경한 후 [보내기]를 클릭한다.

모의고사 2-12

❶ 메일 그룹을 만들고 저장하는 방법

① [연락처] 단추를 클릭한다.

② [새로 만들기]-[메일 그룹]을 클릭한다.

③ 이름에 "업체"라고 입력한 후 [저장 후 닫기] 단추를 클릭한다.

모의고사 2-13

❶ 새로운 연락처 폴더를 만들고 [Outlook 주소록]에 추가하는 방법

① [연락처] 단추를 클릭하고 도구 모음에서 [새로 만들기]-[폴더]를 선택한다.

② 이름에 "가족"이라고 입력하고 '폴더 위치 선택'에서 [연락처]를 선택한 후 [확인]을 클릭한다.

③ 왼쪽의 [내 연락처]에서 [가족] 연락처 폴더를 클릭하고 마우스 오른쪽 단추를 눌러 [속성]을 선택한다.

④ [개인 연락처 속성] 대화상자에서 [Outlook 주소록] 탭을 클릭하고 '이 폴더를 전자 메일 주소록으로 표시'에 체크한 후 [확인]을 클릭한다.

모의고사 2-14

❶ 새 연락처를 만드는 방법

① [연락처] 단추를 클릭한다.

② '내 연락처'에서 [연락처] 폴더를 선택하고 도구 모음에서 [새로 만들기]를 클릭한다.

③ '성'에는 "이", '이름'에는 "정은", '전자메일'에는 "leejy@uad.co.kr"을 입력하고 [저장 후 닫기] 단추를 클릭한다.

모의고사 2-15

❶ 메일 그룹의 연락처 정보를 업데이트하는 방법

① [연락처] 단추를 클릭한다.

② '한국무역' 그룹을 더블 클릭한다.

③ [메일 그룹] 탭의 [구성원] 그룹에서 [지금 업데이트]를 클릭한다.

④ [저장 후 닫기]를 클릭한다.

모의고사 2-16

❶ Outlook 데이터 파일 만드는 방법

① [파일]-[새로 만들기]-[Outlook 데이터 파일]을 클릭한다.

② [새 Outlook 데이터 파일] 대화상자에서 'Office Outlook 개인 폴더 파일'을 선택한 후 [확인]을 클릭한다.

③ 파일 이름을 "업체"라고 입력한 후 [확인]을 클릭한다.

④ 개인 폴더 파일의 이름에 "업체"라고 다시 한 번 입력한 후 [확인]을 클릭한다.

모의고사 2-17

❶ 보안 옵션 설정 방법

① [도구]-[보안 센터]를 클릭한다.

② [전자 메일 보안] 탭을 클릭하고 '일반 텍스트로 읽기'의 '모든 표준 메일을 일반 텍스트 형식으로 표시'에 체크한 후 [확인]을 클릭한다.

모의고사 2-18

❶ 연락처에서 명함에 사진을 추가하는 방법

① '내 연락처'의 [연락처] 폴더를 클릭한다.

② '유은선' 연락처를 더블 클릭하여 열고 [연락처] 탭의 [옵션] 그룹에서 [사진]–[사진 추가]를 클릭한다.
③ 예제 파일로 제공되는 '기도.jpg'를 선택한 후 [확인]을 클릭한다.
④ [저장 후 닫기]를 클릭한다.

❷ 작업을 완료로 표시하는 방법
① [작업] 단추를 클릭한다.
② '마인드맵 작성' 작업을 선택하고 마우스 오른쪽 단추를 클릭하여 [완료 표시]를 클릭한다.

모의고사 2-19

❶ 첨부 파일 저장 방법
① [메일] 단추를 클릭한다.
② [받은 편지함]에서 '시안작성' 메시지를 열고 첨부 파일인 '녹색.png'를 마우스 오른쪽 단추로 클릭하여 [다른 이름으로 저장]을 클릭한다.
③ 저장 위치를 [내 문서]로 설정한 후 [저장]을 클릭한다.

❷ 회신 방법
① [받은 편지함]에서 '회의안건' 메시지를 더블클릭하여 열고 도구 모음의 [회신]을 클릭한다.
② 본문에 "참석 가능합니다."라고 입력한 후 [보내기]를 클릭한다.

모의고사 2-20

❶ 메일 폴더를 만드는 방법
① [MOS 학습] 폴더를 마우스 오른쪽 단추로 클릭하고 [새 폴더]를 선택한다.
② 이름에 "거래처"라고 입력한 후 [확인]을 클릭한다.

❷ 메일 이동 방법
① [받은 편지함] 폴더에서 '회의일정' 메시지를 클릭하여 왼쪽 탐색 창의 [거래처] 폴더로 드래그한다.

MOS Outlook 2007 모의고사 ❸ 풀이

모의고사 3-1

❶ 메일에 명함을 첨부하여 발송하는 방법
① [메일] 단추를 클릭한 후 도구 모음에서 [새로 만들기]를 클릭한다.
② [받는 사람]을 클릭하여 '이진영'을 선택한 후 [받는 사람] 단추를 클릭하고 [확인]을 클릭한다.
③ 제목에 "이해인 명함"이라고 입력한다.
④ [삽입] 그룹에서 [명함]–[기타 명함]을 클릭한다.
⑤ '이해인'을 선택한 후 [확인]을 클릭하고 [보내기]를 클릭하여 메일을 발송한다.

❷ 새 모임을 요청하는 방법
① [일정] 단추를 클릭한 후 [동작]–[새 모임 요청]을 클릭한다.
② [받는 사람]을 클릭한 후 '김소라'를 선택하고 [필수]

단추를 클릭한다.
③ '유은선'을 선택하고 [선택] 단추를 클릭한 후 [확인]을 클릭한다.
④ 제목에 "주말 회의"라고 입력하고 위치는 "사무실"이라고 입력한다.
⑤ 시작 시간과 종료 시간은 '2011-03-05(토)'로 선택하고 '하루종일'에 체크한다.
⑥ 본문에 "주말 회의 참석 바랍니다."라고 입력한 후 [보내기]를 클릭한다.

모의고사 3-2

❶ 메시지 응답 및 추적 옵션을 설정하는 방법
① [메일] 단추를 클릭하고 [임시 보관함]에서 '일정보고' 메시지를 더블클릭하여 연다.

② [메시지] 탭의 [옵션] 그룹에서 [메시지 옵션] 대화상자
　단추를 클릭한다.
③ [응답 및 추적 옵션]에서 '메시지를 읽었을 때 알림'에
　체크한 후 [닫기]를 클릭한다.
④ [보내기]를 클릭한다.

❷ 모임에 선택적 참석자를 추가하는 방법
① [일정] 단추를 클릭한 후 '2011년 3월 5일(토)'에 열리
　는 '주말 회의' 일정을 더블클릭하여 연다.
② [받는 사람]을 클릭하거나, [참석자] 그룹에서 [참석자
　추가 또는 제거]를 클릭한다.
③ '이해인'을 선택하고 [선택]을 클릭한 후 [확인]을 클
　릭한다.
④ [업데이트 보내기]를 클릭한다.
⑤ [참석자에게 업데이트 보내기] 대화상자에서 '모든 참
　석자에게 업데이트 보내기'를 선택하고 [확인] 단추를
　클릭한다.

❶ 메시지에 그림 파일을 첨부하는 방법
① [메일] 단추를 클릭하고 [임시 보관함]에서 '그래픽 추
　가' 메시지를 더블클릭하여 연다.
② [삽입] 그룹에서 [파일 첨부]를 클릭한다.
③ 예제 파일로 제공되는 '전구' 파일을 선택한 후 [삽입]
　을 클릭한다.
④ [저장] 단추를 클릭하고 [닫기]를 클릭한다.

❷ 새로운 행사를 만드는 방법
① [일정] 단추를 클릭한 후 [동작]-[새 행사]를 클릭한다.
② 제목에 "어린이날 행사"라고 입력한다.
③ '시작 시간'의 날짜를 '2011-05-05(목)'으로 변경하
　고 [저장 후 닫기]를 클릭한다.

❶ Outlook 데이터 파일을 만드는 방법
① [파일]-[데이터 파일 관리]를 클릭한다.
② [데이터 파일] 탭을 클릭한 후 [추가] 단추를 클릭한다.
③ 'Office Outlook 개인 폴더 파일'을 선택하고 [확인]
　을 클릭한다.
④ 파일 이름에 'backup'이라고 입력하고 [확인] 단추
　를 클릭한다.
⑤ [Microsoft 개인 폴더 만들기] 대화상자에서 이름을

　'backup'이라고 입력하고 [확인] 단추를 클릭한다.
⑥ [닫기] 단추를 클릭한다.

❷ 메시지를 이용하여 작업을 설정하는 방법
① [메일] 단추를 클릭하고 [받은 편지함]의 '시안작성'
　메시지를 선택하여 [작업] 단추로 드래그한다.
② '기한'을 [오늘]로 선택한다.
③ [저장 후 닫기]를 클릭한다.

❶ 첨부 파일 미리 보는 방법
① [받은 편지함]의 '예술경영에 관한 자료' 메시지를 더
　블클릭하여 연다.
② 첨부된 '예술 경영.docx'를 클릭한다.
③ [파일 미리 보기] 단추를 클릭한다.

❷ 메시지를 전달하는 방법
① [받은 편지함]에서 '자기계발 교육신청' 메시지를 열
　고 도구 모음의 [전달]을 클릭한다.
② [받는 사람]을 클릭하여 '김소라'을 선택하고 [받는 사
　람] 단추를 클릭한다.
③ '신길동'을 선택하고 [받는 사람] 단추를 클릭한 후
　[확인]을 클릭한다.
④ 본문에 "신청하세요"라고 입력하고 [보내기]를 클릭
　한다.

❶ 작업 설정을 변경하는 방법
① [작업] 단추를 클릭한다.
② '시안작성' 작업을 더블클릭하여 연다.
③ '상태'를 '지연'으로 설정하고 [저장 후 닫기] 단추를
　클릭한다.

❷ 기본 서명 변경 방법
① [도구]-[옵션]을 클릭한다.
② [옵션] 대화상자의 [메일 형식] 탭에서 [서명] 단추를
　클릭한다.
③ '기본 서명 선택'에서 '새 메시지'를 '개인용'으로 선
　택한 후 [확인]-[확인]을 클릭한다.

❶ 메시지를 이용하여 새로운 약속을 설정하는 방법

① [메일] 단추를 클릭하고 [받은 편지함]에서 '교육과정 개편' 메시지를 선택하여 [일정] 단추로 드래그한다.

② '시작 시간'을 '2011-05-04(수)', '오후 1:00'로 설정하고 '종료 시간'을 '오후 3:00'로 설정한다.

③ [저장 후 닫기]를 클릭한다.

❷ 메시지 옵션 설정 방법

① [받은 편지함]에서 '부서 이동 관련' 메시지를 더블클릭하여 연다.

② [메시지] 탭의 [옵션] 그룹에서 [메시지 옵션] 대화상자 단추를 클릭한다.

③ '중요도'를 '높음'으로 설정한 후 [닫기]를 클릭한다.

④ [저장] 단추를 클릭하여 변경 사항을 저장하고 닫는다.

❶ 새 연락처를 만드는 방법

① [연락처] 단추를 클릭한다.

② 도구 모음에서 [새로 만들기]를 클릭한다.

③ '성'에는 "이", '이름'에는 "서연", '전자메일'에는 "goto1234@ymail.com"을 입력하고 [저장 후 닫기] 단추를 클릭한다.

❷ 메일 그룹에 구성원을 추가하는 방법

① [연락처] 폴더를 클릭하고 '한국무역' 메일 그룹을 더블클릭한다.

② [구성원] 그룹에서 [구성원 선택]을 클릭한다.

④ '이진영'을 선택한 후 [추가] 단추를 클릭하고 [확인]을 클릭한다.

⑤ [저장 후 닫기] 단추를 클릭한다.

❶ 메일의 메시지 형식을 변경하는 방법

① [도구]-[옵션]을 클릭한다.

② [메일 형식] 탭을 클릭하여 '메시지 형식'의 '작성할 메시지 형식'을 '일반 텍스트'로 선택한 후 [확인]을 클릭한다.

❷ 메일 그룹을 만들고 저장하는 방법

① [연락처] 단추를 클릭한다.

② 도구 모음에서 [새로 만들기]-[메일 그룹]을 클릭한다.

③ '이름'에 "업무용1"이라고 입력하고 [저장 후 닫기] 단추를 클릭한다.

❶ 보안 옵션 설정 방법

① [도구]-[보안 센터]를 클릭한다.

② [전자 메일 보안] 탭을 클릭하고 '일반 텍스트로 읽기'의 '모든 표준 메일을 일반 텍스트 형식으로 표시'에 체크한 후 [확인]을 클릭한다.

❷ 추가 표준 시간대를 설정하는 방법

① [도구]-[옵션]을 클릭한다.

② [기본 설정] 탭에서 [일정 옵션] 단추를 클릭한 후 고급 옵션의 [표준 시간대] 단추를 클릭한다.

③ '추가 표준 시간대 표시'에 체크한 후 '레이블'에 "-03:00"이라고 입력하고 '표준 시간대'에서 '(GMT-03:00) 그린란드'를 선택한다.

④ [확인]-[확인]-[확인] 단추를 차례로 클릭하여 모든 대화상자를 닫는다.

❶ 작업 할당 방법

① [작업] 단추를 클릭한다.

② '시안작성' 작업을 선택하고 마우스 오른쪽 단추를 클릭하여 [작업 할당]을 클릭한다.

③ [받는 사람]을 클릭하여 '김혜연'을 선택한 후 [받는 사람] 단추를 클릭하고 [확인]을 클릭한다.

④ [보내기]를 클릭한다.

❷ 일정 옵션을 설정하는 방법

① [도구]-[옵션]을 클릭한다.

② [기본 설정] 탭에서 [일정 옵션] 단추를 클릭한다.

③ '주 단위 작업 일정'에서 '토'에 체크하고 [확인]-[확인]을 클릭한다.

❶ 내용 조금 보기 설정

① [메일] 단추를 클릭한다.

② [보기]-[내용 조금 보기]를 클릭한다.

❷ Outlook을 닫을 때 [지운 편지함] 폴더를 자동으로 비우는 방법

① [도구]―[옵션]을 클릭한다.

② [기타] 탭을 클릭한다.

③ '끝낼 때 지운 편지함 폴더 비우기'를 체크한 후 [확인]을 클릭한다.

모의고사 3-13

❶ 규칙 설정 방법

① [도구]―[규칙 및 알림]을 클릭한다.

② [새 규칙] 단추를 클릭한다.

③ '1단계 : 서식 파일 선택'에서 '제목에 특정 단어가 있는 메시지를 폴더로 이동'을 선택한다.

④ '2단계 : 규칙 설명 편집'에서 '지정 단어'를 클릭하여 "계산서"라고 입력한 다음 [추가]―[확인]을 클릭한다.

⑤ '지정 폴더로 이동'의 '지정' 텍스트를 클릭하고 [거래처] 폴더를 선택한 후 [확인]을 클릭한다.

⑥ [다음]―[다음]―[다음]―[다음]―[마침]을 차례로 클릭하여 모든 대화상자를 닫는다.

⑦ 마지막으로 [확인]을 클릭한다.

❷ 메일 이동 방법

① [메일] 단추를 클릭한다.

② [받은 편지함] 폴더에서 '세금 계산서 발행' 메시지를 선택하고 마우스 오른쪽 단추를 클릭하여 [폴더로 이동]을 클릭한다.

③ [거래처] 폴더를 선택한 후 [확인]을 클릭한다.

모의고사 3-14

❶ 일정 변경 방법

① [일정] 단추를 클릭한 후 2011년 5월 4에 있는 '교육 과정 개편' 일정을 더블클릭한다.

② 종료 시간을 '오후 6:00'으로 설정하고 [저장 후 닫기]를 클릭한다.

❷ 메일 그룹에서 구성원을 삭제하는 방법

① [연락처] 단추를 클릭하고, [연락처] 폴더에 있는 '한국무역' 그룹을 더블클릭한다.

② '김국진'을 선택한 후 [구성원] 그룹에서 [제거]를 클릭한다.

③ [저장 후 닫기]를 클릭한다.

모의고사 3-15

❶ 새 메시지를 작성하여 작업 배포 목록 만드는 방법

① [메일] 단추를 클릭하고 도구 모음에서 [새로 만들기]를 클릭한다.

② 제목에 "긴급 회의 안건"을 입력한다.

③ [Office] 단추를 클릭하고 [이동]을 클릭한다.

④ [작업] 폴더를 선택하고 [확인] 단추를 클릭한다.

⑤ [저장 후 닫기]를 클릭한다.

❷ 되풀이 일정의 특정일만 삭제하는 방법

① [일정] 단추를 클릭한다.

② 2011년 4월 6일의 '팀장회의' 일정을 클릭한다.

③ 도구 모음의 [삭제] 단추를 클릭한다.

④ [이 항목만 삭제]를 선택한 후 [확인]을 클릭한다.

모의고사 3-16

❶ 할 일 모음에 달력을 표시하는 방법

① [보기]―[할 일 모음]―[달력]을 클릭한다.

❷ 도구에서 일정 옵션을 설정하는 방법

① [일정] 단추를 클릭한다.

② [도구]―[옵션]을 클릭하고 [기본 설정] 탭에서 [일정 옵션] 단추를 클릭한다.

③ 고급 옵션의 [약속 있음/없음 옵션]을 클릭한다.

④ "5"개월이라고 입력한 후 [확인]―[확인]―[확인] 단추를 차례로 클릭한다.

모의고사 3-17

❶ 전자 명함 레이아웃 변경 방법

① [연락처] 단추를 클릭하고 [연락처] 폴더에 있는 '유은선'을 더블클릭한다.

② [옵션] 그룹에서 [명함]을 클릭한다.

③ '레이아웃'을 [이미지 오른쪽]으로 변경하고 [확인]을 클릭한다.

④ [저장 후 닫기] 단추를 클릭한다.

❷ 메시지 옵션 우편물 설정 방법

① [메일] 단추를 클릭하고 [임시 보관함]에 있는 '연락처 첨부' 메시지를 더블클릭한다.

② [기타 옵션] 그룹에서 [메시지 옵션] 대화상자 단추를 클릭한다.

③ '우편물 종류'를 '비밀 우편'으로 설정한 후 [닫기]를 클릭한다.
④ [보내기] 단추를 클릭한다.

모의고사 3-18

❶ 일정을 나란히 모드로 표시하는 방법
① [일정] 단추를 클릭하고, '내 일정' 항목에서 [일정] 폴더와 [일정/개인 폴더] 폴더를 모두 선택한다.
② [보기]–[나란히 모드로 보기]를 클릭한다.

❷ 새로운 되풀이 약속을 설정하는 방법
① [일정] 단추를 클릭한다.
② [동작]–[새 되풀이 약속]을 클릭한다.
③ '시작'은 '오후 3:00'로, 끝은 '오후 3:30'으로 설정한다.
④ '매주'를 선택하고 '목요일'에 체크한다.
⑤ '시작'을 '2011–05–12(목)'으로 선택하고 '다음 되풀이 후 끝냄'에 "15"를 입력한 후 [확인]을 클릭한다.
⑥ 제목에 "업무 보고"라고 입력하고 [저장 후 닫기]를 클릭한다.

모의고사 3-19

❶ 전체 회신하는 방법
① [메일] 단추를 클릭하고 [받은 편지함]의 '주간회의 참석' 메시지를 클릭한다.
② 도구 모음의 [전체 회신]을 클릭한다.
③ 본문에 "꼭 참석하세요"라고 입력한 후 [보내기]를 클릭한다.

❷ 되풀이 약속 삭제하는 방법
① [일정] 단추를 클릭한다.
② 2011년 5월 12일의 '업무 보고' 일정을 선택하고 마우스 오른쪽 단추로 클릭하여 [삭제]를 클릭한다.
③ [되풀이 삭제]를 클릭한 후 [확인]을 클릭한다.

모의고사 3-20

❶ 메일 그룹의 연락처 정보를 업데이트 하는 방법
① [연락처] 단추를 클릭한다.
② '한국무역' 그룹을 더블클릭한다.
③ [구성원] 그룹에서 [지금 업데이트]를 클릭한다.
④ [저장 후 닫기]를 클릭한다.

❷ 메일 읽기 창을 변경하는 방법
① [메일] 단추를 선택한다.
② [보기]–[읽기 창]–[아래쪽]을 클릭한다.